高速铁路桥涵施工与维护

主　编　焦胜军
副主编　王旭芳　孙建刚　章　韵
主　审　冯广胜　史建南
副主审　邢建鑫　刘东跃

资源共享课

在线公开课

西南交通大学出版社
·成都·

内容简介

本教材按照高速铁路桥梁发展概况、施工准备、下部结构施工、上部结构施工、养护维修的顺序，共计 16 个项目编写。项目 1、2 突出我国高速铁路桥梁发展状况和项目（工区）的施工准备，项目 3~6 突出明挖基础、桩基础、沉井基础和桥墩台施工，项目 7~10 介绍上部结构突出预制预应力混凝土简支箱梁、连续梁（刚构）及组合体系桥、拱桥及钢桥施工，项目 11 介绍高铁涵洞的施工，项目 12~16 对高速铁路桥涵养护维修做了全面的介绍。每个项目均含有学习目标、相关案例、工作任务、相关配套知识、拓展知识、规范规程参考、项目小结、二维码扫描（视频链接）、复习思考题等内容，在教材最后还附有我国高速铁路建设现行规范、规程、标准、通用参考图和桥涵施工常用术语（含英文解释）等。可以供高职院校铁道（高速铁路）工程技术专业学生作为教材，也可供高速铁路桥梁施工与维护人员参考。

图书在版编目（CIP）数据

高速铁路桥涵施工与维护 / 焦胜军主编. —成都：
西南交通大学出版社，2017.7（2024.1 重印）
高等职业教育高速铁路规划教材
ISBN 978-7-5643-5536-4

Ⅰ.①高… Ⅱ.①焦… Ⅲ.①高速铁路－桥涵工程－
工程施工－高等职业教育－教材②高速铁路－桥涵工程－
维修－高等职业教育－教材 Ⅳ.①U448.13

中国版本图书馆 CIP 数据核字（2017）第 183885 号

高速铁路桥涵施工与维护

主　　编／焦胜军	责任编辑／张　波
	封面设计／何东琳设计工作室

西南交通大学出版社出版发行
（四川省成都市金牛区二环路北一段 111 号西南交通大学创新大厦 21 楼　610031）
发行部电话：028-87600564
网址：http://www.xnjdcbs.com
印刷：成都中永印务有限责任公司

成品尺寸　185 mm×260 mm
印张　30.25　　字数　752 千
版次　2017 年 7 月第 1 版　　印次　2024 年 1 月第 5 次

书号　ISBN 978-7-5643-5536-4
定价　59.00 元

课件咨询电话：028-81435775
图书如有印装质量问题　本社负责退换
版权所有　盗版必究　举报电话：028-87600562

再版前言

本教材出版以来获得陕西省 2014 年度高等学校优秀教材一等奖，是陕西省高速铁道工程技术专业综合改革项目规划教材，得到了兄弟院校和一线工程技术人员的高度认可，填补了我国高速铁路桥梁施工与维护高职教材的空白。

目前我国的高速铁路营业里程已经超过 20 000 km，占全世界高速铁路的 60%，位居世界第一，桥梁占比超过线路总长的 50%，有 7 600 多座。近年来随着我国高速铁路桥梁技术的不断完善，相关的技术标准、规程、指南等已经形成了一套完整、规范的体系，为了追踪最新的行业技术变化、最新的教学改革成果，编者对本教材第一版进行了系统的修订和完善，主要有以下特点：(1) 全书按照全新的项目任务进行编写，并整合了部分内容；(2) 按照最新的技术规范、规程、标准、指南进行了全面修订；(3) 对教材中的大量数据及图表进行了细致的对比和修订；(4) 增加了新的工程案例，为项目化教学做好了铺垫；(5) 对拓展类的内容进行了大幅度的删减，对原来不足的以及应用广泛的部分进行了增加；(6) 增加了院校骨干教师、企业技术人员参与新教材的修订工作；(7) 建立了与本教材配套的在线开放课程资源库；(8) 在每一个项目中增加了二维码，为教材的立体化做了部分准备。

本教材 16 个项目组成。由陕西铁路工程职业技术学院焦胜军任主编，王旭芳、孙建刚、章韵任副主编。参加编写的有：陕西铁路工程职业技术学院张福荣、齐红军、刘杰、章韵、郭亚宇、苗兰弟、郝付军、舒彬、杨勃、曾绍武、张裕超；武汉铁路职业技术学院王旭芳；天津铁道职业技术学院孙建刚；中铁第一勘察设计院集团公司桥隧处徐永利；中铁航空港集团第一工程公司焦广彦；中铁一局集团物贸公司曹新刚；北京铁路局北京高铁工务段史建南等。项目 1 由焦胜军、徐永利编写，项目 2 由张福荣、焦广彦、焦胜军编写，项目 3 由郭亚宇、张裕超、焦胜军编写，项目 4 由郭亚宇、焦胜军、曾绍武、张裕超编写，项目 5 由郭亚宇、张裕超、焦胜军编写，项目 6 由刘杰、张裕超、焦胜军编写，项目 7 由齐红军、曹新刚、郝付军、舒彬、焦胜军编写，项目 8 由章韵编写，项目 9 由苗兰弟、杨勃、焦胜军编写，项目 10 由章韵、焦胜军、郝付军编写，项目 11 由苗兰弟编写，项目 12、14 由王旭芳、史建南编写，项目 13、15、16 由孙建刚、史建南编写，附录由焦胜军编写。

本次修订由中铁大桥局集团冯广胜教授级高工、北京铁路局北京西工务段邢建鑫教授级高工、北京铁路局北京高铁工务段副主任史建南、中铁九局刘东跃教授级高工进行审核。

在本次教材修订过程中得到了许多高铁桥梁施工与维护一线技术人员的鼎力支持和帮助，以及陕西铁路工程职业技术学院教务处、铁道工程系、道桥工程系、轨道工程系的大力支持，在此表示真诚的感谢！

衷心感谢中国台湾桥梁专家邱守峦先生的大力支持！

由于资料来源和编者水平的限制、高速铁路桥梁技术的不断进步，教材中肯定有许多不足和错误之处，敬请广大读者不吝指教，并将意见反馈至 jiaoshengjun@163.com，以便在下一版中改正。

编　者

2017 年 7 月

前　言

我国的高速铁路营业里程已经达到 8 358 km，位居世界第一，到 2020 年我国铁路营业里程将达到 12×10^4 km 以上，其中新建高速铁路将达到 1.6×10^4 km 以上。我国是目前世界上高速铁路发展最快、运营里程最长、运营时速最高、在建规模最大、拥有系统技术最全的国家。

桥梁是铁路建设的重要基础工程设施之一，也是铁路建设的关键技术。我国高速铁路桥梁比例远远高于普通铁路的桥梁比例，如京津城际桥梁累计长度占全线总长的比例为 88%，武广高铁占 44%，郑西高铁占 64%，沪宁城际占 50%，沪杭高铁占 90%，广珠城际占 95%，京沪高铁占 87%，哈大高铁占 74% 等，已经运营和正在建设的高速铁路中仅桥梁就占线路总长度的 55% 以上，由此可见桥梁在高速铁路建设中的重要作用。我国在学习、消化、吸收国外高速铁路桥梁建设技术的基础上，积极进行了技术的自主创新，在高速铁路桥梁工程实践方面做了大量的工作，取得了丰硕的成果，形成了一整套达到国际先进水平的高速铁路桥梁技术标准和建设规范，为我国铁路实现"走出去"战略奠定了坚实的基础。

本教材分为上下两册，上册由第一至八章组成，下册由第九至十八章组成。由陕西铁路工程职业技术学院焦胜军任主编，武汉铁路职业技术学院王旭芳任副主编，中铁九局集团公司副总工程师、教授级高工刘东跃主审。参加编写的还有：陕西铁路工程职业技术学院张福荣（副教授）、齐红军（副教授）、胡娟（讲师）、郭亚宇（讲师）、章韵（讲师）、苗兰弟（讲师）、郝付军（助教）；中铁一局集团第一工程公司焦广彦（高级工程师）；中铁一局集团物贸公司曹新刚（高级工程师）；中铁第一勘察设计院集团公司桥隧处徐永利（教授级高级工程师），甘肃铁一院工程监理公司刘梦然（高级工程师）。全书共分为四部分共十八章，第一、二章由焦胜军、徐永利编写，第三章由张福荣、焦广彦编写，第四章由郭亚宇编写，第五、六章由郭亚宇、焦胜军、刘梦然编写，第七章由焦胜军编写，第八章由齐红军、曹新刚、焦胜军编写，第九章由焦胜军、王旭芳、刘梦然编写，第十章由苗兰弟、焦胜军编写，第十一章由章韵、胡娟编写，第十二章由胡娟、郝付军编写，第十三章由苗兰弟编写，第十四至十八章由王旭芳编写，附录由焦胜军编写。

在本书的编写过程中得到了台湾高铁桥梁专家邱守峦先生及詹天佑群的群友们、中铁一局集团京石客专项目部教授级高级工程师于俊红、中铁十九局集团石武客专项目部教授级高级工程师李华伟和许多高铁施工一线技术人员的大力支持和帮助，中铁大桥局集团副总工程师教授级高级工程师冯广胜、北京铁路局工务处高级工程师邢建鑫和陕西铁路工程职业技术学院赵丽萍老师为本书提出了许多宝贵的建议和意见，在教材的编写过程中得到了陕西铁路工程职业技术学院教务处、铁道工程系的大力支持，在此一并表示真诚的感谢！

由于本书编写时间仓促，涉及内容较多，且因有关规范和标准的变更以及资料来源和编者水平的限制，肯定存在许多不足之处，敬请广大读者不吝指教，并将意见反馈至 jiaoshengjun@163.com，以便下一版中改正。

编　者

2011 年 1 月

目　录

项目1　高速铁路桥梁特点 ·· 1
　　任务1.1　国外高速铁路桥梁特点 ·· 2
　　任务1.2　我国高速铁路桥梁特点 ·· 9
　　复习思考题 ·· 21

项目2　高速铁路桥涵施工准备和施工测量 ·· 22
　　任务2.1　施工准备 ·· 23
　　任务2.2　施工测量准备和标准 ·· 42
　　任务2.3　施工控制网测量 ·· 44
　　任务2.4　墩台定位 ·· 47
　　任务2.5　桥梁竣工测量 ·· 51
　　任务2.6　桥梁变形监测 ·· 52
　　复习思考题 ·· 56

项目3　明挖基础施工 ·· 57
　　任务3.1　明挖基础的类型和结构 ·· 57
　　任务3.2　无支护明挖基础施工 ·· 59
　　任务3.3　支撑法明挖基础施工 ·· 66
　　任务3.4　喷射混凝土护壁法基坑明挖施工 ·· 70
　　任务3.5　土石围堰法明挖基础施工 ·· 73
　　任务3.6　钢板桩围堰施工 ·· 78
　　复习思考题 ·· 82

项目4　桩基础施工 ·· 84
　　任务4.1　桩基础知识准备 ·· 84
　　任务4.2　挖孔浇筑桩施工 ·· 89
　　任务4.3　钻孔浇筑桩施工 ·· 96
　　任务4.4　管柱基础施工 ·· 115
　　任务4.5　水下混凝土浇筑施工 ·· 120
　　任务4.6　承台施工 ·· 126
　　复习思考题 ·· 133

项目 5　沉井基础的构造施工 ·· 135
　　复习思考题 ··· 147

项目 6　桥墩台构造与施工 ··· 148
　　任务 6.1　桥墩构造与施工 ·· 148
　　任务 6.2　桥台构造与施工 ·· 168
　　复习思考题 ··· 176

项目 7　预制预应力混凝土简支箱梁施工 ·· 177
　　任务 7.1　预应力混凝土简支箱梁结构构造及梁场布置 ································· 178
　　任务 7.2　预应力混凝土简支箱梁预制 ··· 190
　　任务 7.3　简支箱梁的运输与架设 ··· 220
　　任务 7.4　支座与桥面系的施工 ·· 235
　　复习思考题 ··· 248

项目 8　预应力混凝土简支梁桥位制梁 ·· 250
　　任务 8.1　连续梁现场浇筑施工法 ··· 250
　　任务 8.2　移动模架浇筑施工 ··· 264
　　复习思考题 ··· 275

项目 9　连续梁（刚构）桥施工 ·· 277
　　任务 9.1　连续梁构造 ·· 277
　　任务 9.2　刚架桥结构构造 ·· 282
　　任务 9.3　顶推施工 ··· 284
　　任务 9.4　逐孔（先简支后连续）施工 ··· 292
　　任务 9.5　连续梁（刚构）的悬臂浇筑施工 ··· 294
　　任务 9.6　连续梁（刚构）悬臂拼装施工 ·· 309
　　任务 9.7　连续梁支架法现浇施工 ··· 313
　　任务 9.8　连续梁转体法施工 ··· 314
　　复习思考题 ··· 317

项目 10　其他桥梁施工 ··· 319
　　任务 10.1　拱桥及组合结构桥施工 ··· 319
　　任务 10.2　钢桥及组合桥梁施工 ·· 348
　　复习思考题 ··· 364

项目 11　涵洞施工 ·· 366
　　任务 11.1　涵洞的组成及类型 ·· 366
　　任务 11.2　涵洞的施工 ·· 368
　　复习思考题 ··· 375

项目 12 桥梁养护维修工作 ······ 376
　任务 12.1　桥梁养护维修任务要求 ······ 376
　任务 12.2　高铁桥梁安全防护管理 ······ 384
　复习思考题 ······ 391

项目 13 桥面系养护维修 ······ 392
　任务 13.1　桥面及防排水系统维修 ······ 393
　任务 13.2　桥梁梁端伸缩装置 ······ 400
　复习思考题 ······ 404

项目 14 支座养护维修 ······ 405
　任务 14.1　支座和防落梁挡块的检查与养护 ······ 405
　任务 14.2　支座病害整修与支座更换 ······ 410
　复习思考题 ······ 417

项目 15 桥跨结构的养护维修 ······ 418
　任务 15.1　混凝土桥梁的养护 ······ 419
　任务 15.2　（典型工作）钢桥养护 ······ 431
　任务 15.3　（典型工作）斜拉桥养护 ······ 446
　复习思考题 ······ 453

项目 16 下部结构的养护维修 ······ 454
　任务 16.1　墩台维护 ······ 454
　任务 16.2　基础加固 ······ 464
　任务 16.3　桥梁防洪与抢修 ······ 468
　复习思考题 ······ 472

附录 ······ 473

参考文献 ······ 474

项目 1　高速铁路桥梁特点

项目描述

桥梁在高速铁路工程中起着举足轻重的作用，也是高速铁路经过城市、大江大河的标志性建筑物，高速铁路桥梁也是一个国家科学技术水平的体现。世界各国的高速铁路发展都离不开桥梁设计、施工、维护水平的支持，也是普通桥梁的标准化和特殊桥梁的科技体现；随着高速铁路在世界各国的兴起，桥梁的建造水平也得到了快速提升，在我国，高速铁路桥梁里程已经占到线路总长的一半以上。通过本项目学习，了解世界各国和我国高速铁路桥梁的基本情况，熟悉桥梁在高速铁路工程中所起的举足轻重的作用，明确高速铁路桥梁的发展方向，增强学习者的使命感和责任感。

学习目标

1. 能力目标
- 能分析总结我国已建和在建高速铁路桥梁的主要类型、结构形式和施工方法；
- 能熟练绘制中-活载和 ZK 活载图式；
- 能收集整理某一类高速铁路桥梁的相关信息，并了解其特点。

2. 知识目标
- 了解世界及我国高速铁路桥梁的发展现状和特点；
- 了解我国高速铁路网和城际客运系统规划及实施进度；
- 了解桥梁美学的基本原则；
- 熟悉我国高速铁路桥梁的发展方向；
- 熟悉我国高速铁路桥梁的主要技术标准和通用图。

相关案例

国际铁路联盟（简称铁盟，UIC—Union Internationale des Chemins de Fer，也称 IUR—International Union of Railways）定义的高速铁路是指经过改造原有线路（直线化、轨距标准化），使营运速度达到 200 km/h 以上，或者专门修建的高速新线，使营运速度达到 250 km/h 以上的铁路系统。1964 年 10 月 1 日，日本东海道新干线开通，是世界上第一条实现运营速度高于 200 km/h 的高速铁路，从此以后，法国、德国、西班牙、瑞典、英国、意大利、俄罗斯、土耳其、韩国、比利时、荷兰、瑞士等也相继发展了高速铁路，目前已经有 16 个国家和地区建成运营高速铁路。由于高速铁路自身的特点，高速铁路桥梁占线路总长的比例远远大于普通铁路的桥梁占比，如日本高速铁路桥梁占比超过了 30%，我国高速铁路桥梁占比超过了 50%。国外高速铁路桥梁代表性的国家有德国、日本、法国等，各国在设计、施工、项目管理等方面，均有自身的一些特点。

任务1.1 国外高速铁路桥梁特点

1.1.1 工作任务

高速铁路桥梁具有自身的特点,且在线路中所占比例很大。在学习下面相关内容后,了解高速铁路桥梁的设计原则,能够分析总结国外高速铁路桥梁的发展现状和特点。

1.1.2 相关配套知识

高速铁路要求轨道线路必须具有高平顺性、高稳定性和高可靠性等特点,桥梁作为轨道的下部结构,主要功能是为高速列车提供平顺、稳定的桥上线路,确保运营安全和乘坐舒适,为此高速铁路桥梁需要具有较大的抗弯和抗扭刚度,桥梁墩台应有足够的纵、横向刚度,墩台基础沉降需要严格控制。

1.1.2.1 高速铁路桥梁设计遵循的原则

(1)桥梁上部结构宜采用预制简支箱梁;
(2)桥墩形式宜成段采用同一类型;
(3)主梁整孔制造或分片制造整体联结;
(4)选用刚度大的结构体系,如简支梁、连续梁、连续刚构、拱及组合结构等。

1.1.2.2 高速铁路桥梁的基本特点

1. 占比大,长桥多

与普通铁路相比,高速铁路对线路及工后沉降量要求严格,同时为了节约土地资源,方便沿线居民生产生活,解决路基对沿线交通、生态的阻隔问题,为公路的发展预留必要的条件,从而使桥梁在线路中的占比显著增大。特别是在人口稠密地区和地质不良地段,大量采用了高架桥梁代替路基,使高架桥梁成为高速铁路线路的主要组成部分。

2. 刚度大、整体性好

高速铁路桥梁以中小跨度为主,采用整孔预制箱梁和桩基础,其经济性和整体性都比较好。高速铁路活载小于普通铁路,但高速铁路桥梁在梁高、梁重等方面均超过普通铁路桥梁。

与普通铁路桥梁相比,高速铁路桥梁上的无缝线路受力状态与路基不同,结构的温度变化、列车牵引(制动)力、桥梁挠曲等都会使桥梁在纵向产生一定的位移,引起桥上钢轨产生附加应力,过大的附加应力会造成桥上无缝线路失稳,影响行车安全。因此,要求墩台基础有足够的纵向刚度,以减少钢轨附加应力和梁轨间的相对位移。

3. 结构耐久,检查、维修方便

高速铁路列车速度高、线路运营繁忙,行车中断会造成很大的经济损失和社会影响,桥梁结构一般具有较强的耐久性,并易于检查、少维修或免维修,同时,重视接口设计,协调桥梁与轨道、接触网、通信、信号、电力牵引供电、综合接地、沉降观测标、救援疏散通道等各专业之间的接口关系，综合考虑专业之间的系统集成技术，满足养护维修作业需要。

4. 注重减隔震和环保

高速铁路运行速度快，会产生很大的噪声，绝大多数桥梁一般都选用混凝土材料；主要是混凝土梁具有刚度大、噪声低、养护工作量少、造价经济等优点。在建设、运营中的各个环节，严格控制对水源、土壤、大气等的污染，在城镇和居民区附近的桥梁设置声屏障等降噪设施。

5. 结构与环境协调一致

高速铁路桥梁造型与环境一般保持一致，注重结构外观和色彩，强调结构与环境的协调；在高速铁路桥梁穿越优美的自然景区、经过城市范围时，除发挥交通建筑的主要功能外，还要体现出与环境和谐统一的特征。

1.1.2.3 各国高速铁路桥梁特点

1. 德国高速铁路桥梁

德国 1971 年开工建设第一条高速铁路新线——汉诺威—维尔茨堡高速线（327 km），1987 年完成 94 km 并投入部分使用；1976 开始修建第二条高速新线——曼海姆—斯图加特（107 km，其中新线 99 km），于 1991 年通车运营。从 1998 年 9 月至 2002 年 8 月，先后建成柏林—汉诺威（264 km）、科隆—莱茵/美因（法兰克福）（177 km）线，最高运行速度 250~320 km/h。其中科隆—莱茵/美因（法兰克福）高速铁路是按照客运专线标准设计建造的，其余线路均按客货共线、中高速混跑运行模式设计建造。

（1）德国高速铁路桥梁的标准跨度是 25 m、44 m 和 58 m。25 m 跨度主要用于高架桥，44 m 和 58 m 跨度主要用于山谷桥。桥梁结构通常采用预应力混凝土简支箱梁，一般采用就地浇筑、移动支架或简支梁连续顶推等方法施工。

（2）大跨度桥梁则采用连续梁、V 形刚构、拱桥，钢桥采用钢桁梁或钢箱梁混凝土桥面的结合梁。在采用连续梁时，通常将固定支座设在桥台上，在活动端桥台上设置钢轨伸缩调节器，以释放钢轨附加应力。

（3）德国特别重视高速铁路桥梁的构造细节处理和耐久性，要求能使检修人员到达桥梁墩、台和支座的任何部位，以便进行检修。在箱梁的内部要能走行检查小车，以便检查梁体内部。

（4）科隆—莱茵/美因（法兰克福）高速铁路从北向南穿越三座中等大小的山脉，线路采用速度 300 km/h 的无砟轨道，最大坡度为 4%，最小曲线半径为 3 425 m。该线除了为数众多的小型桥梁外，还架设了 18 座大型桥梁（最长桥梁是 992 m 的哈勒巴赫塔耳桥，最大跨度是美因河桥，其中跨 130 m），跨度一般在 29~65 m，梁高在 3~3.5 m，横截面为箱形。

2. 日本新干线桥梁

日本是一个领土狭长的岛国，境内多山，少平原，自然灾害频繁，基础工程自然条件较差。1964年10月1日,世界上第一条高速铁路日本东海道新干线(东京至大阪)开通运营,全程515.4 km,直达旅行时间3 h,列车最高运营速度210 km/h。选用的高速铁路线桥隧设计参数和标准,较既有铁路设计规范提高不多,目前列车最高运行速度达到270 km/h。从1972年3月至2002年12月,先后建成投入运营的有山阳、东北、上越、北陆、九州等新干线。投入运营的6条新干线营业里程合计2 388 km,速度为270~320 km/h。

(1)钢桥和结合梁桥。

东海道新干线除混凝土桥外,近50%的桥梁为钢桥和结合梁桥,山阳新干线冈山以西开始大量采用板式整体无砟轨道,混凝土桥的比例也越来越大,东北新干线混凝土桥占线路总长度的70%。

东海道新干线钢桥大多为有砟轨道结构的钢板梁桥,上承式桥梁最大跨度为54 m,下承式桥梁最大跨度为45 m,结合梁最大跨度为47.5 m,钢桁梁最大跨度为79 m。

山阳新干线大量采用结合梁桥,双线单箱结合梁最大跨度为64 m,同时开始使用SRC(Steel Reinforced Concrete——劲性骨架混凝土或型钢混凝土)结构高架桥和SRC结构高架车站。东北新干线在居民区和商业区尽可能不用钢桥,全线钢桥(包括结合梁)总延长仅为3 km,占全线桥梁4%。上越新干线除长冈站采用SRC结构高架桥外,均采用混凝土桥梁。

(2)混凝土桥。

新干线混凝土桥梁主要有RC(Reinforced Concrete)梁、PC(Prestressed Concrete)梁以及RC刚架桥等,混凝土桥占桥梁总长75%。新干线PC混凝土简支箱梁最大跨度67 m,PC槽形梁最大跨度为61.4 m。简支I形梁最大跨度为49 m,PC连续梁最大跨度为110 m,混凝土斜拉桥最大跨度为135 m。

(3)高架桥。

在土质较好的区间,路堤填土高度超过6 m时或者在软土地段为了防止基础下沉带来养护维修困难和行车安全隐患,新干线一般采用高架桥形式通过,高架桥的平均高度在7~11 m之间。新干线高架桥多采用RC刚架式和PC混凝土箱梁式高架桥:在地形平坦地段一般都采用RC刚架式高架桥,约占新干线高架桥总长的80%;地形不平坦区段多采用PC箱梁式高架桥,约占新干线高架桥总长的20%。高架桥的基础形式多为桩基或带基础梁的框架基础,北陆新干线还采用了一柱一桩的基础形式。

3. 法国高速铁路桥梁

巴黎和里昂是法国最大的两座城市,连接两座城市的欧洲第一条高速铁路东南线于1981年(南段)和1983年(北段)分别投入运营,最高运营速度达到300 km/h。1994年开通了全长102 km的巴黎地区高速联络线以及全长117 km东南线的延伸线,2001年开通了全长295 km的地中海线,最高速度为320 km/h。法国相继建设开通了TGV(Train à Grande Vitesse——法国高速列车)大西洋线、北方线、地中海线、巴黎东部线等高速铁路,形成了以巴黎为中心,辐射全国的TGV高速铁路干线,并与周边国家连接。

在东南线和大西洋线上所选用的桥梁结构平均跨度为40 m,均采用双线箱形等高度预应力混凝土连续梁,梁体现场浇筑,用顶推法施工。

北方线由于需要跨越高速公路、较大河流和土质较差,其桥梁总长度是大西洋线的 2 倍,在北方线上建造了跨度 50 m 左右的结合梁和一孔跨度 93.30 m 的下承式钢桁结合梁。从北方线开始,在巴黎地区联络线、东南延伸线上,预应力混凝土材料和钢材两种材料在上述三条高速线上的桥梁使用各占 50%。

随着法铁对 TGV 在桥梁上的运行要求的逐步提高,不但要求桥梁结构不得有任何缺陷,具有足够的疲劳耐久性和便于对桥梁结构进行检查,减少和简化维修,降低噪声水平等,而且要求桥梁改善结构的动态性能,以确保列车按 300 km/h 速度运行时的行车安全性和乘坐舒适度。2007 年 4 月 3 日 13 时,"V150"列车从刚刚竣工的巴黎—斯特拉斯堡东线铁路 264 km 处启动,行驶 73 km 后,列车速度达到 574.8 km/h。

(1)小跨度桥梁。

铁路跨越普通公路普遍采用刚构混合体系桥梁,其跨度在 25 m 以下,桥长在 100 m 以内,混凝土板梁高为 0.8~1.0 m,椭圆形桥墩,墩台顶中央设有横向限位装置,桥台多采用柱形肋式变截面埋台,施工均采用就地膺架法施工。

(2)中等跨度桥。

① 预应力混凝土连续梁。预应力混凝土连续梁跨度一般在 40~80 m,梁高为 3.5~5 m,采用顶推法施工。

② 钢-混凝土结合梁。钢-混凝土结合梁被普遍采用,约占桥梁总量的 70%,钢梁形式上多采用上承式板梁。跨中梁部腹板厚约 25 mm,支座处下缘厚 80~100 mm。支座处腹板设加劲肋板,腹板间横联采用钢板;下平联为"米"字形杆件,螺栓联结的节点板多与横联杆联为一体。钢梁上缘顶部焊接栓钉。桥面板采用 43 cm 厚钢筋混凝土板。钢梁由工厂分段预制,现场焊接组装顶推就位,现浇混凝土桥面(多采用商品混凝土)。钢梁节段现场吊装焊接后,采用悬吊滑动脚手架绑扎桥面混凝土钢筋骨架。

(3)大跨度桥梁。

大跨度桥梁在跨河流和高等级公路时采用。结构形式不拘一格,梁、墩、台的造型、色彩、装饰都注意与周围环境的协调。

(4)桥墩结构。

① 一般桥墩为椭圆形、圆形、矩形等。墩顶不设墩帽时,墩顶中央设有与桥墩一体的横向限位装置;设墩帽时,必须是装饰性外形。

② 当桥梁与河流或公路斜交时,采用斜向墩身、正向墩帽,以简化梁部结构,改善结构受力状态。

③ 根据梁部结构形式及跨越公路的需要,也采用交错独立圆柱混凝土双支座桥墩。

④ 混凝土桥墩根据情况,有空心和实体两种墩型。

4. 西班牙高速铁路桥梁

西班牙第一条高速铁路是马德里—塞维利亚线,全长 471 km。1987 年 10 月动工建设,1992 年 4 月投入运营,列车最高运营速度 300 km/h。2003 年开通了马德里—莱里达线,2007 年开通了马德里—巴利亚多利德等线,2008 年开通了马德里—巴塞罗那等线。

马德里—塞维利亚高速铁路全线高架桥共31座，总延长9.845 km。在布拉萨特尔塔斯至阿尔科莱亚之间，进入莫雷纳山区地形地貌突变，山势陡峭，集中修建了28座不同长度的高架桥。在这条线路上，高架桥有两种类型：钢筋混凝土预制梁（静定结构）和箱梁（超静定结构）。最长的高架桥是跨越瓜达梅尔斯河的高架桥，全长798 m，该桥跨度26.60 m，桥面由5根高度为2.05 m的T形预应力梁组成；跨度最大的静定桥是塔霍河上的高架桥，跨度为38 m，桥面由9根高度为2.10 m的T形预应力梁组成，基础均采用桩基础。

5. 意大利高速铁路桥梁

意大利第一条高速铁路是1992年修建的罗马—佛罗伦萨310 km的线路，1994年意大利正式开始高速铁路网工程。都灵—博洛尼亚高速铁路于2000年完工；米兰—威尼斯高速铁路于2001年完工；米兰—热那亚高速铁路于2003年完工；米兰—都灵高速铁路于2009年完工。

意大利是一个多山的半岛国家，山地和丘陵占国土面积的80%，线路多在山岭中穿行，且为客货混运模式。第一期高速铁路技术标准不高，最高速度为250 km/h，桥梁49座共32 km；第二期高速铁路最高速度为300 km/h，货物列车速度为160 km/h，线路最大坡度不超过18‰。1994年开工、2004年建成的罗马—那不勒斯高速铁路全长204 km，其中桥梁长度39 km（占18%），2000年开工的佛罗伦萨—米兰高速铁路全长260.4 km，桥梁长23.1 km（占8.9%）。

第一期桥梁结构基本可分为两类：一类是工字梁由横梁联结，上面加盖板；另一类为箱梁。刚架结构采用普通混凝土或预应力混凝土。跨度大于20～25 m时采用预应力混凝土结构。第二期高速铁路桥梁类型为预应力混凝土及钢-混凝土结合的简支梁，跨度有55 m、43.2 m、33.6 m、24 m，线间距5.0 m，桥面总宽度13.6 m，一般由多个小箱梁组合而成。最常见的类型为跨度33.6 m双室箱梁，完全预制，重420 t。用先张法施加预应力及跨度为24 m的4个V形梁组合的结构，V形梁由工厂预制，到工地后由轨枕板将其联结就位。特殊情况下采用55 m钢-混凝土结合梁及43.2 m先张法整孔箱梁，顶推法施工。

6. 韩国高速铁路桥梁

韩国京釜高速铁路自首尔到釜山，全长412 km，设计速度为300 km/h。其中桥梁48座，总长111.8 km，90%以上的桥梁采用预应力混凝土连续梁，标准跨度为25 m和40 m两种，主要结构形式为先简支后连续的预应力混凝土连续梁。梁跨度为25 m时，其梁高为2.5 m，三跨一联3×25 m，采用先张法预应力混凝土箱梁，预制架设施工，桥面宽为14.0 m，箱顶宽7.07 m，箱底宽为5.9 m，顶板厚为0.35 m，底板厚为0.30 m，腹板厚为0.50 m，端部采用底板抬高、腹板向内加宽的方式，梁端箱内最小净高为1.2 m；跨度为40 m时，梁高为3.5 m，两跨一联2×40 m，采用桥位现浇施工。

1.1.2.4 世界各国已建成的高速铁路及桥梁情况（表 1.1）

表 1.1 世界各国已建成的高速铁路及桥梁情况

国 家	线路名称	起讫点	里程/km	桥梁总长/km	桥梁占比	建成年份，运营速度
西班牙	马德里—塞维利亚	马德里—塞维利亚	471	15	3.2%	1992 年，300 km/h
	马德里—莱里达	马德里—莱里达	485			2003 年，300 km/h
	马德里—巴塞罗那	马德里—巴塞罗那	649			2008 年，300 km/h
意大利	罗马—佛罗伦萨	罗马—佛罗伦萨	254	32	12.6%	1992 年，250 km/h
	罗马—那不勒斯	罗马—那不勒斯	194	37.9	19.5%	2005 年，300 km/h
德国	汉诺威—维尔茨堡	汉诺威—维尔茨堡	327	41	12.5%	1991 年，250 km/h
	曼海姆—斯图加特	曼海姆—斯图加特	99	6	6.1%	1991 年，250 km/h
	柏林—汉诺威	柏林—汉诺威	264			1998 年，280 km/h
	科隆—法兰克福	科隆—法兰克福	177	4.8	2.7%	2002 年，300 km/h
法国	TGV 东南线	巴黎—里昂	417	25	6.0%	1983 年，300 km/h
	TGV 大西洋线	巴黎—勒芒/图尔	282	36	12.8%	1990 年，300 km/h
	TGV 北方线	北部省—欧洲	330	72	21.8%	1993 年，300 km/h
	东南延伸线	里昂—瓦朗斯	121	39	32.2%	1994 年，300 km/h
	环巴黎联络线	环巴黎	128	20	15.6%	1996 年，300 km/h
	TGV 地中海线	瓦朗斯—马赛	295	14	4.7%	2001 年，300 km/h
	TGV 东方线	（一期 320 km）	450	5.9	1.3%	2007 年，320 km/h
日本	东海道新干线	东京—大阪	515	173	33.6%	1964 年，270 km/h
	山阳新干线	大阪—博多	554	211	38.1%	1975 年，300 km/h
	上越新干线	大宫—新潟	270	166	61.5%	1982 年，260 km/h
	长野新干线（北陆新干线）	高崎—长野	117	39	33.3%	1997 年，260 km/h
	东北新干线	东京—八户	593	344.4	58.1%	2002 年，275 km/h
	九州新干线（鹿儿岛线南段）	新八代站—鹿儿岛中央站间	138	62.1	45%	2004 年，260 km/h
韩国	京釜线	幸信—首尔—釜山	438.5	111.8	27.3%	2004 年，300 km/h
	湖南高速线	幸信—木浦	407.6			2015 年，300 km/h

1.1.2.5 国外高速铁路部分大跨度桥梁汇总（表1.2）

表1.2 国外高速铁路部分大跨度桥梁汇总

序号	结构形式	主桥跨度/m	线路名	桥名	建成年份
1	预应力混凝土连续梁桥	130	德国法兰克福—科隆	美因河桥（无砟）	2002
2		5×105	日本东北新干线	第二阿武畏川桥	1975
3		110	日本上越新干线	太田川桥	1978
4		105		罗格莫尔桥	2001
5		10×100	法国地中海线	阿维尼翁桥	2001
6		100		旺它勃朗桥	2001
7	预应力混凝土V形刚构桥	135	德国汉诺威—维尔茨堡	美因河桥	1984
8	预应力混凝土T形刚构桥	2×109.5	日本上越新干线	武妻川桥	1978
9	预应力混凝土斜拉桥	2×133.9	日本北陆新干线	第二千曲川桥（无砟）	1995
10		2×105		屋代南桥（无砟）	1996
11	预应力混凝土刚梁柔性拱桥	126	日本上越新干线	赤谷川桥	1978
12	上承式混凝土拱桥	162	德国汉诺威—维尔茨堡	美因河桥	1987
13		4×127.5		瓦尔泽巴赫桥	1988
14		116	德国法兰克福—科隆	拉恩特尔桥（无砟）	2002
15	钢系杆结合梁拱桥（混凝土桥面）	124	法国地中海线	阿维尼翁桥	2001
16		121.4		莫纳斯桥	2001
17		2×115.4		阿德玛桥	2001
18	下承式连续钢桁梁桥	3×103	日本北陆新干线	第三千曲川桥	1996

 拓展知识

（1）2015年1月6日，美国首条高铁项目在加利福尼亚州动工。加州高铁项目全长1 287 km，从北部的州府萨克拉门托经旧金山、位于硅谷地区的圣何塞、洛杉矶等地最终到达最南端的美墨边境城市圣地亚哥，设计速度352 km/h，最高速度400 km/h，率先开工的是相对地广人稀的中部梅塞德至福瑞斯诺路段中的从马德拉至福瑞斯诺的46 km部分。加州高铁项目的动工对于美国高铁建设具有里程碑意义。但这条高铁能否最终顺利建成，仍有许多悬念。

（2）俄罗斯1号高铁干线是连接莫斯科和圣彼得堡的高速铁路干线，这条高铁线路被称为"1号高铁干线"，计划在2018年世界杯足球赛之前建成通车。俄罗斯1号高铁干线全长660 km，建成后计划每日开行42对列车，最高速度达到400 km/h，旅途时间为2.5 h，每年能够运送1 000万~1 300万乘客。

（3）2016年1月21日，印度尼西亚首条高速铁路——雅加达至万隆高铁正式开工。雅万高铁项目由中国铁路总公司牵头组成的中国企业联合体，与印尼国企联合体共同组建的中印尼合资公司承建，是国际上首个由政府主导搭台、两国企业对企业进行合作建设和管理的高铁项目，也是中国高速铁路从技术标准、勘察设计、工程施工、装备制造、物资供应，到运营管理、人才培训、沿线综合开发等全方位整体走出去的第一单项目，对于推动中国铁路特别是高铁走出去，具有重要的示范效应。

任务1.2 我国高速铁路桥梁特点

相关案例

高速铁路以其运力大、速度快、能耗低、占地少、污染小、安全可靠等优势在我国的综合交通体系中占有不可替代的作用。中国高速铁路的英文简称是 CHSR（China High-Speed Railway）。我国对高速铁路的定义为："新建设计开行250 km/h（含预留）及以上动车组列车，初期运营速度不小于200 km/h的客运专线铁路"。2008年8月1日开通的（北）京（天）津城际铁路速度达到350 km/h，是我国大陆开通的第一条高速铁路运营线路；2011年6月30日开通的（北）京沪（上海）高铁，是世界上一次建成线路最长、标准最高的高速铁路，全长1 318 km；2012年12月1日开通的哈（尔滨）大（连）高铁，是中国首条也是世界上第一条新建高寒地区的高速铁路，全长921 km；2012年12月26日（北）京广（州）高铁全线开通运营，是世界上运营里程最长的高速铁路，全长2 298 km。截至2016年年底，我国高速铁路运营里程达到2.2万km，占世界高铁运营里程的一半以上，居世界第一位，与其他铁路共同构成的快速客运网可基本覆盖50万以上人口城市。我国高速铁路桥梁在线路中占比超过了50%，其中90%以上为中小跨度的预应力混凝土简支梁桥。如京沪高铁桥梁比例占到80%以上，而我国普通铁路桥梁仅占线路全长的4%。

1.2.1 工作任务

在我国高速铁路中的桥梁所占比例很大，且走在了世界桥梁发展的前列。在学习下面相关内容后，能够了解我国高速铁路网和城际客运系统规划，熟悉我国已建和在建高速铁路桥梁的主要类型、结构形式和施工方法，能够熟练绘制中-活载和ZK活载图式；熟悉我国高速铁路桥梁的标准体系。

1.2.2 相关配套知识

根据我国《中长期铁路网规划（2016—2030）》方案，铁路网覆盖20万人口以上城市，快速铁路网连接所有50万人口以上城市，高速铁路网连接所有100万人口以上城市，城际高铁连接城市群内部城市，到2030年中国的高速铁路里程将会达到7.2万km，成为世界上最大的高速铁路网络。

1.2.2.1 中国大陆高速铁路网（图1.1）

主要是打造以沿海、京沪等"八纵"通道和陆桥、沿江等"八横"通道为主干，城际铁路为补充的高速铁路网，实现相邻大中城市间1~4 h交通圈、城市群内0.5~2 h交通圈。

1. 八纵规划

第一纵：沿海通道

大连—沈阳—天津—青岛—上海—杭州—深圳—湛江。主要包括京哈高铁沈大段、秦沈客专、津秦客专、天津至烟台高铁、青烟城际、青连铁路、连盐铁路、盐城至上海铁路、沪杭高铁、杭深客专、深茂铁路、茂湛铁路等。

第二纵：北京—上海—福州通道

主要包括京沪高铁、宁杭客专、合蚌客专、合福高铁。

第三纵：北京—深圳通道

主要包括北京—霸州—聊城—菏泽—商丘—阜阳；阜阳—麻城—九江（阜阳—合肥—安庆—九江）；昌九铁路；昌吉赣铁路；赣深铁路。

第四纵：哈尔滨—香港大通道

主要包括哈尔滨至沈阳高铁；京沈高铁；京广高铁；广深港高铁。

第五纵：呼和浩特至南宁通道

呼和浩特—大同—太原—郑州—襄阳—常德—益阳—永州—南宁。主要包括呼和浩特至太原高铁；太原至郑州至襄阳；襄阳经常德、永州至南宁。

第六纵：呼和浩特至三亚通道

呼和浩特—包头—太原—西安—重庆—贵阳—南宁—海口—三亚。主要包括呼和浩特经包头到太原，大西高铁，西安到重庆、重庆到贵阳，贵阳到南宁，南宁到海口到三亚。

第七纵：银川至福州通道

银川—西安—武汉—九江—南昌—福州。主要包括银西铁路，西安至武汉高铁，武汉至九江，九江至南昌至福州。

第八纵：西安至昆明通道

西安（兰州、西宁）—成都—自贡—宜宾—昆明。包括西成高铁，成昆客专。

2. 八横规划

第一横：北京至兰州通道

北京—呼和浩特—银川—兰州。主要包括北京至呼和浩特至银川至兰州。

第二横：青岛至银川通道

青岛—济南—石家庄—太原—中卫—银川。主要包括胶济客专（济青高铁），石济客专、石太客专、太中银客专。

第三横：陇海高铁

连云港—郑州—西安—兰州—西宁—乌鲁木齐。主要包括连徐高铁，郑徐高铁，郑西高铁，西宝高铁，宝兰高铁，兰新高铁。

第四横：上海至成都（拉萨）通道

上海—南京—合肥—武汉—襄阳—重庆—成都。主要包括上海至成都高铁，川藏快速铁路。

第五横：上海至昆明通道

上海—杭州—南昌—长沙—贵阳—昆明。主要包括沪杭高铁、杭长高铁、长贵高铁、贵昆高铁。

第六横：重庆至厦门通道

重庆—张家界—常德—长沙—赣州—厦门。主要包括重庆经张家界、常德到长沙，长沙经赣州到厦门。

第七横：广州至成都通道

广州—贵阳—成都。主要包括贵广高铁，成贵高铁。

第八横：广州至昆明通道

广州—南宁—昆明。主要包括南广高铁，南昆高铁。

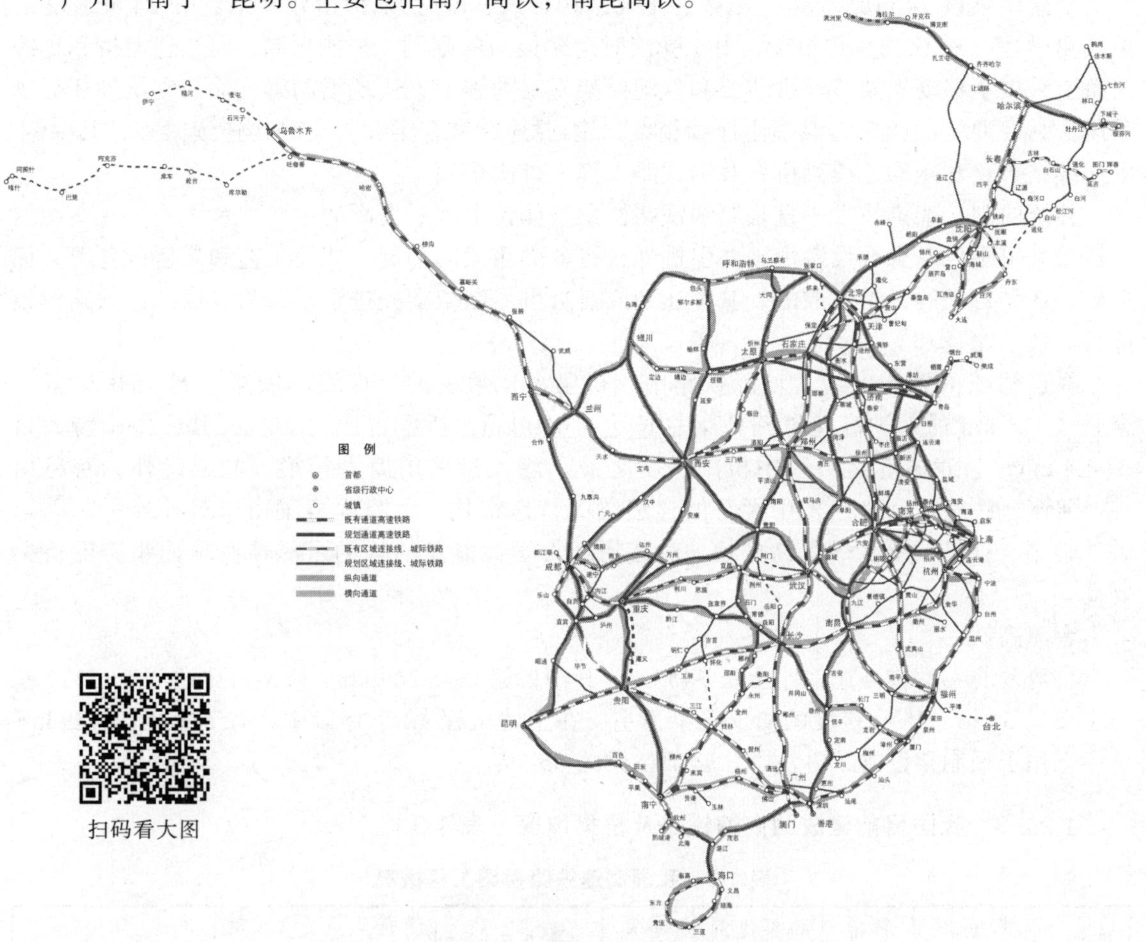

图 1.1　中国高速铁路网规划（2016—2030）

1.2.2.2　我国铁路桥梁发展概况

铁路桥梁的发展建设与我国的经济发展紧密相连。新中国成立以来，我国铁路桥梁不论是在数量上还是在设计理论、制造工艺、架设技术等方面都取得了较大的成绩。21世纪初是我国铁路建设发展的黄金时期，也是我国高速铁路桥梁建设的快速进步期。

新中国成立初期，根据外国在中国设计和建设桥梁的经验，续建和修复了被战争破坏的桥梁，以后通过学习和模仿苏联的模式，形成了自己的设计和建设标准规范。铁路以货物运输为主，桥梁则注重承载能力，并以中小跨度的简支梁为主要结构形式。

随着经济的发展，我国桥梁的结构形式、跨度、设计理论、施工工艺和机械设备等都取得了很大的发展。多年来中国铁路学习借鉴世界发达国家高速铁路建设技术和成功经验，探索和积累符合国情的高速铁路桥梁建设的技术标准、设计技术、建造技术,在高速铁路桥梁设计、施工、科研以及建设管理等方面实现了重大跨越。根据国内外的科研成果和经验,相继制定了速度 200～250 km/h 及 300～350 km/h 新建铁路桥涵设计、施工、质量验收规定,作为客运专线桥梁设计、施工、质检的依据。在秦沈客运专线中,首次采用了预制双线整孔箱梁、无砟轨道箱梁、四片式 T 梁、连续结合梁、刚构连续梁等一批新结构。

秦沈客运专线是我国第一条速度 200 km/h 以上的客运专线,是我国铁路向高速发展的前奏。

全线桥梁以 24 m 双线整孔箱梁为主要结构形式,配之以 20 m 单、双线和 24 m、32 m 单线箱梁。32 m 双线整孔箱梁,由于受当时运架能力的限制,未能预制,但在辽河桥和小凌河桥上采用了移动支架节段拼装法和移动模架现浇的施工方法现场制梁。除简支梁外还分别采用了悬臂灌筑的预应力混凝土连续箱梁、钢-混连续结合梁和斜交刚构连续梁等,其中钢-混连续结合梁和刚构连续梁桥在我国铁路工程中首次采用。

传统的制、架梁技术一直是制约铁路桥梁整体技术水平提高的主要因素之一,在秦沈客专桥梁施工中,除少数设备由国外引进外,在各类箱梁的预制、架设工艺和架桥设备等方面多数是依靠自己的力量完成的,基本达到或接近世界制架梁先进水平,为我国高速铁路建设进行了技术储备。

在已建成的客运专线、城际铁路中,桥梁占比最高的广珠城际铁路达到 90% 以上,全长 1 318 km 的京沪高速铁路桥梁总长达 1 060 km,桥梁占比为 80%,其中昆山特大桥 164.8 km,为我国客运专线中桥梁长度之最。除大量采用简支箱梁预制架设外,跨越山谷、河流、铁路、公路等采用大跨度连续梁等特殊结构。大跨度桥梁由于对外界影响因素敏感性强,且结构庞大,不易更换,对其物理力学性能及结构的可靠性要求比小跨度桥梁要高。

台湾高铁:

台湾台北—高雄高速铁路全长 345 km,其中桥梁总长 269 km,桥梁占比达到 81.5%。桥跨主要以 30 m、35 m 跨度的简支箱梁为主。在土建工程 12 个标段中,有 5 个标段 139 km 桥梁采用了预制架设施工方法,占全部桥梁的 55.3%。

1.2.2.3 我国目前建成的高速铁路及桥梁情况(表 1.3)

表 1.3 我国高速铁路桥梁工程概况

线路名称	全长/km	桥梁/km	桥梁比例/%	桥梁数量	开工日期	建成日期、设计时速/(km/h)	备注
秦沈客专	405	60.0	14.8	211	1999 年 8 月	2002 年 12 月、250	秦皇岛至沈阳北
合宁铁路	148	32.0	21.6	17	2004 年 12 月	2008 年 4 月、250	属沪汉蓉高铁
京津城际	118	100.2	84.9	11	2005 年 7 月	2008 年 8 月、350	属环渤海
胶济铁路	170	30.9	18.2	71	2007 年 1 月	2009 年 1 月、200	新建长度
合武铁路	380	118.7	31.2	203	2005 年 8 月	2009 年 4 月、250	属沪汉蓉高铁
石太客专	227	33.8	14.9	83	2005 年 6 月	2009 年 4 月、250	属青太高铁
甬温铁路	351	125.8	35.8	142	2004 年 12 月	2009 年 9 月、250	属杭福深高铁
武广客专	1079	472.5	43.8	681	2005 年 6 月	2009 年 12 月、350	属京港高铁

续表

线路名称	全长/km	桥梁/km	桥梁比例/%	桥梁数量	开工日期	建成日期、设计时速/(km/h)	备注
郑西客专	554	265.8	48.0	148	2005年9月	2010年2月、350	属徐兰高铁
温福铁路	211	41.7	19.8	53	2004年12月	2010年4月、250	属杭福深高铁
福厦铁路	234	63.6	27.2	114	2005年9月	2010年4月、250	属杭福深高铁
成灌铁路	65	48.3	74.3	9	2008年11月	2010年5月、200	城际铁路
沪宁城际	324	211.2	65.2	147	2008年7月	2010年7月、350	城际铁路
昌九城际	138	31.9	23.1	34	2007年6月	2010年8月、250	城际铁路
沪杭客专	173	150.4	86.9	19	2009年4月	2010年10月、350	属沪昆高铁
海南东环	308	103.5	33.6	126	2007年9月	2010年12月、250	城际铁路
广珠城际	143	137.6	96.2	61	2005年12月	2011年1月、200	城际铁路
长吉城际	112	34.4	30.7	60	2008年4月	2011年1月、250	城际铁路
京沪高铁	1318	1057	80.2	250	2008年4月	2011年6月、350	北京至上海
广深客专	102	57.0	55.9	50	2005年12月	2011年12月、250	属京港高铁
汉宜铁路	292	149.8	51.3	95	2008年9月	2012年7月、250	属沪汉蓉高铁
合蚌客专	131	101.5	77.5	43	2009年6月	2012年10月、350	合肥至蚌埠南
哈大客专	921	679.1	73.7	176	2007年10月	2012年12月、350	属京哈高铁
京石石武客专	1202	920.6	76.6	302	2008年10月	2012年12月、350	属京港高铁
宁杭客专	254	159.4	62.8	53	2009年4月	2013年7月、350	长江三角洲
杭甬客专	155	113.0	72.9	15	2009年4月	2013年7月、350	属杭福深高铁
盘营客专	90	47.2	52.4	13	2009年6月	2013年9月、350	属京哈高铁
津秦客专	288	162.2	56.3	66	2008年11月	2013年12月、350	属京哈高铁
西宝客专	137	121.0	88.3	21	2009年11月	2013年12月、350	属徐兰高铁
厦深客专	513	186.3	36.3	141	2007年11月	2013年12月、250	属杭福深高铁
柳南客专	223	58.5	26.2	90	2009年12月	2013年12月、250	柳州至南宁
武咸城际	76	35.9	47.2	30	2009年4月	2013年12月、200	城际铁路
郫彭线	21	20.6	98.1	1	2010年4月	2013年12月、200	郫县西至彭州
南广客专	557	160.4	28.8	215	2008年12月	2014年4月、250	南宁至肇庆
武石城际	91	55.4	60.9	36	2009年9月	2014年6月、250	城际铁路
武冈城际	36	32.1	89.2	17	2010年2月	2014年6月、250	城际铁路
大西客专	536	443.0	82.6	84	2010年3月	2014年7月、250	西安至太原段
杭长客专	911	663.9	72.9	497	2010年5月	2014年12月、350	属沪昆高铁
成乐客专	135	78.7	58.3	66	2009年7月	2014年12月、250	属成贵高铁

续表

线路名称	全长/km	桥梁/km	桥梁比例/%	桥梁数量	开工日期	建成日期、设计时速/(km/h)	备注
峨眉山线	27	21.2	78.5	28	2009年7月	2014年12月、250	乐山至峨眉山
兰新客专	1776	417.2	23.5	442	2009年11月	2014年12月、250	兰新高铁
贵广客专	815	245.2	30.1	477	2008年10月	2014年12月、250	龙里北至广州南
江成客专	153	82.7	54.1	57	2009年7月	2014年12月、250	属西成高铁
青荣城际	276	182.5	66.1	149	2010年11月	2014年12月、250	城际铁路
郑开城际	50	48.1	96.2	4	2010年1月	2014年12月、200	城际铁路
长贵客专	707	217.9	30.8	480	2010年7月	2015年6月、350	属沪昆高铁
郑焦城际	78	29.9	38.3	16	2010年8月	2015年6月、250	城际铁路
合福客专	850	371.8	43.7	509	2010年4月	2015年6月、350	属京福高铁
哈齐客专	282	173.2	61.4	30	2009年7月	2015年8月、250	属京哈高铁
京津延长	43	25.6	59.5	2	2009年9月	2015年9月、300	天津至于家堡
沈丹客专	208	77.0	37.0	152	2010年4月	2015年9月、250	城际铁路
吉晖客专	360	91	25.2	115	2011年6月	2015年9月、250	城际铁路
兰州至中川机场线	61	19.2	31.5	15	2012年12月	2015年9月、200	城际铁路
成渝客专	305	154.3	50.6	297	2010年9月	2015年12月、350	属沪汉蓉高铁
云贵铁路	222	62.7	28.2	92	2009年12月	2015年12月、250	南宁至百色段
宁安铁路	257	168.7	65.6	104	2008年12月	2015年12月、250	城际铁路
津保铁路	133	93.9	70.6	27	2010年3月	2015年12月、250	天津至保定
郑州至新郑机场线	42	25.4	60.5	10	2012年7月	2015年12月、250	城际铁路
金温铁路	188	56.0	29.8	75	2010年1月	2015年12月、200	新金温铁路
海南西环	345	122.0	35.4	147	2013年1月	2015年12月、200	城际铁路
郑徐高铁	361.9	337.4	93.2	16	2012年12月	2016年9月、350	属徐兰高铁
合计	20264	10327	51	7695			

1.2.2.4 我国高速铁路大跨度桥梁（$L \geq 100$ m）概况

国外高速铁路中，跨度超过100 m的桥梁不是很多。由于国情和地理条件的制约，在我国客运专线中跨度超过100 m的大跨度桥梁较多，已建的客运专线中，100 m以上跨度的桥梁超过200座，其中的杰出代表是已经建成的武广高速铁路的武汉天兴洲长江大桥和京沪高速铁路的南京大胜关长江大桥。我国高速铁路典型大跨度桥梁见表1.4。

表 1.4 我国高速铁路典型大跨度桥梁

序号	结构形式	主桥跨度/m	线路名	桥 名	建成年份
1	公铁两用钢桁梁斜拉桥	98 + 196 + 504 + 196 + 98	武广高铁	武汉天兴洲长江大桥	2009
2	公铁两用连续钢桁拱桥	108 + 192 + 336 + 336 + 192 + 108	京沪高铁	南京大胜关长江大桥	2010
3	公铁两用六塔连续钢桁结合梁单索面斜拉桥	120 + 5×168 + 120	石武高铁	郑州黄河大桥	2010
4	预应力混凝土连续梁桥	80 + 128 + 80	京津城际	北京跨五环主桥	2008
5		80 + 3×144 + 80	福厦高铁	乌龙江大桥	2009
6		75 + 2×120 + 75	郑西高铁	咸阳渭河特大桥	2010
7	连续刚构桥	88 + 160 + 88	温福高铁	田螺大桥	2008
8		108 + 2×185 + 115	广珠城际	容桂水道大桥	2010
9		104 + 2×168 + 112	京港客专	紫坭河大桥	2011
9		80 + 3×145 + 80	温福高铁	白马河大桥	2008
10	下承式钢箱系杆简支拱桥	140	武广高铁	汀泗河大桥	2009
11		128	福厦高铁	木兰溪和丘后特大桥	2009
12	下承式钢管混凝土提篮系杆简支拱桥	112	武广高铁	胡家湾大桥	2009
13	下承式钢箱简支叠拱桥	138.7	哈大高铁	新开河特大桥	2010
14	刚架系杆拱桥	128	昌九城际	永修大桥	2009
15	连续梁拱桥	64 + 136 + 64	温福高铁	昆阳特大桥主桥	2008
16		76 + 160 + 76	京港客专	沙湾水道特大桥	2011
17		60 + 128 + 60	京津城际	北京跨四环路主桥	2008
18		90 + 180 + 90	京沪高铁	镇江京杭运河桥	2011
19	V构-拱组合桥	100 + 220 + 100	广珠城际	小榄特大桥	2010
20	独塔斜拉连续刚构桥	100 + 2×210 + 100	广珠城际	西江特大桥主桥	2010
21	连续钢桁梁柔性拱桥	99 + 198 + 99	福厦高铁	闽江特大桥	2009
22	连续钢桁梁拱桥	99 + 242 + 99	新广州站	东平水道桥	2009

1.2.2.5 高速铁路桥梁美学

桥梁是交通系统的重要组成部分，能够满足人们到达彼岸的心理需求，同时也是让人们印象深刻的标志性建筑，常常成为审美的对象和文化遗产。桥梁作为一种建筑，尤其是大桥，不仅要满足交通使用的要求，还要满足人们观赏及改变环境景观的要求，建在大自然中的桥梁应该与美丽的大自然融为一体。

随着我国铁路桥梁建设水平的不断进步，铁路桥梁的美学效果已经成为现代铁路桥梁建设中必须考虑的重要因素之一，如桥梁的美学比选、桥体结构部件的比例调整、桥梁选线与城市或大地景观尺度的和谐、桥梁的防腐涂装等。高速铁路桥梁在穿越优美的自然景区和城市区域时，作为永久性的建筑工程，建成后将融入所经地区人们的生活中，给景区和城市带来深刻的影响和变化，所以高速铁路桥梁建设应遵循实用、安全、经济、美观的原则，注重工程要求与美学要求的结合，建造与自然环境、人文环境相协调的桥梁工程，同时，作为现代桥梁建筑还力求体现出工程建筑与社会生产力及社会思想意识的同步发展，在实用的前提下塑造出新颖、美观的桥梁造型，在桥梁造型中突出体现简洁明快、轻巧纤细、连续流畅的时代风貌。

1. 高速铁路桥梁美学的原则

（1）桥梁与路线、环境相协调；
（2）力学与美学相结合；
（3）注意附属设施的美学考虑；
（4）注重生态与环境的和谐美。

2. 考虑桥梁美学的具体措施

以高架桥代替高填土，保留桥下动物生态廊道畅通，减少填土对耕地、野生动物栖息地等环境的破坏；减少基础开挖对山坡的影响，以及对周围环境造成的视觉干扰；采用悬臂灌筑、悬臂拼装、架桥机架设以及顶推等施工方法架设，减少施工期间对周围环境的干扰等。

1.2.2.6 我国高速铁路桥梁结构和施工技术发展方向

1. 等跨度连续梁

结合高速铁路无缝线路的铺设要求，等跨度预应力混凝土连续梁每联的桥跨数至少应包括2孔、3孔两种形式，常用的经济跨度以24 m、32 m为主，以桥上不设轨缝伸缩调节器及纵向传力装置为基础，若无缝线路容许，还可以采用4孔一联的等跨度预应力混凝土连续梁。由于考虑我国目前建设的高速铁路多处于冲洪积平原地带，地质条件一般较差，桥墩的沉降难以控制在准确的范围内，小跨度混凝土连续梁对变形的影响较为敏感，且难以适配；另外，按照目前掌握的施工方法，小跨度混凝土连续梁只能现场灌筑和造桥机灌筑施工，工期和工程投资不易控制，故在当前设计和开工建设的高速铁路桥梁上未大量采用，但随着高速铁路向山区发展，此种桥式有发展空间。

等跨度先简支后连续的结构形式：先由工厂预制成24 m、32 m先张或后张简支梁，通过机械化运输架设后，再通过现场张拉体内或体外预应力形成连续梁。既有利于工厂制造及机械化运架的高质量、高速度，又可以改善线路的线性条件，提高乘客舒适性，可适应更高的运营速度。

2. 先张法结构

先张法在国外有大量的应用实例，采用直线配筋，有成套的机具设备，通过高温蒸汽养生，每天可以生产一孔梁，如与工期配合恰当，基本没有存量占地的需求。我国已经解决了折线配筋的先张法预应力混凝土箱梁的设计和施工技术问题，可以将先张法技术应用于24 m、32 m等跨度的简支梁，既可节省材料、缩短施工周期，也可以提高结构耐久性，但没能形成成套生产工艺和配套机具，使其少占地的优势未能充分发挥，随着高速铁路的不断发展，征用土地的困难和费用不断增加，该种结构形式将会得到重视和发展。

3. 下承式桁梁钢-混凝土结合梁

这种桥式的混凝土处于受拉区，有别于传统的混凝土一般位于受压区的钢-混凝土结合梁，法国高速铁路在大跨度拱桥和下承式钢桁梁的桥面采用了钢-混凝土结合梁。我国在普通铁路京山线跨北京二环设置 96 m 跨度的下承式钢桁结合梁桥。

4. 大跨度混凝土组合结构桥

我国高速铁路以无砟轨道为主，桥梁竖向变形必须适应设置无砟轨道的技术条件，另外，设置温度调节器的控制条件随着研究的深入，不断向更大跨度发展，在这样的条件下，一般用在混凝土材料上研究控制收缩徐变的方式，难以满足铺设轨道系统的精度要求。采用大跨度混凝土组合结构使混凝土桥梁受力的方向性更加明确和直接。采用组合结构桥，在合理控制徐变的前提下可以大幅度提高铁路桥梁的跨越能力。

5. 大跨度桥梁

随着我国高速铁路的发展，跨越长江、黄河等的桥梁跨度会不断加大。大跨度桥梁常用桥式无非是悬索桥、斜拉桥、拱桥，并有相应的经济跨度范围。如新建的连（云港）镇（江）铁路五峰山长江大桥采用主跨 1 092 m 公铁两用悬索桥结构（四线铁路设计速度 250 km/h，8 车道公路），2015 年 10 月开工建设，代表了大跨度悬索桥结构在我国高铁上的新应用和跨度上的新发展。

6. 材料和施工工艺

高性能混凝土的研究，可以减少预应力混凝土梁的徐变，提高混凝土结构的耐久性；超级钢的应用可以大大降低桥梁自重和提高桥梁的跨越能力；研究桥梁施工的大型机具装备，研究顶推及转体施工工艺和施工装备，解决特殊条件下的桥梁施工问题。

1.2.2.7 我国高速铁路桥梁技术标准和通用图

技术标准是对铁路建筑物和设备的类型、功能、规模等所做的技术规定。为了统一全国高速铁路的技术标准，加快设计进度和保证设计、施工及运营的质量，我国铁路部门制定了我国客运专线工程建设技术标准和通用图，这些技术标准和通用图是经过广泛的调查研究和方案的技术经济比较选定的，是我国高速铁路建设的依据和标准。现将我国现行的铁路和客运专线工程建设技术标准和通用图的汇总（详见附录一、二）。随着我国铁路的快速发展，其中的技术标准和通用图会随着技术的不断进步而得到进一步的改进和提高。

1. 高速铁路桥梁有关标准的主要内容

我国对高速铁路桥梁的设计标准规定了以下主要内容（具体标准见表 1.5）：

采用 ZK 标准设计活载（0.8UIC），即中国高速铁路列车设计活载；

常用跨度桥梁的刚度和各项变形限值；

桥梁墩台最小纵向刚度限值；

主要承重结构 100 年使用寿命及相应的结构构造措施；

便于养护维修的构造要求。

表 1.5　我国高速铁路桥梁设计标准的主要内容

序号	项目内容	300~350 km/h	200~250 km/h	说　明
1	设计使用寿命	100 年		主要承重结构
2	设计活载图式	ZK（0.8UIC）		
3	线间距	5 m	4.4~4.6 m	
4	线路中心至栏杆内侧	≥4.1 m		
5	线路中心至挡砟墙内侧	≥1.8 m		
6	轨下枕底道砟厚度	≥35 cm		
7	涵洞顶至轨底填土厚	≥1.5 m		
8	涵洞地基工后沉降	≤50 mm	≤100 mm	有砟轨道
9	墩台基础工后均匀沉降	≤30 mm(20 mm)	≤50 mm	有砟（无砟）
10	相邻墩台基础工后沉降差	≤15 mm(5 mm)	≤20 mm	有砟（无砟）
11	箱梁内最小净空高	1.6 m		
12	最外层普通钢筋保护层厚度	≥30 mm		
13	预应力管道保护层厚度	≥管道直径，≥50 mm(≥60 mm)		结构顶面，侧面（底面）
14	桥面栏杆内侧净距	≥13.2 m	≥12.8 m	
15	双线箱梁顶板宽	≥13.4 m	≥13.0 m	
16	桥长超过 3 km 时，在线路两侧每隔 3 km（单侧 6 km）左右交错设置可上下桥的救援疏散通道			
17	用挡砟墙（防撞墙）替代护轨，以便于线路维修养护；桥面应密闭防水，如采用整体桥面，优质防、排水体系，防水伸缩缝，防水层、保护层为纤维混凝土；两侧各有三个电缆槽分别放置通信光缆、信号电缆和低压电力电缆；电缆槽盖板采用活性粉末混凝土（RPC）			

2. 我国铁路活载图式

（1）我国普通铁路活载图式（中-活载），如图 1.2 所示。

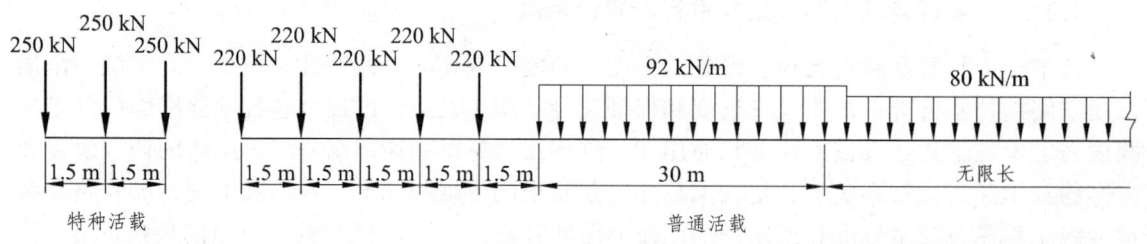

图 1.2　中-活载

（2）中国高速铁路列车设计活载图式（ZK-活载），如图 1.3 所示。

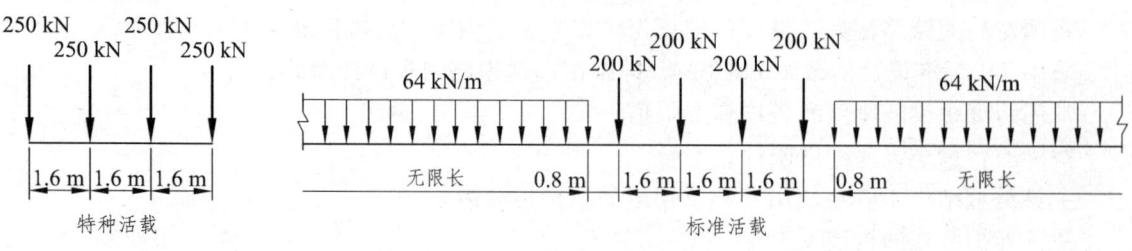

图 1.3　ZK-活载

国外高速铁路活载图式大体分为以下两种体系：一种是欧洲普遍采用 UIC 活载，这种活载图式能够概括当前和可预见的将来在欧洲铁路上出现的荷载，此种荷载兼顾了轻型和重型运营列车荷载，并留有列车发展余地；另一种是日本采用的高速列车专用 N、P 荷载，此种荷载是单一的轻型高速列车体系。

我国科研人员结合中国高速列车和客运专线的实际，全面分析了中-活载与 UIC 活载的主要特点和应用情况，经过综合分析提出了基于 UIC 活载模式的 ZK 活载（即中国高速铁路列车设计活载）图式，采用 0.8 倍 UIC 设计活载。其优点如下：

① 将 0.8UIC 作为我国高速铁路桥梁设计活载，其静、动载效应均大于跨线列车和高速列车的静、动载效应，并有一定余量，且设计或者与实际运营活载间的余量和既有铁路设计或者（中-活载）与实际运营活载间的余量相当。

② 将 0.8UIC 作为我国高速铁路桥梁设计活载，其作用于结构上的内力变化与实际运营活载内力变化规律协调。

③ 经过对 24 m 梁初步估算结果（包括梁、墩、基础在内），采用 0.8UIC 作为设计活载，较 UIC 活载可节省材料用量 10%。

④ 采用 0.8UIC 作为高速铁路桥梁设计活载，有利于向国际标准靠拢，加强国际交流。

拓展知识

1. 中国高速铁路桥梁比例高

主要有以下四个方面的原因：（1）为了线路的平顺。（2）为了提高建设速度。路基是由特定的填料填筑而成，这些填料填筑时是较为松散的，需要依靠机具压实到一定程度，但是由于填料本身的固有性质，即便是机具压实后，填土也会继续发生一定程度的固结沉降，而在软土路基上填筑的路堤，还会附加有软土层的沉降，建设周期较长，而桥梁的沉降较小，完成沉降的周期较短。（3）节省土地，减少拆迁。（4）其他。如减少养护成本，提高线路的安全性；解决行人过道问题，减少管理风险，等等。

2. 我国桥梁工程的发展趋势和技术难点

（1）我国桥梁工程的发展主要集中在跨海桥梁工程，长江、黄河等大江大海之上。长江黄河把中国国土三分，阻碍了南北交通的发展，虽然目前已经建成了若干跨江、跨河大桥，但为数不多，南北交通还是比较困难，影响了国内经济的快速发展。跨海工程的发展主要目的是解决一些城市之间的交通往来。东南沿海一些城市目前还主要靠渡轮来解决交通问题，一旦发展跨海桥梁工程，将会给这些地区带来很大的便捷，同时能够促进这些地区经济的进一步发展。

（2）桥梁工程发展的技术难点：

① 桥梁结构计算一直是桥梁工程发展的一个难点。桥梁计算之所以比较困难，主要是其受荷载复杂性导致的。目前普遍采用的桥梁受力分析方法有四种：有限元分析法、横向分布系数法、加权参数法以及试验法。一般情况下不可能将受力情况模拟得和实际情况一模一样，所以计算结果与实际不相吻合。国内桥梁工程发展前景必定会是先进理论的发展前景，只有更加完善的分析理论推出，才会有更加优秀的桥梁诞生。

② 抗震防灾设计。桥梁的抗震研究是桥梁工程不可忽视的一个问题，现在桥梁的破坏大

多沿顺桥向和横桥向发生，而顺桥向震害尤其严重。地震对桥梁的破坏是多方面的，只要有一个环节破坏，就可能导致桥梁的破坏，这也是桥梁工程抗震研究复杂性的原因。国内要在该方面有所突破，还是比较困难的，是今后科学研究者的工作方向，也是发展跨海桥梁工程、大跨度桥梁工程的基础。

③ 耐久性设计。耐久性是指为结构在预期作用和预定的维护条件下，能在规定期限内长期维持其设计性能要求的能力。一般来说，桥梁结构耐久性不足的后果主要体现在以下几个方面：

- 混凝土方面：开裂、渗透、侵蚀、碳化、碱-骨料反应等；
- 钢筋、钢束方面：锈蚀、脆化、疲劳、应力损失等；
- 黏结方面：钢筋和混凝土之间黏结力削弱、锚头失效、注浆不密实等。

3. 桥梁工程的发展趋势

① 大跨。自从桥梁出现以来，其跨径一直在不断加大。从几米的小桥发展到现今主跨一千多米的特大桥，体现出了人类改造自然的能力在不断变化。由于跨江、跨海工程的出现，桥梁还要向更大跨径的方向发展。

② 轻质。桥梁主体材料将由高强度轻质材料所取代。高强度铝合金、碳纤维等材料将取代当代的桥梁钢、混凝土成为桥梁建筑的主体材料，实现轻质目标；不同类型轻质材料组合拼装的各类新型斜拉桥、悬索桥、轻质拱桥将一跨而过大川、巨流或小海湾，实现 1 500 m 以上大跨目标。

③ 智能。桥梁上装配的计算机、传感器等人工智能系统将可以感知风力、气温等天气状况，同时可以随时通过自动监测和管理系统保证桥梁的安全和正常运行，一旦发生故障或损伤，将自动报告损伤部位和养护对策。

④ 环保。从结构体系、建材和施工方法等方面来考虑桥梁对环境的影响。例如，在山区建桥更应该照顾山体和植被；在选用建材时应使用对环境影响小的材料。同时桥梁结构必将更加重视建筑艺术造型，重视桥梁美学和景观设计，重视环境保护，达到人文景观同环境景观的完美结合。

相关规范、规程与标准

[1] TB10002.1—2005 铁路桥涵设计基本规范. 北京：中国铁道出版社，2005.
[2] TB10621—2014 高速铁路设计规范. 北京：中国铁道出版社，2015.
[3] TB10623—2014 城际铁路设计规范. 北京：中国铁道出版社，2015.
[4] 《高速铁路桥涵施工与维护》课程标准.

项目小结

（1）国外高速铁路桥梁的特点：不同国家均有自身的标准和特点。除已经有高速铁路运营的 17 个国家外，世界其他国家也在进行本国高速铁路的规划和建设。

（2）我国高速铁路网规划：已经运营的高铁线路占世界高铁的 50% 以上，有世界上最长的高速铁路运营经验，"八纵八横"的高速铁路网基本建成，路网密度在不断加大。

（3）我国高速铁路桥的特点：桥梁占比超过 50%，以桥代路，以 32 m 简支箱梁为主，连续梁为辅，长桥多，大跨度桥梁异彩纷呈，代表桥梁为武汉天兴洲大桥，南京大胜关大桥，郑州、济南黄河大桥等。

（4）我国高速铁路桥梁结构和施工技术发展方向：等跨连续梁、先张法结构、结合梁、组合结构桥、大跨度桥梁、材料和施工工艺。

（5）我国高速铁路桥梁技术标准和通用图，铁路设计活载图式。

课程资源

复习思考题

1.1　试总结我国高速铁路的运营和建设概况。
1.2　我国高速铁路桥梁的基本特点有哪些？
1.3　什么是ZK活载和中-活载？其特点是什么？试画出ZK活载和中-活载图式。
1.4　我国高速铁路桥梁最常用跨度是多少，试分析采用的原因。
1.5　试比较我国与国外高速铁路桥梁的异同。
1.6　试总结桥梁在我国已建成高速铁路线路中所占的比例及作用。
1.7　试总结我国高速铁路桥梁的主要类型。
1.8　试总结我国高速铁路桥梁施工规范和标准的作用，并对有关规范的电子版本归类。
1.9　试分析我国高速铁路桥梁的发展方向。
1.10　试搜集我国已建成大跨度高速铁路桥梁的图片及建设情况信息。
1.11　试搜集我国在建的大跨度（或较长）高速铁路线路桥梁的图片及建设情况。

项目 2　高速铁路桥涵施工准备和施工测量

项目描述

施工准备是为施工建立必要的技术和物质条件,是施工得以顺利进行的基本保证。做好施工准备工作,对于加快施工进度、保证工程质量和施工安全、降低工程成本具有重要意义。通过本项目学习,学生应了解施工调查的依据、施工调查的内容、施工调查的编制、施工方案建议、设计文件现场核对、主要施工机械设备的选择、施工作业指导书的编制、施工技术交底、施工的临时工程;熟悉桥涵工程施工测量的流程和一般规定,掌握施工复测、施工控制网测量、施工放样和竣工测量的方法。

学习目标

1. 能力目标
- 具备在工程师的指导下进行一个工区施工调查的能力;
- 具备在工程师的指导下为一个工区进行技术准备的能力;
- 具备在工程师的指导下进行技术交底的能力;
- 具备查阅相关测量技术标准的能力;
- 具备编制测量技术方案的能力;
- 具备导线外业观测及内业计算的能力;
- 具备采用二等水准测量的方法进行水准点加密的能力。

2. 知识目标
- 掌握施工调查的基本步骤和基本内容;
- 掌握设计文件现场核对的主要内容;
- 熟悉施工方案及主要施工机械设备的选择;
- 掌握施工作业指导书的主要内容和相关规定;
- 掌握施工技术交底的主要内容和相关规定;
- 掌握临时工程的主要内容和相关规定;
- 了解施工测量准备工作和技术标准;
- 掌握导线的布设形式;
- 掌握导线的外业观测以及内业计算;
- 掌握二等水准测量的外业观测及内业计算。

相关案例

(1)某新建高速铁路某标段正线起讫里程为 DK213+254.54~DK254+477.47,线路长 41.22 km,设计行车速度为 350 km/h,主要工程包括:路基 0.89 km/1 段、桥梁 40.341 km/2 座、40-40 m 滑移模架现浇梁、制存梁场 2 处,制架箱梁 1 172 孔、现浇梁 7 联,钻孔桩 10 211

根 30.172 7 万 m、墩柱承台 1 237 个、路基挖填方 23.274 3 万 m³、无砟轨道及轨道精调 82.44 km。线路位于山地与平原交接地带，沿线所经地貌有平原区、低山丘陵区。地势呈东北、西南两侧高、中间低，地面高程 0～40 m。线路经过地区属暖温带大陆型季风气候区，四季分明。所经区域路网交错，交通运输便利，国道、省道四通八达，各县乡均有公路联通，可以作为工程施工时的主要运输干道。

（2）某客专 4 标段施工里程为 DK340+930～DK355+220 段，全长 14.29 km，合同造价 X 万元。桥梁基础部分采用桩基，部分采用明挖基础。路基支挡工程一般采用明挖基础。全线分两个工区，二工区正线里程 DK344+391～DK355+220，正线线路长度 10.828 7 km，二工区施工长度为 9.092 94 km，标段内包括路基 4.068 km，桥梁 2 座 5 024.97 km，涵洞 8 座，框构小桥 2 座，旅客地道 1 座，连续梁 1 处（60+100+60）m，站场 1 个，1 个综合维修工区，DK347+235 处混凝土搅拌站 1 座，DK349+050 处级配碎石拌和站一座。三工区施工里程为 DK340+930～DK347+250 段，其中路基 DK340+930～DK341+587 段共计 0.657 km，涵洞 2 座共计 51.2 延米，隧道 2 座共计 4.539 km。

任务 2.1　施工准备

2.1.1　工作任务

通过学习下面的内容，能够在老师（工程师）的指导下，根据提供的相关资料，模拟完成一个单位工程的施工调查；初步提出一个桥梁单项工程所需要的施工准备内容。

2.1.2　相关配套知识

施工准备工作的基本任务是为桥涵工程的施工建立必要的技术和物质条件，合理统筹安排施工力量和施工工地，是施工企业做好目标管理、推行技术经济承包的重要依据，也是施工得以顺利进行的基本保证。施工准备通常包括施工调查、设计文件现场核对、施工方案及主要施工机械设备的选择、施工作业指导书编制、施工技术交底、临时工程设计等。

2.1.2.1　施工调查

施工调查前应编制施工调查计划，明确施工调查的依据、调查的主要内容及方法、参加调查的人员及分工等。

施工调查应根据编制项目和单项（单位）工程实施性施工组织设计需要，按不同深度分别进行，单项（单位）施工调查应结合施工放样测量进行。当施工调查发现设计与实际不符时，施工单位应以书面形式及时联系勘察设计单位和其他相关单位处理。

1. 施工调查的依据

（1）工程招、投标文件；
（2）施工承发包合同文本；
（3）设计文件；
（4）企业技术管理文件。

2. 施工调查的主要内容

（1）跨越河流的最高洪水位、最低水位、常年水位及相应水位的流速，河道通航条件及标准，河流洪水期和枯水期，当地降雨、降雪量、冰冻期，全年的天气温度、气候状况、风向和风速。

（2）沿线桥涵工点分布情况，工点附近地形地貌、地质构造、地下水位情况，当地最大冻结深度及地震烈度等。

（3）可供施工利用的山坡荒地、需要占用的耕地和拆迁建筑物情况，施工期内对当地水利排灌和交通设施的影响情况及解决方案。

（4）当地劳力和生产物资供应、工业加工能力，通信设施和水陆交通运输能力，水源和电源等供应能力，砂石料供应、可供利用的房屋数量、生活物资等供应情况，当地计量、检验机构情况。

（5）当地有无地区性疫病和卫生防疫状况、风俗习惯以及施工队伍应注意的事项等。

（6）修建各项临时工程场地、施工机械运输组装场地及设置施工防排水措施等资料。

（7）桥梁所在位置的地上地下管线分布、交通运输及跨线工程情况，并调查提出制、架梁施工方案。

（8）设计采用现场桥位制梁时，应调查桥位地形及地基情况、水文情况、桥下交通和通航条件等。

（9）设计采用桥梁预制和运架施工方案时，应调查以下内容：

① 运梁便道、路基、桥梁墩台及涵洞等有关运架梁工程的承载力、施工情况及施工质量能否满足运梁要求。

② 对运梁车及组装后的架桥机运行地段的高压线、通信线、广播线、立交桥、隧道、渡槽及其他影响运架梁设备走行净空和工作净空的障碍物进行调查，提出解决办法和时间要求。

③ 特殊困难架梁地段的桥址地形、电力供应情况及运输道路情况。

④ 施工材料及预制梁运输路径和架桥机架梁顺序。

⑤ 桥梁预制场的场址及地质地貌、水电供应、道路交通、施工排水等情况。

（10）当桥址位于文物古迹密集地区、风景区时，应向当地有关部门了解文物古迹分布、保护要求情况及当地对环境保护的规定和要求等情况。

3. 编写施工调查报告

现场施工调查应采用现场勘察和沿线走访相结合的方法进行，并应携带必要的文件和设计资料在现场进行核对。现场施工调查完毕后，应编写施工调查报告。施工调查报告应包括下列内容：

（1）桥涵工程设计概况、重点桥梁工程水文及地质情况、施工技术特点和难点等。

（2）工程施工条件及场地情况，沿线交通和供水、供电、供油情况，主要材料和地方材料的供应条件和供应方式，砂石料场分布情况，生活物资供应情况，临时房屋和临时通信的解决方案等。

4. 施工建议方案

（1）施工区段划分及施工队伍驻地、大型临时工程的设置方案。

(2)施工道路的布局及现有道路的改、扩建方案。
(3)施工供水、供电方案和工地发(变)电站的设置方案。
(4)砂石料场设置及其开采规模、运输方法及供应范围。
(5)主要材料供应基地、试验室、制梁场及混凝土拌和站设置和规模。
(6)重点桥梁工程施工方法及措施。
(7)施工机械设备配置方案和租赁机械设备意见。
(8)影响桥涵工程施工的障碍物拆迁方案。
(9)预制梁的运输路径和架设顺序。
(10)施工调查中发现的主要设计问题和优化设计的意见。

2.1.2.2 设计文件现场核对

桥涵工程开工前,施工单位必须组织有关人员对设计文件进行全面核对,核对中发现的问题应及时以书面形式递交勘察设计单位进行解决,设计文件核对完成后,施工单位与勘察设计单位应分别形成书面报告,并呈交给建设单位和相关单位。

现场核对时应重点核对以下主要内容:
(1)桥涵位置地形、地貌、水文和地质资料。
(2)桥涵的结构、孔径、跨度和设计位置与既有铁路、公路及建筑物等的位置关系。
(3)桥涵的平立面位置、设计高程和主要结构尺寸的协调情况。
(4)设计施工方案和技术措施的可行性。
(5)设计主要工程数量、材料与设备的品种、规格的准确性。
(6)设计征用土地界线及既有建筑物拆迁补偿数量的准确性。
(7)设计排水系统及导流设备位置的合理性。

2.1.2.3 施工方案及主要施工机械设备的选择

1. 编制实施性施工组织设计

桥涵工程开工前,应根据设计文件、施工调查报告和承发包合同要求编制实施性施工组织设计,其主要内容应包括:
(1)编制依据、工程概况、工程数量、工期要求、工程特点、重点工程。
(2)施工管理机构及施工队伍部署,临时用地计划、临时工程计划、材料供应计划、机械设备计划、资金计划和劳动力配备计划等。
(3)桥涵工程施工进度计划,重点工程施工方案和应急预案、方法及技术措施,制架梁方案和水、电供应方案等。
(4)施工安全、质量,工期、进度等保证措施。
(5)环境保护、水土保持措施和施工工程节能、节料等降低工程成本措施。

桥涵工程主要施工方案和施工方法应根据工程规模、工期要求、地质水文条件、现场施工条件、设备供应情况、环境保护要求、工程费用等,进行综合技术经济比选确定。在施工过程中应根据方案实施情况,重点对施工方法、资源配置等进行动态调整。

2. 施工机械设备选择的原则
(1)应根据桥涵工程设计文件、现场施工条件及施工方案进行选择。在编制实施性施工组织设计时,应根据机械施工工作量、工期要求、机械台班产量定额等,制定详细的机械设备使用计划,明确机械设备种类、性能、配置数量和进、出场时间等。

(2)主要机械设备应考虑一定的备用能力,以保证桥涵工程安全顺利施工。

2.1.2.4 施工作业指导书

1. 基本要求

施工作业指导书是根据分部、分项工程施工具体要求,针对特殊工程、关键节点工序向施工人员交待作业程序、方法及注意事项,落实各项验收规范和标准,指导现场施工作业,严格控制工程质量,确保施工安全,满足节能环保要求等需要制订的作业及工艺标准。施工作业指导书应按照标准化管理要求,将先进成熟的工艺工法、科学合理的生产组织和建设标准、质量目标、安全环保要求以及现场施工条件相结合进行编制,做到图文并茂、简明易懂、可操作性强。

桥涵工程中的分部、分项工程以及工艺复杂或技术难度大的工程,应结合工程特点和实际情况,编制施工作业指导书,并按照施工作业指导书组织施工。施工作业指导书编制应符合《铁路建设项目施工作业指导书编制办法》(铁总建设[2015]188号)的规定。桥涵工程施工应通过现场作业交底和人员培训等措施,确保施工人员全面掌握作业指导书的内容和参考。

2. 编制范围

混凝土工程施工(包括模板、钢筋、混凝土、预应力工程)、钻孔桩施工、深基坑开挖支护及降排水、承台施工、墩台施工、梁部工程施工、特殊结构拱索施工、防水层及保护层施工、桥面系及附属设施施工等,以及采用新技术、新工艺、新材料、新设备的施工作业。

3. 主要内容

(1)适用范围。

(2)作业准备。

(3)技术要求。

(4)施工程序与工艺流程。

(5)施工要求。

(6)劳动组织。

(7)材料要求。

(8)设备机具配置。

(9)质量控制及检验。

(10)安全及环保要求。

2.1.2.5 施工技术交底

施工技术交底是施工单位项目总工程师及技术主管人员依据设计文件和设计技术交底纪要,将施工方案及施工工艺、施工进度计划、过程控制及质量标准、作业标准、材料准备及工装配置、安全措施及施工注意事项等向参与施工的技术管理人员和作业人员传达的过程。

施工前应按《铁路建设项目技术交底管理暂行办法》(铁建设[2009]115号)的规定进行施工技术交底。施工技术交底应分级进行,直至作业层。项目总工程师应对项目部各部室及技术人员进行技术交底，项目技术主管人员应对作业队技术负责人进行技术交底，作业队技术负责人应对班组长及全体作业人员进行技术交底。交底应交到工班和作业人员，作业人员应明确和掌握桥涵等结构物的几何尺寸、高程、施工工艺、质量标准、安全技术措施等要求，明确施工材料、工艺、质量、安全、环保、进度要求及所采用施工规范、工程验收标准等，严格按照施工图、施工组织设计、作业指导书、施工及验收规范的有关技术规定施工。测量放样技术交底，应由项目部测量主管负责；交底资料应经技术部门负责人审核，测量人员在技术交底后进行施工放样。施工技术交底应形成书面记录，交底资料应签字齐全，留存备查。

1. 项目总工程师技术交底的主要内容

工程概况、设计文件、实施性施工组织设计、总体施工安排及主要工程进度计划；施工现场调查情况、施工场地平面布置、大临设施及过渡工程方案；主要施工技术方案及工艺方法，采用的新技术、新结构、新材料和新施工方法；工程重难点及主要危险源；主要工程材料设备、主要施工装备、劳动力安排及资金需求计划；工程技术和质量标准，重大技术安全环保措施；设计变更内容、施工中应注意的问题等。

2. 项目技术主管技术交底的主要内容

总体施工组织安排、施工作业指导书、分部分项工程交底；作业场所、作业方法、操作规程及施工技术要求；采用新技术、新工艺的有关操作要求；工程质量、安全环保等施工方面的具体措施及标准；有关施工详图和加工图，包括设备加工图和拼装图、模板制作设计图、配筋图、基坑开挖图、工程结构尺寸大样图等；试验参数及配合比；重大危险源的应急救援措施；成品保护方法及措施；施工注意事项等。

3. 作业队技术负责人技术交底的主要内容

作业标准、施工规范及验收标准，工程质量要求；施工工艺流程、工艺细则、操作要点及质量标准；质量问题预防措施及注意事项；施工技术措施和安全技术交底；紧急情况下的应急救援措施、紧急逃生措施等。

4. 施工技术交底要求

（1）技术交底要细致全面，讲求实效，不能流于形式，要交到基层施工班组。

（2）施工技术交底后应形成技术交底纪要，并附必要的图表。参加技术交底人员应签字确认，并加盖项目技术部门公章后生效。

（3）施工技术交底纪要应累计预留编号，装订成册，由技术部门负责保存，工程竣工时纳入工程档案。

2.1.2.6 临时工程

临时工程开工前，应根据《铁路大型临时工程和过渡工程设计暂行规定》，结合临时工程特点及施工工期，本着统筹规划、合理布局、安全适用的原则编制设计文件，经相关单位批准后方可进行施工。

桥涵工程施工的临时工程主要包括：

临时便道便桥、临时码头、栈桥、水上施工作业平台、混凝土拌和站、制梁场、存梁场、场外运梁线路及大型龙门吊机走行线、砂石料场、临时支架结构、架桥机运梁便道等。

制梁场、混凝土拌和站等临时工程应通过建设单位的验收,其他临时工程应由施工单位验收,符合相关标准后方可使用。

1. 制梁场、存梁场建设应符合下列规定

(1)制梁场建设前应编制实施性施工组织设计,其规模应根据供应范围内桥梁种类、数量、梁的供应时间、生产周期及以后的拆迁、场地恢复等因素综合考虑。

(2)制梁场选址应根据架梁计划设在桥比较集中及运输距离比较适中的地段内。既要有利于桥梁预制、存放、运输和架设,又要考虑交通状况、地形地质、水电供应、砂石料源、环保等情况,须经综合技术经济比较确定具体位置。

(3)预制场应易于与线路连接,便于运梁。预制场应与既有公路网连接,便道应满足各种机械设备、工程材料及成品进出场运输需要。

(4)当桥梁工程采用预制梁架设施工方案时,运梁道路及桥上临时轨道应满足不同运架设备的运行要求,必须具有足够的承载能力并应平整、顺直,保证预制梁顺利运输。施工前应根据运架设备运行技术要求制定相应标准,经相关单位批准后实施。

(5)制梁场场地布置应满足生产流程和存梁数量的需要,并应考虑桥梁静载试验所需场地和设置道路及排水系统的场地要求,一般宜采用横列式布置。对数量较少的梁型,可按大跨桥梁建设台座,利用"一台多用"制梁以减少费用。横列式布置是将制梁生产线和梁的运输线平行设置。这种布置占地较大,但工艺流程合理,存梁不受运输条件限制,适宜大批量生产。

(6)后张梁制梁台座和先张梁张拉座必须经过专项施工工艺设计,具有足够的强度、刚度、稳定性和适应操作需要的构造,保证满足制梁各阶段施工荷载(包括顶梁施工荷载)及施工操作要求。

(7)存梁台座的地基和结构应具有足够的承载力,不应发生不均匀沉降,并保证台座顶面高差不大于桥梁底面设计允许偏差值。对有盐雾侵蚀影响的梁场,存梁台座顶面应高出地面0.8 m以上。存梁场地应排水畅通、无积水。

(8)后张法混凝土梁预制场建设尚应符合《铁路后张法混凝土梁预制场建设技术指南》(TZ321—2009)的规定。

2. 临时便道便桥、临时码头施工应符合下列规定

(1)施工便道、便桥应优先利用既有道路、桥梁,必要时通过加固既有桥梁、加宽既有道路来满足施工车辆通行的要求。施工过程中应经常维修、养护,并做好和当地道路主管部门的协调工作。

(2)新建的便道便桥宜统一设置路面宽度、道路等级,较长的临时道路还应设置会车道,在陡坡急弯处应设置交通警告标志。

(3)运梁通道应符合《铁路架桥机架梁暂行规程》(铁建设[2006]181号)的有关规定。

(4)便道、便桥修建应根据水文地质、周围环境等现场条件、施工方案等经技术经济比选确定,并应按最大荷载进行设计。

(5)临时码头应建在水深能满足运输船只停泊、陆上交通便利的处所,平面布置应能满足临时存、装、卸料及周转大(重)件结构的要求。

3. 混凝土拌和站建设应符合下列规定

（1）拌和站建设应结合项目特点和其他临时设施布置统一进行规划建设。

（2）拌和站宜建在混凝土结构物密集、用量集中的地段或重要构筑物附近，并且运输通道通畅。大型预制场应单独设置拌和站。

（3）拌和站建设方案应考虑管理、投资、交通、设备使用效率以及工程工点分布和需要等因素，通过技术经济比选确定。

（4）拌和站宜进行封闭管理，各工序、各作业区应有明细的操作规程，做到标准化、工厂化管理。

（5）拌和站生产能力应根据供应区混凝土需求计划通过计算确定。根据设计生产能力、混凝土连续浇筑作业要求等选配拌和站主机设备，并应有一定生产能力储备。同一拌和站宜配置不少于2套拌和设备，保证混凝土连续供应。

（6）拌和站拌和设备和储料罐应设置在稳定可靠的基础上，保证在混凝土拌和施工中不产生下沉、倾斜。水上混凝土拌和站设置在浮动式平台上时，应根据上料、计量、拌和、出料等连续生产工艺流程进行专项设计。

4. 水上施工作业平台、施工栈桥施工应符合下列规定

（1）桥梁工程水上施工作业平台应根据基础类型及墩、梁高度、河床地质、河流水文、河岸地形等工况，选择固定式平台、浮动式平台，可采用双壁钢围堰或钢吊箱围堰作为施工平台。各种形式的水上施工平台，均应经过设计计算，具有足够的强度、刚度、稳定性和能满足施工作业需要的平面面积。

（2）应根据施工过程中可能发生的最不利荷载组合分布情况、水流流速及水位变化、风力及风向和机械作业产生的冲击力等工况，进行固定式平台结构强度、承载能力和稳定性检算，对浮动式平台还应进行倾斜度、浮船（箱）连接强度及加固杆件强度检算、牵引机锚碇力计算。施工作业平台顶面应高于设计施工水位（包括波浪高度），固定式平台不应小于1.0 m，浮动式平台不应小于0.5 m。

知识拓展 1

1. 桥梁下部结构主要施工设备

（1）明挖基础设备。开挖设备（挖掘机、空压机等）、基坑支护设施、抽水设备、混凝土设备、试验检测设备及其他辅助施工设备。

（2）钻孔桩施工设备。钻机（冲击钻、旋转钻、套管钻、旋挖钻机等）、混凝土设备、钢筋设备、试验检测设备及其他辅助施工设备。

（3）承台施工设备。开挖设备（挖掘机、空压机等）、抽水设备、模板设施、混凝土设备、钢筋设备、试验检测设备及其他辅助施工设备。

（4）墩台身施工设备。模板设施、支架设备、起重设备、混凝土设备、钢筋设备、试验检测设备及其他辅助施工设备。

2. 桥梁上部结构主要施工设备

（1）桥位制梁设备。膺架（或移动支架造桥机、移动模架造桥机、挂篮等）、张拉设备、

混凝土设备、钢筋设备、试验检测设备及其他辅助施工设备。

（2）预制梁设备。包括台座、模板、张拉设备、混凝土设备、钢筋设备、吊装及滑移设备、试验检测设备；采用蒸汽养生时应含蒸汽养生设备；以及其他一些辅助施工设备。

3. 其他

施工单位要根据桥梁工程各部位的结构形式、地形地貌情况并结合本单位实际情况合理选择配备施工所需机械设备，确定其参数，提前做好准备，以保证工程工期、安全和质量。

知识拓展 2

一、某高铁施工调查报告（集团公司项目部）

1 工程概况

1.1 工程项目概况

新建××至××高速铁路位于××，线路西起×市，自×站引出，沿既有铁路通道向东，经××至××市，引入××站，正线线路长度 307.93 km。××高速铁路的实施对加快基础设施建设、推进国家级发展战略实施具有重要意义。

（××高铁地理位置示意图）

1.2 本标段线路概况

本标段为新建××至××高速铁路站前工程×标段，线路位于××境内，经××。正线起讫里程为××，线路长×× km，合同总价××亿元。

（××高铁×标线路示意图）

1.3 主要设计标准

（1）铁路等级：高速铁路；

（2）设计行车速度：350 km/h；

（3）正线数目：双线；

（4）线间距：5.0 m；

（5）最小平面曲线半径：7 000 m；

（6）最大坡度：一般 20‰，困难地段 30‰。

1.4 主要工程数量

主要工程内容为：（×标段主要工程项目及数量汇总表）

1.5 重、难点工程

1.5.1 施工特点

（1）标段线路全长 41.22 km，桥梁 40.976 km，占标段全线总长的 98%。其中连续梁 7 座，40-40 m 滑移模架现浇梁 1 座，桥跨类型多样，结构复杂；

（2）跨越既有线及水源保护区施工，工期短、施工难度大、环保要求高。

1.5.2 重、难点工程

（1）悬臂灌注连续梁施工

本标段共有 7 处连续梁，分别为：

××特大桥 DK216+440.33～DK216+553.93 里程段跨规划国道 309（32+48+32）m 连续梁；跨省道 DK224+126.48～DK224+304.18，（48+80+48）m 连续梁等。均采用梁体悬臂灌注

施工，连续梁施工是本项目施工重点。

（2）移动模架现浇梁

本标段×河特大桥共有40孔40 m现浇连续梁，均为跨河水中桥梁，且施工周期较长，是本标段的重点也是控制工期工程。目前，应业主提议，设计院已同意将40孔40 m现浇梁变更为32 m简支箱梁，相关变更手续未正式确认。

（3）CRTSⅢ型板式无砟道床施工

CRTSⅢ型板式无砟轨道技术新、质量标准高，其施工技术特别是结构精度、测量及质量控制技术要求严格，施工质量直接影响到高速行车的安全、平稳和舒适度。CRTSⅢ型板式无砟轨道施工是本工程的一个重难点。

（4）标尾×工业园区征地拆迁量大

房屋拆迁地处×工业园区繁华地段，该段内有多家厂房及附属设施，起止里程为DK252+000 ~ DK253+000，红线内需拆迁房屋14 400 m²，房屋类型主要有×厂厂房及宿舍楼（最高4层）等等。

2 地质水文及自然条件

2.1 地形地貌

线路位于山地与平原交接地带，沿线所经地貌类型有平原区、低山丘陵区。为平原剥蚀堆积地貌，地形平缓，波状起伏，地势稍高的低丘、缓坡为剥蚀区，地势低洼的洼地、丘间低地为剥蚀堆积区，地势呈东北、西南两侧高、中间低，地面高程0 ~ 40 m。

2.2 工程地质

2.2.1 地质构造

（1）地层

沿线地层属华北地层系，主要分布新生界第四系松散沉积层，×河东岸出露下元古界粉子山岩组及元古界花岗侵入岩。

（2）区域地质构造

××区域属于华北地台中背斜3个二级构造单元。沿线主要经过××南隆起区北侧边缘、×断裂带及×凹陷3个三级构造区。

2.2.2 不良地质

（1）采空区

沿线采空区主要为开采硬质黏土矿、煤矿及铁矿所形成，零星分布于××地。

（2）地面沉降

由于地下水超采造成地下水水位埋深逐年加大，形成了×市等地下水降落漏斗。

（3）地面塌陷

区内地面塌陷主要为采空区塌陷。地下矿层大面积采空后，矿层上部岩层平衡条件被破坏形成采空塌陷和地面变形。

（4）特殊土

① 湿陷性黄土

局部段落分布第四系风积砂质新黄土，褐黄色，中密 ~ 密实，稍湿 ~ 潮湿，土质较均匀，含少量孔隙，具湿陷性，湿陷系数 $\delta_s = 0.015 ~ 0.035$，为Ⅰ级（轻微）非自重湿陷性场地，需加强排水措施，路堑边坡需防护。

② 膨胀性岩土

沿线上第三系（N）黏土具中等~强膨胀性，分布于×市境内；×河西岸 DK207+809.83~DK213+251.50 段路基。

③ 软土、松软地基

沿线软土呈零星分布，主要分布于沟渠、水塘内软土，一般厚度仅为 0.3~0.5 m，个别可达到 1.0 m 左右，以淤泥和淤泥质土为主。

2.3 气候情况

线路经过地区属暖温带大陆型季风气候区，四季分明，春季干旱少雨多风；夏季炎热多雨湿度大；秋季天气晴爽、旱涝不均；冬季干燥，雨雪稀少。根据气象统计资料，沿线多年平均降水量 594~770 mm，年内降水集中在 6~9 月，占年降水量的 70%~80%；多年平均蒸发量 1 600~2 300 mm，3~6 月占全年蒸发量的 50% 以上。根据历年气象和调查资料，沿线土壤最大冻结深度为 0.5 m。

2.4 地下水特征

（1）地表水

地表水沿线跨越大小河流众多，河流水量随季节变化明显，旱季时多数河流水量较小，雨季河水暴涨。部分河水对混凝土结构具侵蚀性。（×标止线主要河流表）

（2）地下水

地下水水位埋深一般在 5~30 m。地下水主要由大气降水补给，个别河流附近由地表水补给，排泄以蒸发和抽取地下水为主。

（3）沿线水质对混凝土侵蚀性评价

地下水对混凝土结构一般具硫酸盐侵蚀性，环境作用等级为 H1。

2.5 工程建设条件

2.5.1 交通运输情况

（1）铁路

沿线既有铁路交通较为发达，铁路交通运输条件便利。

（2）公路

本线所经区域路网交错，交通运输便利，线路经过地区国道、省道四通八达，各县乡均有公路连通，村村通公路工程在各县展开，为本线材料运输提供了便利条件。线路远离公路地段通过整修既有县乡道路或新建施工便道以满足施工要求。

2.5.2 沿线水源情况

本线经过地区水源较丰富，地下水资源丰富且埋深较浅。施工用水可就近取水，对于附近河流流量较小或无地表水的工点，可考虑打井取水。

2.5.3 沿线电力情况

本项目沿线所经地区电网发达，电力资源充足，高压电源线分布广，沿线各县均有 110 kV 变电站，城镇附近施工用电较易取得可靠的大容量电源。

2.5.4 当地建筑材料的分布情况

（1）工程用砂料

本项目范围内的中粗砂资源也主要集中在×河及附属水库附近，且储量丰富，但由于沿线地方政府设有禁采期和禁采区，施工集中期，有可能供应紧张，因此，需要提前存砂；部分区段砂源确实紧张的,桥梁下部、路基附属可采用符合规范要求的机制砂,但必须报批。

(2)工程用石料

本标段沿线石料储量较丰富,比较适合作为建筑材料。基本能满足本项目施工的石料需求。

3 施工现场勘察

经系统筹划,充分考虑全线工程分布及外围环境,分别对线路几处重难点控制工程、梁场及轨道板场进行现场勘察。

3.1 ×河特大桥跨峡山水库简支梁

工点位置:距离××约21 km处。

道路情况:从×市经国道、乡道,再修建约2 km便道到达河边。

工点特点:此工点为×水库饮用水水源保护区,水面宽约380 m,静水,最深处水深6~7 m。

3.2 ×特大桥跨S221省道(40+64+40)m连续梁

……

4 材料供应情况

4.1 主要材料供应方案

本项目涉及甲供材料主要有:氯化聚乙烯防水卷材、聚氨酯防水涂料、复合吸声板、梁端伸缩缝(耐候钢)等。联采物资主要有:水泥、钢材、钢绞线、外加剂。自购主要材料有:粉煤灰、矿粉、锚具、砂石料、预埋件、柴油等。

4.2 钢材、水泥、掺和料

4.2.1 钢材资源

沿线钢材资源较为丰富,大型钢厂主要有××钢铁有限公司。价格基本为××元/t,汽车运输,平均运距180 km。

4.2.2 水泥调查

沿线能够利用的水泥资源主要有两家水泥生产企业:

(1)××水泥,位于×市境内。年产水泥130万t,联系人,联系电话。

(2)另有××水泥、××水泥。

水泥到场价315~345元/t,粉罐运输,平均运距170 km。

4.2.3 粉煤灰

高铁沿线能够利用的粉煤灰资源主要有两家水泥生产企业……

一级粉煤灰到场价170元/t,二级粉煤灰到场价150元/t,平均运距150 km。

4.2.4 矿粉

高铁沿线能够利用的矿粉资源主要有以下两家生产企业……

4.2.5 混凝土

高铁沿线商品混凝土站较多,生产能力、原材质量、建设要求能满足临建使用的有多家。经接洽,商混拌和站计量系统需要重新标定,原材料要根据业主指导配比对应的料源供应,桩基所用商混的到场价370~400元/m^2。待分部拌和站通过验收,即可开始自产混凝土施工。

4.3 地材(碎石、中粗砂)

4.4 二三项料

当地经济较为发达,均有大型五金供应公司,施工中涉及的通用材料均能满足要求。

4.5 来料的运输方法及缺料地段的解决措施

×省境内铁路、高速、国道、省道、县道均四通八达,运输以公路运输为主,无缺料地段。

5 沿线供电及生产生活用水情况,施工供电、施工通信

5.1 水源

沿线跨越大小河流众多,河流水量随季节变化明显,旱季时多数河流水量较小,雨季河水暴涨,地下水水位埋深一般在 5~30 m,可就近取河水或打井取水。

5.2 电源及施工供电

本项目沿线所经地区电网发达,电力资源充足,高压电源线分布广,沿线各县均有 110 kV 变电站,城市附近施工用电较易取得可靠的大容量电源。本线工程施工用电采取直接利用地方电源的方式供应。(外部电力需求计划表)

线下施工共三个分部:一分部管段长度 5.32 km,需要安装变压器 4 台,引入地方电力,安装费正在商讨;二分部管段长度 19.28 km,需要安装 7 台变压器,引入地方电力,安装费初步确定 133 万元包干,电价实行峰谷平梯度单价,基本电价 0.783 8 元/(kW·h);三分部管段长度 16.62 km,需要安装 7 台变压器,引入地方电力,安装费初步确定 67 万元包干,电价实行峰谷平梯度单价,基本电价 0.783 8 元/(kW·h)。

5.3 施工通信安排

本段工程大部分沿线通信网络发达,电信、移动、联通等通信网络均已覆盖所经地区,施工通信较为便利。部分通信信号盲点位置,进场后及时与当地通信部门联系增设信号基站。

6 临时工程以及大临设施的安排意见

6.1 施工便道与既有交通运输连接情况

本线所经区域路网交错,交通运输便利,线路经过地区国道、省道四通八达,各县乡均有公路相通,已形成由高速公路、国道、省道、县际公路构成的纵横交错、多层次的公路网络,为本线材料运输提供了便利条件。本工程拟利用××作为工程材料运输的主要通道,线路远离公路地段通过整修既有县乡道路或新建施工便道以满足施工要求。

6.2 施工便道

按照业主对施工便道的最新文件要求,沿 9 标线路走向利用红线及少量临时征地设置一条贯通双车道主便道,从既有县乡路引入,新建便道 42 km,利用既有县/乡道路 123.6 km。进出拌和站、梁场、钢筋加工厂、连续梁地段适当提高便道等级,确保材料运输顺畅。

全线贯通便道为泥结碎石路面,采用双车道路面宽 6 m,路基底宽 7 m,在既有线路侧设置 30 cm×20 cm 排水沟,横坡 4%,底层填筑 0.3 m 厚三七灰土,顶面填筑 0.2 m 泥结碎石,横向双侧排水,横坡 2%。每隔 200~300 m 设一会车道,长 25 m,路面宽度增加 2 m。(施工主便道(1)图)

临时引入便道采用泥结碎石路面,路面宽 6 m,路基宽 7 m,在既有线路侧设置 30 cm×20 cm 排水沟,横向双侧排水,横坡 4%,底层填筑 0.3 m 三七灰土,顶面填筑 0.2 m 泥结碎石。(施工主便道(2)图)

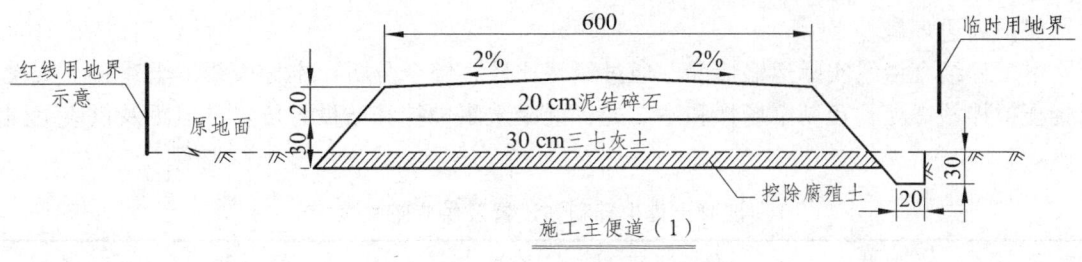

施工主便道（1）

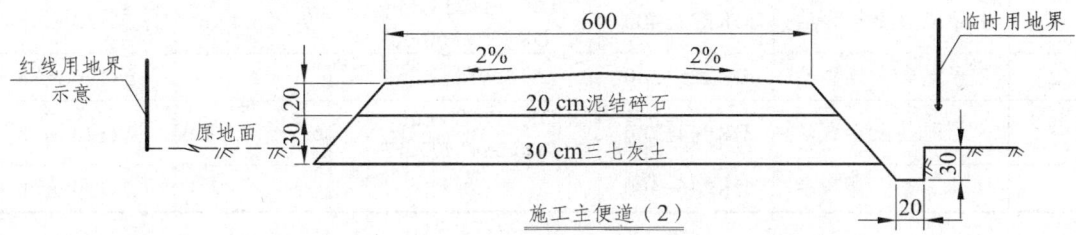

施工主便道（2）

6.3 施工便桥

本标段线路多处跨越河流，其中×河河面宽度达到 380 m，为保证施工及材料运输通道畅通，拟搭设 420 m 水中栈桥与陆地贯通施工便道相连，施工栈桥主要采用钢管桩基础、贝雷梁纵梁、工字钢横梁和钢板面板，其搭设间距需按车辆荷载等级挂-120 t 受力安全检算，并应考虑雨季最高水位线。其余小型河流处施工便道拟采取埋设过水涵管的方式通过。

6.4 简支箱梁预制场与轨道板存放场

6.4.1 简支箱梁预制场

本标段设置制梁场 2 处。铺架方向均先往×方向架梁，然后再往×方向架梁。×制梁场设置在本线路 DK225+300，属于桥位提梁方式的梁场。供应里程为 DK213+622～DK236+954 范围内 657 孔箱梁的预制任务。制存梁场共占地 11.3 hm²。梁场沿长度方向布置箱梁台座 8 座：其中 32 m 跨度 7 座，24 m 兼 20 m 跨度 1 座；存梁台座 86 座。（梁场大临数量一览表）

×制梁场设置在本线路 DK246+400 处，属于桥位提梁方式的梁场。供应里程为 DK237+186～DK254+475 范围内 515 孔箱梁的预制任务。制存梁场共占地 10.7 hm²。梁场沿长度方向布置箱梁台座 8 座：其中 32 m 跨度 7 座，24 m 兼 20 m 跨度 1 座；存梁台座 86 座。

梁场内采用轮胎式移梁机搬梁，泵送施工混凝土，单层存放方式存梁。

6.4.2 轨道板临时存放场

本标段需要铺设 CRTSⅢ型轨道板 15 248 块，轨道板临时存放场设置在×梁场位置。

6.5 混凝土集中拌和站及钢筋加工厂

6.5.1 混凝土集中拌和站

为保证施工质量，主体工程混凝土采用集中拌和，电子自动计量配料系统进行配料，混凝土灌车运输，混凝土泵输送灌注。拌和站的分布应满足混凝土运输时间的要求，其设置原则要充分考虑混凝土需用量与生产能力的配套。

受场地条件限制，在桥梁场地内进行拌和站选址时，设置在靠近汽车运输便道一侧，以便于混凝土及原材料运输。在拌和站规划建设过程中，选在交通条件良好，地势平坦处建站，注意保护周边环境。

本工程结合沿线实际运输情况,通过经济比较,综合分析,本标段线下土建施工共设置混凝土搅拌站2处,预制梁场拌和站2处;混凝土集中拌和站设置位置、运距及供应范围如下表:

混凝土集中拌和站设置及供应范围表

序号	名称	位置	供应范围	运距	设备配备
1	1号混凝土拌和站	DK222+400	DK213+254.54～DK237+860.003	9～15.4 km	2×120 m³/h
2	2号混凝土拌和站	DK225+300	×梁场		2×120 m³/h
3	3号混凝土拌和站	DK244+200	DK237+860.00～DK254+477.47	6.3～10.3 km	2×120 m³/h
4	4号混凝土拌和站	DK246+400	×梁场		2×120 m³/h

拌和站建设应综合考虑施工生产情况,合理划分拌和站拌和作业区、材料计量区、材料库、运输车辆停放区等。站内道路和材料存储区采用20 cm厚C20混凝土硬化,站界用2.5 m围墙封闭。场内需设置集水池、沉淀池、污水过滤池和洗车区,四周应设置排水系统。

6.5.2 填料集中拌和站

根据本标段对路基填料的要求,基床表层填筑级配碎石,基床底层填筑AB组填料或改良土,需对填料进行改良。根据本标段路基土石方分布情况,拟在DK217+200路基左侧附近设置1处填料集中拌和站,占地1万 m²。(拌和站平面布置图)

6.5.3 钢筋加工厂

结合桥梁工程量分布情况,按照实际施工需要设置6处钢筋加工厂,进行本标段钢筋的加工制造,实现标准化、工厂化生产。

××高铁×标段钢筋加工厂设置一览表

编号	供应范围	位置	对应里程
1号钢筋加工厂	DK213+254.54～DK217+502.5	线路左侧100 m	DK214+900
2号钢筋加工厂	DK217+502.56～DK225+000	1号拌和站内	DK222+400
3号钢筋加工厂	DK225+000～DK234+316.27	线路右侧50 m	DK228+300
4号钢筋加工厂	DK234+316.27～DK241+125	线路左侧100 m	DK236+900
5号钢筋加工厂	DK241+125～DK248+490	2号拌和站内	DK244+100
6号钢筋加工厂	DK248+490～DK254+477.47	线路左侧100 m	DK251+630

钢筋加工厂采用数控滚笼机加工设备,以满足钢筋加工的精确度的同时减少人工消耗。加工厂实行封闭管理,采用2 m的围墙封闭。钢筋场分为材料储存区、钢筋加工区、预制生产区、成品存放区等。场内道路和材料存储区用20 cm厚C20混凝土进行硬化,场界用围墙封闭,四周设置排水系统。作业队伍拟租用镇上民房作为住宿地。(钢筋场平面布置图)

6.6 施工驻地

项目经理部驻地租用×市高速公路出口附近三层楼房;

一分部驻地租用马镇民房（距离路基工点 300 m）；

二分部驻地租用马镇二层楼房及院内场地（位于 221 省道边，距离现场 2 座连续梁直线距离约 900 m）；

三分部驻地租用家镇三层楼房（距离主线 1 100 m 左右）；

制梁分部租用家镇党家村二层楼房；

运架梁分部租用家镇党家村二层楼房；

三电迁改分部租用名城小区套房。

6.7 弃土场设置

本标段共设 2 处弃土场：一处位于 DK217+000 左侧的仙村弃土场（占地 7 000 m^2，弃土量 1.92 万 m^3）；一处位于 DK222+400 右侧的官庄村弃土场（占地 3 万 m^2，弃土量 10.65 万 m^3）。

7 施工所在地环境保护要求、文物保护要求及交通疏解情况的调查情况，地方防疫、医疗卫生设备和民族风俗习惯

本标段所处地理位置，属于眉村-朱里水源地，特别是跨峡山水库，属于一级水源保护区。施工中的水资源保护是施工的重点。施工现场应制定施工不扰民措施及防粉尘、防噪声措施。

夜间施工必须办理夜间施工许可证，做好周边居民的解释和安抚工作；现场严禁焚烧有毒有害物体，遇有实际需要按有关规定进行处理。

做好生态环境保护的宣传教育工作，提高认识，加强环保意识，接受环保监测单位的指导和监督。本项目区域内文物存在可能性极小，工地若发现文物应立即停工及时上报市文物局、监理单位、建设单位，待专业人员处理完毕后，根据管理部门的意见落实。

本项目区域附近有马镇中心卫生院等 20 余家各等级医疗单位，医疗卫生设备齐全，能满足施工建设医疗及应急救援需求。

当地社会治安稳定。

8 生活物资供应的安排意见

该地区属经济较发达地区，生活物资供应充足。

9 成本要素的调查

9.1 人力资源调查

×市人口密度较大，线路两侧遍布村落，人力资源丰富，当地劳动力充足，工资略高于全国劳务平均价。

9.2 工料资源调查

人工费单价：大工工费 200～300 元/工日，小工工费 150～180 元/工日；

水泥单价：P.O 42.5 散装水泥单价在 320 元/t；

粉煤灰单价：I 级单价 170 元/t，II 级单价 150 元/t；

钢材单价：I 级钢单价 2 150 元/t，II 级钢材 2 050 元/t；

地材单价：河砂 65 元/m^3，碎石 52 元/m^3。

9.3 周转材料的供应和市场信息

本项目墩身及承台各 1 237 个，另有 40-40 m 现浇梁及（40+64+64+64+40）m 连续梁拟变更为 32 m 简支梁后，墩身承台施工数量还要增加。模板拟采用自加工及租赁相结合的方式配置，加工部分交由建工机械公司完成，承台模板加工单价 4 100 元/t，墩台模板加工单价 5 100 元/t。租赁可采用曲阜模板厂的成品模板，承台模板租赁单价 135 元/(t·月)；墩台模板

租赁单价215元/(t·月)。

9.4 当地设备租赁市场情况

设备资源租赁分布在××市，市场资源比较饱和，租赁价格基本合理，租赁公司具有一定规模。

9.5 可利用劳务队的信誉、资质、承包价格信息

分包方选用必须从集团公司注册审核通过的合格分包方中选用，在使用前要进行黑名单的筛查，筛查时限及范围为股份公司、集团公司近三年的黑名单。股份公司、集团公司以及公司都有劳务分包限价，分包方管理部在劳务分包方招（议）标时，由公司成本部根据项目实际情况，测算劳务单价，在限价范围内选择劳务分包方，超出限价的单价，由项目部上报公司按照例外事件处理。

10 征租用地和建筑物、各种管道、电力设施、通信设施等拆迁改移情况

本标段工程穿越×市两区两市。全标段红线征地约74 hm²、临时用地24 hm²（不包含梁场）、取弃土场3.7 hm²；改移国防光缆4处、改移通信基站4处、改移低压线线路32处、改移10 kV电力线路49处、改移35 kV电力线路9处、改移110 kV电力线路1处、改移天然气管道2处、改移石油管道1处；河道防护6处。河道防护主要措施包括土工布铺设、铅丝石笼护脚、土工石笼袋护坡等内容。对全线线路进行现场踏勘，拆迁数量多、难度大，已与沿标段相关市区、镇办、铁路办和征迁部门取得了联系，争取尽快开始红线内和临时征地工作。

二、某高铁施工调查报告（分公司项目部）

1. 施工区段的划分，队伍驻地，大临工程布置

1）施工区段划分

×项目经理部施工管段为DK511+910~DK527+500，全长15.889 km。主要工程情况包括：

（1）桥梁工程

桥梁工程全长为13 416.59 m，分别为：

××特大桥224个墩台及5联连续梁，里程为DIK511+910~DIK519+587.69，长度7 677.69 m；

××12+16+12 m刚构大桥，里程为DIK520+394.5~DIK520+445.5，全长51 m；

××特大桥176个墩台，里程为DIK521+812.1~DIK527+500，全长5 687.9 m。

2）驻地布置

项目经理部驻地设置于DK518+770（金龙村）线路右侧3.8 km处，利用××塑钢厂房屋，驻地内设置办公区和生活区，试验室设置于项目经理部驻地内；驻地办公区为三层楼房，住宿区位于项目经理部院内，为两栋平房。驻地位于S104省道边，交通便利，由项目部门前道路直行3.8 km可到达DK518+770（金龙村）施工现场；项目部电话线及宽带接入，可满足通信要求。

项目经理部计划设置2个工区，分别位于DK512+100（油郭村）和DK521+400（白家空村），工区生活区、住宿区均采用彩钢房，周围进行绿化及硬化，坚持标准化、人性化原则建设。

3）大临工程布置

（1）拌和站布置

计划设置混凝土拌和站2处，分别位于DK512+100（油郭村）和DK521+400（白家空村），

于DK512+100处设置90 m³/h拌和站，DK521+400处设置120 m³/h拌和站。

90型拌和站每站设置10个储料罐，每罐储料量为100 t；120型拌和站每站设置10个储料罐，每罐储料量为150 t；并且设置2个5 m×3 m×2.5 m蓄水池。

每个拌和站共设8个料仓，4个合格料仓，4个待检料仓；料仓规格为18 m×30 m×2.2 m，料仓为50墙砖砌，后墙支撑为砖砌50三角式砌筑，每1.2 m砌筑一道三角支撑，其隔墙上安装彩钢棚架，高度为9 m，料仓及料斗采用全封闭彩钢棚架，每个拌和站分别安装120 t地磅。

90型拌和站安装变压器630 kV·A，120型拌和站变压器630 kV·A，站内施工用电线路均采用地埋形式。

每站各修建发电机房1个，并且配置250 kW的发电机1台。发电机房开设门窗，利于散热。站内设置机料库、洗车池、洗车台、排水沟等相应设置，保证拌和站使用功能。各站设置标养室及试验操作室，对原材料及混凝土试件进行试验。

（2）钢筋加工厂布置

计划设置钢筋加工厂5处，分别位于90型拌和站附近、××特大桥64+136+64 m连续梁拱处、××特大桥兰州方桥台小里程1 km处、××特大桥0#台大里程1 km处、××特大桥175#墩小里程1 km处，分别进行2个特大桥钢筋加工。钢筋加工厂内设置钢筋原材料存放区、钢筋加工区及半成品存放区。钢筋原材料存放区采用混凝土条形台座，高度0.3 m，长度5 m，台座间距2 m；钢筋原材料分规格存放，并标志清楚；钢筋加工区设置钢筋加工棚，钢筋加工棚高度3.8 m；半成品存放区采用混凝土条形台座，规格同钢筋存放区，对半成品钢筋进行编号存放。

（3）施工便道的布局及便桥的搭设。

根据沿线实地勘察，施工便道设置于线路红线外，沿线路右侧设置，便道宽度6 m，采用建筑垃圾对便道进行硬化，硬化厚度50 cm。

在DK517+911处跨退水渠设置一座14 m跨便桥，在DK520+600处跨改前四支渠设置一座8 m跨便桥，便桥均采用贝雷梁搭设，保证全线便道通畅、方便、快捷。

2. 施工供电、供水网络和工地变电站的设置

1）施工供电及变压器设置

为了满足施工需要，施工管段共布置14台变压器，分别为：

（1）油郭村DK512+929处（160 kV·A T点为油郭村西台区南干线03距离360 m），供电范围为DK511+910～DK513+900；

（2）正东村DK515+100处（250 kV·A T点为大阜工线076距离100 m），供电范围为DK513+900～DK515+900；

……

2）施工供水情况

沿线路村庄较多，田地机井、水井比较多，与地方进行协商，可利用现有水井满足施工临时用水，在两个工区各设置一口机井以满足拌和站及生活用水。

3. 当地民族、民风、医疗设施调查

××市主要以汉族为主，无特别风俗习惯。有清明节扫墓、夏暑"奠墓""清暑""中元，

麻姑献祖"十月一日送寒衣，冬至与"腊日"祭先等。在敦崇伦常、和睦乡里，亲朋好友相互邀约饮宴，村里基本为一线起的"二层楼房"。

医疗机构有：×市人民医院，国营二级乙等；×厂职工医院，国营一级甲等。当地医疗技术、设备、医疗条件满足应急需要。

4. 砂石料场地选择和场地布置开采规模、运输方法及供应范围

项目部对当地所用的碎石河砂等材料进行了实际的调查，碎石及河砂均满足施工需要。所利用河砂均为渭河河砂，×砂场（日产量5 000 m³），×乡砂场（日产量3 000 m³），供应的河砂符合施工要求，4~10月为汛期，各砂场停止采砂，建议设置存料场，对河砂进行储存，满足汛期施工用砂需求。

所利用碎石为北山碎石，对×县办石料厂、×石料厂等四家进行了调查，××石料厂生产量较大，日产量8 000 m³，符合施工用料要求。

砂石料采用自卸式翻斗车运输，从S104省道途经油郭村到达90型拌和站；从S104省道经桥头村向南到达120型拌和站，两个走向均为水泥路，道路通畅快捷。碎石运距为45~60 km，河砂运距8~10 km。

5. 施工机具设备和利用地方机械设备的意见

根据实地调查及设备自有情况，为满足施工需要，拟新购设备：HZS120拌和站2台，250 kW发电机2台。

内部租赁：8 m³混凝土运输车20台，46 m混凝土泵送车1台，Z50装载机6台，PC220挖掘机4台，QY20汽车吊4台，QY25汽车吊4台，QY25K5汽车吊2台，8 m³洒水车3台，8 t自卸汽车10台。外协：SR220旋挖钻机10台，20 t汽车吊10台，Z50装载机10台，30泵混凝土输送泵12台，JZL90螺旋钻机12台，200 kW发电机2台。

外租：PC220挖掘机4台。

内部调拨：100 kW发电机1台，75 kW发电机1台。电力局提供：630 kW变压器1台，500 kW变压器1台，315 kW变压器5台，250 kW变压器2台，160 kW变压器5台。

地方机械设备：地方挖掘机、装载机、压路机、吊车、平地机及平板拖车资源丰富，租赁价格与内部租赁价格相差不大，在施工高峰期可考虑租赁使用。

6. 影响施工的障碍物的拆迁方案及时间安排

沿线进行现场调查，施工中需要拆迁房屋、跨越道路、电力线、通信线、水井、坟情况如下：

1）电力线情况

DK512+000 跨王家村南北水泥路路旁，10 kV高压电力线1条

DK512+430 跨380 V电力线1条

DK512+720 跨福满多旁南北走向10 kV电力线1条

……

2）通信线情况

DIK525+240 斜跨刘家崖南北水泥路两侧通信线3条

DIK526+421 斜跨韩家堡南北土路通信线1条

DIK526+896　斜跨韩家堡南北水泥路旁通信线 1 条

……

3）跨路情况

DK512+000　跨王家村南北水泥路 1 条

DK512+500　跨 S104 省道

其中从 S104 省道有 12 条路通往××客专主线路线，具体如下：

S104 省道

××线→油郭村→线路

××线→×厂→过×高速涵洞（限高 3.8 m）→南佐村线路

……

××线→甘谷寨子→过×高速涵洞（限高 4.5 m）→彭家堡处线路

4）占房屋、房屋、坟、井、管道情况

DK512+000　占王家村西北角 1 户

DIK526+595　跨韩家堡沿南北小路农田灌溉深埋水管 1 个，线路南侧有机井 1 口

……

其中正东村和刘家村占用民房比较多，是拆迁重点难点。根据施工图纸重点考虑拆迁，目前拆迁重点为×河特大桥所占耕地及房屋、××特大桥 5 处连续梁位置耕地，计划×年×月底完成。

7. 重难点工程及措施

重难点工程：

项目部管段内重点工程为跨 S104 省道及×渠 60+100+60 m 连续梁，跨××公路 32+48+32 m 连续梁，跨××输水管 32+48+32 m 连续梁、40+64+40 m 连续梁，跨××高速公路 64+136+64 m 连续梁拱。难点工程为跨××高速公路 64+136+64 m 连续梁拱及路基工程。

措施：

项目经理部根据施工图情况，提早解决施工用地，优化施工方案，优先组织安排施工，细化施工管理内容，编排合理的施工节点工期计划，保证重点工程按照节点工期要求顺利完成。

8. 施工调查过程中发现的问题和优化设计意见

1）路改桥优化设计方案

项目部管段内×特大桥与×河特大桥间，以四支渠为分界存在两段路基，长度分别为 806.81 m、1 665.449 m。两段路基长度较短，且最大填高为 8 m，工后沉降难以控制，对工程情况进行综合分析，建议将两段路基变更为桥梁，主要从以下情况进行考虑：

（1）两段路基长度仅为 2 472.259 m，且地势平坦，两端均接桥梁，地质情况与两端桥梁无较大差异，具备变更为桥梁条件。

（2）两段路基共 7 条立交道路，需设置涵洞通过，路涵、路桥过渡段较多，路基工后沉降难以控制。

（3）结合在建和已运营的几条客运专线情况，路基受冻融、雨季等情况影响，质量病害较多，存在很大的安全质量隐患。

（4）两段路基长度较短，填方数量较小，需投入填料改良设备、路基施工及检测设备、沉降观测设备，资金投入较大。

2）跨S104省道及×渠60+100+60 m连续梁处，现在×渠南侧新修建污水管道2条，不影响桥梁孔跨结构。

3）我管段原设计跨×输水管2处，均设置连续梁，现场勘察为3处，第3处在×高速南DIK515+400处，且和4 m宽水泥路并排，影响了桥梁墩台施工，需要变更。

任务2.2　施工测量准备和标准

2.2.1　工作任务

通过学习以下内容，在老师（工程师）的指导下，在给定的区域（场地），完成施工测量准备工作，主要包括资料收集、现场踏勘、交接桩。

2.2.2　相关配套知识

2.2.2.1　施工测量准备工作

施工测量的准备工作包括：资料的收集、施工图表的审核、现场勘查、测量仪器的检验与校正、测量控制点的交接与复测等内容。

1. 资料收集

测量人员应向施工单位的工程管理部收集相关的设计文件，这些设计文件是设计部门设计、经过业主审核后提供给施工单位的，是施工单位施工的依据。

2. 施工图表的审核

测量人员应对业主提供的设计图纸、图表进行全面的审核，业主提供的设计图纸、图表包括线路平面图、线路纵断面图、线路横断面图、施工用地图、桥梁桩基图、桥梁承台图、桥台图、桥墩图、桥墩附属设施图、桥面附属设施图、铁路桥上救援疏散设施图、埋石点成果表、直线曲线及转角表等。

3. 现场勘查

测量人员应到施工现场进行勘查，勘查的主要内容包括：

（1）施工标段的起点里程桩与终点里程桩的实地位置以及该标段四周的地物、地貌概况。

（2）查看设计定测时线路中桩的位置，以及曲线起点、终点桩位的完好情况。

（3）对照线路纵、横断面图查看与实际地形是否相符，对有误的或漏测的横断面应进行重测或补测。

（4）查看设计图标提供的CPⅠ、CPⅡ、水准点等桩位的实地位置、点位的完好程度、点位的密度。对施工标段需加密的点位，初步确定其位置，以及周边其他已知控制点的情况。

（5）考察施工标段沿线附属构造物的位置，拟定施工放样方案。

4. 测量仪器的检验与校正

施工过程中所使用的测量仪器，必须出具法定计量检定单位提供的检定证明，而且检定证明必须在有效期内才能使用，否则对所使用的仪器必须进行检定，一般测量仪器检定的有效期为1年。

5. 测量控制点的交接与复测

测量人员应会同设计单位、建设单位、监理单位进行实地交接桩，交桩时应实地查验控制点是否完善与稳固，有无丢失、破坏、移动现象，如若出现上述现象，应以书面形式向资料来源单位报告。交接桩应按规范要求履行交接桩手续。

在测量人员实地交接桩以及对控制网资料核对确认无误后，对本标段内的控制网应进行复测，控制网复测分定期复测和不定期复测。控制网复测时应遵循以下原则：

（1）编写复测技术方案；

（2）复测采用的方法和精度应与原测相同；

（3）复测时控制网的坐标系统和高程系统不得更改，当控制点的起算点位发生明显位移时，可改用其他稳点可靠的控制点起算，但不得改变位置基准、方向基准、尺度基准和高度基准。

（4）复测前应检查标石的完好性，对丢失和破坏的控制点应按同精度扩展方法补测。

（5）复测成果与原测成果较差满足规范要求时，采用原测成果，当超限时，应进行二次复测，查明原因，并采用同精度内插法更新成果，提交监理和设计单位确认成果。

（6）复测完成后应编写复测报告。

2.2.2.2 测量作业依据的技术标准

测量作业依据的技术标准主要包括：

（1）《高速铁路工程测量规范》（TB 10601—2009　J 962—2009）

（2）《铁路工程测量规范》（TB 10101—2009　J 961—2009）

（3）《精密工程测量规范》（GB/T 15314—94）

（4）《改建铁路工程测量规范》（TB 10105—2009）

（5）《全球定位系统（GPS）测量规范》（GB/T 18314—2009）

（6）《铁路工程卫星定位测量规范》（TB 10054—2010）

（7）《国家一、二等水准测量规范》（GB/T 12897—2006）

（8）《地面沉降水准测量规范》（DZ/T 0154—95）

（9）《地面沉降监测技术要求》（DD 2006—02）

（10）《建筑变形测量规程》（JGJ/T 8—99）

（11）《高速铁路桥涵工程施工技术规程》（Q/CR 9603—2015）

（12）《高速铁路路基工程施工质量验收标准》（TB 10751—2010）

（13）《高速铁路桥涵工程施工质量验收标准》（TB 10752—2010）

（14）《高速铁路轨道工程施工质量验收标准》（TB 10754—2010）

任务2.3 施工控制网测量

2.3.1 工作任务

复习已经掌握的测量知识和技能，通过学习下面的内容，在老师（工程师）的指导下，在给定的区域，采用导线测量完成桥梁平面控制网的布设，采用二等水准测量完成桥梁高程控制网的布设。

2.3.2 相关配套知识

根据《高速铁路工程测量规范》规定，高速铁路桥梁线下部分测量应在基础平面控制网CPI、线路平面控制网 CPII和线路水准基点的基础上进行，当线路控制网尚未建立或有其他特殊需要时，应建立桥梁测量控制网，复杂特大桥应建立独立的施工平面、高程控制网。施工平面控制网可结合桥梁长度、平面线形和地形环境等条件选用 GPS、三角形网、导线及其组合法测量。高程控制网采用水准测量方法，条件困难地区可采用精密光电测距三角高程测量。下面以导线测量和水准测量为例介绍桥梁平面控制网和高程控制网测量。

2.3.2.1 导线测量

1. 技术要求

桥梁施工平面控制网采用导线测量时，应按三等导线精度要求施测，各项限差见表 2.1。

表 2.1 桥梁施工平面控制网导线测量等级和精度

等级	桥轴线边相对中误差	最弱边相对中误差
三等	1/100 000	1/70 000

2. 导线的布设形式

导线控制网可布设成附合导线、闭合导线或导线网。

3. 选点与埋石

（1）选点要求。

导线点位置的选择，除了满足导线规定等级的技术要求外，在选点前应进行实地踏勘，根据实际地形和已有控制点的分布情况等确定布点方案，在选点时应注意以下几点：

① 导线点宜选在地势较高、视野开阔的地方；
② 为了方便测角，相邻导线点之间应互相通视；
③ 采用全站仪测定边长，应尽量避开强电磁场和发热体的干扰；
④ 导线点的密度要均匀合理，以便于控制整个测区；
⑤ 导线点应尽量靠近路线位置；
⑥ 导线点宜选在便于施工放样和保存的地方，在方便桥梁墩台施工定位的原则下，两相邻导线点间的距离不要小于 300 m。

（2）埋石要求。

导线点埋设深度为 1.20 m，应参照设计单位 CPII点埋桩深度进行埋设，确保埋桩稳固。

为保证点位长期保存，避免锈蚀，导线点标芯应采用不锈钢圆头，标芯、标牌应统一，标石采用混凝土现场浇筑，标石面规格为 40 cm×40 cm。

4. 外业观测

（1）技术要求。三等导线测量的技术要求见表 2.2。

表 2.2 导线测量的主要技术要求

等级	测角中误差/(″)	测距相对中误差	方位角闭合差/(″)	导线全长相对闭合差	测回数		
					0.5″级仪器	1″级仪器	2″级仪器
三等	1.8	1/150 000	$3.6\sqrt{n}$	1/55 000	4	6	10

（2）水平角观测。水平角观测宜采用方向观测法，角度测量的限差要求见表 2.3。

表 2.3 水平角方向观测法的技术要求

等级	仪器等级	半测回归零差/(″)	一测回内 2c 互差/(″)	同一方向值各测回互差/(″)
三等	0.5″级仪器	4	8	4
	1″级仪器	6	9	6
	2″级仪器	8	13	9

（3）边长测量。边长测量应进行气象和仪器常数改正，然后换算为水平距离，并归算至墩顶平均高程面上。气压、气温读数取位应符合规范规定，三等导线测量可在测站和反射镜站分别进行测记。边长测量的技术要求见表 2.4。

表 2.4 边长测量技术要求

等级	测距仪精度等级	每边测回数		一测回读数较差限值/mm	测回间较差限值/mm	往返观测平距较差限值/mm
		往测	返测			
三等	Ⅰ	2	2	2	3	$2m_D$
	Ⅱ	4	4	5	7	

（4）数据处理与精度评定。目前测量数据的处理都采用平差软件进行。

2.3.2.2 水准测量

桥梁施工高程控制网采用水准测量时，应起闭于线路水准基点，按二等水准测量的要求施测。

1. 技术要求

二等水准测量的技术要求见表 2.5、表 2.6、表 2.7。

表 2.5 高程控制网的技术要求

等级	每千米高差偶然中误差 M_Δ/mm	每千米高差全中误差 M_W/mm	附合路线或环线周长的长度/km	
			附合路线长	环线周长
二等	≤1	≤2	≤400	≤750

表 2.6　水准观测主要技术要求

仪器	等级	水准尺类型	水准仪等级	视距/m	前后视距差/m	测段的前后视距累积差/m	视线高度/m	数字水准仪重复测量次数
光学	二等	铟瓦	DS1	≤50	≤1.0	≤3.0	下丝读数≥0.3	—
数字				≥3 且 ≤50	≤1.5	≤6.0	≤2.80 且≥0.55	≥2 次

表 2.7　水准测量限差要求

水准测量等级	测段、路线往返测高差不符值		测段、路线左右路线高差不符值	附合路线或环线闭合差		检测已测段高差之差
	平原	山区		平原	山区	
二等	$\pm 4\sqrt{K}$	$\pm 0.8\sqrt{n}$	—	$\pm 4\sqrt{L}$		$\pm 6\sqrt{R_i}$

注：K 为测段水准路线长度，单位为 km；L 为水准路线长度，单位为 km；R 为检测段长度，单位为 km；n 为测段测站数。

2. 水准点的布设

水准点应沿桥轴线两侧均匀布设，每岸不得少于 3 个，沿桥轴线方向间距宜为 400 m，重点工程应根据实际情况增设，并构成连续水准闭合环。为便于后续施工使用，布设的水准点应尽量与 CPⅠ、CPⅡ 共点，不能共点时可单独埋设。水准点标石应根据地质情况和精度要求埋设，可采用混凝土标石、钢管标石、基岩标石等。水准点应选在土质坚实、观测方便和利于长期保存的地方。

3. 水准测量施测

二等水准测量的施测顺序为：

往测：奇数站为后—前—前—后，偶数站为前—后—后—前。

返测：奇数站为前—后—后—前，偶数站为后—前—前—后。

施测过程中往返观测，应沿同一条路线进行。每一测段均采用偶数站结束，由往测转为返测时，互换前后尺再进行观测。在连续各测站上安置水准仪三脚架时，应使其中两脚与水准路线的方向平行，而第三脚轮换置于路线方向的左侧与右侧。观测间歇时，最好在水准点上结束，否则应设置 2 个固定点，作为间歇点，间歇后，应对间歇点进行检测，符合限差要求即可由此起测。作业前应检查与校正 i 角，保证 i 角绝对值在作业过程中均不超过 15″。测量时，保证前后视距大致相等，减少仪器 i 角对高差观测的影响。为了保证水准尺的稳定性，将尺垫安放在坚实的地方踩实以防止尺垫下沉。用竹竿辅助安置水准尺，确保水准尺在观测时处于竖直状态。观测前 30 min，将仪器置于露天阴影处，使仪器与外界气温趋于一致；对于数字式水准仪，进行不少于 20 次单次测量，达到仪器预热的目的。测量中避免望远镜直接对着太阳，避免视线被遮挡，遮挡不超过标尺在望远镜中截长的 20%。对于宽度较宽的河、湖水中的沉降测量，按照《国家一、二等水准测量规范》(GB/T 12897—2006)跨河水准测量要求进行观测。

4. 平差计算与精度评定

外业观测工作结束后，应对观测数据进行检核，当数据质量符合规范要求后，方可进行平差计算。

（1）数字取位要求。

数字取位要求见表 2.8。

表 2.8 高程控制测量数据取位要求

等级	往返测距离总和/km	往返测距离中数/km	各测站高差/mm	往返测高差总和/mm	往返测高差中数/mm	高程/mm
二	0.01	0.1	0.01	0.01	0.1	0.1

（2）平差计算。

二等水准测量的高差的计算方法与工程测量所讲的水准测量计算方法相同，这里不再重述。

（3）精度评定。

① 每千米水准测量偶然中误差 M_Δ 的计算：

根据各段往返测较差计每千米水准测量高差中数的偶然中误差 M_Δ。

$$M_\Delta = \pm\sqrt{[\Delta\Delta/R]/(4 \cdot n)}$$

式中 Δ——测段往返测高差较差，mm；

R——测段长度，km。

② 每千米水准测量全中误差的计算：

当构成水准网的水准环超过 20 个时，按环线闭合差 W 计算每千米水准测量的全中误差 M_W，每千米水准测量的全中误差 M_W 按下式计算：

$$M_W = \pm\sqrt{[WW/F]/N}$$

式中 W——经过各种改正后的水准环闭合差，mm；

F——水准环线周长，km；

N——水准环数。

任务 2.4 墩台定位

2.4.1 工作任务

复习已经掌握的测量知识和技能，通过学习下面的内容，在老师（工程师）的指导下，根据给定的工程案例，完成桥梁墩台坐标计算，并进行放样。

2.4.2 相关配套知识

桥梁施工放样主要包括墩台纵、横轴线的确定，基坑开挖及墩台扩大基础的放样等内容。本节重点介绍采用全站仪极坐标法和交会法进行桥梁墩台定位。

2.4.2.1 桥梁墩台中心坐标计算

1. 直线桥墩台中心坐标计算

直线桥梁中心线与线路中心线吻合,即桥梁墩台中心均位于桥中线方向上,如果以桥中线方向作为 x 轴,以垂直于桥中线方向作为 y 轴,则第 m 号墩的坐标为:

$$x_m = DK_m - DK_A$$

$$y_m = 0$$

其中 DK_A 为控制点 A 点的里程,DK_m 为第 m 号墩的里程。

2. 曲线桥墩台中心坐标计算

(1)偏距 E 的计算。

当桥梁位于曲线上时,由于每个墩的中心点不在设计中线上,而是位于工作线转折角的顶点上,在桥梁设计时,为使列车运行时梁的两侧受力均匀,桥梁工作线应尽量接近线路中线,梁的布置应使工作线的交点向线路中线外侧移动一段距离 E,这段距离称为桥墩偏距,E 值的计算公式如下:

① 圆曲线。

切线布置:$E = \dfrac{L^2}{8R}$ (m)

平分中矢布置 $E = \dfrac{L^2}{16R}$ (m)

② 缓和曲线。

切线布置:$E = \dfrac{L^2 t}{8Rl_0}$ (m)

平分中矢布置:$E = \dfrac{L^2 t}{16Rl_0}$ (m)

式中　R——圆曲线半径;

L——交点距;

l_0——缓和曲线长;

t——计算点至 ZH(HZ)点的距离。

(2)缓和曲线上墩台中心坐标计算。

如图 2.1 所示,A 号墩在缓和曲线上,A 为工作线交点,A' 为桥墩横向轴线与线路中线的交点。首先计算线路中线上 A' 点的坐标:

$$x'_A = l - \dfrac{l^5}{40R^2 l_0^2}$$

$$y'_A = \dfrac{l^3}{6Rl_0} - \dfrac{l^7}{336R^3 l^3}$$

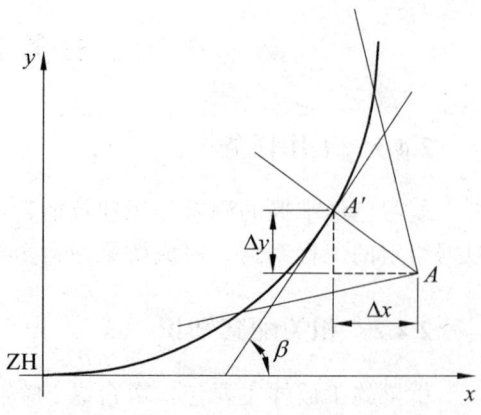

图 2.1　缓和曲线墩台坐标计算算

式中　R——圆曲线半径；

　　　l_0——缓和曲线全长；

　　　l——计算点至 ZH（HZ）的曲线长。

令 A' 点的切线与 x 轴的交角为 β

$$\beta = \frac{90l^2}{\pi R l_0}(°)$$

则工作线交点 A 的坐标为：

$$x_A = x'_A + \Delta x = x'_A + E\sin\beta$$
$$y_A = y'_A + \Delta y = y'_A + E\cos\beta$$

上式中 x'_A、Δx 始终为正；在第一象限，y'_A 为正，Δy 为负；在第四象限 y'_A 为负，Δy 为正。

（3）圆曲线上墩台中心坐标计算。

如图 2.2 所示，C 为工作线交点；C' 为交点所对应之线路中线点，则工作线交点 C 的坐标为：

$$x_C = (R+E)\sin(\beta_0 + \theta) + m$$
$$y_C = (R+P) - (R+E)\cos(\beta_0 + \theta)$$

在第一象限 y_C 为正值，在第四象限 y_C 为负值。

其中：

$$\theta = \frac{180}{\pi R}S$$

θ 为 C' 至 HY 点弧长 s 所对的圆心角。

（4）坐标转换。

上面所述的坐标计算，是在以 ZH（HZ）点为坐标原点的切线坐标系，最后应换算成统一的施工坐标系，换算公式如下：

① 当转向角为右时

$$X_i = x_i\cos\alpha - y_i\sin\alpha + X_{ZH}$$
$$Y_i = y_i\cos\alpha + x_i\sin\alpha + Y_{ZH}$$

② 当转向角为左时

$$X_i = x_i\cos\alpha - y_i\sin\alpha + X_{ZH}$$
$$Y_i = -y_i\cos\alpha + x_i\sin\alpha + Y_{ZH}$$

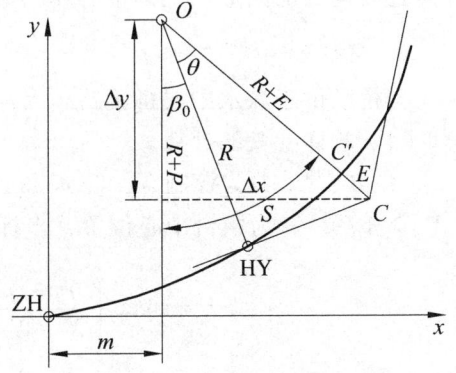

图 2.2　圆曲线上墩台坐标计算

式中　X_i、Y_i——路线统一坐标系坐标

　　　x_i、y_i——切线坐标

　　　α——转向点之间的切线方位角。

2.4.2.2　桥梁墩台中心测设

桥梁墩台中心测设的方法主要有全站仪极坐标法、交会法、导线法等方法。

1. 全站仪极坐标法

（1）放样元素的计算。

已知控制点 $A(x_A, y_A)$、$B(x_B, y_B)$ 两点，桥墩中心位置 F 点的坐标为 (X_F, Y_F)，设在 A 点设站，以 B 点为后视点，要放样桥墩的中心位置 E，则放样元素 S、θ。

$$S = \sqrt{(X_E - X_A)^2 + (Y_E - Y_A)^2}$$

$$\theta = \alpha_{AB} - \alpha_{AE} = \arctan\left(\frac{Y_B - Y_A}{X_B - X_A}\right) - \arctan\left(\frac{Y_E - Y_A}{X_E - X_A}\right)$$

（2）放样方法。

① 置镜于 A 点，后视 B 点，固定照准部，读取水平度盘读数或将水平度盘置零。

② 转动照准部，拨水平角 θ 角，固定制动螺旋。移动棱镜，将棱镜置于视线方向上。

③ 放样水平距离 S，需要多次移动反光棱镜，直至符合要求。该点即为桥墩中心位置 F。

使用全站仪极坐标法由不同控制点放样的点位不符值不应大于 2 cm，在限差以内时取放样点连线构成的图形之几何中心作为墩台中心。

2. 交会法

当桥墩位于深水中或桥梁跨越大河而不能直接定出墩台位置时，宜采用交会法。

（1）放样元素的计算。

A、B、C、D 为控制点，且 A、B、C、D 点坐标为 (X_A, Y_A)、(X_B, Y_B)、(X_C, Y_C)、(X_D, Y_D)，E 为墩台中心位置，坐标为 (X_E, Y_E)，则

$$\alpha_{CA} = \arctan\left(\frac{Y_A - Y_C}{X_A - X_C}\right)$$

$$\alpha_{DA} = \arctan\left(\frac{Y_A - Y_D}{X_A - X_D}\right)$$

$$\alpha_{CE} = \arctan\left(\frac{Y_E - Y_C}{X_E - X_C}\right)$$

$$\alpha_{DE} = \arctan\left(\frac{Y_E - Y_D}{X_E - X_D}\right)$$

交会角 α_1、α_2：

$$\alpha_1 = \alpha_{CA} - \alpha_{CE}$$
$$\alpha_2 = \alpha_{DE} - \alpha_{DA}$$

（2）放样方法。

① 在 C 点上架设仪器，瞄准后视点 A，固定照准部，读取度盘初始值或将度盘置零，然后将照准部向桥墩方向拨动 α_1 角，固定制动螺旋。

② 在 D 点上架设仪器，瞄准后视点 A，固定照准部，读取度盘初始值或将度盘置零，然后将照准部向桥墩方向拨动 α_2 角，固定制动螺旋。两台仪器视准轴方向的交点即为桥墩中

心位置 E 点。墩台中心的放样一般选择 3 个方向，3 个方向形成示误三角形，在限差以内，以示误三角形的重心作为墩台中心。

3. 导线法

桥跨长、跨数少的曲线桥，宜采用导线法确定墩台中心位置。

2.4.2.3 纵横轴线测设

1. 桥梁偏角 α 的计算

相邻梁跨工作线所构成的夹角为桥梁偏角 α，桥梁偏角 α 主要由两部分组成：一是工作线交点对应线路中线的弦线偏角；二是由各个墩台 E 值不等引起的外移偏角。另外当桥梁跨越 ZH（HZ）或 YH（HY）时，尚需考虑其他的一些附加偏角。详细的计算公式可以查阅相关的资料。

2. 纵、横轴线的测设

为了进行墩台施工的细部放样，在测设出墩台中心位置后，尚需测设其纵横轴线，所谓纵轴线是指过墩台中心平行于线路方向的轴线，横轴线是指过墩台中心垂直于线路方向的轴线，桥台的横轴线是指桥台的胸墙线。

铁路直线桥墩、台纵轴线与桥中线重合，无须另行测设，曲线桥需在墩、台中心架设仪器，瞄准相邻的墩、台中心，拨 $\alpha/2$ 角，即为纵轴线方向。测设横轴线时，在墩、台中心架设仪器，自纵轴线方向拨 90°角或 90°减斜交角度，即为横轴线方向。

在施工过程中，墩、台中心定位桩往往会被破坏，但在施工过程中又经常需要恢复，因而在施工范围外应钉设护桩，依此来恢复墩、台中心位置。在水中的桥墩，由于不能架设仪器，也不能钉设护桩，则暂不测设纵横轴线，待筑岛、围堰或沉井露出水面以后，准确地测设墩台中心及其纵横轴线。

任务 2.5　桥梁竣工测量

2.5.1　工作任务

复习已经掌握的测量知识和技能，通过学习下面的内容，在老师（工程师）的指导下，完成桥梁竣工测量作业。

2.5.2　相关配套知识

桥梁竣工测量分两个阶段进行：第一阶段是在桥梁墩台施工完毕、梁部架设以前；第二阶段是在梁部架设完成后，对全桥中线进行贯通测量并在梁面标出桥梁中心线位置。

桥梁下部工程竣工后，架梁前应精密测定墩台顶水准点的高程、桥中线方向及中心里程。墩台顶水准点的高程测量，应与施工水准网复测精度相同，当跨度较大时，应按跨河水准测量方法施测。桥墩中心里程可采用钢卷尺直接丈量法、全站仪组合测距法或坐标法，里程的平差值与设计值比较，不符值大于 10 mm，应予以调整。桥中线方向应在无风，成像清晰稳定时直接测定，当后视点与前视点同向时，正倒镜测量不符值小于 3 mm 时取中值，当后视点与前视点异向时，正倒镜测量不符值小于 4 mm 时取中值。

试车后通车前，应测量活动及固定支座底板与桥墩实际放样里程中心点的相对关系以及支座下摆相对于绞枢中心的相对关系。计算各墩钢梁支点相对于桥墩里程中心点的相对偏差和全桥长度相对偏差。

任务 2.6　桥梁变形监测

2.6.1　工作任务

复习已经掌握的测量知识和技能，通过学习下面的内容，在老师（工程师）的指导下，根据给定的施工区域，完成桥梁变形监测网的布设，并进行桥梁沉降观测。

2.6.2　相关配套知识

2.6.2.1　变形监测技术方案的编制

变形监测技术方案的编制应建立在对施工场地的地质条件、周围环境的详细了解的基础上，会同建设单位、监理单位、设计单位以及相关部门进行协商后制定。变形监测技术方案的编制包括以下几项内容：测区概况、监测内容、监测方法、仪器及精度、监测点位的布置、监测周期、应提交的成果等。

2.6.2.2　变形监测网的建立

变形监测网可采用独立坐标与高程系统，按照工程需要的精度等级建立，与施工控制网联测，一次布网完成。变形测量点分为基准点、工作基点和变形观测点。每个独立的监测网应设置不少于 3 个稳固可靠的基准点，基准点应建立或选在变形影响范围以外便于长期保存的稳定位置，宜选用基础控制网 CPI、线路平面控制网 CPII 和线路水准基点，当需要增设基准点时，应按线路水准基点的埋设要求增设水准点，使用时应作稳定性检验，并以稳定或相对稳定的点作为测定变形的参考点。工作基点应选在稳固的地方，对于观测条件比较好或观测项目较少的工程，可以不设工作基点，在基准点上直接测量变形观测点。变形监测基准网包括水平位移监测网和垂直位移监测网，水平位移监测网可采用独立坐标系统一次布设，利用 CPI 和 CPII 控制点，实现水平位移观测网坐标与施工平面控制网坐标的相互转换，控制点宜采用有强制归心装置的观测墩，观测墩埋设符合规范要求，照准标志应采用强制对中装置的觇牌或红外线测距反射片。垂直位移监测网应布设成闭合环状、节点或附合水准路线形式，水准基点应埋设在变形区以外的基岩或原状土层上，也可利用稳固的建筑物、构筑物设立墙上水准点。

2.6.2.3　垂直位移监测

1. 垂直位移监测的等级及技术要求

高速铁路桥梁变形观测应按三等垂直位移的要求进行观测，读数取位到 0.1 mm。具体精度要求见表 2.9。

表 2.9 垂直位移监测网的主要技术要求

等级	相邻基准点高差中误差/mm	每站高差中误差/mm	往返较差、附合或环线闭合差/mm	检测已测高差较差/mm	使用仪器、观测方法及要求
三等	1.0	0.30	$0.6\sqrt{n}$	$0.8\sqrt{n}$	DS05 或 DS1 型仪器，按《高速铁路工程测量规范》二等水准测量的技术要求施测

注：n 为测站数。

2. 桥梁变形控制的标准

高速铁路桥梁基础的沉降控制、墩台基础的沉降量应按恒载计算，其工后沉降量不应超过下列允许值：墩台均匀沉降量，有砟桥面桥梁≤30 mm，无砟桥面桥梁≤20 mm；静定结构相邻墩台沉降量之差，有砟桥面桥梁≤15 mm，无砟桥面桥梁≤5 mm。

梁部变形以预应力混凝土梁的徐变变形为主，轨道铺设后，有砟桥面梁的徐变上拱值不宜大于 20 mm；无砟桥面梁的徐变上拱值不宜大于 10 mm。

3. 变形监测点的布设

（1）桥台观测标。宜设置在台顶，观测点的数量不少于 4 个，分别设在台帽两侧及背墙两侧。

（2）承台观测标。承台观测标应设置 2 个，观测标 1 设置于底层承台左侧小里程角上，观测标 2 设置于底层承台右侧大里程角上。承台观测标为临时观测标，当墩身观测标正常使用后，承台观测标随基坑回填将不再使用。当底层承台太深难以观测或施工墩身过程中需要掩埋，设置在加台上。

（3）墩身观测标。当墩高大于 14 m 时，需埋设 2 个观测标，墩高小于 14 m 时，需埋设 1 个观测标，观测标一般设置在墩底部高出地面或常水位 0.5 m 左右的位置；当墩身较矮不便于立尺观测时，可设置在对应墩身埋标位置的顶帽上或使用短尺观测。特殊情况可按照确保观测精度、观测方便、利于测点保护的原则，确定相应的位置。

（4）梁体观测标。对原材料变化不大、预制工艺稳定、批量生产的预应力混凝土预制梁，徐变变形观测可每 30 孔选择 1 孔进行；其余桥梁变形应逐跨布置测点。梁体变形观测点应设置在支点和跨中截面，每孔梁的测点数量应不少于 6 个。

4. 变形监测的方法

按照国家二等水准测量方法施测，观测采用闭合水准路线或环线观测。

5. 变形监测的频率

每个桥梁墩台应在承台施工完成后进行首次沉降观测，以后根据表 2.10 要求的时间间隔进行观测。

表 2.10 墩台沉降观测频次

观测阶段		观测频次		备 注
		观测期限	观测周期	
墩台基础施工完成		—	—	设置观测点,进行首次观测
墩台混凝土施工		全程	荷载变化前后各1次或1次/周	承台回填时,临时观测点取消
预制梁桥	架梁前	全程	1次/周	
	预制梁架设	全程	前后各1次	
	附属设施施工	全程	荷载变化前后各1次或1次/周	
桥位施工桥梁	制梁前	全程	1次/周	
	上部结构施工中	全程	荷载变化前后各1次或1次/周	
	附属设施施工	全程	荷载变化前后各1次或1次/周	
架桥机(运梁车)通过		全程	前后各1次	至少进行2次通前后的观测
桥梁主体工程完工~无砟轨道铺设前		≥6个月	1次/周	岩石地基的桥梁,一般不宜少于2个月
无砟轨道铺设期间		全程	1次/天	
无砟轨道铺设完成后		24个月	0~3个月:1次/月	工后沉降长期观测
			4~12个月:1次/3个月	
			13~24个月:1次/6个月	

注:① 观测墩台沉降时,应同时记录结构荷载状态、环境温度及天气日照情况。
② 架桥机(运梁车)通过时观测要求:第一次通过和第二次通过前后均需要观测,其后每1次/1天,连续2次;其后每1次/3天,连续3次,以后1次/1周。

6. 数据处理与分析

(1)对每次观测数据应进行检查整理,确认无误后进行平差计算,得到观测点的高程,以计算沉降量。

(2)根据各观测周期计算的沉降量,绘制各观测点的下沉曲线。

(3)根据下沉曲线计算全桥沉降值及相邻墩台身不均匀沉降差。参照《高速铁路工程测量规范》进行观测结果的分析评估。

7. 应交的技术资料

(1)变形监测技术方案设计书;
(2)控制点与观测点平面布置图;
(3)标石、标志规格及埋设图;
(4)记录手簿;
(5)平差计算、成果质量评定及测量成果表;
(6)变形成果资料分析;

（7）变形测量技术报告；
（8）仪器设备鉴定证书；
（9）测量单位的测绘资质证书；
（10）主要作业人员的测绘作业证书。

8. 注意事项

（1）水准基点使用时应作稳定性检验，以稳定或相对稳定的点作为沉降变形的参考点，并应有一定数量稳固可靠的点以资校核。

（2）每次观测前，对所使用的仪器和设备应进行检验校正，并保留检验记录。

（3）参与观测的人员必须经过培训才能上岗，并固定观测人员。

（4）为了将观测中的系统误差减到最小，达到提高精度的目的，各次观测应使用同一台仪器和设备，前后视观测最好用同一水平尺，必须按照固定的观测路线和观测方法进行，使用固定的工作基点对应沉降变形观测点进行观测。

（5）观测时要避免阳光直射，且在基本相同的环境和观测条件下工作。

（6）成像清晰、稳定时再读数。

（7）随时观测，随时检核计算，观测时要一次完成，中途不中断。

（8）对工作基点的稳定性要定期检核，在雨季前后要联测，检查水准点的标高是否有变动。

（9）首次观测应在观测点稳固后及时进行。首次观测的变形观测点高程值是以后各次观测用以比较的基础，精度要求高，每个观测点首次高程应在同期观测 2 次后取平均值。

（10）要按照观测时间的要求，及时进行沉降和徐变观测，并注意每次进行观测的当日时间应尽可能相同。观测数据按照统一格式填写，现场测量原始记录要建档保存。观测数据中应将各加载阶段标志清楚，避免数据分析时造成误判，如桥墩完成、架梁、桥面恒载施工等。

（11）应加强对观测标的定期检查，采取有效的保护措施，防止施工机械的碰撞、人为因素的破坏等，观测标位置应做醒目标志等措施以保证观测仪标的长期功能及安全要求。

2.6.2.4 水平位移监测

水平位移的监测方法主要有前方交会法、极坐标法等。水平位移监测可按三等水平位移的要求进行观测，具体精度要求见表 2.11。

表 2.11 水平位移监测网的主要技术要求

等级	相邻基准点的点位中误差/mm	平均边长/m	测角中误差/(″)	测边中误差/mm	水平角观测回数		
					0.5″级仪器	1″级仪器	2″级仪器
三	6.0	≤450	1.8	4.0	4	6	9
		≤350	2.5	4.0	3	4	6

相关规范、规程与标准

[1] Q/CR 9603—2015 高速铁路桥涵工程施工技术规程[S]. 北京：中国铁道出版社，2015.
[2] TB10752—2010 高速铁路桥涵工程施工质量验收标准[S]. 北京：中国铁道出版社，2010.
[3] TB10105—2009 改建铁路工程测量规范

[4] TB 10601—2009　J962—2009 高速铁路工程测量规范
[5] TB 10101—2009　J961—2009 铁路工程测量规范
[6] GB/T18314—2009 全球定位系统（GPS）测量规范
[7] TB10054—2010 铁路工程卫星定位测量规范
[8] GB/T 12897—2006 国家一、二等水准测量规范
[9] 《高速铁路桥涵施工与维护》课程标准

项目小结

（1）施工调查的主要依据：工程招、投标文件，施工承发包合同，设计文件，企业技术管理文件。

（2）施工调查的主要内容：河流基本情况，沿线桥涵工点分布及附近地形地貌等情况，当地的交通设施、生活设施、风俗习惯等，当地的劳力和生产物资供应等社会资源情况，文物古迹环境影响等。

（3）设计文件现场核对的主要内容：桥涵位置地形地貌等情况，桥涵结构及与既有交通的位置关系，桥涵的主要设计数据、施工方案和技术措施，各项设计数据准确性和合理性。

（4）施工方案及主要施工机械设备的选择主要内容：编制实施性施工组织设计施工机械选择的原则等。

（5）施工作业指导书的编制原则和主要内容。

（6）施工技术交底的主要内容和有关要求。

（7）临时工程的编制要求和主要内容。

（8）施工测量的准备工作包括：资料的收集、施工图表的审核、现场勘查、测量仪器的检验与校正、测量控制点的交接与复测等内容。

（9）施工平面控制网加密测量可以采用导线测量或 GPS 测量，施工高程控制网的加密采用水准测量。

课程资源

复习思考题

2.1 试结合其所在地区情况，在老师（工程师）的指导下分组共同完成一份模拟的施工准备（工区）报告，并进行交流汇报。

2.2 桥梁施工测量的准备工作包括哪些内容？

2.3 导线布设的形式有哪几种？试布设一个桥梁工程导线网。

2.4 导线的外业工作包括哪几项？

2.5 二等水准测量的精度评定包括哪几项？试进行 2 km 的二等水准测量。

项目 3　明挖基础施工

项目描述

在明挖基坑中建筑的基础通常称为明挖基础。根据基坑土质、开挖的深浅与大小以及有无水和水量大小等情况的不同,可采用直接开挖、加坑壁防护(如衬板、板桩或喷射混凝土护壁等)开挖和设置围堰(用土、草袋或麻袋装土,木板桩或钢板桩等材料制成)抽水后开挖等形式。明挖基础的结构形式,一般为刚性实体,从上而下逐渐扩大,因此又称为扩大基础或浅基础。高速铁路桥梁的明挖基础一般设于承载力较高的基岩上。

通过本项目学习,学生应掌握高速铁路桥梁明挖基础直接开挖、加坑壁防护开挖和设置围堰抽水后开挖等形式的施工工艺流程和关键技术等。

学习目标

1. 能力目标
- 具备编写和比选明挖基础施工方案的能力;
- 具备编写明挖基础直接开挖施工作业指导书和技术交底等现场资料的能力;
- 具备编写明挖基础加坑壁防护施工作业指导书和技术交底等现场资料的能力;
- 具备编写明挖基础设置围堰施工作业指导书和技术交底等现场资料的能力;
- 具备查阅明挖基础施工相关规范的能力;
- 具备采用明挖基础施工高速铁路桥梁基础的过程管理及质量控制能力。

2. 知识目标
- 明挖基础的类型、构造及适用条件;
- 明挖基础的基本施工工序;
- 无支护基坑明挖施工与施工方案编制;
- 支撑法基坑明挖施工与施工方案编制;
- 喷射混凝土护壁法基坑明挖施工与施工方案编制;
- 土、石围堰法施工与施工方案编制;
- 钢板桩围堰施工与施工方案编制。

任务 3.1　明挖基础的类型和结构

相关案例

新建铁路合福线合肥至福州段大溪河特大桥位于旌德县蔡家桥镇境内,属山区地形,桥台均处在山丘上,山丘林木茂盛,杂草丛生,小里程山脚下紧挨县乡道并跨大溪河,过河后,地势平坦处开辟为大片水田，种植水稻等经济作物，然后上山。桥梁跨越乡村道路、河流等。桥址于 DK228+988.78～DK228+996.42 处跨越水沟，沟与线路大里程右侧夹角为 91.73°；于 DK229+244.52～DK229+250.45 处跨越县乡公路，公路为沥青路，路面正宽为 6 m，道路与线路大里程右侧夹角为 77.67°，路面高程 171.67 m；于 DK229+259～DK229+291.8 处跨越大溪河，河流与线路大里程夹角为 90°，测时水位为 169.17 m；于 DK229+408.2～DK229+430.1 处跨越排洪沟，沟与线路大里程右侧夹角为 104°；于 DK229+616.9～DK229+624.1 处跨越水塘，测时水位为 175.99 m；于 DK229+735.7～DK229+778.1 处跨越水塘，测时水位为 184.6 m。本桥中心里程为 DK229+356.972，全长 1 125.36 m。本桥 17 号墩、18 号墩基础采用明挖基础施工。

3.1.1 工作任务

在上述案例中桥梁基础采用明挖基础施工，学习下面相关内容后，熟悉明挖基础的类型、结构及适用条件，达到教学要求所需的能力目标和知识目标。

3.1.2 相关配套知识

明挖基础的平面形状有圆形、矩形、八角形等，以矩形为主。明挖基础的厚度除需保证地基有足够承载力外，还要求基础底面低于冲刷线和土壤冻结线，以保证桥梁不受冲刷和冻害影响。

1. 明挖基础的类型

天然地基上的浅基础根据受力条件及构造分为刚性基础和柔性基础两大类。

刚性基础：基础在外力（包括基础自重）作用下，基底的地基反力为 σ，此时基础的悬出部分（图 3.1（b）），$a—a$ 断面左端，相当于承受着强度为 σ 的均布荷载的悬臂梁，在荷载作用下，$a—a$ 断面将产生弯曲拉应力和剪应力。当基础圬工具有足够的截面使材料的容许应力大于由地基反力产生的弯曲拉应力和剪应力时，$a—a$ 断面不会出现裂缝，这时，基础内不需配置受力钢筋，这种基础称为刚性基础（图 3.1（b））。

柔性基础：基础在基底反力作用下，在 $a—a$ 断面产生弯曲拉应力和剪应力若超过了基础圬工的强度极限值，在基础中配置足够数量的钢筋，这种基础称为柔性基础（图 3.1（a））。

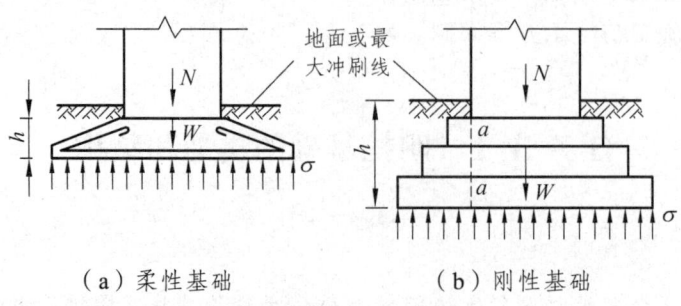

（a）柔性基础　　　（b）刚性基础

图 3.1　明挖基础类型

高速铁路桥梁浅基础所用材料为高性能混凝土,基础类型为刚性基础。

2. 明挖基础的结构

明挖基础平面的形状,一般应和墩台身的形状相配合,如矩形和圆形墩应用矩形基础,圆形墩用圆形和八角形基础。截面较为复杂的墩台,为便于施工,也常采用矩形基础。由于地基强度通常总比墩台基础材料的强度低得多,因此基础底面的尺寸需要扩大,以使基底产生的最大压应力不超过持力层的容许承载力。通常用限制各台阶正交方向的坡线与竖直线所成夹角 α(称为刚性角)值来控制,刚性角根据基础受力情况为 35°~45°。故基础底面长、宽尺寸与基础厚度有如下关系式:

$$\left.\begin{array}{l}长度(横桥向)\ a = l + 2H\tan\alpha \\ 宽度(顺桥向)\ b = d + 2H\tan\alpha\end{array}\right\} \tag{3.1}$$

式中　l——墩、台身底截面长度,m;

　　　d——墩、台身底截面宽度,m;

　　　H——基础厚度,m;

　　　α——墩、台身底截面边缘至基础边缘连线与铅垂线间的夹角,(°)。

基础顶面外缘至墩台底边边缘的距离,叫做基础的襟边。其作用一是扩大基础的底面积增加基础承载力;二是便于调整基础施工时在平面尺寸上可能发生的偏差;三是便于施工操作、搭置浇筑墩台混凝土所需要的模板和支架。通常,桥梁墩、台基础采用的襟边最小宽度为 0.2 m。

当基础的高度较大时,将基础做成台阶状,为方便施工和节约圬工,多采用厚 1 m 的逐层扩大的登高台阶。浅基础的埋置深度通常不超过 5 m,故台阶数可采用 1~5 层。基础顶面一般稍低于地面。

3. 明挖基础的施工方法

明挖基础的施工方法主要有:无支护法明挖施工、支撑法明挖施工、喷射混凝土护壁法明挖施工、土石围堰法明挖施工、钢板桩围堰法明挖施工等。

任务 3.2　无支护明挖基础施工

相 关 案 例

京沪高速铁路池河至丹阳段线路通过剥蚀低山丘陵区及长江河谷阶地,低山丘陵区地层岩性主要为素填土、粉质黏土、粉细砂岩、泥岩、长石砂岩、千枚岩、石英砂岩、白云岩、白云质灰岩、灰岩及侵入岩等。新建某特大桥全长 1 863.18 m,桥址地区局部基岩裸露或素填土、粉质黏土覆盖较薄(2~3 m),地质条件较好,采用明挖基础施工。

3.2.1　工作任务

根据案例背景中工程概况,学习下面相关内容后,完成该桥无支护明挖基础施工流程和关键技术的学习，能编写无支护明挖基础施工工作业指导书和技术交底，达到教学要求所需的知识目标、能力目标。

3.2.2 相关配套知识

无支护基坑明挖施工方法适用于埋置深度 5 m 以内（地质条件好或放坡开挖不受周围条件限制时，深度可以大于 5 m）浅基础的基坑开挖施工。由于其施工简便、工程措施灵活，因此是常用的施工方法。

3.2.2.1 施工准备

1. 施工机械及工艺装备

（1）基坑开挖机械：基坑开挖，根据地质情况可采取人工、半机械和机械等开挖方法。基坑开挖机械常采用风动工具、单斗挖掘机等。

（2）排水设备：抽水机。

（3）轻型井点设备：井点管（下端为滤管）、集水总管、弯联管及真空泵。

2. 施工技术准备

（1）基坑开挖前必须做好施工测量，测定桥墩、台的中心桩、基础纵横边线、中线和临时水准基点。同时还必须做好断面测量，放出基坑边桩，经核对无误后，方可施工。

（2）按照基坑施工要求，清除地面堆土及妨碍基坑开挖的障碍物；对受开挖影响的架空线和地下管线，应采取迁改或保护措施。

（3）根据施工图标示的地质、水文资料并结合现场具体条件确定基坑开挖方案。方案的内容有：开挖方法、放坡形式、机械设备、坑底尺寸以及安全质量措施等，编制施工组织设计、施工工艺和工序质量控制措施。

（4）基坑开挖前还必须做好防水排水工作，应在基坑顶部边缘外四周挖好防水排水沟拦截雨水。若基坑在低洼处或河床中，为了排干积水，必须准备足够的排水机具。

（5）完成水通、电通、通信通、路通和场地平整的"四通一平"工作，备妥基坑开挖的挖掘机械、运渣汽车、抽水机等设备。

（6）编制作业指导书、操作规程，组织技术交底、技术培训等工作。

3.2.2.2 无支护基坑明挖施工工艺流程及施工工序

1. 无支护基坑明挖施工工艺流程

无支护基坑明挖施工工艺及质量控制流程如图 3.2 所示。

2. 无支护基坑明挖施工工序

（1）测量放线。

首先利用测量控制网，定出墩、台基础的中心位置，然后以桥梁的线路中心线为基准，放出桥梁墩台的纵横向中线。特别注意在曲线桥梁上墩台的纵向中线与线路中线、两端不等跨时墩的横向中线与梁端缝中心因为施工图预留结构偏心而不重合。最后，按十字线测设基坑开挖边线，定出边线在十字线上及交角处的桩点，确定基坑开挖范围。

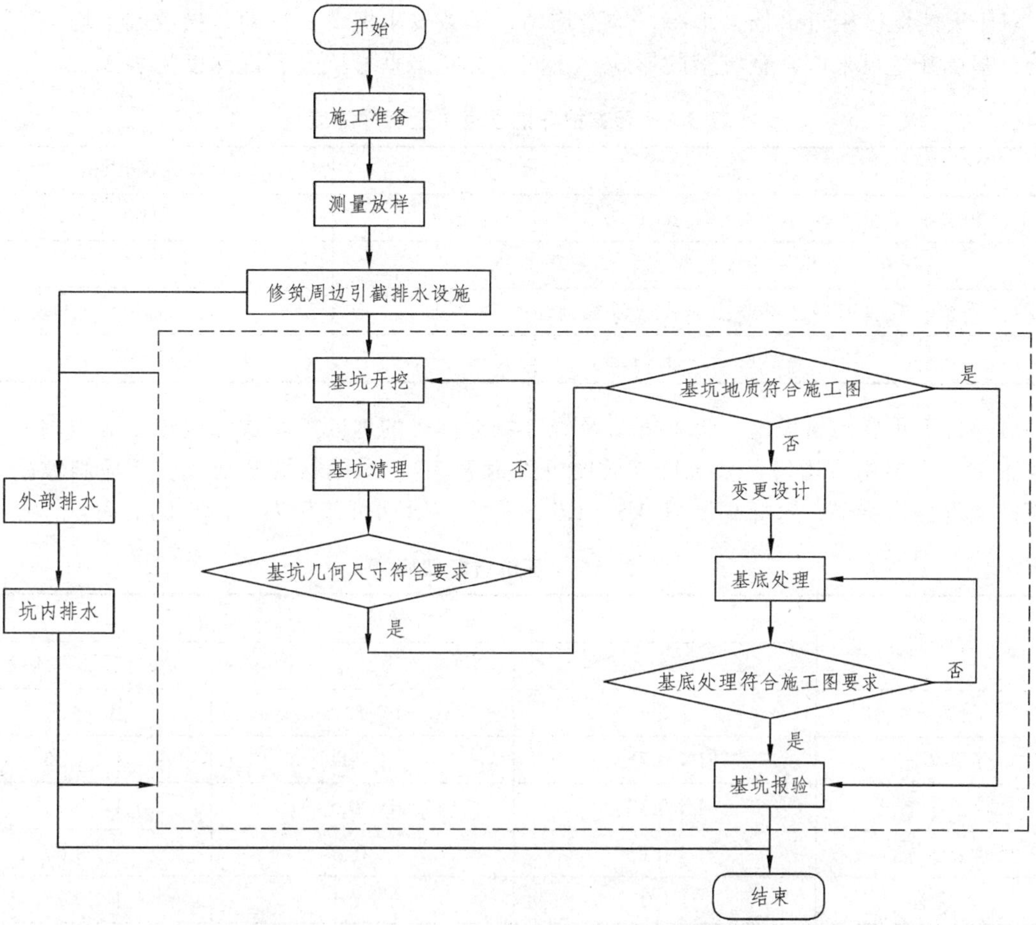

图 3.2 无支护基坑明挖施工工艺及质量控制流程

（2）引截地表水。

基坑开挖之前，应先做好地面排水系统，在基坑顶外缘四周应向外设置排水坡或设置防水墙，在适当距离处设截水沟，应采取防止水沟渗水的措施，避免影响坑壁稳定。

① 基坑底平面开挖尺寸的确定：在旱季无地下水且地质较好条件下，采用坑壁垂直方法施工时，可按基础底面尺寸，直接利用垂直坑壁作基础混凝土灌筑的外模；需进行基坑排水或安装基础模板时，应按基础底面四周各加宽 50~100 cm 进行工艺设计，具体应结合模板安装和排水沟、集水坑的设置方式，基底放样布桩和基坑土质情况等因素计算确定。

② 基坑坑壁开挖形式的选择：常见的无支护坑壁形式有垂直坑壁、斜坡和阶梯形坑壁、变坡度坑壁 3 种，如图 3.3 所示。

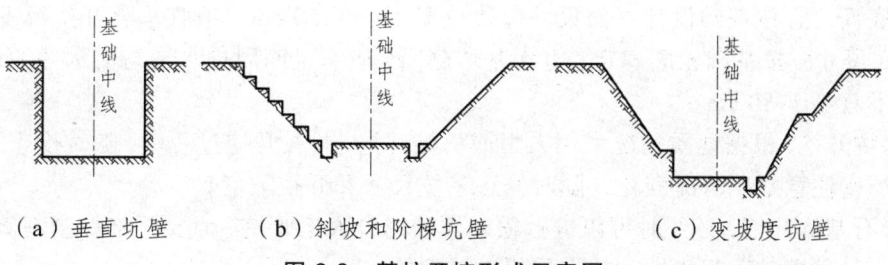

（a）垂直坑壁　　（b）斜坡和阶梯坑壁　　（c）变坡度坑壁

图 3.3 基坑开挖形式示意图

对于天然湿度接近最佳含水率,构造均匀,不致发生坍滑、移动、松散或不均匀下沉的土质,基坑开挖可采取垂直坑壁的形式。不同土类状态垂直坑壁容许深度见表3.1。

表3.1 无支护开挖垂直坑壁容许深度

土 类	容许深度/m
密实、中密的砂类土和砾类土(充填物为砂类土)	1.00
硬塑、软塑的低液限粉土、低液限黏土	1.25
硬塑、软塑的高液限黏土,高液限黏质土夹砂砾土	1.50
坚硬的高液限黏土	2.00

对邻近无重要构筑设施、地下管线及施工场地许可的地区,基坑深度在5 m以内,土的湿度正常、土层构造均匀,基坑坑壁坡度可参考表3.2,采用斜坡开挖或按相应斜坡高、宽比值挖成阶梯形坑壁,每梯高度以0.5~1.0 m为宜。阶梯可兼作人工运土的台阶。

表3.2 基坑坑壁坡度

坑壁土	坑壁坡度		
	基坑顶缘无载重	基坑顶缘有静载	基坑顶缘有动载
砂类土	1∶1	1∶1.25	1∶1.5
碎石类土	1∶0.75	1∶1	1∶1.25
黏性土、粉土	1∶0.33	1∶0.5	1∶0.75
极软岩、软岩	1∶0.25	1∶0.33	1∶0.67
较软岩	1∶0	1∶0.1	1∶0.25
极硬岩、硬岩	1∶0	1∶0	1∶0

注:① 挖基通过不同的土层时,边坡可分层选定,并酌留平台;
② 在山坡上开挖基坑,当地质不良时,应防止滑坍;
③ 在既有建筑物旁开挖基坑时,应按设计文件的要求办理。

基坑顶有动载时,坑顶缘与动载间应留有大于1 m的护道,如地质、水文条件不良,或动载过大,应进行基坑开挖边坡检算,根据检算结果确定采用增宽护道或其他加固措施;基坑穿过不同土层时,坑壁边坡可按各层土质采用不同坡度。当下层土质为密实黏质土或岩石时,下层可采用垂直坑壁。在坑壁坡度变化处可视需要设不少于0.5 m宽的平台。在既有建筑物旁开挖基坑时,应符合施工图和工艺设计的规定;弃土不得妨碍施工,弃土堆坡脚距坑顶缘的距离不宜小于基坑的深度,且宜弃在下游指定地点,不得淤塞河道,影响泄洪;无水土质基坑底面,宜按基础设计平面尺寸每边放宽不小于50 cm。适宜垂直开挖且不立模板的基坑,基底尺寸应按基础轮廓确定;有水基坑底面,应满足四周排水沟与汇水井的设置需要,每边放宽不宜小于80 cm。

③ 基坑开挖,根据地质情况采用人力或机械开挖,并在开挖过程中,随时检查开挖尺寸、位置,并严密注意地质情况变化,随时修正基坑尺寸和开挖坡度。

④ 岩石基坑开挖,必要时可以进行松动爆破结合人工开挖,但要严格控制爆破深度和用药量,防止过量爆破引起边坡和持力层松动或超挖。

⑤ 采用机械开挖时，基底应留置 20～30 cm 土层，改为人工开挖，避免机械施工时扰动基底土层。

⑥ 人工开挖机械施工时留置的 20～30 cm 土层，勤测量、勤检查，避免基坑深度超挖。当基坑深度超挖时，应通过变更设计采取降低基础、加厚基础等措施，不得随意回填。

⑦ 采取先施工复合地基后开挖基坑时，如果地基处理可能产生孔隙水压力和土的侧向挤压应力，则基坑开挖应在地基处理完成至少 2 周后进行，并在开挖前采取降水消除孔隙水压力的措施，基坑一次开挖的深度不宜大于 2 m，开挖过程中对基坑边坡实施位移观测。

（3）基坑排水、降水。

① 基坑排水。

开挖基坑渗水，一般采用明沟法排水。沿坑底四周基础范围以外挖排水沟和集水坑，汇集基坑渗水，然后用水泵排到坑外。从地下水位以上 50 cm 开始，每一层开挖，均首先开挖集水沟和集水坑，并使排水沟底和集水坑底低于本层基坑开挖底面深度，保证排水通畅。排水沟、集水坑的大小，主要根据渗水量的大小而定，抽水能力应为渗水量的 1.5～2.0 倍。基坑排出的水要以水管或水槽远引。基坑分层开挖的排水、抽水方式如图 3.4 所示。

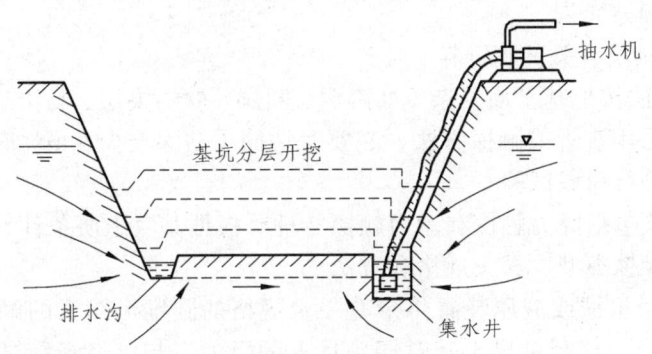

图 3.4　集水井降水

② 井点降水。

在砂土层中开挖基坑，地层渗水如果冲刷边坡，影响边坡稳定，可以采用井点降水。井点降水法，是在基坑周围设渗水井点管，配置抽水设备，通过不间断地抽水，使基坑范围内的地下水降低至基坑底以下深度。目前常用的井点降水法有轻型井点、喷射井点、电渗井点等，各类井点法降水的适用范围可按表 3.3 确定。

表 3.3　各类井点法降水的适用范围

井点名称	土层渗透系数/（m/d）	降低水位深度/m
单层轻型井点	0.1～50	3～6
多层轻型井点	0.1～50	6～12（由井点层数而定）
喷射井点	0.1～1	8～20
电渗井点	<0.1	根据选用的井点确定
管井井点	20～200	3～5
深井井点	10～250	>15

井点法降水应符合下列规定：

a. 安装井点管，应先造孔后下管，不得将井点管硬打入土内，造孔应垂直，深度宜比滤管底深 0.5 m 左右。滤管底应低于基底以下 1.5 m。

b. 井点管四周，应以粗砂灌实，距地面 0.5 ~ 1 m 深度内，用黏土填塞严密。

c. 集水总管与水泵的安装应降低，集水总管向水泵方向宜设 0.25% ~ 0.5% 的下坡。

d. 井管系统各部件均应安装严密，不得漏气。

e. 降水过程中，应加强井点降水系统的维护和检查，保证不断抽水。

f. 对水位降低区域建筑物可能产生的沉降，应进行观测，并采取防护措施。

g. 拆除多层井点应自底层开始逐层向上进行，在下层井点拆除期间，上部各层井点应继续抽水。

（4）基坑清理和基坑检查。

① 基底应检验下列内容：

a. 基底平面位置、尺寸大小和基底高程。

b. 基底地质情况和承载力是否与设计资料相符。

c. 基底处理和排水情况。

d. 检查施工记录及有关试验资料。

② 基坑检验方法按地基土质复杂（如溶洞、断层、软弱夹层、易溶岩等）及结构对地基有无特殊要求，可采用直观或触探方法，必要时钻探（钻深至少 4 m）取样做土工试验，或按设计的特殊要求进行荷载试验。

基底的触探试验包括静力触探和动力触探 2 种。根据基底土质条件、工程要求和操作经验，可采用不同的触探类型、探头规格和方法。

静力触探是利用机械或液压装置将带有一定规格的圆锥形探头的触探杆，按一定速率压入土层，用电吸应变仪测量出土基对探头贯入的阻力，与已经载荷试验测得的地基土容许承载力、变形模量和压缩模量的数据拟定出关系式，从而确定触探地基土的容许承载力和压缩形变等工程特性。静力触探是一种原位测试技术，适用于流塑状黏质土、一般黏质土和砂类土及类似地层，对含有砾卵石的土、密实的砂土层、漂石类土和岩层因难以贯入而不适用。

动力触探是利用一定的落锤能量，将与探杆相连的一定规格的锥形触探头打入欲勘探的土层中，根据打入的难易程度（贯入度）得到每贯入一定深度的锤击数，以此判定土的性质的一种原位勘探、测试方法。它适用于砂类土、黏质土、黄土、较松散的人工填土和颗粒较小的砾类土。但对含有块石、漂石的黏质土不适用。

载荷试验：为了鉴定地基土的变形性和承载能力，可在准备检验的地基上以一定尺寸的平板做载荷试验。液压载荷试验设备系统由反力系统、加荷和稳压系统、测量系统等组成。其中，反力系统有堆载式、撑臂式、锚杆式等。

（5）基底处理。

当基底以下地质不符合要求时，应通过变更设计采取处理措施。处理方法随地基土质不同而异。如遇到地基软硬不均、溶洞、裂隙、泉眼等特殊情况，应采用特殊的处理方法：换土法、土桩法、砂桩法、重锤夯实法、强夯法、旋喷法、塑料排水法、振动水冲法、化学液体加固法等。

3. 作业组织

无支护基坑明挖施工的劳动定员具体根据基坑地质条件和基础尺寸确定。

4. 施工安全及环境保护

（1）采用爆破开挖岩石地基时，应立安全警示牌和爆破时间告示牌。

（2）弃土位置应统一规划，不得随意弃土。选择弃土位置的注意事项：不得妨碍施工；弃土堆坡脚距坑顶缘的距离不小于基坑的深度；距离桥位附近时，应弃在桥位下游方向；不得弃于河道或和岸滩，淤塞河道，不能影响泄洪。

（3）基坑应尽量安排在少雨季节施工。雨季施工时，除基坑周边设置排水设施外，应架设雨棚，防止基坑淋水。

（4）在施工过程中注意观察坑缘顶面有无裂缝、坑壁有无松散塌落现象。

（5）在土方开挖后，应保持地下水位在基坑底 500 mm 以下，防止地下水扰动基底土。在降水过程中，应防止相邻及附近已有建筑物或构筑物、道路、管线等发生下沉或变形，必要时与设计、建设单位协商，对原建筑物地基采取回灌技术等防护措施。

（6）抽水设备的电器部分必须做好防止漏电的保护措施，严格执行接地、接零和使用漏电开关三项要求。施工现场电线应架空拉设，用三相五线制。

（7）按规定处弃土，不污染环境。

3.2.2.3 基坑质量检验标准与检验方法

基坑质量检验与验收应符合《高速铁路桥涵工程施工质量验收标准》（TB 10752—2010）的规定。具体要求如下：

1. 一般规定

（1）模板及支架、钢筋和混凝土的施工应符合《铁路混凝土工程施工技术指南》（铁建设〔2010〕241号）的有关规定及设计要求。

（2）基坑开挖前应按地质、水文资料以及环保要求，结合现场情况，制订施工方案，确定开挖范围、开挖坡度、支护方案、弃土位置和防、排水等措施。

（3）基坑土方施工应对支护结构、周围环境进行观察和监测，当发现异常情况时应及时处理，待恢复正常后方可继续施工。

（4）基底处理应符合下列规定：

① 基础底面不得置于软硬不均的地层上。

② 岩层基底应清除岩面松碎石块、淤泥、苔藓，凿出新鲜岩面，表面应清洗干净。应将倾斜岩面凿平或凿成台阶。

③ 碎石类土及砂类土层基底承重面应修理平整，黏性土层基底整修时，应在天然状态下铲平，不得用回填土夯平。

④ 砌筑基础时，应在基础底面先铺一层 5~10 cm 水泥砂浆。

⑤ 基础浇筑前的基坑不得泡水。如发生基坑泡水现象，应采取措施进行处理并满足设计要求。

（5）基础应在无水情况下浇筑，混凝土和砌体砂浆终凝前不得浸水。

2. 基　坑

（1）主控项目。

① 基坑平面位置、坑底尺寸必须满足设计要求和施工工艺设计要求。

检验数量：施工单位、监理单位全部检查。

检验方法：观察和尺量。

② 基坑开挖方法和支护形式必须符合设计和施工技术方案的要求。

检验数量：施工单位、监理单位全部检查。

检验方法：观察。

③ 基底地质条件及承载力必须符合设计要求。

检验数量：施工单位和监理单位全部检查；

检验方法：施工单位观察或进行标准贯入、触探仪检测；监理单位观察和见证检测；勘察设计单位对桥梁地基全部进行现场确认。

④ 基坑回填填料应符合设计要求，夯实应符合规定。

检验数量：施工单位全部检查。

检验方法：观察。

（2）一般项目。

检验数量：施工单位对每个基坑检查不少于5处。

基底高程的允许偏差和检验方法应符合表3.4的规定。

表3.4　基底高程的允许偏差和检验方法

序号	地质类别	允许偏差/mm	检验方法
1	土	±50	测量检查
2	石	+50，-200	

任务3.3　支撑法明挖基础施工

相关案例

北京至沈阳客运专线京冀段 JSJJSG-10 标段标段正线长度23.131 km。起讫里程 K50+400～DK73+530.91。标段内设桥梁特大桥1座。线路经过区的地貌类型主要为冲洪积平原、丘陵和中低山区。除京沈正线在密云县东部进入燕山山脉外，其他线路及车站、动车段等全部位于冲洪积平原。线路在密云附近进入燕山山脉，地形渐趋陡峻，由平原边缘的剥蚀丘陵逐渐过渡到低中山区。地层上部主要为4～5 m左右的黏性土、粉土，下部主要为500 kPa的卵石土和粗圆砾土，地质条件相对较好，宜采用支撑法明挖基础。路基支挡工程一般宜采用明挖基础，路堤工程除了丘间洼地外基底稳固。陡坡多基岩裸露，丘陵、缓坡及沟谷处或辟为耕地或被茂密植物所覆盖。根据工程情况，部分地质条件较好地段，桥梁基础采用支撑法明挖基础，基础平面呈矩形、六边形、八边形等多种形状，基础通常采用C30、C40钢筋混凝土结构。

3.3.1 工作任务

根据案例背景中施工方案要求，完成该桥支撑法明挖基础施工流程和关键技术的学习后，能编写支撑法明挖基础施工作业指导书和技术交底，达到教学要求所需的知识目标、能力目标。

3.3.2 相关配套知识

支撑法基坑明挖施工方法适用于以下施工条件：

（1）基坑坑壁土质不良，并有地下水的影响；

（2）放坡开挖工程量过大；

（3）受施工场地或邻近建筑物限制，不能放坡。

组合内支撑基坑支护技术，适用性广，可在各种地质情况和复杂周边环境下使用，施工速度快，支撑形式多样，计算理论成熟，可拆卸重复利用、节省投资。

3.3.2.1 施工准备

1. 施工机械及工艺装备

基坑开挖在没有安装支撑前，可以采用挖掘机开挖。坑壁安装支撑后，改为人工风镐、铁锹、吊斗等机具开挖。在条件许可时，可以采用长臂挖掘机开挖。

2. 施工技术准备

（1）基坑开挖前必须做好施工测量，测定桥墩、台的中心桩，基础纵横边和中线以及临时水准基点。同时还必须做好断面测量，放出基坑边桩，经核对无误后，方可施工。

（2）按照基坑施工要求，清除地面堆土及妨碍基坑开挖的障碍物；对受开挖影响的架空线和地下管线，应采取迁改和保护。

（3）根据施工图提供的地质、水文资料并结合现场具体条件制订基坑开挖和支撑方案，编制施工组织设计和施工工艺。

（4）基坑开挖前还必须搞好防水排水工作，应在基坑顶部边缘外四周挖好防水排水沟拦截雨水。若基坑在低洼处或河床中，为了排干积水，必须准备足够的排水机具。

（5）编制工序质量控制措施、作业指导书和操作规程，组织技术交底和技术培训。

3.3.2.2 支撑法基坑明挖施工工艺流程及施工工序

1. 支撑法基坑明挖施工流程

支撑法基坑明挖施工工艺及质量控制流程如图3.5所示。

2. 支撑法基坑明挖施工工序

（1）挡板支撑方案的设计。

支撑方案的选择与地质状况、基坑开挖深度有关，选择适当的支撑方式可以给工程带来较好的效益。若施工图无特殊要求，可参考表3.5选择。挡板支撑，可采用横、竖向挡板与钢（木）框架支撑坑壁。基坑每层开挖深度，应根据地质情况确定，一般不宜超过1.5 m，边挖边支撑。

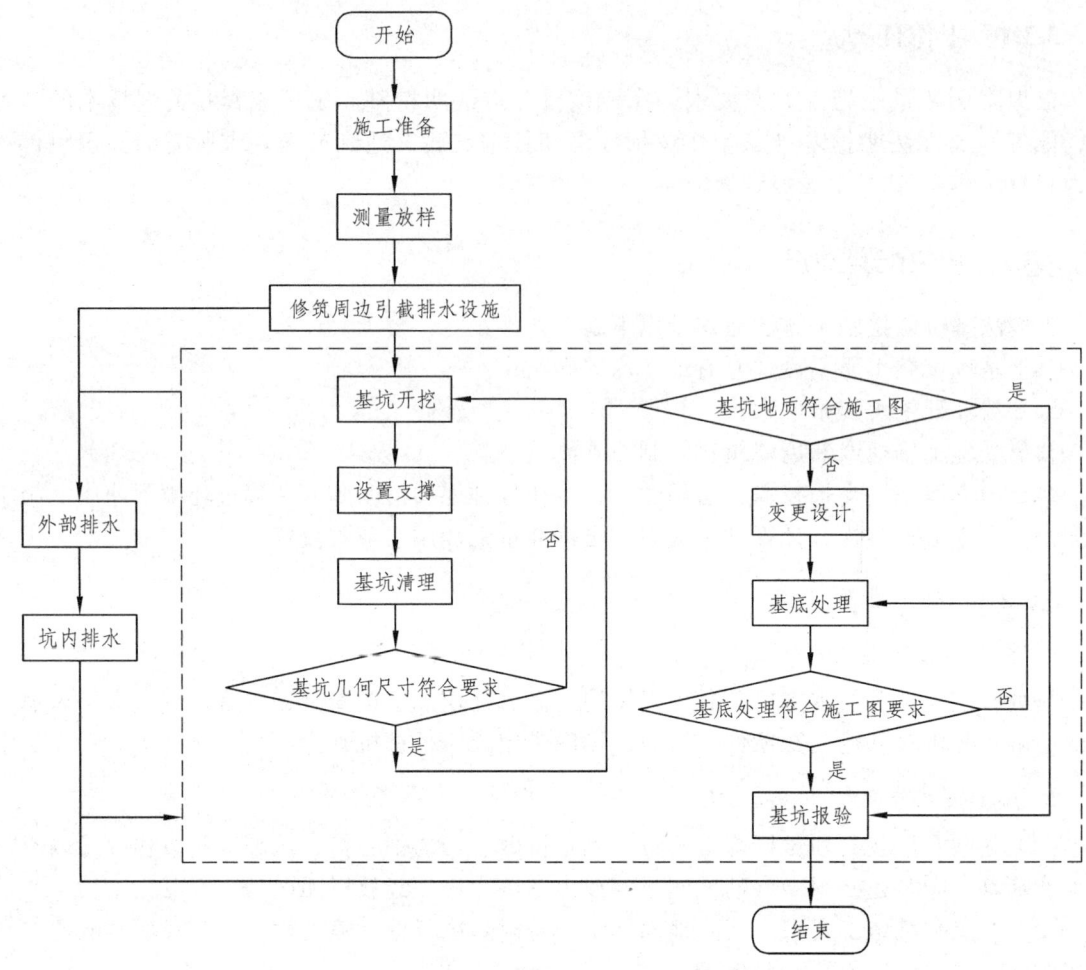

图 3.5　支撑法基坑明挖施工工艺及质量控制流程图

表 3.5　挡板支撑方案的选择

土的类别	地下水情况	基坑深度/m			
		<1.5	1.5~3.0	3.0~6.0	>6.0
		支撑方式			
砂砾土	天然湿度	一般不设支撑，在特殊情况下设间隔板撑	疏撑	疏撑	一般设竖向密撑（即满堂撑板或板桩式支撑）
	少量地下水		密撑	密撑	
黏土、亚黏土	天然湿度		井撑	疏撑	
	高湿度或少量地下水		疏撑	疏撑	
亚砂土	天然湿度		井撑	疏撑	
	高湿度或少量地下水		疏撑	密撑	
	大量地下水		密撑	板桩	
细砂	天然湿度	断续板撑或无连续板撑	井撑	疏撑	
	少量地下水		板桩	板桩	
淤泥			板撑	板桩	

（2）挡板支护的施作。

挡板支护有垂直挡板式和水平挡板式2种。水平挡板与垂直挡板混合支护的形式为上层按水平挡板连续支护至一定深度后改为按垂直挡板。挡板支护坑壁土压按朗金土压公式计算，一般不计与挡板间的摩擦力。

挡板与坑壁间的空隙应用原土填实，使挡板与土壁严密接触。坑壁土压因土的湿度增加而变大，可能影响支撑的变形，故应随时检查，防止出现受力不均和应力集中等情况。对已变形或受力过大的支撑，应随即加固或更换。施工中应注意防止碰撞撑木，在有可能碰撞的撑木部位，应加设垂直护板或采取其他有效措施。换移支撑时，应先设新撑再拆除旧撑。支撑施工时应预先考虑完工后拆除支撑的次序，一般应按立木或直挡板自下而上分段分层逐步进行，拆除一段（或一层）并经回填夯实后再拆一段（或一层），直至地面。

（3）基坑开挖。

① 开挖方法。

采用人工开挖或机械开挖。分层开挖，人工开挖的分层厚度不大于1m，机械开挖的分层厚度不大于1.5 m，开挖完成后随即施作支护结构。

② 挡板支撑护壁应注意的问题。

a. 挡板支撑，根据土质并检算确定支撑间距、分层开挖厚度，边挖边支。

b. 支撑结构应专人检查，每天检查1~2次，发现变形，及时加固或更换构件。更换构件时应先撑后拆。

c. 机械开挖、吊斗出土和爆破作业，应有防护措施，不得碰撞、损坏支护结构。

（4）支撑拆除。

支撑拆除顺序应自下而上。待下层支撑拆除并将基坑回填后，再拆除上层支撑。

（5）测量放线、引截排水、基坑清理和检查、基底处理等参见无支护基坑明挖施工工艺。

3. 作业组织

支撑法基坑明挖施工的劳动定员具体根据基坑地质条件和基础尺寸确定。采用分层全断面开挖法时，开挖和支护班组流水作业；采用分部开挖-支护法时，开挖和支护工班平行作业。支撑法基坑开挖消耗的材料主要有燃油、木材、铁丝、炸药等。

4. 施工安全与环境保护

（1）对支撑结构应随时检查，发现变形就应及时加固或更换，更换时应先支撑后拆除。

（2）支撑拆除顺序，应自下而上。待下层完成拆除并回填土后，再拆除上层支撑。

（3）用吊斗出土，应有防护措施。吊斗不得碰撞支撑。

（4）严格按环保要求处理废渣，保护环境不受污染。

3.3.2.3 基坑质量检验标准与检验方法

基坑质量检验与验收应符合《高速铁路桥涵工程施工质量验收标准》（TB 10752—2010）的规定。具体要求如下：

（1）边坡分层开挖分层支护，支护形式符合工艺设计，安装牢固。每天对支护稳定、牢固情况进行观察检查或手锤敲击检查。

（2）其他检验项目见表 3.6。

表 3.6 基坑质量标准及检验方法

项目	质量标准及检验方法				
基本要求	1. 基坑开挖不得扰动基底土层,防止超挖,严禁用土回填; 2. 基坑开挖工艺设计要求:平整、局部超挖嵌补牢固,无开裂; 3. 基底不得浸水或冰冻; 4. 基底上的淤泥必须清除干净,其他不符合施工图要求的杂物和旧桩必须清除; 5. 小桥的基底承载力检验,可采用直观或触探方法,必要时可进行土质试验;大中桥一般采用触探或钻探(钻深至少 4 m)取样做土工试验或荷载试验				
基坑开挖允许偏差	检查部位	允许偏差/mm	检查频率		检验方法
			范围	点数	
	坑底高程	±50(土);+50,-200(石)	每座墩、台	5	用水准仪测量
	纵横轴线	50		2	用经纬仪测量,纵横各测 1 点
	基坑尺寸	不小于施工图标示值		4	用尺量,每边各量 1 点

任务 3.4　喷射混凝土护壁法基坑明挖施工

相关案例

新建长沙至昆明铁路客运专线 CKTJ-Ⅶ 标新建乡特大桥起止里程为 DK313+432.10～DK314+501.28,全长 1 069.18 m。桥跨布置为 1×32 m+2×24 m+30×32 m 双线简支箱梁。桥墩均采用圆端型空心桥墩,最大墩高为 41.5 m;桥台采用一字形桥台,台顶平置。桥址地区地层上覆素填土、黏土、粉质黏土、细角砾土、粗角砾土,下伏白云质灰岩、硅质砾岩、泥岩、炭质板岩。桥址区的丘间谷地发育一小溪,宽约 6 m,小溪流向大致自北向南流,受季节性降水影响。根据地质情况,本桥 16、17、30、32 号墩、33 号台采用明挖基础,基坑开挖深度为 7～8 m,坑壁主要为黏性土,有少量渗水。

3.4.1　工作任务

根据案例背景中施工方案要求,学习下面相关内容后,完成该桥喷射混凝土护壁法基坑明挖施工流程和关键技术的学习,能编写喷射混凝土护壁法基坑明挖施工作业指导书和技术交底,达到教学要求所需的知识目标、能力目标。

3.4.2　相关配套知识

喷射混凝土护壁适用于坑壁自稳时间较短、渗水量较少的各类岩土和深度不超过 10 m 的基坑。喷射混凝土加固坑壁是用喷射机将混凝土喷向坑壁表面,先期集料嵌入坑壁并为后继料流所充填包裹,在喷层与坑壁间形成嵌固层,喷层与嵌固层同具加固和保护坑壁的作用,使之避免风化、雨水冲刷,支护土体免于浅层坍塌剥落的作用。

3.4.2.1　施工准备

1. 施工机械及工艺装备

基坑开挖根据地质情况,采用人工风镐、铁锹、挖掘机等开挖。喷射混凝土应配备空压机，搅拌机，干、湿喷机等机械。

2. 施工技术准备

（1）基坑开挖前必须做好施工测量，测定桥墩、台的中心桩，基础纵横边线和中线，以及临时水准基点。同时还必须做好断面测量，放出基坑边桩，经核对无误后，方可施工。

（2）按照基坑施工要求，清除地面堆土及妨碍基坑开挖的障碍物；对受开挖影响的架空线和地下管线，应采取迁改和保护措施。

（3）基坑开挖前还必须搞好防水排水工作，应在基坑顶部边缘外四周挖好防水排水沟拦截雨水。若基坑在低凹处或河床中，为了排干积水，必须准备足够的排水机具。

（4）编制施工组织设计、施工工艺和工序质量控制措施；编制作业指导书、操作规程；组织技术交底和技术培训。

3.4.2.2 喷射混凝土护壁法施工工艺流程及施工工序

1. 喷射混凝土护壁法基坑明挖施工流程

支撑法基坑明挖施工工艺及质量控制流程如图3.6所示。

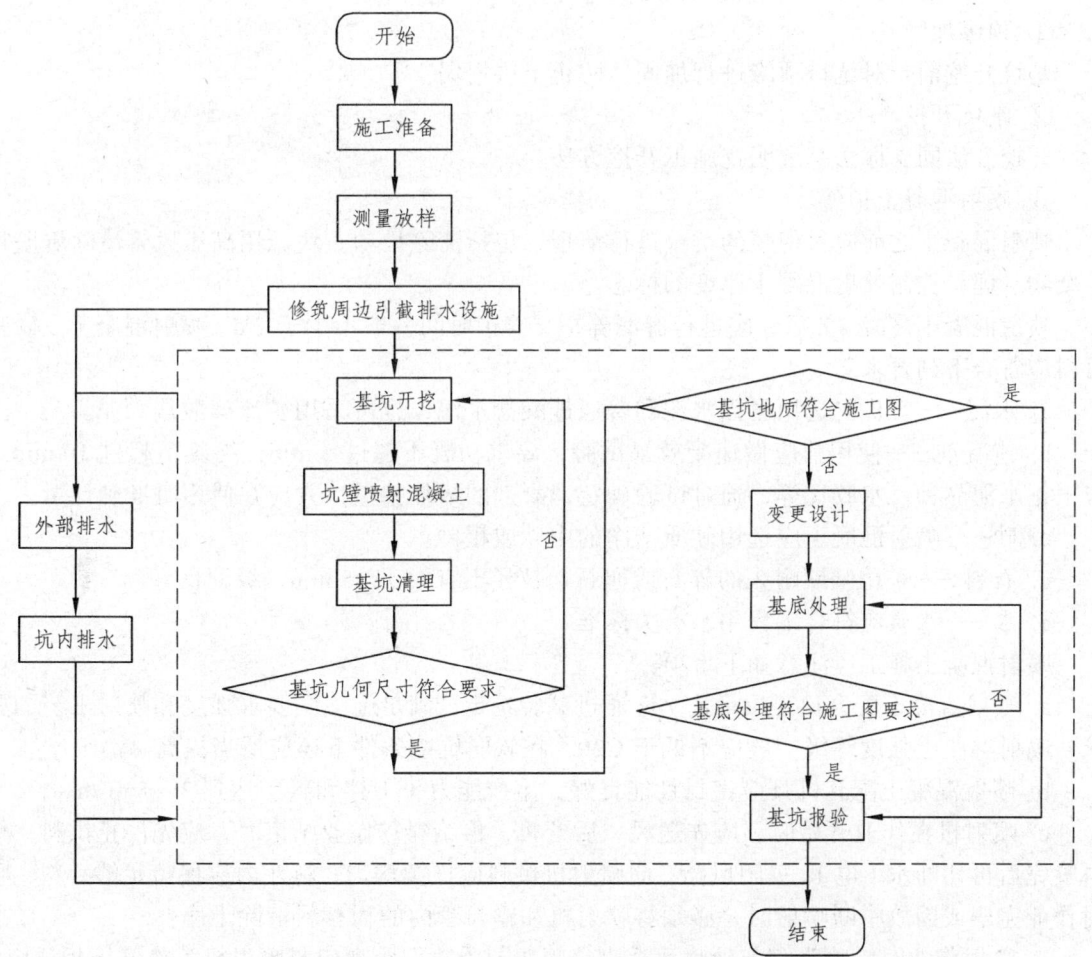

图3.6 喷射混凝土护壁法基坑明挖施工工艺及质量控制流程图

2. 喷射混凝土护壁法基坑明挖施工工序

(1) 喷射混凝土厚度的设计。

若施工图没有具体要求,喷射混凝土厚度可根据坑壁的径向压力和混凝土早期强度通过计算决定,最小厚度不应低于 5 cm;坑壁土含水率较大时不低于 8 cm;最大不宜超过 20 cm。或参考表 3.7 确定。

表 3.7 喷射混凝土厚度的设计参数

基坑渗水情况 土质类别	无渗水/cm	少量渗水/cm
砂类土	10～15	不小于 15
黏性土、粉土	5～8	8～10
碎石类土	3～5	5～8

注:① 本表中喷射混凝土厚度适用于不大于 10 m 直径的圆形基坑,未考虑基坑顶缘荷载;
② 每次喷射混凝土厚度,应考虑土层和混凝土的黏结力及渗水量的大小等因素,在施工方案设计中确定。

(2) 喷射混凝土支护坑壁施工程序。

① 顶缘加固。

基坑开挖前,对坑口顶缘进行加固,防止土层坍塌。

② 基坑开挖。

开挖方法同支撑法基坑明挖施工开挖方法。

③ 喷射混凝土护壁。

喷射混凝土之前应对待喷的坑壁进行清理,包括清除松动石块、用高压风管清除坑壁粉尘杂物、埋设控制喷射混凝土厚度的标志。

喷射混凝土终凝 2 h 后,应进行湿润养护,养护时间一般不少于 7 d。喷射混凝土、砂浆材料应符合下列要求:

a. 水泥——宜优先选用早强水泥和普通硅酸盐水泥,也可采用矿渣硅酸盐水泥。

b. 速凝剂——使用前应做速凝效果试验,要求初凝不超过 5 min,终凝不超过 10 min。应根据水泥品种、水胶比等,通过试验确定速凝剂的最佳掺量,并应在使用时准确计量。

c. 砂——喷射混凝土应选用硬质洁净的中砂或粗砂。

d. 石料——采用坚硬耐久的碎石或卵石,粒径不宜大于 15 mm,级配良好。

e. 水——水质应符合工程用水有关标准。

喷射混凝土施工应注意如下事项:

a. 喷射混凝土配合比(质量比)应通过试验选定,满足施工图要求强度和喷射工艺的要求,喷射混凝土强度等级一般应不低于 C20,在软弱坑壁条件下还应适当提高。

b. 喷射混凝土配套机具应密封性能良好,生产能力(干拌和料)达到 3～5 m^3/h。

c. 喷射机在作业开始时,应先送风,后开机,再给料;作业结束时,应先停止供料,待料喷完后再切断水(电)、关闭风路;向喷射机供料应连续均匀;料斗内应保持足够存料。喷射作业完毕或因故中断喷射时,必须将喷射机和输料管内的积存料清除干净。

d. 喷射作业时,喷头宜与受喷面垂直,喷头与受喷面距离应与喷射机工作气压相适应;要控制好水胶比,保持混凝土表面平整、湿润光泽,无干巴或滑移流淌现象。喷头应不停地缓慢地做横向环形移动,循序渐进。遇突然断水或断料时喷头应迅速移离喷射面。严禁用高压气体或水冲击尚未终凝的混凝土。

e. 如遇坑壁涌水,可采用竹、铁或塑料导管插入渗水孔将水引流至集水坑抽出。

f. 施工过程中,应随时观察基坑四周地面及已喷护的坑壁有无开裂变形或起空壳脱皮等现象,如有发生应立即采取措施重喷补强或凿除重喷,确保坑壁的稳定。

3. 作业组织

喷射混凝土加固基坑明挖施工的劳动定员根据基坑地质条件和基础尺寸具体情况确定。

4. 施工安全与环境保护

(1)采用喷射混凝土施工,必须采取防尘和防混凝土回弹措施,避免粉尘危害和混凝土回弹伤人。

(2)应经常检查基坑稳定情况,发现问题,应及时采取补救措施加固。

(3)施工过程中,应规定弃堆废渣。施工完成后,应及清理废土和回弹的废气混凝土。

3.4.2.3 基坑质量检验标准与检验方法

基坑质量检验与验收应符合《高速铁路桥涵工程施工质量验收标准》(TB 10752—2010)的规定。

任务 3.5 土石围堰法明挖基础施工

相关案例

钱塘江四桥(复兴大桥)位于钱塘江下游 4.3 km 处,南星桥第一码头上游约 200 m 处;主桥全长 1 376 m,跨径组合为 2×85 m + 190 m + 5×85 m + 190 m + 2×85 m 的钢管混凝土系杆拱桥;双层桥面,桥面宽度 26.4 m,引桥为 2×47.5 m 的双层预应力混凝土箱梁。

13 号桥墩中心距江堤 57.0 m,桥墩中心距栈桥中心 28.6 m,该墩位处是一个旧砂码头,残留着许多钢管桩及混凝土桩。据勘察在河床高程为 -2.0 m 处,有大量的抛填块石。基础采用 ϕ2.0 m 的钻孔灌筑桩,共 13 根桩,承台为八角形承台,平面尺寸为 25.60 m×12.60 m,承台顶高程为 +2.00 m,底高程为 -2.00 m,承台厚度为 4.0 m。

钱塘江水域施工主要受涌潮的影响,在施工期间如何避免或减小潮水的影响是施工中须解决的问题,为避免施工风险,整个施工过程必须在夏汛来临之前完成,承台基坑开挖时降水效果如何是决定土围堰施工方法成功的关键因素,由于钱塘江管理局规定在排汛期之前必须将围堰拆除,因此 13 号墩基础的施工工期已经成为决定工程总体工期的关键。13 号墩位于一个旧砂码头,靠近岸边,河床高程比较高,在墩位处有大量的抛填块石,施工平台、钢护筒无法埋设,因此选择围堰筑岛施工方案。

3.5.1 工作任务

根据案例背景中施工方案要求,学习下面相关内容后,完成该桥围堰施工流程和关键技术的学习,能编写围堰施工工作业指导书和技术交底,达到教学要求所需的知识目标、能力目标。

3.5.2 相关配套知识

土石围堰法施工方法适用于在水深小于 5.0 m、流速小于 2 m/s 的河道、浅滩或库塘中,以土石为主要材料修筑围堰的施工。土石围堰类型有土围堰、土袋围堰、木桩竹条土围堰、竹篱土围堰、竹笼土围堰、堆石土围堰等。

3.5.2.1 围堰的基本概念

1. 围堰的概念

在基坑外围设置一道封闭的临时性挡水结构物,阻断河水流向基坑,才能使基坑处于正常的、能够开挖的状态。这种临时性挡水结构物通常称为围堰。

土石围堰法的优点是施工简便、技术不复杂、工期较短、可以就地取材、造价低等。但它只适用于水不深、基础埋置较浅,并且地质条件不太复杂的情况。如水深超过 6 m(钢板桩围堰除外)或挖基深度超过 8~10 m,或地质条件复杂时,则应考虑采用其他施工方法。

2. 土石围堰的种类

(1)土围堰。

土围堰适用于水深不超过 2 m,流速不大于 0.3 m/s,施工中无冲刷或冲刷很小,河床稳定,且河底土壤透水性较小的情况。因此土围堰常用于河流两岸浅滩、河水较浅的地方。

土围堰的断面,根据使用的土质成分和渗水程度以及围堰本身在水压力作用下的稳定性而定。一般顶宽在 1.5 m 以上,外侧边坡(靠水一面)不小于 1:2,内侧(靠基坑一面)边坡不小于 1:1,内侧坡脚至基坑顶边缘距离不小于 1.0 m。

(2)草(麻)袋围堰和竹(荆条、柳条)笼卵石围堰。

草(麻)袋围堰适用于水深 2.5 m 左右、流速 1.5 m/s 左右且河床透水性不强的情况。与土围堰相比,能抵抗较强的水流冲刷,有时与土围堰配合使用。

草(麻)袋围堰的断面,一般堰顶宽度 1~2 m。水深在 1 m 左右时,用单层草(麻)袋做围堰,顶宽 1 m;水深在 1.5 m 以上时,须用双层草(麻)袋围堰,则顶宽为 2~2.5 m。有时为了用堰顶做运输道路,则需适当加宽。在双层草(麻)袋之间,用黏土填心,外侧边坡 1:0.5~1:1,内侧边坡 1:0.5~1:0.2,围堰内侧边坡的坡脚至基坑顶边缘的距离也不小于 1.0 m,如图 3.7 所示。施工时应先清除堰址河床上的杂物,以减少渗漏;填筑围堰时,应自上游开始,然后两侧,最后在下游合龙。

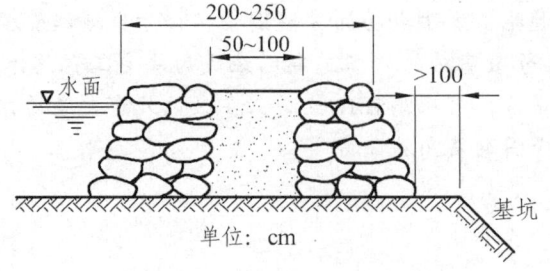

图 3.7 双层草(麻)袋围堰

竹（荆条、柳条）笼卵石围堰适用于水深 3~5 m、流速 2 m/s 左右且渗水性不强的河床。因为水深流急时，使用草（麻）袋堆码有困难，故采用竹（荆条、柳条）笼围堰。

（3）围堰的技术要求。

围堰工程应符合下列规定：

① 围堰顶面应高出施工期间可能出现的最高水位不小于 0.5 m。
② 对河流断面被围堰压缩而引起的冲刷，应有防护措施。
③ 围堰应尽量做到防水严密，减少渗漏。
④ 堰内面积应满足基础施工的需要。
⑤ 围堰应满足强度、稳定性的要求。

对围堰工程的具体要求如下：

① 围堰的高度。一般情况下，围堰顶面应比施工期间出现的最高水位高出不小于 0.5 m，以免淹没基坑。因此，施工前应了解和掌握水位变化情况及有关水文资料。

② 围堰的布置。修建围堰的总体布置，应与河床的水流情况相适应，尽量减少压缩流水断面，必须考虑河流断面被围堰挤压缩小，因而使流速增大，引起河床的局部冲刷的可能性；故应分期分批修建水中基础。

③ 围堰内侧轮廓尺寸与基坑的关系。围堰内侧工作面的大小，应满足基坑开挖、排水、砌筑圬工等施工需要，同时为了确保围堰的稳定，其内侧坡脚至基坑边缘之间应保留不小于 1.0 m 距离。如基坑较深、坑壁土质不良、渗水量大、坑壁容易坍塌，则这个距离还应增大。

④ 围堰的断面与稳定性。围堰的断面，应以能满足滑动和倾覆的要求为基本条件。重力式围堰依靠本身自重来抗拒外侧水压力对它造成的滑动与倾覆；板桩围堰则由板桩打入土中部分和支撑来抗拒外侧压力。而外侧压力的大小取决于水深。所以重力式围堰的断面尺寸应按水位高低决定，板桩的入土深度及是否使用支撑，需通过检算来确定。

⑤ 防渗漏。围堰的渗漏应尽量减少，小则增加抽水量，大则影响开挖，减缓工程进度。围堰漏水，主要是由于填料时夯填不密实或是土中夹有杂质所造成，有时是围堰底部与河床覆盖层之间存在石块、树枝及其他杂物而不密贴，产生漏水，故应根据不同情况，拟定处理办法。

⑥ 防冲刷。筑堰后流水断面减小，形成上游壅水。为了减缓急流直冲围堰，围堰上游应做分水尖，同时采取措施增强围堰抗拒外侧水流的冲刷能力。

各类土石围堰的技术要求如表 3.8 所示。

表 3.8 各类土石围堰的技术要求

序号	类别	填料	顶宽/m	边坡	
				内侧	外侧
1	土围堰	黏土、亚黏土	1~2	1:1~1:1.5	1:2~1:3
2	土袋围堰	袋装黏性土	2~2.5	1:0.2~1:0.5	1:0.2
基本要求	构筑围堰时，堰内坡脚至基坑边缘距离，视河床土质及基坑深度而定，但不得小于 1 m，以保证围堰坡脚稳定。围堰顶面应高出施工期最高水位不小于 50 cm。在填筑开始应自上游至下游合龙，特别是土围堰应先清除河床（堰底）上杂物、树根等，以减少渗漏。水上填土应注意分层夯实				

3.5.2.2 施工准备

1. 施工机械及工艺装备

土石围堰施工的主要施工机械有挖掘机、推土机、水力吸泥机、空气吸泥机、离心水泵、井点排水设备等。

2. 施工技术准备

土、石围堰的修筑应密切结合主体工程所在位置和现场实际情况，在满足一般规定需要的前提下，作出合理的施工布置。围堰的结构形式和材料要根据水深、流速、地质情况、基础形式以及通航要求等条件进行选择。围堰施工一般要安排在枯水期进行。此外应做好桥基的测量放样工作，以及施工必备机械设备、土袋等材料的到场及关于施工设计和培训方面的工作。

3.5.2.3 土石围堰法施工工艺流程及施工工序

1. 土石围堰法明挖基础施工工艺流程

土石围堰法施工工艺及质量控制流程如图 3.8 所示。

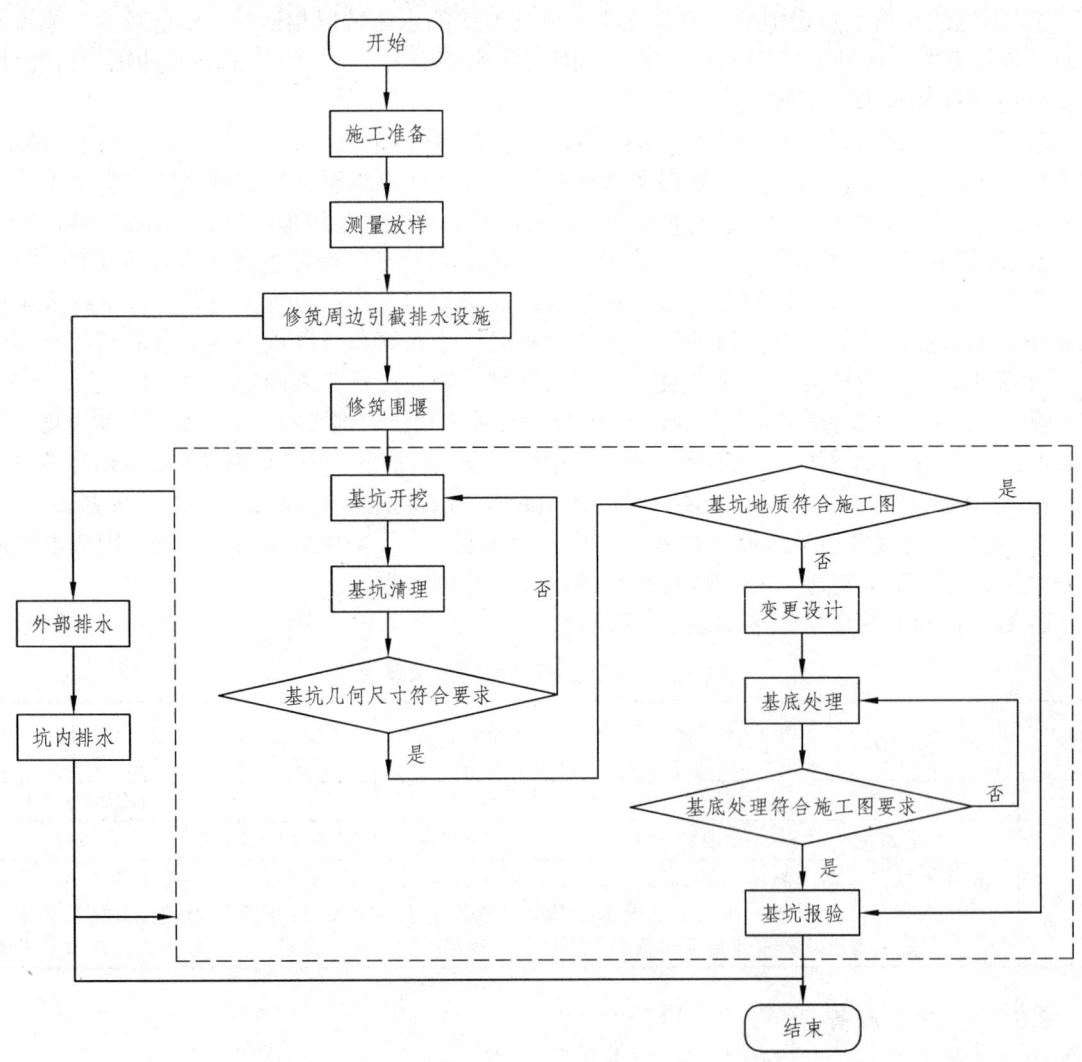

图 3.8 土石围堰法施工工艺及质量控制流程图

2. 土石围堰法施工工艺工序

（1）围堰修筑工艺。

围堰筑岛的施工顺序：围堰施工从上游开始进行，围堰外侧用土袋堆码 1~1.5 m 高；然后进行填土。

① 土围堰。

先清除堰底河床上的杂物、树根、石块等，以减少渗漏，自上游开始填筑至下游合龙。构筑时不宜直接往水中倒土，而应将土倒在已出水面的堰头上，并顺坡填入水中，以防流失（离析），导致渗漏。筑堰材料宜用黏性土或砂黏土。

② 土袋围堰。

用草袋或麻袋或土工织物（无纺土工布）袋装以松散黏性土，装土量为袋容积的 1/2~2/3，袋口以铁丝或麻丝（或塑料带）缝合。有黏土芯墙的围堰，也可用砂土袋装，堆码土袋时，要求上下左右相互错缝，并应堆码整齐。在水中堆码土袋可用一对带钩的杆子钩拉到位。

围堰在填筑、使用过程中应定期检验其位移和沉降情况，并做好保养；特别在汛期施工时更应加强，以保证施工安全。围堰在施工和使用中，应按航运管理部门有关规定设置标志信号和夜间红灯。工程竣工后应按航道规定及时拆除围堰。拆除围堰时，应采取措施防止撞击墩身。

（2）基坑排水与开挖。

土石围堰完成后，先采用离心水泵抽排围堰内大部分河水。开挖基坑时如有渗水，沿坑底四周基础范围以外挖集水沟和集水坑，使坑壁渗水沿四周集水沟汇合于集水坑，然后用潜水泵排到坑外，使基坑处于无水状态。

对于粉细砂质基坑，在土质较差有流砂涌泥现象、地下水位较高、采用集水坑排水有困难时，可采用井点排水法。井点排水法主要有轻型井点、喷射井点、射流泵井点、电渗井点、管井井点和深井泵井点等。井点法降水的适用范围见表 3.3。

井点法降水施工注意事项：

① 安装井点管，应先造孔后下管，不得将井点管硬打入土内，造孔应垂直，深度宜比滤管底深 0.5 m 左右。滤管应低于基底以下 1.5 m。

② 井点管四周，应以粗砂灌实，距地面 0.5~1.0 m 深度内，用黏土填塞严密。

③ 集水总管与水泵的安装应较滤管底低，集水总管向水泵方向宜设 0.25%~0.50% 的下坡。

④ 井管系统各部件均应安装严密，不得漏气。

⑤ 降水过程中，应加强井点降水系统的维护和检查，保证不断抽水。

⑥ 对水位降低区域建筑物可能产生的沉降，应进行观测，并采取防护措施。

⑦ 拆除多层井点应自底层开始逐层向上进行，在下层井点拆除期间，上部各层井点应继续抽水。

3. 作业组织

土石围堰法基坑开挖施工的劳动定员要根据围堰类型、基坑开挖方法等确定。

4. 施工安全与环境保护

桥涵水中基坑开挖施工，采用围堰拦截河水或改变河道水流方向，应加强对围堰的安全情况监测和检查,一发现情况应立即采取补救措施。尤其是在洪水汛期,更要加强安全检查,以及对紧急情况的防范措施。为了保持河道的清洁和畅通,不能随意往河道里抛填杂物和填土。施工完成后,应及时拆除围堰,清理河道,不污染环境。

任务 3.6 钢板桩围堰施工

相关案例

京沪高速铁路大汶河特大桥跨河段起止里程为 DK487+723～DK489+198,轴线长度 1 475 m,该处处于大汶河、柴汶河、牟汶河三条河流交汇处,从北至南依次穿越北岸二级河漫滩地、北岸一级河漫滩地、大汶河北支、河中冲积滩地 1 号、大汶河南支 1 号、河中冲积滩地 2 号、大汶河南支 2 号、南岸河漫滩地等 8 个地段。正线铁路跨河段从河堤内 392 号墩～436 号墩,共计 45 个桥墩,其中:403 号墩～412 号墩在河内,其余墩均在两岸河漫滩地上。

桥墩原施工方案采用草土围堰的方式来施工。经勘察,大汶河河流平均水为位 98.7 m,且该处为大汶河、柴汶河、牟汶河三条河流交汇处,河道内地质情况复杂,现场实际表层部分为一层淤泥质黏土、粉质黏土、细砂、粗砂,工程性质极差,河道中的 45 个桥墩有 23 个承台基础处于河中和淤泥中,北大堤坡脚及承台基坑周边为粗砂和粉质黏土,开挖过程中受河流渗水压力影响存在严重的坍塌现象,造成承台无法施工,采用草土围堰无法正常施工。根据地质情况和工程实际,采用钢板桩围堰的方式来施工。

3.6.1 工作任务

根据案例背景中施工方案要求,学习下面相关内容后,完成该桥钢板桩围堰流程和关键技术的学习,能编写钢板桩围堰施工工作业指导书和技术交底,达到教学要求所需的知识目标、能力目标。

3.6.2 相关配套知识

钢板桩围堰施工方法适用于砂类土、黏性土、碎石土和风化岩石等河床的深水中插入钢板桩修筑围堰的施工。钢板桩强度大、防水性能好,打入土、砾、卵石层时穿透性能力强,适合水深 5～15 m 的桥墩基础围堰。

3.6.2.1 施工准备

1. 施工机械及工艺装备

(1)钢板桩施工机具的种类。

钢板桩的施工机具按照打入方式可分为以下几种:

① 冲击打入机械。自由落锤、蒸汽锤、空气锤、液压锤、柴油锤等。

② 振动打入机械。可用于打桩,也可用于拔桩,如振动打拔桩锤。是钢板桩施工的常用

方法。

③ 振动冲击打桩机械。在振动打桩机的机体与夹具间设置冲击机构，在激振机产生上下振动的同时，产生冲击力，使施工效率大大提高。

④ 静力压入机械。依靠静力将钢板桩压入土中，如液压压桩机、钢索卷扬扭压桩机。

（2）施工机械的选择。

钢板桩施工能否顺利进行，关键取决于施工机械的选择，选择需考虑以下几个因素：

① 工程规模。打（拔）钢板桩的数量、尺寸、形状，尤其要考虑钢板桩的重量与长度。

② 地质情况。应结合地质情况，以利于钢板桩的打入或拔出。

③ 作业能力。要符合工程进度的要求。

④ 作业环境。要满足噪声、振动等公害控制的要求。

2. 拔桩设备

吊船、吊机、打拔桩机、振动打拔桩机、倒打汽锤、高压射水、千斤顶、扒杆滑车组及卷扬机等，拔桩可用长卡环扣在拔桩孔上作为吊点。

3. 其他设备

钢板桩围堰按平面形式有圆形、矩形、圆端形、多边形，其围堰内支撑结构有单层和双层 2 种。单层结构形式由定位桩、导梁（或称导框、围笼）及钢板桩组成。定位桩可用木桩、钢筋混凝土管桩或者钢管桩，导框由型钢组成。

钢板桩按横断面形式可分为平形、槽形、Z 形、工字形或槽钢，按锁口形式可分为阴阳形、环形、套形 3 种。

插打钢板桩的支架的承载力、船舶吨位、木排铺设面积后厚度应按施工设计要求选用。

4. 施工技术准备

（1）钢板桩的整理。

新钢板桩验收时，应备有出厂合格证，机械性能和尺寸符合要求。经整修或焊接后的钢板桩，应用同类型的短钢板桩作锁口通过试验检查。验收或整修后的钢板桩，应进行分类、编号、登记存放。锁口内不得积水。

（2）钢板桩锁口检查用一块长 1.5～2.0 m 符合类型、规格的钢板桩作为标准，将所有同类型的钢板桩做锁口通过检查。

（3）桩板检修。凡钢板桩有弯曲、破损、锁口不合的均应整修，按具体情况分别用冷弯、热敲、焊补、铆补、割除或接长。

（4）桩板的接长板桩长度不够时，可用同类型的钢板桩等强度焊接接长，焊接时先对焊或将接口补焊合缝，再焊加固板，相邻板桩接长缝应注意错开。

（5）预留吊、拔桩用孔如需要有吊桩孔及拔桩孔时，应事先钻好孔，拔桩孔应焊加劲板，以免拔桩时拉裂。

（6）采用组桩插打时，组桩的嵌缝用油灰及旧棉絮嵌塞紧密。组桩及单块桩两侧锁口均在插打前涂以黄油或热的混合油膏（质量配合比为：黄油∶沥青∶干锯末∶干黏土 = 2∶2∶2∶1），以减少插打时的摩阻力，并增加防渗性能。

3.6.2.2 钢板桩围堰施工工艺流程及施工工序

1. 钢板桩围堰施工工艺流程

钢板桩围堰施工工艺及质量控制流程如图 3.9 所示。

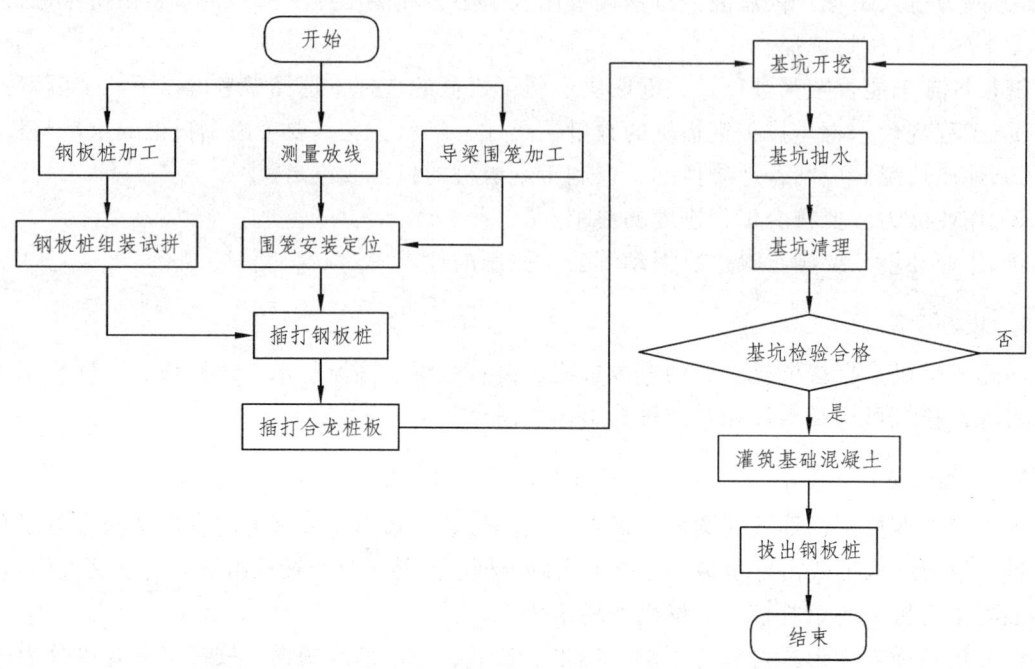

图 3.9 钢板桩围堰施工工艺及质量控制流程图

（1）围图安装。

当水深较大时，常用围图（以钢或钢木构成的框架）作为钢板桩的定位和支撑。即先在岸上或驳船上拼装围图，运至墩位定位后，在围图内插打定位桩，把围图固定在定位桩上，然后在围图四周的导框内插打钢板桩。

（2）插打与合龙钢板桩。

① 合龙口钢板桩插打方法分为 3 种：a 逐块（组）插打；b 先插合龙后再打；c 开始的一部分逐块插打，后一部分则先插合龙后再打。

a 法可用较矮的吊桩设备，桩架移动线路较短，速度较快，但合龙误差大；b 法用较高吊桩设备，桩架移动线路长，进度较慢，但合龙误差小；c 法进度较快且合龙误差小，一般采用 c 法。

② 插打前，在锁口内应涂抹防水混合料，组拼桩时应用油灰和棉絮捻塞拼接缝。

③ 插打钢板桩的次序，对圆形围堰，应自上游开始，经两侧至下游合龙；对矩形围堰，从上游一角开始，至下游合龙。

④ 插打钢板桩时应严格控制好桩的垂直度，尤其是第一根桩要从两个垂直方向同时控制，确保垂直不偏。在垂直导向设备导向下，一般先将全部钢板桩逐根或逐组插打到稳定深度，然后依次打入直至设计深度。

⑤ 钢板桩可用锤击、振动或再辅以射水等方法下沉，但在黏土地基中不宜使用射水。锤击时宜使用桩帽，以分布冲击力和保护桩头。

⑥ 钢板桩围堰在合龙处往往形成上窄下宽或上宽下窄的状态。常用的办法是将邻近一段钢板桩墙的上端向外推开，以使上下宽度接近；必要时，可根据实测宽度，做一块异形钢板桩，合龙时，先将异形钢板桩插下，再插最后一块标准钢板桩。

（3）抽水堵漏。

抽水前，应将钢板桩与导框之间空隙用垫木塞紧，以保证导框受力均匀。

（4）钢板桩的拔除。

钢板桩系多次重复使用的设备，基础或墩身筑出水面后即可拔出钢板桩，拆除围堰。

（5）施工注意事项。

① 施打钢板桩，应对桩板进行认真检查，要求板面平直，接口预拼严密。
② 采用定型规格桩板时，接口类型应一致。
③ 桩板沉设应从上游开始，至下游合龙。
④ 插桩时应对正接口，借助桩锤自重缓慢插入。必要时可低锤慢击。
⑤ 应随时检查偏斜，发现偏斜可用撬棍滑车纠正。

2. 作业组织

钢板桩围堰法桥基施工人员应包括钢板桩组桩、导梁加工、浮运、施工平台搭设、钢板桩插打、抽水堵漏、水下混凝土灌筑等班组。

生产效率主要取决于钢板桩组桩速度和机械插打效率。钢板桩围堰法桥基施工的材料消耗主要有钢板桩、型钢、混凝土等，材料消耗的数量取决于基础的尺寸。

3. 施工安全与环境保护

在水深流急的大河大江或潮涌浪高的近、浅海中采用钢板桩围堰法修建桥梁的深水基础，防水性能好，整体刚度较强，施工相对比较简便和经济。

3.6.2.3 施工质量检验标准与检验方法

施工质量检验与验收应符合《高速铁路桥涵工程施工质量验收标准》（TB 10752—2010）的规定。钢板桩围堰质量标准及检验方法如下：

（1）钢板桩桩顶高程符合工艺设计要求。打钢板桩过程中，当导向设备失效，钢板桩顶达到工艺设计高程时，平面位置允许偏差：水中打桩为 20 cm，陆地打桩为 10 cm。

（2）经过整修或焊接的钢板桩应做锁口，并通过试验。

（3）钢板桩接长时，应采用等强度钢板桩焊接接长，相邻钢板桩接头上下错开 2 m 以上。

（4）钢板桩围堰宽度应根据水深、流速、土质和围堰长宽比等因素来确定，但宽度不应少于 2.5 m。

（5）钢板桩因倾斜无法合龙时，应使用特制楔形钢板桩。

（6）同一围堰内，使用不同类型的钢板桩时，应将两种不同类型的钢板桩的各一半拼接成异型钢板桩。

相关规范、规程与标准

[1] Q/CR 9603—2015 高速铁路桥涵工程施工技术规程（铁建设铁总建设[2015]80 号）[S]. 北京：中国铁路总公司，2015.

[2] TB10752—2010 高速铁路桥涵工程施工质量验收标准[S]. 北京：中国铁道出版社，2010.
[3] TB10303—2009 铁路桥涵工程施工安全技术规程[S]. 北京：中国铁道出版社，2009.
[4] 《高速铁路桥涵施工与维护》课程标准

项目小结

（1）明挖基础具有施工简单，经济性好等特点，在条件许可情况下，高速铁路桥梁基础应首先选择明挖基础。

（2）明挖基础施工，一般均采用明挖，根据开挖深度、边坡土质、渗水情况及施工场地、开挖方式、施工方法可以有多种选择。

（3）无支护基坑明挖施工方法适用于埋置深度 5 m 以内（地质条件好或放坡开挖不受周围条件限制时，深度可以大于 5 m）浅基础的基坑开挖施工。

（4）支撑法基坑明挖施工方法适用于基坑坑壁土质不良，并有地下水的影响；或放坡开挖工程量过大；或受施工场地或邻近建筑物限制，不能放坡。

（5）喷射混凝土护壁适用于坑壁自稳时间较短、渗水量较少的各类岩土和深度不超过 10 m 的基坑。喷射混凝土加固坑壁是用喷射机将混凝土喷向坑壁表面，先期集料嵌入坑壁并为后继料流所充填包裹，在喷层与坑壁间形成嵌固层，喷层与嵌固层同具加固和保护坑壁的作用，使之避免风化、雨水冲刷，支护土体免于浅层坍塌剥落的作用。

（6）土石围堰法施工方法适用于在水深小于 5.0 m、流速小于 1.5 m/s 的河道、浅滩或库塘中，以土石为主要材料修筑围堰的施工。土石围堰类型有土围堰、土袋围堰、木桩竹条土围堰、竹篱土围堰、竹笼土围堰、堆石土围堰等。

（7）钢板桩围堰施工方法适用于砂类土、黏性土、碎石土和风化岩石等河床的深水中插入钢板桩修筑围堰的施工。钢板桩强度大、防水性能好，打入土、砾、卵石层时穿透性能力强，适合水深 5~15 m 的桥墩基础围堰。

课程资源

复习思考题

3.1 基坑施工前的测量工作包括哪些内容？如何做好这些工作？试做一个技术交底书，并用全站仪放出一个基坑开挖的位置（用坐标法）。

3.2 基坑施工前的测量工作有哪些？

3.3 明挖基础的开挖方式有哪些？怎样选择？分小组汇报。

3.4 基坑开挖时有哪些支护形式？其适用条件是什么？并写出总结分析报告。

3.5 防水围堰有几种形式？各自的适用条件和特点是什么？

3.6 怎样才能做好防水围堰设计？

3.7 施工时怎样保证围堰的质量？
3.8 基底检验的内容是什么？发现问题怎样处理？举例说明。
3.9 钢板桩围堰施工的基本要点是什么？
3.10 请描述一下水中明挖基础施工的整个过程和步骤，并用计算机框图表示。
3.11 请按照《高速铁路桥涵工程施工质量验收标准》的相关规定编制喷射混凝土护壁法基坑明挖施工基坑质量检验标准与检验方法，并用电子表格表示。
3.12 用CAD软件画出常见明挖基础结构的三视图和实体图。
3.13 根据桥梁模板、混凝土、钢筋施工作业指导书，归纳总结明挖基础施工的作业要点。
3.14 结合案例编制明挖基础施工方案，并进行分组汇报。
3.15 编制无支护基坑明挖施工方案，并进行技术交底。
3.16 编制支撑法基坑明挖施工方案，并进行技术交底。
3.17 编制喷射混凝土护壁施工方案，并进行技术交底。
3.18 编制土石围堰法施工方案，并进行技术交底。
3.19 编制钢板桩围堰法施工方案，并进行技术交底。
3.20 各小组任选一种明挖基础施工方法，采用BIM建模，并进行工程量的计算。

项目 4　桩基础施工

项目描述

桩基础由基桩和连接于桩顶的承台共同组成，是工程施工中最常用的深基础类型。当地基浅层土质不良，采用浅基础无法满足结构物地基强度、变形及稳定性方面的要求，且又不适宜采取地基处理措施时，往往需要考虑桩基础。基础是工程的重要组成部分，只有严格做好勘察设计、现场施工、质量控制及桩基检测各个环节，才能保证工程的质量。通过本情境学习，学生应熟悉桩基础的结构构造与设计计算特点，掌握挖孔浇筑桩、钻孔浇筑桩、管柱基础、承台的施工工艺流程和关键技术等。

学习目标

1. 能力目标
- 具备识读桩基础施工图纸的能力；
- 具备编写和比选桥梁桩基础施工方案的能力；
- 具备编写桩基础施工作业指导书和技术交底等现场资料的能力；
- 具备利用桩基础施工作业指导书或技术交底书的能力；
- 具备查阅桩基础施工、设计相关规范的能力；
- 具备采用桩基础及承台施工的过程管理及质量控制能力。

2. 知识目标
- 桩基础结构构造与设计计算特点；
- 桩基础施工图识读；
- 桩基础施工原理、工艺流程和关键技术；
- 桩基础的施工特点和适用条件；
- 采用桩基础及承台施工的质保、安保和环保要求。

相关案例

某客运专线 R14 合同段，该段有一座 10×32 m 的预应力混凝土简支箱梁桥，合同工期为 15 个月；采用长度为 40～50 m、直径为 1.2～1.5 m 的桩基础，桥位处地层土质为亚黏土；下部结构采用重力式圆端形桥墩，桥墩基础设置 8 根基桩，呈梅花形布置，基桩顶部布置 2.5 m 厚的承台。为了降低成本，项目部需要制定经济合理的桩基础施工技术方案，技术方案应该综合考虑施工方法比选、施工机具设备选用、施工技术人员配备、施工进度安排要求等因素。

任务 4.1　桩基础知识准备

4.1.1　工作任务

学习下面相关内容后，完成桩基础施工中关键技术问题探讨，并编制该桥梁桩基础施工作业指导书或技术交底书，达到教学要求所需的能力目标和知识目标。

4.1.2 相关配套知识

高速铁路常用跨度桥梁基础，非岩石地基一般采用桩基础，桩径大多为 1.0 m、1.25 m、1.5 m 和 2.0 m。一般情况下，简支梁桥基础选用 8ϕ1.25 m 钻孔浇筑桩，连续梁桥基础选用 8ϕ1.5 m 钻孔浇筑桩。

4.1.2.1 桩基础的适用范围

桩基础是深基础的一种，是由桩和承台构成的基础类型。采用一根桩来传递和承受上部结构荷载的独立基础称为单桩基础。由 2 根以上桩组成的桩基础称为群桩基础。与浅基础相比，其构造形式、设计理论、传力方式、施工方法都有很大的不同。其传力方式为上部结构的荷载通过承台座板和桩传递到地基中，桩基础的施工需要较复杂的机具和设备，但可以节省材料和减少浅基础的开挖土方量，施工过程中不会遇到浅基础中的防水、防渗漏等复杂问题，并且承载力高，沉降量小且均匀，可以承受较大的垂直和水平荷载，是我国高速铁路桥梁基础中应用最广泛的基础形式。

4.1.2.2 桩基础的分类

（1）按桩的材料分：有钢筋混凝土桩、预应力混凝土桩、组合材料桩等。高速铁路桥梁工程中的桩基础多采用钢筋混凝土。在同一桩基础中，不宜采用不同直径、不同材料和长度相差过大的桩。

（2）按桩的承载性状分：有摩擦桩和柱桩（又称端承桩或支承桩），如图 4.1 所示。摩擦桩桩基础中的基桩通常称为摩擦桩，是指桩端置于较软的土层中，其轴向荷载主要由桩侧摩擦阻力承担，桩底土的反力起较小的作用；柱桩指桩底支承在坚硬土层（岩石）上，其轴向荷载可以认为是全部由桩底（或桩尖）地基来支承。柱桩又有支立于岩层面上和嵌入岩层内 2 种情况。

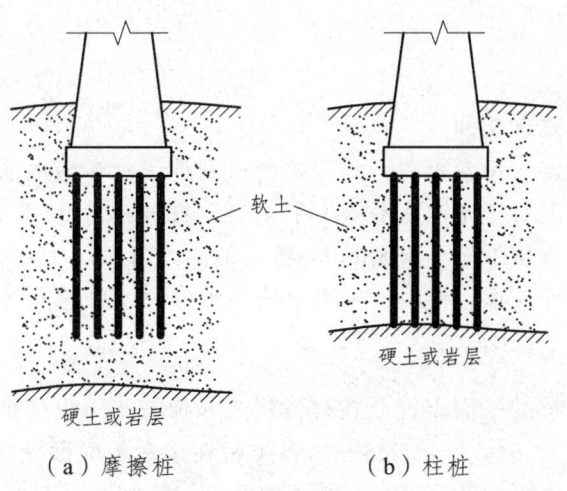

（a）摩擦桩　　　　（b）柱桩

图 4.1 摩擦桩和柱桩

由于摩擦桩和柱桩在支承力、荷载传递等方面都有较大的差异，通常，相同直径摩擦桩的沉降量大于柱桩的沉降量。

（3）按桩的施工方法分：有打入（或振动下沉）桩、桩尖爆扩桩、就地钻（挖）孔浇筑桩和管柱。打入（或振动下沉）桩一般采用预制桩（钢筋混凝土桩、预应力混凝土桩、木桩、钢桩），经锤击（或振动）将桩沉入土中；就地钻（挖）孔浇筑桩是在现场就地钻（挖）孔，将钢筋笼放置于孔内，浇筑混凝土成桩。

（4）按桩轴方向分：有竖直桩和斜桩。当水平外力较大时，可以采用斜桩，斜桩有单向和多向之分。目前由于施工技术的原因，钻（挖）孔浇筑桩通常都设计为竖直桩。只有预制桩才可用斜桩，斜桩的斜度不宜过大。

（5）按承台板底面所处的位置分：有高桩式桩基础和低桩式桩基础。高桩式桩基础指承台板底面（基桩的顶面）位于地面或局部冲刷线以上的桩基础，也称为高式桩承台，简称为高桩承台或高承台；反之称为低桩承台或低承台。这两种桩基础在承受外力和土对桩基的抗力作用上没有根本的不同，只不过在结构上稍有区别而已。

（6）按桩的布置形式分：有单排桩和多排桩（群桩）桩基。当桩基只有单根或仅在与水平力作用平面相垂直的同一平面内有几根（即单列桩）时，称为单桩或单排桩基；当桩基排列的行数和列数均不少于2的桩基，称为多排式桩基。

4.1.2.3 桩基础的构造

桥梁墩台的桩基础，由承台和桩群组成。承台的作用，是将各桩桩顶联结成一个整体，以支承墩台，将墩台所受的荷载传给基桩。

1. 承台的构造

承台为钢筋混凝土结构，为刚性板，其平面形式和尺寸，决定于墩台身底面的形式和尺寸，也与桩的布置和数量有密切的关系。承台的底部布置一层钢筋网，当基桩桩顶主筋伸入承台板联结时，此项钢筋网在越过桩顶处不得截断。一般承台的厚度不小于 1.5 m，混凝土强度等级不得低于 C30。

2. 桩与承台的联结

桩和承台的联结方式有 2 种：

（1）基桩桩顶主筋伸入承台板内：一般桩的桩身伸入承台板内的长度为 100 mm，桩顶伸入承台板内的主筋长度对于光钢筋不得小于 45 倍主筋的直径，对于螺纹钢筋不得小于 35 倍主筋的直径。箍筋的直径不应小于 8 mm，箍筋的间距可采用 150~200 mm。

（2）基桩桩顶直接埋入承台板内：多用于预制预应力（普通）钢筋混凝土桩。

3. 桩的平面布置

墩台桩基础中，基桩的平面布置形式有行列式和梅花式（也称棋盘式）如图 4.2 所示。挖孔浇筑桩的直径或边宽不宜小于 1.25 m。各类桩在承台板底面处的中心位距不应小于 1.5 倍的桩径。钻（挖）孔浇筑的摩擦桩中心距不应小于 2.5 倍成孔桩径，钻（挖）孔浇筑柱桩的中心距不应小于 2 倍成孔桩径。

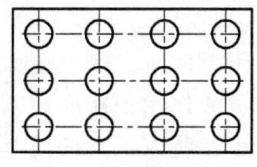 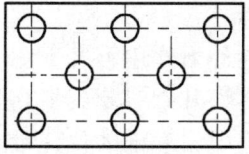

(a)行列式　　　　(b)梅花式

图4.2　桩基的布置形式

各类桩的承台板边缘至最外一排桩的净距,当桩径 $d \leq 1$ m 时,不得小于 $0.5d$,且不得小于 0.25 m;当桩径 $d > 1$ m 时,不得小于 $0.3d$,且不得小于 0.5 m。对于钻孔浇筑桩,d 为设计桩径。

成孔桩径是指在成孔后的平均直径。对于钻孔桩来说,它按施工时钻头类型分别按设计桩径(通常指钻头直径)增大下列数值:旋转锥 3~5 cm,冲击锥 5~10 cm,冲抓锥 10~15 cm,挖孔桩的成孔桩径等于设计桩径。钻孔桩中计算桩周摩擦力、桩身自重、桩的间距时采用成孔桩径;计算桩身内力、桩底支承力、桩身材料强度等时,采用设计桩径。

4.1.2.4　桩基础设计的基本原则

桩基础设计时,应首先根据地质、水文、荷载等已知条件,初步确定承台底面高程和尺寸,桩的类型、长度、直径、数量和排列布置方式等,经过多次反复试算,最后确定设计方案。其基本设计原则如下:

1. 承台底面高程的确定

承台底面高程应根据桩基础受力的大小并综合考虑水文、地质和施工的难易程度来确定。一般情况下,当桩基础承受的水平外力和弯矩较大,或桩侧土较差时,为了缩短桩的长度以及减少桩身弯矩和剪力,宜将承台底面的高程降低;反之,应将承台板底面的高程抬高。对于常年有水且水位较高,施工时不易排水或者河床的冲刷深度较深的河流,多采用高承台桩基。低承台桩基的稳定性较好,多用于季节性的河流或者冲刷深度较小的河流之中。

2. 桩基础类型的选择

钻孔浇筑桩可用于各类土层、岩层,但用于软土、淤泥和可能发生流砂的土层时,应先做施工工艺试验;挖孔浇筑桩可用于无地下水或少量地下水的土层。管柱适用于深水、有覆盖层或无覆盖层、岩面起伏等情况,可支承于较密实的非岩石地基内或新鲜岩层面上,也可嵌于岩层内。

摩擦桩和柱桩的选择主要根据地质条件和岩层的埋置深浅来确定,采用摩擦桩时,桩的长度不宜太短。

3. 设计荷载的确定

作用在桩基承台底面的外力主要有:竖向力、水平力(纵横向)、力矩。在设计时按照如下荷载组合确定:分别按照主力、主力加附加力、主力加特殊荷载等方式进行荷载组合。在考虑主力加附加力时,仅考虑主力和一个方向附加力(顺桥向或者横桥向)组合,对不同的检算项目,应选用不同的最不利荷载组合形式进行检算。

4. 关于土的弹性抗力

弹性抗力是指基础在外力作用下发生侧移挤压土体时，侧面土体对基础的抗力。弹性抗力也叫横向抗力，在计算深基础时起到平衡外荷载的作用，从而使基础的设计计算更为经济合理。在实际的基础工程中，基础的位移量非常小，所以可以假设基础侧面土体处于弹性状态，将其视为弹性介质，并假设横向抗力的大小与横向位移成正比。

4.1.2.5 桩基础的主要检算项目

桩基础的设计一般主要从强度和变形两个方面进行检算，具体的检算项目有以下 4 项：

（1）检算单桩轴向承载力。计算出作用于桩基中每根桩桩顶的内力即轴向力，应不大于单桩的轴向容许承载力。

（2）检算桩身的材料强度。计算出作用于桩身的轴力、弯矩和剪力，按照偏心受压钢筋混凝土构件的计算原理检算桩身的材料强度或者配设钢筋。

（3）桩尖地基承载力检算。将群桩的承台、桩和桩间土体看作是一个实体基础，检算桩尖处的地基承载力是否满足要求。

沉入桩，钻孔桩施工前应按设计要求和有关规定进行试桩，确定施工工艺参数和检验桩的承载力，并应具有完整的试桩资料。

（4）检算墩台顶的水平位移。在水平荷载作用下，承台座板产生水平位移和转动，加上墩台身的弹性变形所引起的墩顶水平位移应该满足设计的需要，不大于规范规定容许值。

4.1.2.6 桩基础的静载试验

在桩基础施工现场，对试桩（和实际设计桩的参数指标相同）直接加载到试桩破坏，以确定其承载力的方法称为静载试验。一般在特大桥，技术、结构、地质条件复杂的大、中桥桩基工程中，均需按设计要求进行静载试验或动力振动试验以确定桩的承载力。

在进行静载试验时，常用的一种加载装置如图 4.3 所示。主要设备有锚桩、锚梁、横梁、液压千斤顶等。它是在试桩周围打下 4 或 6 根锚桩，锚桩离试桩的距离应不大于 3d（d 为试桩直径），锚桩上连以锚梁（工字钢梁），锚梁下穿过横梁，在试桩顶和横梁之间放置液压千斤顶，用液压千斤顶对试桩分阶段加压。沉降量可以用千分表、挠度仪和水平仪等进行观测（为了满足测量的精度，一般对称布置）。

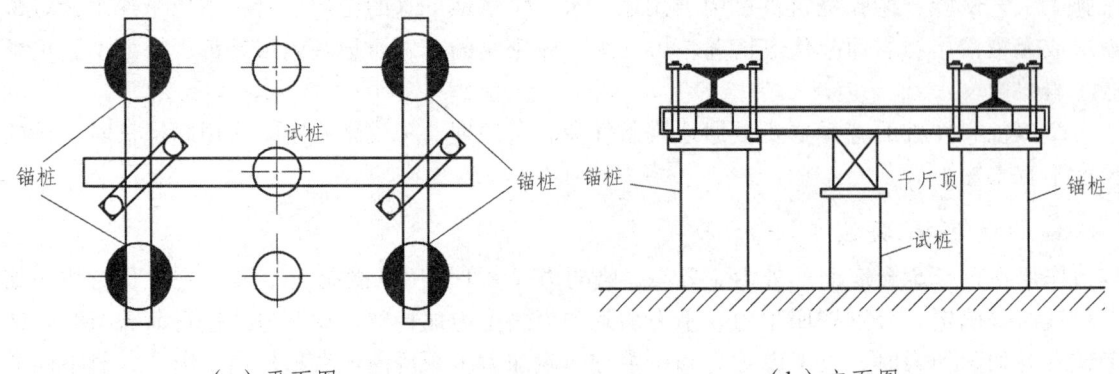

（a）平面图　　　　　　　　　　（b）立面图

图 4.3 桩基的静载试验

试桩加载应沿桩轴向均匀、无冲击和分阶段进行,每阶段荷载增加量约为预计极限荷载的 1/15～1/10。加载一次后,每隔 5～20 min 读一次下沉值,一直读到其下沉终止后,才能加下一阶段的荷载,根据每一个阶段下沉随时间变化的数据,可以得出图 4.4 沉降-时间(s-t)和沉降-荷载(s-p)曲线。下沉的终止标准为:砂性土在最后 30 min 内,(黏性土在最后 60 min 内),桩的下沉量不超过 0.1 mm。

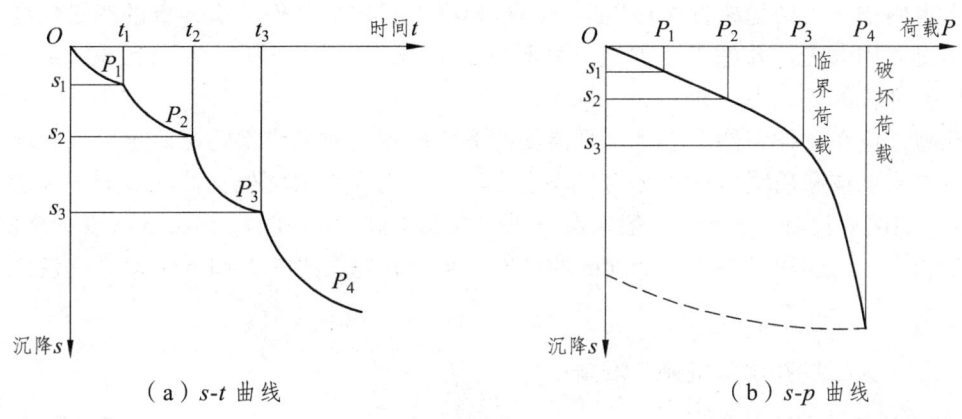

图 4.4 静载试验曲线

试桩破坏的标准是:桩顶总沉降量大于或等于 40 mm,同时最后一阶段的下沉量大于前一阶段的 5 倍,或者施加本级荷载一个昼夜后,桩的下沉仍没有终止。一般将破坏前一级荷载作为极限荷载 P_j。

桩的轴向受压容许承载力的确定:

$$[P] = \frac{P_j}{K}$$

式中,K 为安全系数,对于永久性的建筑物,取 $K = 2.0$;对于临时性建筑物,取 $K = 1.5$。

任务 4.2 挖孔浇筑桩施工

相关案例

郑西客运专线某桥,桩基础工程位于河南省北部林州境内,西倚太行山,地形多呈丘陵、盆地和河谷地形,起伏较大,基岩裸露,有稀疏植被,土质多为黄褐色、棕褐色亚黏土和灰黄色黄土,地下水位主要靠大气降水供给,水位较低。沿线桥梁设计均为浇筑桩基础,桩径 120～150 cm 之间,建议采用人工挖孔浇筑桩施工。

4.2.1 工作任务

根据案例背景中施工方法,学习下面相关内容后,完成人工挖孔浇筑桩施工流程和关键技术的学习,能编写人工挖孔浇筑桩施工作业指导书和技术交底,能完成人工挖孔浇筑桩施工的质量监控,达到教学要求所需的知识目标、能力目标。

4.2.2 相关配套知识

4.2.2.1 挖孔桩的特点

挖孔浇筑桩施工采用人工下井以风镐或风钻（电钻），辅助适当的爆破开挖成孔，配以简单机具设备，放入钢筋笼，浇筑混凝土成桩，适用于无水或少水的较密实的各类土层或岩层。岩孔内产生的空气污染物超过《环境空气质量标准》规定的任何一次检查的三级标准浓度限值时，不得采用人工挖孔施工。桩径一般不小于 1.2 m，孔深一般不大于 20 m，并可将桩尖扩大，以提高桩的承载力。

挖孔施工应在支护条件下进行，具体支护形式应视土质和渗水情况而定。若土质密实，可间隔设置支承或采用喷射混凝土支护。土质不好，则应采取框架支撑或混凝土预制井圈支撑，或现灌或喷射混凝土护壁。一般情况下采用框架支撑，沿桩深每 1~1.5 m 设一横向框架，框架后设挡土板；或用壁厚 10~20 cm 的混凝土护壁，每掘进 1.2~1.5 m 时，立模浇筑混凝土一次。

4.2.2.2 人工挖孔浇筑桩施工准备

1. 施工机械及工艺装备

（1）开挖设备。镐、锹、筐或风镐、风钻、空压机；鼓风机、抽水机。

（2）出渣机械。

人力提升：木制或钢制绞车、辘轳。

机械提升：电动链滑车或三脚架，慢速卷扬机（10~20 kN）。

渣料清运：自卸汽车、装载机。

2. 护壁混凝土生产设备

护壁混凝土搅拌机，运输机具，混凝土捣固器；

护筒加工设备：剪板机、卷板机、电焊设备等。

3. 施工技术与场地准备

（1）制定施工技术方案。

根据地质和水文条件及安全施工、提高挖掘速度和因地制宜的原则，选择合适的孔壁支护类型；进行护壁结构设计、石质地层开挖的爆破设计、混凝土配合比设计，制定安全措施。

（2）平整场地，清除坡面危石浮土。

（3）坡面有裂缝或坍塌迹象者应加设必要的保护，铲除松软的土层并夯实。

（4）施工复测后，定出桩孔准确位置，在桩位外侧设置桩中心的十字控制桩，设置护桩并固桩；经常检查校核护桩。放出桩孔圆周。

（5）现场四周应设置排水沟、集水井和沉淀池；孔口四周挖排水沟，做好排水系统；及时排除地表水，搭好孔口雨棚。

（6）预制孔口护壁混凝土管或加工钢护筒。

（7）安装提升设备；布置好出渣道路；合理堆放材料和机具，使其不增加孔壁压力、不影响施工。

（8）施工现场技术负责人和施工员应逐孔全面检查施工准备，逐级进行技术安全交底和安全教育。

（9）专人负责按桩位编号，做好桩孔的垂直中心线、轴线、桩径、桩长和基岩土质的记录；钢筋笼和桩身混凝土等隐蔽验收记录。

（10）护壁模板分节的高度视土质情况而定，一般可用 50～100 cm。每节模板安装，应设专人严格校核中心位置及护壁厚度。

4.2.2.3 挖孔桩施工工艺流程及施工工序

1. 人工挖孔浇筑桩施工工艺流程

人工挖孔浇筑桩施工工艺及质量控制流程如图 4.5 所示。

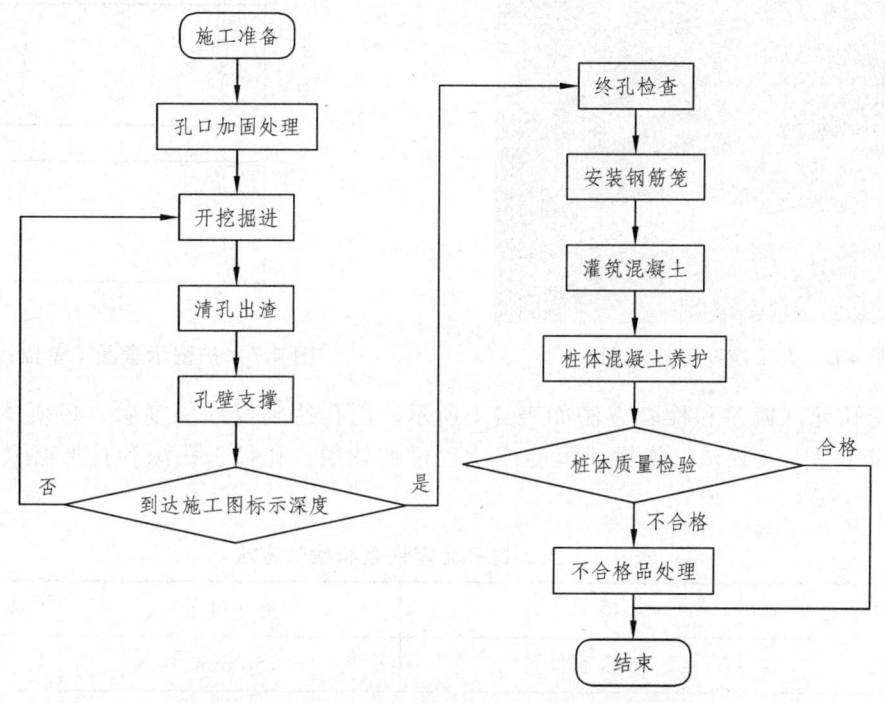

图 4.5 挖孔浇筑桩施工工艺及质量控制流程图

2. 人工挖孔浇筑桩施工工序

（1）场地平整。

平整场地、清除杂物、夯打密实。桩位处地面应高出原地面 50 cm 左右，场地四周开挖排水沟，防止地表水流入孔内。

（2）测量放样。

进行施工放样，按设计图纸定出孔位，经检查无误后，埋设十字护桩，十字护桩必须用砂浆或混凝土进行加固保护，以备开挖过程中对桩位进行检验。

（3）桩孔开挖。

采用从上到下逐层用镐、锹进行开挖，遇坚硬土或大块孤石采用锤、钎破碎，挖土顺序为先挖中间后挖周边，按设计桩径加 20 cm 控制截面大小。注意挖孔过程中，不必将孔壁修成光面，要使孔壁稍有凹凸不平，以增加桩的摩擦力。人工挖孔现场施工如图 4.6 所示。

护壁拟采用现浇模筑混凝土护壁,混凝土强度等级与桩身设计强度等级相同。第一节混凝土护壁(原地面以下 1 m)径向厚度为 20 cm,宜高出地面 20~30 cm,使其成为井口围圈,以阻挡井上土石及其他物体滚入井下伤人,并且便于挡水和定位。等厚度护壁如图 4.7 所示。

图 4.6 人工挖孔桩施工图

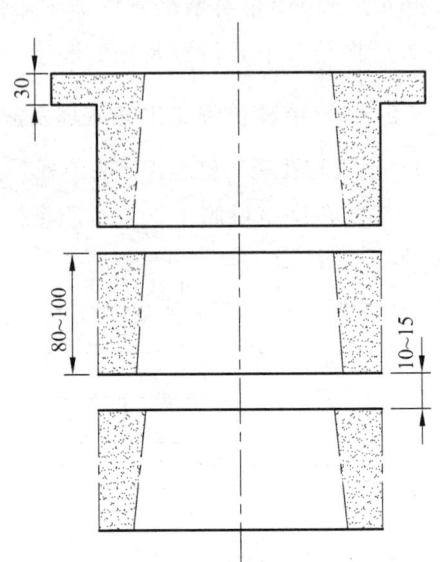

图 4.7 护壁示意图(单位:cm)

人工挖孔允许偏差和检验方法如表 4.1 所示。挖孔达到设计深度后,必须核实地质情况。孔底应平整,无松渣、淤泥、沉淀或扰动过的软层。孔径、孔深和孔形必须符合设计要求。

表 4.1 人工挖孔允许偏差和检验方法

序号	项目	允许偏差	检验方法
1	顶面位置	50 mm	测量检查
2	孔位中心	50 mm	
3	倾斜度	0.5%	

(4)钢筋制作与安装。

① 钢筋笼的分节长度应满足设计图纸要求,当设计图纸无要求。长大桩基的钢筋笼宜在长线胎架上加工成型。每根桩的钢筋笼应分节编号,同一截面内接头数量不得超过钢筋总数量的 50%。

② 钢筋笼绑扎时,加强箍筋设置应符合设计要求,主筋应附着在加强箍筋的外侧,并采用点焊连接;一般箍筋和主筋相交处宜采用梅花形点焊牢固,箍筋相互搭接单面焊长度应不小于 10d。

③ 环氧涂层钢筋笼加工、绑扎时,所有的支座和芯轴等接触区均应配尼龙套筒或其他合适的塑料套筒;支承钢筋的垫块和绑扎的铁丝应采用尼龙、环氧、塑料或其他材料包裹。环氧涂层钢筋与无涂层钢筋不得有电连接。

④ 钢筋保护层宜使用混凝土轮形垫块,见图4.8。垫块强度等级应不低于桩身混凝土强度,混凝土轮形垫块设置纵向间距不大于2 m,环线不少于4个,呈梅花形布置。加工后的钢筋笼存放时,宜每隔2 m设置衬垫,使钢筋笼高于地面不小于5 cm,并应加盖防雨布。

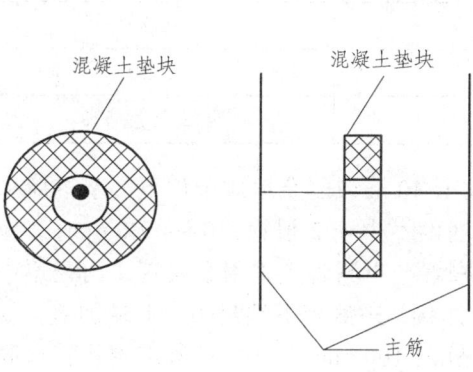 

图4.8 混凝土轮形垫块示意图

⑤ 普通长度的钢筋笼可采用专用运输车运至施工现场,长大钢筋笼运输时应配置专用托架,运输时要采取措施防止钢筋笼发生较大变形。钢筋笼吊装前应做好各项准备工作,缩短钢筋笼的安装时间,吊装前应将钢筋笼上粘附的泥土和油渍清除干净,吊装时要采取措施避免钢筋笼变形。

⑥ 环氧涂层钢筋笼阶段的连接要符合设计要求,安装时应防止坠物碰撞损伤环氧涂层钢筋,节段连接后应检查接头涂层,如有损伤应及时修补,待修补材料固化后,方可下放钢筋笼。

⑦ 钢筋笼安装到位后,经检查无误应采取可靠定位措施,防止混凝土浇筑过程中钢筋骨架上浮或下沉。钢筋笼现场焊接施工如图4.9所示。

图4.9 钢筋笼焊接施工

挖孔桩钢筋骨架允许偏差如表4.2所示。

表 4.2　挖孔桩钢筋骨架允许偏差

序号	项目	允许偏差/mm
1	钢筋骨架在承台底以下长度	±100
2	钢筋骨架直径	±10
3	主钢筋间距	±10
4	加强筋间距	±20
5	箍筋间距或螺旋筋间距	±20
6	钢筋骨架垂直度	骨架长度1%

⑧ 声测管安装：桩径大于等于 2 m 或者桩长大于 40 m 或复杂地质条件下的基桩应采用声波透射法检测。桩身直径小于等于 0.8 m 时，应埋设不少于 2 根管；0.8~2.0 m 时，应埋设不少于 3 根管；大于 2.0 m 时，应埋设不少于 4 根管。声测管应采用金属管，内径不小于 40 mm，壁厚不小于 3.0 mm，声测管对接采用套管连接，声测管下端封闭、上端加盖，管内无异物，连接处应光滑过渡，不漏水，管口应高出桩顶 100 mm 以上，且各声测管管口高度宜一致。

（5）浇筑混凝土。

无水的可以由下至上逐步拆除支护进行浇筑。

一般采用串流筒下料及分层振捣浇筑的方法，力求在最短的时间内完成一个桩身混凝土浇筑。

① 混凝土浇筑施工要点。

a. 桩体混凝土浇筑要一次完成。如遇停电等特殊原因，必须留施工缝时，可在混凝土面周围加插适量的短钢筋。在浇筑新的混凝土前，施工缝面必须清理干净，不得有积水和隔离物质。

b. 浇筑桩身混凝土，必须采用溜槽及串筒，并在离浇筑面 2 m 以内下落，不准在井口抛铲或倒车卸料。

c. 在浇筑混凝土过程中，注意防止地下水进入。

d. 混凝土浇筑宜采用插入式振动器和人工插实相结合的方法。

e. 在浇筑桩身混凝土时，相邻 10 m 范围内的挖孔作业停止，并不得在孔底留人。

② 常见桩体质量通病及原因分析。

a. 桩体混凝土局部不够密实。由于一次浇筑过厚，振捣不好，振捣器插深不足，少振或漏振等原因。

b. 混凝土局部强度不足。由于粗细骨料未称量，用水量控制不严，坍落度过大，或采用体积量度，骨料量不够准确，混凝土配合比在特殊情况未及时调整等原因造成。

c. 混凝土局部离析。由于混凝土搅拌时间少于 90 s，不够均匀；溜槽或串筒过短；车上混凝土直接向孔内倒下等原因造成。

d. 钢筋笼成型有弯曲（香蕉形）或扭曲现象。由于主筋未预先调直，也未把箍筋焊接在主筋等分距离点上，制作钢筋笼的底垫高低不平等原因造成，致使主筋的混凝土保护层厚薄不均，甚至露筋影响质量。

e. 钢筋笼成型后,必须全面检查焊接质量。

f. 终孔岩样,用胶袋装好密封,尽量保留孔底原岩样备查。

3. 作业组织

合理安排人工挖孔桩的施工顺序,根据实际情况合理安排。在可能的条件下,先施工比较浅的桩孔,后施工深一些的桩孔。在含水层或有动水压力的土层中施工,应先施工外围(或迎水部位)的桩孔,挖孔浇筑桩基础施工一般组织三班制连续作业。

4. 安全生产与环境保护

(1)挖孔工人必须配有安全帽、安全绳、穿绝缘胶鞋,必要时应搭设掩体。严禁穿拖鞋、赤脚、酒后上岗作业。井下操作人员连续工作时间不宜超过 4 h,应及时轮换。孔底如需抽水时,必须在全部井下作业人员上地面后进行。

(2)孔内应配置照明,采用低压电源、带防水罩的安全灯具或安全矿灯。每班检查孔内空气质量,采取通风措施。井孔内一律采用 12 V 安全电压和带防水罩的灯具照明,井上现场可用 24 V 低压照明。现场用电均须安装漏电保护装置。

(3)挖井至 4 m 以下时,下井之前,应用气体检测仪对井内空气进行抽样检测并做好记录,发现有害气体含量超过允许值,应用鼓风机向孔底通风(必要时送氧气),然后方能下井作业。

(4)孔口应设置型钢和钢筋防护围栏,高度不低于 120 cm。孔内作业时,孔口必须有专人看守;夜间停工时,要在井口设置标志或覆盖物,防止人员不慎坠入。挖孔桩孔口,应设水平活动安全盖板。

(5)挖孔桩渣土临时堆放应距孔口 1 m 以上,且堆置高度不得大于 80 cm,及时清运,不得随意丢弃,必须切实保护环境不受污染。

(6)井内施工人员必须乘专用吊笼上下,不得乘坐吊桶或脚踩护壁上下井孔。井孔内必须设置应急安全绳和软爬梯。井孔上、下应有可靠的通话联络设备,如对讲机等。

(7)随挖孔进程完成护壁或支撑,严禁只挖不护壁。桩孔下挖过程中,必须按照挖一节土(深 50~80 cm),做一节护壁或安放一次工具式钢筋防护笼。

(8)挖孔桩施工一般不得在孔内爆破破石,若遇特殊情况,必须在孔内爆破时,需制定专项安全技术措施,并报请主管部门审批,经批准后方可实施。

(9)正在开挖的井孔,每天上班前应随时注意检查卷扬机、支腿、钢丝绳、挂钩(保险钩)、提桶超高限位装置等,应对井壁、混凝土护壁的状况进行检查,发现问题及时采取措施。

(10)多孔同时开挖施工时,应采取间隔开挖的方法。相邻的孔桩不能同时开挖,必须待相邻桩孔浇筑完混凝土之后才能开挖,以保证土壁稳定。

(11)桩底扩孔应间隔削土,留一部分土作支撑,待浇筑混凝土前再挖,此时宜加钢支架支护,浇筑混凝土前再拆除。

(12)挖孔、成桩必须严格按图施工。挖孔、扩孔完成后,应及时组织验收并浇筑混凝土。

(13)挖孔桩作业人员下班休息时,必须盖好孔口,或用高于 80 cm 的护栏将井口封闭围挡。

任务4.3 钻孔浇筑桩施工

相关案例

大西客运专线某桥梁墩（台）基础均采用钻孔浇筑桩基础,基桩均为摩擦桩。1~10号、13~20号桥墩基础均采用6×ϕ1.2 m钻孔桩,承台采用矩形承台,平面尺寸为8.6 m×5.4 m,承台高2.0 m;11、12号桥墩基础采用6×ϕ1.8 m钻孔桩,承台采用矩形承台,平面尺寸为12.2 m×7.6 m,承台高3.0 m;21~31号桥墩基础采用ϕ1.0 m钻孔桩,部分利用原有钻孔桩,部分为新增钻孔桩,承台采用矩形承台,承台高2.0 m。所有桩基础均采用钻孔浇筑桩施工,要求从钻孔浇筑桩的施工工序、钻孔浇筑桩的钻机类型和适用范围、各种钻头的适用条件、钻进过程中常见问题的处理方法以及钻孔施工中质量问题的预防措施等方面对钻孔桩方案进行细化编制。

4.3.1 工作任务

根据案例背景中采用的施工方法,学习下面相关内容后,完成钻孔浇筑桩施工流程和关键技术的学习,能编写钻孔浇筑桩施工作业指导书和技术交底,能完成钻孔浇筑桩施工的质量监控,达到教学要求所需的知识目标、能力目标。

4.3.2 相关配套知识

钻孔浇筑桩是采用不同的钻孔方法,在地层中按要求形成一定形状（断面）的井孔,达到设计高程后,将钢筋骨架吊入井孔中,再浇筑混凝土（有地下水时浇筑水下混凝土）,成为桩基础的一种工艺。钻孔浇筑桩由于其施工速度快、质量稳定、受气候环境影响小,因而被普遍采用。钻孔浇筑桩施工前的准备工作十分重要,只有条件充分才能保证施工顺利进行。

4.3.2.1 钻孔桩的施工准备

施工前应进行细致的施工调查,全面掌握现场实际情况,及时发现存在的问题。主要的技术准备工作包括:施工图现场核对、施工组织设计和施工方案编制、施工测量及放样、辅助工程设计、施工技术交底、原材料试验及检验、试桩等。

1. 施工图现场核对

施工前施工单位应对桥梁设计文件进行全面核查,结合对全桥的现场施工调查对钻孔桩工程进行施工调查。

施工调查的主要内容包括:跨越河流的相关信息;当地全年的气温及气候状况;桥梁附近地形地貌、地质构造、地下水位等;钻孔桩施工需要占用的耕地及建筑物、施工场地和附近的地下管线和构筑物等;施工临时道路及水电供应;对图纸资料进行现场核对。

施工建议方案主要内容包括:施工区段划分、施工顺序、施工队伍驻地和临时工程的布置;施工供水、供电线路和发变电站的设置;砂石料等主要材料供应基地、运输方式及供应范围;混凝土集中拌和站设置方案;重点墩台钻孔桩工程施工方案、方法及措施;施工机具设备和劳动力配置意见;影响施工的障碍物的拆迁方案;施工调查工程中发现的主要问题和优化设计的意见;测量、检验和试验方案;需要进行试桩的试桩方案。

2. 施工组织设计

施工单位应根据钻孔桩工程规模大小、施工难易程度将其纳入全桥实施性施工组织设计或单独编制钻孔桩施工组织设计。主要内容包括：编制依据、工程概况、工期要求、工程特点；组织管理机构、施工总体部署、施工场地布置、材料运供方法、临时用地计划、辅助工程设计等；施工方案，主要施工方法和施工工艺，技术措施和施工进度计划；机械设备和劳动力配置及使用计划，主要材料供应计划；计划采用的保证施工安全、质量措施，创优规划和措施，保证工期、进度措施，环保、水保、节能、节料、节约用地、降低工程成本等措施。

施工单位应根据施工需要进行辅助工程设计，主要包括临时便道（桥）、临时电力设施、临时码头、筑岛、围堰、水上作业平台、防护工程、泥浆循环系统等。

3. 施工测量

钻孔桩施工放样前应按规定布设测量控制网，补充施工需要的桥涵中线桩及水准点，并测定各墩台中心和纵横向十字线位置；同一墩台各桩位中心测设完成后应对各桩中心的相对位置进行复核测量，复核无误后及时测放护桩；开工前将水准点引至墩台附近，并对墩台位处地面高程进行测量核对；测量记录、计算成果和图表应记录清楚、标注准确、签署完整，并应复核和检算。未经复核资料严禁使用；钻孔桩施工过程中，应对现场施工控制桩经常进行检查复核，如超过允许偏差时，应分析原因，并予以补救和改正。

4. 钻机选型

铁路桥梁钻孔桩是个可选用冲击钻机、旋转钻机、旋挖钻机以及套管钻机等钻孔设备。在桩位地层地质变化较大时，可选用不同类型钻机分层施工。

（1）冲击钻机。

冲击钻孔系统设备由冲击钻头、三脚立架、卷扬机组成，如图 4.10 所示。冲击钻机适用于桩径不大于 2.5 m，桩深不大于 60 m 的钻孔桩施工。

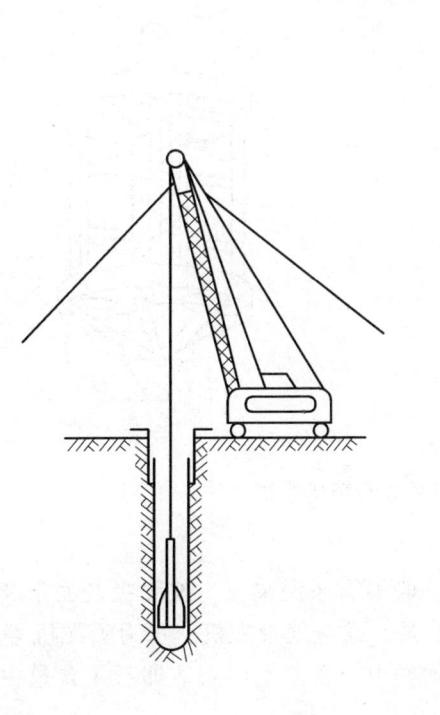
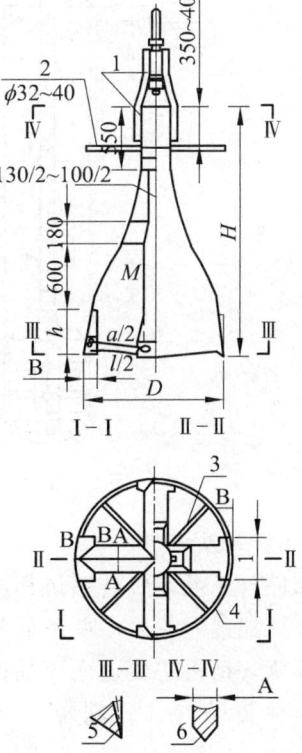

图 4.10 冲击钻孔系统

冲击钻机具有如下特点：

① 冲击钻机应用范围广，可适用于除淤泥和淤泥质土以外的各种地质条件的钻孔桩施工。

② 冲击钻机（十字形钻头）特别适用于卵石、坚硬漂石、岩层及各种复杂地质钻孔桩施工，优势突出。

③ 冲击钻机造孔后，孔壁四周形成一层密实土层，对稳定孔壁、提高桩基承载能力均有一定作用。

④ 冲击钻孔速度相对较慢，不宜在普通土中使用。

（2）旋转钻机。

旋转钻机按照泥浆的循环方式分为正循环旋转钻机和反循环旋转钻机。正循环旋转钻机一般适用桩径不大于 2.5 m 的钻孔桩施工，桩深最大可达 100 m；反循环旋转钻机一般适用于桩径不大于 3 m 的钻孔桩施工，桩深最大可达 120 m。

① 正循环旋转钻机。

正循环旋转钻机的主要部件为转盘、动力机、卷扬机、钻架、泥浆泵、钻杆和水龙头，如图 4.11 所示。主要适用于黏性土，砂类土，含少量砾石、卵石（含量少于 20%）的土，软岩。

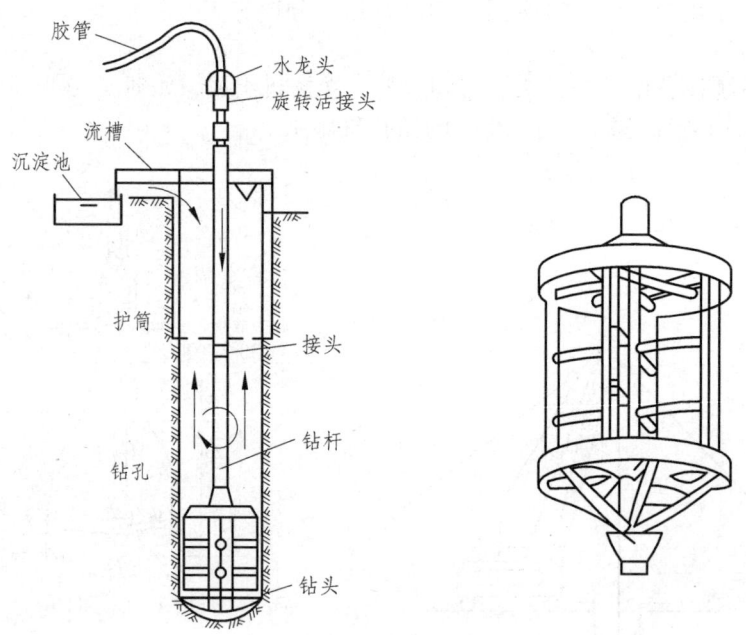

图 4.11 正循环旋转钻机系统

② 反循环旋转钻机。

其主要部件与正循环旋转钻机相同，但一般不需要泥浆泵。按照吸升泥浆和钻渣混合物方法的不同，另配置泥石泵（吸泥泵）与真空泵，或空气吸泥机、水力吸泥机等，如图 4.12 所示。反循环旋转钻机主要适用于黏性土，砂类土，含少量砾石、卵石（含量少于 20%，粒径小于钻杆内径 2/3）的土，软岩。

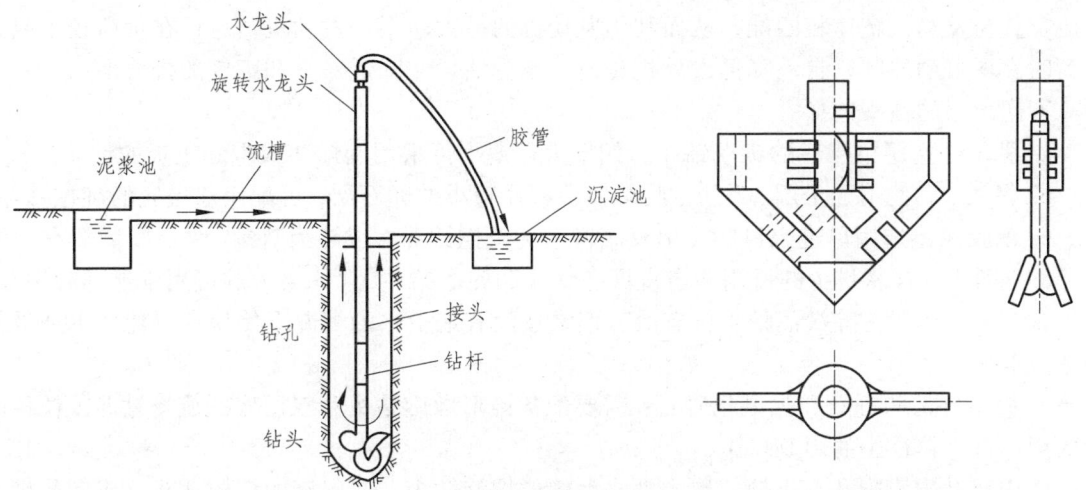

图 4.12 反循环旋转钻机系统

(3) 旋挖钻机。

旋挖钻机 (Rotary Drilling Rig, 图 4.13) 施工工艺被誉为"绿色施工工艺",其特点是旋挖钻机能自动定位,垂直旋孔,成孔质量好。成孔速度快、工作效率高、施工质量好、环保特点突出,尘土泥浆污染少。

旋挖钻机适用于各种土质地层,砂类土、砾石、卵石、软-中硬基岩。通常旋挖钻机适合的钻孔深度在 40~60 m 之间,钻孔直径在 2 m 以内。旋挖钻机是我国高速铁路桥梁桩基础施工的主流设备。

旋挖钻机的结构特点:

① 旋挖钻机的底盘。底盘可分为专用底盘、履带液压挖掘机底盘、履带起重机底盘、步履式底盘、汽车底盘等。履带专用底盘,结构紧凑、运输方便、外形美观、造价高。履带起重机底盘,工作装置采用附着形式,主臂分为可伸缩箱形结构和框架结构,可兼作旋挖钻机和履带式起重机。步履式底盘,一般为三支点液压步履式行走支架,稳定性好,但移动运输不够方便。

图 4.13 旋挖钻机

② 钻杆、钻具。钻杆分为内摩阻式外加压伸缩钻杆和自动内锁互扣式外加压伸缩钻杆。目前有长螺旋和大直径短螺旋钻头、回转钻斗、捞砂斗、筒形钻斗、扩底钻头、岩心钻头等。

③ 动力头。动力头有液压传动、电机传动、发动机传动,无论何种都具备低速钻进、反转高速甩土功能。

④ 电子控制技术。旋挖钻机普遍具有发动机的电子控制系统,能指导主泵最佳输出,使

液压负载与发动机转速相匹配,从而利用发动机的最大功率。发动机转速可在负荷较小或无负荷时实现自动控制,自动降低发动机转速,减少油耗、降低噪声和废气的排放量。

不同土层的钻头选择:

a. 黏土:选用单层底的旋挖钻斗,如果直径偏小可采用两瓣斗或带卸土板的钻斗。

b. 淤泥、黏性不强土层、砂土、胶结较差粒径较小的卵石层,可配用双层底的旋挖钻斗。

c. 硬胶泥:选用单进土口的(单双底皆可)旋挖钻斗,或斗齿直螺。

d. 冻土层:含冰量少的可用斗齿直形螺钻斗和旋挖钻斗,含冰量大的可用锥形螺旋钻头;螺旋钻头用于土层(除淤泥外)皆有效,但常在没有地下水的情况下使用,以免产生抽吸作用造成卡死。

e. 胶结好的卵砾石和强风化岩石:需要配备锥形螺旋钻头和双层底的旋挖钻斗(粒径较大的用单口,粒径小的用双口)。

f. 中风基岩:配备截齿筒式取心钻头、锥形螺旋钻头、双层底的旋挖钻斗,或者截齿直形螺旋钻头、双层底的旋挖钻斗。

g. 微风化基岩:配备牙轮筒式取心钻头、锥形螺旋钻头、双层底的旋挖钻斗,如果直径偏大,可采取分级钻进工艺。

(4)套管钻机。

套管钻机是在成孔过程中同时以机械手段下沉一个可以重复使用的钢质套管,成孔后在浇筑水下混凝土的同时,逐步将钢质套管拔出。套管钻机适用于黏性土层、砂类土,但不宜在地下水位下有厚于 5 m 的细砂层时使用。如图 4.14 所示。

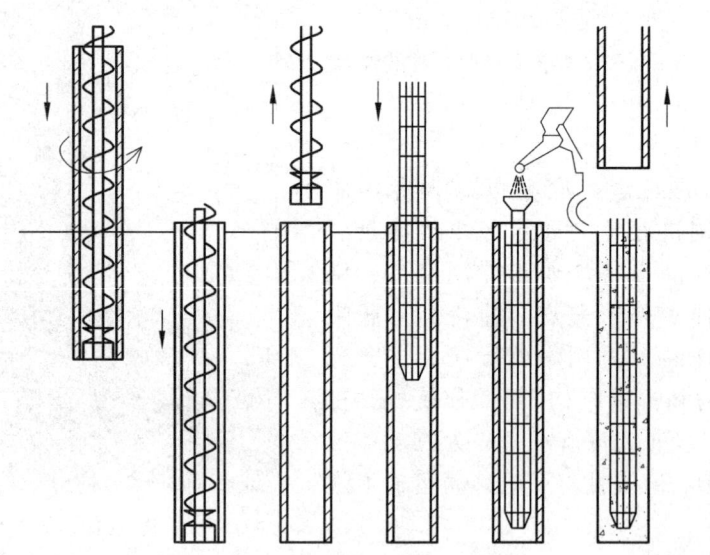

图 4.14 套管钻机工作程序

4.3.2.2 钻孔浇筑桩施工工艺流程

钻孔浇筑桩施工工艺流程如图 4.15 所示。

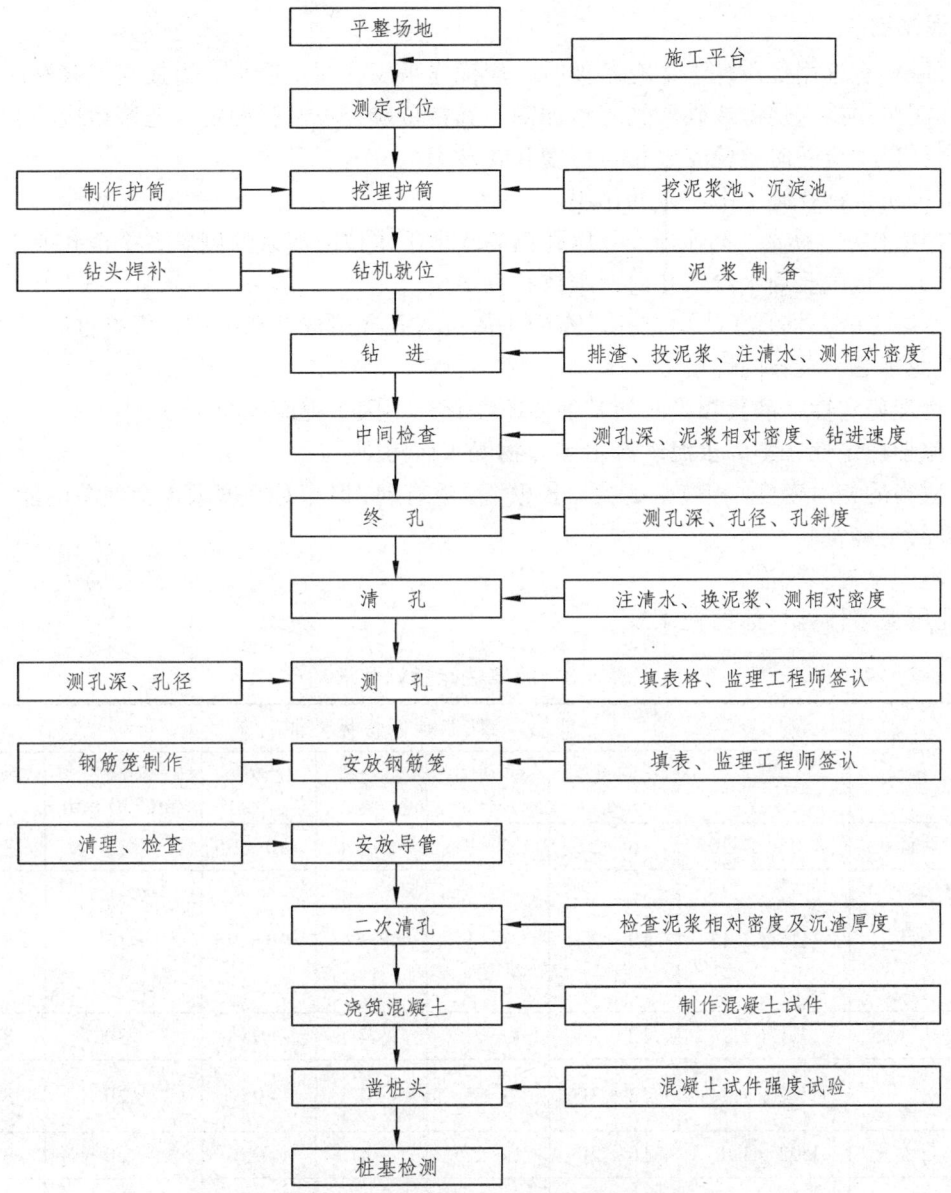

图 4.15 钻孔浇筑桩施工工艺及质量控制流程图

4.3.2.3 钻孔浇筑桩施工工序

1. 制作、埋设护筒

（1）护筒可采用钢板制作，也可用钢筋混凝土制作。一般钢护筒厚度宜采用 6~12 mm 厚，钢筋混凝土护筒宜采用 8~10 cm。高度根据地质情况确定，钻孔桩的护筒内径应大于设计桩径，具体数值根据采用的钻机类型确定。护筒的顶部应开设 1~2 个溢浆口，并高出地面 250~350 mm。

（2）护筒有定位、保护孔口和维持水位高差等重要作用。护筒中心与桩位中心应重合，周边用黏土夯填密实，可用锤击、加压或振动等方法下沉护筒。

2. 泥浆制备

泥浆原料宜选用优质黏土，有条件时，应优先采用膨润土造浆。为提高泥浆黏度和胶体率，可在泥浆中掺入烧碱或碳酸钠等添加剂，其掺量应经过试验确定。造浆后应检验全部性能指标，钻进中应随时检验泥浆相对密度和含砂率。

（1）浇筑桩钻孔施工中泥浆的作用。

① 护壁作用，防渗、防水帷幕。以孔内高于地下水位的泥浆的侧压力平衡孔壁土压力和孔周水压力，抵抗孔周水渗入孔内，维持孔壁稳定。

② 悬浮土渣，携带土渣出桩孔。不使土渣沉入孔底造成钻孔困难，影响桩底沉渣厚度。

（2）泥浆必须具备的性质。

① 物理稳定性，静置相当时间其性质不变化，不因重力而沉淀。

② 化学稳定性，不因水泥、海水等异物混入而污染。

③ 适当的相对密度。相应密度大对护壁、浮渣有利，但相对密度太大会使泵的能力不足，或妨碍混凝土浇筑。

④ 不产生过多气泡。

钻孔用泥浆性能指标见表4.3。

表4.3 泥浆性能指标要求

钻孔方法	地层情况	泥浆性能指标要求						
		相对密度	黏度/s	静切力/MPa	含砂率/%	胶体率/%	失水率/(mL/30 min)	酸碱度pH
正循环回转冲击	黏性土	1.05~1.20	16~22	1.0~2.5	<8~4	>90~95	<25	8~10
	砂土碎石土卵石漂石	1.25~1.45	19~28	3~5	<8~4	>90~95	<15	8~10
推钻冲抓	黏性土	1.1~1.2	22~24	1~2.5	<4	>95	<30	8~11
	砂土碎石土	1.2~1.4	22~30	3~5	<4	>95	<20	8~11
反循环回转	黏性土	1.02~1.06	16~20	1~2.5	<4	>95	<20	8~10
	砂土	1.06~1.10	19~28	1~2.5	<4	>95	<20	8~10
	碎石土	1.10~1.15	20~35	1~2.5	<4	>95	<20	8~10
测定方法		泥浆相对密度计	漏斗黏度计	静切力计	含砂率计	量杯法率	失水量仪	pH试纸

⑤ 良好的触变性。要求泥浆在流动时，阻力很小，以便泵送。当停止钻孔时，泥浆能很快凝聚成凝胶状，避免浆中砂粒迅速下沉；渗入孔内的泥浆又能很快凝聚成凝胶状，避免浆中砂粒迅速下沉；而渗入孔内的泥浆能快速固结，以维持孔壁稳定。

⑥ 形成薄而韧的泥皮，黏附于孔壁上，不透水。

⑦ 能够容易从沉淀池、旋转器中分离出来。

（3）泥浆性能指标应符合下列规定：

① 相对密度：正循环旋转钻机、冲击钻使用管形钻头钻孔时，入孔泥浆相对密度可为 1.1~1.3；冲击钻机使用实心钻头时，孔底泥浆相对密度不宜大于：黏土、粉土 1.3，大漂石、卵石层 1.4，岩石 1.2。

② 反循环旋转钻机入孔泥浆相对密度可为 1.05~1.15。

③ 黏度：入孔泥浆黏度，一般地层为 16~22 s；松散易坍地层为 19~28 s。

④ 含砂率：新制泥浆不大于 4%。

⑤ 胶体率：不小于 95%。

⑥ pH：应大于 6.5。

（4）制备泥浆的材料。

① 泥浆的种类见表 4.4，钻孔常用黏土泥浆与膨润土泥浆。膨润土泥浆具有相对密度低、黏度好、含砂量小、失水量小、泥皮薄、稳定性强、固壁能力高、钻具回转阻力小、钻进率高、造浆能力大等优点，是钻孔施工的优质泥浆。

表 4.4 泥浆种类

泥浆种类	主要材料	外加剂
膨润土泥浆	膨润土、水	分散剂、增黏剂、防漏剂
聚合物泥浆	聚合物、水	（加重剂）
CMC（钠羧甲基纤维素）泥浆	膨润土、CMC、水	分散剂
黏土泥浆	黏土、水、纯碱、外加剂	分散剂、增黏剂

② 对泥浆材料的要求。

黏土：粒径小于 0.005 mm 颗粒含量大于 50%，塑性指数大于 25%~30%，含砂量小于 6%，SiO_2 和 Al_2O_3 之比为 3~4 以上，富含 Na^+、K^+ 等亲水阳离子，水溶液呈碱性，Ca^{2+} 小于 70 mg/L，氯化物小于 300 mg/L。

膨润土：主要有造浆率、失水量、含水率、筛余量、屈服值等指标，应符合有关标准。水应使用淡水。

③ 泥浆基本配合比。

泥浆配比应视地质情况、施工机械等条件，选定基本配合比后，经过配制试验并修正后确定泥浆配合比。表 4.5 是泥浆配合比实例，供选择基本配合比时参考。

表 4.5 泥浆基本配合比参考实例

地质情况	膨润土/%	CMC/%	分散剂/%	其他
黏性土	6~8	0~0.02	0~0.5	
砂	6~8	0~0.05	0~0.5	
砂砾	6~12	0.05~0.1	0~0.5	防漏剂

④ 泥浆的净化与再生。

按钻孔方法和地质情况，一般需采用泥浆悬浮钻渣和护壁，因施工中水泥、土粒等混入及泥浆渗入孔壁等原因使泥浆性能改变，以及为了回收泥浆原料和减少环境污染，可使用机械、物理、化学等方法使泥浆净化与再生，可在现场设置泥浆池、沉淀池等泥浆循环净化系统。

泥浆池、沉淀池的池面高程应比护筒低 0.5~1 m，以利泥浆回流畅顺，位置布局要合理，不得妨碍吊机和钻机行走。泥浆池的容量为每桩孔的排渣量，沉淀池的容量应为每桩孔排渣量的 1.5~2 倍。应有专人清除沟槽沉淀物，多余的泥浆要及时排出坑槽，保证不淤塞，维护泥浆沟（槽）、沉淀池、泥浆池的工作性能。

3. 钻孔钻进

（1）基本工作。

① 钻孔作业要求。

钻孔就位前，应对钻孔的各项准备工作进行检查，包括场地与钻机坐落处的平整和加固，主要机具的检查与安装；需及时填写施工记录表，交接班时应交代钻进情况及下一班应注意事项；钻机底座和顶端要平稳，在钻进和运行中不应产生位移和沉陷。回转钻机顶部的起吊滑轮缘、转盘中心和桩位中心三者应在同一铅垂线上，偏差不超过 2 cm；钻孔作业应分班连续进行，经常对钻孔泥浆性能指标进行检验，不符合要求时要及时调整；每班检查孔体偏斜情况，及时采取纠偏措施。

a. 钻孔前，应按施工设计文件提供的工程地质、水文地质资料绘制地质剖面图，挂在钻台上，以便针对不同地层选用不同的钻头、钻进压力、钻进速度及适当的泥浆相对密度。

b. 无论采用何种方法钻孔，开孔的孔位必须准确，孔位偏差不得大于 5 cm，应使初成孔竖直、圆顺、坚实。

c. 钻孔时，孔内水位应高于护筒底脚 0.5 m 以上或地下水位以上 1.5~2.0 m，在冲击钻进中取渣时和停钻后，应及时向孔内补水或泥浆，保持水头高度和泥浆相对密度及黏度。

d. 钻进过程中，钻头起落速度应均匀，不得过猛或骤然变速，钻渣不得堆积在钻孔周围。

e. 钻孔作业应连续进行，因故停钻时，有钻杆的钻机应将钻头提离孔底 5 m 以上，其他钻机应将钻头提出孔外，孔口应加护盖。

f. 钻孔过程中应经常检查并记录土层变化情况，并与地质剖面图核对。

② 钻具和钻头可按下列规定选用。

在一般黏性土、淤泥、淤泥质土以及砂土中，宜采用笼式钻头；在砂卵石层、强风化层中，可用镶焊硬质合金刀头的笼式钻头；遇孤石或旧基础结构时，可用带硬质合金刀的筒式钻头；在硬岩中，可用牙轮钻头；冲孔式钻孔一般采用十字形冲击钻头。冲击钻头分冲孔钻头、冲岩钻头、修孔钻头、扩孔钻头。钻头的直径与设计桩径相比，冲孔钻头、冲岩钻头小 50~80 mm；修孔钻头大 10~20 mm；扩孔钻头大 60~100 mm。冲击钻头必须设置打捞环。

③ 钻进速度的确定。

钻孔时，应根据土层类别、孔径大小、钻孔速度及供浆量来确定相应的钻进速度。在淤泥和淤泥质土层中，应根据泥浆补给情况，严格控制钻进速度，一般不宜大于 1 m/min；在松散砂层中，钻进速度不宜超过 3 m/h；在硬土层中或在岩层中的钻进速度以钻机不发生跳动为准。

（2）冲击钻进法。

吊钻头的钢丝绳必须选用同向捻制、柔软优质、无死弯、无断丝者，安全系数不应小于

12,钢丝绳与钻头间应设转向装置并连接牢固,主绳与钻头的钢丝绳搭接时,两根绳径应相同,捻扭方向必须一致。

开始钻孔时,应采用小冲程开孔。当钻进深度超过钻头全高加正常冲程后,方可进行正常冲击钻孔;钻进过程中,应勤松绳、适量松绳,每次松绳量应根据地质情况、钻头形式和钻头质量决定,不得打空锤;应勤抽渣,使钻头经常冲击新鲜地层。

钻孔工地应有备用钻头,检查发现钻孔钻头直径磨损超过 15 mm 时,应及时更换修补;更新钻头前,应先检孔到孔底,确认钻孔正常时方可放入新钻头。

① 冲击钻孔作业要求。

开孔时应低锤密击。施工过程中必须保证泥浆的供给,使孔内浆液稳定。在各种不同的土层和岩层中钻进时,可按表 4.6 的施工要点进行。

表 4.6　冲击钻孔施工要点

适用土层	施工要点	效 果
在护筒刃脚下 2 m 以内	小冲程 1 m 左右,泥浆相对密度 1.2～1.5,软弱层投入黏土块夹小片石	造成坚实孔壁
黏土或粉质黏土层	中小冲程 1～2 m,泵入清水或稀泥浆,经常清除钻头上的泥块	提高钻进效率
粉砂或中粗砂层	中冲程 1～2 m,泥浆相对密度 1.2～1.5,投入黏土块,勤冲勤掏渣	反复冲击,造成坚实孔壁,防止坍孔
砂卵石层	中、高冲程 2～3 m,泥浆相对密度 1.3～1.5。投入黏土块,勤掏渣	提高钻进效率
基岩	高冲程 3～4 m,泥浆相对密度 1.3 左右,勤掏渣	加大冲击能量,提高钻进效率
软弱土层或塌孔回填重钻	小冲程反复冲击,加黏土块夹小块石,泥浆相对密度 1.3～1.5	造成坚实孔壁

开始钻基岩时应低锤密击或间断冲击,以免偏斜。一般不宜用高冲程,以免扰动孔壁,引起坍孔、扩孔或卡钻事故。应经常检查钢丝绳的磨损情况、卡扣松紧程度、转向装置是否灵活,以免掉钻。同时还应经常检查冲击钻头的磨损情况,如磨损过大,切削角不符合要求时要及时更换修理,以提高钻进效率和防止夹钻、卡钻等事故。

② 注意事项。

施工时应注意以小冲程开孔,使初成孔坚实、竖直、圆顺,起导向作用,钻进深度超过钻锥全冲程后才能正常冲击,若遇到坚硬漂卵石层,可采用中、大冲程,但最大冲程不宜超过 4～6 m。

(3) 旋转钻进法。

采用旋转钻机,钻杆带动钻头旋转,钻头下的刀盘在旋转中将岩土切割粉碎形成渣土,渣土被泥浆悬浮。

(4) 套管钻机钻孔。

套管钻机特点是在成孔过程中同时以机械手段下沉一个可以重复使用的钢质套管,成孔后在浇筑水下混凝土的同时,逐步将钢质套管拔出,其工作程序如图 4.16 所示。套管钻机适用于砂类土或黏性土层。

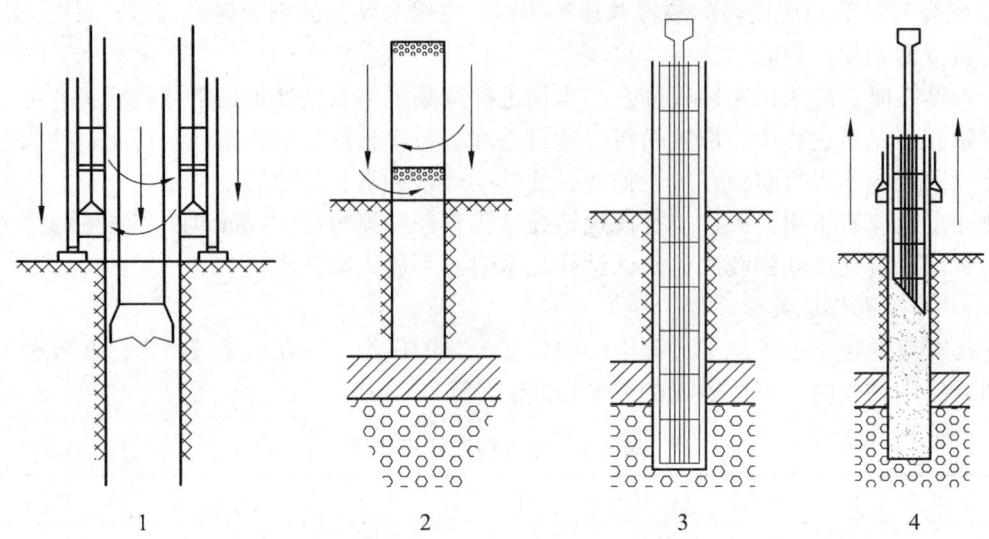

1—用套管工作装置一面沿远去方向往复晃动,一面压入地层中;用重锤式抓斗在套管中抓土;
2—接长套管;3—当套管达到预定高程后,清孔并插入钢筋笼及导管;
4—浇筑水下混凝土,同时边晃边拔套管,至到浇筑完毕

图 4.16

① 套管钻机施工的优点:
a. 钻机有套管保护,对坍孔有很好的防护作用,可以在已有的建筑物附近施工;
b. 清孔时有套管保护,不用担心坍孔问题;
c. 不采用泥浆护壁,占地小,不会有污染问题发生;
d. 扩孔率小,成孔准确,节约混凝土;
e. 遇有较大的卵石层,只要抓斗可以抓起,即能通过。

② 套管钻机的缺点:
a. 只能在覆盖层中钻孔,如果要在岩层中继续钻孔,必须在套管顶部安装其他的钻岩机械;
b. 在地层中有 10 m 以上的饱和水分的粉砂、细砂时,套管将在下沉过程中使四周的砂层越晃越实,直至超过晃动能力而失效,此时以其他机械拔出套管也是很困难的,尤其怕拔断套管,另外也须防止翻砂;
c. 全套设备包括套管是比较庞大的,价格也贵,还需一台专用吊机及运土机械协助。

③ 套管钻机施工中的注意事项:
a. 套管钻机一般均装有液压驱动的抱管、晃管、压入(或拔出)机械。成孔过程是将套管边晃边压,进入土壤之中,并使用重锤式抓斗机在套管中除土。成孔后,浇筑水下混凝土的同时,逐节拔出并拆除套管,最后将套管全部取出。
b. 套管钻机在中密或者密实的土层中钻孔,宜随钻进随下套管;在松散的土层中钻孔,应先下套管,然后钻进,刃脚宜伸入抓土面 1.0~1.5 m。当土质为细砂或粉砂时,应随时向套管中补水。

c. 套管及强力拔管器（强力千斤顶）就位。

在强力拔管器就位时，必须使其中心位置基本和桩中心吻合，并要求拔管器底座成水平状态，为下一步套管竖直就位创造条件。在吊装内套管于拔管器夹箍的过程中，应不断测量套管的倾斜和偏移，校正后方可开始施压。

d. 防止超前掘进。

内套管在掘进过程中，为了保证其起到导向和护壁的作用，应及时复核套管内的掘进速度，防止超前掘进引起坍孔，在掘进过程中，不能因为有套管护壁而掉以轻心，套管底应低于开挖面 0.3~0.5 m 以上，否则，套管本身可能会失去作用。

e. 套管纠偏。

在套管钻进施工过程中，技术人员应随时测算套管的偏移值，并及时告知操作人员，纠偏工作应及早进行，一般在内套管嵌入土中 5 m 前进行矫正纠偏。

f. 机具的检查与维修。

机具设备的破损，特别是强力拔管器，当四周力量不一致时，容易造成套管倾斜，给施工带来麻烦，因此，在施工时，应经常对所用的机具进行检查和维修。

套管钻机适用于砂类土和黏性土层钻孔，当地下水位以下有厚于 5 m 的细砂层时，应选用上拔力较大的钻机。套管下沉总深度，应按土层紧密情况和机械上拔力大小决定。钻机就位后须用支腿将机身支平支牢，使套管竖直度满足设计要求。

④ 套管钻机钻进时应符合下列规定：

a. 套管钻机适用于砂类土或黏性土层钻孔。

b. 当地下水位以下有厚于 5 m 的细砂时，应选用上拔力较大的钻机；钻机就位后应将机身支平支牢，确保套管竖直度满足要求。

c. 套管钻机在开孔下压套管时，钻进速度宜慢，并反复上提下压校正套管位置和竖直度。

d. 钻孔作业过程中，应注意观察主机所在地面和支腿支撑处地面的变化情况，发现下沉现象应及时停机处理。停机时应将套管口保险钩挂牢。

e. 套管钻机在开孔下套管时，钻进速度宜慢，并应反复上提下压套管，校正好位置和竖直度。

f. 在中等密实或密实的土层中钻孔，宜随钻进随下套管；在松散土层中钻孔，应先下套管并深于抓土面 1.0~1.5 m，然后钻进；在地下水位较高的粉、细砂土层中钻孔，应随时向套管中补水，保持套管中水位不低于地下水位，防止翻砂。

g. 在套管内挖掘土层时，遇到坚硬土、岩和风化岩石时，严禁用锤式抓斗冲击硬层，应用十字凿锥将硬层有效破碎后，再继续掘进。

h. 钻进过程中，采用锤式抓斗挖掘套管内土层时，应在套管上加设喇叭口，保护套管接头完好。成孔过程中套管的倾斜度应随钻随测，倾斜度超出允许范围后应拔出套管，调平钻机重新压入。

i. 施工过程中应定时将埋入土层中的套管转动。应观察主机所在地面和支腿支承处地面变化情况，发现下沉现象应及时停机处理。因故停机时间较长时，应将套管口保险钩挂牢。

j. 钻至设计深度后，应停机静置 15~20 min，待钻渣充分沉落孔底后，轻放抓斗，缓慢抓取沉渣。

4. 测量钻进深度

一般用测绳系重锤（1~2 kg）从孔底量至护筒顶部或转盘顶面，从量得的总深度中减去护筒顶部或转盘顶面至钻孔原地面高度，即为钻进深度。在钻进中测量，可以自转盘顶面以下累计方钻杆长度加上原钻杆长度和钻锥高度，减去转盘至地面高度，得出钻进深度。对于卷扬机起吊锥头的冲击钻孔，可以在吊锥头的钢丝绳上用红色油漆做出标记，随时掌握进深。

5. 钻孔事故预防与处理

钻孔桩钻进过程中若发现斜孔、弯孔、缩颈、坍孔或沿护筒周围冒浆以及地面沉陷等情况，应停止进钻，采取有效措施后，方可继续施工。

（1）坍孔。

坍孔不严重时，可回填至坍孔位置以上，采取改善泥浆性能、加高水头、埋深护筒等措施继续钻进；若坍孔严重，应立即将钻孔全部用砂或小砾石夹黏土回填重钻。为避免坍孔，应加大泥浆相对密度，快速钻进；对于冲击法成孔，应减小冲程，可以预填碎石土或片石，反复冲砸以加固孔壁。

（2）孔身偏斜、弯曲。

可在偏斜处吊挂钻锥反复扫孔，使钻孔正直。偏斜严重时应回填黏性土至偏斜处，待沉淀密实后重钻。

预防措施：钻机底座平正，保证钻杆垂直；钻机安装牢固，机架不摆动，保证钻杆和吊绳始终对准孔心；将基地夯实，防止不均匀沉降引起钻机倾斜；加强机械保养维修，减小钻进过程中钻杆的抖动。

（3）扩孔、缩孔。

要采取防止塌孔和防止钻锥摆动过大的措施，避免扩孔。缩孔是钻锥磨损过大焊补不及时或因地层中有遇水膨胀的软土、黏土泥岩造成，前者应及时焊补钻锥，或者应选用失水率小的优质泥浆护壁。

（4）钻孔漏浆。

若发现护筒内水头不能保持，水位下降，证明有漏浆现象。对于上部渗透性强地层引起的漏浆，可以将护筒周围换填黏土夯实，增加护筒沉埋深度。加稠泥浆，可以减小孔内水的渗透。用冲击法钻孔，还可填入片石、碎卵石土，反复冲击以密实孔壁。钻孔漏浆必须及时补水补浆，保持孔内水头，防止塌孔。在进入空洞前，应预备足够的泥浆，做好补浆准备。

（5）梅花孔或十字槽孔。

多见于冲击钻孔。因钻锥的转向装置失灵，泥浆太稠，钻锥旋转阻力过大；或冲程太小，钻锥来不及旋转而形成的。应采用片石或卵石与黏土的回填钻孔，待填料沉实后再重新冲击钻进。

（6）糊钻、埋钻。

常见于循环回转钻进和冲击钻进中。应对泥浆稠度、钻渣进出口、钻杆内径大小、排渣设备进行检查计算，并选择适当的钻进速度。若已严重糊钻，应提出钻锥，清除钻渣。遇到塌方或其他原因造成埋钻时，应使用空气吸泥机吸走埋钻的泥砂。

（7）卡钻、掉钻。

常发生在冲击钻孔时。卡钻后不能强提，只宜轻提。可以用小冲击锤或用冲、吸的方法将钻锥周围的钻渣松动后在提出。掉钻落物时，宜迅速用叉、钩、绳套等工具打捞。在岩层中冲击钻孔，钻头磨损快，在更换钻头后应首先扩孔，防止卡钻。在穿透溶洞顶板时，要小冲程反复冲击，慢慢击穿岩层，不可猛冲快进。

6. 排渣、清孔

钻孔排渣可采用泥浆循环或抽渣筒排渣等方法。如采用抽渣筒排渣，在钻进 4~5 m 深后，每钻进 0.5~1 m 应抽渣一次，并补给泥浆，冲击钻孔可投入黏土 0.3~0.6 m³，浇注清水。钻到施工图标示桩底高程后，应立即清孔。

（1）清孔方法。

掏渣法适用于在各类土层中用冲击钻孔的各类摩擦桩的初步清孔；换浆法适用于正循环钻孔的摩擦桩；抽浆法适用于各类方法钻孔的柱桩和摩擦桩；喷射（射风、射水）法和砂浆悬浮法适用于配合其他清孔方法的辅助手段。

（2）钻孔桩清孔。

对以原土造浆的钻孔，钻到设计高程后，可使钻头空转不进尺，循环换浆，泥浆相对密度应控制在 1.1 左右；对于土质较差的砂土层和砂夹卵石层，清孔后孔底泥浆相对密度宜为 1.15~1.25 左右。清孔后的孔底沉渣厚度，端承桩不得大于 50 mm，或不大于设计规定值；摩擦桩不得大于 200 mm。在浇筑水下混凝土前必须复测沉渣厚度，沉渣超过规定者，必须重新清孔，符合规定方可浇筑水下混凝土。

（3）冲孔桩清孔。

孔壁土质较好，不易塌孔者，可用空气吸泥机清孔；孔壁土质较差者，可用泥浆循环或抽渣筒抽渣清孔。清孔过程中，必须及时补给足够的泥浆，并保持孔内浆液面的稳定；浇筑水下混凝土前允许沉渣厚度应符合设计要求。设计无要求时，桩柱应不大于 50 mm，摩擦桩不大于 500 mm。

（4）泥浆正循环附加高压射风快速清孔。

射风压力的确定应考虑桩孔深度、孔径、泥浆相对密度和渣土颗粒粒径、相对密度等因素，应使渣土颗粒的一定时间内悬浮到一定高度。泥浆正循环附加高压射风快速清孔施工工艺及质量控制流程如图 4.17 所示。

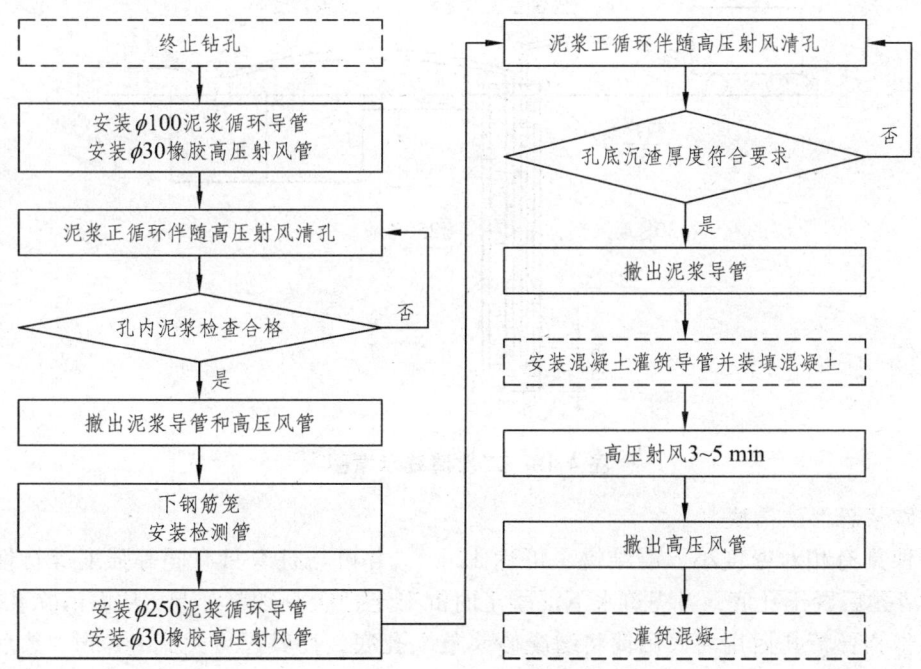

图 4.17 清孔工艺流程

第一次清孔：如图 4.18 所示。安装 φ100 mm 导管和 φ30 mm 橡胶风管，橡胶风管距孔底 10 cm，导管距孔底 40 cm。空压机将高压空气通过橡胶风管向孔底射风，同时泥浆泵将泥浆通过导管压入孔内，这样气体与泥浆混合，孔内高含砂率的泥浆和沉渣在高压空气和优质泥浆的共同作用下迅速从孔底上升，并随泥浆流出进入沉淀池。在孔口泥浆达到要求后停止清孔。

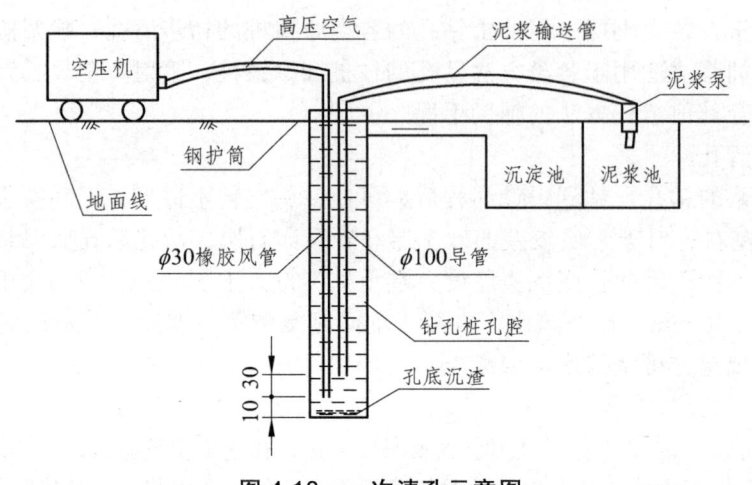

图 4.18 一次清孔示意图

第二次清孔：第一次清孔后，孔内吊放钢筋笼、安装 φ250 mm 导管，采用泥浆正循环附加高压射风清孔，直至孔底沉渣厚度在 0~50 mm 范围内，停止泥浆循环和射风，立即安装第一斗混凝土的浇筑漏斗，向漏斗内装填混凝土，再高压射风 3~5 min，迅速拔出橡胶风管开始浇筑混凝土。如图 4.19 所示。

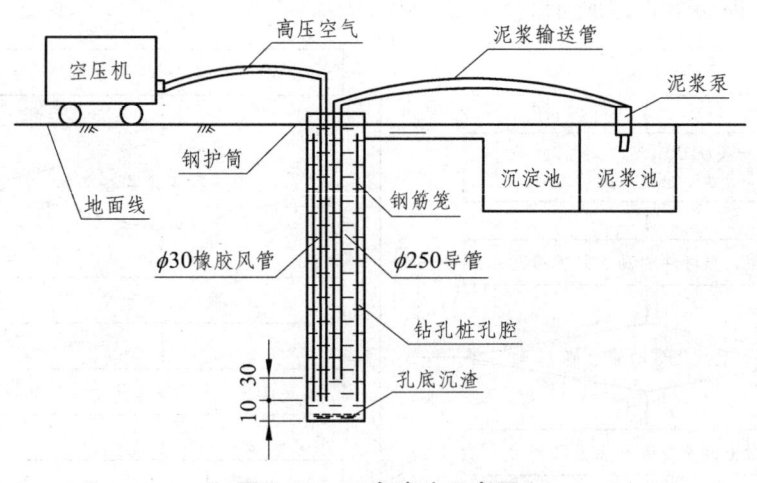

图 4.19 二次清孔示意图

（5）砂浆悬浮法清底。

将一种具有相对密度小、凝结慢（可达 12 h），并可与桩身具有同等强度等特性的缓凝砂浆，在清孔后置于孔底，当浇筑水下混凝土时混凝土把缓凝砂浆浮起，从而消除孔底沉渣。

施工步骤：清孔后用活底吊筒将缓凝砂浆放入孔底，使其厚度达到 60 cm。然后用与桩径相同的搅拌板在孔底慢速旋转 20 次，将砂浆与孔底沉渣混合。最后安装钢筋笼和导管，浇筑水下混凝土。

（6）清孔注意事项。

a. 清孔时应向孔内补充清水或泥浆，保持孔内水头，防止塌孔。

b. 不得用加大孔深的办法代替清孔。

c. 柱桩孔，在浇筑混凝土前向孔底射水或压气 3~5 min，翻动孔底沉渣，然后进行浇筑。射水压力比孔底压力大 0.05 MPa。

d. 各环节施工衔接应紧密，缩短工艺间隔时间。

（7）钻孔与浇筑作业的连续性。

钻孔完成后，应立即组织钢筋笼安装和水下混凝土浇筑工作，在此过程中，应始终保持孔内水头，避免坍孔。为保证施工的连续进行，应做好以下工作：

a. 钢筋笼长度超过吊装能力，可以分段制作，向孔内安装时现场焊接或采用套筒法接长。

b. 完成机械设备和施工器具的准备，包括混凝土生产设备、起重吊装设备、电焊设备、供电设备、混凝土浇筑设备、检测试验设备等。

c. 按规定的时间提前约请监理工程师现场检验成孔、钢筋笼、混凝土配比及原材料、混凝土拌制的质量，避免停工待检。

d. 声测管的设置应符合设计要求，确保接头严密不漏水（浆）。

4.3.2.4 作业组织

钻孔施工包括机长，负责机组管理和施工技术、安全，指导钻机保养维修。钻工，司钻兼作记录；电焊工，负责钻头补焊，兼作电工。实行 3 班制作业。

孔径 1~1.2 m，采用冲击钻机、泥浆护壁法成孔时每台班钻孔进度：普通土 7~9 m、硬土 2~6 m、砂砾 1~2 m、砂夹卵石 0.5~1.5 m、软岩 0.7~1.3 m、硬岩 0.3~0.6 m。

4.3.2.5 施工安全及环境保护

（1）钻机安装牢固，防止倾覆。

（2）注意用电安全，电线不能直接敷设在地面上，应采取架空措施。配电箱加锁。

（3）钻孔中，应注意观察有无漏浆现象，特别是岩溶地质，随时补充泥浆，保证孔内水位。冲击钻施工时，应对附近建筑物的安全监测。应在钻孔附近设置醒目标志和围栏，以防人员掉入孔内。

（4）每工班检查钻头、主绳、主绳与钻头连接、提梁、绳卡等，及时处理问题。

（5）冲击钻机施工噪声大，夜间施工对附近居民造成影响，应协调好关系。

（6）泥浆应沉淀处理后排放，并符合环保要求，必须及时清运渣土，防止污染。

浇筑水下混凝土导管及漏斗应符合下列规定：

（1）水下混凝土导管在平面上的布设根数和间距，应根据每根导管的作用半径和桩底面积确定；浇筑水下混凝土的导管直径应根据桩底面积确定。

（2）导管内壁应光滑，内径一致，接口严密；直径可采用 20~30 cm，中间节长度宜为 2 m 等长，底节可为 4 m；漏斗下宜用 1 m 长导管。

（3）使用前应试拼试压，不得漏水，各节应统一编号，在每节上按自下而上标示尺度；导管组装后轴线偏差不宜大于孔深的 0.5%，亦不宜大于 10 cm；组装时，连接螺栓的螺帽宜在上；试压的压力宜为孔底静水压力的1.5倍。

（4）导管长度可根据孔深和孔口工作平台高度等因素确定，漏斗底距钻孔口应大于一节中间导管长度；漏斗容量应满足首批混凝土浇筑量要求。

（5）采用单根导管浇筑混凝土时，导管接头法兰盘宜加锥形活套，底节导管下端不得有法兰盘，有条件时可采用螺旋丝扣型接头，但必须有防止松脱装置。

（6）采用一根导管浇筑混凝土时，导管应位于钻孔中央，在浇筑混凝土前应进行升降试验，导管吊装升降设备能力应与全部导管充满混凝土后的总重量和摩阻力相适应，并留有一定的安全储备。

（7）导管底端距孔底的距离，应能保证隔水球塞或其他隔水物沿导管下落至导管底口后，能顺利排出管外。

水下混凝土的配制除应符合现行《铁路混凝土工程施工技术指南》的有关规定外，尚应符合下列规定：

（1）胶凝材料用量不宜小于350 kg/m³。

（2）粗骨料宜采用连续级配，最大粒径不应大于钢筋净距和导管内径的1/4，且不应大于60 mm。

（3）混凝土应按较设计强度提高15%配制，坍落度宜为180~220 mm。

4.3.2.6 桩体质量检测及桩体质量问题预防措施

1. 桩基检测方法

常用的桩基检测方法有：声波透射法、钻孔取芯法、静载试验法、高应变法和低应变法等。对常规桩基，可根据条件选择一种或多种方法检测。对质量要求高、地质复杂区、质量离散性大的桩，应采用静载试验或钻芯法检验。各种检测方法的检测内容，见表4.7。

表4.7 桩基检测方法及内容

检测方法	检测内容
单桩竖向抗压静载试验	① 确定单桩竖向抗压极限承载力； ② 判定竖向抗压承载力是否满足施工图要求； ③ 通过桩身内力及变形测试，测定桩侧、桩端阻力； ④ 验证高应变法的单桩竖向抗压承载力检测结果
单桩竖向抗拔静载试验	① 确定单桩竖向抗拔极限承载力； ② 判定竖向抗拔承载力是否满足施工图要求； ③ 通过桩身内力及变形测试，测定桩的抗拔摩阻力
单桩水平静载试验	① 通过单桩水平临界和极限承载力，推定土抗力参数； ② 判定水平承载力是否满足施工图要求； ③ 通过桩身内力及变形测试，测定桩身弯矩和挠曲
钻芯法	检测浇筑桩桩长、桩身混凝土强度、桩底沉渣厚度，判定鉴别桩底岩土性状，判定桩身完整性类别
低应变法	检测桩身缺陷及其位置，判定桩身完整性类别
高应变法	① 判定单桩竖向抗压承载力是否满足施工图要求； ② 检测桩身缺陷及其位置，判定桩身完整性类别； ③ 分析桩侧和桩端土阻力
声波透射法	检测浇筑桩桩身混凝土的均匀性、桩身缺陷及其位置，判定桩身完整性类别

2. 桩体质量问题的原因及预防措施

（1）缩颈。

① 原因分析。

a. 土层受孔隙水和周边作业机械振动作用向孔心挤压变形；

b. 孔壁塑性土膨胀，造成缩孔；

c. 钻锤磨损过甚，焊补不及时。

② 预防措施。

a. 成孔时，应加大泵量，加快成孔速度，快速通过，成孔后孔壁形成泥皮，孔壁不会渗水，亦不会引起膨胀；

b. 及时焊补钻锤，并在软塑土地层采用失水率小的优质泥浆护壁；

c. 采用上下反复扫孔的办法，以扩大孔径。

（2）断桩、泥渣夹层。

① 原因分析。

a. 混凝土坍落度太小，骨料太大，运输距离过长，混凝土和易性差，致使导管堵塞，疏通堵管再浇筑混凝土时，中间就会形成夹泥层；

b. 计算导管埋深时出错，或盲目提升导管，使导管脱离混凝土面，再浇筑混凝土时，中间出现夹泥层；

c. 钢筋笼将导管卡住，强力拔管时，使泥浆进入混凝土中；

d. 浇筑时间过长，而上部混凝土已接近初凝，形成硬壳，而且随时间增长，泥浆中残渣将不断沉淀，从而加厚了积聚在混凝土表面的沉淀物，造成混凝土浇筑极为困难，造成堵管与导管拔不上来，引发断桩事故；

e. 导管接头处渗漏，泥浆进入管内，混入混凝土中；

f. 混凝土供应中断，不能连续浇筑，中断时间长，造成堵管事故；

g. 泥浆过稠，增加了浇筑混凝土的阻力，如泥浆相对密度大且泥浆中含较大的泥块，发生导管堵塞、流动不畅等问题，最后提取导管振击，在混凝土流出导管后，即急速上冲，并将泥浆夹裹于桩内，造成夹泥层。

② 预防措施。

a. 随混凝土浇筑，根据预先测定的导管每节段距导管底口的长度、混凝土浇筑量，推算导管埋入混凝土的深度，并以测绳测量混凝土面高程进行校核，保证导管埋入混凝土的深度 80~120 cm，防止导管提空而断桩；

b. 混凝土坍落度、工作度应严格按工艺要求控制，满足导管法浇筑所需要的技术性能，防止导管堵塞而断桩；

c. 浇筑混凝土前应检查混凝土搅拌机、运输车、吊车等机械状态和电力供应情况，保证混凝土浇筑期间的正常运转，必要时应有搅拌机和发电机等备用设备，防止因机械故障而断桩；

d. 设备能力和作业班组配置应满足连续正常浇筑作业的需要，保证一气呵成，防止长时间中断浇筑，混凝土凝结而断桩；

e. 浇筑水下混凝土前检查导管是否漏水、弯曲等缺陷，发现问题要及时更换；

f. 尽可能提高混凝土浇筑速度，开始浇混凝土时尽量积累大量混凝土，产生极大的冲击力可以克服泥浆阻力，另外必须快速连续浇筑，使混凝土和泥浆一直保持流动状态，可防导管堵塞。

（3）孔底虚土或沉渣过厚。

① 原因分析。

主要由于检查不够认真、清孔不干净或没有进行二次清孔，或方法不当。

② 预防措施。

a. 认真检查，采用正确的测绳与测锤。

b. 一次清孔要采取改善泥浆性能，延长清孔时间等措施保证孔内泥浆符合要求。在下完钢筋笼后，再检查沉渣量，如沉渣量超过规范要求，应进行二次清孔。二次清孔可利用导管进行，准备一个清孔接头，一头可接导管，一头接胶管，在导管下完后，提离孔底0.4 m，在胶管上接上泥浆泵直接进行泥浆循环。二次清孔优点：及时有效保证桩底干净。

c. 采取泥浆正循环附加高压射风法清孔，或采取缓凝砂浆悬浮法清底。

（4）桩身混凝土强度等级低。

① 原因分析。

混凝土遭受孔内水的危害，引起砂浆稀释、砂石下沉，严重了破坏混凝土的强度。

② 预防措施。

a. 对于孔内有地下水，水位低、水量小的桩孔，在浇捣时把混凝土拌匀，水抽干，可以采用串筒迅速浇捣，但是在水位以下部分，必须调整混凝土配合比，适当减少用水量并增加水泥用量等；

b. 对于水位高、出水量大的桩孔，必须采用水下混凝土配合比与导管法浇筑；

c. 采用两种浇筑方法，应凿除接茬夹渣层，按桩头处理，接头处浇筑混凝土用插捣器反复插捣。

（5）钢筋笼安装尺寸及结构与施工图不符、钢筋笼变形、保护层不够、深度位置不符合要求等。

① 原因分析。

a. 钢筋笼加工设备简陋，使钢筋笼尺寸不准；

b. 吊装方法不正确，致使钢筋笼变形；

c. 两段钢筋笼焊接时对位不准、中心不重合；

d. 未按施工图长度安放钢筋笼；

e. 钢筋笼顶面高程测控不准；

f. 保护层垫块尺寸不准或安装不正确。

② 预防措施。

a. 钢筋应采用机械加工，钢筋笼在胎模上制作，保证规格尺寸的准确、统一。

b. 如钢筋笼过长应分段制作，吊放钢筋笼入孔时再分段焊接；

c. 钢筋笼在运输和吊放过程中，每隔2~5 m置加强箍一道，并在钢筋笼内每隔3~4 m装一个可拆卸的十字形临时加劲架，在钢筋笼吊放时再拆除；

d. 在钢筋笼周围主筋上每隔一定间距设置混凝土垫块，混凝土垫块根据保护层的厚度及桩径设计。也可以在钢筋笼外侧安装3~4根直径等于混凝土保护层厚度的钢管，随混凝土浇筑进程将钢管徐徐拔出；

e. 清孔时应把沉渣清理干净，保证实际有效孔深满足施工图要求；

f. 钢筋笼应垂直缓慢放入孔内，防止硬撞孔壁，钢筋笼放入孔内后，要采取措施，固定好位置；

g. 对在运输、堆放及吊装过程中已经发生变形的钢筋笼，应进行修理后再使用。

（6）钢筋笼上浮。

① 原因分析。

a. 混凝土在进入钢筋笼底部时浇筑速度太快；

b. 钢筋笼未采取固定措施；

c. 当混凝土浇筑至钢筋笼下，若此时提升导管，导管底端距离钢筋笼仅有 1 m 左右的距离时，由于浇筑的混凝土自导管流出后冲击力较大，推动了钢筋笼上浮；

d. 由于混凝土浇筑过钢筋笼底部且导管埋深较大时，其上层混凝土因浇筑时间较长，已近初凝，表面形成硬壳，混凝土与钢筋笼有一定握裹力，如果此时导管底端未及时提到钢筋底部以上，混凝土在导管流出后将以一定的速度向上顶升，同时也带动钢筋笼上移。

② 预防措施。

a. 浇筑混凝土前，应将钢筋笼固定在孔位护筒上；

b. 浇筑混凝土过程中，应随时掌握混凝土浇筑高程及导管埋深，当混凝土埋过钢筋笼底端 2～3 m 时，应及时将导管提至钢筋笼底端以上；

c. 当混凝土面接近和初进入钢筋骨架时，应使导管底口处于钢筋笼底口 3 m 以下和 1 m 以上位置，并减慢浇筑混凝土速度，以减小混凝土从导管底口出来后向上的冲击力。当孔内混凝土进入钢筋骨架 4～5 m 以后，适当提升导管，减小导管，埋置长度，以增加骨架在导管口以下的埋置深度，从而增加混凝土对钢筋骨架的握裹力。

d. 当发现钢筋笼开始上浮时，应立即停止浇筑，并准确计算导管埋深和已浇混凝土高程，提升导管后再进行浇筑，上浮现象即可消除。

任务 4.4　管柱基础施工

相关案例

沪昆高铁某特大桥管柱基础由钢筋混凝土、预应力混凝土或钢管柱群和钢筋混凝土承台组成。采用管柱直径为 3.0～3.6 m，其中 9 号墩的管柱穿过覆盖层约 44 m，锚固于基岩 3.5 m，共 47.5 m，其在管柱外侧加锁口，用于钢锁口管柱围堰。认识管柱的结构构造和连接类型，结合管柱基础的施工和质量控制要求，细化管柱基础施工方案的编制。

4.4.1　工作任务

根据案例背景中采用的施工方法，学习下面相关内容后，完成管柱基础施工流程和关键技术的学习，能编写管柱基础施工作业指导书和技术交底，能完成管柱基础施工的质量监控，达到教学要求所需的知识目标、能力目标。

4.4.2 相关配套知识

管柱基础适用于深水、有潮汐影响、岩石起伏较大、无覆盖层或者覆盖层很深的河床等(不适用有严重地质缺陷的地区)。管柱可以穿越各种土层或溶洞而支承于较密实的土层或新鲜岩面上。

管柱基础的形式,基本上分为两类:一类是管柱下沉至坚硬的岩层,与岩层固接或铰接,成为柱式管柱,即当管柱下沉到基岩后,在管柱内钻岩达到设计深度,然后安放钢筋骨架,浇筑混凝土,使管柱与岩层紧密地连接起来,用水下混凝土封底将所有管柱连成一个整体;另一类管柱下沉至密实的土层,由柱底承载力与柱周摩擦力共同受力,成为摩擦管柱。

4.4.2.1 管柱的构造与连接方法

管柱有钢筋混凝土管柱、预应力混凝土管柱及钢管柱3种。

管柱系装配式构件,管节由上、下法兰盘通过螺栓连接,管柱的最底一节下边带有刃脚,刃脚的作用是使管柱穿越覆盖层切入基岩风化层。管柱的直径有 1.55 m、3.0 m、3.6 m、5.0 m、5.8 m 等几种,钢筋混凝土管柱的管节长度为 3~10 m 不等。钢管柱的管节长度为 12~16 m。

管柱常用的有单根实体式和多根桩柱式两种,单根实体管柱的埋深与一般实体基础的要求相同,多根桩柱式基础的承台底面位置与一般桩基础相同。管柱与承台的连接构造与一般桩基础相同。

4.4.2.2 管柱基础施工准备

施工前应根据洪汛、凌汛、河床冲刷、通航、漂流物、山洪及泥石流等情况,制定防护措施;管柱下沉前,应充分考虑振动下沉对附近堤防、建筑物及相邻管柱的影响,施工时应经常观测;水上施工时,应做好施工结构及船只的锚碇工作,并根据河床水文等情况,对锚碇设备的受力状态经常检查和调整。

4.4.2.3 管柱基础施工工序

管柱基础施工的一般程序是:制造管柱→导向设备(围囹或导向架)就位→管柱振动下沉→管柱底钻岩(钻孔)及浇筑钢筋混凝土→插打钢板桩围堰及围堰内吸泥、封底→管柱及围堰内抽水→拆除多余管柱节段→浇筑承台。

1. 管柱制造

钢筋混凝土管柱制造一般分为卧式及立式2种方法,直径 1.55 m 管柱为卧式制造,直径 3.0 m 以上管柱宜用立式制造,并应依据工程数量、管柱尺寸、设备条件等决定是就地制造或工厂制造。

管柱管节长度由施工条件(运输机具及起吊能力等)与结构情况决定。法兰盘可用铸钢铸成,也可用钢板和型钢焊接而成。大直径管柱的法兰盘,宜用焊接。法兰盘的螺栓孔,应用机器样板钻成。安装法兰盘时,应用刚强的胎型或利用内模固定,以保证盘面与中轴垂直。

管柱制造应符合下列标准:

(1)管柱可根据施工具体条件分节制造,采用钢制法兰盘连接,其制造允许偏差应符合下列规定:

① 法兰盘顶面不平度：±2 mm。
② 螺栓孔中心对法兰盘中心的径向长度：±0.5 mm，顺圆周相邻两孔间长度：±0.5 mm。法兰盘上焊接主筋的竖板位置：钢筋混凝土管柱为±0.5 mm，预应力混凝土管柱为±2 mm。

（2）管柱现场制作浇筑混凝土及预应力管柱时应制定现场制作浇筑混凝土及预应力的张拉工艺，除必须符合有关钢筋混凝土和预应力混凝土的有关规定外，还需要符合下列规定：

① 钢筋骨架制作。

预应力混凝土管柱的预应力主钢筋应用没有焊接接头的整根钢筋。

② 混凝土浇筑。

粗集料应用碎石；直立浇筑时，管壁上部混凝土必须密实，与法兰盘黏着良好，每节管柱必须一次完成。

③ 管节允许偏差。

内径+20 mm，外径+20 mm；管壁厚度±10 mm；长度+20 mm。法兰盘平面对垂直于管柱轴线平面的倾斜：1‰。管柱的纵向弯曲矢高：管节长度的2‰。

预应力混凝土管柱的管壁不得有裂缝；钢筋混凝土管柱的管壁允许有表面裂缝，其深度不大于20 mm，宽度不大于0.2 mm，长度不大于管壁厚度的2倍。

（3）钢管柱的制造除应符合现行国家标准《地基与基础工程施工及验收规范》（GBJ 202）的有关规定外，还应满足下列规定：

① 钢管柱上下两相邻壁板的垂直拼接缝应错开，其错开距离沿弧长不小于1.0 m。

② 管节允许偏差：

圆周长或桩外径：5‰；同一横截面任意两直径差（椭圆度）：直径的1/500或5 mm；桩顶平面对垂直于管柱轴线平面的倾斜度：对接焊2‰，法兰盘连接1‰；管柱的纵向弯曲矢高：管节长度的1‰；长度+20 mm。两柱节间的错缝：2 mm。

③ 管柱吊点位置、横卧存放时支点设置及存放层数、竖立存放的稳定性等要求，均应符合设计要求。

④ 应根据成品管节验收资料及设计所需各根管柱的长度，组合配套，做好标记。

2. 导向和定位设备

管柱下沉须以导向设备保证沉至设计位置及正确方向，导向设备的结构须依基础尺寸形式、管柱直径、下沉深度、河水深浅、流速大小等条件决定。导向设备一般分为两类：一是浅水中采用的导向框架；二是深水中采用的整体围图（也称围笼）。围图以圆形为主是管柱施工的主要施工设施。围图结构主要由桁架（包括起吊主桁架、辅助吊篮桁架、平衡重桁架和侧桁架）、托架（包括起吊托架、辅助托架）、内导环、外导环、吊篮（包括主吊篮、平衡重吊篮）、锚柱、悬挂设备、导向架和导向木等组成。常备式围图分为：导向围图和承重围图。承重围图既起导向作用，又起支撑围堰承受水平压力的作用。导向围图均以万能杆件拼装。

3. 管柱下沉

管柱下沉按施工方法可分为：在振动打桩机振动下沉，振动加除土，振动与射水、除土联合运用，振动与除土、射水、射风联合运用等。管柱下沉的顺序，首先是下沉定位管柱，将围图悬挂其上，然后下沉其余管柱。下沉的施工程序：在管柱下端安装钢刃脚；下沉顺序：起吊管柱→在围笼中插放管柱→顺次接长管柱→安装振动沉桩机→振动下沉→拆除振动沉桩机。(如采用射水、吸泥配合时,还包括射水管、吸泥管的安装、接长,射水,吸泥作业和拆卸射水、吸泥管等)。

管柱下沉应符合下列规定:

(1)管柱下沉的导向结构必须牢靠,应能控制插打管柱的方向和位置并能满足钢板桩围堰受力的要求。

(2)振动打桩机下沉管柱,当下沉较困难时,应停止振动,从管柱内除土,尽量消除土对管柱刃脚及内壁的摩擦力后,方可继续振动下沉。

(3)振动打桩机的选择应符合下列规定:

① 振动打桩机的额定振动力应大于振动体系重量的1.3~1.5倍;

② 振动打桩机的额定振动力应大于土的动摩擦力,即

$$P > fuH$$

式中　P——振动力(kN);
　　　H——管柱入土深度(m);
　　　u——管柱周长(m);
　　　f　动摩擦力值(kPa),见表4.8。

表4.8　动摩擦力值

土的名称	f值/kPa		施工方法说明
	除土振动下沉	除土、外射水振动下沉	
砂类土	9~10	7~9	
碎石类土	8~11	—	除土至管柱刃脚以下
黏性土	10~12	8~9	射水、除土、振动交替进行

③ 两台振动打桩机并联使用时,应选用同型号的振动打桩机及电机,同步传动。

④ 管柱群的下沉可按管柱群的中心对称施工。相邻两管柱下沉时,较浅管柱内宜保留一定厚度的土壤。

⑤ 管柱振动下沉时,应根据土质、下沉深度、管柱结构特点、振动力大小及其周围建筑设施的影响等具体情况,规定下沉速度的最低限值。每次连续振动时间不宜超过5 min。初期振动下沉时,应严格控制振动时间。当管柱内除土后仍不下沉,或振动时管柱明显回跳、倾斜加剧以及大量翻砂涌水时,应立即停振,分析原因。

⑥ 管柱内除土应符合下列规定:

a. 应根据土层、管柱入土深度及施工具体条件,选取适宜的除土方法。对黏性土、粉土宜采用抓泥斗,对砂类土宜用空气吸泥机。

b. 采用吸泥机除土时,应向管柱内灌水保持管柱内外水位基本平衡。

c. 采用抓泥斗除土时,应防止抓泥斗碰损管壁。

⑦ 管柱接长时,应按配套的管节及标志接桩,当采用法兰盘连接是,其连接螺栓应对管柱轴线对称、拧紧,并将螺帽焊牢。

⑧ 当管柱发生倾斜和位移时,应立即采取不平衡除土、偏射水或在管柱顶部施加水平力

再行振动等方法纠正。

⑨ 管柱下沉困难时，不得采用爆破方法排除障碍物或作为下沉辅助措施。遇有黏性土、粉土层时，可用高压射水等措施，破坏黏土结构后再除土及振动下沉。遇孤石、树干等障碍物时，可用冲击设备击碎或水下切割排除。

⑩ 摩擦支承管柱，在接近设计高程的最后下沉阶段，不得射水，管柱内土面不应低于设计高程。当振动达到设计高程后，按照设计要求清理基底后，即可在管柱内填充混凝土。

（4）管柱下沉到设计高程后的施工允许偏差，应符合下列规定：

① 倾斜度的允许偏差：当垂直管柱需钻岩时为 1%，不需钻岩时为 2%，单排管柱在顺桥方向的倾斜度为 1%，且不宜为同向。

② 位移的允许偏差：在岸滩上用导向结构下沉的管柱群顶面中心，双向允许偏差为 15 cm，顺桥向为单排管柱时，允许偏差为 10 cm；当导向结构靠水上锚碇设备施工时，其允许偏差为 25 cm，顺桥向为单排管柱时，允许偏差为 15 cm。

（5）钻岩、清孔及填充应符合下列规定：

① 对钻岩的管柱，在钻岩前应探明管柱内岩面高程及管柱刃脚周围与岩石接触情况。宜将管柱沉至与岩面全面接触。管柱刃脚与岩面间可能引起翻砂的局部缝隙、空洞，应采取措施封堵，当岩面倾斜度或局部高差较大时，应用水下混凝土或其他措施填平后再行钻岩。

② 管柱群钻岩时应符合下列规定：

不得因钻岩使相邻两钻孔孔壁间岩层受到破损；不得因钻岩而影响邻孔已填充混凝土的凝固；钻机平面布置应合理。

③ 安装钻机时应符合下列规定：

采用冲击式钻机钻岩时，钻头中心应对准管柱底面中心；采用旋转式牙轮钻机钻岩时，当管柱发生倾斜时，钻头中心应对准管柱柱底与柱顶中心平分点处；钻头升降迹线应为垂直；钻机应固定牢靠。

④ 采用冲击式钻机钻岩时应符合下列规定：

钻头刃尖底平面宜呈十字形，其端部宜带有弧刃。钻头重量应根据岩石坚硬程度选定。有条件时宜选用较重的整体铸钢钻头；在钻岩中，应经常检查钻头转向装置，使钻头能充分旋转；开钻初期冲程应小，待钻入一定深度后，再逐步加大冲程；应根据岩石坚硬程度、裂隙等情况，控制冲程，且最大冲程不宜大于 3 m；钻进过程中应投入适量的性能良好、能悬浮钻渣的泥浆，并应及时清除钻渣；泥浆的指标应符合桩基钻孔泥浆的有关规定；应经常检查钻孔的有效深度，岩孔底已出现十字槽，可回填片石后重新施钻；基岩较破碎时，不宜采用冲击式钻机钻岩。

⑤ 采用旋转式牙轮钻机钻岩时应符合下列规定：

采取减压钻进的方式施钻：开钻时先空转，后给进，且钻压应小。当钻头全面接触岩面进入正常钻进阶段时，方可将钻压逐步加大，最大不应超过钻具扣除浮力后总重的 80%；采用反循环排渣钻进时，应保持管柱内外水位基本平衡；遇有严重翻砂现象时，除应采取封堵缝隙、空洞外，可提高管柱内水位（应以管壁混凝土能承受周向拉力为限）并应控制排渣系统的风压，缓慢排渣；应定期提升钻头检查成孔情况；钻岩过程中，应严防铁件坠入孔内，严禁在孔底有铁件的情况下施钻。

⑥ 管柱内钻岩成孔的孔径及有效深度必须符合设计要求。

⑦ 管柱内清孔应符合下列规定:

钻孔完毕后,应将附着于孔壁的泥浆清洗干净,并将孔底钻渣及泥砂等沉淀物取出;在不钻孔的管柱内清孔,应将孔底浮泥清除。当管柱下沉至岩面而不需钻孔时,应清除表面风化层;管柱内壁泥浆浸泡的部位,应清洗干净;清孔可用空气吸泥及高压射水,必要时辅以射风。管柱刃脚底上下各 0.5 m,范围内不得吸泥、射水、射风;清孔结果应仔细检查。在不具备直接检查的潜水条件时,可用水、风冲起孔底残留物后,对沉淀物的数量进行鉴定,可要求沉淀 1 h 后孔底平面上沉淀物平均厚度不大于 1 cm。

⑧ 管柱内安装钢筋骨架、浇筑水下混凝土及质量检查应符合下列规定:

钢筋骨架应按设计要求的埋置深度安装。用垂直导管法浇筑水下混凝土应符合下列规定:每孔钻岩完成后应迅速进行清孔和浇筑水下混凝土;浇筑水下混凝土时砂浆不得流入相邻钻孔内;混凝土的强度应较钻孔和管柱内浇筑混凝土的设计强度提高 20%;开始浇筑混凝土前应用高压射水、射风或其他办法冲起残留渣物,在渣物尚未沉淀时立即浇筑混凝土;导管埋入混凝土的深度不宜小于 1 m,但也不宜过大,宜促使导管周围混凝土流动。嵌岩支承的管柱内浇筑水下混凝土的质量检查要求:管柱群基础应按设计要求作钻探检查,钻探孔的深度应至管柱钻孔底以下 0.5 m,并在混凝土心取出后立即用水泥浆封孔;混凝土与岩层间应无残留渣物,且黏结良好;混凝土心外观应良好,各区段取心率宜达到 90% 以上;混凝土强度应符合设计要求。

任务 4.5 水下混凝土浇筑施工

相关案例

武广高铁某桥梁工程设计桩基共计 408 根,桩径 1.2~2.5 m,桩长 40~70 m,混凝土强度等级 C30。地层岩性为以灰岩、白云岩为主的碳酸盐岩地层和泥岩、砂岩地层,地表覆盖层为第四系残坡堆积层,岩溶较发育。地下水类型以碎屑质变质岩裂隙水、松散岩类孔隙水和岩溶水为主。设计采用挖孔桩和钻孔桩施工。钻孔桩采用导管法水下浇筑混凝土工艺进行施工。部分挖孔桩内水位较深,当积水深度超过 5 cm 或渗水速度较大时,也采用水下浇筑混凝土工艺进行施工。试从水下浇筑混凝土的工艺流程、水下混凝土浇筑过程中的测量控制、计算水下混凝土浇筑所需混凝土用量以及水下混凝土的施工质量控制等方面,编制详细的水下混凝土浇筑施工方法。

4.5.1 工作任务

根据案例背景中采用的施工方法,学习下面相关内容后,完成水下混凝土浇筑施工流程和关键技术的学习,能编写水下混凝土浇筑施工作业指导书和技术交底,能完成水下混凝土浇筑施工的质量监控,达到教学要求所需的知识目标、能力目标。

4.5.2 相关配套知识

排水困难时的混凝土施工称为水下混凝土浇筑施工,常采用导管法。导管法浇筑水下混凝土是以导管中混凝土压力使混凝土通过导管进入孔内，并从下部向上翻挤浇筑，混凝土以自重压实。其主要作业内容有：施工准备、水下混凝土浇筑方案设计、浇筑机具的准备、混凝土拌制与运输、钢筋骨架的吊装、混凝土的浇筑等。

4.5.2.1 水下混凝土浇筑施工准备

1. 施工机械及工艺装备

导管是浇筑水下混凝土的重要工具，用钢板卷制焊成或采用无缝钢管制成。其直径按桩长、桩径和每小时需要通过的混凝土数量决定，可按表4.9选用。为了保证导管的强度和刚度，管壁厚度根据导管直径、总长度和制成方法可按表4.10选用。

表 4.9 导管直径选择表

导管直径/mm	通过混凝土数量/（m³/h）	桩径/m
200	10	0.6~1.2
250	17	1.0~2.2
300	25	1.5~3.0
350	35	>3.0

表 4.10 导管壁厚表选择表

导管长度/m	导管壁厚/mm			
	导管直径200~250 mm		导管直径300~350 mm	
	钢板卷制	无缝钢管	钢板卷制	无缝钢管
<30	3	8	4	10
30~50	4	9	5	11
50~100	5	10	6	12

（1）导管顶部应设置漏斗，其上设溜槽、储料斗和工作平台。浇筑水下混凝土的导管直径应根据桩底面积确定。

（2）水下混凝土施工导管由承接混凝土的扉斗和供混凝土流动的导管构成。漏斗状的扉斗位于导管顶部，导管内壁应光滑，内径一致，接口严密。

（3）导管使用前应试拼试压，不得漏水，各节应统一编号。

导管长度可根据孔深和孔口工作平台高度等因素确定。

2. 施工技术准备

（1）首先应检测成孔后护筒顶高程，根据护筒顶高程、施工图标示孔底高程、施工图标示桩顶高程、施工图标示钢筋笼顶高程、预留破桩的桩头高度等数据，计算出钢筋笼顶高程、混凝土浇筑顶高程（桩顶预加0.5~1.0 m），并确定这两个控制面，一般是从护筒顶面向下反算、反测符合要求的米数，孔内有水头或淤泥时，用钢筋或其他硬质杆件探测。

（2）检查砂、石、水泥用量及质量是否满足要求。

（3）计算导管上端漏斗储存的混凝土量是否满足第一次浇筑混凝土后埋设导管下口深度

的要求。埋设深度一般要求为 100 cm 以上。

（4）检查泥浆相对密度是否符合清孔中所提的指标，并检查下沉钢筋笼的孔底沉淀层厚度，对不能满足要求的要重新清孔，直到满足要求为止。

（5）核定拌制及运输设备的性能及数量，要求必须有备用设备及备用发电设备，并组织足够的劳动力，以保证浇筑的连续性。

（6）对掺外加剂的混凝土要提前分袋称好每次拌制混凝土所需外加剂的重量，以便保证施工时的准确、及时，以保证了混凝土的质量。

（7）导管使用前应进行水密承压和接头抗拉试验。

（8）导管应事先编好顺序，每次使用时都应对法兰盘、橡胶垫圈、连接螺栓、阀门做认真检查，必要时应再做充水试验。

（9）完成施工文件编制和技术培训工作。

4.5.2.2 水下混凝土浇筑施工工艺流程及施工工序

1. 桥梁基础水下混凝土浇筑施工工艺流程（图 4.20）。

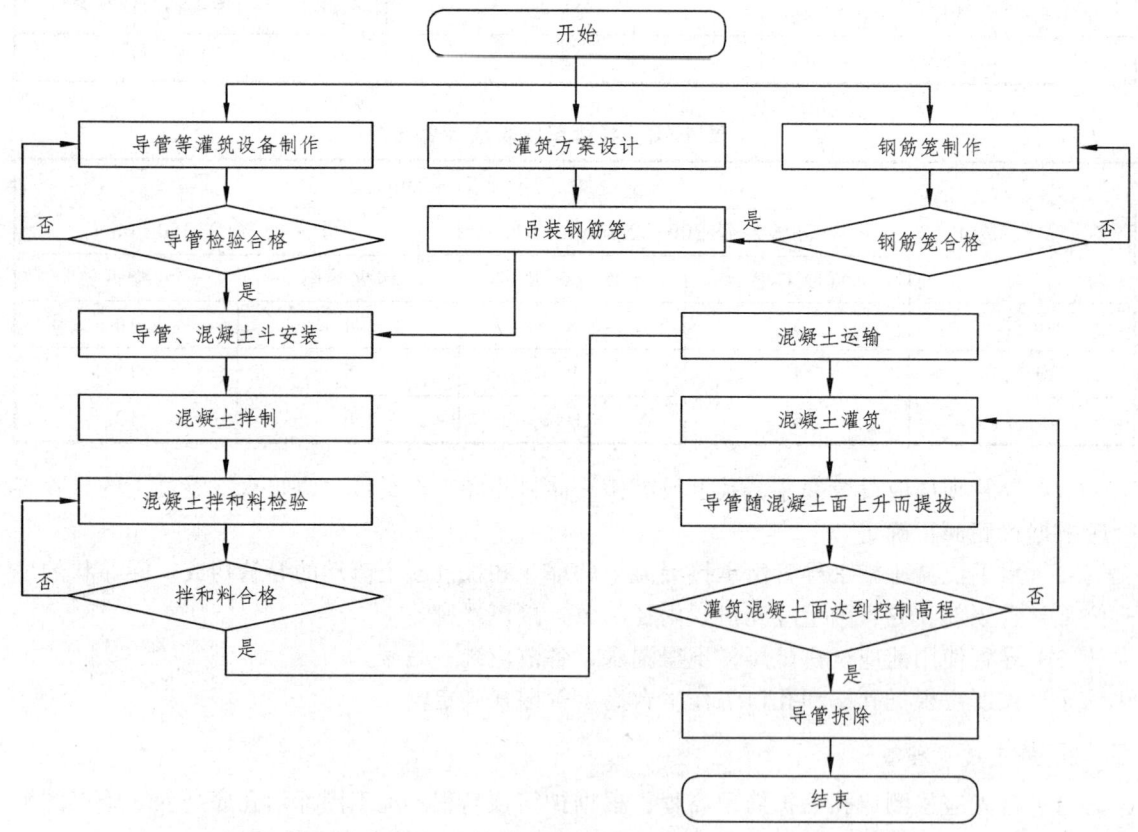

图 4.20 基础水下混凝土浇筑施工工艺与质量控制流程图

2. 桥梁基础水下混凝土浇筑施工工序

（1）浇筑方案的设计。

① 浇筑水下混凝土用导管。

如图 4.21 所示。浇筑前，应探测孔底泥浆沉淀厚度。导管下口至孔底距离一般为 25～40 cm，必须连续浇筑，应把握好导管提升速度。

② 导管组装后应进行加压试验。

其试验压力不得小于浇筑混凝土时可能承受的最大压力 P_d：

$$P_d = \gamma_c h_c - \gamma_w h_w$$

式中　γ_c——混凝土的密度，kN/m^3；
　　　h_c——导管内混凝土柱最大高度，m，一般可采用导管全长；
　　　γ_w——孔内水或泥浆的密度，kN/m^3；
　　　h_w——浇筑时，混凝土顶面至水面或泥浆面的高差，m。

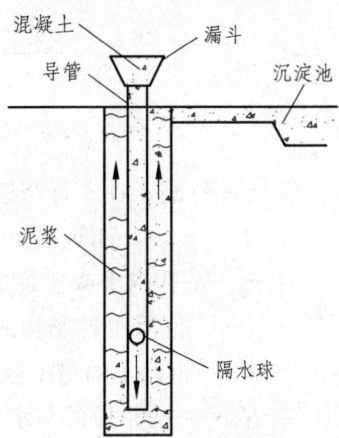

图 4.21　浇筑水下混凝土用导管示意图

③ 漏斗和储料斗。

浇筑水下首批混凝土时，漏斗和储料斗内必须储备一定数量的混凝土，以保证能完全排除导管内水或泥浆，并使导管出口埋置深度≥1.0 m 深的流态混凝土中。首批混凝土数量可按下式计算，如图 4.22 所示。

$$V \geqslant \frac{\pi D^2}{4(H_1+H_2)} + \frac{\pi d^2}{4} h_1$$

$$h_1 = \frac{H_w \gamma_w}{\gamma_c}$$

式中　V——浇筑首批混凝土所需数量，m^3；
　　　D——实钻桩孔直径，m；
　　　d——导管内径，m；
　　　H_1——桩孔底至导管底端间距，一般为 0.4 m；
　　　H_2——导管初次埋置深度；
　　　h_1——桩孔内混凝土达到埋置深度 H_2 时，导管内混凝土柱平衡导管外（或泥浆）压力所需的高度，m；
　　　H_w——桩孔内混凝土面至桩孔内泥浆顶面高度，m；
　　　γ_w——泥浆重度，$\gamma_{水} = 10\ kN/m^3$，$\gamma_{泥浆} = 11\sim 12\ kN/m^3$；
　　　γ_c——混凝土重度，$\gamma_c = 24\ kN/m^3$。

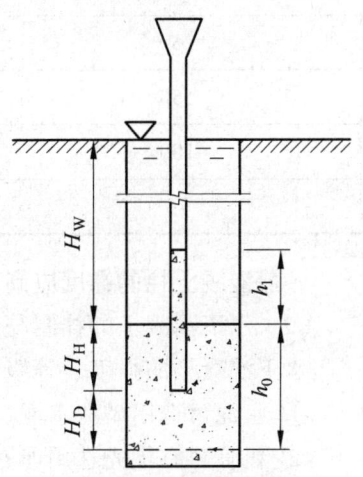

图 4.22　首批浇筑混凝土的数量计算简图

根据本计算，可以确定漏斗的容量和需增加的储料斗的容量。

④ 导管提升控制。

水下混凝土浇筑过程，导管要提升到一定高度，以便利用混凝土柱产生的挤压力使混凝土排开泥浆进入孔内，浇筑面上升。导管漏斗需要提升的高度，即导管内混凝土柱高度，可按下式计算，如图 4.23 所示。

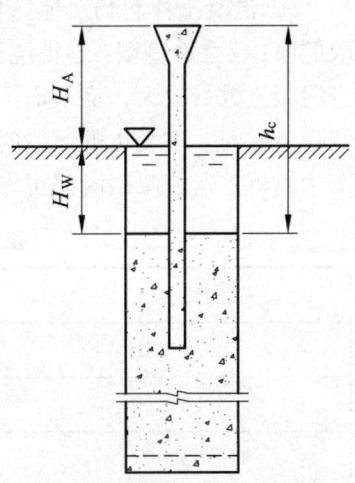

图 4.23　漏斗高度计算简图

$$h_\mathrm{c}=\frac{p+H_\mathrm{w}\gamma_\mathrm{w}}{\gamma_\mathrm{c}}$$

$$H_\mathrm{A}=h_\mathrm{c}-H_\mathrm{w}$$

式中 h_c——漏斗在预计浇筑混凝土顶面以上所需高度，m；

H_w——预计浇筑混凝土顶面至孔内水面或泥浆面的高差，m；

γ_w——孔内水或泥浆的重度，kN/m^3；

γ_c——混凝土拌制物的重度，kN/m^3；

p——混凝土的超压力，kN/m^2，根据每根混凝土导管浇筑半径而定，其最小值见表 4.11；

H_A——漏斗顶面与水面或泥浆面的高差，m。

表 4.11 混凝土导管作用范围和超压力关系表

最小超压力 / (kN/m^2)	混凝土导管作用半径/m	导管浇筑孔长度/m
250	4.0	7.0
150	3.5	6.0
100	3.0	5.0
75	≤2.5	≤4.0

一般混凝土柱的高度应高出水面或泥浆面至少 3 m。

（2）水下混凝土的拌制与运输。

水下混凝土的强度、等级和材料除应符合设计要求和规范规定外，并应符合下列要求：

① 水泥可选用矿渣水泥、火山灰水泥、粉煤灰水泥、普通水泥或硅酸盐水泥。

② 粗骨料宜优先选用卵石，如选用碎石，宜适当增加含砂率；骨料最大粒径不应大于导管内径的 1/6 ~ 1/8 和钢筋最小净距的 1/4，同时不应大于 40 mm。

③ 细骨料宜采用级配良好的中砂。

④ 混凝土拌制物从搅拌机卸出到进入导管时的坍落度为 18 ~ 25 cm。桩径小、桩身短的取低限；反之取高限。首批浇筑的混凝土初凝时间不得早于浇筑桩全部混凝土浇筑完成时间，当混凝土数量较大，浇筑需用时间较长时，可通过试验，在首批混凝土中掺入缓凝剂，以延缓初凝时间。混凝土的运输时间和距离应尽量缩短，以迅速、不间断为原则，防止在运输中产生离析。运输限制时间可参考表 4.12。

表 4.12 水下混凝土拌制物运输时间限制

气温/°C	无搅拌设施运输/min	有搅拌设施运输/min
20 ~ 30	30	60
10 ~ 19	45	75
5 ~ 9	60	90

（3）混凝土的浇筑。

混凝土浇筑时间过长容易发生浇筑质量事故和坍孔事故，过分压缩浇筑时间，则要增加设备和劳动力。适当的浇筑时间按桩长而变化，可参考表4.13。

表4.13 适当的浇筑时间表

钻孔桩长度/m	<20	20~40	40~60	60~70	70~80	80~100
适当浇筑时间/h	1.5~2	2~3	3~4	4~5	5~6	7~8

浇筑水下混凝土时，应探测水面或泥浆面以下的孔深和所浇筑的混凝土面高度，以控制沉淀层厚度、埋导管深度和桩顶高度。如探测不准确，将造成沉淀过厚、导管提漏、埋管过深，因而发生夹层断桩、短桩或导管拔不出事故。测深锤法是目前多采用的方法，该方法是用绳系重锤吊入孔中，使之通过泥浆沉淀层而停留在混凝土表面（或表面下10~20 cm），根据测绳所示锤的沉入深度作为混凝土的浇筑深度。

剪球、拔栓或开阀，将首批混凝土灌入孔底后，立即测探孔内混凝土面高度，计算出导管内埋置深度，如符合要求，即可正常浇筑。浇筑开始后，应紧凑、连续地进行，严禁中途停工。

（4）导管的提升与拆除。

导管的吊挂和升降，可用倒链、钻机的起吊设备或吊机，需保证导管升降高度准确。导管提升应保持轴线竖直和位置居中，逐步提升。

（5）钢筋骨架制作、吊装。

在成孔、钻孔前制作好钢筋笼。钢筋骨架由主筋、加强筋、螺旋箍筋、定位筋4部分组成。

（6）注意事项。

① 混凝土浇筑高程低于地面高程的桩孔，浇筑混凝土完毕要立即回填砂石至地面高程。
② 桩养护期间，严禁汽车、吊机、桩机等大型机械辗压桩位。
③ 严禁把桩体作锚固桩使用。

3. 作业组织

水下混凝土浇筑施工人员应包括：钢筋绑扎、混凝土浇筑等班组。

4. 安全生产与环境保护

（1）主要安全技术措施。

① 清除施工的地下障碍物，整平施工场地，认真查清地下管线，给排水管道等情况。
② 钻孔施工时，司机应思想集中，不得随意离开岗位。
③ 钻机操作时应安放平稳，以便防止钻机突然倾倒或钻具突然下落而发生伤亡事故。

（2）水下混凝土浇筑施工时，导管的提升和拆除要注意安全，对环境污染严重的泥浆等施工垃圾应妥善处理，不得污染河道和施工场地。

4.5.2.3 施工质量控制标准

（1）首批浇筑混凝土的数量应能满足导管首次埋置深度和填充导管底部的需要，漏斗底口处必须设置严密的隔水装置，并能顺利排出导管底口。

（2）混凝土拌制物运至浇筑地点时，应检查其均匀性和坍落度等。

（3）首批混凝土拌制物下落后，混凝土应连续浇筑，中途不得停顿，每根桩的浇筑时间宜安排在首批混凝土初凝前完成。

（4）在浇筑过程中，特别是潮汐地区和有承压力地下水地区，应注意保持孔内水头。

（5）在浇筑过程中，导管的埋置深度宜控制在 3~7 m。当导管内混凝土不满时，应徐徐地灌满，禁止在导管内形成高压气囊。

（6）在浇筑过程中，应经常测探井孔内混凝土面的位置，及时地调整导管埋深。

（7）为防止钢筋骨架上浮，当浇筑的混凝土顶面距钢筋骨架底部 1 m 左右时，应降低混凝土的浇筑速度。

（8）浇筑的桩顶高程应比设计高出一定高度，以保证混凝土的强度，在浇筑将近结束时，应核对混凝土的灌入数量，以确定所测混凝土的浇筑高度是否正确。

（9）使用全护筒浇筑水下混凝土时，当混凝土面进入护筒后，护筒底部应始终在混凝土面以下，随导管的提升，逐步上拔护筒。

（10）在浇筑将近结束时，发生浇筑困难时，可在孔内加水稀释泥浆，并掏出部分沉淀土，使浇筑工作顺利进行。

（11）桩身混凝土浇筑工作结束后，处于地面及桩顶以下井孔口的整体式刚性护筒应立即拔出；处于地面以上并能拆卸的护筒，应待混凝土抗压强度达到 5 MPa 后方可拆除。

任务 4.6　承台施工

相关案例

西宝客运专线某桥梁桥台承台长 12.26 m，宽 8.6 m，高 2.0 m，0 号桥台承台底面高程为 458.418 m，顶面标高为 478.418 m，4 号桥台承台底面高程为 480.327 m，顶面高程为 482.327 m。桥墩承台长 7.5 m，宽 3.0 m，高 2.5 m，1 号桥墩承台底面高程为 467.553 m，顶面高程为 470.053 m，2 号桥墩承台底面标高为 459.753 m，顶面高程为 462.253 m，3 号桥墩承台底面高程为 465.953 m，顶面高程为 468.453 m，浇筑 C30 混凝土 590.5 m³。试从大体积承台施工工艺和施工方法、大体积承台水化热问题处理、大体积承台施工的质量标准和验收要求等角度，编制详细的承台施工技术方案。

4.6.1　工作任务

根据案例背景中采用的施工方法，学习下面相关内容后，完成承台施工流程和关键技术的学习，能编写承台施工作业指导书和技术交底，能完成承台施工的质量监控，达到教学要求所需的知识目标、能力目标。

4.6.2 相关配套知识

4.6.2.1 承台施工

1. 承台施工程序和施工工艺

承台施工程序如图 4.24 所示。承台施工工艺如图 4.25 所示。

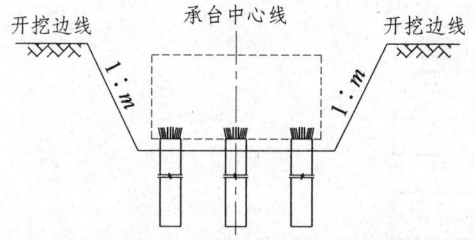

（a）测量组测定承台中心线位置、地面高程，计算并标定开挖边线。长臂挖掘机开挖，坡度 m 依现场情况而定

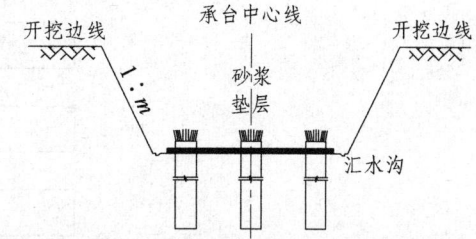

（b）开挖基坑至承台底高程以下 10 cm，并在基坑内设汇水井，换填 M5 浆砌片石，凿除桩头用砂浆打垫层作为浇筑承台的底模

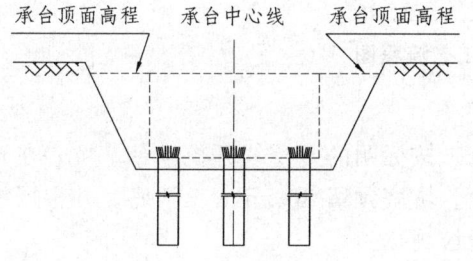

（c）用全站仪复测承台中心线、承台底高程。打设中心线桩号，标定承台顶面高程位置

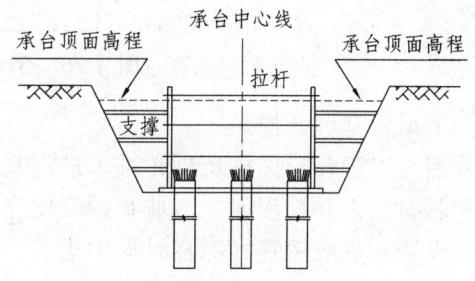

（d）在垫层上放出承台边线。扎承台钢筋，立模板，浇筑承台

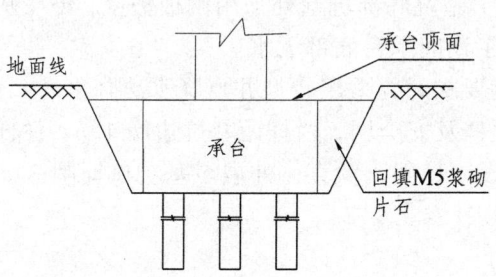

备注：
1. 图示比例为示意；
2. 基坑开挖时，要防止地表水浸泡基坑，避免基坑边坡失稳。承台采用 M5 浆砌片石回填，回填至基础顶面。

图 4.24 承台施工示意图

2. 一般陆地承台施工

（1）场地平整、承台放样。

桩身混凝土达到一定的强度后进行基坑开挖。平整场地后，测量人员根据设计准确测出承台位置。然后根据地面高程和放坡系数确定承台基坑开挖边线并用白灰作好标记，承台基坑底部尺寸按承台尺寸加上模型厚度外每边再预留 50 cm 的工作面。

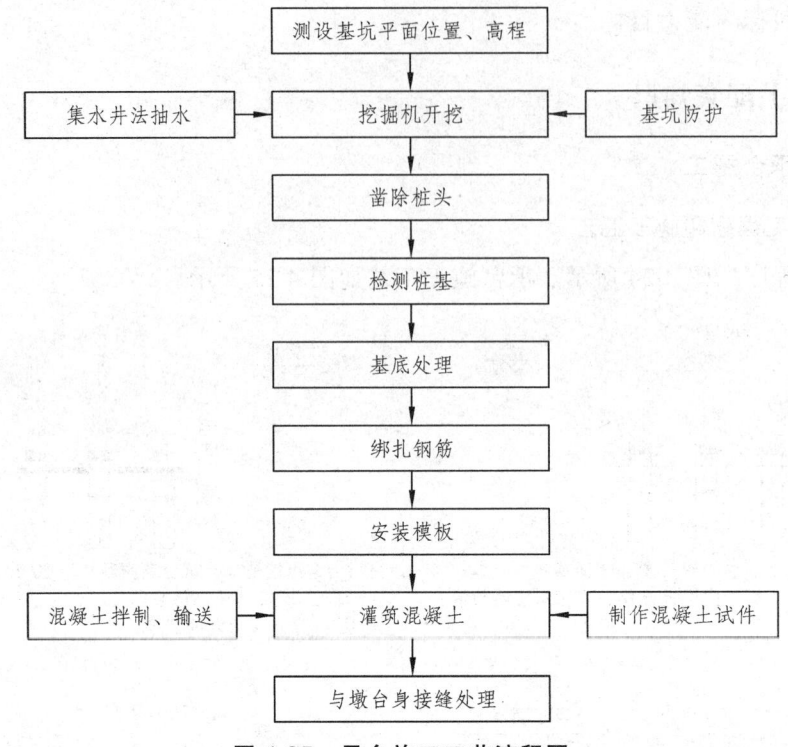

图 4.25　承台施工工艺流程图

（2）承台基坑开挖。

采用人工配合挖掘机及自卸汽车进行基坑开挖，按标明的开挖线开挖承台基坑，在开挖过程中随时监控开挖深度、边坡系数及坑底平整度，坑底预留 30 cm 人工清底，并根据地质情况，设置木桩或钢管桩等临时支护措施，防止边坡坍塌。

① 当基坑有水时，水量小时在基坑内承台尺寸以外设积水坑集中抽水，保证承台施工期间承台底部无水。

② 当基坑有水且水量较大，坑壁不能自稳时，基坑底部坑壁处采用钢板护壁，再在基坑内承台尺寸以外设积水坑集中抽水，保证承台施工期间承台底部无水。

③ 当地下水位高，采用积水坑抽水不能满足要求时，采用轻型井点降水法降水。

④ 承台开挖完后，基坑周围即时安设防护栏杆及安全网，栏杆距基坑边缘 1 m，栏杆高度在 1.2 m 左右。栏杆上挂设安全网，安全网挂设应稳固、顺直、伸展。基坑口周围 3 m 范围内禁止堆放重物以避免坑壁垮塌。

（3）凿除桩头、桩基检测。

破桩头前，应在桩体侧面用红油漆标注高程线，以防桩头被多凿。凿除过程中保证不扰动设计桩顶以下的桩身混凝土。桩头凿完后应报与监理验收，并经超声波等各种检测合格后方可浇筑混凝土垫层。

（4）钢筋绑扎。承台基坑开挖至设计基底高程经检验合格，并对基底面进行清理修整后，立即浇筑基础垫层混凝土。

（5）模板。承台模板宜采用整体大块钢模，模板立设在钢筋骨架绑扎完毕后进行。

（6）混凝土浇筑。

混凝土浇筑总的原则为：由低到高，由四周向中间，分期分批浇筑。

混凝土采用集中拌和、自动计量、罐车运输、泵送混凝土施工、插入式振捣器振捣。混凝土应在无水条件下浇筑，混凝土浇筑期间，由专人检查预埋钢筋和其他预埋件的稳固情况。混凝土浇筑完毕后，在顶部混凝土初凝前，对其进行二次振捣，并压实抹平。大体积混凝土承台采取温控措施时应进行专门设计。

（7）养生。在混凝土浇筑完成并且初凝后，予以洒水养护保证混凝土表面经常处于湿润状态为准，养生期应符合规范要求。

（8）混凝土拆模。

承台混凝土拆模时侧模应在混凝土强度达到 2.5 MPa 以上，且其表面及棱角不因拆模而受损时，方可拆除。

（9）基坑回填。

当拆模后检查承台周围混凝土没有任何缺陷后，按设计要求的填料和质量及时回填。

3. 大体积混凝土施工质量保证措施

（1）优化混凝土配合比，进行混凝土水化热工计算，绘制出混凝土内部温度变化曲线，以指导施工采取相应的措施，控制混凝土内部温度。

① 水泥品种和用量。

选用低水化热水泥（如矿渣水泥），掺粉煤灰外掺料，降低水化热；掺缓凝型减水剂，以节约水泥，延长缓凝时间，延迟水泥水化热峰值；在生产及浇筑时对配料、运送、泵送及其他设备的遮阳或冷却。

② 骨料的最大粒径与级配。

改善骨料级配，在保证混凝土强度的前提下，尽量降低砂率，尽可能降低水泥用量混凝土组成材料及配比。

③ 外加剂。

大体积混凝土采用泵送施工技术，除满足基本力学性外，还应具如下特殊性能：

使大体积混凝土有尽可能大的水化升温，保证混凝土有良好的可泵性和在高气压的施工性，保证混凝土结构的耐久性。

④ 掺和料。

加入泵送混凝土中的掺和料主要有粉煤灰。粉煤灰掺入混凝土中起润滑作用，可以改善混凝土拌和物的和易性，提高混凝土的流动性，有利于泵送。

（2）控制混凝土浇筑温度：降低混凝土浇筑入模温度；避免气温高时浇筑混凝土，混凝土的浇筑安排在一天中气温较低时进行。

（3）分层浇筑：采取薄层浇筑以利散热，分层厚度小于 30 cm，通过分层，增加散热面积，降低水化热温度。

（4）在混凝土内预埋冷却水管：通过冷却水管实现循环冷却水，经热交换作用，降低混凝土的温升峰值，以达到减小内外温差目的。

（5）加强混凝土的养护和保温：混凝土浇筑后，注意覆盖保温，加强养生，并保证混凝土结构内外温差不超过 25 ℃。

4. 水中承台施工

深水低桩承台根据水深情况，可采用单壁或双壁钢围堰方案。特别是双壁钢围堰由于刚度大，整体稳定性好，可将桩基和承台施工综合考虑，即前期作为钻孔桩施工的工作平台，后期用以承台施工的钢围堰。深水高桩承台可采用单壁或双壁钢吊箱方案。

（1）双壁钢围堰修建桩基承台的两种施工方法。

① 先下围堰并在其上设工作平台施工基桩的施工方法；

② 先施工基桩后下围堰，在清基封底后再抽水浇筑承台混凝土。

双臂钢围堰应根据水深、流速、承台结构尺寸等进行详细的设计、检算、审核后方可投入加工。双壁钢围堰施工时，围堰浮运、定位、接高、水中下沉、落底、土中下沉和清基等，具体可参考《双壁钢围堰制造、浮运、下沉工法》(TLEJGF-93-21)。

（2）钢吊箱围堰施工。

对深水高桩承台，可采用吊箱围堰施工。

① 吊箱围堰设计。吊箱围堰进行专门设计，除结构尺寸、强度、刚度、吊装方法满足施工要求外，做好抗浮力和防漏水设计。

② 结构形式。钢吊箱围堰是为了在无水环境下施工承台而设计的临时阻水结构，其结构主要由侧板、底板、内支撑、吊挂系统 4 部分组成。

a. 底板。围堰底板结构除满足浇筑水下封底混凝土和抽水浇筑承台混凝土时受力以外，考虑定位桩施工偏差因素，使加劲肋和横梁避开桩孔位置。

b. 侧板。围堰侧板根据施工具体情况采用单壁或双臂。当利用边板做承台外模时，要保证满足承台结构尺寸要求。

c. 内支撑。内支撑框梁直接作用于围堰侧板上。其主要作用是减小围堰侧板的计算跨度，从而改善围堰侧板受力状况；在围堰侧板计算时得到内支撑所受荷载，既而对其进行各项检算。

d. 吊挂系统。吊挂系统由支撑分配梁、吊杆、钢护筒及其顶部所设牛腿或分配梁组成。主要承受竖向荷载，最不利受力工况与底板相同。

e. 各部件的组拼。钢吊箱围堰的底板直接承托侧板，在侧板底部与底板顶面用加劲板焊接；内支撑框架梁则先放在侧板牛腿上，再与支撑构架栓连，最后在内框梁与围堰侧板间用钢板焊实；吊挂系统中支承分配梁直接放在钢护筒顶部牛腿上，待围堰下沉到位后通过吊杆将围堰底板与支承分配梁连接，这样围堰所受竖向荷载就可传至钢护筒上。

f. 水中承台及墩台混凝土浇筑完成后，应将承台顶面以上的钢结构临时结构物清除，防止危及通航安全和避免漂浮物堆积。

③ 钢吊箱施工方法及质量要求。

吊箱围堰视水深情况，采取在浮箱上或工作平台上先组拼成整体，再浮运、吊装到已沉好的定位桩上，或采取在基桩外侧搭设临时工作平台进行现场组拼、吊装到定位桩上。

钢吊箱围堰的施工包括加工、拼装、下沉就位、堵漏、封底混凝土浇筑。

a. 钢吊箱加工及拼装。

钢吊箱在岸上分多块加工组拼而成。采用焊接时，焊后须作焊缝强度检测；采用螺栓连接时，则在各分块之间加填高弹海绵或橡胶垫，用螺栓夹紧用以止水。

吊箱围堰拼装质量：内侧平面尺寸偏差不大于长、宽的 1/700，做承台外模时，在承台范围不小于设计尺寸。

b. 下沉就位。

利用大吨位浮吊,在定位船上拼装钢吊箱围堰,将围堰吊挂于钢护筒顶部所设钢牛腿或分配梁上。

吊箱围堰就位质量符合下列规定:

内侧平面对角线偏差不大于对角线长度的 1/500。

底板预留孔位偏差不大于±20 mm,结构接缝满足水密要求。

围堰整体最大倾斜度不大于箱体高的 1/50,且承台顶面处基础边缘距设计中心线尺寸偏差不大于 50 mm;箱体高程满足设计要求。

围堰中线扭转角不大于 1°。

围堰做承台外模时,中轴线偏位不大于 15 mm。

c. 围堰堵漏。

围堰定位后,用 ϕ150 mm 左右的内装黏土的编织袋,构成内径与钻孔桩护筒外径大致相同的圆形结构,套于护筒上顺势下放,以达到对围堰底板与钢护筒外壁间堵漏的效果,必要时由潜水员下去检查堵漏。

d. 封底混凝土受力分析。

封底混凝土是主要阻水结构之一,同时又作为承台的底模,不仅要与钻孔桩钢护筒壁之间有足够的黏结力还要满足作为底模的强度要求。

e. 封底混凝土施工。

吊箱围堰水下封底混凝土厚度,按抽水时围堰不上浮原则计算确定,采用多导管对称、分块浇筑混凝土。

在封底混凝土达到设计强度后,抽干围堰内的水,将封底混凝土表面整平,检查修整确定无渗漏现象,然后切割钢护筒,进行钻孔桩桩头处理,绑扎承台钢筋,设置降低水化热影响的冷却管及各种预埋件,检查合格后按照前述承台施工工艺施工即可。

拓展知识　钻孔浇筑桩施工案例分析

××高铁××大桥,设计为摩擦桩,桩径 ϕ1.5 m,桩长 48 m。桥位地质为:表层为 3.5 m 厚砂砾层,以下为 60 m 厚软黏土层,此桥桩位施工期水深为 2 m;承包商在此桥桩基施工的方法与程序为:

(1)做钻孔桩施工准备:用全站仪做桩位放样,用砂及土袋筑岛做施工平台,施工平台高出施工水位 1.2 m。

(2)埋设护筒:采用 1 节 3 m 长的钢护筒,护筒顶高出施工平台 0.3 m。

(3)选择正循环回转钻作为钻孔机械。

(4)泥浆制备:采用塑性指数大于 10 的黏性土制备泥浆。

(5)钻孔浇筑桩成孔:成孔过程中定期检查孔径、竖直度;钻孔采用等速、加压钻进,不间断地钻至设计高程;终孔检查合格后,采用抽浆法清孔排渣。

(6)成孔检查:孔位、孔深、孔径、竖直度、泥浆相对密度检查合格,孔底沉淀厚度满足设计规定 0.5 m 要求。

（7）钢筋笼骨架分段制作、吊装，帮条焊接接长，对中下沉就位。

（8）钢筋笼就位后即采用导管进行水下混凝土浇筑：导管居中沉放，用测砣控制导管沉入桩底设计高程上 0.35 m 后做首批混凝土浇筑且满足导管端能埋入混凝土 0.5 m，随混凝土的不断灌入据经验提升和撤除导管，直至此桩连续不断浇筑到桩顶设计高程完成混凝土浇筑。

（9）承包商采取措施控制桩基的桩位、桩垂直度、桩孔及清孔质量，采用小粒径骨料增加水下混凝土的流动性，控制混凝土坍落度在 15～18 cm。

问：请指出以上施工中不妥之处并改正。

参考答案：

①（第1、2条）护筒太短，护筒底位于砂筑平台处，易漏水漏浆，造成塌孔，护筒长应 5.5 m 以上。

②（第5条）钻孔浇筑桩成孔过程中应每进 2～3 m 作检查；钻孔应采用先慢速、减压法钻进；宜采用抽浆法清孔排渣。

③（第6条）成孔检查中漏孔形检查。

④（第7条）钢筋笼骨架应采用对焊。

⑤（第8条）导管底口埋入沉淀渣中，应为沉入桩底设计高程上 0.8 m；首批混凝土应保证导管端能埋入混凝土 1 m；导管的提升和撤除应经测量和计算而不是凭经验；混凝土浇筑应超过桩顶设计高程 0.5～1 m。

⑥（第9条）质量控制点还有钢筋笼接头质量；混凝土的坍落度在 18～22 cm。

相关规范、规程与标准

[1] TB 10752—2010 高速铁路桥涵工程施工质量验收标准[S]. 北京：中国铁道出版社，2010.

[2] 铁建设（2010）241号 铁路混凝土工程施工技术指南[S]. 北京：中国铁道出版社，2010.

[3] 刘爱林. 宁安铁路安庆长江大桥主塔墩深水基础施工技术[J]. 铁道标准设计，2012.

[4] Q/CR 9603—2015 铁建设铁总建设[2015]80号. 高速铁路桥涵工程施工技术规程[S]. 北京：中国铁路总公司，2015.

[5] Q/CR 9212—2015（铁总建设[2015]80号）. 铁路桥梁钻孔桩施工技术规程.

[6] "高速铁路桥梁施工与维护"课程标准。

项目小结

（1）桩基础是深基础的一种，它是由桩和承台构成的基础类型。采用1根桩来传递和承受上部结构荷载的独立基础称为单桩基础。由2根以上桩组成的桩基础称为群桩基础。

（2）桩基础设计时，应首先根据地质、水文、荷载等已知条件，初步确定承台底面高程和尺寸，桩的类型、长度、直径、数量和排列布置方式等，经过多次反复试算，最后确定设计方案。

（3）挖孔浇筑桩施工采用人工下井以风镐或风钻（电钻），辅助适当的爆破开挖成孔，配以简单机具设备，放入钢筋笼，浇筑混凝土成桩，适用于无水或少水的较密实的各类土层或岩层。

（4）钻孔浇筑桩是采用不同的钻孔方法，在地层中按要求形成一定形状（断面）的井孔，达到设计高程后，将钢筋骨架吊入井孔中，再浇筑混凝土（有地下水时浇筑水下混凝土），成为桩基础的一种工艺。钻孔浇筑桩由于其施工速度快，质量稳定，受气候环境影响小，因而被普遍采用。

（5）沉入桩是利用打桩设备将预制钢筋混凝土桩或预应力混凝土桩沉入地基土中的桩基础，沉入桩的沉桩方法有锤击法、振动法、射水法及静力压桩法等。

（6）管柱基础其实质也是一种桩基础。它适用于深水、有潮汐影响、岩石起伏较大、无覆盖层或者覆盖层很深的河床等（不适用有严重地质缺陷的地区）。管柱可以穿越各种土层或溶洞而支承于较密实的土层或新鲜岩面上。

（7）当采用排水困难时的混凝土施工称为水下混凝土浇筑施工，常采用导管法。导管法浇筑水下混凝土是以导管中混凝土压力使混凝土通过导管进入孔内，并从下部向上翻挤浇筑，混凝土以自重压实。

（8）承台（bearing platform）指的是为承受、分布由墩身传递的荷载，在桩基顶部设置的联结各桩顶的钢筋混凝土平台。承台是桩与柱或墩联系部分，承台把几根，甚至十几根桩联系在一起形成桩基础。

课程资源

复习思考题

4.1　桩基础的类型有哪些？各自的适用范围是什么？

4.2　简述桩基础的设计内容。

4.3　简述柱桩和摩擦桩的异同。

4.4　钻孔桩施工准备中应注意哪些主要问题？

4.5　试比较挖孔和钻孔浇筑桩异同，分小组汇报。

4.6　钻孔桩钻进过程中要注意什么问题？列表说明。

4.7　如何注意钻孔桩施工中的环境保护？

4.8　试述正循环、反循环钻机施工的区别？

4.9　试写一篇旋挖钻机的施工作业指导书。

4.10　如何检查已成桩孔的垂直度、成孔尺寸？列表说明。

4.11　试述桩基础钻进过程中常见故障及解决方案？分小组汇报。

4.12　清孔的方式有哪些？

4.13　浇筑水下混凝土时，如何防止钢筋笼上浮？分小组汇报。

4.14　试述浇筑水下混凝土过程中的注意事项。

4.15　某水中钻孔桩基础，桩的设计直接为 2.0 m，成孔桩径为 2.05 m，清孔稍差，桩周及桩底重度为 20 kN/m³ 的密实中砂土。桩底在局部冲刷线以下 60 m，常水位在局部冲刷线以上 5 m，一般冲刷线在局部冲刷线以上 3 m，假设桩长为 50 m，导管顶部距离桩顶设计高程为 3.5 m，护筒埋深 7 m，护筒直径为 2.2 m。完成计算书，要求图文并茂。

① 试确定初次浇筑混凝土的最少需求量，并用 CAD 软件绘出计算详图。

② 试计算浇筑完成该桩所需要的混凝土量，混凝土损耗按 2.5% 考虑。

4.16 试用全站仪放出至少两个桥位 16 个桩的中心位置，如有条件用 GPS 完成同样的工作，并用 CAD 软件完成绘图工作（含坐标计算过程）。

4.17 试用水准仪完成不同桩位的测量工作，并确定钢筋笼的吊装位置和导管长度及位置，写出技术交底书，要求图文并茂。

4.18 试用 CAD 软件绘出某个桥梁桩基础结构图和钢筋图（A3 幅面不少于 2 张，平面图和立体图）。

项目 5　沉井基础的构造施工

项目描述

随着高速铁路的快速发展，需要修建更多的大跨度桥梁以跨越大江、大河和海湾。由于桥梁基础处于深水中，受风力、水流、潮汐、漂浮物等因素的影响，同时又有交通通航的限制，施工技术特别复杂且难度较大，修筑好后又长期淹埋于水中，进行检查和修补很困难，属于隐蔽工程。桥梁基础除桩基础外，还有沉井基础，其适用范围的特殊性较桩基础而言较低。通过本项目学习，学生应达到了解沉井基础的构造与适用范围，熟悉沉井基础施工工法。

学习目标

1. 能力目标
- 具备区分沉井基础与桩基础构造的能力；
- 具备编写沉井基础作业指导书和技术交底等现场资料的能力；
- 具备结合不同施工情境合理选择桥墩基础的类型与施工方法；
- 具备组织、指导沉井基础施工过程管理及质量控制能力。

2. 知识目标
- 掌握沉井基础的构造及作用；
- 掌握沉井基础施工工艺。

相关案例

合福高速铁路桥横跨长江，主桥为（90+240+630+240+90）m 三索面公铁两用钢桁梁斜拉桥，该桥下层为 4 线铁路（合肥至福州客运专线铁路双线和合肥至铜陵Ⅰ级铁路双线），上层为 6 车道高速公路。北桥塔 3 号墩位于长江北侧主河槽处，河床面平均设计高程 −26.59 m，平均水深约 33 m，汛期水深近 38 m（不考虑河床冲刷）。3 号墩采用圆端形沉井基础，沉井顶高程 +6.0 m，底高程 −62.0 m，总高 68 m，其中上部 18 m 为混凝土结构（混凝土约 7.3 万 m^3），下部 50 m 为钢结构（质量约 5 000 t），整个沉井基础质量约 18 万 t。沉井下端平面尺寸为 62.4 m×38.4 m，中间段平面尺寸为 62.0 m×38.0 m，上端平面尺寸为 64 m×4.0 m。

5.0.1　工作任务

在上述案例中桥墩基础采用沉井基础，按照深水基础特点进行施工。请通过下面所给相关配套知识，完成沉井基础施工方案设计，及主要的施工流程、关键技术设计等内容，达到学习要求所需的能力目标、知识目标。

5.0.2　相关配套知识

沉井是建造在墩台所在地面上或筑岛面上的井筒状结构物，从井孔中取土，借自重克服土对井壁的摩阻力而沉入土中,下沉至设计高程,经过封底、填充井孔、加井盖,成为墩台的基础。沉井基础是深基础的一种,特点是基础的刚性大、整体性强、抗震性能强,能够承受较大的竖直力、纵横向水平力,与桩基础相比有较大的横向抗力。此外,沉井还是施工时的挡土和挡水围堰构造物,施工工艺简便,技术稳妥可靠,无需特殊专业设备,并可做成补偿性基础。

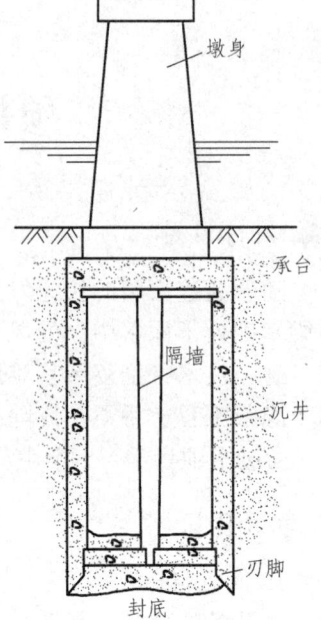

图 5.1 沉井基础的组成

5.0.2.1 沉井基础的分类

1. 沉井的组成和分类

沉井一般由井壁、封底混凝土及钢筋混凝土顶盖等 3 部分组成,如图 5.1 所示。其分类如下:

(1)按沉井的施工方法,可分为就地制作沉井和浮式沉井。

(2)按沉井的平面形状(图 5.2),可分为圆形沉井、矩形沉井和圆端形沉井。

(3)按沉井的立面形式(图 5.3),可分为柱形沉井、阶梯形沉井和锥形沉井。

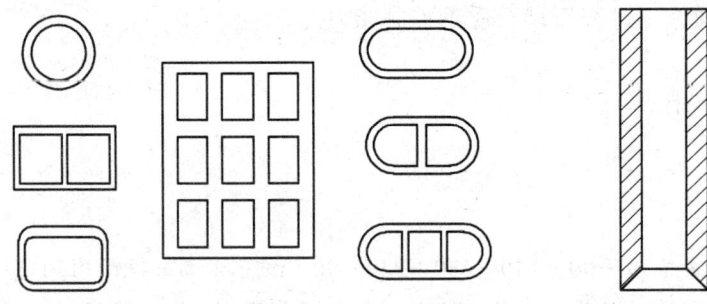

图 5.2 沉井的平面形式

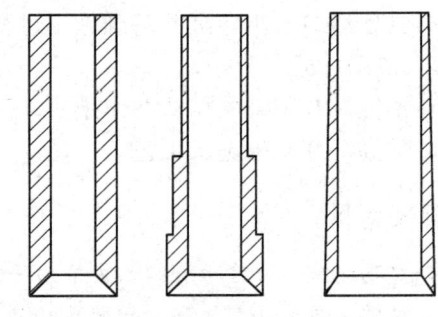

图 5.3 沉井的立面形式

(4)按沉井所用的材料,可分为混凝土沉井、钢筋混凝土沉井和钢沉井。

5.0.2.2 沉井基础的构造

沉井通常由井壁、内隔墙、刃脚、井孔、剪力键、封底、井盖、射水管组、环墙等组成,另外,还有井顶围堰、井内填充物和顶盖等。

1. 井壁也称外墙(壁)

井壁是沉井的主体,在沉井的下沉过程中起挡土、挡水及利用本身自重下沉的作用,在施工完毕后,井壁又成为传递上部荷载的基础或基础的一部分。井壁必须具有足够的强度和一定的厚度,并应根据结构的受力情况配置竖向及水平向钢筋。

2. 刃 脚

井壁最下端的楔形部分称为沉井的刃脚,是沉井受力最集中的地方。在下沉过程中刃脚主要起切土下沉和支承作用,常用的刃脚有两种形式:带有踏面的钢筋混凝土刃脚和不带踏面的钢筋混凝土刃脚，如图 5.4 所示。

3. 内隔墙（也称内壁）

隔墙的作用是将沉井空腔分隔成多个井孔，便于控制挖土下沉并增加沉井刚度，还可减小井壁的横向挠曲应力。隔墙的厚度一般小于井壁，通常可取为 0.5～1.0 m。隔墙底面应高出刃脚根部 0.5 m 以上，避免被土搁住而妨碍下沉。如采用人工挖土，还应在隔墙下端设置过人孔，以便工作人员在井孔间往来。

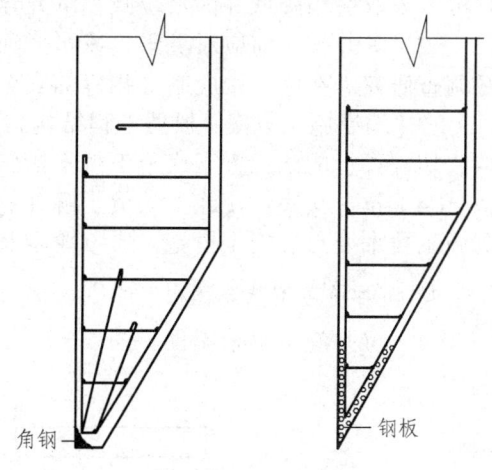

图 5.4 沉井刃脚

4. 井 孔

井孔是挖土和运土的工作场所和通道。其尺寸应满足施工要求，最小边长不宜小于 3 m。井孔应对称布置，以便对称挖土，保证沉井能均匀下沉。

5. 剪力键

设置在井孔的下部，剪力键的主要作用是为了增强封底混凝土与井壁的连接，使沉井底面的地基反力更好地传给井壁。下沉后封底混凝土下方土体的反力需传递到井壁上，一般应设置剪力键；用混凝土或圬工填充的井孔可以不设置剪力键。

6. 封 底

防止地下水渗入井内而浇筑的混凝土底板。沉井穿过无水或能将水抽尽的地层外，一般封底采用灌注水下混凝土。

7. 射水管

当预计沉井自重不足以克服下沉的摩阻力时，可以在井壁四周预埋高压射水管。主要作用是利用高压射水冲动井壁周围及刃脚下的土，以减小周围土层对井壁的摩阻力。

8. 顶 盖

又称封顶或井盖。

9. 井孔填充物

根据受力要求，沉井井孔可以填充或不填充。填充时用砂石料、混凝土（片石混凝土）、浆砌片石等。

10. 环墙和井顶围堰

环墙在沉井的顶部，高度与井盖相同，做成台阶状用于支承顶盖，其厚度根据受力情况决定。

5.0.2.3 沉井基础施工

沉井基础的施工可分为就地制作沉井施工、浮式沉井施工等。这里主要介绍就地制作沉井施工和浮式沉井施工，其他的沉井施工方法可参考有关材料。

1. 施工准备

（1）沉井施工前，应按具体地质情况制订下沉方案。在堤防、建筑物附近下沉沉井时，应按照设计文件的防护设计及所制订的安全措施施工，并注意观察。为保证沉井的侧壁固结力，当沉井下沉系数较小下沉困难时，可采用空气幕助沉、压重助沉等措施，刃脚不易翻砂时也可采取适当降低井内水位减小沉井浮力的助沉措施,但不得采用泥浆润滑套助沉方法。

(2)沉井施工前应对洪汛、凌汛、河床冲刷、通航、漂流物、山洪及泥石流等情况,做好调查研究。在施工中应制订相应的安全措施。

(3)编制施工方案:根据工程结构特点、地质水文情况、施工设备条件及技术的可能性,编制切实可行的施工方案或施工技术措施,指导施工。

(4)技术交底:使施工人员了解并熟悉工程结构、地质和水文情况,了解沉井制作和下沉施工技术要点、安全措施、质量要求及可能遇到的各种问题和处理方法。

2. 沉井施工工艺流程和工序

(1)沉井施工工艺流程(图5.5)。

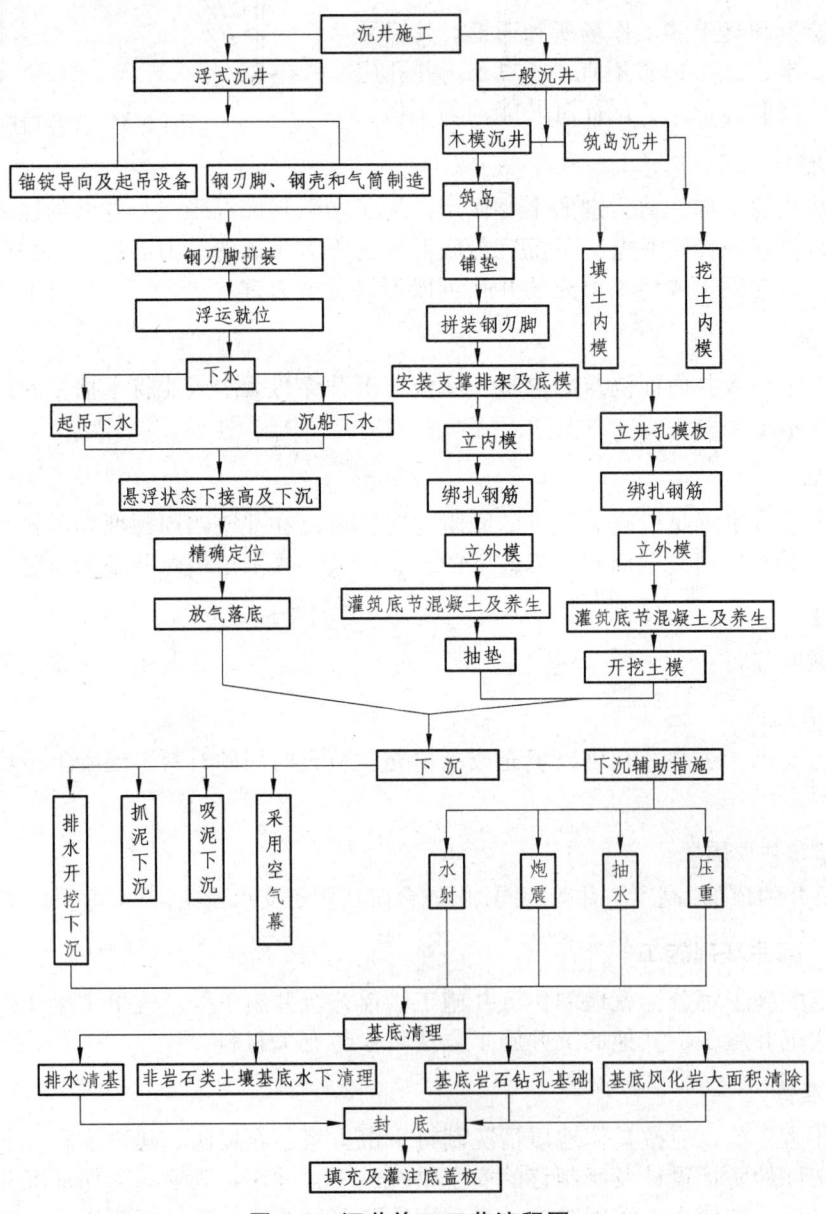

图 5.5 沉井施工工艺流程图

（2）施工主要设备与机具（表 5.1）。

表 5.1　施工主要设备与机具

序号	施工项目	机具与设备
1	主要机具	吊车、推土机、混凝土搅拌机、翻斗车、插入式振捣器、钢筋机械等
2	抽水	离心水泵或潜水泵、吸水管、出水管等
3	挖土	正铲或反铲挖土机
4	水力	吸泥机、高压水管等
5	风动	风镐、空压机等

（3）就地制作沉井施工。

① 在浅水或可能被水淹没的旱地，应筑岛制作沉井；在旱地可在整平夯实的地面上制作沉井；当地下水位低、土质较好时，可先开挖基坑至地下水位以上适当高度制造沉井。

② 筑岛尺寸及类型。

筑岛尺寸应能满足沉井制作及抽垫等施工的要求。筑岛的类型可采用无围堰筑岛、草（麻）袋围堰筑岛、钢板桩围堰筑岛等。

制作沉井处的地面及岛面承载力应满足设计要求。地面以下的软弱地层，若不能满足承载力的要求时，应采取换填、打砂桩、填筑反压土体等加固措施。

③ 筑岛须符合下列规定：

a. 筑岛材料应用透水性好、易于压实的土（砂类土、砾石、较小的卵石），且不应含有影响岛体受力及抽垫下沉的块体。

b. 筑岛的尺寸，应满足沉井制作及抽垫等施工的要求。无围堰筑岛护道宽度，不宜小于 2 m，临水面坡度，可采用 1∶2。有围堰的筑岛，决定护道宽度时，应满足沉井重量等荷载产生的对围堰侧压力的要求。

c. 岛面应高出施工水位 0.5 m 以上。有流冰时应适当加高。

d. 在斜坡上或靠近堤防两侧筑岛时，应采取防止滑移的措施。

④ 采用土内模支撑制作底节沉井应符合下列规定：

a. 填筑土模宜采用黏性土；当地下水位低，土质较好时，可采取开挖基坑而形成土模。

b. 刃脚部分的外模应能承受井壁混凝土的重量在刃脚斜面上的水平分力。

c. 土模顶面的高度及承载力，应根据土质及荷载计算确定，对有隔墙的沉井，可填筑至隔墙底部。

d. 应有良好的排水措施。

e. 土模表面应用水泥砂浆、油毡或塑料薄膜等作保护层。

f. 拆除土模及开始挖土下沉时，不得先开挖沉井外围的土，土模的残留物应予以清除。

⑤ 采用模板及支垫支撑制作底节沉井应符合下列规定：

a. 支垫布置应满足设计和抽垫的要求并进行分区编号；垫木下应用砂填实，其厚度不宜小于 0.3 m，垫木间用砂填平；调整垫木高程时，不得在其下垫塞木块、木片或石块等物。

b. 各垫木的顶面应与刃脚的底面相吻合。

c. 模板及支撑应具有足够的强度、刚度和稳定性，模板应光滑平顺，其上口尺寸不得大于下口尺寸；内隔墙与井壁连接处的垫木应相互搭接连成整体，底模支撑应支在垫木上。

d. 混凝土应沿井壁对称浇筑，并逐层振捣，浇筑完成 12 h 后即应覆盖并洒水养护，但应防止洒水过程中发生不均匀下沉。

e. 底节沉井混凝土强度达到 70% 以上方可拆除隔墙底面和刃脚斜面的模板和支撑，沉井的直立侧模当混凝土强度达到 2.5 MPa 时即可拆除，但应防止沉井表面及棱角受损。

f. 沉井模板支撑拆除后，应测量沉井中线和刃脚高程，并形成记录。

⑥ 底节沉井抽垫应符合下列规定：

a. 沉井混凝土强度满足设计对沉井抽垫受力的要求，并要求将抽垫次序和垫木编号，用油漆标明在沉井外壁上。

b. 抽垫前应将沉井内外杂物清除，并准备适量用于回填的砂土。

c. 抽垫应统一指挥，按规定的方式分区、对称、同步地进行；抽出垫木后，应立即用砂土回填捣实，防止沉井偏斜。

⑦ 沉井下沉应符合下列规定。

a. 沉井应连续下沉，减少中途停顿的时间。下沉过程中应掌握土层情况，做好下沉记录，随时分析判断土层摩阻力与沉井重量的关系，选用最有利的下沉方法。

b. 沉井下沉时，应防止内隔墙受到支承。井内除土应对称、均匀地挖土。排水下沉的底节沉井，支承位置处的土应在分层除土中最后同时挖除。

c. 在下沉过程中特别是下沉初期，应随时调整防止沉井出现大的倾斜和位移。应根据土质、沉井大小和入土深度等，控制井内除土深度和井孔间的土面高差。

d. 弃土不应靠近沉井或污染环境。在水中下沉时，应检查河床因冲、淤引起的土面高差，必要时应对河床面采取防护措施或利用出土调整。

e. 在不稳定的土层或砂土中下沉时，应保持井内水位高于井外一定的水位差，防止大量翻砂，必要时可向井内补水。

⑧ 接高沉井。

沉井接高应符合下列规定：

a. 沉井接高前应尽量调平。接高时，井顶露出水面不应小于 1.5 m，露出地面不应小于 0.5 m。接高上节沉井模板时，支撑不得直接撑在地面上。

b. 应防止沉井在接高加重时突然下沉或倾斜，必要时应在刃脚下回填或支垫。接高时应均匀加重。

c. 接高后的各节沉井中轴线应在同一直线上。

d. 混凝土施工接缝应按设计要求布置接缝钢筋，浇筑混凝土前应清除浮浆并凿毛。

⑨ 接筑井顶围堰。

沉井顶面通常置于常水位或土面以下，当沉井下沉至其顶面，在施工水位或地面以上 0.5 ~ 1 m 时，需要在井顶设置防水（土）的围堰，以便使沉井继续下沉至设计高程时，其各工序能在围堰围护下顺利进行。

⑩ 沉井基础清理、封底及浇筑。

a. 不排水的情况下清理基底时，沉井下沉至设计高程后基底面地质应满足设计要求，如有不符须作处理时，其方法应征得设计单位同意，必要时取样检查。

b. 基底土面或岩面应尽量整平。基底面距隔墙底面的高度和刃脚斜面露出的高度，应满

c. 基底浮泥或岩面残存物（风化岩碎块、卵石、砂等）均应清除，封底混凝土与基底间不得产生有害夹层。清理后的有效面积（即沉井底面积扣除在刃脚斜面下一定宽度内不可能完全清除干净的面积）不得小于设计要求。

d. 隔墙底部及封底混凝土高度范围内井壁上的泥污应清除。

e. 在软土中沉井沉至设计高程并清基后，应进行沉降观测，待 8 h 累计下沉量小于 10 mm 时方可进行封底。

f. 沉井采用水下混凝土封底时，应符合浇筑水下混凝土的有关规定。

h. 沉井应在封底混凝土强度满足受力要求后方可抽水浇筑填充混凝土。

（4）浮式沉井施工。

在深水中，当人工筑岛有困难时，则常常采用浮运法下沉沉井。

浮式沉井的主要类型有双壁浮式（空体自浮式）沉井，带钢气筒的浮式沉井和带临时性井底的沉井。

浮式沉井的施工应符合下列规定：

① 沉井的底节应作水压试验，其余各节应经水密检查，合格后方可入水；沉井的气筒应按受压容器的有关规定，经检验合格后，方可使用；沉井的临时井底，除作水密检查合格外，尚应满足在水下拆除方便的要求。

② 浮式沉井在进行浮运或下水前，应掌握河床、水文、气象及航运等情况，并检查锚碇工作及有关施工设备（如定位船、导向船等）。在汛期必须经常检查锚碇设备，特别是导向船和沉井的边锚绳的受力情况。

③ 浮式沉井的底节，可采用滑道、气囊、起重机具、沉船等方式入水，如采用沉船方式，应有在船顶面即将淹没时使沉船体系平稳地下沉措施。

④ 浮式沉井底节入水后的初步定位位置，应根据水深、流速、河床面土质及高低情况、沉井尺寸及形状等因素，并考虑沉井在悬浮状态下接高和下沉中，墩位处的河床面受冲淤的影响，综合分析确定，宜设在墩位下游的适当位置。

⑤ 沉井悬浮于水中，施工各个阶段应随时验算沉井的稳定性和出水高度。在接高和下沉中，当实际情况与设计条件不符合时，应通过计算进行调整。

⑥ 沉井接高时，必须均匀对称地加载，沉井顶面宜高出水面 1.5 m 以上。

⑦ 应随时测量墩位处河床冲刷情况，必要时采取防护措施。

⑧ 带气筒的浮式沉井，气筒应加以防护；带临时性井底的浮式沉井及浮式双壁沉井，应控制各灌水隔离舱间的水头差不得超过设计要求。

⑨ 沉井落河床宜安排在枯水时期、低潮水位和流速平稳时进行；落河床前应对所有锚碇设备进行全面检查和调整，使沉井落河床时位置正确，并注意潮水涨时对锚碇的影响；落河床前应详细探明墩台位处河床面的情况；落河床的位置，应根据河床面高差、冲淤情况、地层及沉井入土深度等因素研究确定，宜向河床面较高一侧偏移适当尺寸；落河床后应采取措施尽快下沉，使沉井保持稳定，并随时观测沉井的倾斜、位移及河床冲刷情况，必要时采取调整措施。

⑩ 沉井就位后，在悬浮状态下，逐步用混凝土或水灌入井体中，使沉井徐徐下沉，直达河底。当沉井较高时，则需分节制造，在悬浮状态下逐节接高，直至沉入河底。当沉井刃脚

切入河床底一定深度后，即可按照一般的方法进行施工。

3. 沉井下沉过程中遇到的问题及其处理方法

（1）沉井发生偏位原因及预防措施(表 5.2)。

表 5.2　沉井发生偏位原因及预防措施

序号	产生原因	预防措施
1	筑岛被水流冲坏或沉井一侧的土被水流冲空	事先加强对筑岛的防护，对受水流冲刷的一侧，可抛卵石或片石防护
2	沉井刃脚下土层软硬不均	随时掌握地质情况，多挖土层较硬地段，对土质较软地段应少挖，多留台阶或回填和支垫
3	没有对称地抽出垫木或未及时回填夯实	认真制定和执行抽垫操作细则，注意及时回填夯实
4	除土不均匀，使井内土面高低相差过大	除土时严格控制井内土面高差
5	刃脚下掏空过多，沉井突然下沉	严格控制刃脚下除土量
6	刃脚一角或一侧被障碍物搁住，没有及时发现或处理	及时发现和处理障碍物，对未被障碍物搁住的地段，应适当回填或支垫
7	井外弃土或河床高低相差过大，土压对沉井产生的水平推移	弃土应尽量远弃或弃于水流冲刷作用较大的一侧对河床较低的一侧可抛土（石）回填
8	排水开挖时井内大量翻砂	刃脚处应适当取土，不宜挖通，以免在刃脚下形成翻砂、涌水通道，引起沉井偏斜
9	土层或岩面倾斜较大，沉井沿倾斜面滑动	在倾斜面低的一侧提前填土，刃脚到达倾斜岩面后，应尽快使刃脚嵌入岩层一定深度或对岩层钻孔以桩（柱）锚固
10	在软塑到流动状态的淤泥中，沉井易于偏斜	可采用轻型沉井，踏面宽度宜适当加宽，以免沉井下沉过快而失去控制

（2）沉井的倾斜与偏移。

① 纠偏前应先摸清情况，分析原因，然后采取相应措施。如有障碍物，应首先排除。

② 纠正倾斜时，可采取偏除土、偏压重、顶部施加水平力或刃脚下支垫等方法进行。

③ 纠正位移时：

a. 如沉井倾斜方向有利于纠正位移时，则继续下沉，待沉井底面中心接近设计中心，再纠正倾斜。

b. 如沉井垂直或沉井倾斜方向不利于纠正位移时，则沉井应先调至有利方向倾斜下沉，直至沉井符合要求。

c. 刃脚下遇到孤石时可采取潜水员水下排除、爆破等方法。在水下爆破时，应控制每次总药量，以免对沉井造成破坏。

d. 刃脚下遇铁件时，可采取水下切割排除。

e. 刃脚下施工前已经查明在沉井通过的地层中,夹有胶结硬层时,可采取钻孔投放炸药爆破的办法预先破碎硬层。

(3)沉井外壁的摩擦阻力过大。

当井底已经挖深,且已经探明刃脚下无障碍物而沉井仍不下沉时,可能是由于沉井外壁与土壤间的摩擦阻力过大所致。解决这一问题主要有以下几种办法。

① 抽水。抽水是沉井下沉的有效方法,作用是使沉井内水位降低减少浮力。当井内水位降低时,井外水将由刃脚下进入井内,冲动刃脚下土体,可以减少刃脚下阻力。但也不能过抽,以免造成翻砂事故。

② 增加压重。增加沉井的自重;在井顶加压沙袋、钢轨等迫使沉井下沉。

③ 减少沉井外壁土的摩擦力。在井壁外,均衡对称地将土挖走,以减少井壁与土壤间的摩擦力;若能估计到下沉的困难,可以预先在井壁内埋设射水管组,用高压射水冲松沉井四周的土体,以减少摩擦阻力;也可采用空气幕法。

4. 沉井施工质量控制标准

(1)混凝土沉井制作尺寸的允许偏差和检查方法应符合表5.3规定。

表5.3 混凝土沉井制作尺寸的允许偏差和检查方法

序号	项目		允许偏差	检查方法
1	平面尺寸	长、宽或直径	±0.5%,且不大于120 mm	测量不少于4处
		对角线	±1%,且不大于180 mm	尺量
2	井壁厚度		±15 mm	测量不少于4处
3	表面平整度		5 mm	2 m靠尺量不少于4处

(2)沉井下沉就位允许偏差和检查方法应符合表5.4规定。

表5.4 沉井下沉就位允许偏差和检查方法

序号	项目	允许偏差	检查方法
1	中心位置	$h/50$	底、顶面至少各测量4处
2	倾斜度	1/50	测量
3	平面扭角	1°	
4	顶面、地面高程	±20 mm	测量4点

注:h为沉井高度,单位为 mm。

 拓展知识 合福铁路铜陵长江大桥3号墩沉井精确着床控制技术

1. 工程概况

合福高速铁路桥横跨长江,主桥为(90+240+630+240+90)m 三索面公铁两用钢桁梁斜拉桥,该桥下层为4线铁路(合肥至福州客运专线铁路双线和合肥至铜陵I级铁路双线),上层为6车道高速公路。北桥塔3号墩位于长江北侧主河槽处,河床面平均设计

高程 -26.59 m，平均水深约 33 m，汛期水深近 38 m（不考虑河床冲刷）。3 号墩采用圆端形沉井基础，沉井顶高程+6.0 m，底高程 -62.0，总高 68 m，其中上部 18 m 为混凝土结构（混凝土约 7.3 万 m^3），下部 50 m 为钢结构（质量约 5 000 t），整个沉井基础质量约 18 万 t。沉井下端平面尺寸为 62.4 m×38.4 m，中间段平面尺寸为 62.0 m×38.0 m，上端平面尺寸为 64 m×4.0 m。3 号墩沉井布置见图 5.6。沉井需穿过 8.1 m 厚粉砂层、5.5 m 厚黏土层、21.8 m 厚细圆砾土层，支撑于细圆砾土层之上。沉井施工期间水流速度为 1.5 ~ 3.0 m/s。

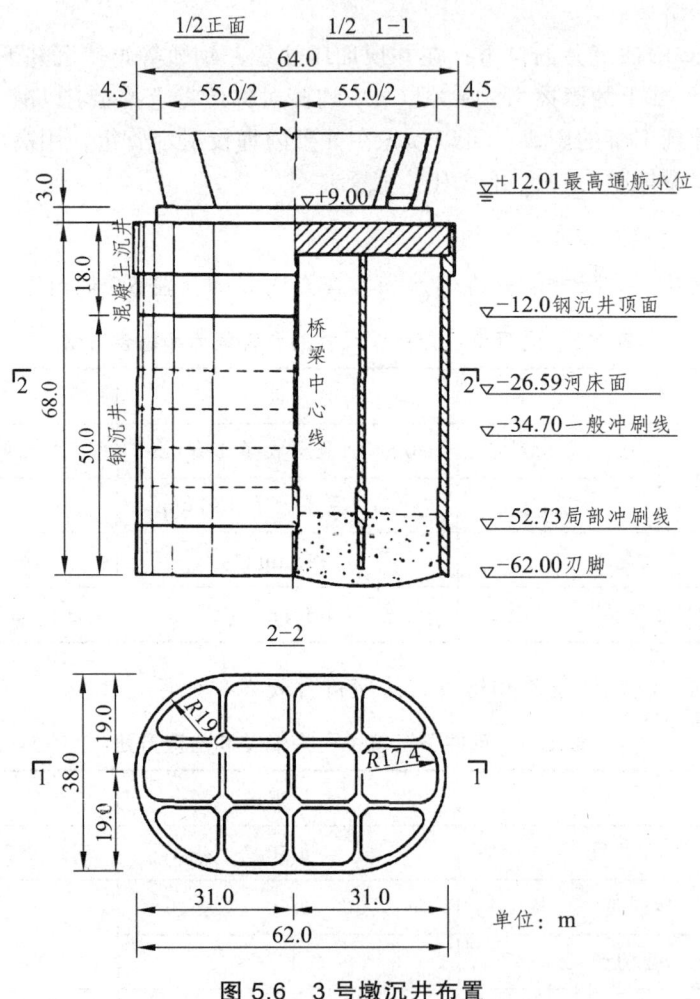

图 5.6 3 号墩沉井布置

2. 沉井着床施工方案

铜陵长江大桥 3 号墩沉井是目前国内在 40 m 深水域施工的最大沉井，具有沉井体积大、着床精度要求高（倾斜度 < 1/150，平面位置 ≤ 50 cm）、墩位处水深流急、地质条件复杂等施工特点，沉井着床过程中更易于受水流、冲刷、波浪及涡激振动等的影响，沉井精确着床难度大。经过深入研究后，该桥采用"利用锚锭系统进行二次定位、注水快速着床"的沉井着床方案。沉井着床过程中的偏位、倾角采用锚锭系统进行调整。锚锭系统由沉井锚锭、前（后）定位船及其拉缆组成，锚锭系统布置见图 5.7。

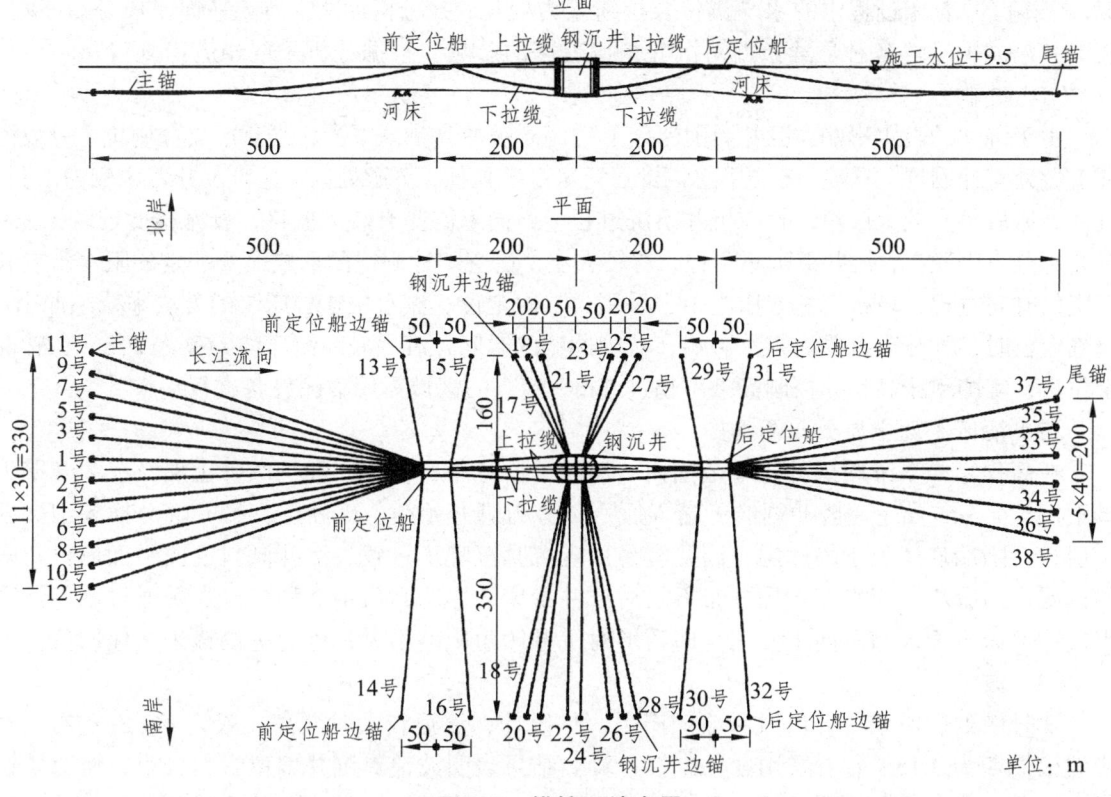

图 5.7 锚锭系统布置

主锚采用 12 个 8 t 霍尔式铁锚,尾锚采用 6 个 8 t 霍尔式铁锚。因两侧锚区河床高程不一致(南侧较高,北侧较低),同时考虑水流流向的影响,沉井边锚采用不对称布置(北侧采用 6 个 8 t 霍尔式铁锚,南侧采用 8 个 8 t 霍尔式铁锚)。前、后定位船各采用 2 艘 400 t 铁驳,边锚每侧采用 2 个 3 t 霍尔式铁锚。

通过在隔舱内注水进行沉井下沉,沉井精确定位后,打开连通管向井孔内快速注水,使沉井快速着床。沉井着床的主要施工步骤如下:

(1)建立锚锭系统,现场接高钢沉井。钢沉井高 50 m,分 6 节制造,从下往上每节高度依次为 9.5 m+4×7.5 m + 10.5 m。钢沉井在工厂制造,整节段运输至墩位附近,待锚锭临时定位后,整节段整体吊装接高。

(2)调整锚锭系统,对钢沉井二次定位。完成钢沉井接高后测量墩位处河床水深,绞锚沉井进行定位,分初步定位、精确定位 2 个阶段实现钢沉井悬浮状态下的定位。初步定位是通过调整、收紧各部位锚绳,将钢沉井由墩位附近调整至墩位处(平面偏位控制在 1 m 范围内)。精确定位是通过调整锚绳和沉井隔舱内注水,将沉井下沉至距河床 2 m 时,调整沉井的定位姿态(要求倾斜度 < 1/150,平面位置 ≤ 50 cm)。

(3)沉井快速着床。钢沉井精确定位后,采用井壁内快速、均匀注水下沉钢沉井至高程 -34.7 m,使沉井进入稳定土层,达到一个相对稳定的状态,完成沉井着床。

3.沉井精确着床控制技术

为使该桥沉井得以精确着床,建立沉井和锚锭系统空间模型,对沉井着床的过程进行模拟,分析沉井着床过程中的水平偏位及拉缆索力变化;并分析冲刷、河床平面土质分布不均、波浪和涡激振动等各种环境条件对沉井精确着床的影响,根据分析采取相应措施。

(1)冲刷。

由于沉井的阻水影响,沉井周围河床上的泥砂被冲起带向下游,逐渐形成冲刷坑。一般沉井上游处有冲刷坑,下游处有淤积,因此,河床上游处低,下游处高,这对沉井着床较为不利:沉井着床后将有较大倾斜,且在沉井下沉过程中,向上游侧有较大偏移,着床精度难以保证;沉井部分刃脚脱空,沉井下沉不可控,有较大安全隐患。冲刷坑的形成需要一定的阻水影响和一定的时间过程,该桥沉井着床施工中采用"二次定位、注水快速着床"的方法来减小冲刷。精确定位时,为减小沉井的阻水影响,减少冲刷的时间,沉井底距河床的距离为 2 m。在精确定位后,实测河床高程,控制高差不超过 2 m,超高的区域需用吸泥设备进行平整。

(2)河床平面土质分布不均。

在高程 -34.7 m 附近的沉井范围内,河床平面分布有砾砂层和细圆砾土层。沉井井壁刃脚下沉至 -34.7 m(一般冲刷线)高程后,部分刃脚开始插入砾砂层,另一部分插入细圆砾土层,而隔墙底还处于粉砂层,因此容易出现沉井沉降不一致、沉井倾斜度或平面偏位超限的情况。为分析河床平面土质分布不均对沉井着床的影响,假定 2 种极端工况通过软件计算得出明河床平面分布不同土质的竖向变形对沉井倾角影响不大,可通过绞锚来纠偏回位。

(3)波浪。

3 号墩处的波浪主要由风和船舶产生,据统计,波浪较大时波高一般为 0.5 m 左右,对应波浪周期为 3.15 s 左右采用软件模拟计算。结果表明波浪对沉井偏位影响较小,但对边锚受力影响较大,为此采用的措施是增加边锚数量,并控制江中侧方向的边锚预拉力,使其富余的承载力在 120~150 kN。

(4)激振动。

在水流作用下,沉井尾迹中的漩涡以一定频率交替脱落,产生周期性的横向力,沉井在横向力作用下以一定的频率和振幅振动,即涡激振动。在完成钢沉井的接高后,沉井吃水较深,在经历流速为 2.0 m/s、水位为 +10.5 m 的洪水时,沉井涡激振动非常明显(此时边锚尚未完全布置,且预拉力较小),发生垂直水流方向的振幅达到 8 m,对应周期为 15 min,部分南侧边锚由于受力过大而拉断,造成了较大的安全隐患。

经过仔细研究,主要采用以下 2 种方法进行该桥沉井涡激振动的控制:

① 增加沉井边锚刚度,提高自振频率。由于漩涡脱落频率随着水流流速的增大而增大,在沉井施工过程中,水流流速是在一定的范围内变化的,因此漩涡脱落频率也存在一定的范围。为避免漩涡脱落频率与结构自振频率接近,应提高锚碇系统的横向刚度,使结构自振频率在漩涡脱落频率范围之外。为此,立即着手完善该桥锚碇系统,将边锚按设计要求布置到位,并且设置一定的预拉力,将沉井北侧边锚的预拉力控制在 300 kN 左右。

② 增加沉井质量或阻尼,减小振幅。适时调整沉井吃水,通过加大沉井吃水的方法来增加沉井质量及阻尼。采用以上 2 种方法后,沉井边锚再无拉断,且沉井从精确定位到快速着床的过程中已无明显的涡激振动影响。

4. 结 语

合福铁路铜陵长江大桥 3 号墩沉井利用锚碇系统进行二次定位、注水快速着床的方案施工，该沉井于 2010 年 8 月 24 日顺利实现快速精确着床（仅历时半个多小时），着床过程中的沉井偏移和锚锭索力等各项指标均与理论值相符，着床后的沉井平面位置最大偏位 21.7 cm，最大倾斜度 1/235，满足设计的精度要求，并为后续沉井精确下沉就位奠定了良好的基础。该沉井着床控制技术的成功实施，是国内在 40 m 深水域沉井施工技术的重大突破，可为类似工程提供参考借鉴。

相关规范、规程与标准

[1] Q/CR 9603—2015 高速铁路桥涵工程施工技术规程[S]. 北京：中国铁路总公司，2015.
[2] 铁建设（2010）241 号 铁路混凝土工程施工技术指南[S]. 北京：中国铁道出版社，2010.
[3] TB10752—2010 高速铁路桥涵工程施工质量验收标准[S]. 北京：中国铁道出版社，2010.
[4] 覃勇刚，涂满明，王东辉. 合福铁路铜陵长江大桥 3 号墩沉井精确着床控制技术[J]. 桥梁建设，2013.
[5] "高速铁路桥涵施工与维护"课程标准

项目小结

（1）沉井是建造在墩台所在地面上或筑岛面上的井筒状结构物，从井孔中取土，借自重克服土对井壁的摩阻力而沉入土中，下沉至设计高程，经过封底、填充井孔、加井盖，成为墩台的基础。

（2）沉井通常由井壁、内隔墙、刃脚、井孔、凹槽、封底、井盖、射水管组、探测管、环墙等组成，另外，还有井顶围堰、封底混凝土、井内填充物和顶盖等。

（3）沉井基础的施工可分为就地制作沉井施工、浮式沉井施工等。

课程资源

复习思考题

5.1 沉井基础由哪几部分组成？试画出一个沉井基础的三维立体图。
5.2 沉井基础与明挖扩大基础相比，各有何特点？
5.3 辅助沉井下沉的方法有哪些？并分小组汇报。
5.4 简述就地制作沉井的施工步骤，并用框图表示。
5.5 沉井下沉中偏差产生原因及其预防措施是什么？用表格汇总。
5.6 沉井下沉遇到摩阻力过大如何处理？

项目 6　桥墩台构造与施工

项目描述

桥墩、桥台是桥梁下部结构的重要组成部分，它们的作用是支承桥梁上部结构与传递荷载至基础。桥墩居于全桥的中间部位，支承着两相邻孔桥跨结构。桥台居于全桥的两端，它的前端支承着桥跨结构，后端与路堤衔接，支挡台后路堤填土并把桥跨结构与路堤衔接起来。高速铁路桥梁的桥墩、桥台多采用钢筋混凝土结构，一般采用就地浇筑法施工。通过本项目学习，学生应熟悉高速铁路常用桥墩、桥台结构特征，熟悉墩台施工技术特点。

学习目标

1. 能力目标
- 具备区分高速铁路桥梁桥墩、桥台类型和构造的能力；
- 具备识读铁路桥梁桥墩、桥台施工图纸能力；
- 具备编写高速铁路桥梁桥墩、桥台施工作业指导书和技术交底等现场资料的能力；
- 具备组织、指导铁路桥梁桥墩、桥台施工过程管理及质量控制能力。

2. 知识目标
- 掌握高速铁路桥梁桥墩、桥台类型及构造；
- 掌握高速铁路桥梁桥墩、桥台及附属设施施工技术；
- 熟悉高速铁路桥梁桥墩、桥台与上部结构施工技术的差别。

相关案例

京沪客运专线某桥为特大桥，全长 3.83 km，跨径设置为 100×32 m+8×24 m+1×28.5 m。基础分明挖基础、沉井基础和桩基础。桥台为两个双线一字形，118 个支墩，大多为双线流线型圆端实体桥墩，双线圆端形空心桥墩共 5 个，墩高 22 m、22.5 m、25.5 m 各一个，23 m 2 个，且均为锥坡墩。

根据现场环境和施工条件通常采用整体模板浇筑施工。

任务 6.1　桥墩构造与施工

6.1.1　工作任务

在上述案例中桥墩采用整体模板浇筑施工。通过下面所给相关配套知识，完成普通桥墩施工方案设计，及主要的施工流程、关键技术设计等内容，达到学习要求所需的能力目标、知识目标。

6.1.2 相关配套知识

桥墩是多孔桥梁中处于相邻桥孔之间支承上部结构的构造物。桥墩一般由顶帽、托盘、支承垫石和墩身组成。

6.1.2.1 桥墩的构造

1. 桥墩的类型

在我国高速铁路桥梁中，桥墩按其外观形式主要有 4 种：

（1）圆端形板式桥墩（有空心墩和实体墩），如图 6.1 和图 6.2 所示。圆端形桥墩的截面是矩形两端各接一个半圆。施工稍复杂，但减少局部冲刷。主要适用于水流和桥轴线交角小于 15° 的情况。

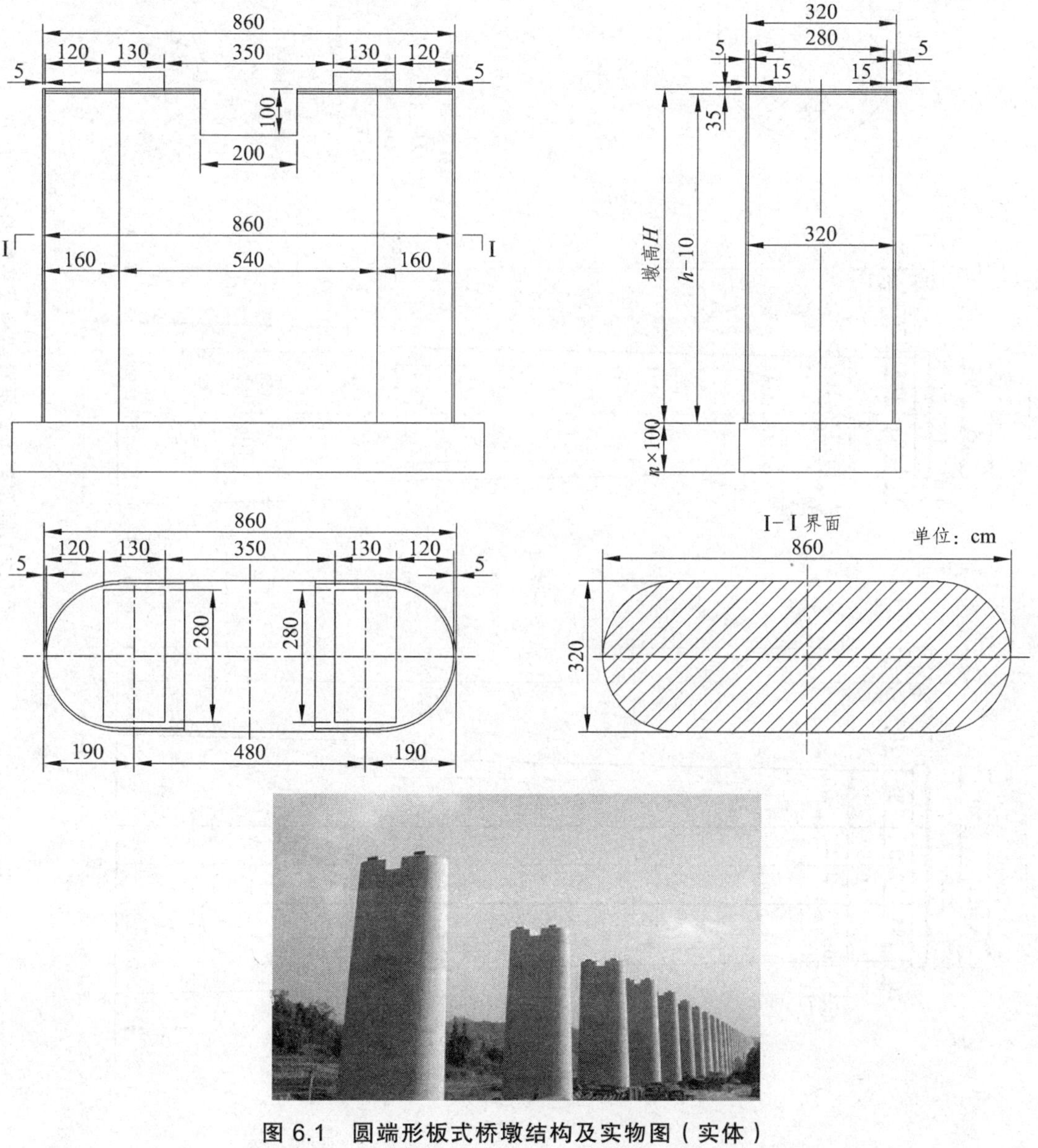

图 6.1　圆端形板式桥墩结构及实物图（实体）

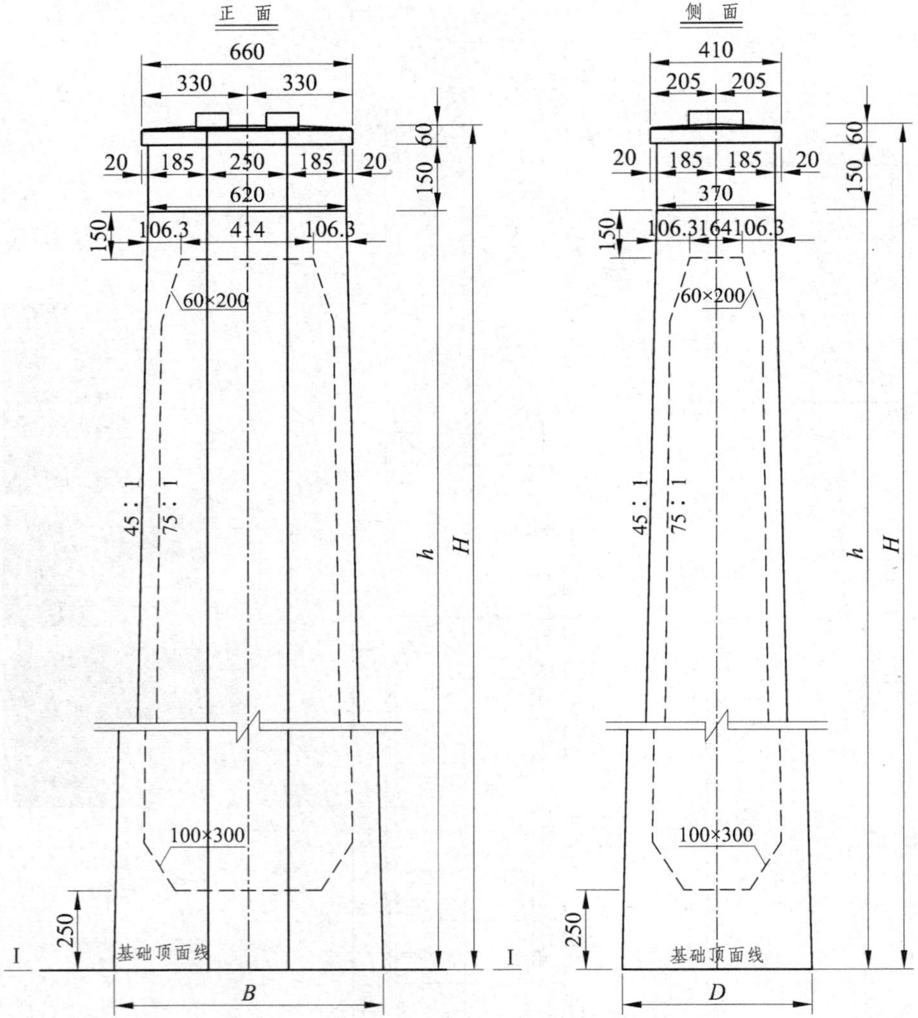

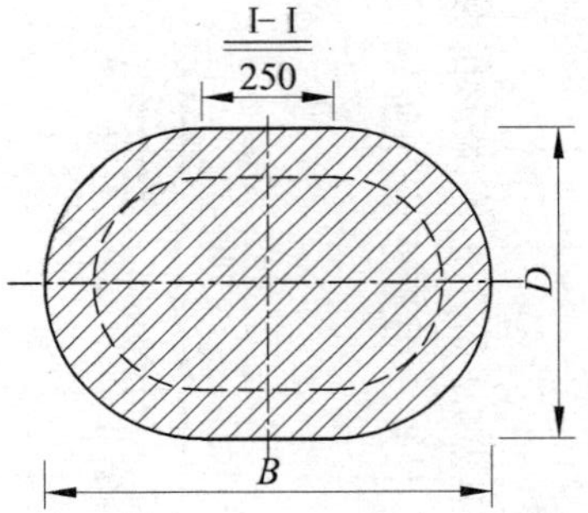

附 注：
1. 本图尺寸除注明者外，均以厘米计。
2. 支座垫石采用C50混凝土，顶帽、托盘及墩身采用C35混凝土。
3. 图中符号意义：
   H—桥墩全高，h—墩身高，B—墩底截面横桥方向宽度，
   D—墩底截面圆端直径，V—墩身弃工数量（含实体段）。
4. 墩身施工时应在离地面5 m（或设计洪水位3 m）以上的墩身周围每隔3 m交错设置带有安全防护设施的直径20 cm的通风孔（图中未示）。
5. 为了排除墩内施工积水，应在墩底实体段顶设置排水坡并在墩壁设4处泄水孔，泄水孔应在本桥竣工后予以封堵（图中未示）。
6. 本图为B类桥墩，适用墩身高度40～50 m。若地质情况较好，基础刚度较大，在墩顶纵向水平线刚度及纵、横向水平位移满足规范要求的前提下，可采用A类桥墩；反之可选用C类桥墩。
7. 本设计直由曲线桥墩均不设横向预偏心。

图6.2 圆端形板式桥墩结构及实物图（空心）

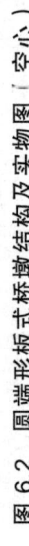

(2)矩形桥墩(有空心墩和实体墩),如图 6.3 所示(图示为实体墩)。矩形桥墩的截面是矩形。外形简单,施工方便,圬工数量较省,其缺点是对水流阻力大,引起的局部冲刷较大,一般用于无水或静水中,或用于高桥墩最高水位以上部分。

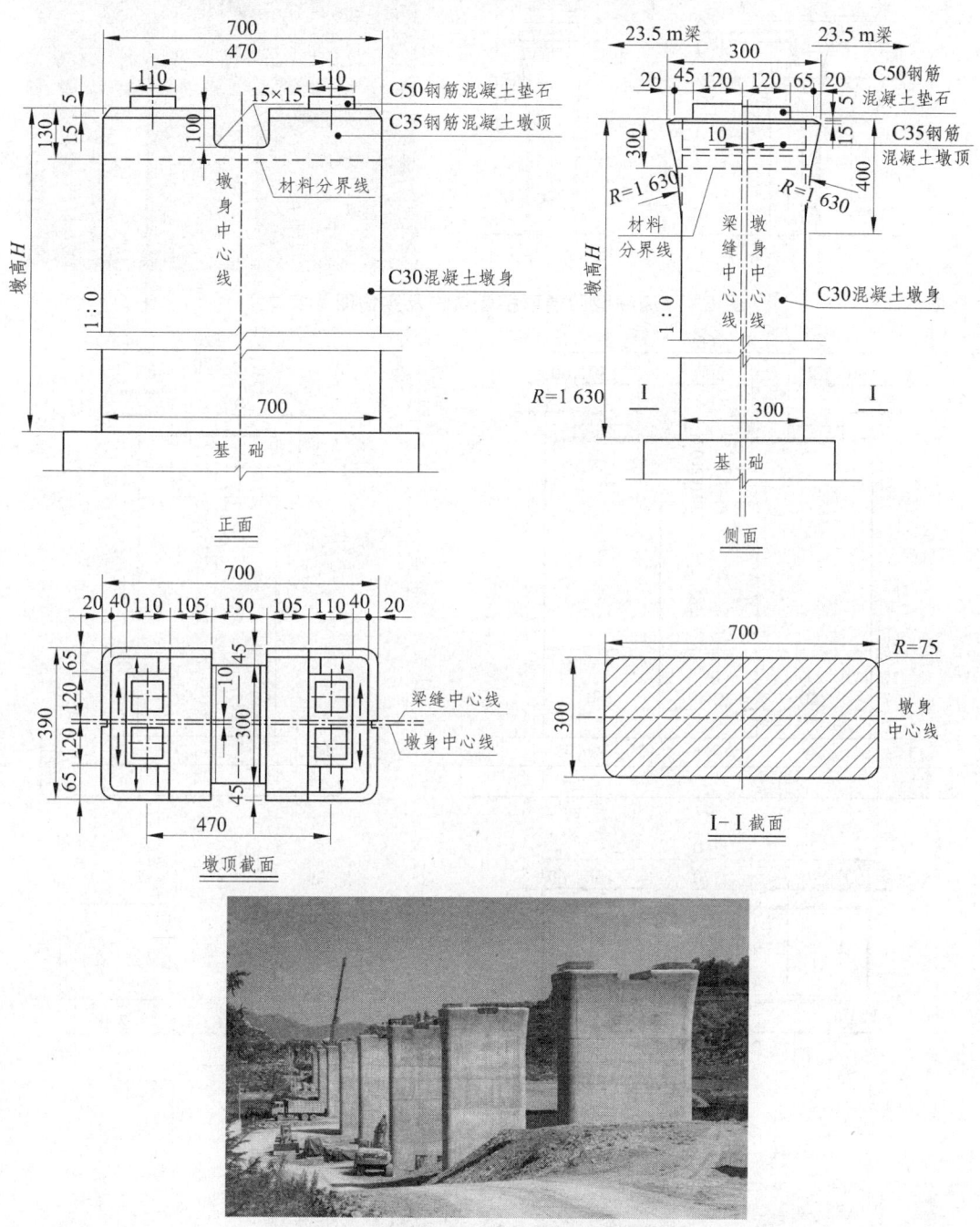

图 6.3 矩形板式桥墩结构及实物图(实体)

(3)流线型圆端形桥墩(有实体墩和空心墩),是高速铁路建设中发展起来的一种桥墩,也是高铁中广泛采用的形式之一,如图 6.4 所示(图示为实体)。特点是顶帽和墩身部分通过曲线连接,线形美观,一般流线型桥墩的墩身是圆端型。

（4）双柱式桥墩，如图 6.5 所示。

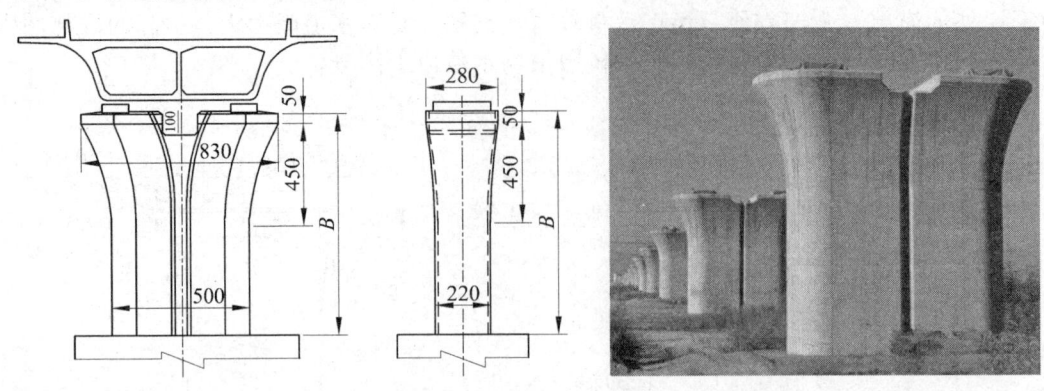

图 6.4　流线型圆端形桥墩结构及实物图（实体）

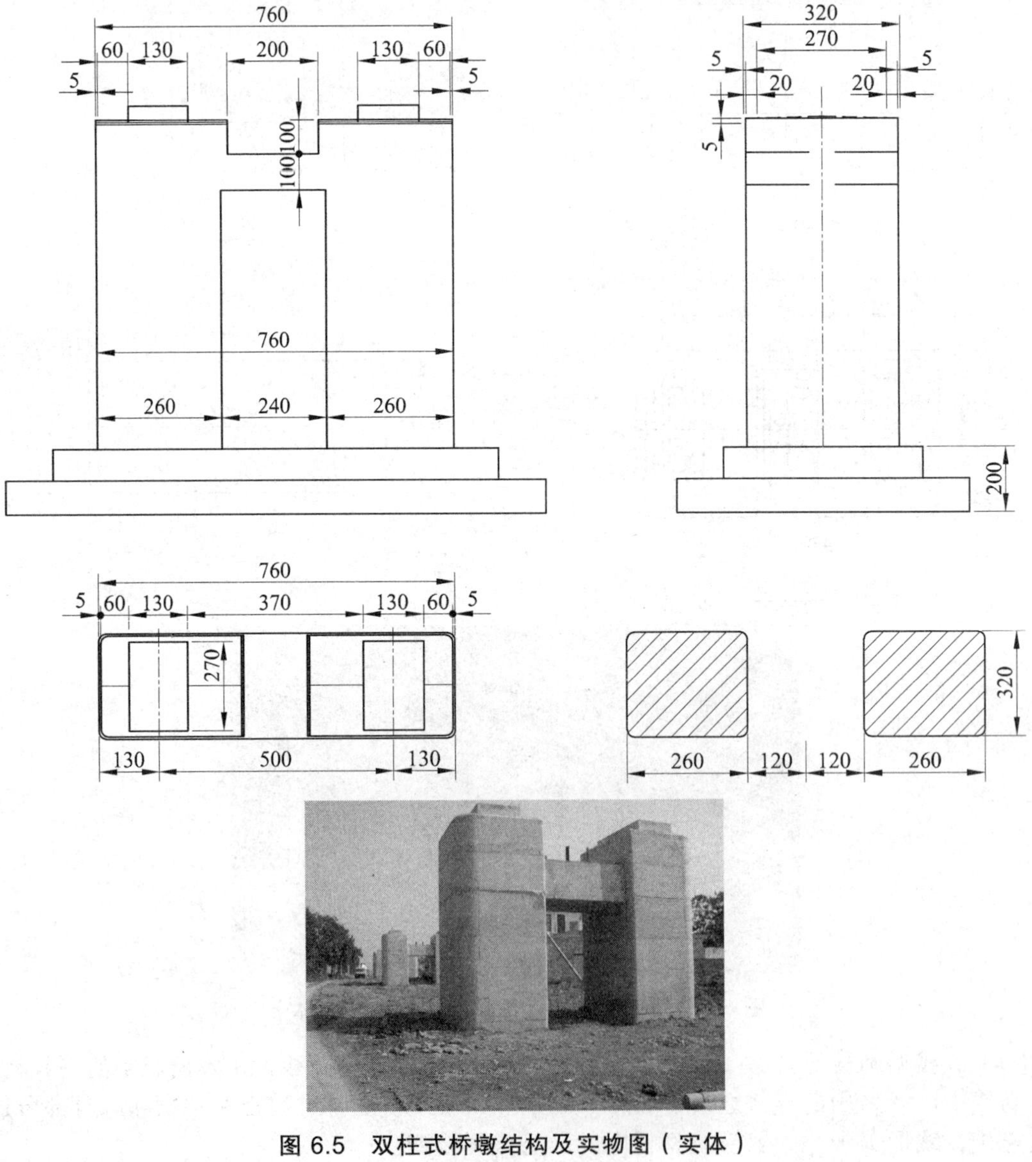

图 6.5　双柱式桥墩结构及实物图（实体）

为了使桥墩外观协调、美观,方便施工与节约模板,24 m 和 32 m 简支梁桥墩均采用相同的尺寸。

2. 墩身截面

墩身截面分为矩形和圆端形 2 种,直、曲线上采用相同的截面尺寸,墩高在 20 m 及以下时一般主要采用实体桥墩,超过 20 m 时可采用空心墩,并以圆端形空心墩为主。空心墩与实体墩相比能有效地实现桥墩的轻型化,降低地基基础的要求,节省圬工数量和工程投资,在高桥墩中普遍应用。

3. 其他构造

(1)顶帽、托盘和支承垫石。

高速铁路桥墩广泛采用流线型顶帽。流线型桥墩帽形状酷似"流线型花瓶",如图 6.6 所示。墩帽高度 2 950 mm,顶、底部截面均为圆端形,"腰身"正面及侧面均由圆弧面构成,主视图"横桥向"腰身弧径为 R 4 651 mm(此半径尺寸仅适用在圆弧端部中心线处),侧视图"顺桥向"腰身弧径为 R 7 812 mm(此半径尺寸适用于整个侧弧面),墩帽侧面由圆弧部与侧弧部"相贯"构成,顶帽、托盘及墩身相互间不设飞檐。

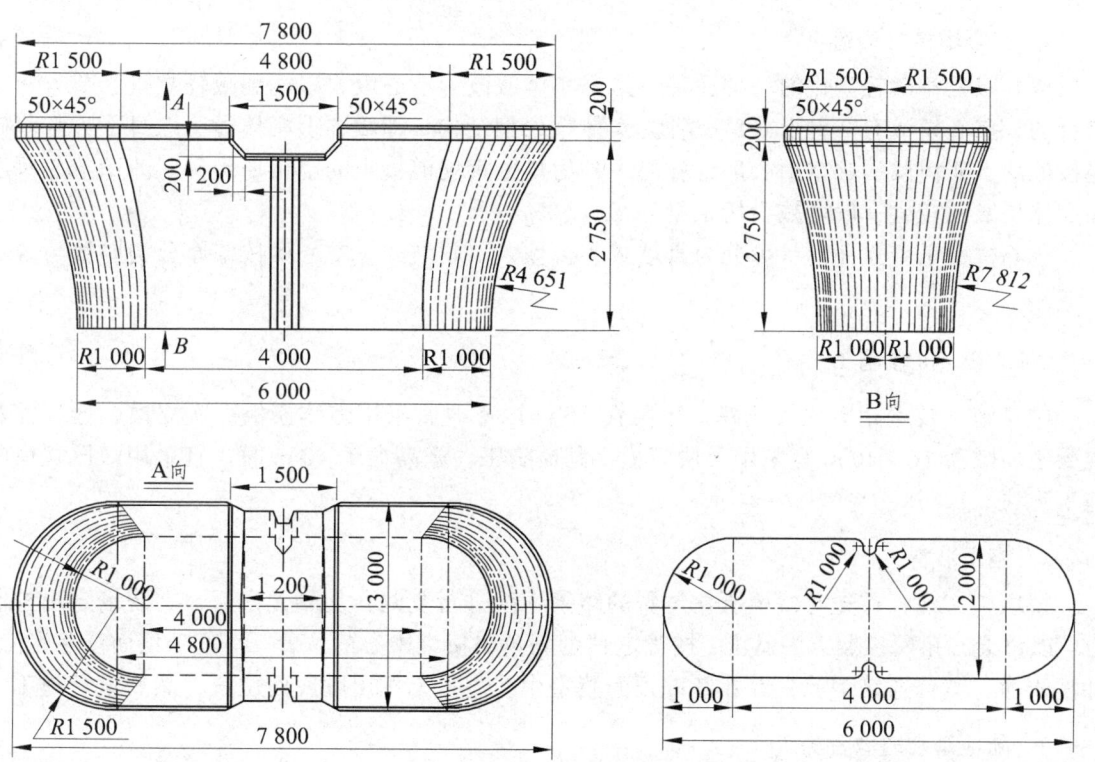

图 6.6 流线型桥墩帽混凝土构造图

为了满足顶梁、维修和更换支座的需要,高铁桥墩的支承垫石均比普通铁路要高,其配筋采用间距 5 cm 直径 12 mm 的 HRB335 钢筋,钢筋弯钩采用直钩,箍筋采用直径 10 mm Q235 钢筋,钢筋弯钩为弯钩。

（2）附属设施。

为便于梁部及支座的检查和维修工作，在墩顶设置吊篮及墩顶凹槽。吊篮采用角钢支架形式，吊篮的人行步板采用钢板，能够及时拆卸、更换。另外，在墩顶凹槽上设置于梁端部底板连接的爬梯。爬梯设置于活动支座一方，便于养护维修人员的检查和维修工作。桥墩结构上设置排水管，墩顶设排水坡。如图6.7所示。

图6.7 桥墩上的排水管

4. 空心墩结构构造

空心墩是桥墩轻型化的一种途径，是将实体墩改为空心墩，以达到减轻重量、节省圬工的目的。空心桥墩有2种形式：一种为实体重力型结构，即墩顶上实体段、墩身下方与基础连接处的下实体段，镂空中心部分；另一种为薄壁钢筋混凝土的空格形墩身。薄壁空心桥墩和实体桥墩比较，一般可减少圬工量40%~60%。

空心桥墩墩身立面形状可分为直坡式、台坡式、斜坡式。空心墩按壁厚分为厚壁与薄壁2种。

6.1.2.2 桥墩施工

墩身施工技术相对比较成熟，墩高在15 m以下时宜采用整体模板一次立模，连续灌筑混凝土。墩高16~40 m宜采用大块模板，翻模施工。墩高大于40 m时，宜采用液压爬模的施工方法。

1. 施工准备

桥墩施工前，首先对桥梁所在位置的路线中线进行复测，复测无误后，在现场定出控制桩。以桥梁三角网控制点为基准，按规定精度测量出桥墩中心的位置。将基础顶面浮浆凿除，冲洗干净，整修连接钢筋，并在基础顶面测定中线高程，标出墩底面位置，然后进行施工。

2. 陆地基础的墩台施工

（1）墩施工流程图。

高速铁路上常用的桥墩大多为钢筋混凝土桥墩，其施工方法和桥梁上部结构混凝土构件施工方法相似，对混凝土结构模板的要求也与其他钢筋混凝土构件模板的要求相同。通常采用大型钢模板一次浇筑法施工，即利用大型组合钢模板或非定型钢模板，在灌筑现场拼装成为整体模板来灌筑墩身混凝土。桥梁墩台施工工艺流程图如图6.8所示。

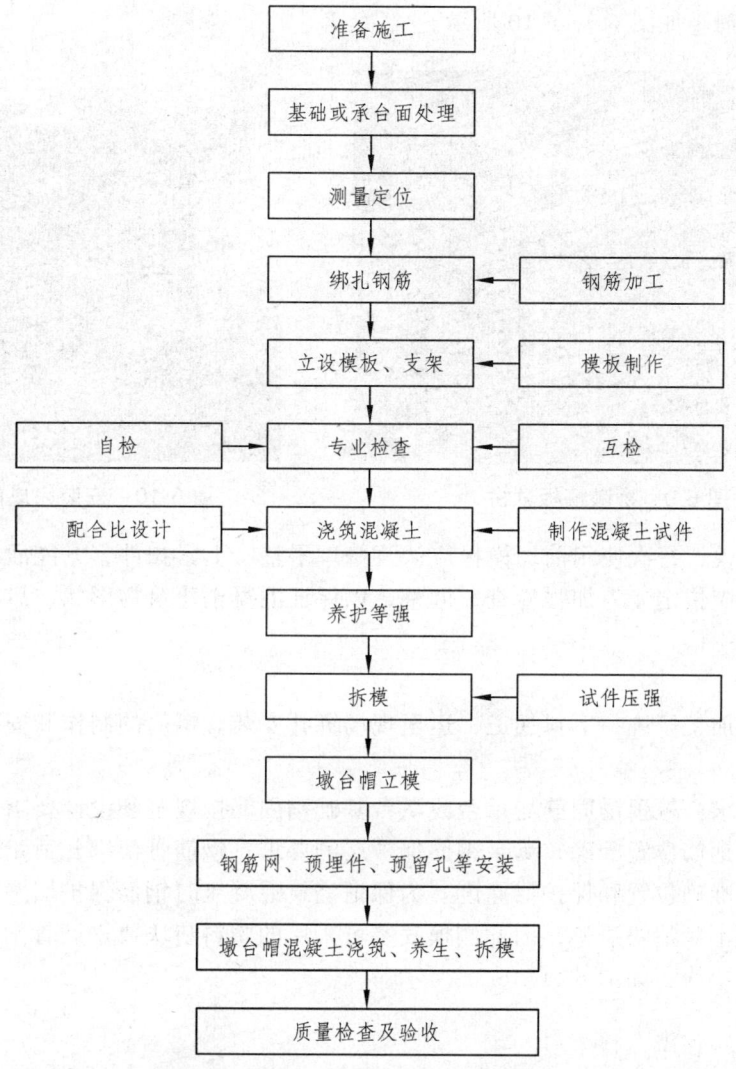

图 6.8 桥梁墩台施工工艺流程图

（2）实体桥墩施工。

实体桥墩是指桥墩是由一个实体结构组成的，也称重力式墩台，依靠自身重量保持稳定。实体墩墩身较低，采用大块钢模板一次整体浇筑成型，混凝土通过泵送入模或吊装入模，墩身模板和钢筋采用汽车起重机垂直吊装作业。墩身浇筑完成后先带模浇水养生，拆模后覆盖塑料膜养生。

① 模板施工。

模板制作：模板采用大块整体钢模，模板表面要求平整，尺寸偏差符合设计要求，具有足够的刚度、强度、稳定性，且拆装方便、接缝严密不漏浆。

模板加固应经过受力检算，加劲肋采用型钢。实体墩身施工，模板框架采用槽钢，加劲肋采用等边角钢加固。模板在使用前要进行试拼检查、调整。模板安装好后，检查轴线、高程符合设计要求后加固，保证模板在灌筑混凝土过程受力后不变形、不移位。模内干净无杂物，拼合平整严密。支架结构的立面、平面安装牢固，并能抵挡振动和偶然撞击。模板检查合格后,刷脱模剂。如图6.9、6.10所示。

图6.9 桥墩模板试拼

图6.10 安装完成的模板

凡使用的钢模,每次使用前,模板应认真修理平整,上紧扣件,方能灌筑混凝土。在混凝土灌筑过程中应指定专人加强检查、调整,以保证混凝土建筑物形状、尺寸和相互位置的正确。

② 钢筋施工。

桥墩钢筋由加工厂统一下料加工,运至现场绑扎安装。钢筋的制作和安装必须符合现行规范和验标要求。

成型安装要求:桩顶锚固筋与承台或墩台基础锚固筋按规范和设计要求连接牢固,形成一体;基底预埋钢筋位置准确,满足钢筋保护层的要求;钢筋骨架绑扎适量的垫块,以保持钢筋在模板中的准确位置和保护层厚度。为保证浇筑混凝土时钢筋保护层厚度,且必须保证在混凝土表面看不到垫块痕迹,因此侧模安装可采用的塑料垫块或钢筋骨架外侧绑扎特殊造型的同级混凝土垫块。如图6.11、6.12所示。

图6.11 安装完成后的钢筋

图6.12 模板安装和钢筋安装同时进行

钢筋接头所在截面按规范要求错开布置,同一截面钢筋接头不得超过该截面钢筋总数的50%。钢筋加工时应采用闪光对焊或电弧连接,并以闪光对焊为主;以承受静力荷载为主的直径为28~32 mm的带肋钢筋,可采用冷挤压套筒连接;现场钢筋连接也可采用螺丝套筒连接。

③ 混凝土施工。

混凝土采用自动计量集中拌和站拌和,混凝土输送车运输,泵送入模。

混凝土坍落度要严格按照试验的数据控制,混凝土自由倾落高度超过2 m时,必须用滑槽或串筒灌筑，串筒出口距混凝土表面 1.5 m 左右。防止混凝土离析。

浇筑前对支架、模板、钢筋和预埋件进行检查，并将模板内的杂物、积水和钢筋上的污垢清理干净；模板的缝隙填塞严密，内面涂刷脱模剂。浇筑时检查混凝土的均匀性和坍落度。混凝土分层浇筑厚度宜按 30 cm 控制，并用插入式振动器振捣密实。振动器移动间距不超过其作用半径的 1.5 倍，与模板保持 10～20 cm 的间距，插入下层 5～10 cm 左右，防止碰撞模板钢筋及预埋件。如图 6.13 所示。

混凝土的捣固：一是必须有熟练的混凝土工人负责施工；二是振捣要适度，若振捣不足，则墩台混凝土凝固后存在蜂窝现象，若振捣过度，则粗细骨料分离，以混凝土表面呈水平及出现浮浆并将模板边角部位填满，混凝土不再显著下沉及出现气泡来判定停止振捣时间。

混凝土的浇筑连续进行，如因故必须间断时，其间断时间小于前层混凝土的初凝时间或能重塑的时间，并经试验确定，若超过允许间断时间，须采取保证质量措施或按工作缝处理。大体积混凝土施工中要注意内外温差及混凝土核心温度最大值的控制。

浇筑混凝土时，应经常检查模板、钢筋、沉降观测点及预埋部件的位置和保护层的尺寸，确保其位置正确，不发生变形。

在混凝土浇筑过程中，随时观察所设置的预埋螺栓、预留孔、预埋支座的位置是否移动，若发现移位时及时校正。注意模板、支架等支撑情况，设专人检查，如有变形、移位或沉陷，立即校正并加固。

混凝土浇筑必须坚持动态质量控制和"三方值班制"（工程项目领导、技术和试验人员），人、机、料、工每一个环节应具备条件，不得盲目施工。

④ 墩身养护。

在混凝土浇筑完成并且初凝后，予以洒水养护保证混凝土表面经常处于湿润状态为准，养生期应符合规范要求。在混凝土表面盖上保持湿润的塑料薄膜等能延续保持湿润的材料，养护用水及材料不能使混凝土产生不良外观质量影响。夏季用塑料薄膜、尼龙布围包墩台，或用麻布围包墩台洒水养护，如图 6.14 所示，冬季采用覆盖保温方式养护。

图 6.13 混凝土施工

图 6.14 墩身包裹保湿保温养护

⑤ 支承垫石和锚栓孔。

支承垫石浇筑采用定制钢模板，与墩身模板连接牢固，采取全桥联测和跟踪测量的方法，精确控制各墩支承垫石顶面相对和绝对高程满足设计要求。预留孔洞定位准确，固定牢固，施工时跟踪测量，施工完适时拆除模具，清理空洞，检查位置、深度，进行二次处理。预留孔洞当年不能实现架梁,需要越冬时,必须采取封闭措施,确保孔内不积水,避免冰胀破坏。如图6.15、6.16所示。

图6.15 垫石钢筋及预留孔安装

图6.16 浇筑完成的支座垫石

⑥ 施工注意事项。

a. 墩身采用大块钢模板,墩身一次立模到顶,一次浇筑混凝土;桥台的台身和托盘、顶帽应一次性浇筑成型。

b. 外加剂,所使用的外加剂使用前必须在经过试验室鉴定合格后,由项目负责人批准使用,使用外加剂时须采用计量装置。

c. 原材料,同一桥用同一厂同一标号的水泥,砂石料也必须来自同一料场,同一材质。

墩台施工完毕,应对全桥进行中线、水平及跨度贯通测量,并标出各墩台的中心线、支座十字线、梁端线及锚栓孔位置。暂不架梁的锚栓孔或其他预留孔,应排除积水将孔口封闭。

d. 墩台顶帽施工前后均应复测其跨度及支承垫石高程,施工中应确保支承垫石钢筋网及锚栓孔位置正确,垫石顶面平整,高程符合设计要求。

e. 施工缝,混凝土圬工的施工接缝,应按设计指定的定型图规定办理。

3. 空心墩身施工

(1) 施工工艺。

空心墩施工工艺流程如图6.17所示。

(2) 模板。

墩身外侧模板选用大块钢模板,内侧采用定型钢模板,加工时,派专业工程师在加工厂家进行全过程跟踪,保证面板、平整度、接缝、尺寸误差的质量要求。对于收坡高墩,且同类型桥墩数量较多的,应采用大块成套钢模,分段支立、浇灌,在不同墩位间倒用。

模板进场后,进行清理、打磨,以无污痕为标准,刷脱模剂,并用塑料薄膜进行覆盖。立模前进行试拼,保证平整度小于3 mm,加固采用内撑和外加拉杆形式,保证空心薄壁误差小于5 mm。

(3) 钢筋安装。

承台与墩台基础锚固筋按规范和设计要求连接牢固,形成一体;基底预埋钢筋位置准确,满足钢筋保护层的要求。

(4) 混凝土浇筑。

混凝土浇筑分三阶段进行,墩底实体段、墩身空心薄壁、墩顶部实体段。混凝土采用自动计量拌和站生产,输送车运输,泵送入模。

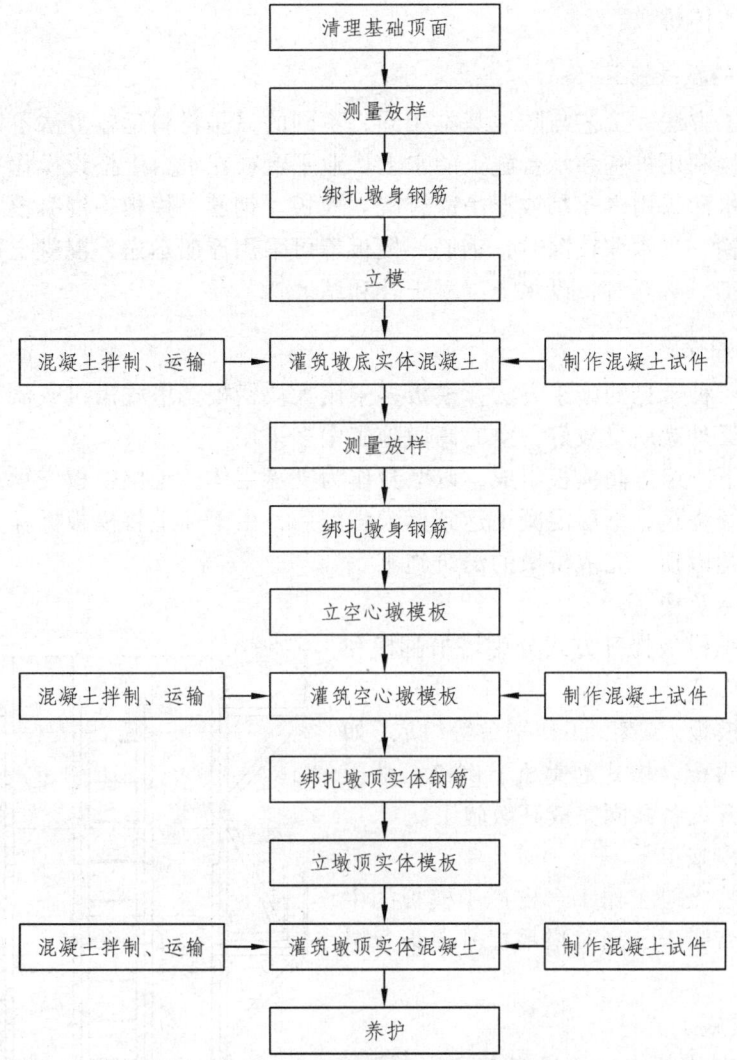

图 6.17 空心墩台施工工艺流程图

浇筑前，对支架、模板、钢筋和预埋件进行检查，模板内的杂物、积水和钢筋上的污垢清理干净；模板缝隙填塞严密，模板内面涂刷脱模剂；检查混凝土的均匀性和坍落度；浇筑混凝土使用的脚手架，便于人员与料具上下，并保证安全。

混凝土分层浇筑厚度不超过 30 cm；采用振动器振动捣实。混凝土浇筑连续进行，如因故必须间断时，其间断时间小于前层混凝土的初凝时间，允许间断时间经试验确定，若超过允许间断时间，按工作缝处理。墩身截面突变处不设施工缝。对于工作缝，周边应预埋直径不小于 16 mm 的钢筋或其他铁件，埋入与露出长度不应小于钢筋直径的 30 倍，间距不应大于直径的 20 倍。

在混凝土浇筑过程中，随时观察所设置的预埋螺栓、预留孔、预埋支座的位置是否移动，若发现移位时及时校正；预留孔的成型设备及时抽拔或松动；在灌筑过程中注意模板、支架等支撑情况，设专人检查，如有变形、移位或沉陷立即校正并加固，处理后方可继续浇筑。结构混凝土浇筑完成后，及时用塑料薄膜包裹洒水养护。

（5）其他同实体桥墩。

4. 水中基础的墩身施工

水中墩的施工方法、工艺与陆地基本相同，不同的只是材料运输方法不同。

水中墩可直接利用桩基和承台施工的水上作业平台或在承台上搭设操作平台，采用大块钢模板施工，视水深采用汽车吊或浮吊配合架立模板。钢筋、模板、混凝土及其他施工材料通过施工栈桥运输。当水深较深时，钢筋、模板等可采用浮船运送，混凝土通过泵管便桥采用泵送混凝土施工。必要时，设水上混凝土拌和站。

5. 高墩墩身翻模施工

翻模施工是一种常见的施工方法，模板多采用大块钢模，塔式吊机或汽车吊机辅助模板安装与拆除，桥梁外观质量较好，空心高墩施工中多采用。

翻模由上中下三组等高模板组成，以墩身作为支承主体，上层模板支承在下层模板上，随着混凝土的连续浇筑，下层混凝土达到拆模强度后，由下而上将模板拆除、翻升，持续支立，循环交替直达墩顶，完成桥墩的浇筑施工。

（1）翻模类型及构造。

翻模施工根据模板提升方式分为塔吊翻模和液压翻模2种。

翻模主要由模板、支架、工作平台等组成（如图6.18所示），再配合塔式起重机、倒链、液压千斤顶等起重提升设备共同完成高墩施工。

（2）塔吊翻模施工。

塔吊翻模的特点是工作平台支撑于模板的牛腿支架或横竖肋背带上，通过塔吊提升模板及工作平台。

① 塔吊翻模施工流程。

施工时第一节模板支立于墩身基顶上，第二节模板支立于第一节模板上，第三节模板支立于第二节模板上。当第三节混凝土强度达到3 MPa，且第一节模板内混凝土达到10 MPa时，此时墩身自重及施工荷载由已硬化的墩身混凝土传至基顶，即可拆除第一节模板。将第一节模板做少量调整后，利用模板内外固定架、塔吊和倒链将其翻升至第四层，依次循环形成拆模、翻升立模、模板拼装、搭设内外工作平台、钢筋绑扎连接、混凝土浇筑与养生、测量定位的不间断作业，直至达到墩身设计高度。塔吊翻模施工示意见图6.19，塔吊翻模施工流程见图6.20。

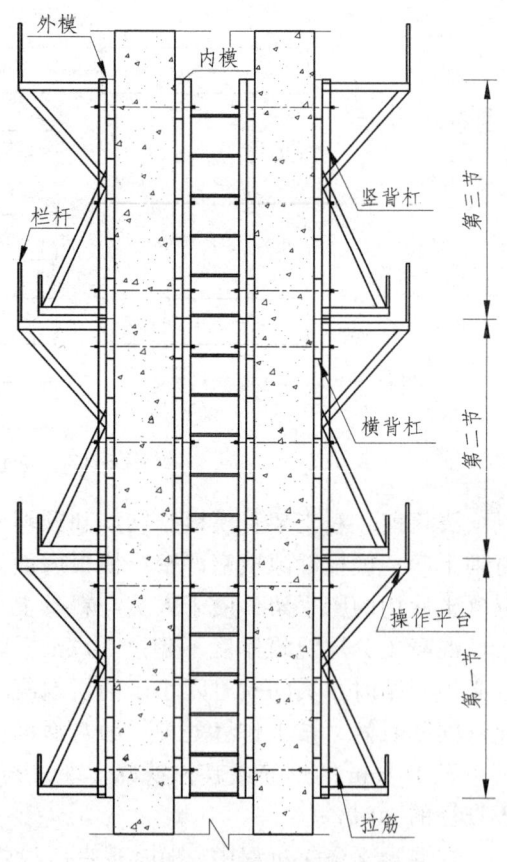

图6.18 翻模构造示意图

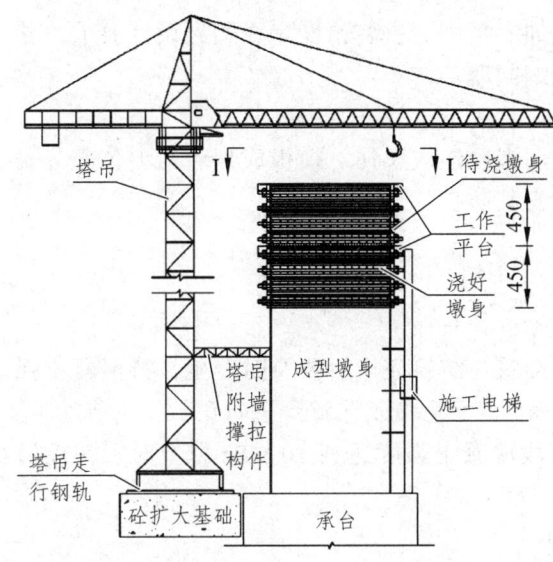
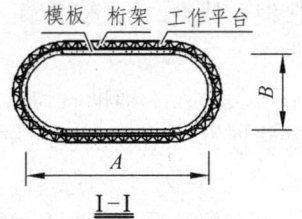

说明：
1. 本图尺寸均以厘米计。
2. 使用塔吊应严格遵守《塔吊安全操作规程》等各种规章制度，吊重必须在塔吊吊重范围内，塔吊司机应持证上岗，专人操作，专人指挥。
3. 模板及支架拼装好以后，安装护栏可作为工作平台使用。
4. 每次墩身施工以一套模板为基础，在其上连接另一套模板。
5. 由于模板没有拉条，所以每套模板必须用螺栓连接紧密、牢固。
6. 吊装模板时，注意模板的整体性，平稳吊装。
7. 模板及桁架可供作业人员上下模板，但要注意安全。
8. 墩身超过30 m时外侧设一台施工电梯，用于人员的运送。

图 6.19　吊机提升法翻模施工示意图

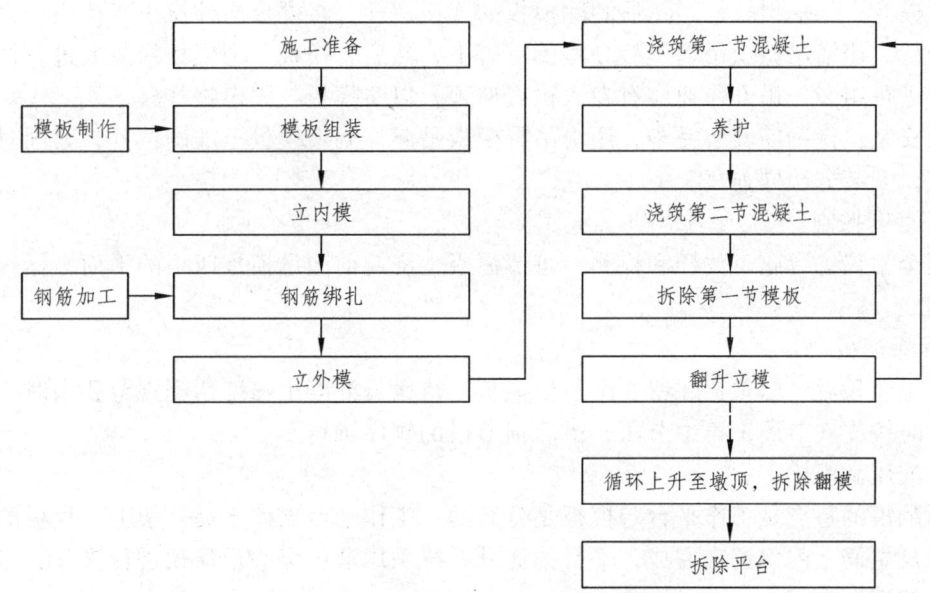

图 6.20　吊机提升法翻模施工流程图

② 施工要点。

a. 塔吊、电梯的安装。

塔吊的选型一般要结合桥梁上部施工要求而定。如果考虑相邻墩墩身施工使用，则相应加大塔吊起重能力。电梯和塔吊的布置形式可分开布设于墩的两侧，也可以布置在桥梁中心线上。电梯、塔吊基础要根据设备使用要求和结构设置。

b. 模板制作。

模板的设计应考虑混凝土对模板的最大侧压力、泵送混凝土时对模板的冲击力及振捣混凝土时产生的荷载。

模板在安装前必须试拼。通过试拼检查模板加工精度、拼装精度是否达到设计要求，并及时处理模板接缝、错台、连接等方面可能出现的问题。

c. 模板安装。

模板用塔吊吊装，人工辅助就位，内外模板用螺栓连成整体。模板成型后检测各部分安装尺寸，符合安装标准后吊装模板固定架，最后安装防护栏和安全网。

d. 钢筋和混凝土作业。

竖向钢筋采用直螺纹套管机械连接方式。

水平箍筋和拉筋按照常规工艺施工。

墩身混凝土采用塔吊或泵送入模，水平分层浇筑，浇筑完毕后要及时养生，待混凝土强度达到3 MPa以上，人工清除浮浆，凿毛混凝土表面，然后按工艺流程进行第二、三节施工。

当第三节段混凝土强度达到3 MPa、第一节段混凝土强度达到10 MPa以上时，凿毛清理第三节段混凝土表面，准备第四节段墩身施工。

e. 模板翻升作业。

模板解体：在浇筑第四节段墩身混凝土前，将第一节模板翻升。翻升前将模板对称分解成几大部分进行整体解体，然后提升和安装。

模板提升：先抽出拉杆，然后卸除模板的连接螺栓，将模板向外拉出。待模板完全与混凝土脱开后，用塔吊微微吊起模板，将倒链解下，然后将模板吊到模板修整处进行修整，待安装位置进行组装。吊升作业应有专人检查巡视，以防模板与固定物挂碰。

模板安装：待钢筋安装完毕，用塔吊将模板吊起，调整模板至准确位置，紧固对穿拉杆进行安装，安装方法同前述。

f. 垂直度控制。

采用全站仪进行施工放样和检测，每节混凝土浇筑前测量模板四角的平面坐标，如有偏差，调整之。

g. 拆除模板。

施工至墩顶后，墩顶仍保留3个节段模板，待墩身混凝土强度达到规范要求时，拆除模板。拆除时按先底节段，再中节段，最后顶节段的顺序进行。

（3）液压翻模施工。

液压翻模的特点是工作平台与模板是分离的，工作平台支撑于提升架上，模板的提升靠固定于墩身主筋上的倒链来完成，平台的提升系统采用液压穿心千斤顶进行提升，自动化程度高，可控性能良好。

液压翻模由模板、工作平台、吊架、顶杆及液压提升设备组成，液压翻模结构见图6.21。模板一般由上中下等高三层组成一套，以墩身作为支承主体。上层模板支承在下层模板上，循环交替上升。工作平台采用槽钢组拼成型的空间桁架结构，配合随升收坡吊架，为墩身施工人员提供作业平台，稳定性能良好。

① 液压翻模施工流程。

先在承台顶面浇筑基础段混凝土墩身，建立起工作平台，将顶杆装置支撑于墩身混凝土内，并用千斤顶将作业平台提升至一定高度。施工过程中，模板翻升、模板调整及纠偏、绑扎钢筋、混凝土灌筑、平台提升等项工作是循环进行的，直至墩帽托盘。期间穿插平台对中调平、接长顶杆、混凝土养生等工作。液压翻模施工流程见图6.22。

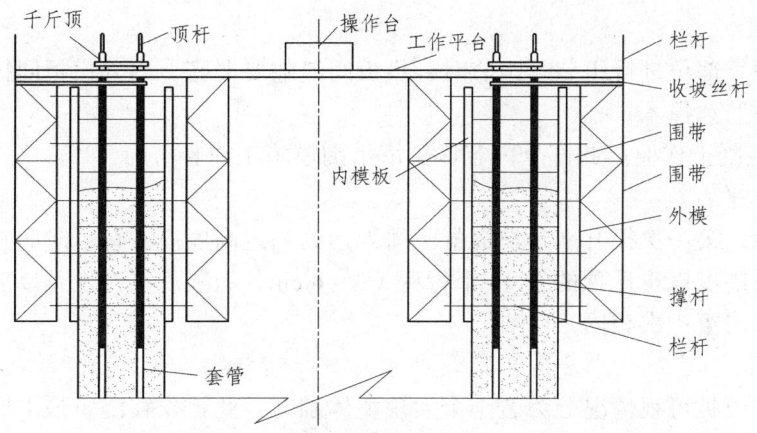

图 6.21 液压翻模结构示意图

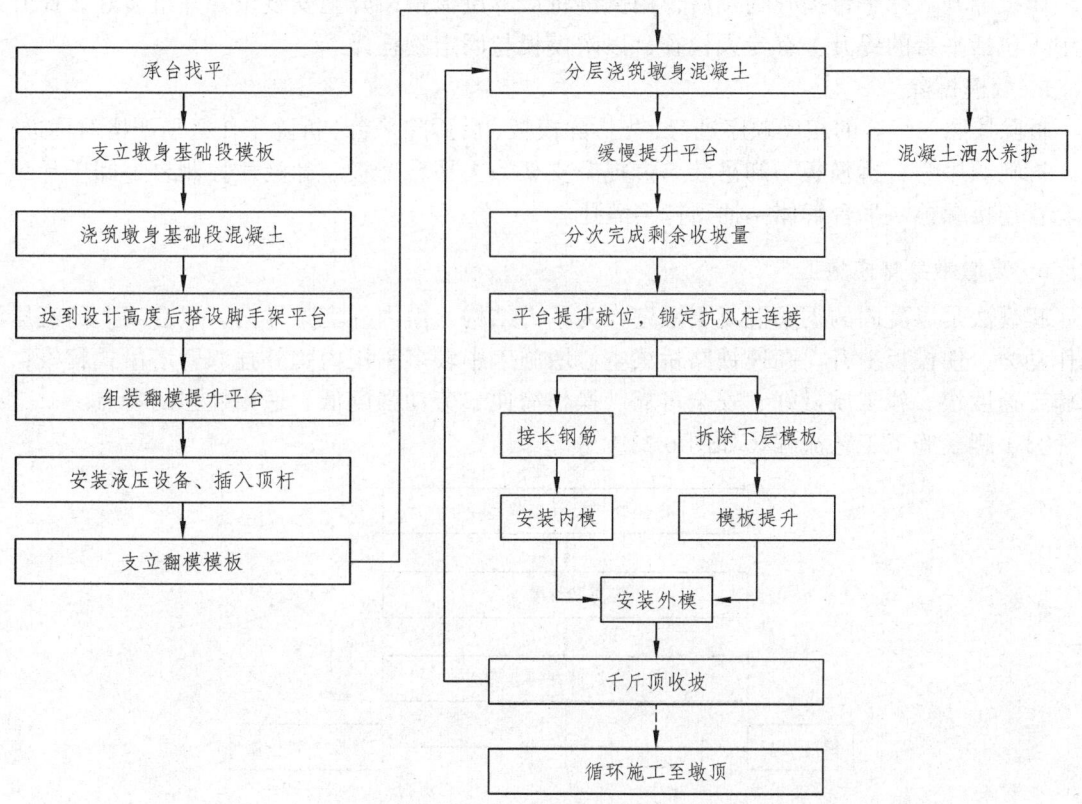

图 6.22 液压翻模施工流程图

② 施工要点。

a. 墩身基础段作业。在墩身下部先预浇一节,预留好顶杆孔位置,浇筑高度根据墩身高度和模板周转次数和翻模设备高度确定,一般为 4~5 m。

b. 模板制作。单块模板的宽度根据墩身尺寸、外观质量要求等因素确定。

c. 工作平台组装。

组装按由内到外的顺序,在平地上进行组装;组装时,内外钢环按圆心对称安装在辐射梁上,不得有偏心;辐射梁均匀分布在半个圆周,采用丁顺结合布置。

d. 模板安装。

模板按顺序、部位进行组装。组装时,模板间缝隙要严密,内外模板间按设计尺寸进行校正,并安设拉筋和撑木。

e. 钢筋和混凝土作业。此部分内容详见塔吊翻模施工内容。

f. 提升工作平台。

翻模组装后,第一次提升平台在混凝土灌入达到一定高度后进行,时间宜在混凝土初凝后终凝前,提升高度以千斤顶的 1~2 个行程(3~6 cm)为限。第二次及以后每次提升工作平台,提升高度与第一次相同。

g. 模板翻升。

模板解体:模板可视情况分为若干个大块整体翻升,此工作在浇筑最上层模板混凝土过程中提前进行。解体前先用挂钩吊住模板,然后拆除拉筋、围带等。

模板翻升:待平台提升到位后,用倒链将最下层模板吊升至安装位置并组装好。提升过程中(包括平台的提升)有专人检查,以防模板与固定物挂碰。

h. 翻模拆除。

拆除按照与组装的相反顺序进行,先拆除模板,后拆除平台。拆除工作必须严格对称进行。

拆除顺序为:拆模板→卸吊装→拆提升支架→去平台铺板→卸液压控制台→卸千斤顶→除套管连接螺栓→平台解体→抽顶杆→灌孔。

6. 高墩墩身爬模施工

爬模法是以凝固的钢筋混凝土墩壁作为承力结构,由内外套架导向,以套架上的液压油缸作动力,使模板上升。高速铁路桥梁空心墩施工中较多采用内爬外挂双臂塔吊式爬模,具有施工速度快、施工质量好、安全可靠、操作简便、劳动强度低、适用性强的特点。

(1)爬模施工工艺流程(如图 6.23)。

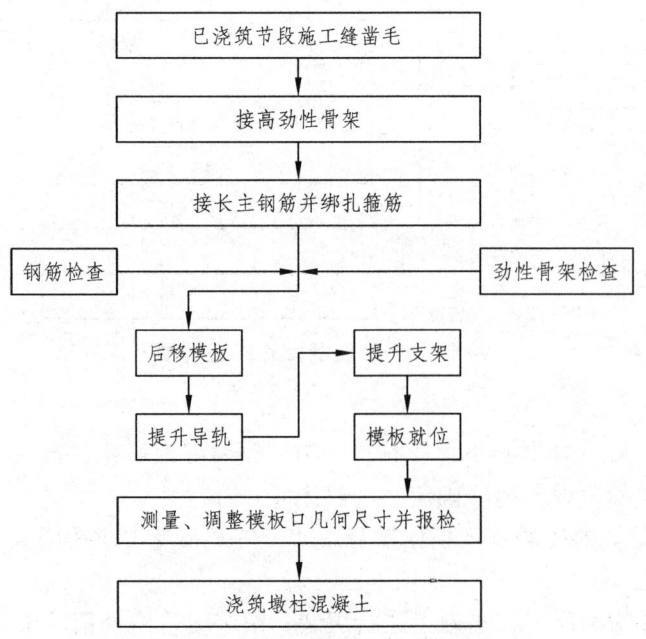

图 6.23 液压爬模施工工艺流程图

（2）爬模构造。

液压自爬模体系，它由埋件、模板、支架、导轨、换向装置及液压系统6部分组成，如图6.24所示。

① 埋件系统。液压自爬体系的埋件系统由埋件板、爬锥、高强螺栓等组成。

埋件板与高强螺杆连接，能使埋件具有很好的抗拉效果，同时也起到省料和节省空间的作用。埋件板大小及拉杆长度及直径均按设计抗剪力和抗拔力确定。爬锥接头和接头配件用于连接堵头螺栓和连接螺杆，混凝土浇筑前，爬锥接头通过堵头螺栓固定在面板上。

② 导轨是整个爬模系统的爬升轨道，它包括导轨支座和导杆两部分。

导轨支座连接导轨和支架横梁，它主要受到施工垂直荷载、重力荷载、风雪荷载等荷载的作用，具有很强的抗垂直力和水平力的能力。同时，还起到给导轨导向的作用。

导轨上焊梯挡，间距30 cm，供上下轭棘爪将荷载传递给导轨。

③ 液压爬升系统包括液压泵、顶升、上导向头和下导向头四部分。液压泵和顶升是整个爬模系统的动力提供者。上导向头和下导向头是在爬升模板与爬升导轨之间进行转换的部件。

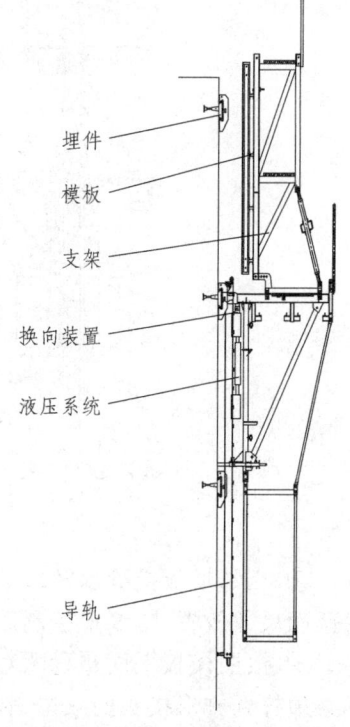

图6.24 液压爬模构造示意图

④ 支架及模板系统。支架由横梁、吊挂操作平台、上操作平台、竖向主梁及模板五部分组成。

⑤ 安装支架和操作平台。采用塔吊提升爬模，立第二层模型，并安装爬模外支架和操作平台。安装时，将各个支架连接牢固，形成整体。

⑥ 第二层墙体混凝土浇筑。模板及支架安装结束，经技术员和监理检查后进行浇筑。

⑦ 安装导轨及调试液压设备。安装第二层的挂埋件支座，并安设导轨。

⑧ 爬升，如图6.25所示。爬模通过液压油缸对导轨和爬架交替顶升来实现。导轨和爬模架互不关联，两者之间可进行相对运动。当爬模架工作时，导轨和爬模架都支撑在埋件支座上，两者之间无相对运动。退模后立即在退模留下的爬锥上安装受力螺栓、挂座体及埋件支座，调整上下轭棘爪方向来顶升导轨。按标准层（施工组织设计中确定）爬升，顶升一层需要油缸作反复运动。待导轨顶升到位，就位于该埋件支座上后，操作人员立即转到下平台拆除导轨提升后露出的位于下平台处的埋件支座、爬锥等。在解除爬模架上所有拉结之后开始顶升爬模架，这时候导轨保持不动，调整上下棘爪方向后启动油缸，爬模架就相对于导轨运动，同样顶升一层，需要油缸作反复运动。通过导轨和爬模架这种交替附墙，互为提升对方，爬模架即可沿着墙体上预留爬锥逐层提升。

（3）模板安装。

① 模板就位前，把模板表面清理干净，然后刷色拉油或脱模剂，必须涂刷均匀。

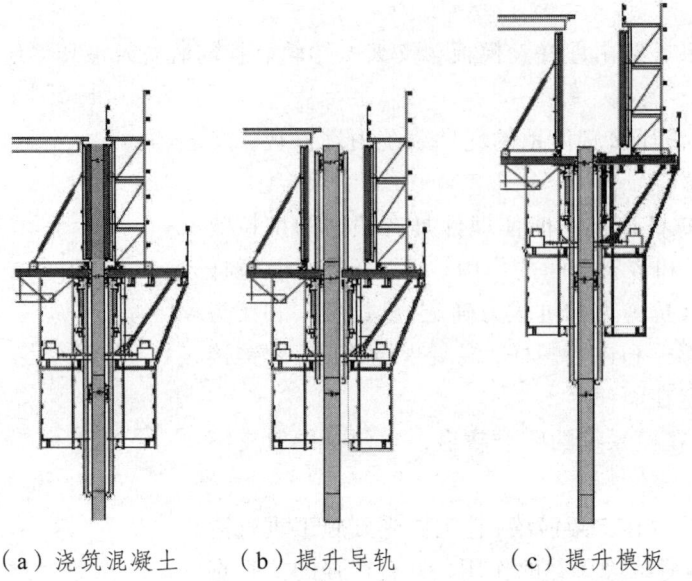

（a）浇筑混凝土　　（b）提升导轨　　（c）提升模板

图 6.25　液压自爬模板爬升流程图

② 相邻模板接缝以及每节段上下接头处都必须贴双面胶，在每块模板接缝处，按混凝土的截面尺寸放置 4~5 根控制筋。

③ 按照模板平面布置图对号入位，每块模板依次校正，然后穿对拉杆，内连杆与外连杆都必须拧到锥形接头的限位销轴。穿对拉杆时严禁将爬模面板损伤。

④ 相邻模板采用芯带连接，每 2 块相邻模板每根芯带必须插 4 个芯带销，同时再检查一下相邻模板是否有错台现象。

⑤ 为保证施工质量，从模板外侧中部和模板上口牵两道控制线，以控制线为准收紧拉杆。

⑥ 当内外模板连接完以后，用钢筋将对称的两块内模连成整体，防止内模刚度不够发生变形，这样可以有效防止外模变形和模板底部漏浆。

（4）预埋件安装。

① 将爬锥、高强螺杆、埋件板用安装螺栓固定在模板上，保证爬锥在混凝土浇筑完毕，模板爬升时能顺利取出。

② 预埋件与塔柱建筑钢筋有冲突时，经监理工程师同意，应预先将钢筋适当移位，保证预埋件顺利安装。

③ 预埋件安装完后，需检查预埋件板外表面至模板表面距离是否符合设计要求，最后将每榀爬架的两个埋件从外表面用钢筋连为一体。

（5）浇筑混凝土注意事项。

① 浇筑混凝土前必须检查斜拉杆、后移拉杆以及最下面一排对拉杆是否拧紧，上面五排对拉杆按控制线是否拧到位。

② 浇筑混凝土时必须有专人看模，随时检查对拉杆以及其他紧固件是否松动。

③ 输送泵管不可与模板或爬模架连接，以避免泵管晃动造成模板变形，截面尺寸偏差超过规范允许范围。

（6）模板拆除。

① 混凝土浇筑完后抗压强度达到设计要求时且经监理工程师同意后，才能拆除模板。

② 首先将预埋件的安装螺栓拆除，松动可调斜撑使模板略后倾 2°，这样模板上口与混凝土面脱离，然后拔出齿轮插销，通过后移装置将模板后移 400 mm 插上齿轮销。

③ 每次拆模后都必须将面板上附着的杂物清理干净，并在模板就位前刷脱模剂，如模板需落地，面板不可直接放到地面，应在地面上先铺垫方木，再将模板放到方木上，以保证模板的周转次数。

（7）爬架安装。

① 用受力螺栓将附墙座固定在预留的爬锥位置，拧紧受力螺栓，使其与混凝土面紧贴，再将附墙挂座从侧面套进去，附墙挂座必须卡在附墙座的中心凹槽，插上承重销，注意插承重销要分中。

② 将承重三脚架主体挂在承重销上，插上安全销，架体必须垂直，与混凝土面上下间距一致。再将同一单元块的爬架用钢套管连接紧固，平台跳板必须与架体捆绑牢固，发现有不符合要求时，应立即整改直到满足要求为止，否则不准进入下一道作业工序。

③ 相邻爬架之间采用附加跳板搭设，附加跳板必须用铁钉连为一体，并且搭设护栏。

④ 保证爬架的整体稳固，爬架上任何连接件的螺丝都要拧紧到位。

⑤ 模板与爬架采用背楞扣件连接，每单榀爬架最少安装 5 道背楞扣件。

（8）导轨安装。

① 第二节混凝土浇筑完后且模板后移后开始安装导轨，安装前必须检查上、下换向盒的下棘爪是否弹出迎向混凝土面。

② 将导轨插入第一节的附墙挂座，再进入上、下换向盒，附墙撑。当导轨上端部低于第二节预埋件 500 mm 时，停止向下插导轨，把换向盒的棘爪通过摇臂调转方向，然后将附墙座及附墙挂座就位于第二节预留的爬锥位置，最后通过液压油缸将导轨提升到第二节附墙挂座上。

（9）模板爬升作业。

① 模板爬升前，要先对上次浇筑混凝土时做的同条件养护试件进行抗压强度试验，抗压强度达到设计要求后才能进行爬升作业。

② 爬模前必须把相邻单元的连接护栏解开，抽掉附架跳板拔出安全销，并检查模板和爬模架与混凝土面是否有接缝，确定无连接后才可以爬模。

③ 成立爬模小组。模板爬升前由爬模厂家技术人员对爬模小组作业人员进行专门培训，由爬模小组专门负责模板爬升作业，设专人操作控制柜。

④ 模板爬升前检查上、下换向盒的下棘爪是否全部弹出迎向混凝土面。爬升时必须配有四部对讲机，发现有异常情况立即停止，待问题处理好后方可继续模板爬升。

⑤ 当模板就位于上一层座后，插好安全销。模板爬升到第四节段时，将第一节段的附墙挂座，附墙座和爬锥全部拆除，以便周转使用。

（10）爬模施工安全措施。

① 严禁在爬架上堆放重物。

② 爬架护栏应设置剪刀撑，保证架体的整体稳定性。

③ 爬架的外周围必须挂密目安全网，设置防坠安全网，安全网在使用前，应按规定进行试验，合格后方准使用。

④ 模板爬升必须在白天进行，遇雷雨或 8 级（含 8 级）以上大风不得进行模板爬升和模板前后移动作业。

⑤ 外平台模板移动前，调整可调斜撑使模板倾斜，及时将后移装置与主梁连接的销柱插好就位，在承重三脚架的主梁外部与下部埋件支座之间拉好防风缆绳（或拉紧绷带），以防风荷载等引起上平台大幅晃动，发生安全事故。

⑥ 模板拆除时，应由上至下进行，所拆的材料不得抛扔。拆下的模板和方木运到指定地点清理干净、堆码整齐，不得乱堆乱放，平台上严防模板和方木上的钉子朝天伤人。

⑦ 必须每天收听天气预报，当有大风来临之前，将模板前移与混凝土面紧贴，若模板已爬升可将模板前移与钢筋紧贴，插好齿轮插销，拧紧可调斜撑，并从模板上口与建筑钢筋连为一体，以免风荷载引起上平台大幅度晃动，发生安全事故。

⑧ 冬季施工，遇到雨雪天气时，应及时清理爬架工作平台上的积雪及冻结物，做到脚下安全、防滑。

⑨ 设专人定期和不定期对爬模装置进行保养，确保万无一失。定期对爬模装置进行检查，检查各连接件，特别是以下所列部位要重点检查和加固：是否按设计规定对螺栓连接件配用了弹簧垫圈；在重要的螺栓连接件上是否加用了双螺母紧固；跳板是否按规定压上钢筋并将它们穿上钢丝捆绑起来成为一体；后移装置与主梁之间是否已经插上了销子和销子发卡，后移装置后部是否已经用顶托顶紧，抗风缆绳是否已经收紧，相邻榀爬架间是否牢固拉结。

⑩ 严格遵守以前下发的有关高空作业的规定和要求。作业人员上下脚架要安设爬梯，不得攀升脚手架上下，更不允许乘坐非乘人的升降设备上下。

相关案例

石太铁路客运专线某大桥为一跨谷桥，位于 6″ 的直线上坡段，用于跨越太行山隧道出口处的一个 V 型山谷。本桥分左、右两线，线间距 35 m。左线桥全长 166.50 m，上部设一联 4×40 m 连续箱梁，距隧道出口净距 29.8 m；右线桥全长 206.50 m，上部设一联 5×40 m 连续箱梁。本桥墩身采用矩形空心墩，最矮墩 14 m，最高墩 38 m；桥台采用一字形桥台，台身高 5.5 m；基础采用扩大基础、挖井基础与桩基础，桩径 ϕ1.25 m。

根据现场环境和施工条件通常采用整体模板浇筑施工。

任务 6.2 桥台构造与施工

6.2.1 工作任务

在上述案例中桥台采用整体模板浇筑施工。请通过下面所给相关配套知识，完成普通桥墩施工方案设计，及主要的施工流程、关键技术设计等内容，达到学习要求所需的能力目标、知识目标。

6.2.2 相关配套知识

桥台是桥梁两端支承上部结构的构筑物。桥台一般由顶帽、托盘、支承垫石和台身组成。

6.2.2.1 桥台的构造

在普通铁路上广泛采用的耳墙式桥台和 T 形桥台已经不适应高速铁路对桥台的要求,主要是由于耳墙式桥台台身轻、纵向刚度小,施工困难,T 形桥台圬工量太大。我国高速铁路桥采用一字形桥台。

1. 一字形桥台结构

一字形桥台是介于耳墙式桥台与 T 形桥台之间的一种新桥台,如图 6.26 所示。它以混凝土砌块代替耳墙式桥台的耳墙部分与路基相连,台身长度适当增加,台身后坡采用直墙式,前墙采用斜坡式,台身截面采用矩形截面,从平面看,台身纵向尺寸较横向尺寸小很多,形状像一字形,故称为一字形桥台。

2. 桥台附属结构

(1)台后混凝土块。

为了避免桥台锥体过多进入桥孔,减小台后路基过渡段与桥台主体之间对行车的不利影响,同时解决架桥机运架梁的支腿放置位置的问题,自

图 6.26 一字形桥台

台身尾部起纵向 2~3 m,高度自台顶下 2~3 m,设置混凝土块,混凝土块横向与路基宽度相同。

(2)空心砖隔离层设置。

空心砖作为桥台主体与附属结构的隔离层。在桥台背尾部与台后混凝土块之间,紧贴台身砌筑空心砖墙至桥台顶面,其他与填料相接触的三面,从基顶起砌筑空心砖墙至锥体护坡面。基础襟边上及四周均设置空心砖。

(3)检查设备。

当托盘底至地面较高时,利用台前锥体护坡做一段检查台阶。检查台阶上采用检查梯(在台身前墙预埋 U 形钢筋)至顶帽检查口。

6.2.2.2 桥台施工

1. 台体施工

桥台台体施工内容包括基坑开挖、基坑找平、桥台钢筋绑扎、桥台模板支设、桥台混凝土浇筑及养护、台后填土等内容。这些内容与桥墩施工基本相一致,详见桥墩施工,在此不再赘述。

2. 附属设施施工

(1)锥体放样。

锥体放样可以采用直角坐标法、图解法、极坐标法等方法。请参考相关测量书籍,下面给出锥坡 AutoCAD 等分放样法以供参考。

说明:把 BC 和 CD 等分为 8 段,然后按图 6.27 的方法相连,得到Ⅰ、Ⅱ、Ⅲ、Ⅳ、Ⅴ、Ⅵ、Ⅶ七个交点,再从 B 到Ⅰ、Ⅱ、Ⅲ、Ⅳ、Ⅴ、Ⅵ、Ⅶ、D 按序依次连接,得到的这条线

就是所求的锥坡放样线(也可用曲线连)。

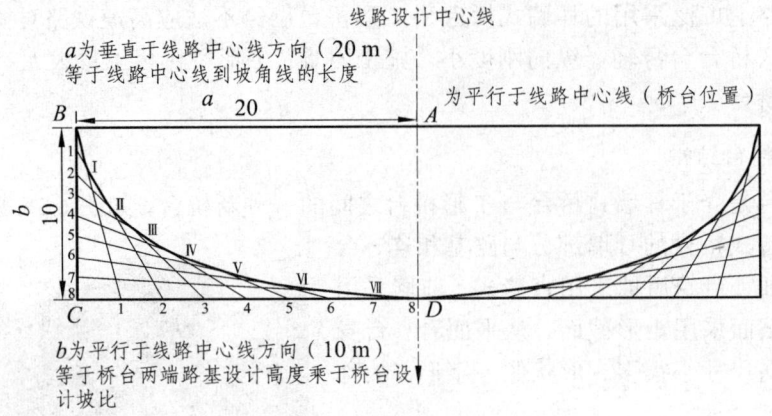

图 6.27 锥体放样

(2)锥体填土。

锥体填土必须分层夯打密实,达到最佳密实度的 90% 以上。砂砾石土类应洒水夯填。采用不易风化的块石作为填料,应注意层次均匀,铺填密实,不可堆填或倾填。有坡面防护的护坡,在锥体填土时,就应留出坡面防护砌筑位置。

(3)锥体坡面砌筑。

锥体坡面采用干砌片石或铺砌大卵石砌筑,也有采用预制块砌筑或铺草皮等防护办法。使用片石或大卵石砌筑护坡的底层时,应以卵砾石或碎石等作为垫层,在砌筑坡面时,随砌随垫保证垫层厚度。坡面以栽砌为主,预制块和大面片石可以码砌,但不如栽砌牢固美观。栽砌是指把石料轴线垂直于斜坡面的砌法,如图 6.28 所示。

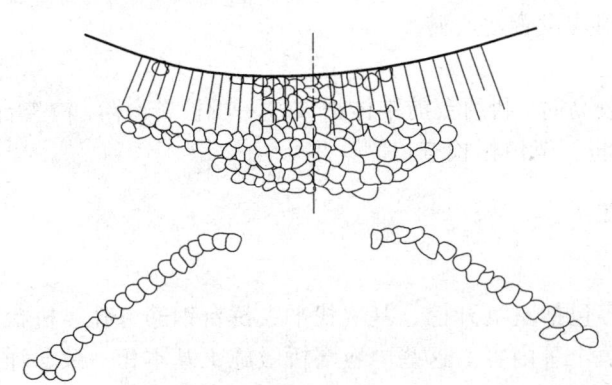

图 6.28 锥体坡面砌法

(4)护坡施工要点。

① 在大孔土地区,护坡施工前应检查护坡基底及护坡附近有无陷穴,并彻底进行处理,保证护坡稳定。

② 锥体填土应按高度及坡度填足,砌筑片石厚度不够时再将土挖去;不允许填土不足,临时边砌石、边补填土。护坡拉线时,坡顶应预先放高约 2~4 cm,使护坡能随同锥体填土沉陷,坡度仍符合规定。

③ 护坡基础与坡脚的连接面应与护坡坡度垂直,以防坡脚滑走。

④ 砌石时拉线要张紧,表面要平顺,护坡片石背后应按规定做碎石反滤层,防止锥体土方被水浸蚀变形。

⑤ 护坡与路肩或地面的连接必须平顺,便于排水,以免砌体背后冲刷或渗透坍塌。

(5)锥体护坡工程数量计算

桥台一侧的锥体护坡,是一个截头椭圆体的1/4(锥体底面不规则部分及衔接锥体楔形部分除外)。计算工程数量时,应采用棱台公式进行计算:

$$V = \frac{1}{6}H(A_1 + A_2 + 4A_3) \tag{6.1}$$

式中 V——棱台体积(m^3);

H——棱台高度(m);

A_1——棱台顶面面积(m^2);

A_2——棱台底面面积(m^2);

A_3——棱台中面面积(m^2);

6.2.2.3 施工质量要求、质量控制及验收标准

(1)墩台施工前在基础顶面放出墩、台中线和墩台内、外轮廓线的准确位置。若墩台截面积不大时,混凝土连续一次浇筑完成,以保证其整体性。大体积混凝土施工时需控制混凝土水化热温度。

(2)质量控制(表6.1)。

表6.1 桥梁墩台帽施工质量控制及检验标准

序号	质量控制项目	质量标准和要求	施工单位检验方法
1	墩台身钢筋安装	单面焊≥10d;双面焊≥5d;焊缝厚度0.3d,并不得小于4 mm;焊缝宽度≥0.7d,并不得小于8 mm;焊渣敲净。允许误差:主筋间距±10 mm,主筋长度±10 mm;箍筋间距±20 mm,箍筋内净尺寸±3 mm。观感洁净、规整	观察和尺量
2	保护层垫块	采用与设计保护层等厚的混凝土垫块(强度不低于墩台身混凝土强度),数量4个/m^2,呈梅花形布置	观察和尺量
3	测量放样	测出墩台中线、水平,标出墩台底面位置,墩台前后、左右边缘距设计中心线尺寸允许误差0~+20 mm	全站仪和水平仪测量
4	模板及安装	采用整体钢模板(尽量一次安装完成)。模板前后、左右距中心线尺寸±10 mm,表面平整度3 mm,相邻模板错台1 mm,模板接缝严密不漏浆,模板及支架强度、刚度、稳定性满足施工要求。将脱模剂涂刷均匀	挂线、吊垂球、尺量检查至少3个断面
5	混凝土浇筑	混凝土浇筑高程在模板上做出记号,混凝土严格按试验提供配合比拌和,墩台混凝土一次浇筑到顶,连续不间断浇筑,混凝土垂直下落高度超过2 m挂串桶,混凝土浇筑过程中要有专人观察模板情况	测量、观察、坍落度筒测试

续表

序号	质量控制项目	质量标准和要求	施工单位检验方法
6	混凝土捣固	混凝土水平分层浇筑,每浇筑40 cm高,采用插入式振捣棒捣固一次,要快插慢拔,将混凝土中的气体引出,插入深度进入前次混凝土面10 cm左右,墩身顶面收平	观察
7	拆除模板	混凝土浇筑完毕后强度达到2.5 MPa时即可拆模,拆模时严禁用撬棍和大锤猛撬、猛砸,注意成品保护	观察
8	墩身养护	拆模以后,用塑料薄膜罩上,洒水养护,混凝土面始终保持湿润,连续养护4周以上	安排专人负责,做好养护记录
9	墩身混凝土外观	光洁,颜色一致,无蜂窝、麻面; 允许偏差:墩台前后、左右边缘距设计中心线尺寸≤±20 mm,桥墩平面扭角≤2°,表面平整度≤5 mm; 支撑垫石:顶面平整度±1 mm,顶面高程-10~0 mm,同一墩台梁下两块垫石高差≤3 mm; 预埋件和预留孔位置≤5 mm	观察、尺量和测量不小于5处
10	混凝土强度	56 d龄期强度符合设计要求	标准养护试件抗压试验见证检验

① 墩台混凝土必须是原装原色、色泽一致、结构尺寸准确、棱角分明、强度符合设计要求,且表面光洁平整、接茬顺直;混凝土表面严禁涂、刷、抹。

② 模板及支架安装和拆除的检验必须符合现行《高速铁路桥涵工程施工质量验收标准》(TB 10752—2010)中有关的规定(表6.2~表6.3)。

表6.2 墩台模板允许偏差和检验方法

序号	项目	允许偏差/mm	检验方法
1	墩台前后、左右边缘距中心线尺寸	±10	测量检查不少于2处
2	表面平整度	3	1 m靠尺检查不少于5处
3	相邻模板错台	1	尺量检查不少于5处
4	空心墩壁厚	±3	尺量检查不少于5处
5	同一梁端两垫石高差	2	测量检查
6	墩台支承垫石顶面高程	0 -5	测量检查
7	预埋件和预留孔位置	5	测量检查

表 6.3 混凝土墩台允许偏差和检验方法

序号	项目	允许偏差	检验方法
1	墩台前后、左右边缘距设计中心线尺寸	±20 mm	测量检查不少于 5 处
2	空心墩壁厚	±5 mm	
3	桥墩平面扭角	2°	
4	表面平整度	5 mm	1 m 靠尺检查不少于 5 处
5	支承垫石顶面高程	0 −10 mm	测量检查
6	预埋件和预留孔位置	5 mm	

拓展知识　客运专线铁路双线圆端形空心桥墩施工技术

1. 工程概况

武汉天兴洲长江大桥北引桥为设计速度 350 km/h 有砟轨道客运专线，大桥全长 1 765.1 m，双向直线，正线线间距 5 m。其中第 4~30 墩下部结构采用圆端形空心墩。圆端形空心桥墩墩身不设顶帽、托盘；内外变坡，外壁一坡到顶，坡度为 35∶1，内壁坡度为 70∶1；墩身高度 18.5~26 m，墩顶结构长 8 m、宽 3 m，墩顶上设置不小于 3% 的排水坡；墩顶墩底均设实体段，墩底实体段高分为 3 m 和 2 m，墩顶实体段高均为 2.5 m。

2. 施工工艺

（1）施工流程。

平整场地→原材料进场→施工放样→脚手架搭设→凿毛承台与墩柱连接处混凝土→复查墩柱尺寸位置→绑扎钢筋→支设立墩柱第 1 层模板（着重检查模板平面位置、尺寸、垂直度、加固和钢筋绑扎、保护层）→灌筑第 1 层墩柱混凝土→养生→凿毛接触面→绑扎钢筋第 2 层钢筋→支设立墩柱第 2 层模板→灌筑第 2 层墩柱混凝土→养生→拆第 1 层模板→凿毛接触面→绑扎第 3 层钢筋→支设立墩柱第 3 层模板→灌筑第 3 层墩柱混凝土→拆第 2 层模板→依此类推，最后拆模养护。

（2）定位测量。

测量组用全站仪放样桥墩轴线，根据桥中心线定出墩身位置，纵横轴线用墨线弹出，并延伸出来。做 10 cm 宽的砂浆调平垫层以便立墩身模板，并有利于第 1 节模板的拆除。将墩身的中心点标在承台上，并复测承台顶高程控制砂浆调平垫层的厚度，以保证墩身设计高度。

（3）脚手架搭设。

空心墩在施工时必须搭设外部施工支架和内部支撑架以满足施工需要。空心墩外部支架采用门式支架搭设，搭设高度应高于施工段 1.2~1.5 m，工作平台四周设置不小于 1.5 m 高安全护栏。脚手架采用钢管水平连接，四周设置缆风绳，保证稳定性。空心墩内部施工支架采用碗口支架搭设，除给施工操作人员提供一个工作平台外，主要对内模支撑提供了一个着力点；内置可调节顶托，两侧分别顶于模板和碗扣支架上。并用扣件固定在碗扣架上，用于模板的支撑；正面采用拉条对模板进行加固，对拉条设置紧线器。内模圆弧段采用预制好的圆箍支架，制作两套与外模配套使用。连接处采用螺栓连接。圆端形空心墩内支撑搭设方案如图 6.29 所示。

（4）施工接缝处理。

圆端形空心墩施工接缝主要有：墩身与承台接触面和每节墩身之间接触面，对接触面混凝土进行凿毛处理，凿掉浮浆，出现新鲜混凝土面，并将渣子用风机吹干净。在凿毛时与外模接触的地方预留 1 cm 的范围不凿掉，保证两次浇筑完成后没有明显的接缝痕迹。将预埋钢筋进行扳正、校直、清除铁锈，对附着在钢筋上的混凝土浆、泥浆全部清除，增强钢筋和混凝土之间的黏合力，以保证施工质量。

（5）钢筋绑扎及预埋件埋设。

① 按照高度计算该段的内外圆的箍筋半径，通过纵横轴线确定圆心位置，通过搭设钢管支架，在支架上用粉笔标注内外圆箍筋的位置，用扎丝固定于支架上。固定牢固后，把主筋按照设计图纸的保护层厚度固定绑扎在内外箍筋上。按照设计图纸准确定位，用扎丝牢固绑扎。特别应该注意变化钢筋，接长钢筋采用墩粗直螺纹和提前埋设的承台钢筋连接，连接时要保证接头错开，使同一截面内的接头数量不超过钢筋总数的 50%，钢筋连接的连接区段连接长度为 56 cm；箍筋采用双面焊或绑扎搭接；钢筋按设计绑扎，保护层采用同强度混凝土垫块按梅花形布设，以保证墩体强度和钢筋准确定位。

② 首先按图纸要求做好预埋件施工交底，预埋件固定牢固，PVC 管用胶带密封严密，防止浇筑过程中产生位移和进浆。通风孔外壁设钢筋网格以防鸟筑巢堵塞孔洞。

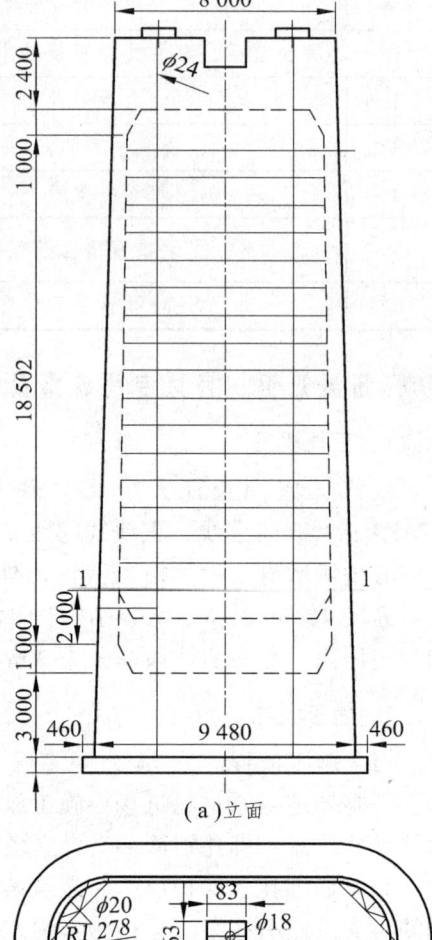

(a) 立面

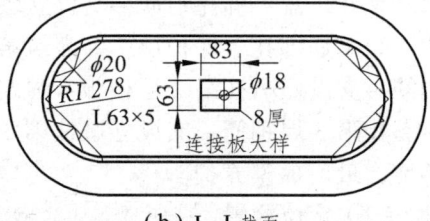

(b) I—I 截面

图 6.29 圆端型空心墩内支撑搭设

（6）模板安装及混凝土浇筑养生。

模板及混凝土浇筑养生此处不再详述，请参照相关内容。

3. 圆端形空心墩施工常见问题及处理

（1）明显的施工缝、错台和漏浆。

处理措施主要有：

① 保证模板连接严密，对下一节的模板浇筑前进行加固，防止漏浆，并在拆模时减少模板变形，对变形模板要及时修整循环利用；

② 每节混凝土的浇筑面保证水平，再从凿毛中进行改进，在保证凿毛彻底的同时在混凝土与外模接触的地方预留 1 cm 的范围不凿掉；

③ 浇筑混凝土前用稀水泥砂浆润湿凿毛面，补充在振捣过程中流失的水泥浆，在接茬

处加强振捣保证密实。

（2）钢筋保护层大小不一致，钢筋易生锈。

处理措施主要有采用定位箍筋控制钢筋位置，计算出每个施工断面的圆弧直径，确定定位筋的长度和弯曲直径，将墩身钢筋牢固准确地在超出混凝土浇筑面 50 cm 进行绑扎，并在高出 1 m 的位置用钢管支撑。对长时间暴露的钢筋用水泥浆涂刷，防止生锈，对于已生锈的钢筋用钢刷严格除锈。

（3）分节浇筑色泽差异大。

处理措施主要包括确保混凝土的质量稳定性，统筹安排，缩短施工周期。每次都严格控制模板的除锈打磨彻底、刷油均匀，刷油材料选择色拉油效果良好。成品再塑造也会收到很好的效果，主要采用白水泥加普通硅酸盐水泥掺 108 胶试配，取其与混凝土表面颜色相近者，在刚拆模后立即修饰。

4. 结　语

通过对客运专线铁路双线圆端形空心桥墩的施工，在实践中总结出了本施工工艺，其操作简单、安全、可靠，保证了结构体的使用寿命，外观质量，进一步减少了工作量，在模板的正常循环下缩短了施工时间，满足了工期要求。

相关规范、规程与标准

[1] Q/CR 9603—2015 高速铁路桥涵工程施工技术规程[S]. 北京：中国铁路总公司，2015.

[2] 刘建学，房会彬. 客运专线铁路双线圆端形空心桥墩施工工艺[J]. 第十届中国科协年会中部地区物流产业体系建设论坛专辑，2008.

[3] TB10752—2010 高速铁路桥涵工程施工质量验收标准[S]. 北京：中国铁道出版社，2010.

[4] 铁建设（2010）241 号　路混凝土工程施工技术指南[S]. 北京：中国铁道出版社，2010.

[5] "高速铁路桥涵施工与维护"课程标准

项目小结

（1）桥墩台一般由顶帽、托盘、支承垫石和墩台身组成。

（2）高速铁路桥梁桥墩按外形主要有 4 种：圆端形板式桥墩、矩形桥墩、流线型圆端形桥墩、双柱式桥墩。

（3）一字形桥台以混凝土砌块代替耳墙式桥台的耳墙部分与路基相连，台身长度适当增加，台身后坡采用直墙式，前墙采用斜坡式，台身截面采用矩形截面，从平面看，台身纵向尺寸较横向尺寸小很多，形状像一字形。

（4）墩身施工技术相对比较成熟，墩高在 15 m 以下时宜采用整体模板一次立模，连续灌注混凝土。墩高 16~40 m 宜采用大块模板，翻模施工。墩高大于 40 m 时，宜采用爬模的施工方法。

（5）翻模由上中下三组等高模板组成，以墩身作为支承主体，上层模板支承在下层模板上，随着混凝土的连续浇筑，下层混凝土达到拆模强度后，由下而上将模板拆除、翻升，持续支立，循环交替直达墩顶，完成桥墩的浇筑施工。

（6）爬模法是以凝固的钢筋混凝土墩壁作为承力结构，由内外套架导向，以套架上的液压油缸作动力，使模板上升。高速铁路桥梁空心墩施工中较多采用内爬外挂双臂塔吊式爬模，具有施工速度快，施工质量好，安全可靠，操作简便，劳动强度低，适用性强的特点。

（7）桥台台体施工内容包括基坑开挖、基坑找平、桥台钢筋绑扎、桥台模板支设、桥台混凝土浇筑及养护、台后填土等内容。

课程资源

复习思考题

6.1 试述墩台的基本构造与各自的作用分别是什么？
6.2 高速铁路常用的桥墩和桥台类型有哪些？用电子表格进行汇总。
6.3 试述客运专线和高速铁路为什么多采用一字形桥台？其优点是什么？
6.4 常用桥墩台的施工方法是什么？并分组汇报。
6.5 试述桥墩施工中对模板、钢筋、混凝土浇筑、养护和拆模的工艺要求。
6.6 分小组各选择一种桥墩（台）模式，用BIM建模，并进行工程量的计算。
6.7 如何控制桥墩台的施工质量？
6.8 试用全站仪进行墩台中心位置和模板位置的放样工作。
6.9 桥台锥体护坡放样方法有哪些？并分组汇报。

项目7 预制预应力混凝土简支箱梁施工

项目描述

后张法预应力混凝土双线简支箱梁是我国高速铁路桥梁中应用最为广泛的。为了保证桥梁结构质量,同时满足铁路工程"机械化、工厂化、专业化、信息化"的要求,长度为32.6 m的后张法预应力混凝土箱梁是标准梁型。本项目将重点介绍我国高速铁路中应用最为广泛的预应力混凝土箱梁的构造、预制、运输和架设技术。通过本项目学习,学生应熟悉制梁场布置形式和方案选择;熟练掌握预制梁构造、模板施工、钢筋施工、预应力施工、混凝土蒸汽养护、预制梁运输与架设施工过程工艺和关键技术。

学习目标

1. 能力目标
- 能阅读和利用CAD技术绘制后张法预应力混凝土简支箱梁;
- 具备查阅预应力混凝土简支箱梁相关规范的能力;
- 具备编写和比选预应力混凝土简支箱梁施工方案的能力;
- 具备编写预应力混凝土简支箱梁作业指导书和技术交底等施工现场资料的能力;
- 具备模板工程、钢筋工程、混凝土工程、预应力工程施工及管理能力;
- 具备预应力混凝土箱梁提梁、运梁、架梁施工及管理能力。

2. 知识目标
- 熟悉预应力混凝土简支箱梁结构构造及其特征;
- 熟悉预应力混凝土简支箱梁预应力钢筋布置及张拉程序;
- 掌握预应力混凝土简支箱梁预制施工原理、工艺流程和关键技术;
- 掌握预应力混凝土简支箱梁架设成套设备、工艺流程和关键技术;
- 熟悉预应力混凝土简支箱梁梁场预制和架设方法的施工特点和适用条件;
- 了解预应力混凝土简支箱梁梁场预制和架设施工中质量、环境和安全保护方面的要求。

相关案例

西安至成都客运专线设计速度为250 km/h,线间距4.6 m,陕西省境内某标段33.547 km,施工计划中某制梁场承担449孔(含32 m及24 m)混凝土箱梁预制和提梁、运梁、架梁施工。其中32 m双线整孔混凝土箱梁,梁重750 t,梁宽12.2 m,梁高2.635 m。24 m双线整孔混凝土箱梁。本标段桥梁数量多、变跨次数多、架梁工期紧张。

根据项目情况,开展制梁场设计、模板、钢筋加工设备等工装配备;提梁机、运梁车、架桥机等大型机架设备配备;制梁方案设计,并根据工期开展架梁方案及变跨处理。

任务 7.1 预应力混凝土简支箱梁结构构造及梁场布置

7.1.1 工作任务

在上述案例中桥梁采用预制架设法施工,高速铁路后张法预制混凝土箱梁多采用梁场预制,学习下面相关内容后,掌握预应力混凝土简支箱梁构造,并根据案例中工程特点,选择合理的梁场布置形式及设备配置,达到教学要求所需的能力目标和知识目标。

7.1.2 相关配套知识

我国高速铁路预制箱梁普遍采用预应力混凝土结构,与普通钢筋混凝土结构相比,其优点如下:

① 可以使用高强度钢材和高等级混凝土,节约钢材 20%~40%;

② 在列车活载作用下可使梁不出现拉应力,或推迟裂缝的出现,或把裂缝控制在一定限度之内,从而提高梁的抗裂性,增强梁的刚度和耐久性;

③ 梁的截面尺寸可减到最小,以减轻梁体自重,从而增大梁的跨越能力;

④ 预应力混凝土桥梁中弯起的预应力钢筋,其预剪力可抵消部分荷载剪力,提高了梁的抗剪能力;

⑤ 预应力钢筋的应力变化幅度小,可提高其耐疲劳性能。

7.1.2.1 预制简支箱梁结构构造及施工方法

简支箱梁以其受力简单、明确,形式简洁,外形美观,抗扭刚度大,施工速度快,建成后的桥梁养护工作量小以及噪声小等特点,在京津城际、京沪高铁、京广高铁、郑西客专、沪昆客专等线路上得到广泛采用,其典型截面如图 7.1、7.2、7.3 所示,部分高速铁路(客运专线)技术标准见表 7.1。

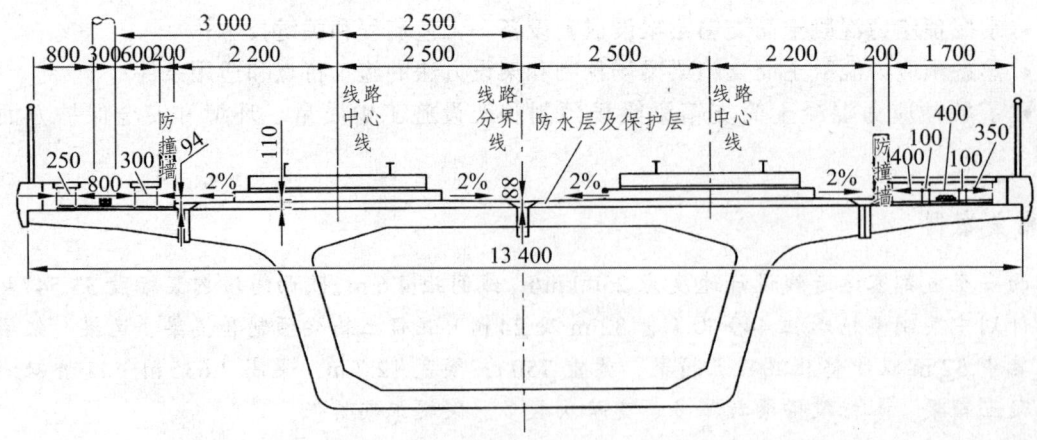

图 7.1 客运专线简支箱梁截面构造(梁宽 13.4 m) 单位:mm

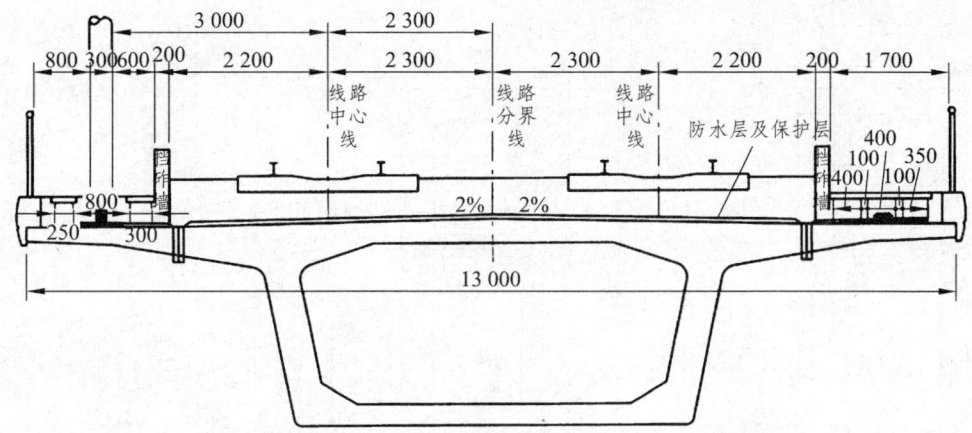

图 7.2 客货共线高速铁路箱梁截面构造　单位：mm

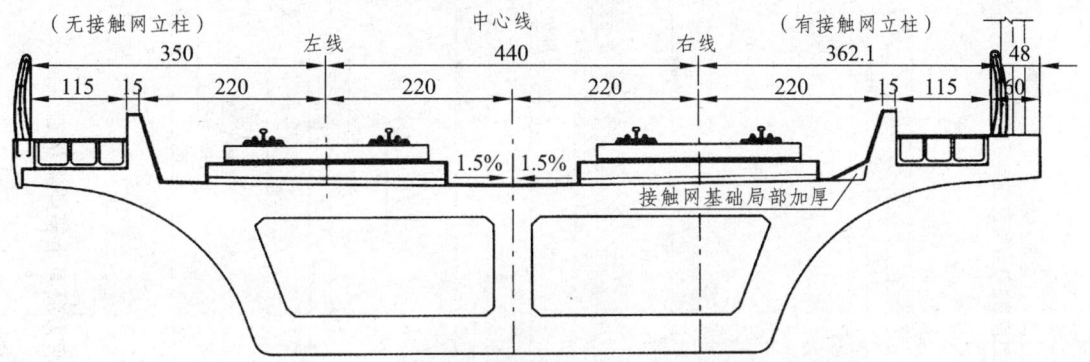

图 7.3 广珠城际铁路箱型截面构造图　单位：mm

表 7.1 国内高速铁路跨度 32 m 箱梁技术标准

代表性线路	京津城际	合宁线	昌九城际	广珠城际	秦沈客专
设计荷载	0.8UIC	0.8UIC	0.8UIC	0.6UIC	0.8UIC
设计速度 /（km/h）	350	250	250	200	250
全长/m	32.6	32.6	32.6	32.6	32.6
梁高/m	3.05	2.8	2.6	2.2	2.6
顶宽/m	13.4	13.0	13.0	11.6	12.4
箱底宽/m	5.5	5.74	6.5	6.0	6.0
跨中腹板厚/m	0.45	0.48	0.24（三腹板）	0.25 三腹板	0.45
每孔混凝土数量/m³	327.6	315.2	270.0	241.73	288.8
静活载作用下挠度	1/5 147	1/3 940	1/3 889	1/3 360	1/3 333
徐变拱度/mm	5.9	9.0	6.12	5.1	
竖向自振频率/Hz	4.66	4.36	3.95	4.83	

1. 后张法预应力混凝土简支箱梁构造

后张法预应力混凝土简支箱梁具有刚度大、抗冲击力强、稳定性好、噪声小、便于维护保养等优点，但同时也具有结构复杂、自身体积大、重量重、宽跨比大等特点。《时速 350 公里客运专线铁路无砟轨道后张法预应力混凝土简支箱梁（预制、双线、跨度 32 m）》[通桥（2015）2322A-Ⅱ-1-06]中跨度为 32 m 简支箱梁如图 7.4 所示。

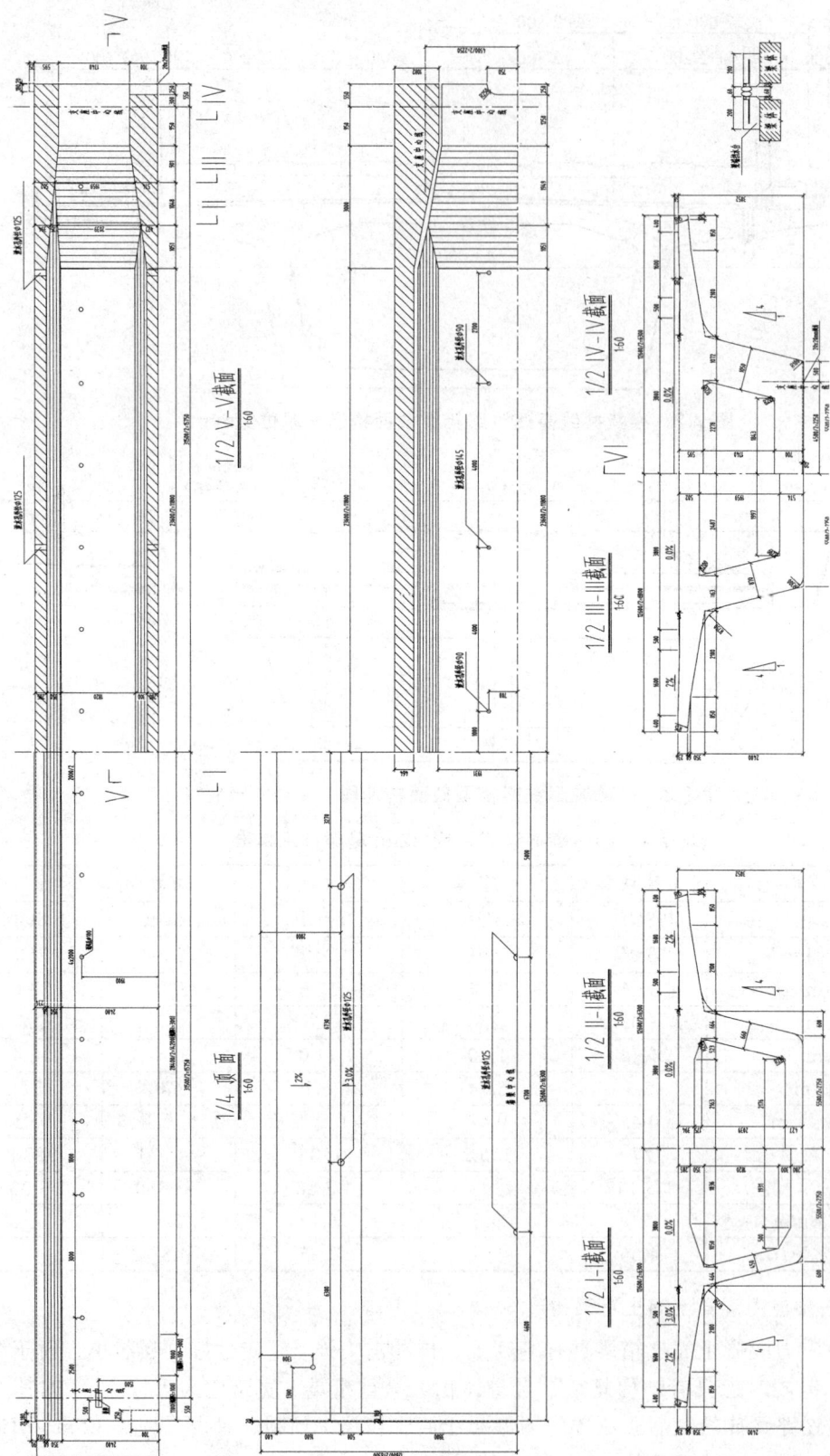

图 7.4 后张法预应力混凝土箱型梁构造

2. 先张法预应力混凝土简支箱梁构造

国外高速铁路中先张法预应力混凝土简支梁也比较常用,与后张法预应力混凝土梁相比,先张法预应力混凝土简支箱梁的优点有:无需预留管道,避免了对结构断面的削弱;减少由于管道压浆不充分或管道积水对结构的影响;同时节省了预应力钢筋的多次张拉、管道压浆等工序,大大减少施工环节、缩短制梁周期、减少存梁场地、提高结构耐久性能。但由于先张法预应力曲线布置较为复杂,目前国内外采用混张法(先张法和后张法结合)的桥梁较多。

国内先张法预应力混凝土梁的研制始于20世纪50年代,预应力配筋形式多采用直线配筋,常用先张梁最大跨度在20 m以下,且均为T形梁。2001年进行了跨度24 m先张法预应力混凝土T梁的设计与制造工艺研究,首次采用折线配筋形式,并在青藏铁路得到成功的应用。在合宁铁路进行了三孔32 m先张法预应力混凝土简支箱梁的试制和试验。下面以合宁铁路32 m/900 t先张双线箱梁为例简要介绍其构造特点。

(1)主要截面形式。

箱梁梁体混凝土采用C50高性能混凝土,从保持先张梁和后张梁的通用和互替,降低造价和模板通用等方面考虑,同跨度先张箱梁截面形式及变截面位置均与后张梁一致,便于模板的统一。跨中截面主要尺寸如图7.5所示,端部截面主要尺寸如图7.6所示。

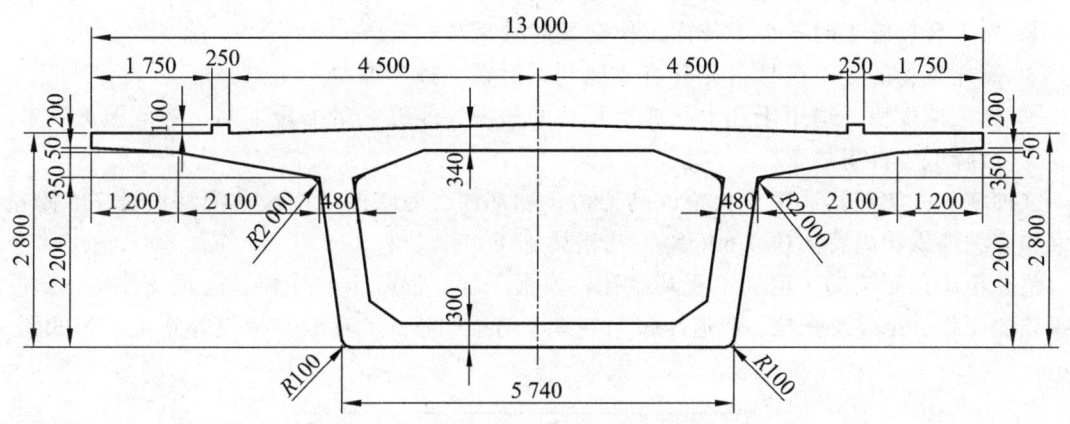

图 7.5 先张梁跨中截面(单位:mm)

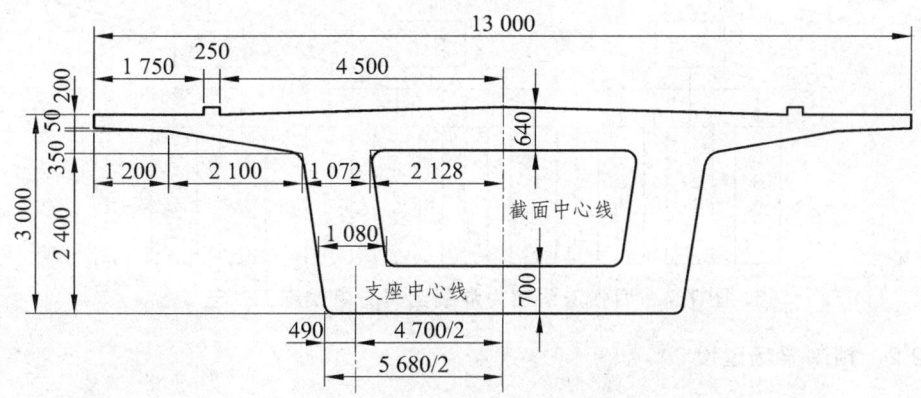

图 7.6 先张梁端部截面构造(单位:mm)

(2)预应力钢绞线。

预应力钢筋采用 7ϕ5-1 860 MPa 钢绞线。预应力钢筋分为直线筋和折线筋两部分。直线筋设于箱梁底板中,折线筋设于箱梁腹板内,通过导向装置分两批弯起,弯起角度 8°。直线布置预应力筋采用 1×7-17.80-1860 钢绞线,折线布置预应力筋采用 1×7-15.2-1860 钢绞线,直线筋数量为直线梁 162 根、曲线梁 168 根,直、曲线梁折线预应力钢筋数量均为 56 根。

3. 后张法预制简支箱梁主要施工方法

高速铁路单箱双线预应力混凝土简支梁,跨度有 32 m、24 m 和 20 m,其中 32 m 梁作为主导梁型,大约占 90%。32 m 简支箱梁预制长度为 32.6 m、高 3.05(2.60)m、顶宽 13.4(12.2)m,质量约 900(750)t,使用年限 100 年。

后张法预制简支箱梁由于断面大、质量重、移运控制标准严格,无法通过铁路或公路远距离运输,不能采用普通铁路"工厂集中预制,铁路运输到桥位架设"的施工方法,只能采用以现场分段集中制造、短距离运输、架桥机架设为主的方法即整孔预制、逐跨吊装法(Full-sPan Pre-cast and Lauching Method,简称 FPLM),其主要优点以下:

① 减少现场工作,在施工现场主要是吊装、安装工作。
② 减少现场施工时各个工作面工作交叉时管理难题。
③ 简化现场的施工机具,充分有效地利用材料,减少浪费。
④ 施工速度快,适用于几十孔或上百孔的长桥,能够大量缩短工期,降低施工成本。
⑤ 可降低各种事故率。

这种施工方法尤其适用于长桥或高架桥,如郑西客专陕西渭南段渭河特大桥 735 跨整孔箱梁和京沪高铁德禹特大桥 1 696 跨整孔箱梁施工。

整孔箱梁预制梁场,钢筋工程及制孔,模板工程,混凝土的拌和、浇筑及养生,预应力钢绞线的制作、穿束及张拉,管道压浆与封端,箱梁的移运、存放与架设等施工工艺如图 7.7 所示。

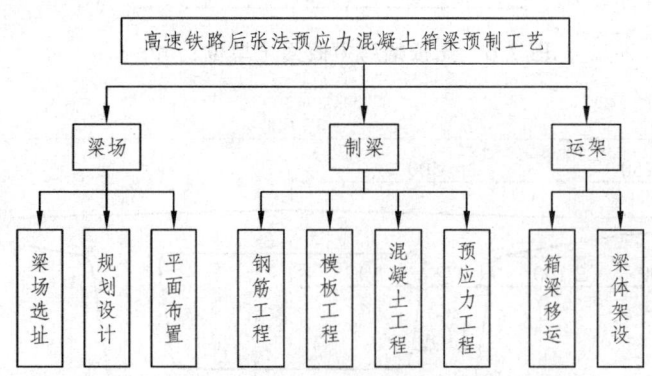

图 7.7 后张法预应力混凝土简支箱梁施工工艺

7.1.2.2 预制梁场建设

对于桥群密集区,根据梁型数量及分布,设置制梁场,配置重型提、运、架梁设备进行制梁和架梁施工。

1. 预制梁场选址与平面布置

（1）预制梁场选址原则。

制梁场的选址应根据所需架设桥梁区段内，桥梁和周围结构物的分布情况，从满足工期、造价合理等综合分析，确定制梁场位置。制梁场选址应考虑以下主要原则：

① 永临结合。尽可能利用站场和其他铁路永久用地，或将制梁场设在地方规划或工程规划中的永久建设用地上。

② 征地拆迁及复垦量少。制梁场宜选在占用耕地少、拆迁量小以及工程完工后复垦量小的场地上。

③ 供梁距离短。制梁场一般宜选在桥群集中地段或特大桥两端位置，以减小运梁距离。箱梁供梁的运距不宜超过 20 km。

④ 交通方便。制梁场位置充分考虑交通、用电、用水等要求，应尽量与既有路网或施工便道相连，以利于大型设备和材料进场，道路应满足运输大型制梁、提梁、运梁设备通行的要求。

⑤ 制梁场宜选择在地质状况好、地基处理工程量小的地基上。

⑥ 制梁场选址应考虑防洪、排涝和防凌等要求，以确保施工安全。在制梁场的规划选址中应考虑供梁区间内现浇梁、连续梁及隧道工程等的影响因素。宜避开水库、水塘、高压线、危险爆炸物生产区。

（2）不宜选址地段。

由于制梁场生产对桥梁结构质量要求很高，故为了保证梁体预制质量，下列地段和地区不得选为场址：

① 地震断层和设防烈度高于 9 度的地震区；

② 有泥石流、滑坡、流砂、溶洞等直接危害的地段；

③ 采矿陷落（错动）区界限内；

④ 爆破危险范围内；

⑤ 坝或堤溃决后可能淹没的地区；

⑥ 重要的供水水源卫生保护区；

⑦ 国家规定的风景区及森林和自然保护区；

⑧ 历史文物古迹保护区；

⑨ 对飞机起落、电台通信、电视转播、雷达导航和重要的天文、气象、地震观察以及军事设施等规定有影响的范围内；

⑩ 其他对桥梁施工有较大影响的地段。

梁场选址应综合考虑经济层面和技术层面的影响因素。

如××客专 ZQ-1 标段梁场设在线路左侧。梁场承担沣河特大桥和环山公路特大桥共计 750 孔箱梁预制任务，其中 32 m 箱梁 691 孔、24 m 箱梁 59 孔，采用并排横列式布置形式，场内搬梁机搬运箱梁，跨墩龙门吊提梁装车方案，如图 7.8 所示。

（3）预制梁场总体规划。

以安全适用、技术先进、经济合理，满足施工流程需要，兼顾运、架设备的安装和拆除为总原则，主要根据铺架计划而定，同时要考虑交通状况、原材料来源、地形地貌、地质概况等因素进行制梁场的规划与设计。

图 7.8　梁场俯瞰图

（4）预制梁场布置原则。

① 根据提梁、运梁机械设备、箱梁制造工艺要求，选择梁场布置形式。有跨墩提梁上桥方式和路基运梁马道方式。一般情况下提梁上桥方式，多采用横向布置形式；路基运梁马道方式多采用纵向布置形式，也可采用横向布置形式。

② 制梁场由生活区、生产区、存梁区、材料存放区、混凝土搅拌区、钢筋加工区六大区域组成。

③ 制梁场内要设置制梁台座、存梁台座、静载试验台座、钢筋绑扎台座、内模存放台座、内模整修台座、定位网制作台等。

④ 生产区主要包括钢筋存放加工区、钢筋绑扎区、混凝土搅拌区、砂石料存放区、混凝土浇筑区、钢配件加工存放区、蒸汽锅炉布置区、小构件生产区、工地试验室、生产库房等。

⑤ 根据制梁工艺，合理布置生产区、存梁区、运梁线、材料存放区，结合预制桥梁数量，设置制梁台座、存梁台位数量和搅拌站位置及砂石料存放场地大小。

⑥ 制梁场主要机械设备需要配置跨制梁区龙门吊、钢筋装卸龙门吊、提梁机、汽车吊、拌和站、布料机、混凝土输送泵、蒸汽养护系统、模板系统。模板系统主要包括内模、外模、底模和端模，外模一般采用整体式模板，内模采用液压收缩模板。

⑦ 箱梁养护采用蒸汽养生。蒸汽主管采用 $\phi200\text{ mm}$ 钢管，设于台座两侧，覆裹保温材料，并在相应台座设置 $\phi50\text{ mm}$ 蒸汽支管，每个台座设 4 根蒸汽支管，保证箱梁养护温度均匀。

2. 制梁和存梁台座

（1）制梁、存梁台座设计。

① 制梁台座是预制箱梁的重要设施，从安装模板、钢筋、浇筑梁体混凝土、蒸汽养护至初张拉的施工工序均在制梁台座上完成。

② 制梁台座基础处理采用 C20 以上钢筋混凝土灌筑桩处理加固方案，顶部采用板筏结构。存梁台座采用四点支承的方法，每个存梁台座由 4 个钢筋混凝土支墩组成，各支墩间距按照箱梁的允许存梁支点设置，各支墩上设橡胶垫或橡胶皮。设置间距为梁的支座间距。

③ 横向布置方案采用移梁滑道，根据梁场地质情况，基础处理后应满足承载力、沉降、变形的要求。

④ 存梁台根据地质情况，采用不同桩径钢筋混凝土钻孔桩进行加固，以满足不大于

2 mm 的不均匀沉降要求,以确保箱梁质量。

(2)制梁台座的数量和布置形式。

制梁台座的数量取决于制梁设备配置情况、制梁工序、制梁周期及梁场制梁效率等。

① 制梁设备配置。

制梁场主要机械设备需要配置跨制梁区龙门吊、钢筋装卸龙门吊、提梁机、汽车吊、拌和站、布料机、混凝土输送泵、混凝土罐车、蒸汽养护系统以及模板系统等。跨制梁区龙门吊布置在生产线上,主要用来吊钢筋骨架和内模以及其他配件;提梁机主要用来移梁。模板系统主要包括内模、外模、底模和端模,内模一般采用液压可收缩,方便拆装;外模和底模一般做成可调节的形式,方便调节预拱度和拆模;端模通常采用分块拼装的形式。

一个典型的制梁场施工设备配置情况见表 7.2(生产能力 70 孔/月)。

表 7.2 梁场机械配备一览表

序号	设备名称	规格		单位	数量	备注
1	提梁机	450 t		台	2	
2	移梁台车	900 t		台	4	
2	混凝土拌和机	HZS120		台	2	
3	混凝土输送泵	HBT-80-16-132		台	3	
4	柴油发电机组	500 kW		台	2	
5	蒸汽锅炉	DZL6		台	2	
6	混凝土布料机	HGY21		台	4	
7	混凝土拌和运输车	8 m³		台	3	
8	龙门吊	40 m×80 t		台	4	
9	龙门吊	18 m×10 t		台	2	
10	预制箱梁模板	液压内模	32 m	套	4	
			32 m 与 24 m 共用	套	1	32 m 梁与 24 m 梁等高
			24 m 低梁	套	1	
11		外模	32 m	套	4	
			32 m 与 24 m 共用	套	1	32 m 梁与 24 m 梁等高
			24 m 低梁	套	1	
12	装载机	ZL50		台	2	
13	变压器	1 250 kVA		台	1	
14	电子磅	150 t		台	1	
15	静载试验架			套	1	
16	钢筋切割机	GQ40B		台	10	
17	钢筋弯曲机	GW6-40B		台	10	
18	对焊机	UN1-100		台	4	
19	电焊机	BX3-500		台	10	
20	卷扬机	JK-2 t		台	4	
21	钢筋调直机			台	2	

② 制梁工序及制梁速度。

箱梁预制施工工艺流程：清理底模→安装支座板→吊装底、腹板钢筋→安装端模→安装内模→安装外模→吊装顶板钢筋→模型调整→混凝土浇筑→蒸汽养生→预张拉→移出台位→终张拉→压浆→封锚→成品梁→装车发运。

单个台座的制梁周期为 4~6 d/跨，单台座制梁速度 $v = 1/(4~6)$（跨/d）。

③ 制梁台座的数量。

根据梁场的生产计划可以确定梁场的制梁速度，台座个数：

$$N = V/v$$

式中　V——梁场制梁速度，即按计划确定的梁场一天完成箱梁预制的数量（跨/d）；

　　　v——单台座制梁速度（跨/d）。

以满足铺架工期要求为前提，用铺架进度指标作为设置生产台座的依据。以××梁场为例，设台座 14 个，设计生产能力 70 跨/月。按"预制箱梁工作循环时间分析表"（见表 7.3），则每个台座实际 6.0 d 为一个工作循环，14 个台座月生产能力为 5.0×14 = 70 > 51 跨/月（铺架数），台位数量满足要求。每套模型计划周转时间为 30 d/（70 跨/月÷6 套）= 2.6 d/次。在见表 7.3 中，外模实际占用时间 2.1 d/次<2.6 d/次，外模数量满足计划要求；内模实际占用时间 2.1 d/次 < 2.6 d/次，内模数量也满足计划要求。

表 7.3　预制箱梁工作循环时间表

序号	工　作　内　容	工作天数	持续时间	台座占用	外模占用	内模占用
1	清理底模、安装支座板及活动底模、刷脱模剂，调整上拱	1	8 h	√		
2	吊装箱梁底、腹板钢筋骨架	1	8 h	√		
3	立端模、安装内模	1	6 h	√		√
4	立外侧模板（外模在轨道上整扇滑移，顶部不设横担）	1	4 h	√	√	√
5	吊装箱梁顶板钢筋、模型调整、挡砟墙、竖墙预埋钢筋绑扎、各种预埋件安装	1	4 h	√	√	√
6	梁体混凝土浇筑	1	6 h	√	√	√
7	养生（卸相关预埋件）	1	10 h	√	√	√
8	养生（拆除及拖拉内模，拆端模及外模支撑，穿预拉钢绞线、预拉）	1	20 h	√	√	
9	拆外模，穿钢绞线、一期张拉	1	8 h	√	√	
10	顶移箱梁、移出台位	1	8 h	√		
11	终张拉	10				
12	压浆、封锚、成品梁	30				
13	一个循环小计	46	59 h	6.0 d	2.1 d	2.1 d

④ 制梁台座的布置形式。

制梁台座有两种布置形式：纵列式和横列式。纵列式布置是台座的长度方向顺线路走向，横列式布置是台座长度方向垂直于线路走向。横列式布置的箱梁在上桥前需水平旋转 90°，运梁车需调头,因此这种布置方式比较适合于梁场远离线路的情况,而纵列式比较适合于梁场靠近线路的情况。

每一种布置方式中,多个台座的具体排列方式主要取决于箱梁搬出台座的方式。目前,出梁方式有 2 种:龙门吊机出梁和滑移台车出梁,龙门吊机又分轮胎式和轮轨式 2 种。

a. 采用移梁台车出梁。

采用移梁台车出梁时,梁场的平面布置如图 7.9 所示。

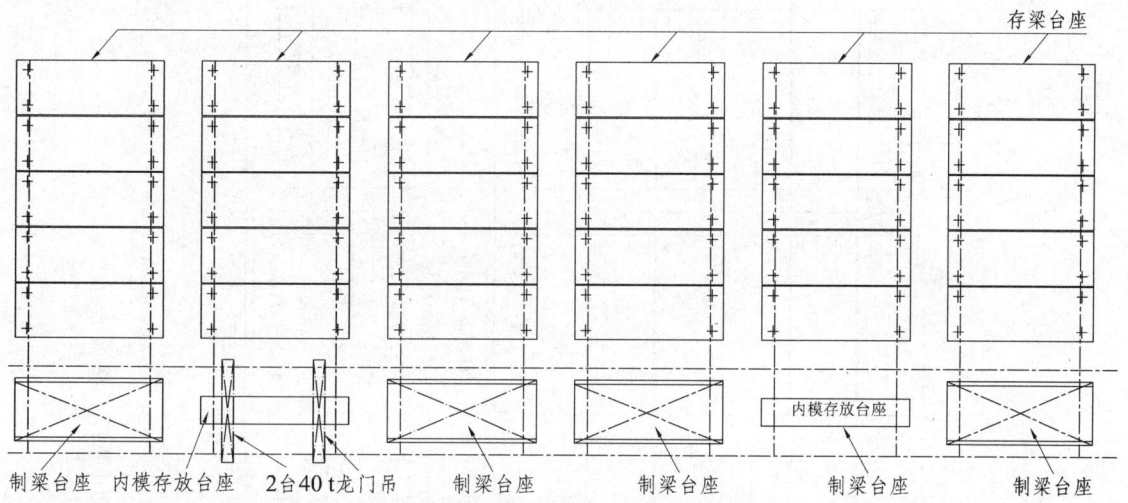

图 7.9 横列式台座布置图(移梁台车移梁)

特点:台座呈一字形单列布置,初张拉箱梁后,拆除一侧外侧模,由滑移台车将箱梁从台座上顶起并横移至存梁台座上,但箱梁装车需另配龙门吊机。

b. 采用 900 t 龙门吊机出梁。

采用 900 t 轮胎龙门吊机或轮轨龙门吊机时,梁场的平面布置如图 7.10 所示。

特点:台座可单列、双列及更多列布置(图中为双列),初张拉箱梁后,900 t 龙门吊机纵跨制梁台座,将箱梁直接提吊出台,并存放到存梁台座上。提吊不同台座中的箱梁时,龙门吊机需要横移变轨。

c. 采用 450 t 轮轨龙门吊机。

采用 450 t 轮轨龙门吊机时,梁场的平面布置如图 7.11 所示。

特点:台座一般双列布置,两台 450 t 轮轨式龙门吊机横跨两列制梁台座,将箱梁直接提吊出台,并存放到存梁台座上。

(3)存梁台座的数量及存梁规模。

① 存梁台座。

存梁台座的数量

$$n = VK$$

式中 V——梁场制梁速度(跨/d);

K——箱梁在存梁台座上最少存放时间(d),无特殊要求时,$K = 30$ d。

箱梁在存梁台座上最少存放时间 K 的确定依据:初张后终张前时间间隔 10 d;终张拉工时约 1 d;压浆封端工时约 2 d;压浆封端工后存放时间约 15 d(此时间受养护措施和气温影响)。故 $K = 10 + 1 + 2 + 15 = 28$ d,取 $K = 30$ d。

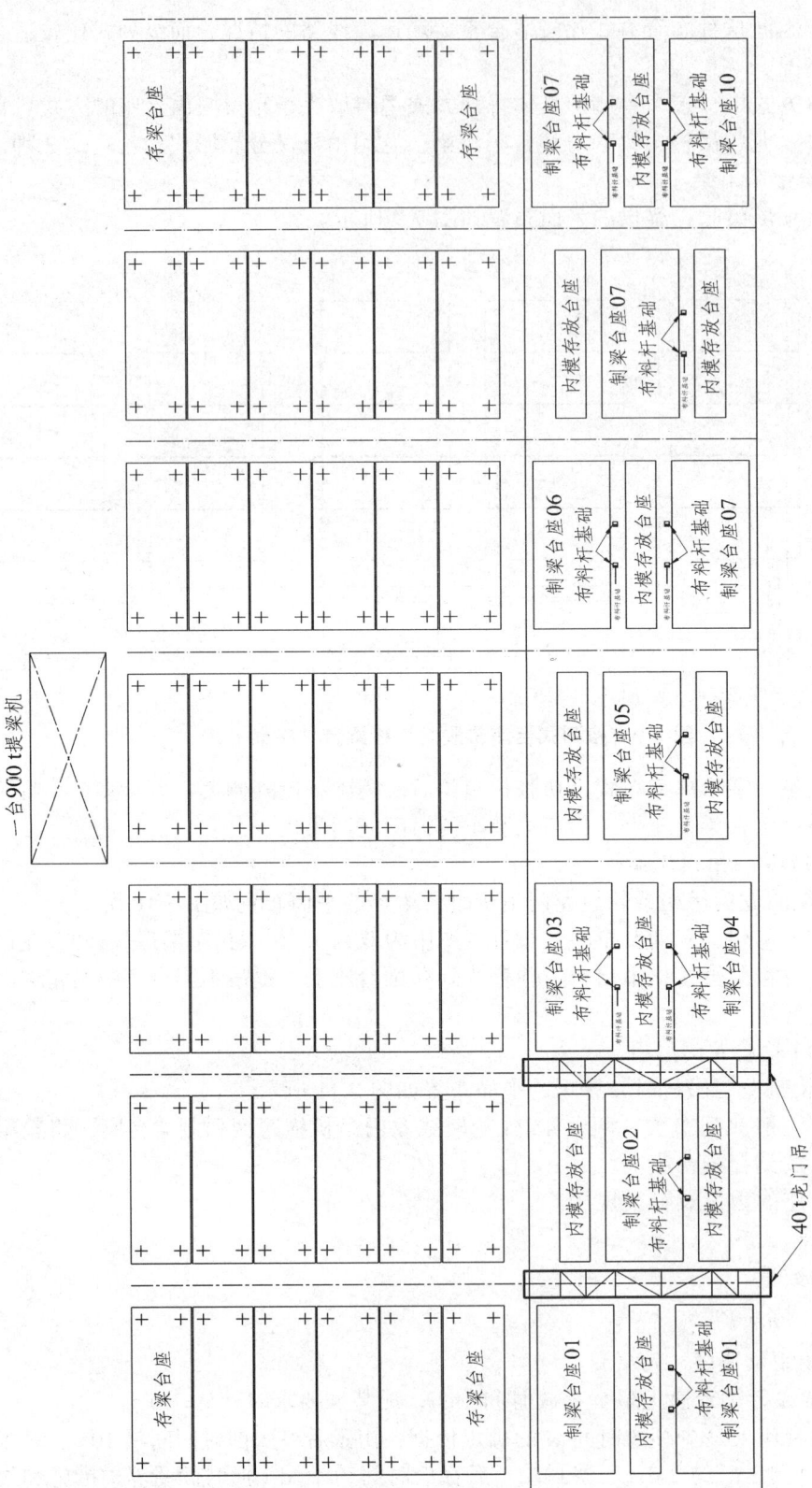

图 7.10 横列式台座布置图（提梁机移梁）

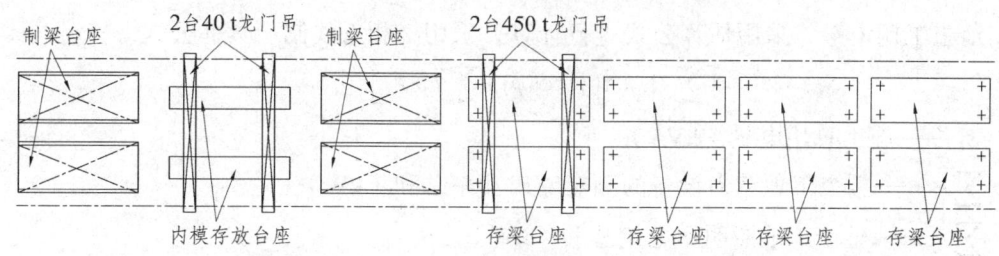

图 7.11 纵列式台座布置图（提梁机移梁）

② 存梁规模计算。

a. 确定每跨梁生产周期。结合生产工艺情况，每跨箱梁实际制梁周期按 6.0 d 计算，每个台座每月生产 30/6.0 = 5.0 跨，则 14 个生产台座，每月可生产 14×5.0 = 70 跨。

b. 根据 1.7 跨/d 的铺架进度指标，确定每月铺架桥梁数量 30×1.7 = 51 跨，根据铺架数量，确定制梁台座数量 51/5.0 = 10.2 个，则需设 11 个制梁台座，考虑变更设计梁数增加、工期提前等因素，则按 14 个台座考虑。

c. 确定存梁规模。每跨梁在梁场存梁周期为 40 d，则需设存梁台座数量 70/30×40（存梁天数）= 93.3 跨，同时考虑生产进度与铺架进度差（月生产 70 跨，铺架 51 跨）19 跨，按提前 1.5 个月生产考虑（考虑试生产、生产许可证等因素）则要增加存梁台座 19×1.5 = 28.5 跨，则共需设存梁台 93.3 + 28.5 = 121.8 跨。实际每个制梁台座对应存梁 8 跨，则总存梁能力 14×8 + 14 = 126 跨 > 121.8 跨。

（4）运梁方法及设备的选用。

箱梁在台座中完成初张拉后即可从台座中搬移到存梁台座上，进行养护及终张拉，简称出梁。一般采用龙门吊机出梁。

（5）梁场辅助设施的规划与施工。

场内交通一般分为运梁通道（提梁机走行线、运梁车通道）和普通运输车辆通道。为方便施工原材料（水泥、砂、碎石、钢筋、粉煤灰等）的运输，场内设环形施工道路。

电力布置上应根据场地大小、生产规模合理选定变压容量和分布数量。电力直接从高压线引下，从高压线至变电站宜架空电线，在布置高度时应参考门吊高度和特种运输（包含运输提梁机杆件）车辆限界设置高度，严禁侵入限界；变压后电缆一般均埋地，在配电箱处引出地面，配电箱间隔原则上不超过 40 m；梁场应配置备用电力，一般梁场备用电力可采用柴油发电机组，其规模应能保证混凝土的基本生产。

在供水上应根据梁场的生产规模和极限生产速度确定日供水量，一般采用蓄水池蓄水，搅拌站宜单独设置蓄水池。一般在制梁区采用横列式，存梁区采用纵列式，应根据设备用水量通过水压计算确定设备供水管径。

梁场下水主要由排水沟、混凝土输送管道地沟、蒸汽输送管道地沟组成。为避免与各种机械和作业的冲突，在下水平面布置上制梁区一般采用横列式，存梁区采用纵列式。在制梁区平面布置上排水沟、混凝土输送管道地沟、蒸汽输送管道地沟连接，通过沟底高程不同来实现蒸汽凝水、混凝土地沟内水往排水沟的排泄。排水沟由明沟和暗沟组成，暗沟穿过提梁机走行线，其他部位为明沟，暗沟采用钢混管涵结构，根据提梁机移动荷载单独设计；排水沟截面应通过气象资料经计算确定。

① 施工总用电量计算。

电力供应首先要确定总用电量，以便选择合适的发电机、变压器，一般采用地方电网供

电。工地施工用电量,采用估算公式进行计算,采用三相五线制。具体公式

$$S_{总} = 1.10 \times \left[\sum P_1 \cdot k_1 / (n \cdot \cos\phi) + \sum P_2 \cdot k_3 \right]$$

式中 $S_{总}$——施工总用电量(kVA);

$\sum P_1$——整个工地动力设备的额定输出功率总和(kW);

$\sum P_2$——整个工地照明用电量总和(kW);

η——动力设备的平均效率,取 0.85;

$\cos\phi$——平均功率因数,采用 0.7;

k_1——动力设备同时使用系数,采用 0.85;

k_3——照明设备同时使用系数,采用 0.9。

根据估算的施工总用电量来选择变压器,其容量应等于或略大于施工总用电量,且在使用过程中,一般使变压器用电负荷达到额定容量的 80% 左右为宜。

② 施工用水量计算。

用水量估算应根据每天生产箱梁数进行计算,考虑 20% 的富余量;生活用水量根据生产用水量的 30% 进行计算,生产和生活用水量累计即为总用水量。

施工用水应考虑水质、水量的大小、水压及供水设施等几个方面。施工用水必须经过水质化验,符合要求后,方可使用。

任务 7.2 预应力混凝土简支箱梁预制

相关案例

以案例 7.1 中 32 m 箱梁为例,开展箱梁预制工作,主要包括模板工程、钢筋工程、混凝土工程、预应力工程及场内移梁工作,并根据工期开展制梁方案及相关作业指导书编制工作。

7.2.1 工作任务

学习下面相关内容后,完成该桥预应力混凝土简支箱梁预制流程和关键技术的学习,能编写预制箱梁施工作业指导书和技术交底,能完成预应力混凝土简支箱梁预制过程中的质量监控,达到教学要求所需的知识目标、能力目标。

7.2.2 相关配套知识

后张法预应力混凝土简支箱梁截面类型为单箱单室简支箱梁,梁端顶板、底板及腹板局部向内侧加厚,采用斜腹板形式,腹板上每隔 2.0 m 设置通风孔以降低箱梁内外温差。预施应力按预张拉、初张拉和终张拉三个阶段进行;两端同步张拉,并左右对称进行。终张拉必须在梁体混凝土强度及弹性模量达到设计值后,龄期不少于 10 d 时进行。

7.2.2.1 主要施工工艺

箱梁预制工作包括如下主要工序:钢筋工程及制孔,模板工程,混凝土的拌和、浇筑及养生,预应力钢绞线的制作、穿束及张拉,管道压浆与封端,箱梁的移运及存放,桥面防水层、保护层施工,桥梁附属配件的施工。其中钢筋绑扎分为整体绑扎、底腹板与顶板分体绑扎两种形式,图 7.12 为某梁场箱梁预制的施工工艺流程,其钢筋绑扎是分体式绑扎方式。

项目7 预制预应力混凝土简支箱梁施工

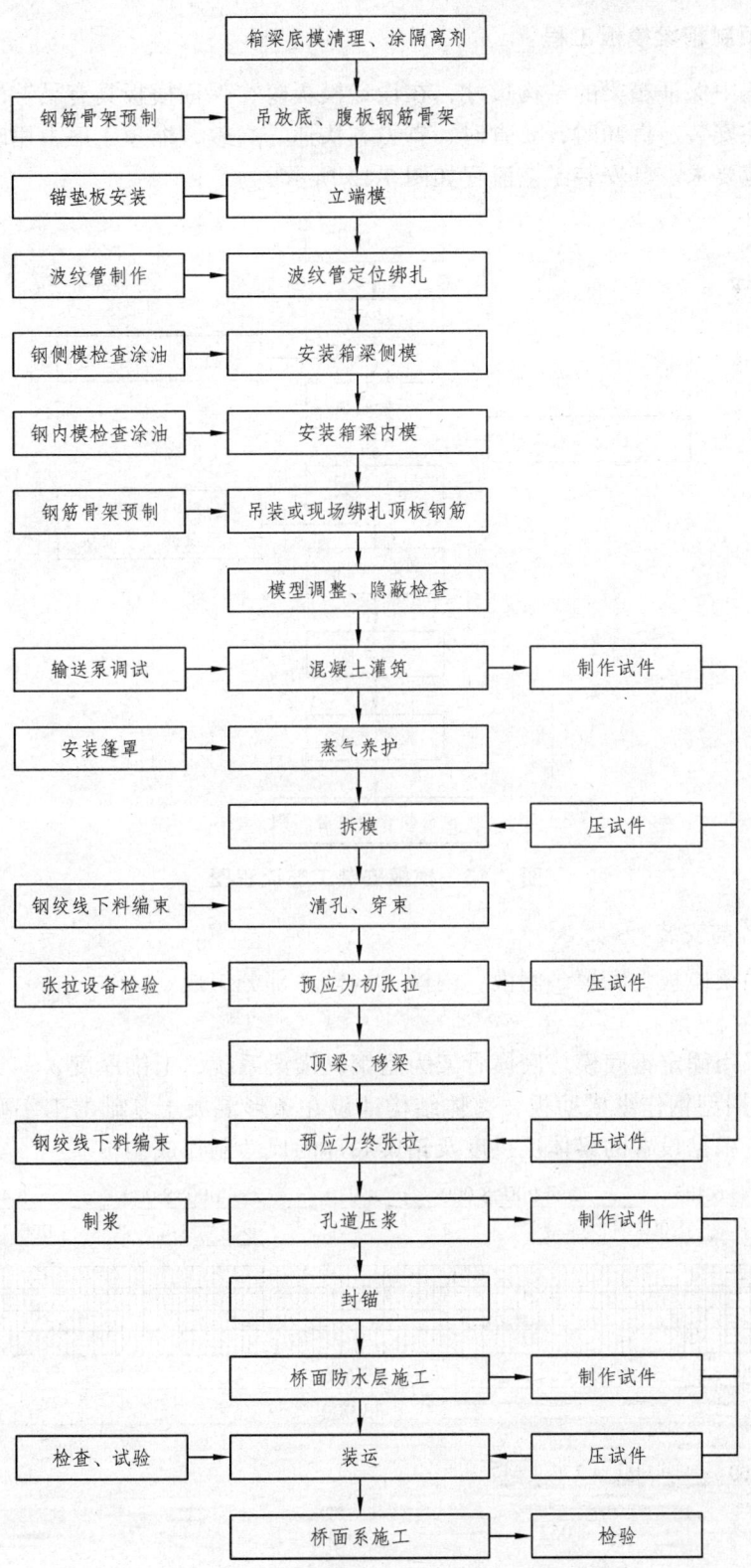

图 7.12 箱梁预制的施工工艺流程图

7.2.2.2 预制箱梁模板工程

在预制过程中保证箱梁的结构尺寸，在设计模板时，保证模板具有足够的刚度、强度和稳定性，而且在安装、拆卸时，要省时、省力、快速、高效，缩短工序占用时间；加工误差满足设计和规范要求。其安装工艺流程如图 7.13 所示。

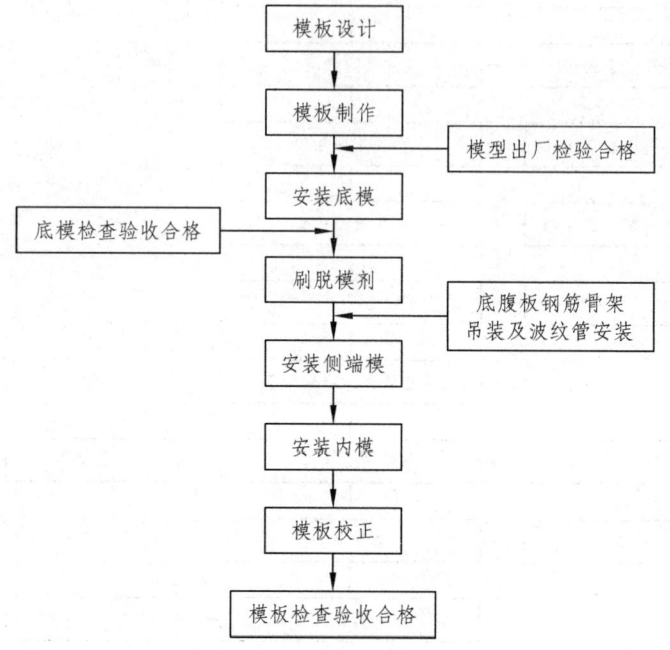

图 7.13　模板安装工艺流程图

1. 模板制作与安装

双线整孔箱梁模板由底模、侧模、内模、端模 4 部分组成。

（1）底模。

预制箱梁采用固定钢底模。底模骨架为型钢纵横梁系统，上铺厚度 $\delta=12\ mm$ 钢板作面板（图 7.14），用型钢作纵横肋板，整体结构铺设在条形混凝土基础的工字型横梁上；底模下设调整装置，根据设置的梁体反拱度及箱梁底部的尺寸制作成型。

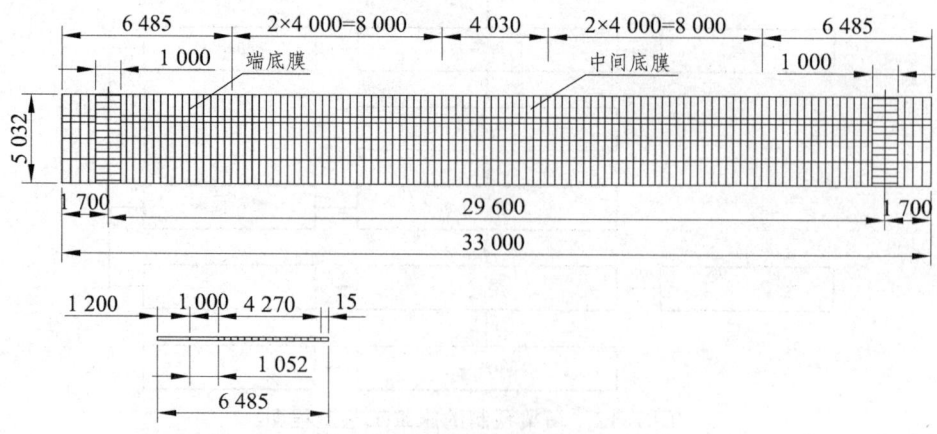

图 7.14　箱梁底模板（单位：mm）

底模可分段制作、运输进场，底模拼接时需要注意保证各段的中心线在同一直线上，中心线偏差要符合要求。底模预设反拱、预留压缩量，在首次使用前，应对底模进行预压，然后调整，使之符合要求。箱梁预制过程中由于存在沉降，每生产完一孔梁，都需要对底模进行调整，等沉降稳定后可以减少检查的频次。底模支座位置，应在每次模板安装前检查，检查的内容有：横向位置、平整度，同一支座板的四角高差，四个支座板相对高差。支座板安装位置应用螺栓固定，图7.15为某梁场底模展示图。

图 7.15　底模图

底模在分段焊接处一定要保证平整度，连接平顺，平整度的检查要符合表7.4的要求。

表 7.4　模板安装尺寸允许误差和检验方法

序号	检验项目	允许偏差/mm	检验方法
1	侧、底模板全长	±10	尺量检查各不少于3处
2	底模板宽	+5.0	尺量检查不少于5处
3	底模板中心线与设计位置偏差	2	拉线量测
4	桥面板中心线与设计位置偏差	10	
5	腹板中心线位置偏差	10	尺量检查
6	隔板中心位置偏差	5	
7	模板垂直度	每米高度3	吊线尺量检查不少于5处
8	侧、底模板平整度	每米长度2	
9	桥面板宽度	±10	尺量检查不少于5处
10	腹板厚度	+10.0	
11	底板厚度	+10.0	
12	顶板厚度	+10.0	
13	隔板厚度	+10.0	
14	端模板预留预应力孔道偏离设计位置	3	尺量检查

（2）侧模。

侧模由型钢支架、面板、加劲骨架等组成。如图7.16，7.17所示。

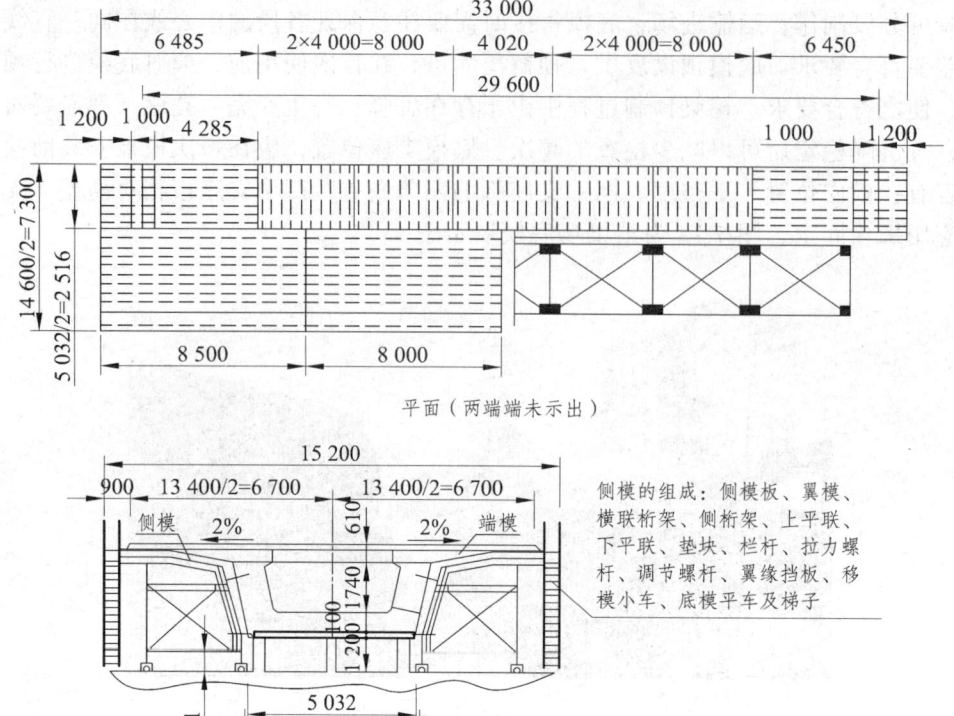

图 7.16　32 m 箱梁侧模板（单位：mm）

在箱梁外侧模翼缘板模架两外侧面设置型钢网架和桥面振捣机导轨，混凝土浇筑时，此部分作为混凝土浇筑时振捣作业的操作平台。底模与侧模间设置加厚特制耐油橡胶条，所有模板接缝均设密封耐油橡胶条，防止混凝土浇筑时漏浆。

（3）内模。

内模纵向按变截面分段制造，现场用螺栓连成一体，节间用橡胶条密封止浆；横断面按模型收缩工作原理分块，接缝处按动作顺序设置搭接止口。每段内模由结构部分和液压系统组成；结构部分由顶模、边模、横梁、支撑及运行辊轮、支撑细杆等组成；液压系统由支撑油缸、泵站及控制部分组成。如图 7.18，图 7.19 所示。

图 7.17　32 m 箱梁侧模板施工图

图 7.18　内模及内模轨道

项目 7　预制预应力混凝土简支箱梁施工

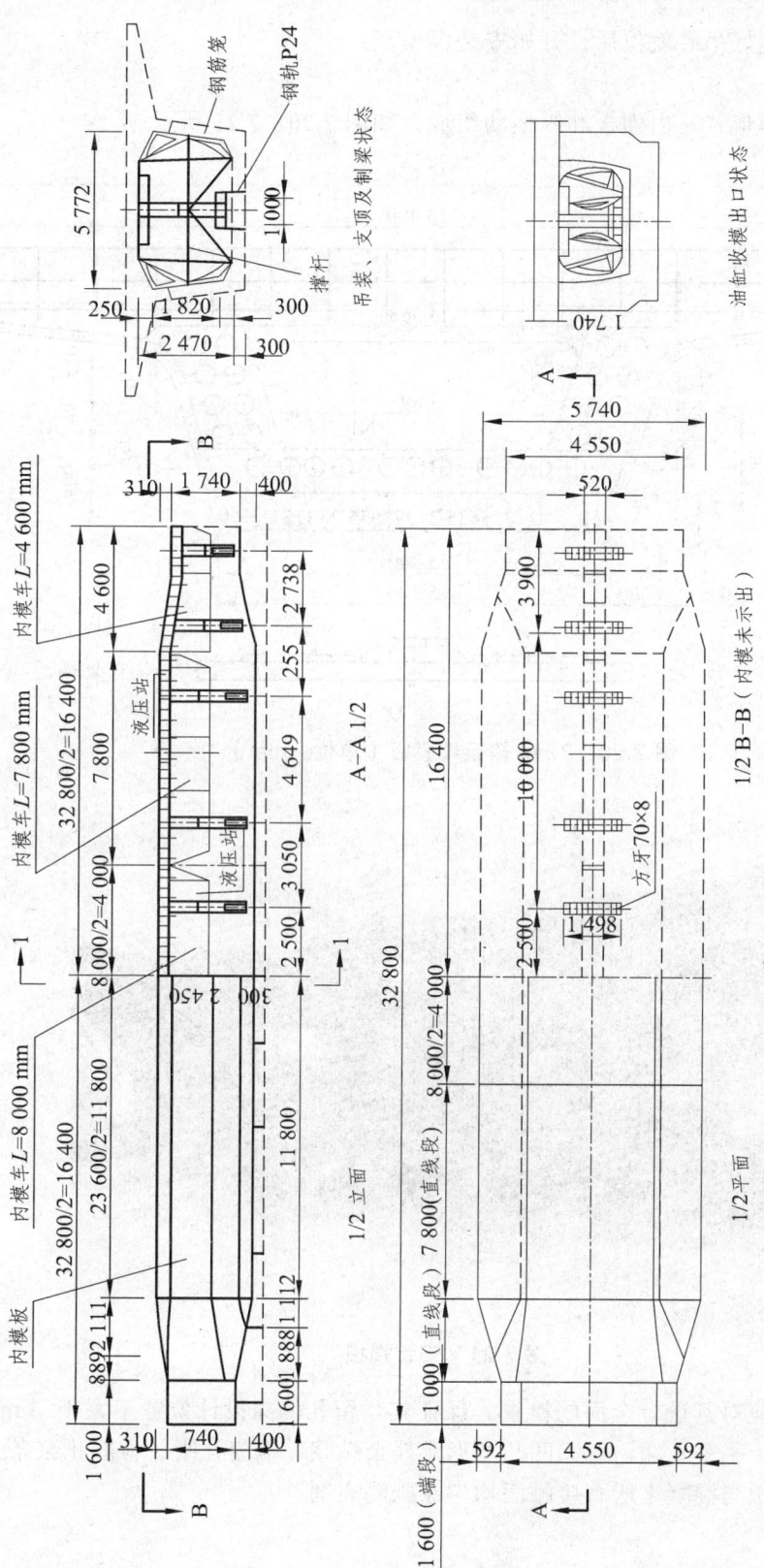

图 7.19　32 m 箱梁内模（单位：mm）

底腹板钢筋绑扎好吊装就位后,开始安装内模。

(4)端模。

端模设置为整体形式,由面板和纵横肋组成,如图7.20、7.21所示。

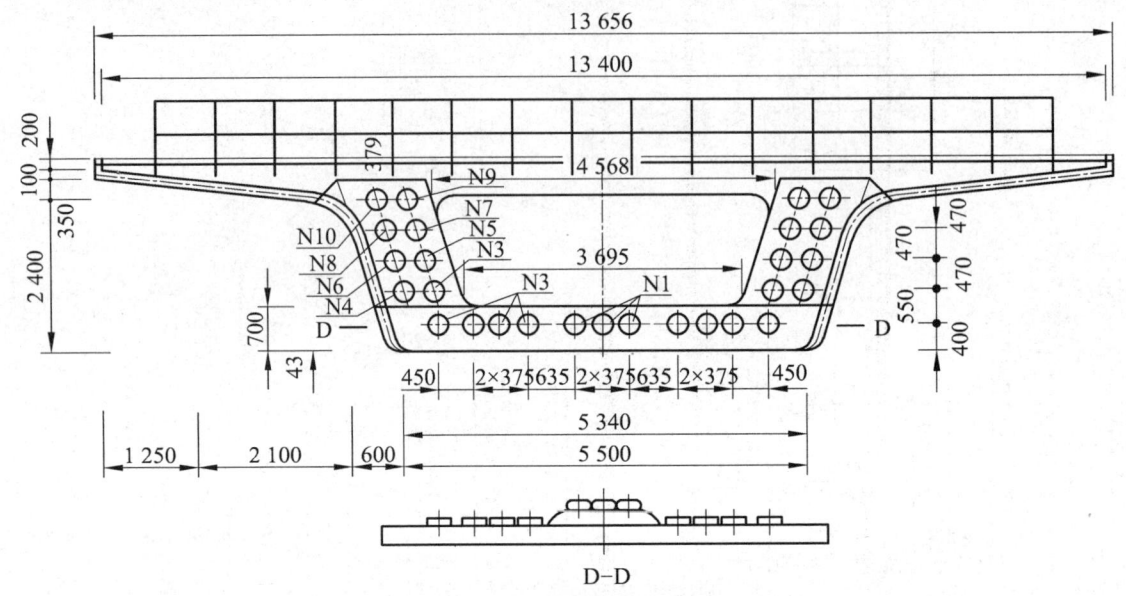

图7.20　32 m箱梁端模板(单位:mm)

图7.21　安装端模

端模板进场后应对其进行全面的检查,保证其预留孔偏离设计位置不大于3 mm。模型安装前检查板面是否平整光洁、有无凹凸变形及残余粘浆,端模孔眼、橡胶止浆条上的残余浆应清除干净,模板与混凝土所有接触面均匀涂刷隔离剂。

2. 模板拆除

混凝土拆模时的强度应符合设计要求。见表7.5,表7.6。

表 7.5 拆除底模时所需混凝土强度

构件类型	结构跨度/m	达到混凝土设计强度的百分率/%
板、拱	≤2	50
	2~8	75
	>8	100
梁	≤8	75
	>8	100
悬臂梁（板）	≤2	75
	>2	100

表 7.6 模板安装检查记录（单位：mm）

台位		施工图号	
规格		梁号	
序号	检查项目	设计允许偏差	实际安装情况
1	支座板与底板	密贴	
2	侧模垂直度（腹板全高）	≤4‰	
3	腹板上口中心线偏离设计位置	±5	
4	腹板上口宽	+5，-0	
5	桥面内外侧偏离设计位置	±3	
6	桥面总宽	±3	
7	相邻模型顶拼接处高差	≤5	
8	模型全长	+0，-8	
9	模型各处接缝	紧贴堵严	
10	模型接缝不平整	≤3	
11	通风孔、吊装孔、桥牌预埋螺栓	安装牢固	
12	端头模型横偏斜	≤3	
13	端头模型高度误差	+0，-3	

7.2.2.3 预制简支箱梁钢筋工程

钢筋采用钢筋专业机具分批量加工，绑扎分两部分进行，底板与腹板为一体，在钢筋绑扎场的台座上绑扎成型后用龙门吊吊至制梁台座上。另一部分箱梁顶板钢筋在安装完箱梁内模后再吊装就位。钢筋工程工艺流程如图 7.22 所示。

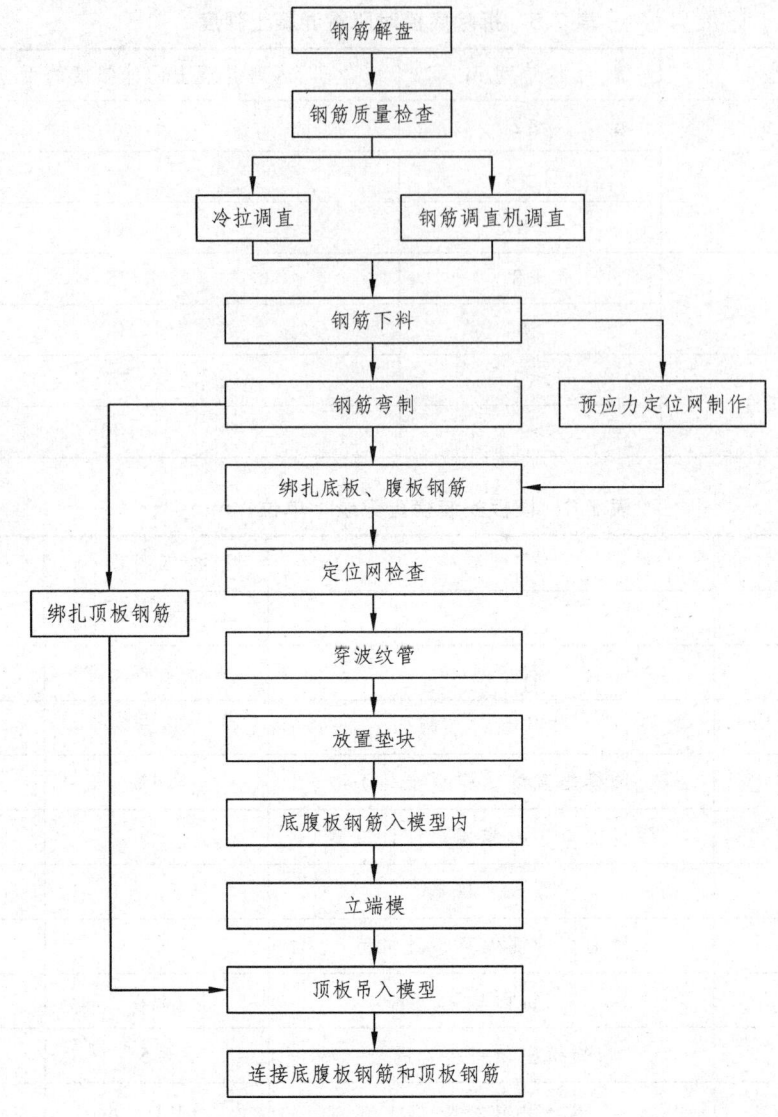

图 7.22 钢筋工程施工工艺流程图

1. 钢筋的加工

双线整孔箱梁钢筋规格多、数量大,在钢筋加工车间按照梁体钢筋的规格、型号进行半成品钢筋加工,分区堆放;预应力钢筋定位网片和预埋件采用专用胎卡具加工。钢筋下料检查项目和质量标准见表 7.7。

表 7.7 钢筋下料的检查项目

序号	名 称	允许偏差/mm	检验方法
1	受力钢筋全长	±10	尺量
2	弯起钢筋的弯折位置	20	
3	箍筋内净尺寸	±3	

钢筋焊接必须符合下列规定：
① 钢筋均采用闪光对焊或电弧对焊。
② 焊接后的钢筋须经接头冷弯和抗拉强度试验合格后方能使用。
③ 焊接接头应焊接良好，完全焊透，表面不得有伤痕及裂缝。
④ 焊接接头检查标准见表7.8。

表7.8 钢筋焊接接头检查标准

序号	项目	标准
1	钢筋焊接接头冷弯试验	合格
2	钢筋焊接接头强度试验	合格
3	接头偏心	≤0.1d，≤3 mm
4	轴线曲折角	≤4°
5	钢筋焊接后外观	良好
6	墩头	明显

钢筋切断时，下料槽钢切口并模加挡板，固定于胎架上，控制下料长度，切断机下料，下料尺寸必须准确，受力钢筋顺长度方向允许误差±10 mm，弯起位置误差为±20 mm。钢筋切断检查标准见表7.9。

表7.9 钢筋切断检查标准

序号	项目	标准
1	钢筋调直弯曲（1 m直尺靠量）	≤4 mm
2	钢筋切断长度偏差	±1d
3	钢筋外观	无氧化铁皮、无裂纹

钢筋弯制时，严格按照操作平台大样图控制成型质量，成型钢筋外观无变形、无翘曲不平现象，并分类堆放整齐。

钢筋加工成型后，按编号分类、分批存放整齐，设置标志牌，并做防锈蚀和污染保护。钢筋成型须定期抽检，每30 d抽检1次，钢筋成型检查标准见表7.10。

表7.10 钢筋成型检查标准

序号	项目	标准
1	标准弯钩内径	≥25d（180°）≥25d（180°）
2	标准弯钩平直部分	≥3d
3	长度尺寸误差	±10 mm
4	弯起钢筋的弯起位置误差	±20 mm
5	箍筋、蹬筋中心距尺寸	±2 mm
6	成型钢筋在同一平面内偏差	≤5 mm

2. 钢筋绑扎

（1）钢筋安装检查项目及质量标准。

钢筋安装检查项目及质量标准见表 7.11。

表 7.11　钢筋安装检查项目

序号	项　目	允许偏差/mm	检验方法
1	桥面主筋间距及位置偏差（拼装后检查）	15	检查不少于 5 处
2	底板钢筋间距及位置偏差	8	
3	箍筋间距及位置偏差	15	
4	腹板钢筋的垂直度（偏离垂直位置）	15	
5	钢筋保护层厚度与设计值偏差	+5.0	
6	其他钢筋偏移量	20	

（2）钢筋预绑扎。

箱梁钢筋分底板钢筋、腹板钢筋和顶板钢筋三部分，在预先加工的整体钢筋绑扎台座上绑扎成型。

（3）钢筋编制。

预扎与安装钢筋时，配置的钢筋级别、直径、根数和间距符合设计图纸要求。

（4）钢筋施工。

钢筋制作与安装要求，见表 7.12、表 7.13 及表 7.14。

表 7.12　闪光接触对焊接头允许偏差

序号	项　目	允许偏差	检验方法
1	接头处钢筋弯折角	4°	支尺或楔形塞尺量
2	接头处钢筋偏移	$0.1d$ 且不得大于 2 mm	

表 7.13　钢筋加工允许偏差（mm）

序号	项　目	$L \leq 5\,000$ mm	$L > 5\,000$ mm	检验方法
1	受力钢筋顺长度方向的全长	±10	±20	尺量
2	弯起钢筋的弯起位置	±20	±20	尺量
3	箍筋内边距离尺寸差	±3	±3	尺量

表 7.14　钢筋绑扎安装允许偏差

序号	项　目	允许偏差/mm	检验方法
1	桥面筋间距及设计位置偏差（拼装后检查）	≤15	尺量
2	箍筋间距偏差	≤15	尺量
3	腹板箍筋的不垂直度（偏离垂直位置）	≤15	尺量
4	钢筋保护层	≤15	尺量
5	其他钢筋位置偏移	≤20	尺量

3. 预应力孔道成型

预应力孔道采用波纹管成孔,张拉前均应进行管道摩阻测试,箱梁预应力孔道摩阻测试布置图见图7.23。

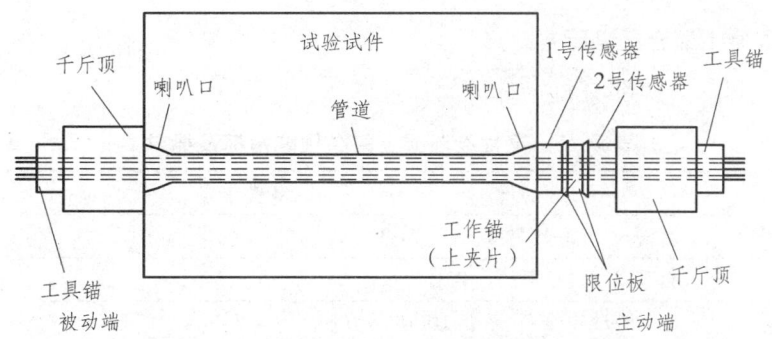

图7.23 箱梁预应力孔道摩阻测试布置图

4. 钢筋吊装

钢筋骨架吊装采用专门制作的吊架,吊架具有足够的强度和刚度,以保证在吊运过程中不会发生变形扭曲。

图7.24,7.25为整体绑扎和吊装的施工图,图7.26为底腹板钢筋笼绑扎。

图7.24 整体绑扎钢筋笼

图7.25 整体吊装钢筋笼

图7.26 绑扎完成底腹板的钢筋笼

7.2.2.4 预制箱梁混凝土工程

高速铁路要求桥梁的桩基、承台、墩台、梁体、隧道衬砌、轨枕、接触网支柱等结构均采用高性能混凝土材料。

1. 高性能混凝土配合比设计方案

通过表 7.15 和表 7.16 来保证高性能耐久性混凝土的施工质量。

表 7.15 高性能混凝土耐久性能指标及要求

项 目	质量要求
抗冻性	抗冻融循环次数不小于 500 次
抗渗性	抗渗等级应不小于 P20
Cl^- 渗透电量	Cl^- 渗透电量不大于 1000C（6 h）
耐腐蚀性	抗蚀系数 K 应不小于 0.8
体积稳定性	收缩值应不大于 5×10^{-4}
抗碱-骨料反应性	骨料的碱活性<0.1% 且混凝土的总碱含量≤3.0 kg/m³
徐变性	徐变度应不大于 60×10^{-6} MPa
抗压疲劳强度	当循环特征系数 p 为 0.15 时，200 万次疲劳后混凝土抗压强度折减系数应不小于 0.5

表 7.16 高性能混凝土拌和物性能指标及要求

结构名称	入模温度/°C	入模坍落度/mm	入模含气量/%
梁身混凝土	5~25	≤180	3.5±0.5
桥面细石纤维混凝土	5~25	≤90	5.0±1.0

选择配合比设计试验参数，见表 7.17。

表 7.17 混凝土配合比主要控制参数

名称	坍落度/mm	砂率/%	用水量/(kg/m³)	粉煤灰掺量/%	矿粉掺量/%	减水剂	
						种类	减水率
参数	200±20	0.38~0.42	145±5	15~30	5~15	聚羧酸系	≥20%

（1）水泥的性能指标要求见表 7.18。

表 7.18 水泥的性能指标要求

序号	项 目	技术要求				试验方法
1	细度	比表面积≤350 m²/kg				按照 GB/T 8074—2008 进行
2	凝结时间	初凝不得早于 45 min，终凝不得迟于 10 h				按照 GB 1346—2001 进行
3	安定性	用沸煮法检验必须合格				
4	标准稠度用水量					
5	各龄期胶砂强度/MPa	抗压		抗折		按 GB/T 17671—1999 进行
		3 d	28 d	3 d	28 d	
		21.0	42.5	4.0	6.5	

（2）细骨料的性能指标见表7.19。

表7.19 细骨料主要性能指标

颗粒级配	筛孔尺寸/mm		0.16	0.315	0.63	1.25	2.5	5.00
	累计筛余量/%	Ⅰ	90~100	80~95	71~85	35~63	5~35	0~10
		Ⅱ	90~100	70~92	41~70	10~50	0~25	0~10
含泥量			≤2%					
云母含量（按质量记）			≤2%					
硫化物和硫酸盐含量			≤1%					
轻物质			≤1%					
有机物含量（用比色法试验）			颜色不深于标准色。如深于标准色，则应以混凝土进行强度对比试验加以复核					
碱-骨料反应			骨料无碱活性，或有潜在碱活性但必须使用低碱水泥					

（3）粗骨料的性能指标见表7.20。

表7.20 粗骨料主要性能指标

规格	粒径为5~25 mm					
颗粒级配	应根据骨料供应的具体情况，通过试验选用适合间断级配和连续级配参照下列筛分要求					
	筛孔尺寸（方孔筛，mm）	2.5	5.0	10.0	20.0	25.0
	各筛通过量/%	0~5	0~10	30~60	90~100	100
针、片状颗粒含量/%	≤10					
压碎指标/%	≤10					
耐冻性	按硫酸钠法试验，循环次数不小于7次					
母岩强度（饱水状态，MPa）	≥100					
碱-骨料反应	骨料无碱活性，或有潜在碱活性但必须使用低碱水泥					

（4）矿物掺合料。混凝土矿物掺和料应采用Ⅰ级粉煤灰或磨细矿渣粉。

（5）外加剂的主要性能指标见表7.21。

表7.21 高效减水剂主要技术指标

序号	项目		技术指标	备注
1	减水率		≥18%	
2	泌水率比		≥90%	
3	含气率		≤3%	
4	抗压强度比	1 d	≥135%	
		3 d	≥125%	
		7 d	≥120%	
		28 d	≥115%	
5	初凝时间差/min		−90~+120	
	终凝时间差/min		−90~+120	
6	对钢筋锈蚀作用		对钢筋无锈蚀作用	

(6)拌制和养护混凝土用水采用饮用水。

(7)普通钢筋的主要性能指标见表7.22。

表7.22 钢筋主要性能

品种(表面形状)	强度等级代号	牌号	公称直径/mm	屈服强度σ/MPa	拉伸极限强度σ/MPa	伸长率Δs/%	冷弯(d=弯心直径,a=钢筋直径)
光圆	R235	Q235	8~20	≥235	≥370	≥25	180°($d=a$)
月牙肋	R335	HRB335	6~25	≥335	≥490	≥16	180°($d=3a$)

2. 混凝土强度控制

制梁场应配备混凝土集中拌和中心,梁体混凝土浇筑采用输送泵输送,布料机布料,斜向分段,水平分层,左右对称,一次浇筑成型。

3. 混凝土施工

(1)混凝土浇筑。

混凝土的浇筑采用连续灌筑、一次成型。采用布料机由箱梁两端对称灌筑。灌筑总的原则为"先底板两端,再腹板底板中部,最后顶板;从中间到两端,再从两端到中间"。

具体浇筑方法如下:

第一步:底板与腹板交接处混凝土从中间向两端通过腹板对称浇筑,如图7.27所示。

第二步:浇筑底板剩余混凝土,振捣时注意不能对已浇筑梗肋混凝土扰动,以免造成倒角混凝土掉落,形成倒角不饱满,这样浇筑后可以对腹板混凝土形成一定的阻力,如图7.28所示。

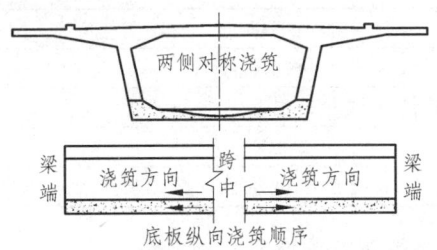

图7.27 混凝土浇筑第一步示意图

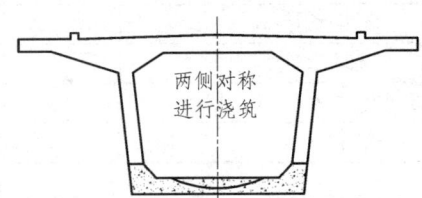

图7.28 混凝土浇筑第二步示意图

第三步:底板浇筑完成后,腹板混凝土浇筑采用纵向分段斜向分层的方式,如图7.29所示。

第四步:当两腹板槽灌平后,开始浇筑顶板混凝土,浇筑时分别从两端向跨中方向和两边翼缘外侧向中部浇筑,分段浇筑,每段2~3 m,连续浇筑,如图7.30所示。

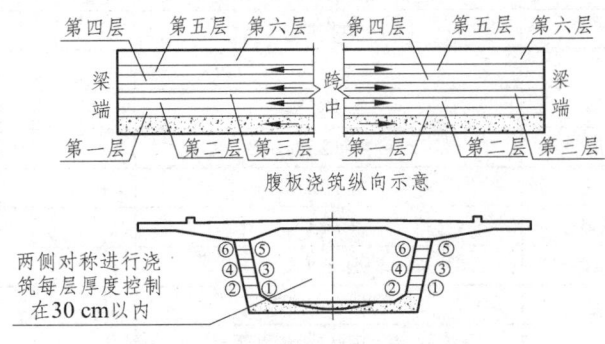

图7.29 混凝土浇筑第三步示意图

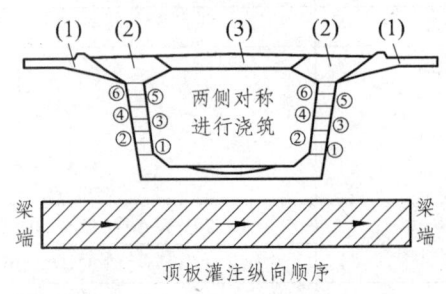

图7.30 混凝土浇筑第四步示意图

梁体混凝土浇筑完毕后，对底板、顶板混凝土表面进行第二次收浆抹面，以防裂纹和不平整。二次抹面后用专业拉毛机将混凝土表面拉毛。

表 7.23　混凝土浇筑允许延续时间

从搅拌机倾出时的温度/°C	允许延续运输时间/min
20~30	45
10~19	60
5~9	90

（2）混凝土振捣。

梁体混凝土采用底振与侧振为主的成型工艺，用 $\phi 50$（$\phi 30$）插入式振捣棒辅助振捣，插点均匀、严密、不得漏振。施工过程中，梁体混凝土振捣采用插入式振动棒、附着式振动器、平板振动器相结合的方式进行。箱梁底板、顶板混凝土采用插入式振动棒、平板振动器，腹板采用插入式振动棒和附着式振动器相结合振捣方式。振捣示意图如图 7.31 所示。

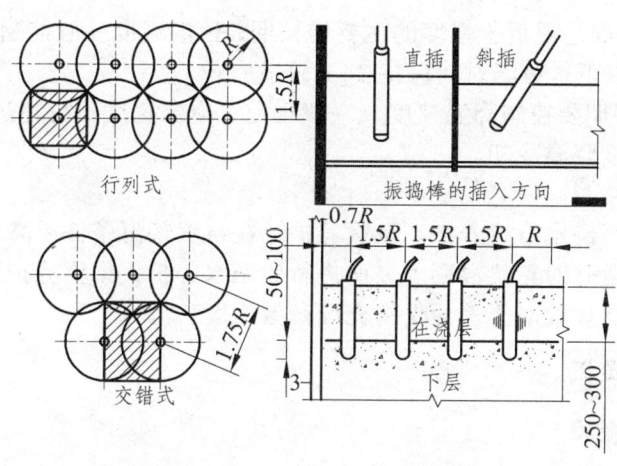

图 7.31　插入式振捣器振捣示意图

（3）混凝土试件制作养护及保管。

浇筑混凝土时随时检测，及时控制和调整混凝土坍落度，随机取样做混凝土试件，作为施工工序控制和桥梁质量检验评定的依据。

4. 混凝土养护

箱梁养护分为蒸汽养护和自然养护两个阶段。

（1）蒸汽养护。

箱梁蒸汽养护是在常温下将捣实成型箱梁置于蒸养罩内，然后通以蒸汽，使箱梁混凝土在较高的温度和湿度的条件下迅速凝结、硬化并达到一定的强度，其主要目的是为了缩短养护时间、加快模板周转。

蒸汽养护分为静停、升温、恒温、降温 4 个阶段。养护曲线如图 7.32 所示。

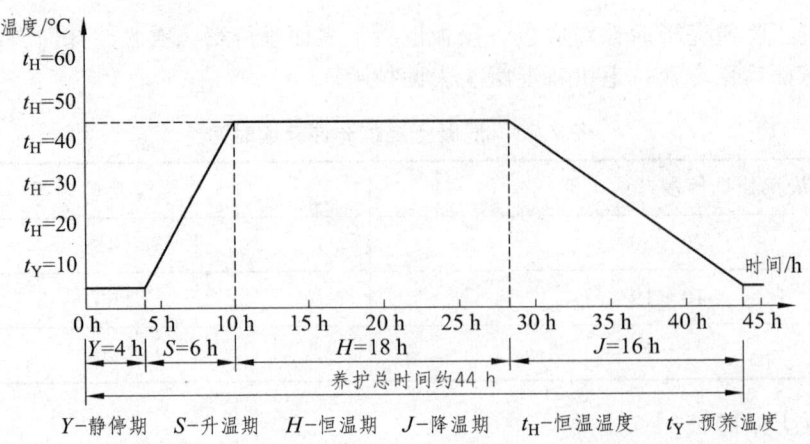

图 7.32 蒸汽养护理论曲线

① 静停期。指混凝土浇筑完毕至升温前在自然温度下静置的一段时间。

② 升温期。蒸养过程中混凝土性能的损伤,主要发生在升温期。升温过慢,延长蒸养周期;升温过快,容易使混凝土内部产生微裂缝等缺陷。一般来说,升温速度不得大于 10 ℃/h,最高蒸养温度宜控制在 50 ℃ 以下。

③ 恒温期。恒温期是混凝土强度的主要增长期,恒温温度一般控制在 45 ℃ 左右,最高恒温温度宜在 50 ℃ 以下,恒温时间保持 24 h 较适宜。

④ 降温期。降温期要控制降温速度,一般规定:降温速度不得超过 10 ℃/h,且应使箱梁各部位能按相同速度降温冷却。

(2)自然养护。

箱梁拆模后应进行浇水自然养护。自然养护是在自然气温条件(高于 5 ℃)下,将箱梁桥面用海绵或麻袋覆盖并对箱梁混凝土表面进行的洒水养护,梁体养护用水与拌制梁体混凝土用水相同,洒水次数以混凝土表面保持充分潮湿为度。

7.2.2.5 预应力施工

1. 预应力原材料检验

(1)预应力钢绞线。

预应力钢绞线进场时必须对其质量指标,对照设计要求进行全面检查,钢绞线必须有出厂合格证,进场后先进行外观检查,按批抽取试件做破断负荷、屈服负荷、弹性模量、极限伸长率试验。各指标必须满足表 7.24 的规定,否则不得使用。

表 7.24 钢绞线指标规定

	项 目	标 准
力学指标	破断负荷	≥259 kN
	屈服负荷	≥220 kN
	弹性模量	185~205 GPa
	极限伸长率	≥3.5%
质量指标	外观质量	无氯化铁皮,无严重锈蚀,无机械操作和油迹,无死弯,无接头
	直径	+0.4 mm,-0.2 mm
	下料长度	±20 mm

（2）锚具、夹具、连接器。

锚具、夹具、连接器进场时，必须对其质量指标进行全面检查，并按批次进行外观、硬度、静载锚固系数性能试验。

（3）预应力设备选用及校正。

① 张拉千斤顶在整拉整放工艺中，单束初调及张拉宜采用穿心式双作用千斤顶。整体张拉和整体放张宜采用自锁式千斤顶，额定张拉吨位宜为张拉力的1.5倍，且不得少于1.2倍，张拉千斤顶前必须经过具有检验校正资格的单位或部门校正，校正系数不得大于1.05。

② 压力表应选用防震型，表面最大读数应为张拉力的1.5~2.0倍，精度不低于1.0级。

③ 压力表应与张拉千斤顶配套使用。预应力设备应建立台账及卡片并定期检查。

2. 制 孔

预应力孔道位置及材质应符合设计要求，并满足灌浆工艺的要求。制孔管壁应严密不易变形，确保其定位准确，管节连接应平顺。孔道锚固端的预埋钢板应垂直于孔道中心线。孔道成型后应对孔道进行检查，发现孔道阻塞或残留物应及时处理。如图7.33所示。

图7.33 预应力孔道安装

3. 钢绞线的制作及穿束

钢绞线存放地点应干燥、清洁。钢绞线距地面高度不小于20 cm，并加以覆盖防止雨水和油污浸蚀。钢绞线下料长度应根据设计计算确定，当设计无要求时，可按下式计算，并通过试用后确定。

$$L = l + 2 \times l_1 + n(l_2 + l_3) + 2l_4$$

式中　l——锚具支撑板间管道长度；

　　　l_1——工作锚具厚度；

　　　l_2——张拉千斤顶长度；

　　　l_3——工具锚具厚度；

　　　l_4——长度富余量；

　　　n——单端张拉为1，双端张拉为2。

4. 预应力筋张拉

预应力钢绞线张拉施工前应精心组织和策划，做好各项施工准备工作，以保证张拉施工顺利进行。施工准备内容大致如下：材料、设备及配套工具的准备；结构构件的准备；施工操作条件的准备；张拉施工技术准备工作；施工安全及技术交底。

（1）锚具安装。将锚垫板内的混凝土清理干净，检查锚垫板的注浆孔是否堵塞。清除钢绞线上的锈蚀、泥浆。检查预应力孔道中是否有漏浆黏结预应力筋的现象。安装工作锚板，锚板应与锚垫板止口对正。在工作锚板每个锥孔内装上工作夹片。

（2）千斤顶定位安装。在工作锚上套上相应的限位板，根据钢绞线直径大小确定限位尺寸。装上张拉千斤顶，使之与高压油泵相连接。装上可重复使用的工具锚板，装上工具夹片。

（3）预应力张拉程序。当梁体混凝土强度达到设计强度的80%且弹性模量达到设计要求后，即可进行早期部分张拉。在梁体混凝土强度达到设计强度的100%且弹性模量达100%时，混凝土龄期满足10 d方能进行终张拉。

箱梁两侧腹板宜对称张拉，其不平衡束最多不超过一束，张拉同束钢绞线应由两端对称同步进行，且按设计规定的编号及张拉顺序张拉。

① 通过摩阻试验调整张拉控制力。

施工时实际产生的预应力损失（如管道摩阻损失、喇叭口摩阻损失等）值与其理论值不一定相同，应通过摩阻试验对张拉力进行调整。

张拉力 P_j 计算按下式

$$P_j = nA\sigma_{k调}$$

式中 n——钢绞线根数；

A——钢绞线的实际截面面积，按试验取样结果取值；

$\sigma_{k调}$——摩阻试验后钢绞线控制应力的调整值。

② 混凝土强度检验及梁体检查。

拆模后应立即检查梁体（特别是梁端锚垫板）附近混凝土密实情况，待其达到以上规定强度及弹性模量后方可张拉。

③ 张拉千斤顶与油压表的配套标定。

正式张拉前，张拉千斤顶与油压表应配套标定，得出张拉力与油表读数的关系曲线（回归方程）。

④ 钢绞线伸长值计算。

a. 预应力钢绞线张拉理论伸长值的计算。

张拉时预应力钢绞线的理论伸长值计算式为：

$$\Delta L = P_p L/(A_p \times E_p)$$

$$P_p = P(1-e^{-(kx+\mu\theta)})/(KL+\mu\theta)$$

式中 ΔL——预应力筋理论伸长值，mm；

L——预应力筋的长度，mm；

P_p——预应力筋的平均张拉力，N；

X——从张拉端至计算截面孔道长度，m；

A_p——预应力筋截面面积，mm^2；

E_p——预应力筋的弹性模量，MPa；

P——预应力筋张拉端的张拉力，N；

θ——从张拉端至计算截面曲线孔道部分切线的夹角之和，rad；

k——孔道每米局部偏差对摩擦的影响系数，取 0.001 5；

μ——预应力筋与孔道壁的摩擦系数，对塑料波纹管取 0.14 ~ 0.17。

b. 实际伸长量的量测及计算方法。

实际伸长值 ΔL 的计算公式如下：

$$L = B + C - 2A$$

式中　A——0 ~ 10%σ_k 应力下的千斤顶的实际引伸量；

B——10%σ_k ~ 20%σ_k 应力下的千斤顶的实际引伸量；

C——20%σ_k ~ 100%σ_k 应力下的千斤顶的实际引伸量。

⑤ 张拉双控方法及步骤。

预应力钢绞线张拉应使箱梁受力均匀、同步，不产生扭转、侧弯，不应使混凝土产生超应力，应严格按照设计图规定编号及张拉顺序，每股两端、每次两侧同步、对称进行张拉。

a. 张拉应力与伸长值的双控计算。

钢绞线的一期张拉和二期张拉进行相应张拉应力与伸长值的双控计算如下：

• 在钢绞线"应力-应变"双控张拉时只针对初应力至控制应力这一阶段。

• 张拉时千斤顶工作段钢绞线的伸长值，每端千斤顶工作段长度取 0.75 m。钢绞线一期张拉时控制应力为 $0.56R_y^j$。

b. 张拉步骤。

• 启动油泵，张拉至初应力 $0.1\sigma_k$ 时停止供油，检查工具锚夹片完好情况，量测油缸伸长量与工具锚夹片外露量；

• 继续供油，张拉过程中两端及两侧随时量测油缸外露量并将其相互告诉对方，以便同步张拉；张拉至控制应力 σ_k 时，关闭主油缸油路，并持荷 5 min，测量油缸伸长量与工具锚夹片外露量；

• 计算每股钢绞线实际伸长量是否与其相应的设计伸长量相差是否超过±6%；

• 持压 5 min 后，测量此时的千斤顶油缸伸长量。每端钢绞线回缩量之和不得大于 8 mm；

• 大小油缸回油直至油缸完全复原并卸下后，量测工作锚夹片露量，并仔细检查有无断丝、滑丝。符合要求后割除锚外钢绞线并进行后续的压浆、封锚等工作。

⑥ 简支箱梁梁体预应力张拉检测项目和检测方法，见表 7.25。

当前国家推广的智能张拉系统如图 7.34 所示。

表 7.25 预应力张拉检测项目和检测方法

序号	检测项目	检测标准
1	预应力筋下料长度	钢绞线工作长度 + 1 640 mm
2	千斤顶	每月检定一次,小于 200 次张拉作业
3	压力油表	每月检定 1 次
4	预张拉时混凝土强度	不低于设计要求强度等级
5	初张拉时混凝土强度	不低于设计要求强度等级 + 3.5 MPa
6	终张拉时混凝土强度及弹性模量	不低于设计要求强度等级 + 3.5 MPa
7	伸长量	实际伸长量与设计伸长量差值 ≤ 6%
8	滑丝、断丝	预应力筋断丝或滑丝数量不超过 5‰ 并不得在同一侧,且每根内断丝不超过 1 丝
9	钢绞线切割长度	切割处距锚具 30 ~ 50 mm

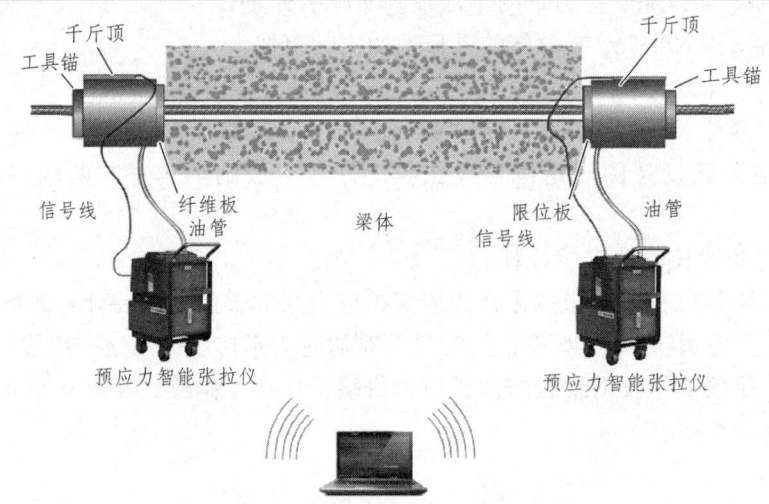

图 7.34 增加智能张拉系统示意图

5. 管道压浆

(1)张拉施工完成后,切除外露的钢绞线后,要进行封锚。如图 7.35 所示。

图 7.35 封锚

（2）压浆前清除管道内的杂物及积水。

（3）水泥浆掺入的高效减水剂、阻锈剂、粉煤灰应符合相关规定和设计要求。

（4）压浆设备：水泥浆拌和机能制备具有胶稠状水泥浆，水泥浆搅拌结束后采用连续式压浆机尽快连续压注，搅拌至压入管道的时间间隔不超过40 min。

（5）预应力管道压浆采用真空辅助压浆工艺；压浆泵采用连续式；同一管道压浆连续进行，一次完成。

（6）真空辅助压浆主要设备：灰浆搅拌机、压浆泵、真空泵、高压管、真空压浆组件、各种接头阀门、浆桶等。原理如图7.36所示。

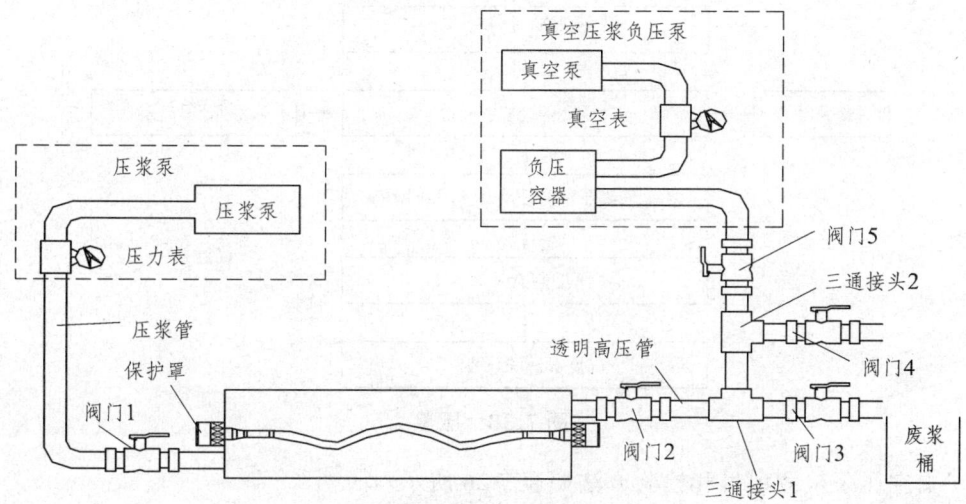

图 7.36 真空辅助压浆原理示意图

（7）真空辅助压浆施工工艺。

① 准备工作；

② 试抽真空；

③ 拌浆（图7.37）。

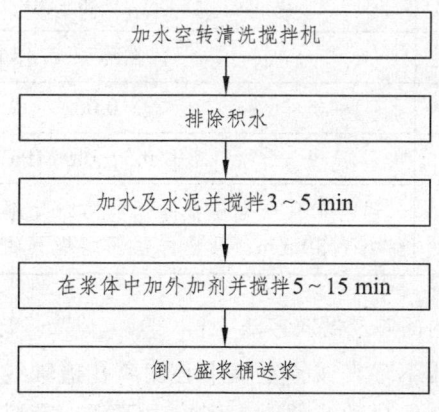

图 7.37 拌浆

④ 压浆（图 7.38）。竖向孔道压浆，由下端进浆孔压入，待顶部出浆槽口流出浓浆后，堵死槽口，然后关闭压浆阀。

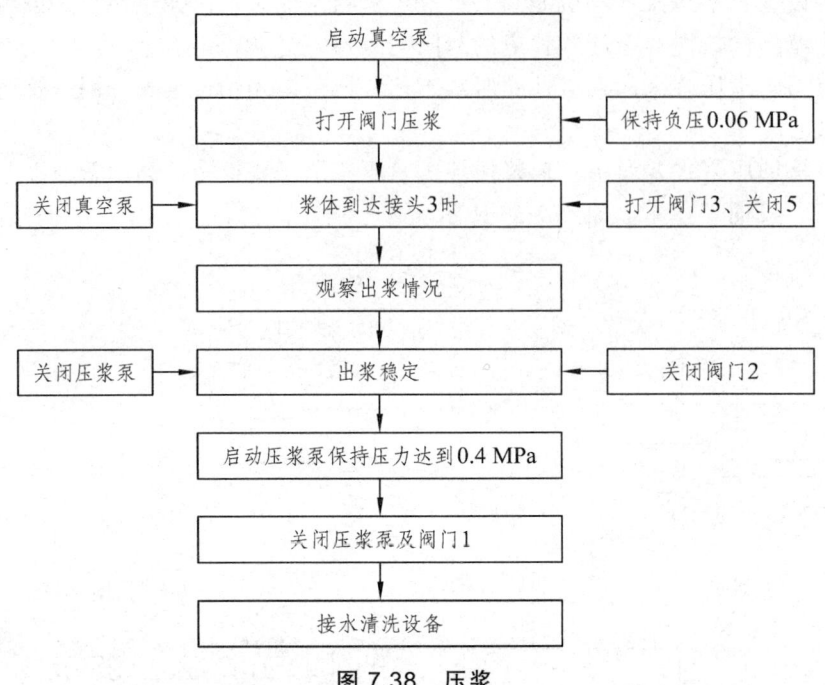

图 7.38　压浆

（8）真空压浆检测项目和检验方法如表 7.26 所示。

表 7.26　真空压浆检测项目和检验方法

序号	检查项目	检查标准
1	水胶比	≤0.34
2	初始流动度	18±4 s
3	30 min 后流动度	最大不超过 35 s
4	浆体温度	5~30 ℃
5	注浆时间	在终张后 48 h 以内
6	真空度	-0.06~-0.1 MPa
7	注浆压力	终压 0.5~0.6 MPa，持压 2 min
8	封端	锚具和预应力筋做除锈和防水处理，外露预应力筋保护层厚度不宜小于 30 mm；凸出式锚固端锚具的保护层厚度不宜小于 50 mm

6. 预应力施工中易出现的问题及解决方法

（1）锚垫板面与孔道轴线不垂直或锚垫板中心偏离孔道轴线。

现象：张拉过程中锚杯突然抖动或移动，张拉力下降。有时会发生锚杯与锚垫板不紧贴的现象。

原因分析：锚垫板安装时没有仔细对中，垫板面与预应力索轴线不垂直。造成钢绞线或钢丝束内力不一，当张拉力增加到一定程度时，力线调整，会使锚杯突然发生滑移或抖动，拉力下降。

预防措施：锚垫板安装应仔细对中，垫板面应与预应力索的力线垂直。

锚垫板要可靠固定，确保在混凝土浇筑过程中不会移动。

治理方法：另外加工一块楔形钢垫板，楔形垫板的坡度应能使其板面与预应索的力线垂直。

（2）锚头下锚板处混凝土变形开裂。

现象：预应力张拉后，锚板下混凝土变形开裂。

原因分析：通常锚板附近钢筋布置很密，浇筑混凝土时，振捣不密实，混凝土疏松或仅有砂浆，以致该处混凝土强度低。

锚垫板下的钢筋布置不够、受压区面积不够、锚板或锚垫板设计厚度不够，受力后变形过大。

预防措施：锚板、锚垫板必须在足够的厚度以保证其刚度。锚垫板下应布置足够的钢筋，以使钢筋混凝土足以承受因张拉预应力索而产生的压应力和主拉应力。

浇筑混凝土时应特别注意在锚头区的混凝土质量，因在该处往往钢筋密集，混凝土的粗骨料不易进入而只有砂浆，会严重影响混凝土的强度。

治理方法：将锚具取下，凿除锚下损坏部分，然后加筋用高强度混凝土修补，将锚下垫板加大加厚，使承压面扩大。

（3）滑丝与断丝。

现象：锚夹具在预应力张拉后，夹片"咬不住"钢绞线或钢丝，钢绞线或钢丝滑动，达不到设计张拉值。

张拉钢绞线或钢丝时，夹片将其"咬断"，即齿痕较深，在夹片处断丝。

原因分析：锚夹片硬度指标不合格，硬度过低，夹不住钢绞线或钢丝；硬度过高则夹伤钢绞线或钢丝，有时因锚夹片齿形和夹角不合理也可引起滑丝或断丝。

钢绞线或钢丝的质量不稳定，硬度指标起伏较大，或外径公差超限，与夹片规格不相匹配。

防治措施：锚夹片的硬度除了检查出厂合格证外，在现场应进行复验，有条件的最好进行逐片复检。

钢绞线和钢丝的直径偏差、椭圆度、硬度指标应纳入检查内容。如偏差超限，质量不稳定，应考虑更换钢绞线或钢丝的产品供应单位。

滑丝断丝若不超过规范允许数量，可不予处理，若整束或大量滑丝和断丝，应将锚头取下，经检查并更换钢束重新张拉。

（4）波纹管线形与设计偏差较大。

现象：最终成型的预应力孔道与设计线形相差较大。

原因分析：浇筑混凝土时，预应力波纹管没有按规定可靠固定。波纹管被踩压、移动、上浮等，造成波纹管变形。

预防措施：要按设计线形准确放样，并用U形钢筋按规定固定波纹管的空间位置，再点焊牢固。曲线及接头处U形钢筋应加密。

浇筑混凝土时注意保护波纹管，不得踩压，不得将振动棒靠在波纹管上振捣。

应有防止波纹管在混凝土尚未凝固时上浮的措施。

（5）波纹管漏浆堵管。

现象：用通孔器检查波纹管时发现内有堵塞；采用在混凝土未浇筑前波纹管内先置钢绞线后浇混凝土的，发现先置的钢绞线拉不动。

原因分析：波纹管接头处脱开漏浆，流入孔道。波纹管破损漏浆或在施工中被踩、挤、压瘪。波纹管有孔洞。

防治措施：使用波纹管必须具备足够的承压强度和刚度。有破损管材不得使用。波纹管连接应根据其号数，选用配套的波纹套管。连接时两端波纹管必须拧至相碰为止，然后用胶布或防水包布将接头缝隙封闭严密。

浇筑混凝土时应保护波纹管，不得碰伤、挤压、踩踏。发现破损应立即修补。

施工时应防止电焊火花灼烧波纹管的管壁。

波纹管安装好后，宜插入塑料管作为内衬，以加强波纹管的刚度和顺直度，防止波纹管变形、碰瘪、损坏。

浇筑混凝土开始后，在其初凝前，应用通孔器检查并不时拉动疏通；如采用预置预应力索的措施，则应时时拉动预应力钢绞线。当堵孔严重无法疏通的，应设法查准堵孔的位置，凿开该处混凝土疏通孔道。

（6）张拉钢绞线延伸率偏差过大。

现象：张拉力达到了设计要求，但钢绞线延伸量与理论计算相差较大。

原因分析：钢绞线的实际弹性模量与设计采用值相差较大。

孔道实际线形与设计线形相差较大，以致实际的预应力摩阻损失与设计计算值有较大差异；或实际孔道摩阻参数与设计取值有较大出入也会产生延伸率偏差过大。初应力采用值不合适或超张拉过多。张拉过程中锚具滑丝或钢绞线内有断丝。张拉设备未作标定或表具读数离散性过大。

防治措施：每批钢绞线均应复验，并按实际弹性修正计算延伸值。校正预应力孔道的线形。按照钢绞线的长度和管道摩阻力确定合格的初应力值和超张拉值。检查锚具和钢绞线有无滑丝或断丝。校核测力系统和表具。

（7）预应力损失过大。

现象：预应力施加完毕后钢绞线松弛，应力值达不到设计值。

原因分析：锚具滑丝或钢绞线内有断丝。钢绞线的松弛率超限。量测表具数值有误，实际张拉值偏小。锚具下混凝土局部破坏变形过大。钢绞线与孔道间摩阻力过大。

防治措施：检查钢绞线的实际松弛率，张拉时应采取张拉力和引伸量双控制。事先校正测力系统，包括表具。锚具滑丝失效，应予更换。钢绞线断丝率超限，应将其锚具、预应力筋更换。锚具下混凝土破坏，应将预应力释放后，用环氧混凝土或高强度混凝土补强后重新张拉。改进钢束孔道施工工艺，使孔道线形符合设计要求，必要时可使用减摩剂。

（8）预应力孔道注浆不密实。

现象：水泥浆从入口压入孔道后，前方通气孔或观察孔不见有浆水流过；或有的是溢出的浆水稀薄。钻孔检查发现孔道中有空隙，甚至没有灰浆。

原因分析：灌浆前孔道未用高压水冲洗，灰浆进入管道后，水分被大量吸附，导致灰浆难以流动。孔道中有局部堵塞或障碍物，灰浆被中途堵住。灰浆在终端溢出后，持续荷载继续加压时间不足。灰浆配制不当，如所用的水泥泌水率高、水灰比大、灰浆离析等。

防治措施：孔道在灌浆前应以高压水冲洗，除去杂物、疏通和湿润整个管道。配制高质量的浆液。选用的水泥可用强度等级不低于 32.5 MPa 的普通硅酸盐水泥，灰浆水灰比宜控制在 0.1～0.45，泌水率宜小于 2%，最大不应超过 3%。灰浆应具有良好的流动度并不易离析，可掺入适量的减水剂和微膨胀剂，但不得使用对管道和预应力索有腐蚀作用的外掺剂，掺量和配方应根据试验确定。

（9）预应力孔道灌不进浆。

现象：灰浆灌不进孔道，压浆机压力却不断升高，水泥灰浆喷溢但出浆口未见灰浆溢出。

原因分析：管道或排气孔受堵，波纹管内径过小，穿束后管内不通畅，浆液通过困难。孔道内落入杂物。

防治措施：用高压水多冲几次，尽可能清除杂物。

7.2.2.6 移梁和存梁施工技术

箱梁的预制场内移动，主要有滑移法、吊移法和直接取梁法。

拓展知识 1　客运专线 32 m 双线预制箱梁静载试验

1. 工程概况

预制箱梁 43 跨，其中 32 m 梁 41 跨，24 m 梁 2 跨，设计速度为 350 km/h 的无砟轨道。32 m 预制箱梁截面类型为单箱单室等高度简支箱梁，桥梁建筑总宽 13.8 m，梁长 32.6 m，跨度 31.5 m，梁高 3.0 m，梁体重量为 894 t。

2. 试验方案

（1）加载方法。

试验加载采用了 10 台千斤顶同步顶推来实现。设计自平衡式加载反力系统，10 台千斤顶分为 2 列，每列 5 台，分别作用于箱梁两侧腹板轴线处。中间的千斤顶位于箱梁跨中，其余的在其两侧对称布置，千斤顶之间的纵向间距为 4 m，横向间距为 6.22 m。加载简图如图 7.39 所示。

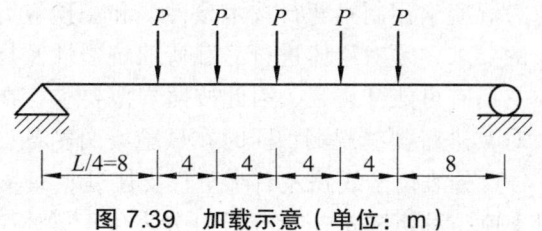

图 7.39　加载示意（单位：m）

（2）技术要点。

① 客运专线预应力混凝土预制梁采用 C50 高性能混凝土，设计抗裂安全系数 $K_f = 1.5$，设计挠跨比 $\xi = 1/5\,285$，终张拉混凝土强度为 54.4 MPa，梁体混凝土 28 d 强度为 60.3 MPa，梁体 28 d 弹性模量为 38.6 GPa。

② 本试验方案在加载系数 $K = 1.2$ 时最大控制荷载 $P_k = 12\,174$ kN，最大控制弯矩 $M_k = 65\,520.376$ kN·m。按梁体终张拉 28 d 计算，因收缩、徐变与松弛而产生 σ_{s1}、σ_{s2} 应力损失，相应增加补偿弯矩 ΔM_s，故抽样样品梁终张拉龄期宜大于 28 d。

③ 本试验对挠度实测值按实际采用的等效荷载加载修正系数 Ψ 予以修正。

④ 梁体在某级荷载作用下，裂缝由梁体下翼缘侧面延至底部边角或直接在梁底部边角、梁底面上出现的受力裂缝（即判定裂缝），对该裂缝须经验证，才能进行判定。

（3）加载程序。

试验加载程序分阶段进行预加载（第 1 循环）和正式加载（第 2 循环）。第 1 循环加载的最大荷载为使用状态短期荷载值，第 2 循环加载的最大荷载为抗裂检验荷载。两个循环加、卸载等级与持荷时间，如附图 7.40、7.41 所示。

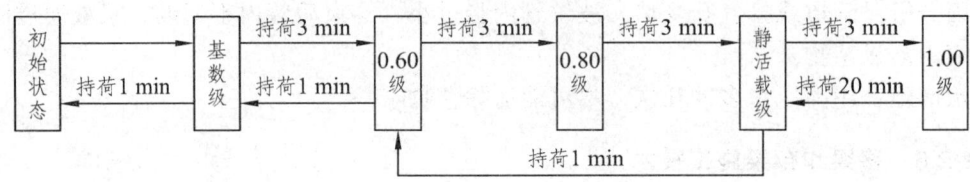

图 7.40　第 1 加载循环

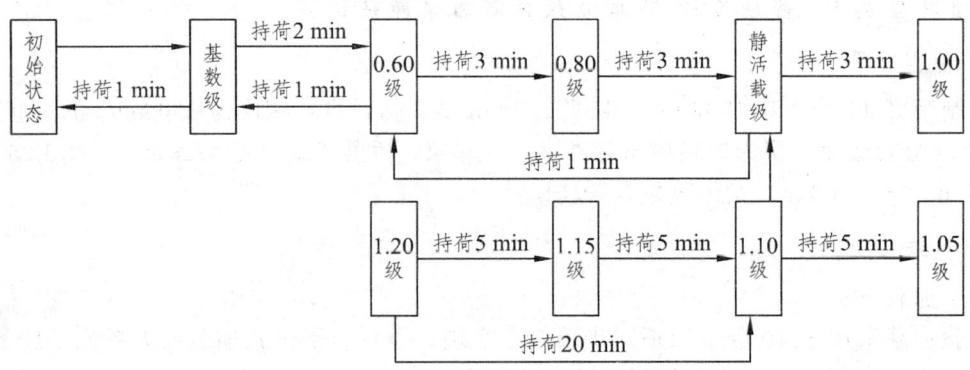

图 7.41　第 2 加载循环

（4）测点布置。

按照《客运专线预应力混凝土预制梁暂行技术条件》和《预应力混凝土铁路桥简支梁产品生产许可证实施细则》的要求，须对梁体进行静载弯曲抗裂性及挠度试验。由于梁体跨中承受最大弯矩，是最危险及最有可能开裂区，因此按照规范要求，在梁体跨中 4 m 范围内采用 5～20 倍放大镜由专人对其进行裂缝观测；同时在试验梁两侧各设 3 块百分表测量竖向挠度（图 7.42）。其中 1、4 号百分表位于线路左右小里程支座处；3、6 号百分表位于线路左右大里程支座处，用于测量支座位移沉降量；2、5 号百分表位于梁体跨中左右两侧，用于测量梁体跨中竖向位移。

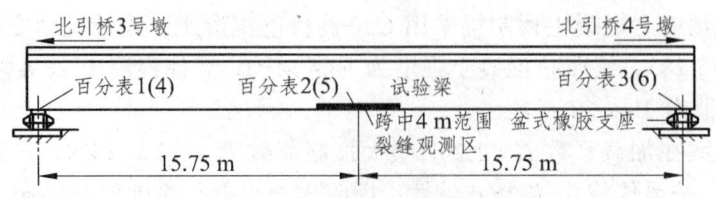

图 7.42　测点布置示意

3. 测试数据处理

(1)挠度观测。

梁体挠度具体计算如下:

$$f = f_{L/2} - (\Delta_0 + \Delta_L)/2$$

式中　f——梁体挠度(mm);

　　　Δ_0——小里程支座处平均竖向位移(mm);

　　　Δ_L——大里程支座处平均竖向位移(mm);

　　　$f_{L/2}$——跨中梁体平均竖向位移(mm)。

挠跨比:

$$\xi = (f_{kb} - f_{ka})/L$$

式中　ξ——挠跨比;

　　　f_{kb}——静活载级梁体挠度值(mm);

　　　f_{ka}——基数级梁体挠度值(mm);

　　　L——梁体跨度(m)。

在两次加载循环中所得试验数据如表 7.27 所示:

表 7.27　挠度观测有关数据

加载循环	第 1 循环		第 2 循环	
	基数级	静活载级	基数级	静活载级
荷载 P_k/kN	4 864	8 829	4 864	8 829
跨中挠度实测值 f/mm	5.498	9.89	5.688	10.379
挠跨比 ξ	1/7 172		1/6 714	

(2)裂缝观测。

试验根据挠度测量数据而跟踪描绘出荷载-挠度曲线,若曲线出现折点,说明挠度突变,则证明梁体截面已开裂。试验所得荷载-挠度曲线如图 7.43 所示。

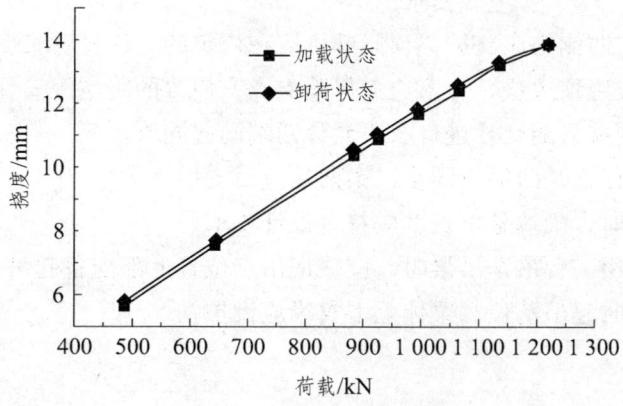

图 7.43　荷载-挠度曲线

（3）试验分析。

① 从表7.27可以看出：箱梁在各级加载循环试验中，其实际挠度为5.688 mm，小于理论挠度值6.28 mm；挠跨比也均小于设计挠跨比（$\xi = 1/5\ 285$）。说明在相当于中-活载1.2倍荷载施加于梁体时，箱梁的实际刚度是足够的，且有一定的安全储备。

② 由图7.46可以看到：随着荷载的增加，挠度随之发生近似线性增加。卸荷时挠度近似线性减小，曲线未出现折点，说明梁体在试验过程中，并未出现裂缝和塑性变形，同时用放大镜在梁体跨中4 m范围裂缝观测区内也确未发现裂缝，箱梁抗裂试验合格。

③ 由图7.43还可以看到：试验箱梁在卸荷过程中，出现了残余挠度，该相对残余挠度值为0.68%～2.1%不等，远小于规范的规定值（10%）。说明该梁混凝土应变能较好地回弹，箱梁弹性工作效率正常。

4. 试验结果

预应力混凝土简支箱梁的试验研究及施工应用是客运专线预应力混凝土箱梁试制、试验的关键技术内容之一，是通过国家生产许可证考核检验的必经程序。

拓展知识2　预应力混凝土T梁施工

1. T梁预制

（1）钢筋加工及架立、预应力钢绞线的制作同箱梁。

（2）钢模板的制作同箱梁。

（3）混凝土施工及养护与简支箱梁施工相同。

（4）每2片T梁混凝土浇筑时应随机制作7组抗压强度试件，4组按标准养护评定梁体R28 d强度；3组随梁养护，作为拆模、初张拉、终张拉的依据。

（5）预应力钢绞线的张拉、管道压浆和端头封堵同箱梁。

2. 场内移、存梁

（1）顶梁、落梁。

① 千斤顶安放位置应保证梁顶起后不会歪斜，千斤顶的顶点应位于梁端重心线上，设顶处基础应牢固可靠。

② 起落梁前梁体两侧均应支护，顶梁部位应在规定的允许悬臂长度范围内。

③ 顶落梁时，应边顶边垫、边落边撤保险支点，使梁的脱空距离保持在3 cm以内。

④ 顶落梁时，两端只能交替进行，不允许两端同起同落。

（2）滑移梁。滑移梁时两端应同步，梁两端应设支护。

（3）存梁。存梁时，梁端悬出长度应符合设计要求。

（4）吊梁。如采用一台吊车吊梁时，应保证吊点位置上部配备起吊扁担。如采用两台吊车吊梁时，两端应同时起吊落位。梁体上下翼缘应设护铁。

3. 预制 T 梁的质量标准（表 7.28）

表 7.28 预制 T 梁的产品质量标准

序号	项 目			要 求
1	梁体及封端混凝土强度			混凝土试件的实际强度，不低于设计要求，梁体的弹性模量不低于混凝土的强度相应值
2	终张拉，28 d 的弹性模量			均不低于设计要求
3	管道压浆			管道内水泥浆密实，水泥浆标号不应低于设计强度
4	梁体及混凝土封端混凝土外观			平整密实，整洁、不露筋，无空洞，无石子堆垒，桥面流水畅通
5	表面裂缝			桥面保护层、挡砟墙、横隔墙、边墙和封端等 5 处，容许有宽度在 0.2 mm 以下的表面收缩裂缝。其他部位的梁体表面，不允许有裂缝（收缩裂纹除外）
6	静载试验			试验合格
7	产品外形尺寸	桥梁全长		±10 mm
		桥梁跨度		±10 mm
		下翼缘宽度		+5 mm，-5 mm
		桥面挡砟墙内侧宽度		+10 mm，-5 mm
		腹板厚度		+10 mm，-5 mm
		桥面内外侧偏离设计位置		+10 mm，-5 mm
		梁高		+12 mm，-5 mm
		梁上拱		不大于 $L/1\,800$
		顶、底板厚		+10 mm，0
		挡砟墙厚度		+15 mm，0
		表面垂直度		每米高度内的偏差不大于 3 mm
		桥面平整度		每米长度内的偏差不大于 2 mm
		净保护层		不小于 25 mm
		支座板	每块边缘高差	不大于 2 mm
			螺栓	垂直梁底板
			螺栓中心位置偏差（盆式橡胶支座）	不大于 2 mm
			外露底面	平整无损、无飞边，清渣涂油
	挡砟墙预留钢筋			齐全设置，位置正确
	接触网支架座钢筋			齐全设置，位置正确
	泄水管、管盖			齐全完整，安装牢固
	金属桥牌			标志正确，安装牢固
8	防水层			符合设计的有关规定

4. T梁架设安装和横向联结

（1）板式橡胶支座安装要求应符合有关规定。

（2）横隔板接缝施工：

① 在施工过程中，应采取措施保证同一孔T梁龄期不超过6 d和同一孔横隔板、桥面板预留孔在同一轴线上。

② 钢筋加工及安装按图纸设计施工，其误差要求应符合有关规定。

（3）制孔。

① 预应力筋孔道应满足设计要求。

② 为控制管道坐标位置，应设置定位网，各方向偏差符合有关规定。

③ 隔板接缝处的预留波纹管应插入T梁预留孔道内30 mm以上，孔道对接处应保证密封，防止进浆。

④ 拆模时混凝土强度不得低于混凝土设计强度的60%。

⑤ 混凝土搅拌、运输、浇筑、振捣、养护工艺同箱梁。

（4）横向钢绞线张拉。

① 当隔板接缝处混凝土强度达到设计值的100%时，方可施加横向预应力。

② 张拉顺序应符合设计规定。

③ 张拉程序及质量要求同箱梁。

（5）孔道压浆、端头封堵同箱梁。

（6）T梁运架安全注意事项必须按照有关规定执行。

任务7.3　简支箱梁的运输与架设

相关案例

以案例7.1中32 m箱梁为例，开展箱梁运输与架设施工工作，主要包括JQ900B型架桥机作业和DF900D型架桥机作业以及箱梁运架、安装注意事项工作，并根据工期开展运架梁方案的选定及相关作业指导书编制工作。

7.3.1　工作任务

根据案例背景中施工方案要求，请完成该桥箱梁运输与架设的工艺流程和运架梁注意事项的学习，能编写箱梁运架施工作业指导书和技术交底，能完成运输和架设施工过程中的质量监控，达到教学要求所需的知识目标、能力目标。

7.3.2　相关配套知识

在满足工期安排的前提下，首先选定架设设备，然后选择运输设备和装梁设备，再重新检验前面方案之间的配套性。

7.3.2.1 箱梁架桥机的类型及特点

架桥机应严格按照通过技术监督部门审查认证的产品使用说明书和操作手册进行安装、架梁和移机操作。架梁前，应编制施工组织设计、施工工艺和安全操作细则，认真组织实施，并建立完善的检修、保养制度，定期对重要部件（如轮、轨、吊钩等）进行探伤检查。

具有代表性的高速铁路箱梁架桥机有3种主要形式：步履式、导梁式和运架一体式。架桥机、运梁车和提梁机的技术指标见表7.29、7.30、7.31。

表7.29 国内高速铁路箱梁架桥机主要技术参数

型号项目	JQ900A 步履式	JQ900B 步履式	JQ900C 迈步式	DF900D 迈步式	TLJ900t 步履式	JQ900 下导梁	HZQ900 下导梁
适用梁型	32/24/20m 双线	32/24/20m 双线	32/24/20m 双线	32/24/20m 双线	32/24/20m 双线	32/24/20m 双线	32/24/20m 双线
额定起重量	900 t	900 t	900 t 垂	900 t	900 t	900 t	900 t
适应曲线半径	≥2 000 m	≥2 000 m	≥2 000 m	≥5 000 m	≥2 500 m	≥3 000 m	≥2 000 m
适应坡度	≤20‰	≤20‰	≤25‰	≤20‰	≤12‰	≤12‰	≤20‰
架梁速度	≤4 h/孔	≤4 h/孔	≤4 h/孔	≤4 h/孔	≤4 h/孔	≤4 h/孔	≤4 h/孔
外形尺寸	66 m×17.4 m×12.578 m	72 m×17.4 m×12.578 m	76 m×17.8 m×13.2 m	59.3 m×17.1 m×12.5 m	76 m×18 m×13.5 m	53 m×16.68 m×12 m	89.15 m×17.8 m×13.48 m
整机质量	502 t	530 t	598 t（含导梁）	515 t	520 t	468 t	562 t
整机功率	300 kW	300 kW	300 kW	300 kW	300 kW	300 kW	270 kW
轮胎数量	32	64	16				
控制方式	无线局域网	工业以太网	PLC核心控制	PLC核心控制	PLC核心控制	PLC核心控制	PLC核心控制
研制企业	中铁工程机械研究设计院	中铁工程机械研究设计院	中铁工程机械研究设计院	郑州大方	通联与铁五院	中铁大桥局	华中建筑机械

表 7.30　国内高速铁路箱梁运梁车主要技术参数

型号		DCY900	DCY900L	YL900	TLC900
适用梁型		32/24/20m 双线	32/24/20m 双线	32/24/20m 双线	32/24/20m 双线
额定荷载		900 t	900 t	900 t	900 t
适应坡度		±3% 纵坡 ±4% 横坡	±3% 纵坡 ±4% 横坡	±4% 纵坡 ±4% 横坡	±5% 纵坡 ±4% 横坡
车速 /(km/h)	空载平地	0~10	0~10	0~8	0~10
	满载平地	0~4.5	0~4.5	0~4	0~5
	微动	0.18	0.18		
自重		330 t	275 t	253 t	268 t
最小转弯半径/m				60	35
高度	空载/mm			3 665	3 665
	重载/mm	3 467	3 467	3 555	3 555
轮胎规格		26.5R25	26.5R25	26.5R25	26.5R25
整机功率/kW		2×480	2×480		2×447
外形尺寸/mm				36 295×6 844×3 665	36 295×6 844×3 665
研制企业		郑州大方		中铁工程机械研究设计院	通联集团

表 7.31　国内高速铁路箱梁提梁机主要技术参数

型号		DLT900	TLJ450/38/36/33/32	MG500/50	TLMEL900t	DQ500t
额定起重量/t		900	450	500	900	500
跨度/m		40.5	38	40	40	36
提升高度/m		12	14	10/20	9.5	22
提升速度 /(m/min)		空载 0~1.5 满载 0~0.5 纵移变幅 0~0.5		空载 0~1.5 满载 0~0.6	空载 0~1.5 满载 0~0.7	空载 0~1.5 满载 0~0.5
走行速度 /(m/min)	满载	17			17	10
	空载	35			35	
转向方式		油缸驱动全轮转向,原地转向90°	成对使用,直行	油缸驱动全轮转向,原地转向90°	油缸驱动全轮转向,原地转向90°	成对使用,直行
运行方式		直行、斜行、横行	直行		直行、斜行、横行	直行
轮胎数量 (26.5R25)		64个			64	
研制单位		郑州大方	中铁工程机械研究设计院		通联集团	中铁大桥局

1. 步履式架桥机

二步过跨，过跨工序简便，对墩台无特殊要求，能方便地架设变跨梁；架、运梁平行作业，施工效率高；桥间转移便利，适应性强。既适合连续多孔的特大桥施工，也能很好地适应一座桥中只有几孔箱梁的中小桥及分散桥群施工。

施工步骤：拼架桥机—运梁车驮运架桥机就位—放下前支腿和中支腿，抬起后支腿，退运梁车—放下后支腿，收起中支腿，起重小车运行到主梁后部指定位置—架桥机纵移到位—利用支腿倒换运梁车喂梁就位—支立前后支腿收起中间支腿，起重小车吊起箱梁前移到位—安装支座，落梁就位。

2. 导梁式架桥机

起重小车定点架梁，主梁受力较小，首、末孔梁架设时，需要安装、拆除导梁；适合某些特定的工点施工。

施工步骤：拼架桥机和导梁—运架桥机和导梁就位—运梁车喂梁就位—起吊箱梁—前移下导梁—安支座，落梁就位—架桥机前移一跨。

3. 运架梁一体机

一套设备集梁场提梁机、运梁车、架桥机三者功能于一身，但该设备只能顺序作业，不能平行作业，施工效率较低。

施工步骤：拼架桥机—下导梁就位—安装支座—梁场取梁—运梁—喂梁—落梁—架桥机退回—支腿转移。

7.3.2.2 架桥机架运体系

各式架桥机的架设原理基本相同，下面以步履式 JQ900B 型和迈步式 DF900D 型架桥机为例来说明。

1. JQ900B 型架桥机作业

JQ900B 型箱梁架桥机配套使用 YL900 型轮胎式运梁车和 900 t 轮胎式提梁机。其工作原理是提梁机装梁，轮胎式运梁车运梁，尾部喂梁。起重小车吊梁拖拉取梁，跨一孔架梁，架桥机轮胎式行走纵移过跨。可以架设 32 m、24 m、20 m 双线等跨箱梁及其中任意跨度组合的变跨箱梁。

（1）JQ900B 型箱梁架桥机主要技术参数（表 7.29）。

（2）JQ900B 型箱梁架桥机结构形式。

JQ900B 型架桥机为龙门式双主梁三支腿结构，主要由起重小车、机臂、一号柱、二号柱、三号柱、液压系统、电气控制系统等组成。如图 7.44~7.45 所示。

架桥机配有两台起重小车，由起升机构、行走机构、横移机构、走行车架各排绳装置等组成。后小车的两套起升机构通过均衡轮使两吊点受力均衡，将吊梁作业时的四吊点转换成三吊点。

一号柱主要由挂轮组、转盘、伸缩柱、枕梁等组成。架梁作业时与机臂纵向固定成铰接结构，成为柔性支腿。与机臂、二号柱组成龙门架结构。纵移作业时一号柱与机臂之间可相对运动，实现一号柱过跨支撑。

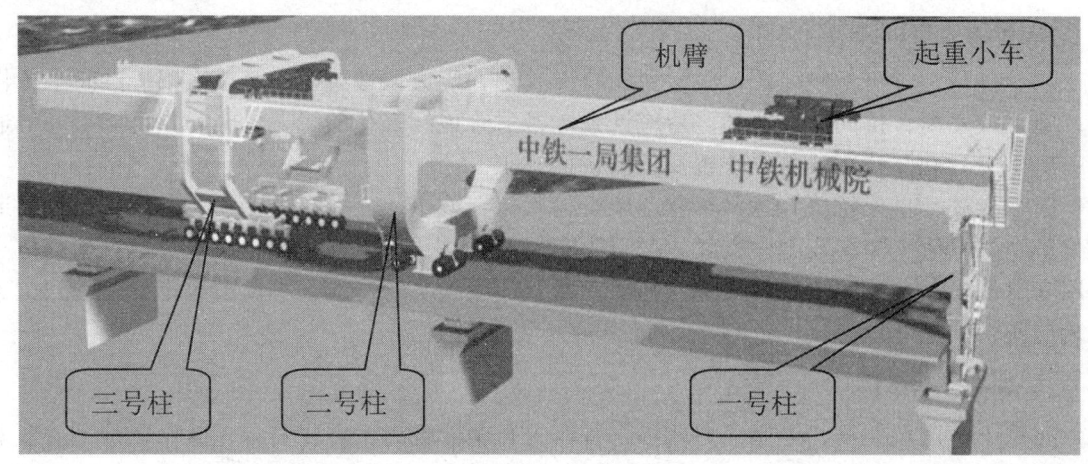

图 7.44 JQ900B 型箱梁架桥机结构图

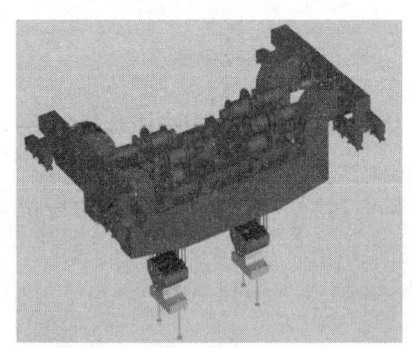
架桥机起重小车

架桥机一号柱

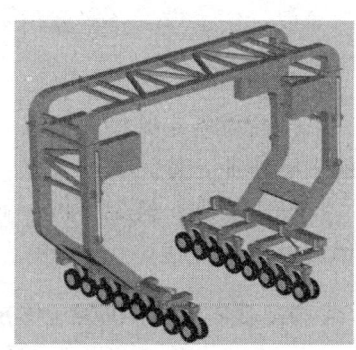
架桥机三号柱

图 7.45 JQ900B 型箱梁架桥机分解图

二号柱为"O"形门架结构,是"龙门架"结构中的刚性支腿。二号柱与机臂通过接点板固结在一起。二号柱下横梁上设有液压升降支腿、轮胎走行轮组,二、三号柱走行轮组组成架桥机的走行机构。二号柱走行轮胎选用实心轮胎。

三号柱是架桥机纵移驱动支柱,设计成门架式结构。由升降柱、折叠机构、走行机构、液压悬挂均衡装置、转向机构等组成。三号柱走行为液压驱动轮胎式走行,每个驱动轮组都备有制动功能。三号柱有 2 种支撑工位——宽式支撑和窄式支撑。

JQ900B 型架桥机电气系统硬件架构由无线局域网与以太局域网组成,通过 Internet 网进行远程监控与维护。

(3) YL900 型轮胎式运梁车。

YL900 型轮胎式运梁车主要技术参数见表 7.30。

YL900 型轮胎式运梁车,是在未铺道砟的路基及箱梁上运输混凝土箱梁的特种运输车辆,由走行轮组、主梁、托梁台车及链轮驱动机构、支腿、转向机构、动力系统、液压系统、电气系统及制动系统等组成。如图 7.46 所示。

32 个走行轮组通过主梁连成一体,液压悬挂均衡系统保证每个走行轮组均匀受载,使运梁车能在凹凸不平的路面上行走。

 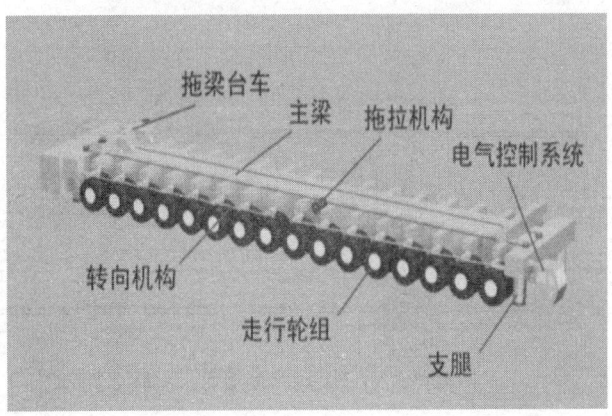

图 7.46 轮胎式运梁车及其结构图

(4) TLJ450 提梁机。

TLJ450 型提梁机既能用于箱梁预制场箱梁预制生产线的移梁和给运梁车装梁,也能承担 JQX900 型行走式箱梁架桥机、YL900 型轮胎式运梁车在梁场组装及拆卸任务的大型起重设备,如图 7.47 所示。两台提梁机同时作业时额定起重量为 900 t。TLJ450/38 提梁机主要技术参数见表 7.31,如图 7.48 所示为国产 900 t 提梁机和运梁车,该提梁机为轮胎式,可以在梁场进行提梁横向和纵向移动作业(提梁机可以在原地 90°转向移动)。

(5) JQ900B 型架桥机架梁作业程序,如图 7.49 所示。

① 架桥机桥头对位作业。
② 架桥机架梁作业程序。
③ 架桥机纵移过孔作业程序。
④ 架桥机驮运作业程序。

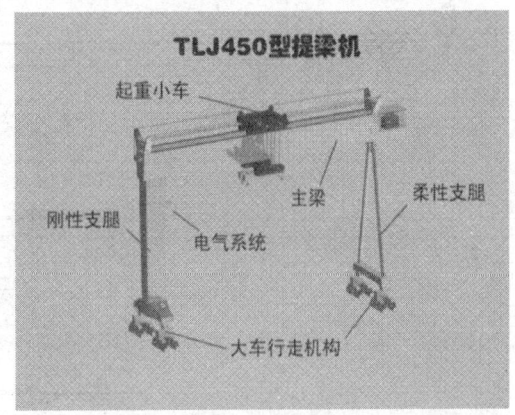

图 7.47 TLJ450 型提梁机机结构图

图 7.48 900 t 箱梁提梁机和运梁车

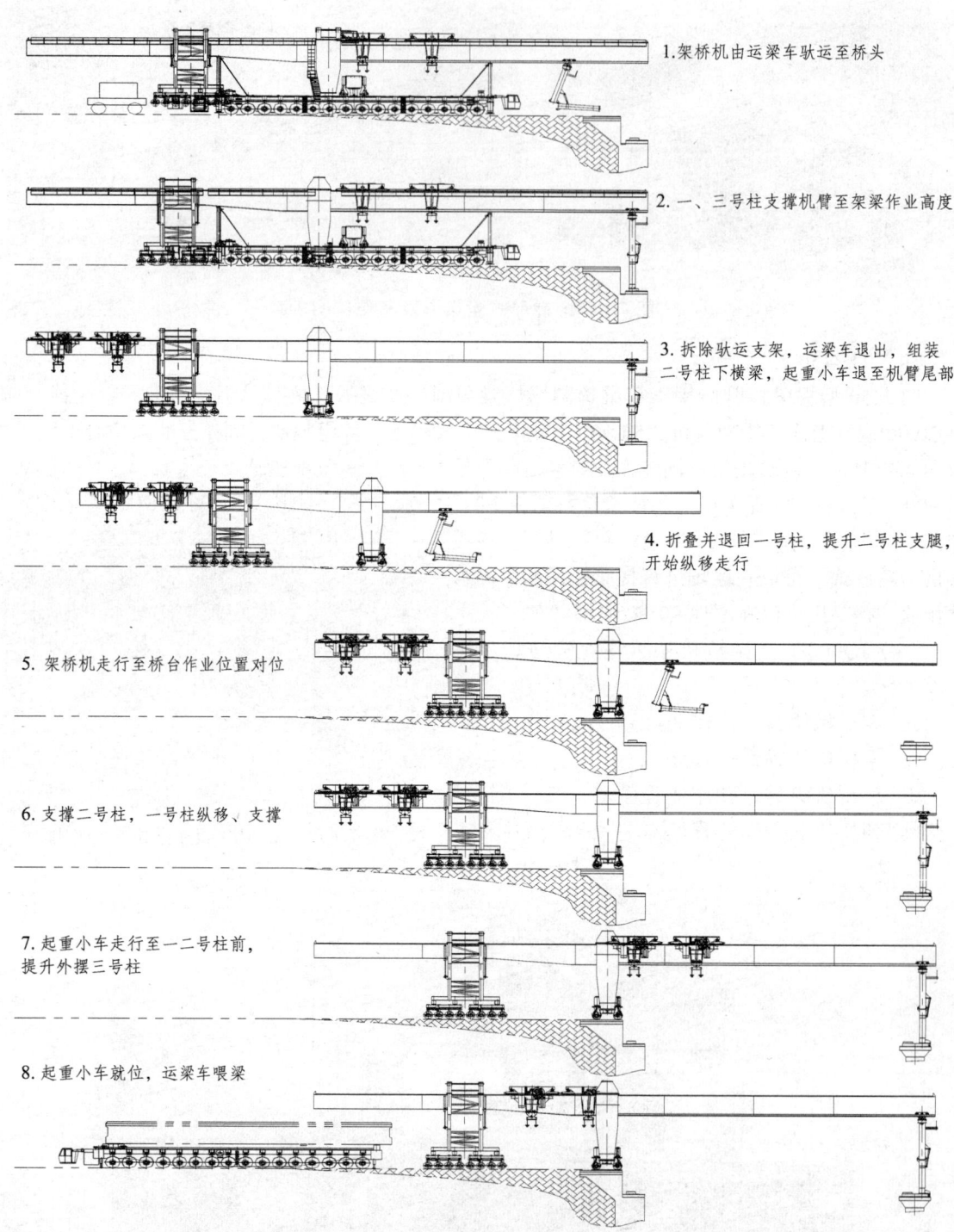

图 7.49 JQ900B 型架桥机桥头对位作业程序

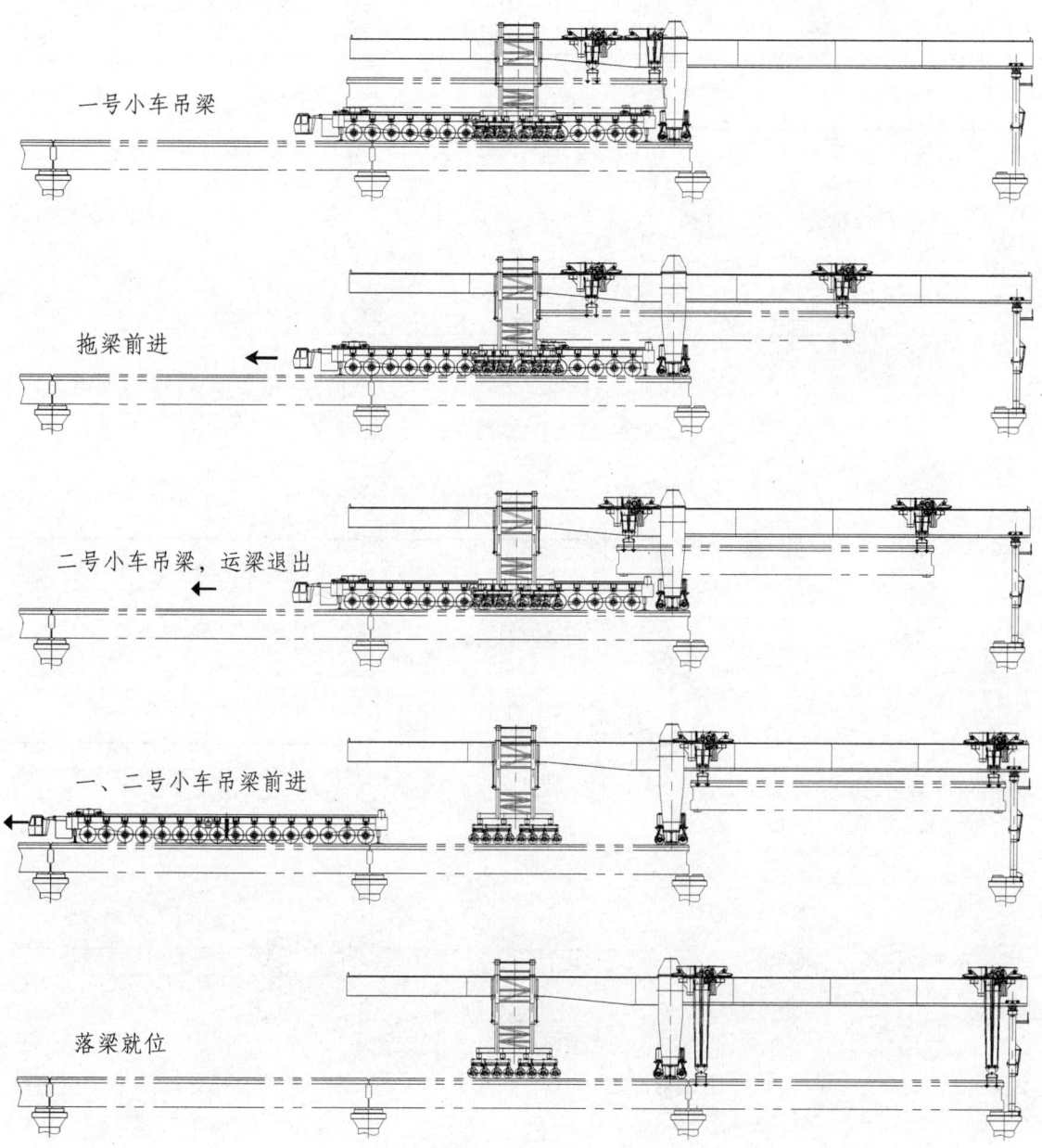

图 7.50 JQ900B 型架桥机架梁作业程序

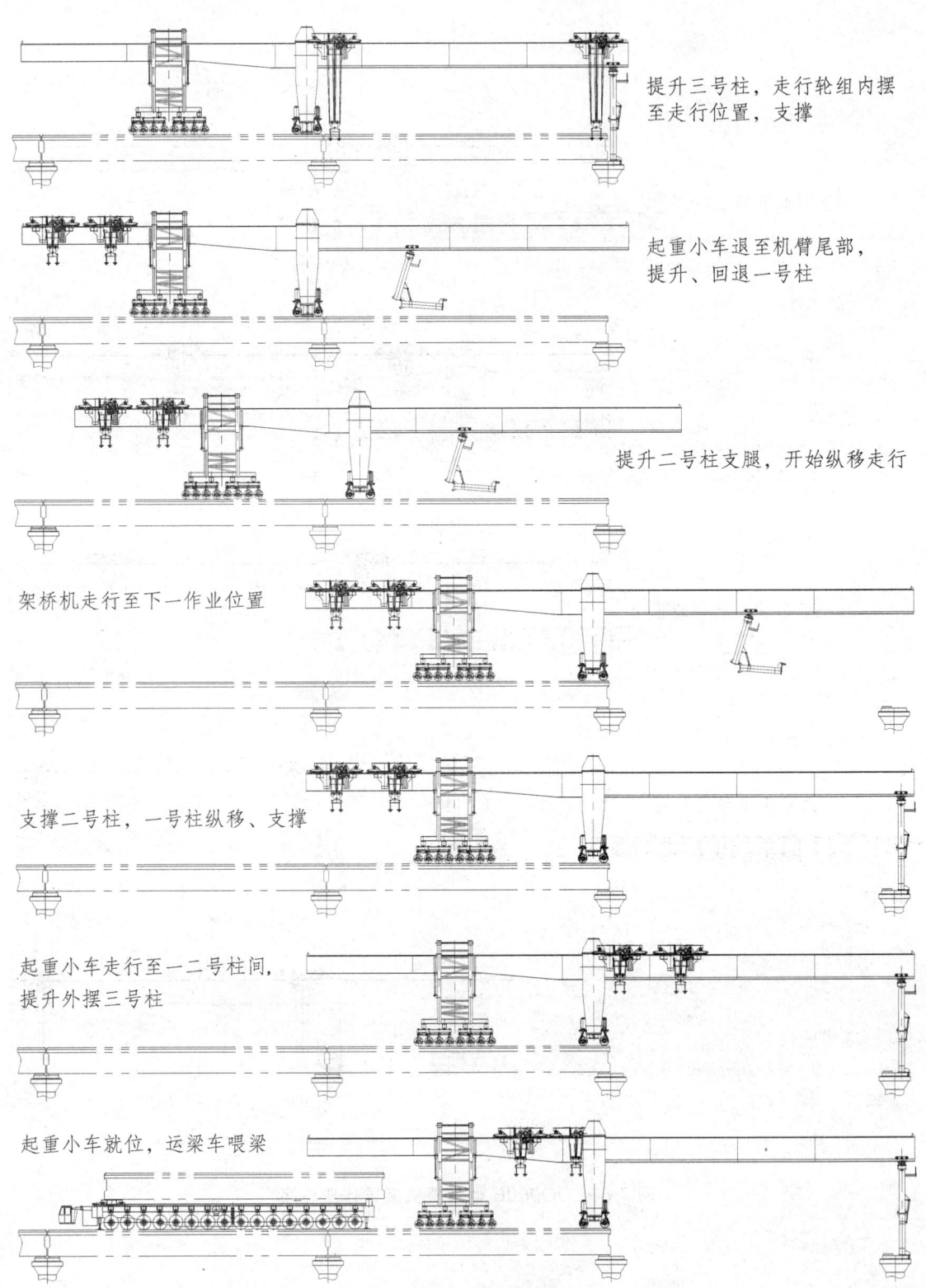

图 7.51　JQ900B 架桥机纵移过孔作业程序

1. 架设一座桥的最后一孔箱梁时，架桥机的驮架随同要架设的箱梁一道从基地运至架梁工地

2. 架桥机架梁完毕，将梁片上的驮架用吊梁小车吊放至运梁车上

3. 架桥机由一、三号柱支撑，一号起重小车位于机臂前端，二号起重小车拆除二号柱下横梁

4. 运梁车前进到驮运位置，将二号柱下横梁放置到运梁车中部

5. 起重小车支立驮架

6. 交替收缩一、二号柱支撑油缸，使架桥机机臂逐渐落放到驮架上，然后分别提升三号柱、收折回一号柱。起重小车运行到驮运位置，并将发电车连挂到运梁车上，收放好电缆。架桥机完成装车作业，可以进行工地转移

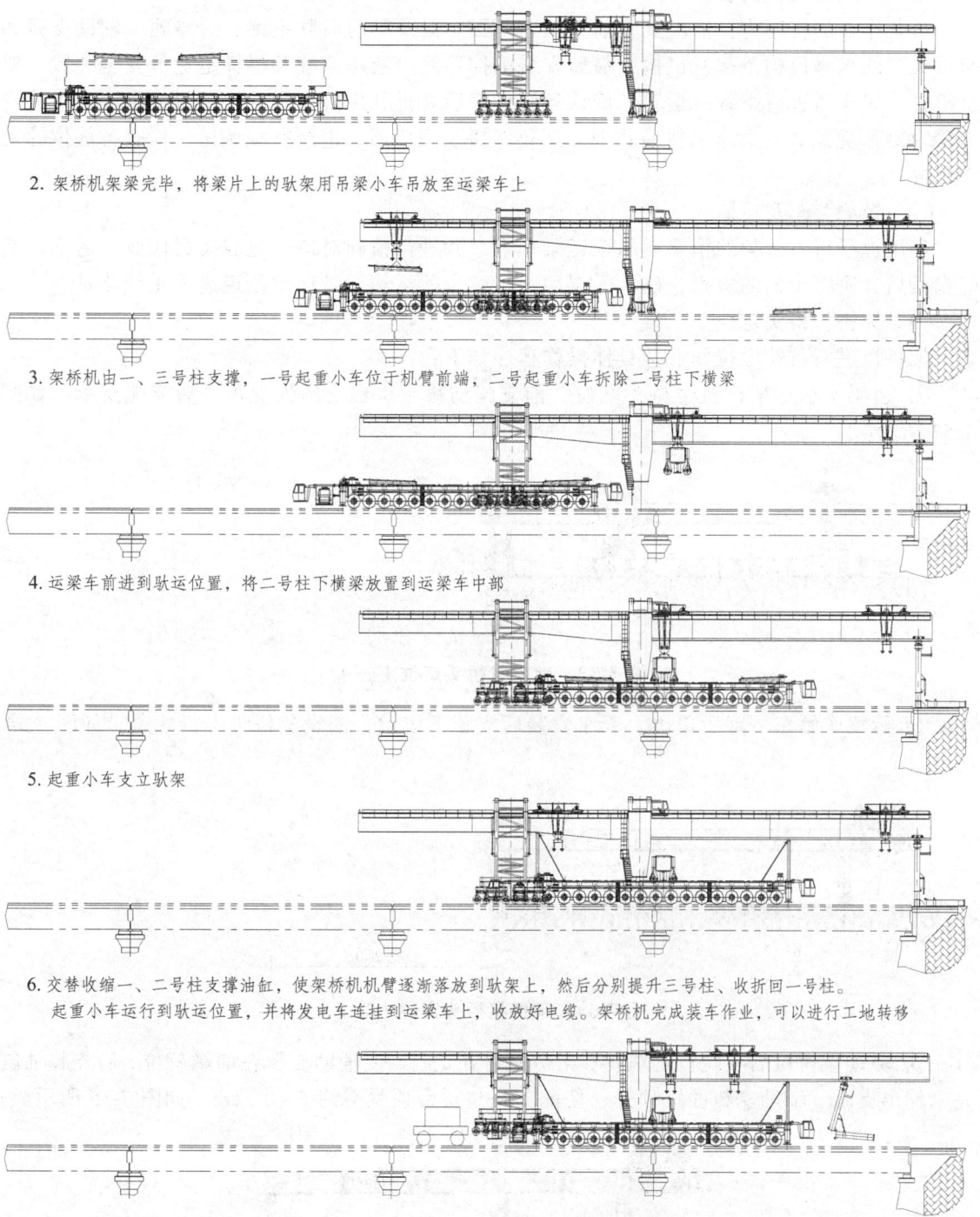

图 7.52 JQ900B 架桥机驮运作业程序

2. DF900D 型架桥机作业

DF900D 型一跨式架桥机和 DCY900 型轮胎式运梁车作为箱梁的运输、架设设备。DF900D 型架桥机采用尾部喂梁、拖拉取梁、跨一孔架梁的施工工艺。

(1)梁运架设备拼装。

拼装作业的程序为：依次安装前支腿、两根主梁及其前后联系梁、后支腿、辅助支腿和起重天车的纵移机构及起升机构，最后安装电控系统、液压系统及栏杆走道等安全装置。架桥机拼装完毕后进行空载试运转，确认运转良好后，再利用拼装好的架桥机配合汽车吊进行 DCY900 型轮胎式运梁车的拼装作业，运梁车拼装完毕后，进行空载调试，检查各部位的工作状况。

(2)箱梁装车及运输。

利用提梁机将待架的箱梁起吊至运梁车上，并进行精确对位，完成装梁作业。运梁车装好箱梁后，进行全面的检查，确认无误后，运梁车驮运箱梁经运梁便道进入正线路基。

(3)架桥机桥头定位。

架桥机进行首跨定位作业，具体操作程序如下：

① 运梁车驮运架桥机至桥头就位，前支腿前移至桥台支座处支承，后支腿支承。如图 7.53 所示。

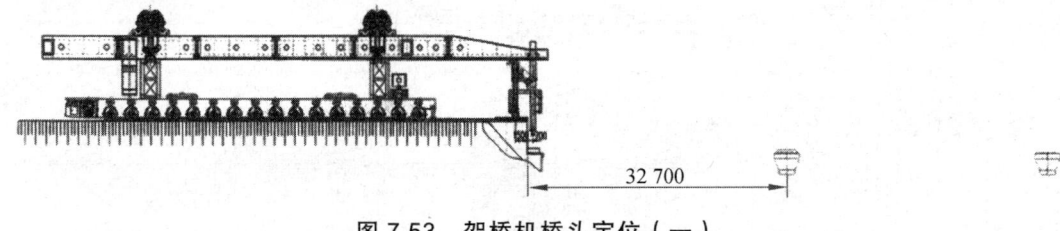

图 7.53 架桥机桥头定位（一）

② 运梁车整车下降后退出，天车安装后支腿下横梁；铺设架桥机走行轨道。如图 7.54 所示。

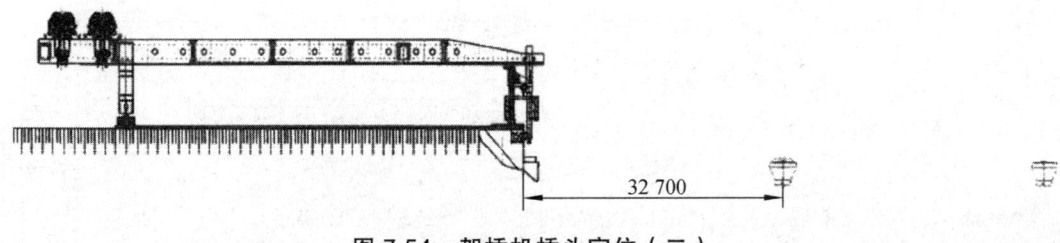

图 7.54 架桥机桥头定位（二）

③ 驱动架桥机后支腿行走机构，架桥机过孔走行，使辅助支腿在前墩就位；后支腿油缸完全伸出支承、辅助支腿油缸顶升，使前支腿与桥台顶脱空约 5~10 cm。如图 7.55 所示。

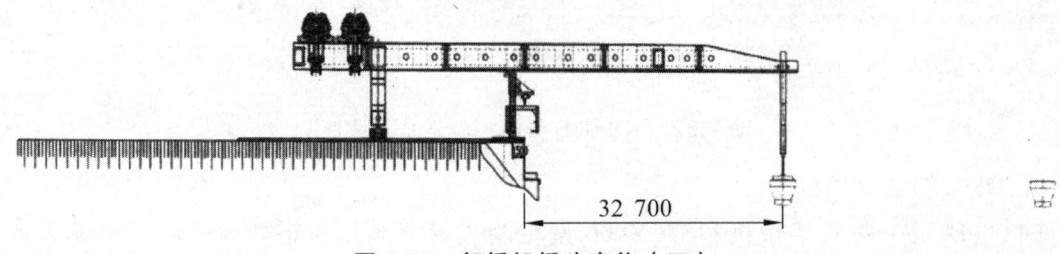

图 7.55 架桥机桥头定位（三）

④ 前支腿吊挂走行至前墩就位。如图 7.56 所示。

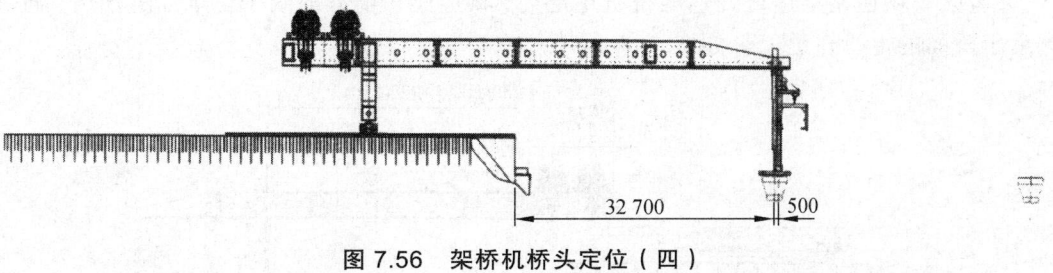

图 7.56 架桥机桥头定位（四）

⑤ 安装墩顶抱箍，并利用辅助支腿调整前支腿的高度，使主梁基本处于水平状态。如图 7.57 所示。

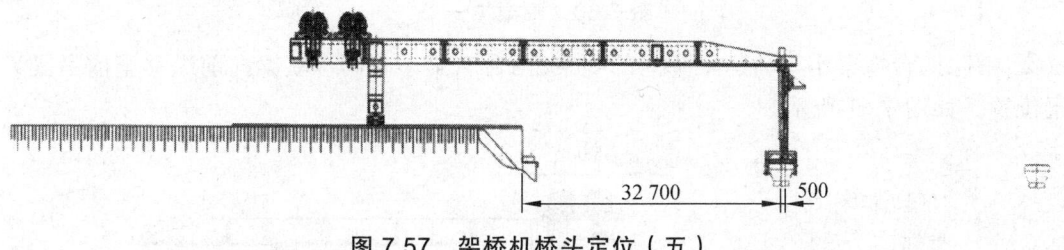

图 7.57 架桥机桥头定位（五）

⑥ 架桥机后支腿支撑油缸脱空，落于走行轨道上，驱动架桥机后支腿行走机构，架桥机过孔走行，使后支腿在桥台处就位。如图 7.58 所示。

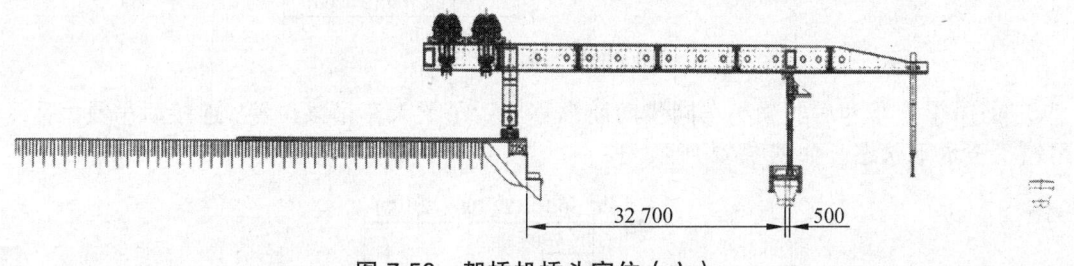

图 7.58 架桥机桥头定位（六）

⑦ 后支腿与桥台临时固联以传递纵向水平力，墩顶抱箍移开，架桥机准备首跨梁架设施工。如图 7.59 所示。

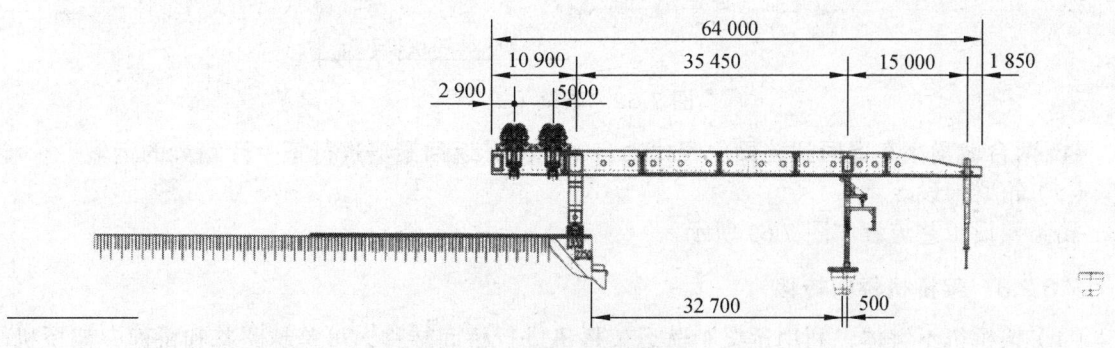

图 7.59 架桥机桥头定位（七）

（4）喂梁。

① 运梁车驮运箱梁运行到达架桥机尾部后，将运梁车前方的两个支承油缸伸出，通过枕梁支承于桥面的走行轨道上。如图 7.60 所示。

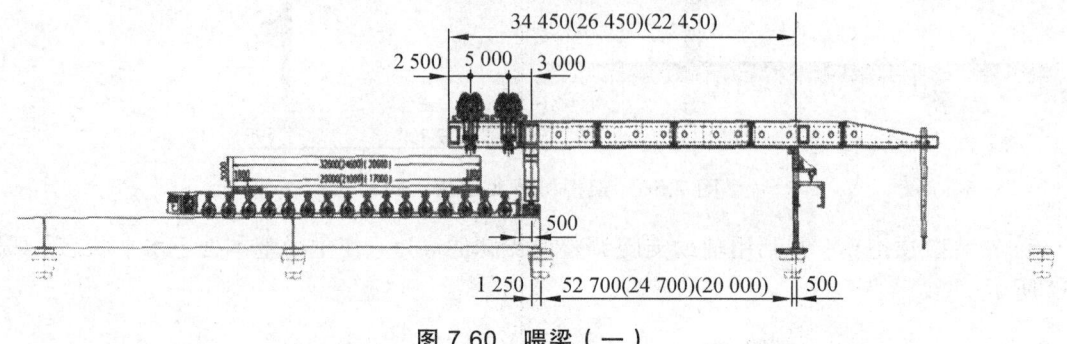

图 7.60　喂梁（一）

② 解除两台拖梁小车与运梁车间的约束，两台驮梁小车同步驮梁向前纵移至前吊梁天车吊梁位置。如图 7.61 所示。

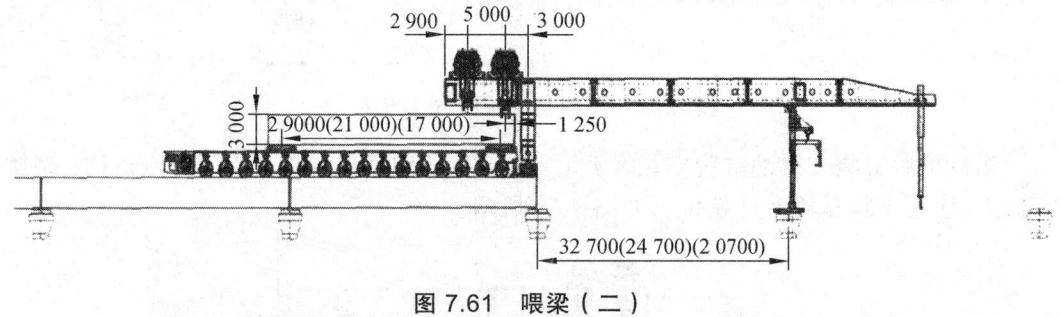

图 7.61　喂梁（二）

③ 前吊梁天车和后驮梁小车同步向前纵移至后吊梁天车吊梁位置；连接后吊具，后天车起吊箱梁至水平状态。如图 7.62 所示。

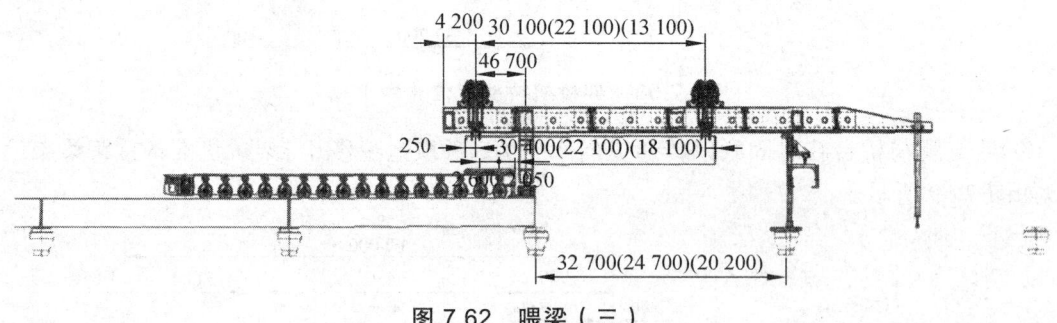

图 7.62　喂梁（三）

④ 两台驮梁小车退回到装梁位置并锁定，运梁车返回梁场进行下一片箱梁的运输。

（5）箱梁架设。

箱梁架设工艺流程如图 7.63 所示。

7.3.2.3　架桥机桥间转移

（1）架桥机不解体，利用运梁车驮运架桥机进行桥间转移，可跨越路基和桥面，架桥机不解体驮运如图 7.64 所示。

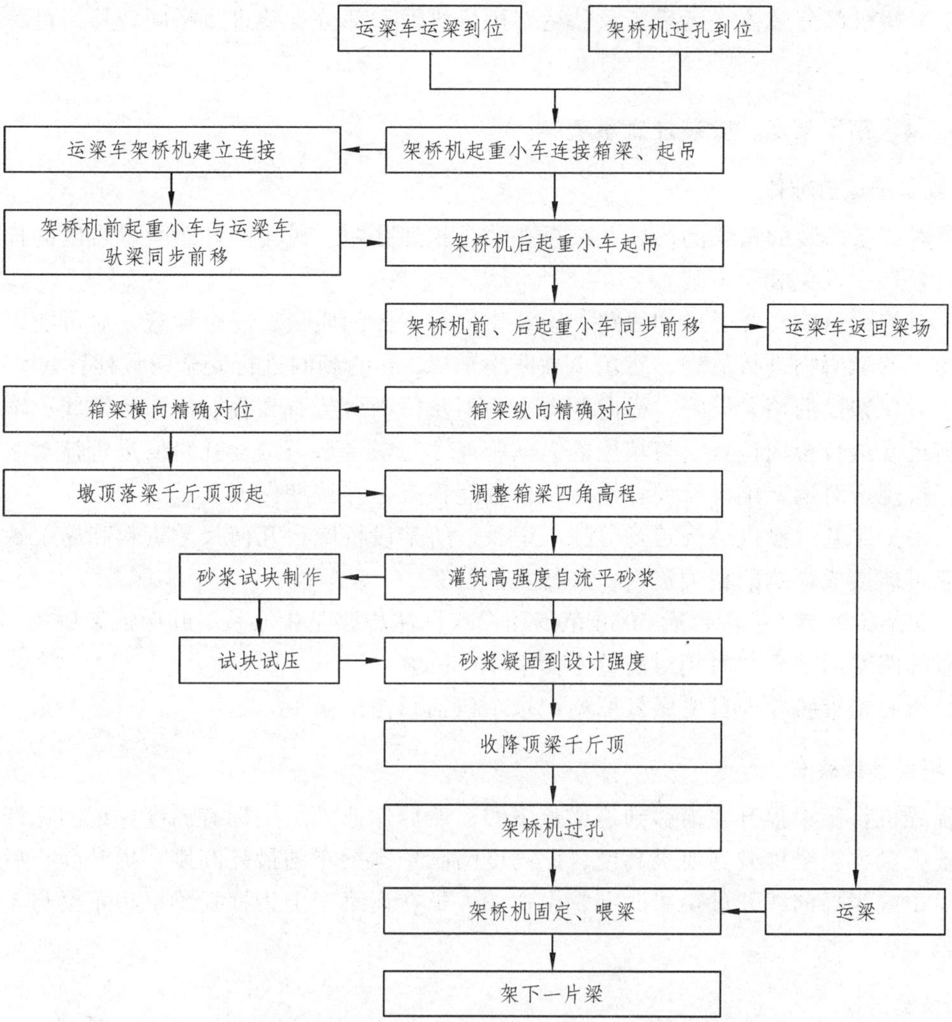

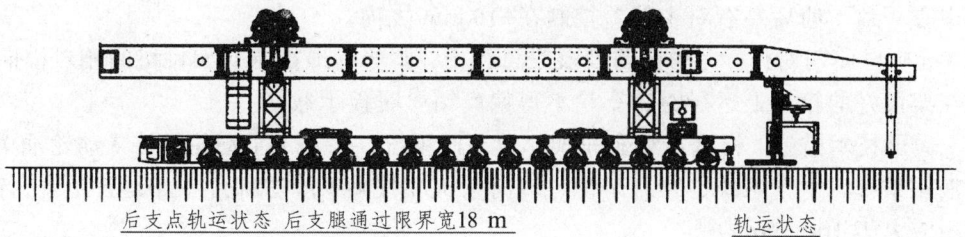

图 7.63　DF900D 型箱梁架设施工工艺流程图

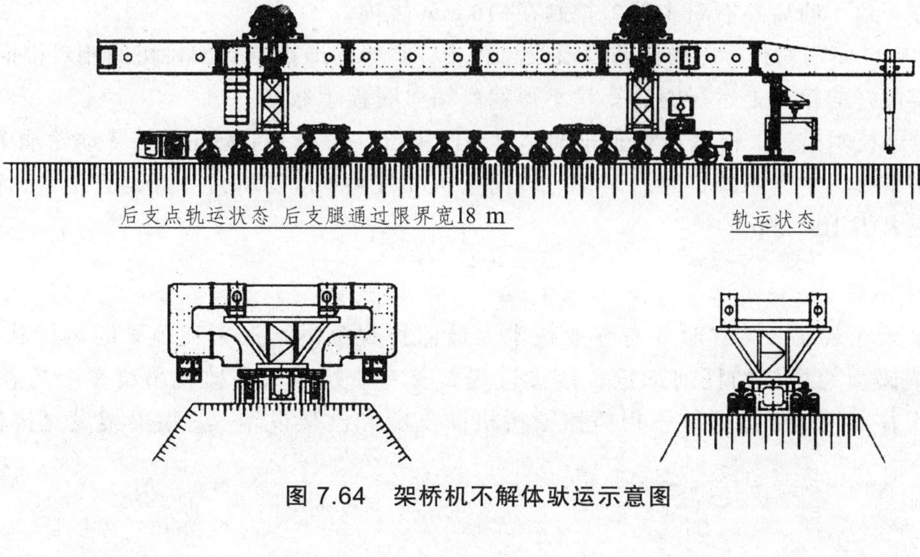

图 7.64　架桥机不解体驮运示意图

（2）架桥机部分解体，运梁车只驮运架桥机机臂和部分支腿进行桥间转移，可跨越路基和桥面。

7.3.2.4 箱梁架运、安装注意事项

1. 箱梁吊运前准备

（1）对准备吊装的箱梁的吊装孔进行孔径、相邻孔距、对角两孔距及垂直度的检查，有偏差及时处理，以免耽误吊装。

（2）对箱梁运输所要经过的线路、构筑物进行全面的质量、安全检查，对可能影响运架梁正常施工的障碍物进行清理，对填土高度小于 1.2 m 的涵洞进行安全系数检算。

（3）对要架设的箱梁梁跨、横向两支座距离及桥墩台垫石高程、支座十字线、锚栓孔位置等几何尺寸进行全面检查。将箱梁的纵横跨尺寸与墩台垫石锚栓孔跨度进行核对。

（4）按规定对运架梁机械设备进行安全性能检查，并按期保养。

（5）根据路基过渡段、构筑物等施工记录，所架设桥墩台几何尺寸资料和施工缺陷以及对运架梁可能造成影响的相关资料，进行安全检算。

（6）在架梁前 5 d 将桥台后 50 m 范围用白灰标注出路基中心线，并保证架桥机、运梁车停留位置的路基面前后左右相对高差不大于 10 mm。

（7）所有检查验收项目要做好原始记录（包括影像记录）。

2. 箱梁吊运装车

用提梁机将箱梁提升并横移到运梁道中心，然后作业人员用标有高度标记的标杆指挥提梁机作业人员将箱梁提升到要求高度，此高度略高于运梁车的最高高度。提升静止后运梁车以运梁道中线为导向线开进箱梁底部，由作业人员在运梁车上指挥提梁机将箱梁与车对位并落梁就位。

3. 箱梁运输

（1）箱梁防扭。混凝土预制箱梁在运输过程中为了防止受扭，必须保持箱梁几何中心与运梁车中心一致。前后左右对中偏差控制在 ±10 mm 之内。

（2）准确导向与对位。在喂梁前及喂梁过程中，要严格地控制与架桥机的相对横向位置，运梁车在架设好的箱梁上运行时，车轮不得偏离箱梁腹板承载区。

（3）运梁技术措施。检查运梁车车架、发动机系统、轮油（主动轮油、从动轮油）、液压悬架、液压系统、电气系统、控制系统、转向系统和枕梁系统等部件工作是否正常，前后支点高差不应大于 100 mm。

4. 箱梁架设

在吊梁天车起吊、纵移时要有专业技术人员监护观察吊梁天车和箱梁的运行状况；绝对禁止箱梁碰撞架桥机的任何部位；落梁过程要有专业技术人员监视吊梁车上的卷扬机、制动器的工作状况，下落梁体不得碰撞架桥机前支腿和已架设箱梁。箱梁架设允许偏差见表 7.32。

表 7.32　箱梁架设就位介评偏差

检查项目	允许偏差/mm
梁体中线与桥梁线路设计中心线偏差	±2
固定支座处支撑中心里程与设计里程纵向偏差	±15
同墩两侧梁底面高差	±1
相邻墩处梁底面高程偏差	±2
梁端面不垂直度	≤1/1 000 梁高

任务 7.4　支座与桥面系的施工

相关案例

案例以 7.1 中 32 m 箱梁为例，开展箱梁支座安装与桥面系施工工作以及相关注意事项，并根据工期开展相关作业指导书编制工作。

7.4.1　工作任务

根据案例背景中施工方案要求，请完成该桥箱梁支座安装与桥面系施工工艺流程和相关注意事项的学习，能编写支座安装与桥面系施工作业指导书和技术交底，能完成支座安装与桥面系施工过程中的质量监控，达到教学要求所需的知识目标、能力目标。

7.4.2　相关配套知识

在满足工期安排的前提下，熟悉支座材料检验内容和标准，支座安装工艺流程和注意事项，熟悉桥面系防水材料、施工机具和施工步骤；熟悉桥面附属设备和接口的结构构造及施工方法和施工注意事项。

7.4.2.1　支座安装

安装支座大体分两步：支座顶板与箱梁底面的连接安装；支座底板在墩顶与垫石连接安装。

1. 支座材料检验和存放

支座到达现场后，必须检查产品合格证、附件清单和有关材质报告单或检查报告，并对支座外观尺寸进行全面的检查。支座和配件质量应满足设计要求，支座连接正常，不得任意松动上、下支座板连接螺栓。

支座存放应避免日晒、雨雪浸淋和抛掷、撞击，严禁与酸、碱、油类及有机溶剂等接触，并应保持清洁，并距热源 1 m 以上。

2. 支座顶板与箱梁底板连接

整孔箱梁所用支座均为盆式橡胶支座，根据设计要求分平坡和缓坡两种。桥梁设计坡度小于 4‰ 时使用平坡支座，大于 4‰ 小于 8‰ 时使用缓坡支座。支座与箱梁底面的连接安装可在存梁台或在架梁现场进行，应按照线路纵向坡度复核活动支座及固定支座位置是否符合设计,特别是单向活动支座应注意单向活动方向。

(1)支座安装前检查。

① 梁底预埋钢板检查。

检查箱梁上预埋的支座螺栓孔位置、垂直度、预埋钢板的平整度,见表 7.33,清除箱梁锚栓孔内及钢板表面杂物、锈蚀、水泥浮浆等,清理完成后将钢板表面涂油。

表 7.33 梁底预埋钢板检查项目及要求

检查项目	允许偏差/mm	检验方法
支座中心线偏离设计位置	3	尺量
螺栓孔垂直度	垂直梁底板	
每块边缘高差	1	
钢板平整度	1	
△螺栓孔中心偏差	2	尺量每块板上 4 个螺栓孔中心距
外露底面	平整无损、无飞边、防锈处理	观察

注:表中有"△"的为关键检查项目。

② 盆式橡胶支座检查。

检查橡胶支座的外观尺寸和连接状况是否正常。外观尺寸检查项目:支座总高度;上下支座板的长度和宽度;上下支座板各螺栓孔位置偏差;聚四氟乙烯板直径和外露高度;橡胶承压板及铸件裂缝情况等。

连接状况检查项目:支座上下座板组装是否平行;固定支座上下座板是否对正;活动支座上下座板横向是否对正,纵向预留错动量根据支座安装施工温度与设计安装温度之差和梁体混凝土未完成收缩、徐变量及弹性压缩量计算转换后确定是否符合设计要求。

(2)支座安装。

整孔箱梁安装 4 个支座,分固定和活动支座两类,其中固定支座 1 个,横向、纵向、多向活动支座各 1 个。安装方向的确认方法因支座坡度不同而异:平坡支座确定方向的原则是支座铭牌置于支座纵向内侧、移动标尺置于支座横向外侧,以便检查;缓坡支座的方向是唯一的,支座坡度方向必须符合桥梁的坡度走向,可不管铭牌、标尺位置。

3. 支座在墩顶与垫石连接安装

架设箱梁时,箱梁落梁应先落在千斤顶上,再对支座下座板与支承垫石之间,锚栓孔内进行压力注浆。

(1)千斤顶支点反力控制。落梁采用支点反力控制。千斤顶落梁示意如图 7.65 所示。

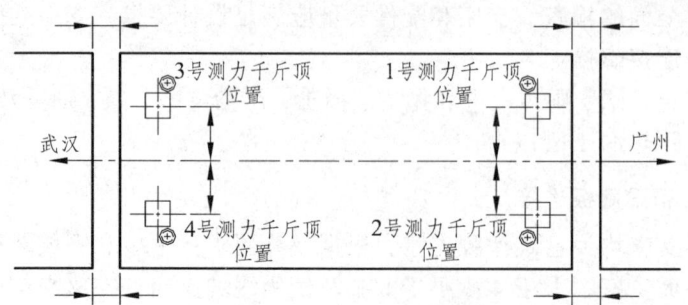

图 7.65 千斤顶落梁示意图

（2）支座注浆锚固。架桥机将箱梁放到落梁千斤顶上，并用其调节箱梁到规定的高程和受力位置后，箱梁即可开始注浆。注浆材料为高强度自流平砂浆。

① 注浆前准备。先用清水将砂浆搅拌机、注浆软管清洗干净，按照试验室给定的配合比开始搅拌浆料，浆料要求拌匀。

② 注浆顺序。由支座底部中心向四周灌注（图 7.66）。砂浆靠自重顺软管从搅拌机里流向支座底部中心，并向四周扩散，直到将锚栓孔和模板内全部灌满为止。

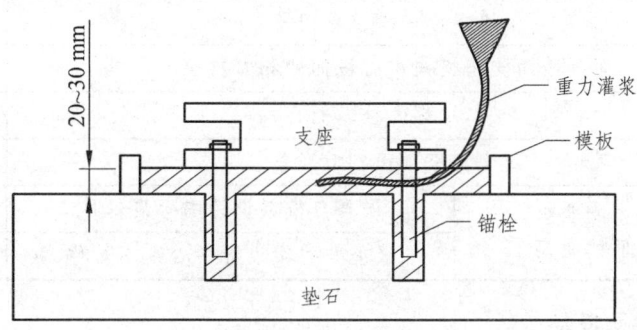

图 7.66　重力灌浆

③ 注浆注意事项：

a. 在没有可靠保温措施，注浆材料保温性能未进行试验验证时，严禁在负温度条件下进行注浆施工。注浆材料达到强度后，拆除模板，对漏浆处进行补浆。

b. 最后拧紧下支座板地脚螺栓，拆除支座上下盖板临时连接角钢。

c. 在注浆材料强度大于 20 MPa 时才能拆除临时千斤顶，在拆除临时千斤顶前严禁架桥机过孔。

4. 支座安装注意事项

（1）盆式支座安装时，要精确找平垫石顶面，准确定出下支座螺栓位置，并检查其孔径大小和深度，用高强度等级混凝土把螺栓锚固。

（2）采取解体安装的方式，先吊装下底板，上紧地脚螺栓后再吊装上座板与梁体联结，支座上下应对准设计位置。

（3）清理预留螺栓孔。

（4）安装前对各滑接面用丙酮或酒精仔细清洗干净，其他部件也应洗净。

（5）支座上各个部件纵横向必须对中，当安装温度与设计温度不同时，纵向支座各部件错开的距离必须由计算确定。

（6）支座上下板螺栓的螺帽应安装齐全，并涂上黄油，无松动现象。

（7）支座与梁底，支座与支承垫石应密贴，无缝隙。

5. 质量标准(表 7.34)

表 7.34 支座安装质量标准

序号	项 目		允许误差/mm
1	支座中心线与墩台十字线的纵向错动量		≤15
2	支座中心线与墩台十字线的横向错动量		≤10
3	支座板每块板边缘高差		≤1
4	支座螺栓中心位置偏差		≤2
5	同一端两支座横向中心线间的相对错位		≤5
6	螺 栓		垂直梁底板
7	四个支座顶面相对高差		2
8	同一端两支座纵向中线间的距离	误差与桥梁设计中心线对称	+30,-10
		误差与桥梁设计中心线不对称	+15,-10

7.4.2.2 桥面附属设备

高速铁路工程是涉及多个专业的系统工程,包括机车车辆系统、轨道系统、电力系统、通信信号系统、土建工程等。在高架线路地段这些系统所需设备均需置于桥梁之上,使桥面上通过和摆放的各种设施较多,涉及诸多专业,也与桥跨结构施工及后期使用、养护维修关系密切。

1. 附属设备的构成和功能

高速铁路桥梁桥面附属设施包括 6 个组成部分,从外向内依次为人行道遮板及栏杆、电缆槽、防水系统、排水系统、伸缩系统及综合接地系统。如图 7.67 所示为桥面附属设备。这 6 部分组成一个有机、完整的桥面附属体系。主要包括如下 6 个功能:

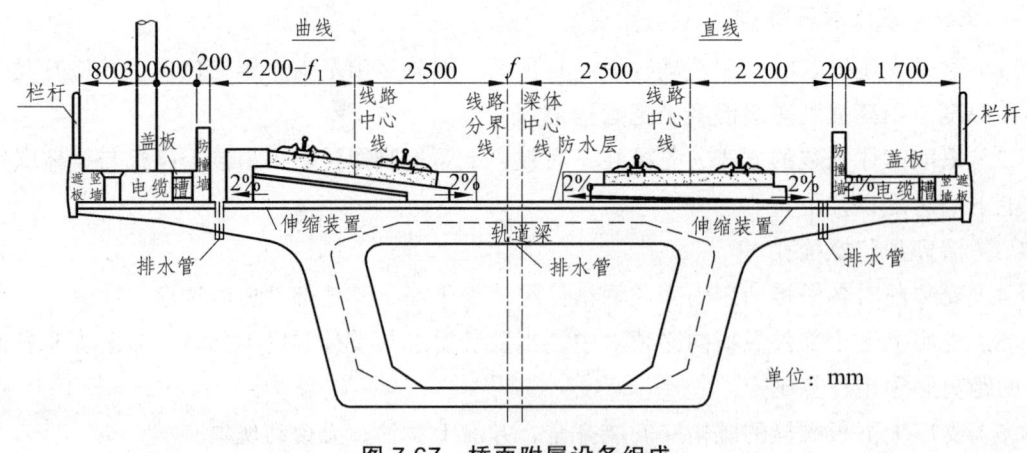

图 7.67 桥面附属设备组成

(1)注重桥梁美学,美化梁部,使高速铁路桥梁具有良好的景观效果;
(2)良好的防、排水体系,使结构免受外界环境水的侵蚀,提高桥梁结构的耐久性;
(3)保证桥面的整体性,梁端良好的伸缩性和密闭性;

（4）规范各个专业管线设备，使之放置有序，便于维修养护；
（5）提供合理的工作空间便于维修养护机械工作；
（6）提高运营时桥面的安全性、降低噪声等功能。

2. 人行道遮板、栏杆和电缆槽（图7.68）

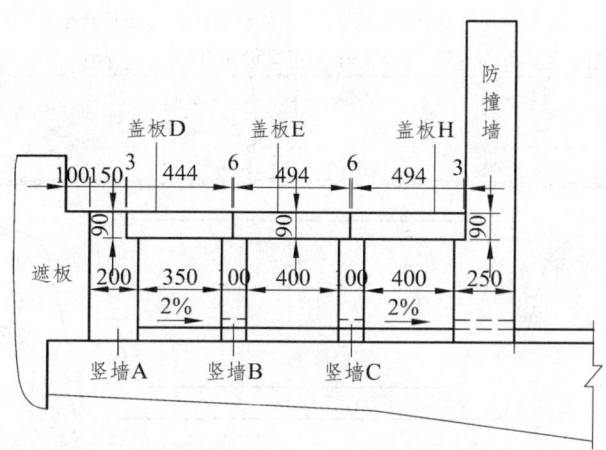

图7.68 电缆槽布置图（单位：mm）

（1）结构构造。

人行道遮板是连接栏杆和梁的主要部件，同时遮板将轨道梁悬臂端包裹，起到保护和防水作用。人行道栏杆分为混凝土栏杆与钢栏杆两大类。

根据通信、信号、电力专业需要，在挡砟墙外侧分别设置信号槽、通信槽和电力电缆槽（统称电缆槽），电缆槽由竖墙和盖板组成。

竖墙兼有分隔电缆槽、连接遮板和支承电缆槽盖板的作用，竖墙在梁体吊装或现浇完成后在桥面上进行现场灌筑。梁体施工时注意在电缆槽相应部位预埋钢筋，使竖墙和梁体连接为一体，保证电缆槽竖墙在桥面上的稳定性。

按照材料可将盖板分为预制钢筋混凝土盖板、RPC混凝土盖板、无机材料复合盖板和其他复合材料盖板等。

（2）施工要求。

遮板、人行道盖板、人行道立柱、隔柱及扶手等构件一般在梁场预制成型，同时做好电缆槽、接触网支柱基础、声屏障、防水伸缩缝、电缆过轨及上桥构造、综合接地预埋钢筋等。各预制构件的模板均采用专门设计制作而成的钢模板，其强度、刚度、加工精度均需严格按照有关规定执行并检查验收；施工中应对钢筋绑扎、立模、混凝土浇筑等工序严格控制，以确保各构件成型后其表面和外形尺寸合格；各构件混凝土强度达到规定后，依据整体施工进度装运并在吊车等的配合下安装到相应的桥面上，安装时采取措施对各构件的平立面位置进行严格控制以确保每个构件的整体安装质量合格。挡砟墙、竖墙在桥位现场经过绑扎钢筋、立模、浇筑混凝土等工序完成，施工时要对模板的强度、刚度、加工精度、立模位置及钢筋的绑扎质量和混凝土的配料、搅拌、捣固等进行严格控制，确保施工后箱梁挡砟墙、竖墙等的表面和外形尺寸符合规定。

3. 防水系统

防水系统是提高桥梁结构耐久性的技术手段，防水效果的好坏直接关系的桥梁的使用寿命，其组成部分包括防水层和保护层。为减少架桥机运梁载重，桥面防水层、保护层及其他桥面附属设施是在箱梁架设后于桥位上施工的，如图7.69所示。

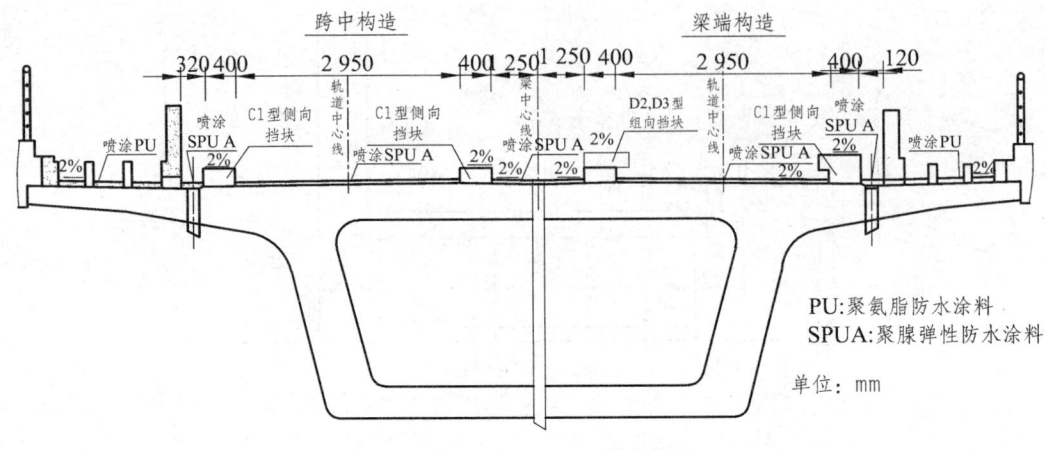

图7.69 桥面防水系统示意图

桥面防水层和保护层是桥梁的重要组成部分，箱梁桥面防水层采用TQF-I型，由聚氨酯防水涂料和氯化聚乙烯卷材组成；保护层为强度40 MPa的细石聚丙烯腈纤维或聚丙烯腈纤维网高性能混凝土，当防水要求较高时采用纤维素纤维细石混凝土作为防水层的保护层（图7.70），当采用高弹性的涂料，如聚脲弹性防水涂料时，可取消保护层。

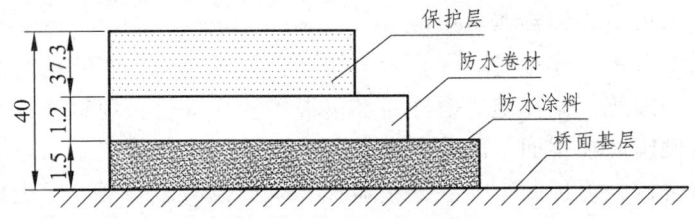

图7.70 防水层及保护层构造示意图（单位：mm）

防水层施工由人工进行；保护层施工方式为于现场拌和纤维混凝土，用小型混凝土运输车运至桥位浇筑。桥面防水层、保护层施工工艺流程如图7.71所示。

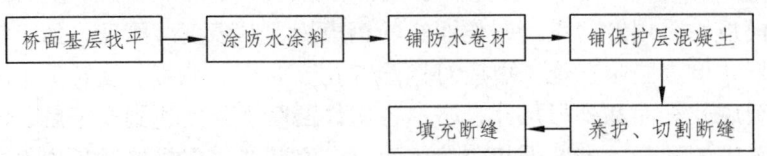

图7.71 防水层及保护层施工工艺流程图

（1）原材料的选用。防水层、保护层材料，防水涂料、防水卷材进场应进行复检，符合规定后才能投入使用。

（2）施工机具的配备。施工机具：手锤、扁铲、鼓风机、长柄扫帚、手枪式搅拌器、40 kg装油桶、长柄橡胶刮板、磅秤、自备发电机、强制式混凝土搅拌机、抽水机、斗车、小型混凝土运输车、平板振动器。

（3）施工方法和步骤：

① 基层处理。桥面基层应无凹凸不平、蜂窝及麻面，桥面基层及挡砟墙、竖墙、端边墙等须涂刷防水涂料进行封边的部位应无蜂窝、麻面，无浮渣、浮灰、油污等；对蜂窝、麻面作填补前，应清除蜂窝、麻面中的松散层、浮渣、浮灰、油污等，并使之湿润。涂刷防水涂料时基层应干燥。

② 防水层施工：

a. 聚氨酯防水涂料必须按产品使用说明配料，直接喷涂或涂刷于桥面形成聚氨酯涂料防水层，聚氨酯防水涂料应采用除黑色以外的其他颜色。

b. 从每跨梁一端的防撞墙处开始，将搅拌均匀的防水涂料按约 90~100 cm 的涂刷宽度用刮板往另一端涂刷。防水涂料应涂刷均匀，不得漏刷。

c. 一边涂刷防水涂料，一边铺贴防水卷材，防水卷材应铺贴到端边墙、防撞墙、竖墙的根部。

d. 当桥上设置接触网支柱时，应采用相应宽度规格的防水卷材，并在电缆槽宽度变化处纵向搭接进行防水层施工。

e. 防水层铺设完毕 24 h 后，方可进行保护层的施工。

③ 保护层施工：

a. 配料规定。保护层采用 C40 纤维混凝土，其中水泥用量不低于 400 kg/m^3、纤维网 Fibermesh-19 mm 掺量为 2 袋（0.9 kg/袋）/m^3、粗细骨料及外加剂的用量根据试验确定、水灰比为 0.4。

b. 施工方法。注意投料顺序，将混合均匀的纤维网混凝土均匀铺在梁体的防水层上，纤维混凝土保护层做好后，用聚氨酯防水涂料将断缝填满。

4. 排水系统

排水系统由桥面排水坡、桥面排水管、集水篦子、管盖及泄水管构成。采用 2 列排水或者 3 列排水方式。桥面水由排水横坡排向两侧设置于防撞墙内侧的泄水管。

排水管的布置与当地降雨强度和线路纵坡有密切的关系，电缆槽内保护层向泄水管方向设排水坡，在相对泄水管竖墙上埋设横向排水管。

在伸缩缝处设置集水排水装置，引出伸缩缝内的水，由排水管引入桥面排水系统。在城区桥面水采用集中排水的方式，在野外采取直排的方式，如图 7.72 所示。排水材料主要有：E-PVC、UPVC 或 PVC 等。

5. 伸缩系统

伸缩缝是桥梁的重要组成部分，伸缩缝安装对桥面防水层有密闭作用，防止水对梁端设备的侵蚀，防止有砟轨道漏砟。伸缩缝包括两类：无砟轨道及有砟轨道桥梁伸缩缝，每一类包括 ±50 mm、±100 mm、±150 mm、±200 mm 四种型号。

图 7.72 集中排水（近）和直排方式（远）

无砟轨道桥梁伸缩缝由一次成型的特种型材、防水橡胶和锚固装置三部分组成；有砟的轨道桥梁伸缩缝由一次成型的特种型材、防水橡胶、锚固装置和挡砟盖板四部分组成。如图 7.73、7.74 所示。

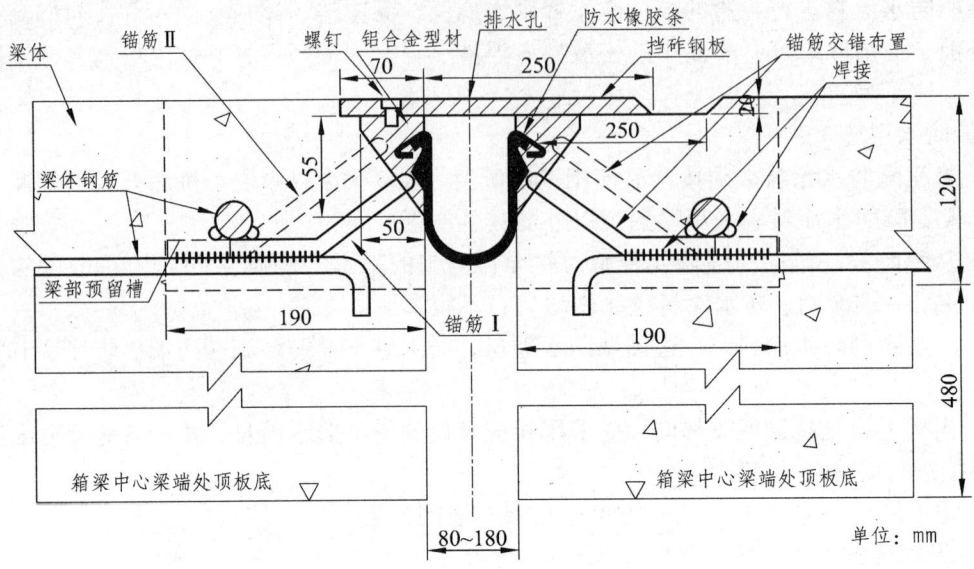

图 7.73 有砟轨道伸缩缝

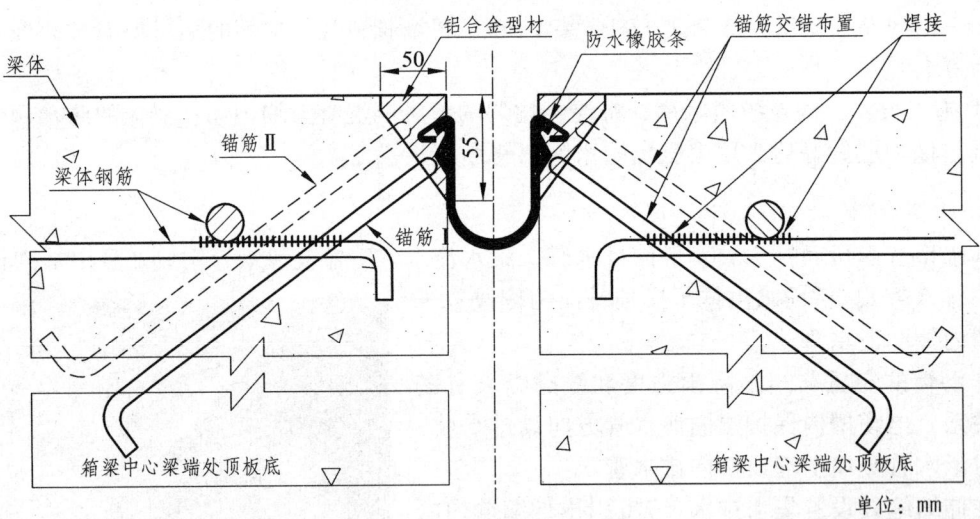

图 7.74 无砟轨道伸缩缝

根据所用型材不同可将伸缩缝分为铝合金型材伸缩缝、耐候钢型材伸缩缝等。伸缩缝的施工应根据伸缩缝种类的构造，可采用梁体混凝土浇筑时一次型材安装到位和梁表面预留槽口后安装两种方式进行施工。

7.4.2.3 桥梁主要接口

1. 轨道

（1）技术要求。轨道工程要求桥梁墩台及基础工程工后沉降量应符合以下规定：墩台均匀沉降量≤20 mm；相邻墩台沉降量之差≤5 mm。预应力混凝土桥梁在无砟轨道竣工后徐变与收缩出现的上拱限制在10 mm以内。在桥梁上预留轨道预埋件，梁端剪力齿槽盒锚筋连接套管，在桥面预留轨道侧向挡砟块锚筋套管。

（2）沉降观测标。铺设无砟轨道需要在桥梁上设置控制网，对轨道施工进行精确定位测量。在桥梁墩台和涵洞边墙上设置沉降观测标，用于沉降观测；在梁上防撞墙上，每隔一定距离设置一个沉降观测标网控制点。

（3）构造要求。对于有砟轨道，由于水可以在道砟间隙中流动，桥上排水方式一般采用双向排水，在桥面上设置防水层和保护层；对于采用板式、双块式和轨枕埋入式的无砟轨道，桥梁上保护层设置方式不同时，轨道和桥梁的连接方式也不相同。当桥上不设混凝土保护层时，则在轨道板底座的两端设置挡块，挡块中的钢筋直接深入到桥梁主体结构中，如图7.75所示。

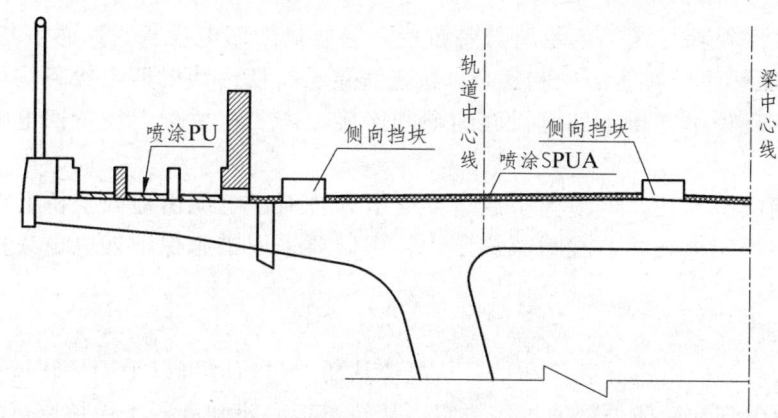

图7.75　桥梁上无保护层时轨道与桥梁的连接方式

2. 桥台与路基

桥台承台与路基桩板结构的接口处理，采用一字形桥台，线桥分界里程是以台背为准，而台后承台襟边往往要进入路基范围1～2 m，所以桥台和路基施工要互相协调一致，必须做好路基和桥台之间的过渡段。路桥过渡段应满足以下要求：

（1）桥台台尾路基为路堤时，路桥过渡段一般采用如图7.76所示的方案。需要时根据情况设置钢筋混凝土搭板。

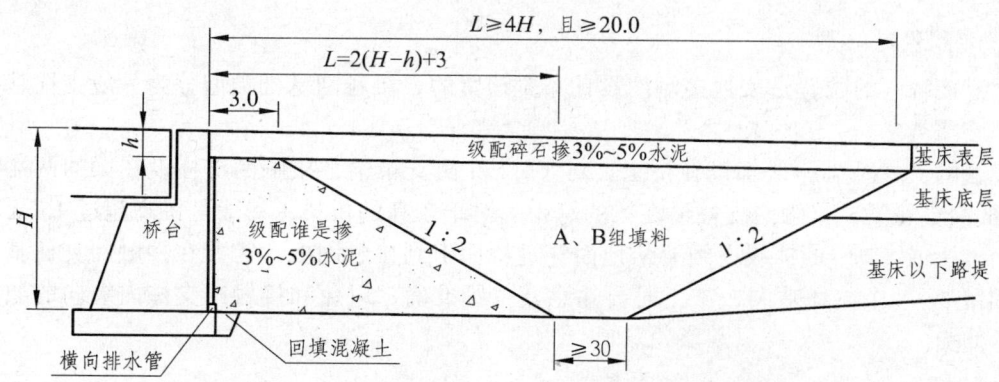

图7.76　填方桥台的路桥过渡段纵断面示意图

（2）桥台台尾路基为软质岩、强风化的硬质岩及土质路堑时，路桥过渡段采用混凝土与级配碎石过渡，长度不小于 20 m。桥台台尾路基为硬质岩路堑时，桥台基坑采用混凝土回填。

3. 通信、信号

（1）电缆槽布置。我国高速铁路桥梁上对通信、信号、电力等都设置了单独的电缆槽，信号电缆槽在最内侧，通信在中间，电力在最外侧。在桥面的两侧各设置 3 个电缆槽，宽度分别为 400 mm、400 mm、350 mm，在接触网支柱基础位置，电缆槽尺寸相应压缩，保证 3 条电缆槽贯通。在桥梁两端悬臂板上，预留了直径 110 mm 的通信、信号电缆过轨预留孔。台后设置了电缆上桥过渡措施。

（2）电缆上桥、过轨。

① 电缆上桥。

根据四电设计要求每隔一定距离需要布置一定数量的四电设备，如通信基站、变电所、AT 所等用以保证其使用功能的顺利实现，高速铁路长桥使沿线的四电设备均设置在桥下线路两侧，为了实现桥下与桥上四电设施的顺利连接，需要在桥梁上设置四电电缆上桥的专用通路。

一般在梁端留出齿槽，电缆上桥通过梁缝引入桥面；电缆由地面至桥上在桥墩上采用后打眼埋设胀钉固定电缆槽。在桥梁施工中，一定要采取措施保证四电电缆槽的位置等正确无误。

② 电缆过轨。

不论是有砟或无砟轨道，通信和信号从电缆从桥上过轨时可以采用从轨道板底座、混凝土保护层、梁体内部和梁体外部通过等方案。从轨道板底座和混凝土保护层过轨，使用有一定的限制，过轨电缆的直径不宜太大；从梁体外部过轨，会增加过轨电缆的长度并且影响桥梁结构的外观；从梁体内部过轨，可以利用箱梁两侧腹板上直径 100 mm 的通风口进行电缆过轨，从而使电缆长度相对较短，对桥梁结构外观影响较小，只需要在和通风口相对应的箱梁悬臂板和电缆槽竖墙位置预留孔洞。

4. 电力电缆

电力电缆由于直径较大，无法利用通信、信号的过轨方式，在梁端对应电缆槽位置设置锯齿形凹槽。

5. 牵引供电

桥上接触网的位置是依据接触网设计布置预留的，接触网基础类型分为一般支柱基础和锚柱基础两类。

接触网支柱基础一般都设在桥上，对于 32 m 简支箱梁，接触网支柱设在梁的两端，对于 24 m 简支箱梁，接触网支柱设在梁的跨中。对于较高的桥梁（一般是桥高超过 15 m 时），牵引变电所或 AT 所的馈线电缆要从地面穿过桥面引到接触网上，需要在接触网支柱基础内竖向预留 5~8 个电缆孔洞，施工时要注意其位置准确，以免和接触网支柱内纵向的通信孔洞发生冲突。

6. 综合接地

为保证人身、设施等的安全，高速铁路桥梁将距接触网带电体 5 m 范围以内的金属构筑物和沿线通信、信号、接触网支柱等连接起来,与轨道形成立体的接地系统即综合接地系统,实现等电位连接,以保证信号传输的畅通、人员安全和整个铁路系统运行安全。

桥梁墩台内及基础有综合接地系统,与梁内接地系统在墩台顶相连,通过墩台身在承台侧面引入地下。

综合接地系统有三个方案,可以选用不同方案:

(1)在梁端预埋专门的综合接地钢筋,并且和梁体钢筋相连接,然后引至箱梁的顶面和底面预留连接螺母,上面和电缆槽内的贯通地线、栏杆扶手、钢轨等连接,下面和下部结构的接地钢筋相连接,下部结构的接地钢筋和桥墩台、承台、桩身内的结构钢筋相连接,然后伸至地面以下一定深度内。

(2)不设置专门的综合接地钢筋,完全利用桥梁结构本身的钢筋进行接地,其他同(1)。

(3)通信和信号的接地和桥梁本身的接地分别设置,互不影响,其他同(1)。

桥梁综合接地方式如下:

(1)综合贯通地线在桥梁地段的敷设方式。

桥梁地段综合贯通地线敷设于线路两侧的通信、信号电缆槽内,并采用阻燃 UPVC 塑料套管防护,同时与通信、信号电缆槽内的通信、信号电缆采取安全隔离措施。

(2)桥梁地段接地体的设置方式。

对于长度小于 500 m 的桥梁,在桥的两端用与综合贯通地线同材质、同规格的环保型贯通地线将上下两根贯通地线等电位连接,横向连接地线采用钢管或 HDPE(高密度聚乙烯)管防护。对于长度大于 500 m 的桥梁,在每个桥墩处桥梁两侧的通信、信号电缆槽内设置螺母一个,作连接贯通地线用。

桥梁地段综合贯通地线和接地体的设置如图 7.77 所示。

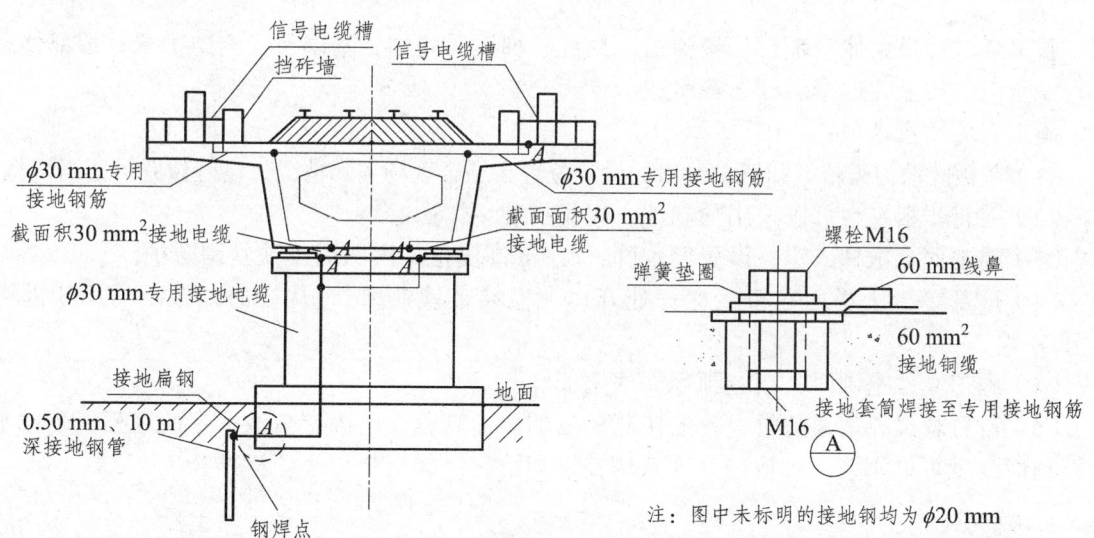

图 7.77 桥梁接地系统方案示意图

桥梁的金属构筑物(如栏杆、声屏障等)均应连接至贯通地线,如有金属栏杆,应间隔 50 m 连接一次。

7. 救援疏散通道

桥梁上救援疏散通道是铁路防灾救援安全保障体系的组成部分，当发生地震、火灾或桥上列出出现救援情况时用来快速疏散旅客，并兼顾部分养护维修功能（日常的铁路养护维修中，工作人员可以借助该设施上下桥梁）。

在桥梁长度超过 3 km 时，要结合地面道路条件，在线路两侧交错设置可上、下桥的救援疏散通道，每隔 3 km（单侧 6 km）左右设一处。救援疏散通道侧对应的桥上栏杆或声屏障位置应预留出口，救援疏散通道步梯两侧及平台设置金属栏杆，在顶部设置紧急逃生门，疏散平台地面楼梯口用铁丝网围挡设带锁铁门，阻止非工作人员从外部进入桥面，如图 7.78 所示。

图 7.78　桥梁救援疏散通道

救援疏散通道由休息平台、楼梯板、栏杆、梯梁、立柱、基础及安全防护罩、顶部休息平台安全门、桥上疏散指示标志等组成。

施工有关注意事项：

（1）救援疏散通道依据图纸中给出的设计位置，结合现场实际情况，设置位置可适当调整。

（2）人行步板平台可以采用预制件，现场拼装。

（3）在地面疏散梯入口，设置警示牌，2.7 m 高度范围内四周用铁丝网防护。

（4）顶部平台上桥面在桥梁栏杆处开口，安装带锁铁门。（从桥面疏散不需用钥匙可打开）。

（5）施工立柱基础时，注意预埋立柱钢筋。

（6）设置救援疏散通道时，首先实测该处的梁面高程，以确定疏散平台的高程。疏散平台至地面高度可以用第一级楼梯高度来调整（即第一级梯板长可小于标准长度）。

8. 环　保

为了降低桥梁的噪声，所采取的对策分为两种：一是尽量减少桥梁结构的振动，降低噪声发声源的振动和噪声声强；二是从传播途径上进行控制，即设置声屏障、隔声板等，如图 7.79 所示。

图 7.79　桥梁上声屏障

桥梁上声屏障的设置，根据环境影响评价结果，与环保专业共同确定声屏障的高度、形式和范围。在工程建设中注意对沿线景观的保护，注重形式、高度、颜色、造型等因素，提高城市景观的协调性。设置声屏障的桥梁，其悬臂板按照声屏障荷载设计，加强了配筋，遮板进行了加宽，在遮板上预留声屏障立柱基础，在施工中应予以注意。

相关规范、规程与标准

[1] TZ 321—2009 铁路后张法混凝土梁预制场建设技术指南[S]. 北京：中国铁道出版社，2009.

[2] TZ 3275—2011 铁路混凝土[S]. 北京：中国铁道出版社，2011.

[3] Q/CR 9603—2015 高速铁路桥涵工程施工技术规程[S]. 北京：中国铁道出版社，2015.

[4] TB 10752—2010 高速铁路桥涵工程施工质量验收标准[S]. 北京：中国铁道出版社，2011.

[5] TB/T 3192—2008 铁路后张法预应力混凝土梁管道压浆技术条件[S]. 北京：中国铁道出版社，2008.

[6] TB 10303—2009 铁路桥涵工程施工安全技术规程[S]. 北京：中国铁道出版社，2009.

[7] 铁建设[2010]125 号　铁路桥梁施工机械配置指导意见[S]. 北京：中国铁道出版社，2010.

[8] JGJ/T 10—2011 混凝土泵送施工技术规程[S]. 中国建筑工业出版社，2011.

[9] 铁总建设[2013]52 号　铁路混凝土工程施工技术指南[S]. 北京：中国铁道出版社，2013（2013 年局部修订版）.

[10] GB/T 5224—2014 预应力混凝土用钢绞线[S]. 北京：中国标准出版社，2014.

[11] GB／T 5224—2014 预应力混凝土用钢绞线[S]. 北京：中国质检出版社和中国标准出版社，2014.

[12]《高速铁路桥梁施工与维护》课程标准

项目小结

（1）预应力混凝土简支箱梁具有受力简单、明确，形式简洁，外形美观，抗扭刚度大，施工速度快，建成后的桥梁养护工作量小以及噪声小等特点，成为高速铁路桥梁工程中的主要梁型。

（2）预应力混凝土简支箱梁采用工厂预制，架桥机架梁的方法适合大规模型号单一的预应力混凝土简支箱梁施工。

（3）作为桥梁施工中的大型临时设施，梁场及设施具有投资大、占地广、规模大等特点，其形式主要是横列式和纵列式，梁场建设应根据工程规模、水文地质状况、现有机械设备等条件综合确定。

（4）预应力混凝土简支箱梁预制主要涉及模板工程、钢筋工程、混凝土工程及预应力工程等四部分的内容。

（5）预应力混凝土简支箱梁预制前应根据施工进度确定底模、侧模、内模和端模的数量，目前侧模多采用移动式拼装侧模，内模多采用液压内模，以方便模板安装和拆除。

（6）预应力混凝土简支箱梁钢筋笼的预扎可采用分体式（底腹板钢筋、顶板钢筋）和整体式 2 种。预扎的钢筋笼需吊放入模，此时保持钢筋笼形状至关重要。钢筋笼入模后应根据规范设置足够的垫块，保证保护层厚度。

（7）预应力混凝土简支梁多采用 C50 以上的高性能混凝土，混凝土数量大、时间短、质量要求高，应根据规范做好混凝土浇筑、振捣、养护等工作，确保混凝土质量符合设计要求，目前预制箱梁的养护多采用蒸汽养护。

（8）我国高速铁路预应力混凝土简支梁几乎全为后张法预应力混凝土结构，采用的预应力钢筋主要为 7Φ15.2 钢绞线，预应力施工中要注意张拉程序和控制内容；孔道灌浆的目的是保护预应力钢筋并增加箱梁结构的整体性，目前常采用真空辅助压浆技术。

（9）预应力钢筋张拉时间应根据箱梁混凝土强度和弹性模量增长规律确定，预应力张拉分为预张拉、初张拉和终张拉。其中预张拉是在制梁台座上完成，而初张拉和终张拉则在存梁台座上完成。

（10）箱梁提梁主要有两种方式：一种是运梁车通过便道上桥，另一种方式主要是龙门提梁机直接提梁上桥。架桥机方式众多，应根据情况选择。

课程资源

复习思考题

7.1 高速铁路桥梁与普通铁路桥梁比较有哪些特点？

7.2 简述 32 m 预应力混凝土箱梁的特点。

7.3 高速铁路预应力混凝土梁的主要施工方法有哪些？各有什么特点？

7.4 高速度铁路桥梁建设大量采用后张法预应力混凝土简支箱梁,具体结合某一高速铁路预制梁场的建设实践,谈谈预制梁场建设的相关问题。

(1) 预制梁场总体规划有何设想和要求?预制梁场布置原则有哪些?

(2) 制梁、存梁台座如何总体设计?

(3) 举例说明制梁台座数量如何确定?有哪些布置形式?如何移梁?

(4) 一个标准梁场按照生产能力70跨/月设计,需要配置哪些设备?

(5) 存梁台座的数量及存梁规模如何确定?

(6) 梁场出梁或移梁有哪些设备?各有何特点?

(7) 梁场建设还要规划哪些辅助设施?

(8) 预制梁场施工建设中施工用电和施工用水如何计算?

7.5 箱梁预制有哪些施工工艺?用框图表示。

7.6 箱梁预制中模板工程有哪些设计任务和要求?

7.7 箱梁预制中钢筋工程都要完成哪些工作?

7.8 简述箱梁预制中钢筋安装检查项目及质量标准,并汇总。

7.9 试总结高性能混凝土的特点。

7.10 高性能混凝土配合比设计要求是什么?

7.11 梁体混凝土采用泵送混凝土,在灌筑时有何要求?

7.12 《高速铁路桥涵工程施工技术指南》要求,混凝土的灌筑采用连续灌筑、一次成型,箱梁浇筑不宜超过6h。采用布料机由箱梁两端对称灌筑。灌注有什么原则?如何灌筑?

7.13 箱梁浇筑时有哪两种浇筑顺序,如何比选?

7.14 箱梁浇筑有哪些振捣工艺?

7.15 简述箱梁预应力基本施工工艺,并用框图表示。

7.16 如何计算钢绞线伸长值及确定张拉施工?试用电子表格设计一个自动计算表。

7.17 预应力原材料检验有哪些项目?

7.18 箱梁预制场内移动有几种方法,各有何特点。

7.19 简述横移台车工作循环过程,并用框图表示。

7.20 简述客运专线预制预应力混凝土简支梁静载试验方法及评定标准。

7.21 简述箱梁架桥机的类型及特点。

7.22 选配大型箱梁运架设备的方案有哪几种?

7.23 试述JQ900B型箱梁架桥机的性能特点,搜集DF900型架桥机的有关资料并陈述其性能特点,并分组汇报。

7.24 试述整孔箱梁架梁施工控制要点和方法。

7.25 架桥机架最后一跨梁和变跨施工时质量如何控制?

7.26 试总结高速铁路桥梁附属设备的构成、功能及施工要点,并分组汇报。

7.27 试总结高速铁路桥梁主要接口的构成、功能及施工要点,并分组汇报。

项目 8　预应力混凝土简支梁桥位制梁

项目描述

随着预应力混凝土的广泛应用，桥梁上部结构的施工方法从上世纪 70 年代以后到今天已取得到了迅速的发展。现浇预应力混凝土简支箱梁和预制预应力混凝土简支箱梁结构相同，只是作业环境不同。预应力混凝土简支箱梁尽可能采用工厂预制，这也是铁路工程施工"四化"（机械化、工厂化、专业化、信息化）中工厂化的基本要求，但个别桥梁孔跨较少，远离制梁场分散的零星桥梁工点，可以选择采用现浇预应力混凝土简支箱梁的方法施工，可分为支架现浇法和移动模架法。通过本情境学习，学生应熟悉采用支架现浇法、移动模架法进行铁路连续梁桥施工的结构特点和适用范围，掌握上述两种工法的施工工艺流程和关键技术等。

学习目标

1. 能力目标
- 具备编写和比选预应力混凝土连续梁桥施工方案的能力；
- 具备编写预应力混凝土连续梁桥施工作业指导书和技术交底等现场资料的能力；
- 具备利用移动模架编制预应力混凝土连续梁桥施工作业指导书或技术交底书的能力；
- 具备查阅预应力混凝土连续梁桥相关规范的能力；
- 具备采用支架现浇法和移动模架法施工连续梁的过程管理及质量控制能力。
2. 知识目标
- 预应力混凝土连续梁桥结构构造及其特征；
- 预应力混凝土连续梁桥支架法的拼装方法；
- 预应力混凝土连续梁桥现场浇筑法施工原理、工艺流程和关键技术；
- 支架现浇法和移动模架法的施工特点和适用条件；
- 采用支架现浇法和移动模架法施工的质保、安保和环保要求。

任务 8.1　连续梁现场浇筑施工法

相关案例

武广客运专线某桥共有等跨连续箱梁共 63 孔，分布于 15 座桥位中。一套模板施工等跨连续梁速度按 1 孔/月考虑，桥位间转场按 20 d/次计算，配 2 套支架，按各桥位无砟轨道铺设工期确定各自的施工顺序。模板设计主要按 2×32 m 连续梁进行设计，同时考虑 2×24 m 连续梁及多跨 32 m 连续梁可调整使用。

根据现在初步拟定的施工方案，现浇简支箱梁按下列原则选用具体现浇施工方法：对于一个桥位现浇简支箱梁孔跨在数量较少且墩高不太高的桥梁及其他不适于采用移动模架造桥机施工的孔跨,采用支架法现浇施工。

8.1.1 工作任务

在上述案例中桥梁采用现场浇筑法中的支架法施工,学习下面相关内容后,完成支架法施工中关键技术问题探讨,并编制该桥支架法施工作业指导书或技术交底书,达到教学要求所需的能力目标和知识目标。

8.1.2 相关配套知识

支架法施工亦称桥位膺架法现浇施工,在数量较少且墩高不太高的桥梁及其他不适于采用造桥机施工的孔跨,采用支架法现浇施工。支架法现浇施工一般适用于地质条件较好,桥梁高度小于 10 m,桥下无影响布设支架的较大沟渠、铁路和高等级公路等情况。对于地质条件较差的桥梁采用膺架现浇施工时应对支架地基进行处理,原则上 3 m 以内的软基可通过换填处理,3~15 m 软基可通过复合地基加固方法处理。15 m 以上的软基由于基础处理困难、处理费用较高,不宜采用此种方法制梁。

8.1.2.1 支架法现浇的类型

按支架的结构形式分,常用的支架现浇类型有:

(1)满堂支架:主要适用于地基条件较好,坡度起伏不大,跨越旱地的道路立交且桥墩高度较低的箱梁、连续梁、刚架桥及连续刚构梁,如图 8.1 所示。

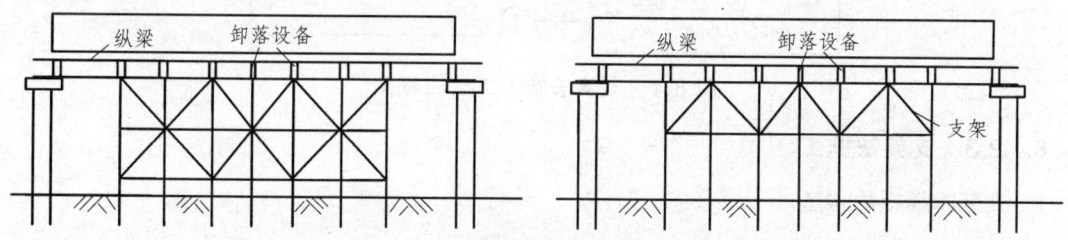

图 8.1 满堂支架体系布置示意图

(2)梁式支架:适用于跨度不是特别大且不通航的小河道的箱梁、连续梁、连续刚构梁,如图 8.2 所示。

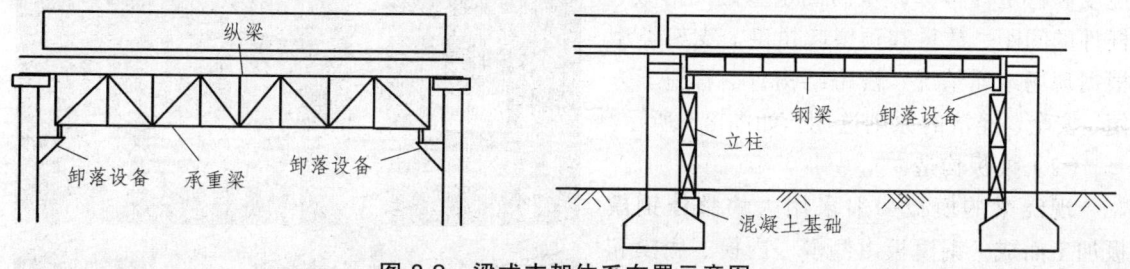

图 8.2 梁式支架体系布置示意图

(3)梁柱式支架:适用于大跨度不通航,且中间能够设立临时支墩的河流桥跨结构,如图 8.3 所示。

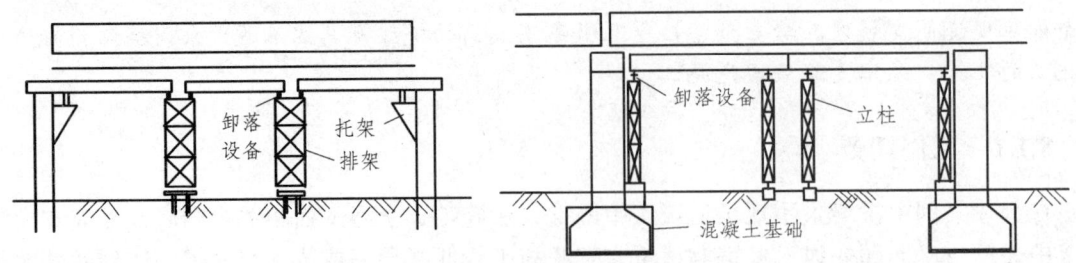

图 8.3　梁柱式支架体系布置示意图

8.1.2.2　支架法施工工艺流程

支架法工艺流程具体如下图 8.4 所示。

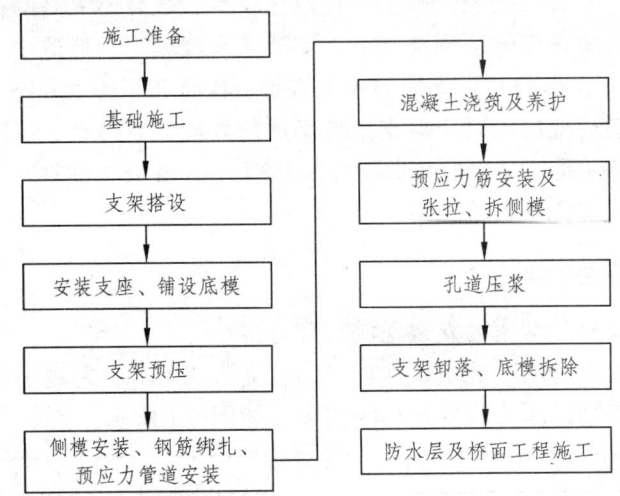

图 8.4　支架法施工工艺流程图

8.1.2.3　支架法施工

1. 支架、模板的构造

（1）支架构造。

支架工程分为基础工程、支架、纵梁 3 个部分，要进行基底承载力、强度、刚度、挠度和稳定性检算，从而确定基础的形式，杆件的间距、数量和预留起拱度。支架类型根据现场地质情况、桥跨结构，本着施工方便、安全、经济的原则选用。如图 8.5 所示。

（2）模板构造。

现浇梁的模板一般采用大块整体钢模板加工而成。钢模板由侧模、内模、底模和端模组成。模板的全长及跨度要考虑反拱度及预留压缩量。有足够的强度、刚度及稳定性，能够承受施工过程中可能产生的各项荷

图 8.5　支架构造

载及振动作用。

2. 支架施工过程

具体施工过程如下：

第 1 步：支架和纵横梁架设完毕后，立即铺设第 1、2 孔箱梁底模的方木和竹胶板，调整好底模的线形和高程后，吊装侧模，按照常规的箱梁施工程序进行第 1 孔的箱梁施工。

第 2 步：待混凝土的强度达到设计强度的 80% 后，侧模落架至行走轮上，通过卷扬机拖至下一孔，即可以开始进行第 2 孔箱梁的钢筋施工。

第 3 步：待混凝土达到龄期后，进行第 1 孔的预应力施工。

第 4 步：底模的纵横梁系统落架，用精轧螺纹吊住纵横梁，拆除支架并进行第 3 孔支架的架设。

第 5 步：用精轧螺纹把纵横梁和底模整体降落到地面，转运至第 3 孔并安装。

第 6 步：浇筑第 2 孔箱梁混凝土。

重复 2~6 步的步骤，直至完成所有箱梁的施工。

3. 支架施工要求

（1）基本要求。

支架施工满足以下要求：① 支架应满足强度、刚度和稳定性的要求；② 要有简便可行的脱模措施；③ 预压重量为最大施工荷载的 1.1 倍；④ 支架地基承载力必须满足要求，基础可采用明挖扩大基础、钢管桩基础或钻孔桩基础，支架基础有完好的排水系统；⑤ 根据预压时支架产生的弹性和非弹性变形，设置预拱度。

（2）支架基础施工。

支架现浇梁施工前，先对施工现场进行场地平整，对搭设支架的场地进行加固处理，支架地基处理的目的是保证地基具有足够的承载力和必要的防水排水设施。根据地基的实际情况，可以采用换填、做石灰土、浇筑混凝土基础等处理方法，其中最常见的是做石灰土基础。

当采用沉桩、承台基础时，先按放设的桩心位置打设管桩，再施工混凝土承台或型钢承台，如图 8.6 所示。

图 8.6 支架地基处理现场图

(3)支架搭设。

支架搭设按照立杆→横杆→斜杆的顺序逐层搭设;遵循横平竖直,连接牢固,底脚着实,层层拖牢,支撑挺直,通畅平坦,安全设施齐全、牢固。

① 满堂支架搭设。

如图 8.5 所示,满堂支架均采用外径 $\phi 48$ mm 标准杆件进行组装,每根立杆下端均设定型圆盘支座或木垫板,并按要求设置剪力撑。横桥向按照支架的拼装要求,严格控制竖杆的垂直度以及扫地杆和剪力撑的数量和间距。顺桥向支架和墩身连接,以抵消顺桥向的水平力。同时满堂式支架通过钢管与军用墩支架连成一体,确保混合支架的强度和整体稳定性。如图 8.7 所示。

图 8.7 满堂支架搭设

② 梁式支架搭设。

梁式支架是支架法的一种,可以用于跨越道路、河流箱梁的施工,满足车辆通行、通航的要求。要求支架方案具有足够的强度、刚度和稳定性。特别是控制跨中的支架挠度限值,以避免现浇混凝土因下垂挠度过大产生拉应力而造成结构破坏。另一方面由于在下行桥面上不允许搭设支架,支架应能一跨跨过桥面。如图 8.8 所示。

图 8.8 梁式支架搭设

梁式支架采用工地现场拼接,整片吊装的方法。支墩安装一般采用汽车调配和人工进行,应严格控制支墩的垂直度和平面位置。支墩之间用水平撑、斜拉撑与支墩上的拼接钢板联结,上端与型钢垫梁、下端与预埋钢板螺栓联结,加固成排架,提高整体稳定性。

③ 梁柱式支架的搭设。

梁柱式支架通常采用军用梁或贝雷梁作为纵梁，军用墩或其他形式支墩作为临时支墩。军用梁或贝雷梁作为受力纵梁，其横向刚度通常较弱。如图 8.9 所示。

图 8.9　梁柱式支架搭设

（4）纵横向方木安装。

支架顶端设置纵横向方木以分配梁体传递的荷载，方木间距根据方案布置，具体如图 8.10 所示。

图 8.10　纵横向方木安装现场图

（5）支座、支座板安装。

安装支座前复测桥墩中心距离及支承垫石高程，检查锚栓孔位置及深度要符合设计要求。支座安装要保持梁体垂直，支座上下板水平，不产生偏位。如图 8.11 所示。

（6）模板系统安装施工。

模板的安装要结合钢筋及预应力管道的埋设依次进行。安装模板时要注意预埋件的安装，严格按设计图纸施工，确保每孔梁上预埋件位置准确无误，无遗漏。

铺设底模采用人工为主机械配合的方式施工。如图 8.12 所示。

侧模安装应先使侧模滑移或吊装到位，与底模板的相对位置对准，用顶压杆调整好侧模垂直度，并与端模联结好。如图 8.12 所示。

图 8.11　支架法支座安装

图 8.12　底模、侧模现场构造图

端模安装要将胶管或波纹管逐根插入端模各自的孔内后,进行端模安装就位。安装过程中逐根检查是否处于设计位置。如图 8.13 所示。

内模安装要根据模板结构确定。如图 8.13 所示。

图 8.13　端模、内模现场布置图

(7)支架的堆载预压。

支架搭设好后,铺设底模,进行预加载试压,以检验支架及地基的承载能力及稳定性,减小和消除支架的非弹性变形和地基不均匀沉降,从而确保混凝土梁的浇筑质量。

支架预压以检验结构的承载能力和稳定性、消除其非弹性变形、观测结构弹性变形及基础沉降情况。

加载顺序为从支座向跨中依次进行。支架的沉降量偏差较大时，要及时对支架进行调整。如图 8.14 所示。

图 8.14　支架预压现场图

（8）钢筋制作、运输及现场安装。

钢筋制作同预制预应力混凝土简支梁。如图 8.15 所示。

图 8.15　底、腹板钢筋现场构造图

（9）预应力管道制作、安装要点。

预应力钢绞线束的制作、张拉、管道压浆、端头封堵同预制预应力混凝土箱梁。

（10）混凝土施工。

现浇梁施工必须保证保护层强度和布置密度，钢筋加工和安装要准确，顶面高程要严格控制。混凝土浇筑是由低向高处进行，注意对称浇筑。在施工过程中应派专人负责支架和模板的变形及沉降观测，发现问题及时处理。现浇梁的养护设备和设施必须事先准备妥当，制定详细的养护方案，确保梁体的混凝土质量。其他要求和施工方法与预制箱梁相同。

（11）模板拆除。

当梁体混凝土强度达到设计强度的 50%，混凝土心部与表层、箱内与箱外、表层温度与环境温度之差均不大于 15 ℃，且能保证构件棱角完整时方可拆除侧模和端模。

(12) 预应力工程。

张拉预应力筋时，梁体混凝土强度、弹性模量及龄期和预应力筋张捆顺序及张拉力值必须符合设计要求。张拉程序分预张拉、初张拉、终张拉。预应力筋张拉前应作管道摩阻、张拉、锚固等试验。

(13) 预应力管道压浆。

预应力筋终拉后规定时间内完成孔道压浆，确保孔道中的预应力筋体系在完成灌浆工序前不出现锈迹。其他要求和施工方法与预制箱梁相同。

(14) 预应力封锚。

封锚混凝土采用无收缩混凝土进行浇筑封锚。封锚混凝土浇筑在管道压浆以后进行，封锚前对锚槽进行凿毛处理，并利用焊在锚板上的钢筋和槽口钢筋焊接，保证封锚端混凝土与梁体混凝土连为一体，封锚后进行防水处理，锚槽外侧涂刷防水材料。

(15) 支架系统拆除。

在梁体张拉完成后，压浆强度达到设计强度的100%及封锚完成后可以拆除所有支架。

8.1.2.4 质量要求及验收标准

1. 支架基础

支架基础施工符合下列规定：

(1) 基础施工先清除表面松碎石块、淤泥、苔藓，表面平整干净；倾斜地段，将地表整平或挖成台阶。易风化的岩层基底，按基础尺寸凿除已风化的表面岩层。

(2) 基础平面位置、尺寸大小和基底高程满足设计要求。

(3) 基础地质情况和承载力与设计资料相符。

基础检验方法按地基土质复杂程度、基础类型及结构对地基有无特殊要求，可采用直观、触探方法或压载试验法，必要时钻探（钻深至少4m）取样做土工试验，或按设计的特殊要求进行荷载试验。

2. 支架搭设

支架搭设完后，节点连接牢固，整体稳定可靠。

检验方法：人工观察、尺量、水准仪抄平检测。

3. 支架预压

支架预压后，达到消除支架整体的非弹性变形，准确测出支架的弹性变形。

检验方法：压载前在距支点1m处、1/4跨处、跨中位置的底板上横向布设3个点，分别在压载前、压载完、卸载后3个阶段用水准仪进行观测。根据压载完的观测数据调整底板高程。

4. 模板及钢筋

模板与钢筋的安装符合有关规定。

5. 梁体混凝土

(1) 混凝土施工的检验符合原铁道部《铁路混凝土工程施工质量验收补充标准》和《高速铁路桥涵工程施工质量验收标准》的相关规定。

（2）梁体外形尺寸允许偏差和检验方法符合表8.1。

表8.1 箱梁体梁体外形尺寸允许偏差和检验方法

序号	项目		允许偏差/mm	检验方法
1	△梁全长		±20	检查桥面及底板两侧，放张/终张拉30 d后测量
2	△梁跨度		±20	检查支座中心至中心，放张/终张拉30 d后测量
3	桥面及挡砟墙内侧宽度		±10	检查1/4跨、跨中、3/4跨和梁两端
4	腹板厚度		+10，-5	通风孔测量，跨中、1/4跨、3/4跨各2处
5	底板宽度		±5	专用测量工具测量，跨中、1/4跨、3/4跨和梁两端
6	桥面偏离设计位置		≤10	从支座螺栓中心放线，引向桥面
7	梁高		+10，-5	检查两端
8	梁上拱		L/3 000	放张/终张拉30 d时
9	顶板厚		+10，0	专用工具测量，1/4跨、跨中、3/4跨、梁两端各2处
10	底板厚		+10，0	
11	挡砟墙厚度		±5	尺量检查不少于5处
12	表面垂直度		每米高度偏差3	测量检查不少于5处
13	梁面平整度		每米长度偏差5	1 m靠尺检查不少于15处
14	底板顶面平整度		每米长度偏差10	1 m靠尺检查不少于15处
15	钢筋保护层		不小于设计值	专用仪器每10 m检查顶板、两侧腹板和底板等部位不少于4处
16	上支座板	每块边缘高差	≤1	尺量
		支座中心线偏离设计位置	≤3	
		螺栓孔	垂直梁底板	
		△螺栓孔中心偏差	≤2	尺量每块板上四个螺栓中心距
		外露底面	平整无损、无飞边、防锈处理	观察
17	电缆槽竖墙、伸缩装置预留钢筋		齐全设置、位置正确	观察
	接触网支架座钢筋		齐全设置、位置正确	
	泄水管、管盖		齐全完整，安装牢固，位置正确	
	桥牌		标志正确，安装牢固	

注：表中有"△"的3项为关键项点，其实测偏差不得超出允许偏差范围。

（3）梁体及封端混凝土外观质量平整密实、整洁、不露筋、无空洞、无石子堆垒、桥面流水畅通。对空洞、蜂窝、漏浆、硬伤掉角等缺陷，需修整并养护到规定强度。蜂窝深度不大于 5 mm，长度不大于 10 mm，不多于 5 个/m²。

检验方法：观察、尺量。

6. 预应力施工

同预制预应力混凝土箱梁要求。

7. 拆模板

模板的拆除必须符合原铁道部《铁路混凝土工程施工质量验收补充标准》和《高速铁路桥涵工程施工质量验收标准》的有关规定。

（1）拆模时的梁体混凝土强度符合设计要求；当设计无具体规定时，混凝土强度达到设计强度的 60% 及以上，且能保证棱角完整。

检验方法：拆模前进行一组同条件养护试件强度试验。

（2）拆模时的梁体混凝土芯部与表层、箱内与箱外、表层与环境温差均不宜大于 15 ℃；气温急剧变化时不宜拆模。

检验方法：用温度计量测温度。

8.1.2.5 施工注意事项及安全文明施工

1. 施工注意事项

（1）支架。

支架必须具有足够的强度、刚度和稳定性，能可靠地承受新浇混凝土重量和侧压力以及在施工过程中所产生的荷载，保证构筑物的设计形状、尺寸及各部位置的准确性。

（2）现浇梁。

① 现浇梁施工高程控制。

为保证结构竣工后高程准确，脚手架预留施工拱度，要考虑下列因素：

脚手架和地基承受施工荷载后引起的弹性变形；现浇梁由于混凝土收缩及徐变而引起的挠度；由于杆件接头的挤压和卸落设备压缩而产生的非弹性变形；脚手架基础在受载后的非弹性沉降；底板模板的刚度。预拱度从跨中至墩顶按直线比例分配。

② 混凝土浇筑。

在混凝土中加入缓凝早强剂，延缓混凝土的初凝时间，使支架、地基变形在混凝土初凝前基本稳定。泵送混凝土时，随浇随捣随平整，混凝土不可堆放在输送管道口处，以免产生较大的集中荷载，使支架偏心受荷。装卸其他物料时亦防止支架产生偏载、振动和冲击。

③ 施加预应力。

预应力筋安装顺序、预应力筋张拉工艺符合施工技术方案和设计要求。

2. 安全文明控制要点

（1）支架施工。

要细心检查各种材料、杆件是否有严重损伤，损伤、锈蚀严重者严禁使用。在浇筑混凝土过程中，若发现支架有异常情况，立即停止作业并尽快修复加固。

支架周围设防护栏,并悬挂安全标志示警,支架下部须挂设安全网。6 级以上大风、暴风雨、雷电天气不得搭设支架。支架在高压电线区架设时注意离开高压线一定距离,严禁带电体接触。

(2)预应力施工。

① 高压油管使用前要作耐压试验,不合格的不能使用。

② 油压泵上的安全阀调至最大工作油压下能自动打开的状态。

③ 油压表安装必须紧密满扣,油泵与千斤顶之间采用的高压油管连同油路的各部接头均须完整紧密,油路畅通,在最大工作油压下保持 5 min 以上均不得漏油。若有损坏者要及时修理更换。

④ 张拉时,千斤顶后面不准站人,也不得踩高压油管。

⑤ 张拉时发现张拉设备运转声音异常,立即停机检查维修。

⑥ 锚具、夹具均设专人妥善保管,避免锈蚀、沾污、遭受机械损伤或散失。施工时在终张拉完后按设计文件要求对锚具进行防锈处理。

拓展知识　满堂支柱式支架施工案例

1. 支架体系

某高铁桥梁满堂支架的搭设采用 WDJ 满堂式多功能钢管支架进行组合安装,同时要根据支架的荷载对支架杆件的各方向间距和搭设方案进行设计和验算,以确保支架的整体强度、刚度和稳定性。验算的内容包括杆件受力验算和支架稳定性验算。为保证整个支架的整体性,每间隔一定距离采用钢管支架或满堂支架在纵、横方向与地平面成 45° 斜向布置通长钢管剪力撑进行加强,剪力撑必须上至底模板,下至地面,在地面处设置垫木。剪力撑与满堂支架立杆、水平杆相交处,设置转扣使构件连接紧密。支架安装完毕后,应由测量人员对支架托顶进行高程复测,确保误差在设计及规范容许范围之内。钢管支架体系自上而下结构依次为钢模板、分配槽钢或纵横梁、天托或砂箱、支架、混凝土预制板或垫层、加固处理后的地基以及排水系统。

2. 支架施工

(1)测量放样。

(2)布设立杆垫板。

(3)满堂支架安装。如图 8.16 所示。

图 8.16　满堂支柱式支架基础

(4)顶托安装。

(5)纵横梁安装。

3. 支架加载预压试验

支架搭设好后,铺设底模,进行预加载试压,以检查支架的承载能力,减小和消除支架的非弹性变形和地基不均匀沉降,从而确保混凝土梁的浇筑质量。加载材料使用砂袋,试压荷载为最大荷载的 1.1 倍。加载时按设计要求分级进行,每级持荷时间不少于 10 min。

加载顺序为从支座向跨中依次进行。满载后持荷时间不小于 24 h,分别量测各级荷载下支架的变形值。

4. 模板施工

现浇梁的模板由侧模、内模、底模和端模组成。其中底模又分为活动底模和固定底模,活动底模用于箱梁横移时安装横移台车。

(1)底模安装。底模安装按设计值预设反拱值,并根据沉降、张拉上拱度调整反拱值。如图 8.17 所示。

(2)侧模安装。安装侧模时,控制好模板角度与高程,底模与侧模的连接螺栓要上足且拧紧,对翼板安装并进行加固。如图 8.18 所示。

图 8.17 底模安装

图 8.18 安装好的底模和侧模

(3)内模安装。底、腹板钢筋绑扎完毕后安装内模,如图 8.19 所示。内模可用小块成型竹胶板拼装,如图 8.20 所示。箱室中架设钢管支架支撑内模,内模安装要根据模板结构确定,当内模为拼装式结构时,可采用吊装方式安装内模,如图 8.21 所示。

图 8.19 绑扎完钢筋安装内模

图 8.20 小块成型竹胶板拼装的内模

图 8.21　内模的安装和加固

（4）端模安装。如图 8.22 和图 8.23 所示。

图 8.22　未安装的端模　　　　　　　　图 8.23　安装完成的端模

5. 钢筋施工

钢筋安装在底腹板模板安装调整加固完成后进行，先安装底腹板钢筋，同时安装相应的预应力筋预留孔道和预埋件，内模安装调整加固后开始安装顶板、翼板钢筋，同时安装相应的预应力筋和预埋件，最后安装桥面系预埋钢筋。如图 8.24、8.25 所示。

图 8.24　腹板钢筋现场构造图　　　　　　图 8.25　腹板钢筋现场构造图

6. 预应力筋施工

预应力材料（包括预应力钢绞线、锚具、夹具和连接器）的选用，预应力设备选用及校正,预应力工艺流程,制孔、穿束、预应力筋张力(包括锚具的安装和准备,千斤顶的定位安装,预应力筋张拉程序)等施工均与预制预应力混凝土箱梁预应力筋施工相同。

7. 混凝土施工

混凝土灌筑和养护、模板拆除等施工均与预制预应力混凝土箱梁施工相同。

任务 8.2 移动模架浇筑施工

相关案例

武广高铁某桥,部分孔位含 32 m、24 m 现浇简支箱梁(其余孔为预制架设),桥位墩高从 1.5 m 到 40 m 不等。

由于现浇箱梁数量较大,且工期非常紧张,需投入较多的箱梁现浇施工设备,配备造桥机时,造桥机施工速度按 1 孔/15 d 计算;如遇转场,转场时间按 1 月/次计算。管段内共配备 13 台造桥机,计划制造简支箱梁共 460 余孔。

根据现在初步拟定的施工方案,按下列原则选用具体现浇施工方法:对于一个桥位现浇简支箱梁孔跨在数量较多或孔跨虽然较少但墩高较高的桥梁,建议采用移动模架造桥机施工。

8.2.1 工作任务

根据案例背景中施工方案要求,请学习下面相关内容后,完成该桥施工移动模架法施工中施工流程和关键技术的学习,能编写移动模架施工作业指导书和技术交底,能完成移动模架法施工的质量监控,达到教学要求所需的知识目标、能力目标。

8.2.2 相关配套知识

移动模架造桥机施工是一种大型联合施工设备,采用现场整孔全断面一次浇筑、逐孔推进,完成桥梁施工。移动模架造桥机 20 世纪 70 年代初产生于挪威,此后在世界各地得到了广泛的应用。

在国内,移动模架造桥机先后用于公路工程、水利工程(渡槽)及铁路客运专线工程。主要特点是占地少,临时工程量少,施工组织和安排灵活,施工质量好,施工操作简便。

在箱梁施工规模较小,现场不具备条件采用预制架设方案,桥位现浇简支箱梁孔跨在数量较多或孔跨虽然较少但墩高较高的桥梁,尤其是在桥址两边是隧道、深山峡谷、江河或湖泊滩地、跨越交通线路,可采用移动模架造桥机施工。

8.2.2.1 移动模架造桥机工作原理及优点

移动模架造桥机是一种自带模板,利用钢箱梁支承模板,对混凝土梁进行逐孔现场浇筑的设备。造桥机工作时,整个模架可实现纵移、横移、竖移;底模可实现开合及调整高程;内模系统靠由一个内模小车作为工具车逐段将全跨长内模板背负走行并可实现开、合,浇混凝土时内模靠螺杆支撑;模板成形面则靠螺杆来支撑并调节,支撑螺杆将力传给主梁;所有模板系统均有微调机构，以保证梁体尺寸的正确。

造桥机操作系统为标准化作业，重复熟练的工序，施工周期快、质量好。通常单孔箱梁整体现浇作业的工效在 13～16 d 左右。造桥机吊架设置防雨、防寒、防晒的顶棚围护措施，可保证施工期间不受天气的影响。

造桥机主梁既是现浇或预制梁逐孔施工设备，又能兼做架梁或承重梁的设备，重复利用率高，节省投资，综合效益好。造桥机施工能与桥梁结构相适应，对桥墩台及预应力混凝土连续箱梁结构无任何特殊要求。造桥机移位分两阶段完成，施工操作简单，结构安全可靠。

移动模架施工的优点：

（1）集制梁和架梁为一体，不需要占用大量场地预制箱梁和存梁，节省了梁场建设费用；

（2）不需要大型提梁、运梁和架梁设备，设备投资少；

（3）与支架法桥位制梁相比，不需要进行地基处理，机械化程度高，作业效率高，劳动力投入少；

（4）不影响桥面上净空高度高度和作业面，方便布设钢筋和施工作业；

（5）具有支腿自移、模架自行过孔等功能。模架在高处向前移动方便迅速，不妨碍桥下交通；

（6）适用范围广，可现浇 32 m、24 m 简支梁或连续梁，尤其适用于特殊地理环境，如高墩、软土地基、深山峡谷、江河或湖泊滩地、跨越既有线路等。

8.2.2.2　移动模架造桥机的组成和各自特点

移动模架按其主承载结构（主梁）的位置不同可分为上行式和下行式两种：主梁在待制混凝土梁体上方的为上行式移动模架，主梁在待制混凝土梁体下方的为下行式移动模架。

1. 上行式移动模架造桥机的组成和特点

上行式移动模架造桥机按主机过孔时前端支承方式的不同分为借助下导梁过孔和借助辅助支腿过孔 2 种（分别简称上行下导梁式移动模架、上行辅助支腿式移动模架），如图 8.26 所示。

图 8.26　上行式移动模架造桥机

（1）上行下导梁式移动模架主要由主梁、前导梁、下导梁、前支腿、后支腿、辅助支腿、挂架、前导梁小车、跨内小车、外模系统、内模系统、液压系统及电气系统等部分组成。

（2）上行辅助支腿式移动模架主要由主梁、前导梁、辅助支腿、前支腿、后支腿、前导梁小车、挂架、外模系统、内模系统、液压系统及电气系统等部分组成。

（3）上行式移动模架的主要特点：承重的主梁系统位于桥面上方，外模系统吊挂在承重主梁上，主梁系统通过支腿支撑在梁端、墩顶或承台上。过孔时外模系统横向开启（或打开）或主梁携外模一起横向开启（或打开）以避开桥墩。外模系统随主梁系统一同纵移。支腿可自行向前倒装或利用辅助吊机倒装。上承式移动模架造桥机施工首跨和末跨更加方便（不需拆除主梁）。

（4）上行式移动模架的主要不足：主梁系统位于桥面上，相对受风荷载影响较大；上行式移动模架模板系统一般采用向下打开的方式，模板合拢和调整工作量大，对桥下净空要求严格，当净空不足时必须拆除模板；上行式移动模架支撑系统安装，箱梁必须预留孔洞，施工完成后再对箱梁顶板和底板进行修补。

2. 下行式移动模架造桥机的组成和特点

下行式移动模架按过孔时支承方式的不同分为借助后导梁过孔和借助辅助支腿过孔2种（分别简称为下行后导梁式移动模架、下行辅助支腿式移动模架），如图8.27所示。

图8.27 下行式移动模架造桥机

（1）下行后导梁式移动模架主要由主框架梁、前导梁、后导梁、外模系统、内模系统、墩旁托架、移位台车、辅助支腿、电气系统、液压系统及辅助设施等部分组成。

（2）下行辅助支腿式移动模架主要由主框架梁、导梁、外模系统、内模系统、墩旁托架、前辅助支腿、中辅助支腿、后前辅助支腿、移位台车、辅助支腿、电气系统、液压系统及辅助设施等部分组成。

（3）下行式移动模架的主要特点：承重的主梁系统位于桥面下方，外模系统支撑在承重主梁上，主梁系统通过主支腿（也叫墩旁托架）支撑在承台上（桥墩较高时也可支撑在桥墩上部，墩身设置预埋件），并利用高强精轧螺纹钢筋将支撑托架对拉在桥墩上。下行式造桥机外模模板随主梁一同横向开启或单独横向开启以避开桥墩，外模系统随主梁系统一同纵移。支腿可自行向前倒装或利用辅助吊机倒装。主梁位于桥面下，相对受风荷载影响较小。支撑模架利用桥墩承台或墩身安装，对施工箱梁没有任何影响，只需在墩身预留孔洞或预埋安装件，易于保证箱梁施工质量。

（4）下行式移动模架的主要不足：因主梁系统位于桥面下方，不便于每座桥的首末跨施工；主梁系统短距离转场不方便；需要加装配重保持平衡。

8.2.2.3 下行式移动模架造桥机的主要构造

我国高速铁路桥梁移动模架造桥机施工多采用下行式移动模架，现将下行式辅助支腿移动模架造桥机的主要构造介绍如下，如图8.28所示。

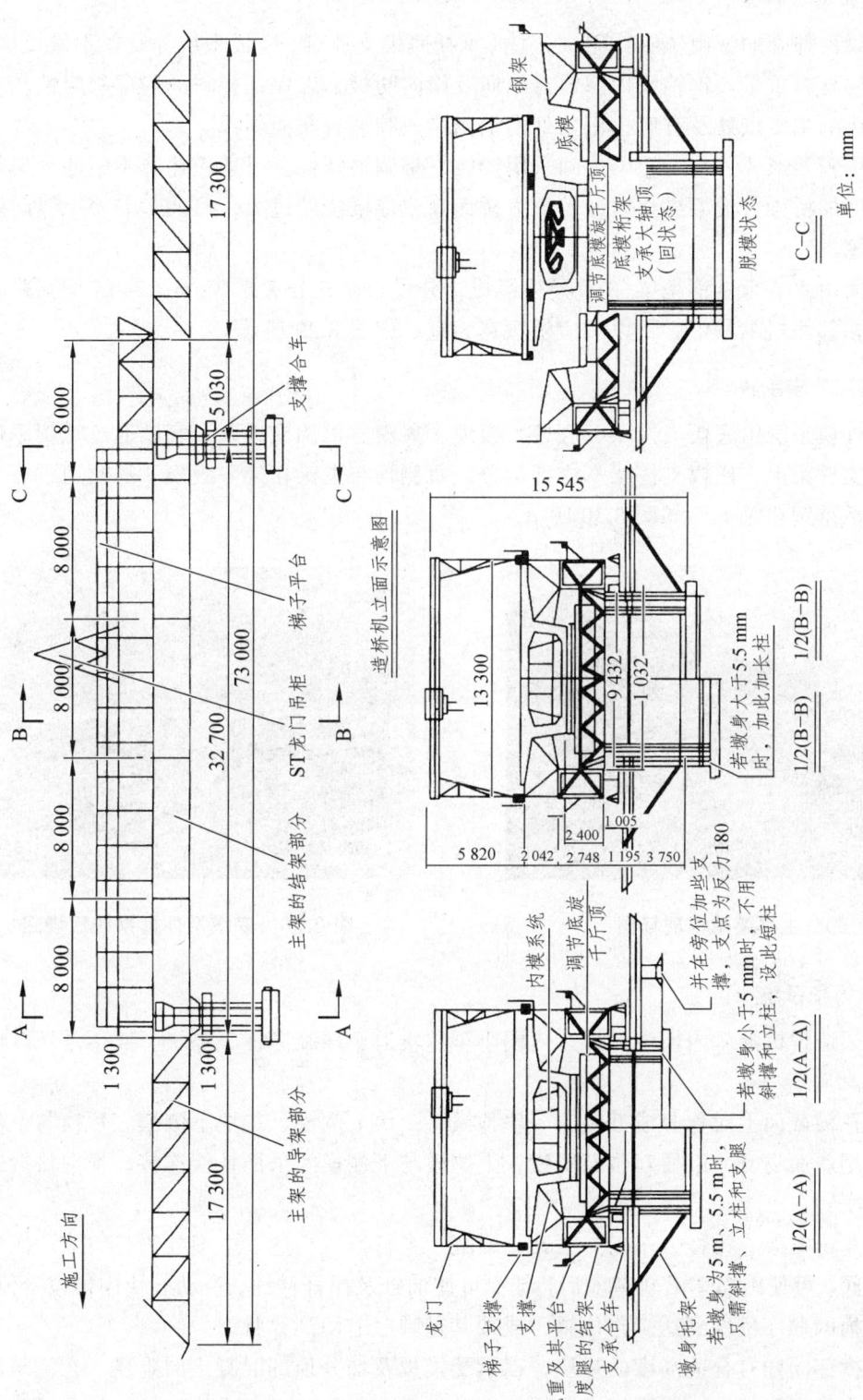

图 8.28 下行式移动模架造桥机的组成

1. 主框架梁和导梁

主框架梁由并列的 2 组主纵梁组成，主要承托底模支撑梁、模板系统等设备重量及钢筋、混凝土等结构材料重量。钢箱梁内部设有纵向及横向肋板，以保证板料的局部稳定性。在与托架相互作用的主支点处及有底模桁架处的钢箱梁内腔加有断面斜撑。

导梁采用桁架形式，它与箱梁之间采用铰接，带调整螺杆。可适应建造不同曲率半径和不同纵向坡度的桥梁。模架纵移时，若前方桥面高或导梁挠度过大，可调节导梁上竖向螺杆以使导梁上翘。

每组纵梁由 4 节承重钢箱梁+3 节导梁组成，分段长度充分考虑 32 m、24 m 梁变跨施工拆装方便。相邻两组纵梁中心距以适应桥墩宽为宜。如图 8.29 所示。

2. 底模及外模系统

底模及外模系统由底模支撑梁、底模、腹模、翼模、可调支撑系，底模通过螺旋千斤顶支撑在底模支撑梁上，底模支撑梁从中部剖分，每侧均与主梁相连。腹模、翼模通过可调支撑系支撑在承重钢箱梁上。如图 8.30 所示。

图 8.29 主框架结构现场图

图 8.30 底模及外模系统现场图

3. 液压内模系统

移动模架造桥机液压内模由模板、内模小车、轨道、螺旋撑杆、垫块、液压系统及电气系统等组成。

内模板在横截面上对称分成五块，一块顶模、二块上侧模、二块下侧模。顶模与上侧模间的接缝采用斜面吻合，以便对位及脱模，上侧模与下侧模间采用铰接连接，横向接缝则用密封条加以密封。

内模小车由车架、撑杆、车轮、泵站、油缸、走行液压马达、电缆卷筒等组成。操纵手动液压换向阀。可使内模车沿轨道前后行走，可使油缸及撑杆伸缩，带动五块内模按上侧模、下侧模、顶模的顺序依次到达工作位置，或按其逆顺序缩回到原状态。

在下侧模部同样有合适高度的垫块，以承受模板及部分顶部混凝土的重量。在浇筑混凝土时，液压内模用斜撑杆、竖撑杆、平撑杆三种撑杆支撑，以保证内模形状、位置正确，并承受混凝土的压力。内模状态如图 8.31、8.32 所示。

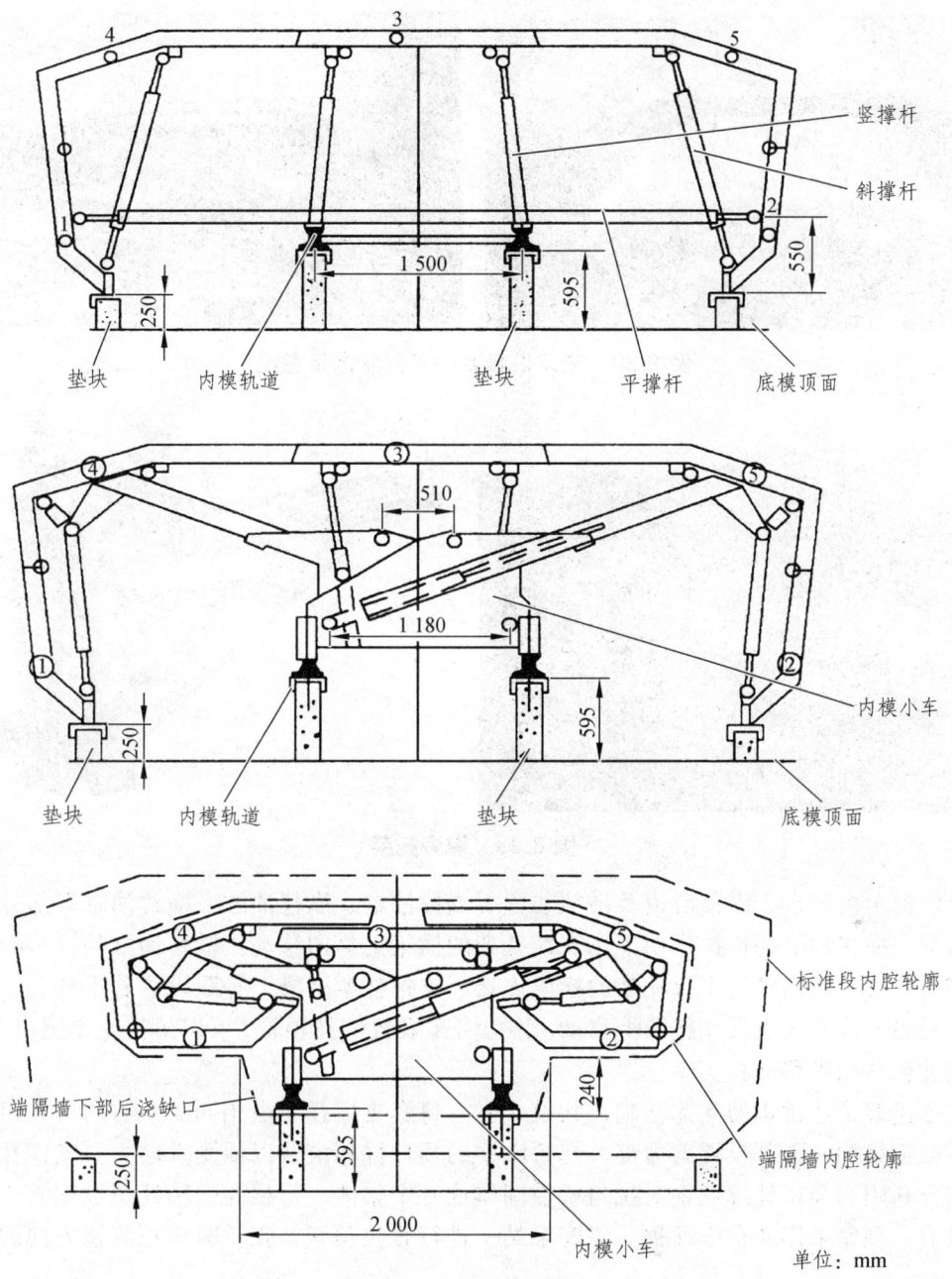

图 8.31 液压内模系统前移和组拼示意图

内模设计满足 32 m 梁且兼顾 24 m 梁的预制施工,同时内模的分块设计充分考虑末孔梁浇筑完毕后内模出腔的要求。如图 8.32 所示。

4. 墩旁托架

如图 8.33 所示,墩旁托架设置两套,由支撑托架和移位台车两大部分组成,支撑托架由两个牛腿组成并锚固在桥墩上部。

图 8.32 液压内模系统不同状态示意图

图 8.33 墩旁托架

移位台车由托盘、纵移滑道及吊挂装置、支撑油缸、纵移油缸、横移油缸等部分组成。移位台车在横移油缸的推拉作用下在支撑托架的横梁上横向移动。横移油缸的缸端与支撑装置销接，杆端利用插销与支撑托架的横梁连接，支撑托架横梁上等距设置若干插孔，以倒换插销位置的方式实现主梁在托架上移动。移位台车设置倒挂辊轮，可以吊挂主支腿自行过孔。主支腿过孔利用纵移油缸实现。

支撑托架是造桥机的支撑基础，共设 2 套，每套支撑托架由相同的左右两部分组成，为三角形框架结构，下部设置剪力键，与桥墩中的预埋件相配合以承受垂向力。支撑托架的左右两部分利用高强精轧螺纹钢对拉与桥墩固结成一个整体。每根高强精轧螺纹钢需施加一定的预紧力，预紧采用两台千斤顶（需配泵站）进行张拉预紧，张拉时应在顺桥方向两侧同步进行。

5. 前辅助支腿

如图 8.34 所示，前辅助支腿设置在导梁前端并与导梁连接为一个整体，作为主支腿吊挂过孔时的临时支撑。前辅助支腿可以从中间剖分，以适应移动模架横向开启过孔作业的需要。前辅助支腿设置 2 台手动千斤顶，可以调整支腿的高度，以适应导梁上墩和主支腿前移安装的需要。

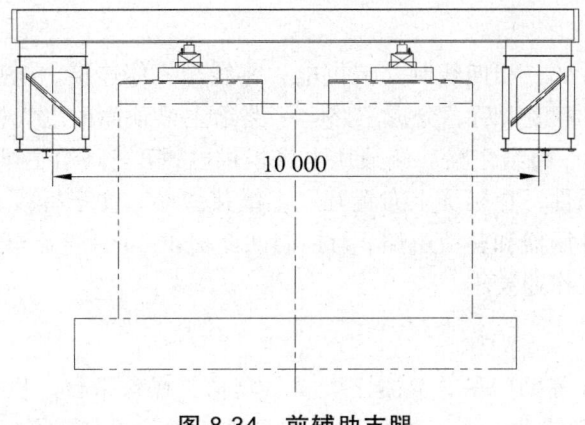

图 8.34 前辅助支腿

6. 中辅助支腿

中辅助支腿如图 8.35 所示，是承重主梁前端伸出的牛腿，合拢状态，在牛腿和墩顶之间设置油缸，可以将主框架临时支撑，作为主支腿吊挂过孔时的临时支撑。

7. 后辅助支腿

后辅助支腿如图 8.36 所示，有两个作用，其一，吊挂主框架，实现后主支腿自行过孔，吊挂并实现主框架横向开启；其二，吊挂主框架后端并在桥面上行走，实现移动模架的过孔作业。

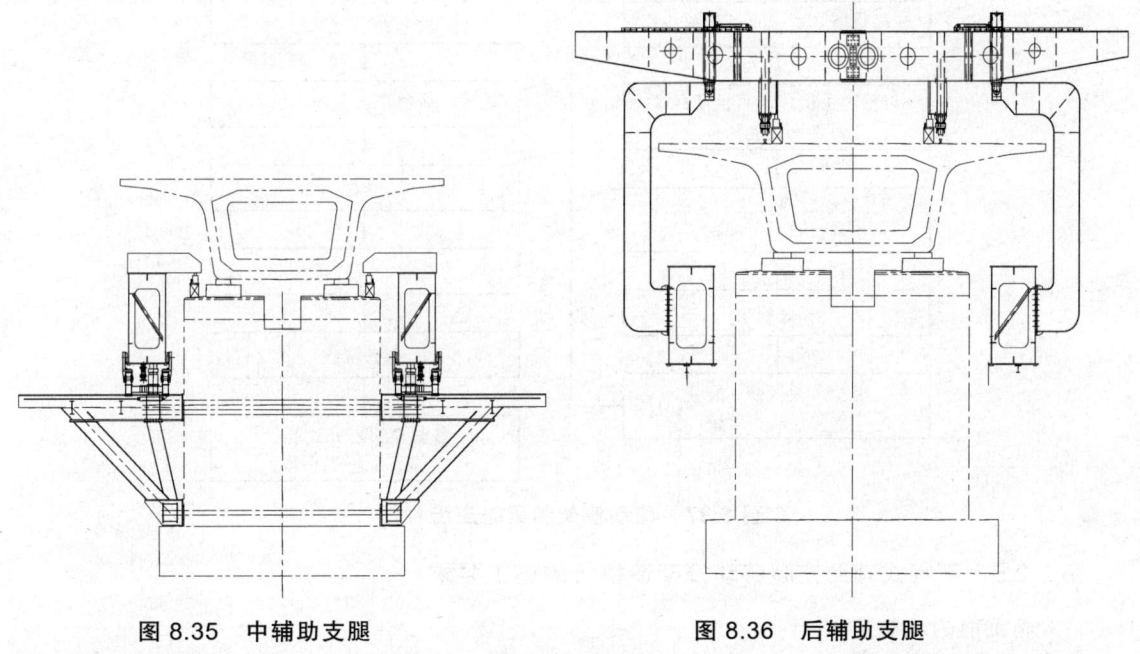

图 8.35 中辅助支腿　　　　图 8.36 后辅助支腿

8. 液压系统

该系统由液压泵站、垂直支承油缸、纵移水平油缸、横移水平油缸、前后辅助支腿支撑油缸、控制元件及管路组成。液压系统均设置于各支腿处，完成移动模架的升降、横向开启、纵移过孔和主支腿移位。

9. 电气系统

电气系统采用 380 V 三相四线制交流供电，零线与机体连接，电源进线电缆容量不得小于 250 A，由主梁配电柜接入后，分成三路：一路给主梁顶面的电气柜供电，用于向振捣设备和照明系统供电；另一路给主梁后端液压电气柜供电；第三路给主梁前端液压电气柜供电。电缆两端采用多芯接插件，在柜屏上布置互联电缆接线端，便于拆接、检修和应急处理。各液压站电气系统采用变压器和整流电路，为控制回路提供 24 V 直流电源。整机设置相应的照明系统，满足夜间施工作业要求。

10. 辅助设施

辅助设施包括 10 t 辅助门吊、混凝土配重、爬梯、操作平台、栏杆等。10 t 辅助门吊用于施工中吊装钢筋笼等辅助工作；混凝土配重悬挂于主梁系统两侧，钢箱梁前部。用于平衡模架横移、纵移过墩时的重心；操作平台和爬梯是保证作业人员施工安全的基本要求，主梁内侧的走道和操作平台以方便模架的开启与闭合，外侧的走道和操作平台方便模板撑杆的调整。

8.2.2.4 下行式辅助支腿移动模架造桥机的施工流程

具体参见图 8.37 所示。

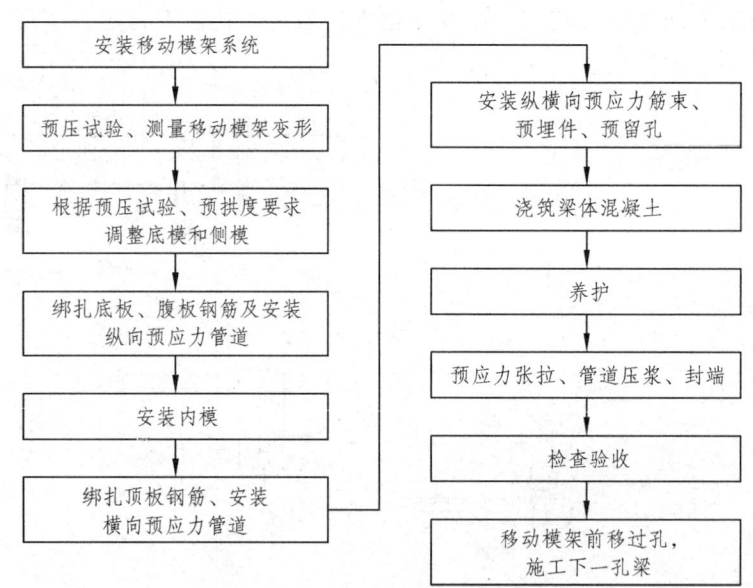

图 8.37 移动模架制梁施工流程图

8.2.2.5 下行式辅助支腿移动模架造桥机的施工要求

1. 施工前的准备工作

墩柱施工时做好预埋件或预留孔的埋设工作。对于墩身上安装牛腿支架临时支撑点和锚固点的位置安装方式，在收到施工图纸后做出详细的施工设计方案报审以确保结构物安全。墩身施工时，在其两侧立面中心处按照设计要求预留孔洞。场地平整，临时支架基础稳定。

2. 移动支撑系统的组装

牛腿的组装：牛腿为钢箱梁形式，吊装牛腿时在牛腿顶面用水准仪抄平，以便使推进平车在牛腿顶面上顺利滑移。

主梁安装：主梁在桥下组装根据现场起吊能力可采用搭设临时支架将主梁分段吊装在牛腿和支架上。组成整体后拆除临时支架。

横梁及外模板的拼装：主梁拼装完毕后，接着拼装横梁，待横梁全部安装完成后，主梁在液压系统作用下，横桥向、顺桥向依次准确就位。在墩中心放出桥轴线，按桥轴线方向调整横梁，并用销子连接好。然后铺设底板和外腹板、肋板及翼缘板。

模板拼装顺序：牛腿的组装，主梁的组装及有关施工设备、机具的就位→牛腿的安装→主梁吊装、同步横移合龙→横梁安装→铺设底板、安装模板支架→安装外腹板及翼缘板、底板→内模安装（在绑扎钢筋后）。

3. 移动模架的预压

移动模架在安装完成首次浇筑梁体混凝土前应进行预压，以检验结构的承载能力和稳定性，通过等载预压消除非弹性变形，确定弹性变形值并据此进行预拱度设置，同时检验模架的安全性能。预压荷载应为最大施工荷载的 1.1 倍，预压应采用分级加载，可按最大施工荷载的 60%、100%、110% 分为 3 级，每级加载持荷时间应分别不小于 2 h、2 h、8 h。

为保证预压荷载的合理分布，采用等荷载砂袋进行预压。自跨中开始向两侧每隔 5 m 设沉降观测点，每排设 7 个点，布设于底板及翼板，并进行编号。预压前，调好模板抄平所有点高程后加载，加载顺序同混凝土浇筑顺序（悬臂段和配重段同时加载，同时卸载），以后每天观测一次，直到支撑变形稳定为止。支撑变形稳定后，将预压砂袋卸除，将模板清理干净后测量各观测点高程。根据每次沉降记录绘制沉降曲线，并根据沉降值进行计算，确定合理的施工预拱度。根据梁的挠度和支撑的变形所计算出的预拱度之和，为预拱度的最高值。其他各点的预拱度应以中间点为最高值，以梁的两端点为零点，按二次抛物线进行分配设置。

4. 移动模架箱梁施工

模板预拱度的调整：移动支撑系统预拱度的调整是施工中重点，移动支撑系统挠度值的来源要考虑周全，挠度值的计算要尽量结合实际情况。移动支撑系统的挠度值主要有 4 部分组成：混凝土自重产生的挠度值；由后悬臂端变形产生的挠度值（浇筑第二孔以后各孔时方考虑此值）；预应力钢束张拉产生的反拱值，支点间按抛物线计算；牛腿沉降产生的挠度值。

钢筋加工及焊接施工详见《钢筋加工及焊接施工工艺手册》。混凝土施工详见《高性能混凝土施工工艺手册》。箱梁预应力施工详见《箱梁预应力施工工艺手册》。

8.2.2.6 移动模架造桥机制梁质量控制及验收

1. 质量要求

同现浇箱梁。

2. 验收标准

移动模架造桥机制梁检测方法及验收标准符合要求。

8.2.2.7 移动模架造桥机制梁施工注意事项

（1）移动模架造桥机使用前必须详细阅读使用说明书，同时造桥机必须有出厂合格证及专业鉴定部门的审查证书。

墩旁托架是移动模架造桥机的临时支撑设施，按大型临时设施要求进行结构强度、刚度稳定性检算，并对操作人员进行技术培训。

（2）预拱度理论值的计算综合考虑以下因素：移动模架的弹性变形、恒载、混凝土梁产生的弹性变形、支点沉降。

（3）移动模架造桥机制梁的桥墩在桥墩顶中间根据造桥机的要求设置预留槽，并在预留槽底设置预埋件。

（4）移动模架造桥机纵移时速度要平稳，不宜超过 4 m/min，当风力大于 6 级时不得行走，并保持锁定状态。

拓展知识 移动模架 32 m 箱梁与 24 m 箱梁变跨特殊工况施工方法

当同一桥位中既有 32 m 箱梁又有 24 m 箱梁时，移动模架造桥机需进行变跨作业。移动模架造桥机从施工 32 m 箱梁的状态过渡到施工 24 m 箱梁的状态，需进行如下调整：

（1）导梁将中间 8 m 节段拆除，长度减少 8 m。
（2）内模将中间 8 m 节段拆除，长度减少 8 m。
（3）底模及外模分别减去 2×4 m 两组模板，横联减少 2 榀。
（4）根据墩身截面形状的变化，将原支腿的夹持部件进行改造。
（5）支承台车，前、中、后扁担梁不变，支承位置按 24 m 箱梁调整。
（6）电气、液压系统不变。
（7）钢箱梁无需拆除，但底板及外模拆除中间段后需将端部模板移动合拢。

移动模架造桥机从施工 24 m 箱梁的状态过渡到施工 32 m 箱梁的状态，需增加上述构件。

（6）移动模架造桥机施工中必须满足客运专线现浇简支箱梁设计的有关要求。

相关规范、规程与标准

[1] Q/CR 9603—2015 高铁桥涵工程施工技术规程[S]. 北京：中国铁道出版社，2010.
[2] TZ 323—2010 铁路移动模架制梁施工技术指南[S]. 北京：中国铁道出版社，2010.
[3] TB 10752—2010 高速铁路桥涵工程施工质量验收标准[S]. 北京：中国铁道出版社，2010.
[4] 《高速铁路桥涵施工与维护》课程标准

项目小结

（1）支架具有安装方便、受力均匀的优点，支架现浇施工无需预制场地，而且不需要大型起吊、运输设备，梁体的主筋可不中断，桥梁整体性好。

（2）在山区及受地形地势等影响，大型施工机械无法进入或无大型机械设备的情况下，采用支架现浇法施工比较合适。

（3）支架法的施工程序：施工准备→地基处理→支架位置放线→支架搭设→支架校验调

整→铺设纵横方木→安装支座→安装底模→底模板调平→支架预压→支架及底模调整→安装侧模→绑扎底板、腹板钢筋→安装波纹管→安装内模→安装端模→绑扎顶板钢筋→自检、报检→混凝土灌筑→混凝土养护→拆除端模和内模→预应力张拉→压浆、封堵端头→养护→拆除底模和支架→桥面铺装防水层及保护层→桥面系安装。

（4）支架预压目的在于检验支架及地基的强度及稳定性，消除整个支架的塑性变形，消除地基的沉降变形，测量出支架的弹性变形。

（5）移动模架的主要适用于大体积整孔简支箱梁和中小跨度连续梁的施工。当桥下净空较大、足以容纳下行式移动模架结构体系或施工相对比较方便时，应采用下行式移动模架施工；而上行式移动模架则适应范围较广，机械化程度高，操作简单，安全可靠，在大多数情况下均可采用。

（6）移动模架应具有足够的强度、刚度和稳定性，基础必须坚实稳固。主梁挠度不应大于 $L/550$（L 为主梁支撑跨度），在各种工况下稳定系数均不得小于1.5。

（7）移动模架在安装完成第一次使用前，通过等载预压消除非弹性变形，确定弹性变形值并据此进行预拱度设置，同时检验模架的安全性能。定弹性变形值并据此进行预拱度设置，同时检验模架的安全性能。

课程资源

复习思考题

8.1 预应力混凝土连续梁支架现浇法施工具有哪些特点？
8.2 预应力混凝土连续梁支架现浇法的工艺原理是什么？
8.3 支架有哪些类型？其各自的适用范围是什么？
8.4 预应力混凝土连续梁支架现浇法施工需要做哪些技术准备？
8.5 试简述支架法作业流程。
8.6 预应力混凝土连续梁支架现浇法施工时如何进行地基处理？
8.7 简述预应力混凝土连续梁支架现浇法施工时支架搭设的要求。
8.8 简述立柱式支架和梁柱式支架搭设的步骤。
8.9 简述支架法支架拆除要点。
8.10 简述支架预压的目的、步骤和方法。
8.11 简述支架法预应力管道制作、安装要点，并分小组汇报。
8.12 简述支架法预应力张拉及管道压浆要点。
8.13 编制支架法作业指导书，归纳总结施工的作业要点，并分小组汇报。
8.14 试搜集上行式移动模架施工工艺流程和相关图片，并用计算机框图表示。
8.15 查阅相关资料，对比上、下行移动模架原理的区别。
8.16 试简述移动模架造桥机的特点。

8.17 试比较支架法和移动模架法施工的优势差异。

8.18 简述上、下行式移动模架的结构构造。

8.19 编制下行式移动模架施工方案,并进行技术交底。

8.20 查阅相关资料,简述移动模架首次浇筑梁体混凝土前的预压要求。

8.21 试简述下行式移动模架的施工程序,编制作业指导书,并分小组汇报。

8.22 试总结支架法施工的注意事项和安全文明施工控制要点。

8.23 试总结移动模架施工的质量控制、验收标准和注意事项。

8.24 请按照《高速铁路桥涵工程施工质量验收标准》的相关规定,编制移动模架现浇简支梁质量检验标准与检验方法,并用电子表格表示。

8.25 各小组任选一种混凝土简支梁现浇施工方法,分小组汇报本方法的适用范围、优缺点、工艺流程等。

项目 9 　连续梁（刚构）桥施工

项目描述

连续梁（刚构）作为梁桥的一种形式，具有构造简单、施工方便等优势，相对其他形式的桥梁，建造和养护综合成本较低，随着施工技术的提升，促进了此类桥梁在我国的广泛使用。通过本情境学习，学生应掌握铁路连续梁（刚构）桥的结构特点和适用范围，熟悉施工图纸，掌握悬臂施工法、顶推施工法的施工工艺流程和关键技术等。

学习目标

1. 能力目标
- 具备分析连续梁（刚构）受力特点与结构类型的能力；
- 具备合理选择连续梁（刚构）桥的施工方法和编制施工工艺的能力；
- 具备编写连续梁（刚构）施工作业指导书和技术交底等现场资料的能力；
- 具备查阅连续梁（刚构）施工等相关规范的能力；
- 具备采用连续梁（刚构）施工的过程管理及质量控制能力。
2. 知识目标
- 连续梁（刚构）结构类型；
- 连续梁（刚构）施工图识读；
- 连续梁（刚构）顶推施工法等施工原理、工艺流程和关键技术；
- 连续梁（刚构）悬臂施工法等施工原理、工艺流程和关键技术；
- 采用连续梁（刚构）施工的质保、安保和环保要求。

相关案例

某客运专线 NO.12 合同段施工任务，该段有一座 48+64+48 m 的预应力混凝土变截面连续箱梁桥，梁段采用二次抛物线形设计，分段长度 3~5 m 不等，合同工期为 18 个月。为了降低成本，项目部需要制定经济合理的连续梁施工技术方案，技术方案应该综合考虑施工方法比选，施工机具设备选用，施工技术人员配备，施工进度安排要求等客观因素。

任务 9.1 　连续梁构造

9.1.1 　工作任务

结合上述案例中连续梁桥的施工要求，请学习下面相关内容后，熟悉连续梁桥施工图纸识读，会计算工程量，熟悉连续梁预应力钢筋的布置形式，达到教学要求所需的能力目标和知识目标。

9.1.2 相关配套知识

连续梁是由若干跨梁组成一联，桥梁可由一联或多联构成，常见的连续梁桥每联由3～8跨组成，如果跨数增加将使桥梁的计算与施工难度加大，温度变化及混凝土收缩、徐变所需伸缩缝的宽度就大，但增加每联的跨数对梁的受力和行车是有利的，能使行车平稳，减少噪声和便于养护。

9.1.2.1 连续梁桥的布置

连续梁桥通常有正交、斜交、单向曲线和反向曲线等平面造型。正交桥最为常见，桥墩台位置与主梁中线垂直，因而桥梁的造型也最简单。当线路方向与河道或桥下交通斜交时，斜交的布置应同时满足桥梁上、下交通的需要。

连续梁桥立面布置常见形式如图9.1所示。按照桥梁跨径相互关系可分为：等跨连续梁（图9.1（a））和不等跨连续梁（图9.2（b））。

按照梁高变化可分为：等高度连续梁（图9.1（a）、（d））和变高度连续梁桥（图9.1（b）、（c））。

按照主梁与下部结构的关系分为：墩梁分离的连续梁（图9.1（a）、（b））和墩梁固结的连续刚构桥（图9.1（c））。

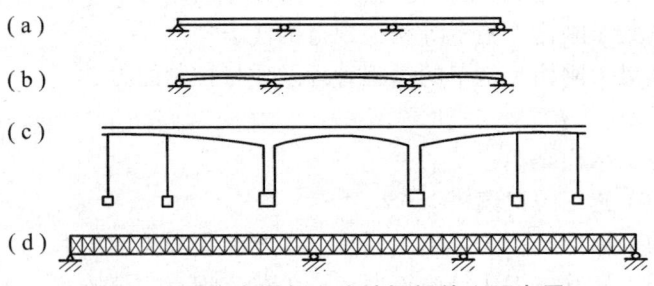

图9.1 预应力混凝土连续梁桥的立面布置

1. 等截面连续梁

由于等截面连续梁结构简单、施工方便，可以采用移动模架、顶推法、逐孔施工法和就地浇筑法施工。等截面连续梁可采用等跨和不等跨布置，采用等跨布置，结构简单，统一模式，但等跨布置时，连续梁中内力分布不是很合理。

为减少等跨布置时边跨及中跨跨中弯矩，可将连续梁设置成不等跨形式，一般边跨与中跨跨径之比取0.5～0.8，采用不等跨布置时，为保证桥梁纵向线形，常不改变支点处梁高，而通过增加预应力束筋用量来抵抗支点处较大的负弯矩，其主要缺点是钢材用量较大，材料使用效率相对较低。

2. 变截面连续梁桥

大跨度预应力混凝土连续梁桥以采用变截面为主。从已建实例的统计资料分析，跨径大于100 m的预应力混凝土连续梁桥有90%以上是选用变截面梁。因为大跨桥梁在外载和自重作用下，支点截面将出现较大的负弯矩，从绝对值来看，支点截面的负弯矩大于跨中截面的正弯矩，因此，采用变截面梁能与梁的内力状态相吻合。在跨径布置上，为减少边跨跨中正弯矩，宜选用不等跨布置，这样也便于悬臂对称施工。另外变高度梁使梁体外形和谐，节约材料并增大桥下净空。

变截面梁的截面变化规律可采用圆弧线、二次抛物线、直线等，最常用的是二次抛物线，因为二次抛物线的变化规律与连续梁的弯矩变化规律基本相近。采用直线形截面变化布置可使桥梁的构造简单，施工方便，如图9.2所示。

图 9.2　京沪高铁怀洪新河预应力混凝土连续箱梁桥（40＋56＋40 m）

9.1.2.2　主梁横断面

在双线并列的情况下，梁部结构可采用两单线桥的分离结构，也可采用双线整体式结构（图9.3）。对于中等跨度混凝土连续梁采用双线整体结构，一般采用悬臂浇筑法施工。

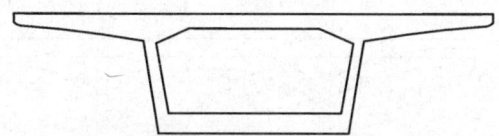

图 9.3　高铁连续梁的横截面形式

9.1.2.3　预应力筋的布置

连续梁主梁的内力主要有三个：纵向受弯、受剪以及横向受弯。通常所说的三向预应力就是为了抵抗上述三个内力。纵向预应力抵抗纵向受弯和部分受剪，竖向预应力抵抗受剪，横向预应力则抵抗横向受弯，同时从纵、横、竖三个方向布置受力钢筋，这种受力体系称为三向预应力体系，同时布置有纵向及竖向或横向的称为双向预应力体系。预应力数量和布筋位置都需要根据结构在使用阶段的受力状态予以确定，也要满足施工各阶段的受力需要。施工方法不同，施工阶段的受力状态差别很大，因此，结构配筋必须结合施工方法考虑。

沿桥跨方向的纵向力筋又称为主筋，是用以保证桥梁在恒、活载作用下纵向跨越能力的主要受力钢筋，可布置在顶、底板和腹板中。

1. 临时索

有时在施工阶段需要的主筋在使用荷载作用下将产生不利的影响，如保留这些力筋，对使用荷载作用下梁的受力不利。常采用在施工时利用临时索及控制张拉应力等措施消除其不利影响。也可用控制张拉力的方法满足使用阶段和施工阶段的不同需求，力筋的张拉力先按施工要求张拉，施工完成后张拉到设计吨位。

2. 纵向预应力主筋的布置

预应力混凝土连续梁中纵向预应力主筋的布置形式，与桥梁的施工方法有着密切的关系，下面结合几种施工方法就纵向预应力筋的布置作一介绍。

（1）就地浇筑法施工：采用满布支架和移动模架就地灌筑等截面连续梁，如连续梁跨度不大常采用（图9.4（a））所示的连续曲线布筋，如梁的跨度较大可采用在支点处梁顶设置凹槽，凹槽内设置锚具，凹槽在张拉、灌浆后封端，为了防止在中间支点处因集中较大的锚固力使结构下缘拉裂，通常贯穿整个梁长布置直线形的预应力筋，其构造见图9.4（b）。

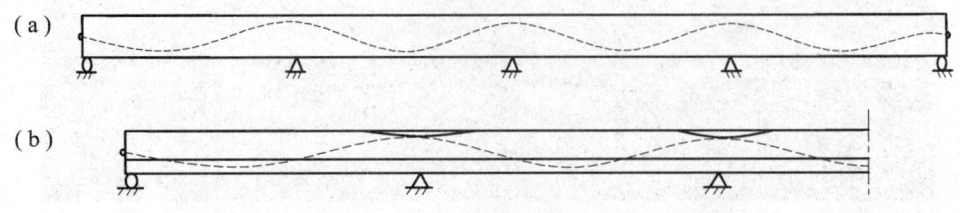

图9.4 就地浇筑法施工的等截面连续梁配筋方式

如就地浇筑采用变高连续梁，若连续梁跨度较大，可采用曲线布筋，由于变高度梁的截面重心线是曲线形的，预应力钢筋的曲率不用太大，就可得较大的偏心距（图9.5（a）），如跨度较小时可采用在下缘按直线布筋，支点截面上布置帽筋的布筋方式（图9.5（b））。

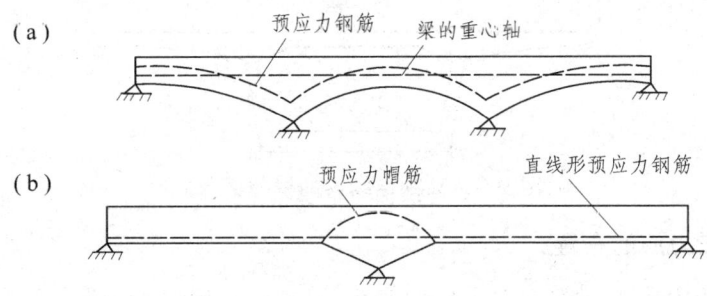

图9.5 变高度梁布筋形式

（2）顶推法施工：顶推法施工的连续梁，施工过程中梁各截面都会出现最大的正负弯矩。为保证顶推过程中各截面有足够的抗弯强度，常沿梁顶、梁底布置通长预应力筋，待顶推完毕后，在跨中底部和支点的顶部增加局部顶力筋，以满足使用荷载作用下的内力要求（图9.6（a））。有时除顶推时在上下缘布置通常直应力筋外，顶推完毕后在腹板内设置并张拉弯筋，在支点的顶部及跨中的底部设置直线短筋（图9.6（b））。施工时设置的通长直线束筋称为前期力筋，后期力筋指按使用阶段需求设置的弯筋和直线短筋力筋。由于顶推法施工时采用逐段预制、逐段顶推、分段张拉力筋的施工方法，前期通常力筋常采用逐段接长使用连接器，接长长度一般选用两个梁段，间隔排列，即在每个施工面上有半数力筋通过，半数力筋接长，这样可减少连接器数量，改善主梁受力，简化施工。

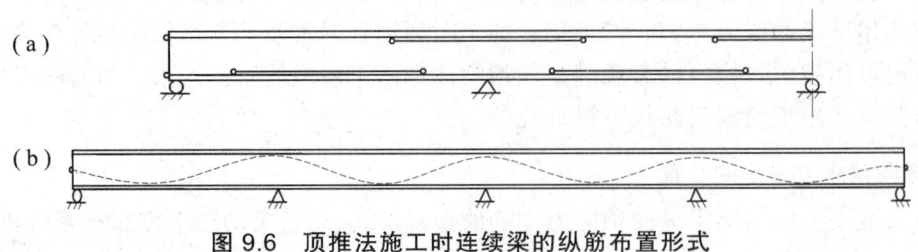

图9.6 顶推法施工时连续梁的纵筋布置形式

（3）逐孔施工（先简支后连续）方法：待墩顶接缝混凝土达到张拉强度后，用设置在接缝的局部预应力筋建立结构的连续性；连续梁从一端向另一端逐跨顺序浇筑混凝土、张拉钢筋，在接缝处用连接器把已张拉的钢筋和尚未张拉的钢筋连接起来；中小跨径的连续梁亦可采用在支点顶部设置非预应力钢筋，现浇接缝混凝土而形成连续结构；在连续梁跨径不大时，亦可采用在支点处设置帽筋，把相邻两跨连成连续结构（图9.7）。

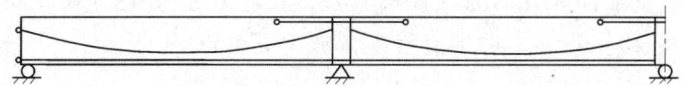

图 9.7　先简支后连续施工方法连续梁配筋方式

（4）悬臂施工方法：梁中除了负弯矩区和正弯矩区各需布置顶部和底部预应力筋外，在有正、负弯矩交替作用的区段内，顶、底板中均需设置预应力筋。（图9.8（a））所示为直线布束方式，即顶板预应力筋沿水平布置并锚固在梗肋处。（图9.8（b））所示为顶板预应力筋在腹板内弯曲并下弯锚固在腹板上，以减小外荷载所产生的剪力。此时腹板应具有足够的厚度以承受集中的锚固力。

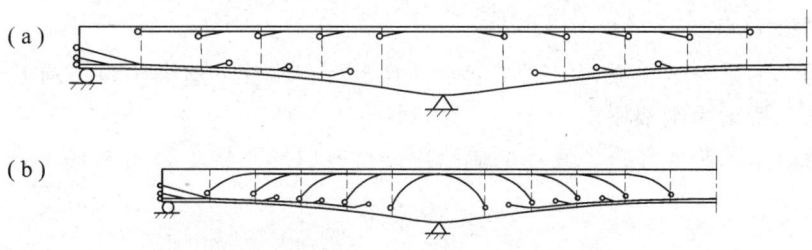

图 9.8　悬臂施工方法连续梁配筋方式

3. 横向预应力筋

横向预应力筋是用以保证桥梁的横向整体性、桥面板及横隔板横向抗弯能力的主要受力筋，一般布置在横隔板或截面的顶板中。图9.9示出了对箱梁截面的顶板施加横向预应力的力筋构造。

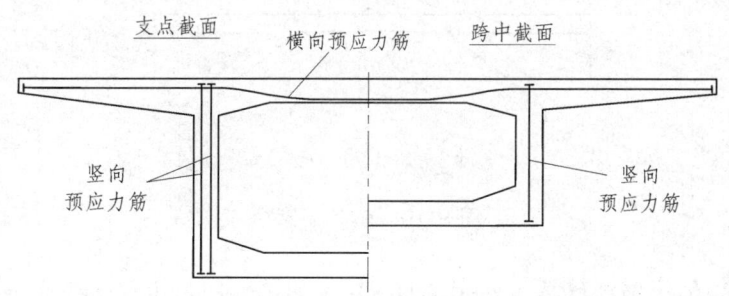

图 9.9　横向预应力筋、竖向预应力筋布置

4. 竖向预应力筋

竖向预应力筋布置在腹板中，主要作用是提高截面的抗剪能力，如图9.9所示。竖向预应力筋在梁体腹板内靠支点截面位置较密，靠跨中位置较疏。竖向预应力筋比较短，故一般采用高强粗钢筋以减少力筋张拉锚固时的回缩损失。

任务9.2 刚架桥结构构造

相关案例

大西高铁某桥,位于山西省运城境内,地形多呈丘陵、盆地和河谷地形,起伏较大,基岩裸露,有稀疏植被,主桥设计均为连续刚构桥,孔跨布置为48+80+48 m,采用预应力混凝土箱梁,桥墩高度20~68 m,桥下有河谷,有少量水流。

9.2.1 工作任务

根据案例背景中施工方法,请学习下面相关内容后,完成刚构桥的构造要求及钢筋布置学习,能够区分刚构桥与连续梁桥的特点,能识读刚构桥施工图纸,能完成工程量计算,达到教学要求所需的知识目标、能力目标。

9.2.2 相关配套知识

1. 刚构桥的特点

连续刚构是主梁与墩(或台)固结起来,且墩具有刚性,这类桥跨结构(主梁)与墩台整体固结相连的桥梁为刚架桥。

刚架桥可以是单跨或多跨,常用的单跨刚架桥有门形刚架(如图 9.10(a)、(b)、(c))和斜腿刚架(图 9.10(d))。

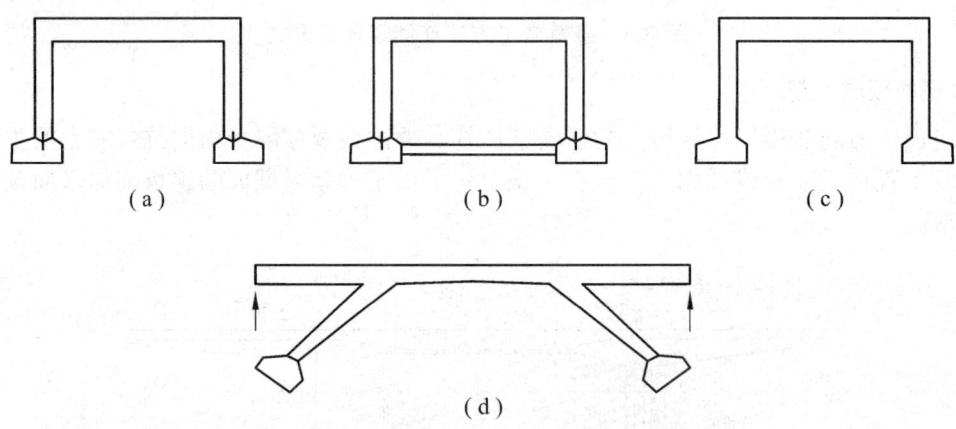

图 9.10 单跨刚架桥

多跨刚架桥包括主梁连续式(如图 9.11(b)、9.11(c))和非连续式(图 9.11(a))两类,对于主梁连续式的多跨刚架桥,当全长较大时,温度变化,混凝土收缩、徐变等将引起较大的附加力,往往每隔一定间距设置伸缩缝。图 9.11(b)为设铰 T 形刚构,图 9.11(c)为带挂孔的 T 形刚构。斜腿刚架桥和 T 形刚构是大跨度刚架桥的主要结构形式,T 形刚构适合于悬臂法施工。

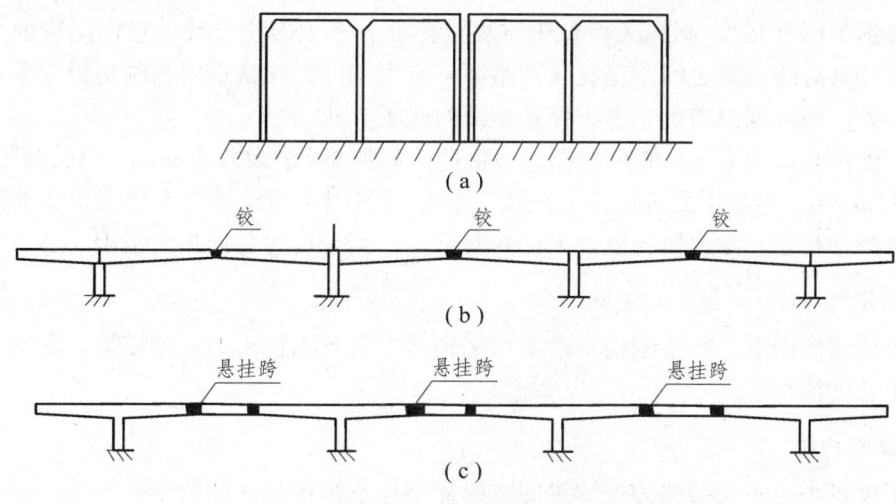

图 9.11 多跨刚架桥

2. 门形刚架

由于主梁与墩台（支柱）之间刚性连接，结构为超静定结构，是高速铁路刚架桥的主要形式。主梁的钢束布置与连续梁相仿，即在跨中钢束布置在梁体下缘，然后随弯矩的变化往两端弯起。支柱为压弯构件，预应力钢束原则上布置在受拉一侧，对于承受正负弯矩的支柱，在支柱两侧均设置。

刚架桥的节点（指主梁与支柱相连的地方），又称角隅节点。角隅节点与主梁和支柱相连的截面上承受很大的弯矩，在节点的内侧，混凝土承受很高的压应力。外侧的拉应力由钢筋承受。一般通过增设横隔板（支柱和主梁均为箱梁结构）或梗肋措施以改善角隅节点的受力状况。

3. 斜腿刚架

斜腿刚架桥结构受力特点与门形刚架桥类似。其个性特点是，由于刚架的两腿斜置，较接近于拱桥的受力，可以增加刚架的跨度。斜腿刚架的分跨布置、主梁结构尺寸等与连续刚构体系桥的基本类似。斜腿的倾斜角在 40°～50° 之间。斜腿与基础的连接往往采用铰接。斜腿刚架桥除在主梁上布置预应力筋外，根据斜腿的受力需要也可在斜腿上施加预应力。如图 9.12 所示。

图 9.12 斜腿刚构桥

斜腿一般采用支架法施工，主梁的施工依据具体情况可采用不同的施工方法，如在拱架上施工中跨和斜腿，之后用悬臂法施工边跨；也可利用施工斜腿的支架作为临时支承，采用悬臂法施工主梁。

工程实例（图9.12）：孤山大桥位于晋冀交界处，石太客运专线太行山隧道的入口与南梁山隧道出口对峙的山涧之间，是我国铁路第一座大跨度无砟轨道斜腿刚构桥，采用斜腿竖做，竖放转体，边跨现浇锁定，中跨挂篮悬灌的施工方法。

孤山大桥左右线均采用斜腿刚构预应力混凝土连续梁，最大跨度90 m。斜腿倾角56.43°，垂直高度22.63 m，为矩形变截面空心断面。斜腿与基础采用铰轴支座连接，梁部通过板式橡胶支座与桥台相连，除太原侧桥台为挖井基础外，其余均为明挖扩大基础。

4. T形刚构

在竖向荷载作用下，T形刚构不产生水平推力，属于无推力的悬臂结构。它的主要优点是适合采用悬臂法施工。

5. 连续刚构桥

墩身刚度较小、主梁结构为连续梁的墩梁固结体系结构称为连续刚构体系，正是因为墩身刚度较小，结构的水平推力较小，主梁结构更类似于连续梁结构。一般采用悬臂施工方法，也可以采用满堂支架法施工。

连续刚构桥也分跨中无铰和跨中带铰两种类型，两者一般均采用变高度梁。带铰的连续刚构桥，桥墩的刚度比不设铰的连续刚构大一些。

连续刚构桥的桥墩常采用竖直双肢薄壁墩和单薄壁墩2种形式。竖直双肢薄壁墩是在墩位上用两个相互平行的薄壁与主梁固结的桥墩（图 9.13（b）），它可减小主梁在墩顶截面处的尺寸。竖直单薄壁墩（图9.13（a））在外观上呈"一"字形，其截面形式可以是矩形截面或箱梁截面的空心桥墩。

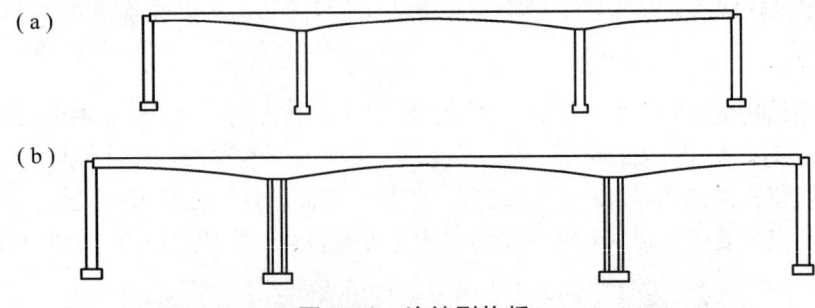

图 9.13 连续刚构桥

连续刚构桥的特点是既保持了连续梁无伸缩缝、行车平顺的优点，又保持了T构不需设大吨位支座的优点，同时避免了连续梁（存在临时固结和体系转换）和T构（伸缩缝）两者的缺点，养护工作量小。此外，连续刚构施工稳固性好，减少或避免边跨梁端搭架灌筑。

任务9.3 顶推施工

相关案例

石太客运专线石咀大桥连续箱梁采用多点顶推法施工，石咀大桥地处山西盂县古咀村，交通较为发达，左右线跨乡村公路和1条深沟，旱季沟内无水。该桥分左、右两线，线间距

35 m。左线桥长 166.50 m；右线桥长 206.50 m。位于坡度 6‰ 的直线上坡段，最大墩高 38 m。左线梁部为 4×40 m 单线预应力混凝土连续梁，右线梁部为 5×40 m 单线预应力混凝土连续梁。梁部采用单线、单箱、单室、直腹板、等高度连续箱梁，箱梁顶板宽 8.4 m，底板宽 4.0 m，梁高 3.0 m。该桥采用多点顶推施工。左线箱梁分为 9 段预制，右线箱梁分 11 段预制。除首末段外，中间段为标准段，首末段长 10.65 m，标准段长 20 m。据计算，左线顶推总重 30 310 kN，右线顶推总重 37 920 kN，箱梁平均自重 188 kN/m，最重段 212 kN/m。要求从顶推的类型和适应范围、顶推法的施工工序、顶推设备的作用和类型、顶推施工常见问题的处理方法以及顶推施工中质量问题的预防措施等方面对顶推施工方案进行细化编制。

9.3.1 工作任务

根据案例背景中采用的施工方法，请学习下面相关内容后，完成顶推法施工流程和关键技术的学习，能编写顶推法施工作业指导书和技术交底，能完成顶推法施工的质量监控，达到教学要求所需的知识目标、能力目标。

9.3.2 相关配套知识

顶推法施工是 20 世纪 60 年代初提出的施工方法，它的构思来源于钢桥的纵向拖拉施工法。主要用于多孔预应力连续梁施工，其方法是先在桥台后路堤上将梁分段制造，并用纵向预应力筋将各节段连成整体，然后以水平液压千斤顶为动力，借助不锈钢板和摩擦系数很低的聚四氟乙烯组成的滑移装置，使梁在已建成的墩台或临时支墩上滑移，逐段预制，逐段顶推。待全部顶推就位后，落梁、更换正式支座，完成桥梁施工。

1977 年，我国在西延线狄家河铁路大桥（4×40 m）连续梁施工中首次采用顶推法并取得成功，全桥预制梁段共计 6 个月，顶推作业时间共计 2 个月。

顶推法施工的顺序大致如下：预制场准备工作→安装顶推设备、制作底板→预制节段混凝土→张拉预应力筋→顶推预制节段→逐段顶推就位→张拉后期预应力筋→更换支座→桥面工作→质检。

9.3.2.1 预制场的布置

在桥台后面的引桥或临时支架上设置预制场，它是预制箱梁和顶推过渡的场地，其长度一般为预制梁段长度的 3 倍以上，宽度为桥梁宽度加 2×2.5 m。预制场地上空宜搭设固定或活动的作业棚，其长度应大于 3 倍的预制梁段长度，这样主要是为了使梁段预制作业不受天气变化的影响及便于混凝土的养护。预制场主要包括主梁梁段的浇筑平台（台座）和模板，钢筋和钢索的加工场地，混凝土搅拌站以及砂、石、水泥的堆放和运输路线用地。

9.3.2.2 梁段制造

1. 模板与钢筋的制作及安装

节段的预制对桥梁施工质量和施工速度起决定作用。由于预制工作固定在一个位置上进行周期性生产，所以可按照工厂预制梁的条件设临时厂房、吊车，使施工不受气候影响，提高工效。

预制节段的模板构造与施工方法有关，一种方法是节段在预制场浇筑完成后，张拉预应力筋及顶推出预制场；另一种是在预制场先完成底板工作，张拉部分预应力筋后即顶推出预制场，而箱梁的腹板、顶板的施工是在过渡孔上完成的，亦称节段的二次预制。箱梁模板由底模、侧模和内模组成。一般来说，采用顶推法施工多采用等截面，模板可多次倒用，因此宜采用钢模板，以保证预制梁尺寸的准确性。

台座基础为刚性基础，同时设有防水和排水设施。使用前应进行预压，沉降量和四角高差不大于 1 mm，制梁台座和底模中心线与桥梁中心线的偏差不大于 1 mm，底模和制梁台座应密贴，其顶面高程的偏差不大于 1 mm。用顶推法架设的预应力混凝土梁其普通钢筋施工和其他方法架梁的情况一样，这里主要就预应力钢筋的施工作以下说明。后张法预应力混凝土梁的预应力钢筋（束）都是在混凝土浇筑凝固之后才穿钢筋（束）张拉和锚固的，在浇筑混凝土梁时需采取措施，按设计的钢筋（束）位置，在构件内预先设置孔道，供日后穿钢筋（束）之用。由于顶推法施工中梁体由若干梁段连续地连接成整体，很多预应力筋是跨越几段的，这和单一梁体的施工有些不同。由于分段灌筑连成整体，当成孔的误差较大时，累计起来可能造成预应力筋难以穿过。梁段连接处的接头，除将前段梁段接触面凿毛并洗刷干净外，连续钢筋需与纵向钢筋搭接。采用钢丝网胶管成孔时，宜在胶管内插入钢质芯棒；采用铁皮套管成孔时，需在灌筑混凝土时，用相应管道直径的通孔器检查，不能通过者应及时处理。在接头处，成孔的胶管或铁皮套管一端插入前一梁段内，其长度不少于 30 cm，波纹管伸入前段梁内的长度不小于 5 cm，并采取措施固定定位网。张拉预应力筋的工艺应在正式张拉前对长钢丝束作有关张拉方式（如串顶、倒顶）的试验，以便选用张拉方式。对锚固性能、管道摩擦力以及钢丝束的弹性模量等均须通过试验加以校核。

张拉后，对暂不压浆的预应力筋，不宜立即切除锚具外露的多余部分，并在锚具上划线注明预应力筋的位置，以便在顶推时检查锚具是否松动。

采用顶推法施工的连续梁，顶推施工阶段与使用阶段梁的受力状况差别很大，为了满足两阶段的受力需要，钢束分前期张拉力筋和后期张拉力筋。为了既满足阶段所需力筋数量又方便施工，采用力筋接长张拉很合适，力筋接长使用连接器，它的长度选取两个梁段的长度，间隔排列，也就是在每个施工面上有半数力筋通过，半数力筋需进行接长。这样可减少连接器的数量，改善主梁受力，节省钢材，简化施工。

后期筋是依照使用阶段要求补充设置的力筋，分直筋和弯筋，弯筋布置在箱梁腹板内。

2. 混凝土的灌筑

顶推法施工的混凝土桥梁其梁段混凝土的灌筑与一般预应力混凝土施工基本一致。

9.3.2.3 顶推方式

预应力混凝土梁顶推方案应根据设计文件的指导性施工组织设计及梁体长度、重量确定，桥跨不多的可一次顶推到位，桥跨多的可分联顶推。顶推的种类和方法有以下几种：

1. 按梁体制造方法分为就地浇筑顶推和连续拼装顶推

（1）预制组拼，分段顶推。在墩（台）后设置制梁场、存梁场、拼梁线，按照设计顶推单元划分，将顶推单元分成若干个块件预制，在拼梁线上组拼，张拉预应力形成整体后顶推的施工方法。当台后场地条件好、具备运输和就地拼装能力，工期要求紧迫时，设计和施工方案可以考虑预制箱梁节段、墩（台）后拼装、分阶段顶推的施工方案。

（2）逐段预制，逐段顶推。在墩（台）后设置制梁平台，将连续梁分成若干个节段，按照设计顶推单元划分，每一个顶推单元为一个预制的基本节段，依次在制梁台座上制作，在墩顶设置顶推滑道、顶推千斤顶，通过各千斤顶出力，牵引顶推传力拉索带动梁体在滑道上向前移动,前段梁顶出台座后,在台座上接灌下一梁段,将梁逐渐向对岸顶推的施工方法。

2. 按顶推设备分为水平千斤顶加竖向千斤顶顶推和拉杆式顶推

(1)水平千斤顶加竖向千斤顶顶推。由支承在纵向滑道上的垂直千斤顶和支承在墩(台)背墙的水平千斤顶联动,能使梁体以垂直千斤顶为支承向前移动(即单点水平-竖直千斤顶法),将预制梁顶前,如图9.14所示。

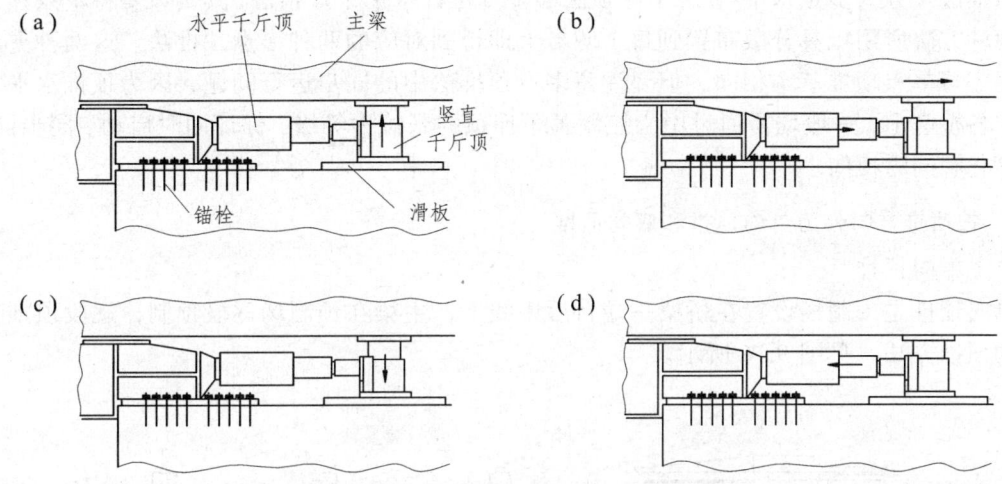

图9.14 水平千斤顶加竖向千斤顶顶推

(2)拉杆式顶推。由水平千斤顶通过传力架固定在桥墩(台)靠近主梁的外侧,装配式的拉杆用连接器接长后与埋在箱梁腹板上的锚固器相连,驱动水平千斤顶后活塞杆拉动拉杆,使梁借助梁底滑板装置向前滑移,水平千斤顶走完一个行程后就卸下一节拉杆,然后水平千斤顶回油使活塞杆退回,再连接拉杆进行下一顶推循环,如图9.15(a)所示,或者是用穿心式千斤顶拉梁前进,在此情况下拉杆的一段固定在梁的锚固器上,另一端穿过水平千斤顶后,用夹具锚固在活塞杆尾段,水平千斤顶走完一个行程,松去夹具,活塞杆退回,然后重新用夹具锚固拉杆,并进行下一顶推循环,如图9.15(b)所示。

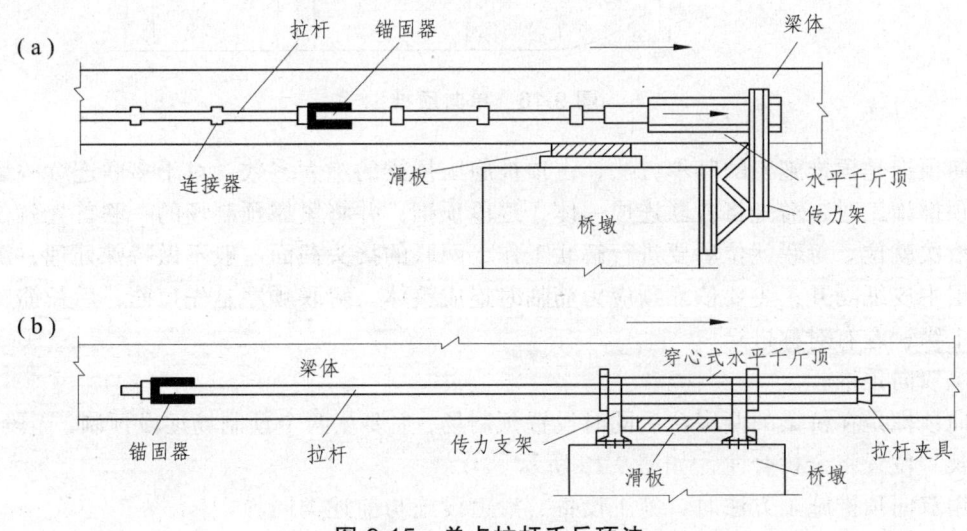

图9.15 单点拉杆千斤顶法

3. 按顶推设备布置情况分为单点顶推和多点顶推

（1）单点顶推。单点顶推是顶推装置集中设置在主梁预制场靠近的桥台或桥墩上，前方墩各支点上设置滑动支承。

（2）多点顶推。多点顶推是在每个墩台上设置一对小吨位的水平千斤顶，将集中的顶推力分散到各墩上，利用水平千斤顶传给墩台的反力来平衡梁体滑移时在桥墩产生的摩阻力。多点顶推法又分为多点水平-竖直千斤顶法和多点拉杆水平千斤顶法，其实只要将单点顶推法中的两种方法所用机具分散布置到每个墩台上即得到对应的两种多点顶推法。这两种方法的顶推程序与单点顶推基本相同，但要注意多点顶推法中的同步运行问题，因为顶推水平力是分散在各桥墩上，一般均需通过中心控制各千斤顶的张拉力等级，保证同时启动、同步前进、同时停止和同时换向。

4. 按顶推方向分为单向顶推和双向顶推

（1）单向顶推。

单向顶推是预制场设置在桥梁一端台后中线上，主梁在预制场逐段预制，逐段顶推直至对岸的顶推方法，见图9.16所示。

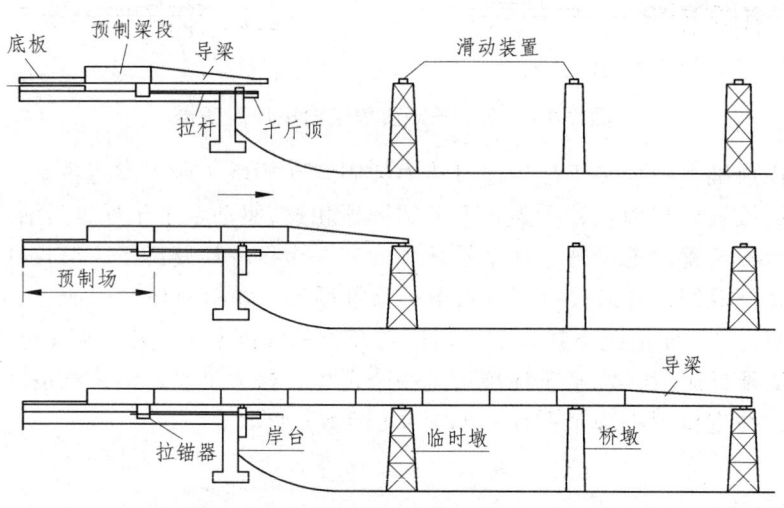

图9.16 单向顶推

单向顶推是顶推施工的基本方法，占顶推施工桥梁的绝大多数。对于多联连续桥梁，采用单向顶推施工时，需先将各联连成一体，逐段顶推，并将紧靠预制场的一联首先就位，然后各联依次就位。每联就位后要进行解联工作，两联的接头截面一般不做特殊处理，浇筑时仅用一层牛皮纸隔开，主要依靠预应力筋临时连成整体。解联顺序是先短筋，后长筋，先下缘，后上缘，左右对称进行。

（2）双向顶推。

双向顶推是在桥梁的两岸台后同时设置预制场，主要从两个预制场逐段预制，逐段顶推，在跨中某一位置将全桥合龙，如图9.17所示。

采用双向顶推施工方法时，施工设备、滑道设施与前述类同。

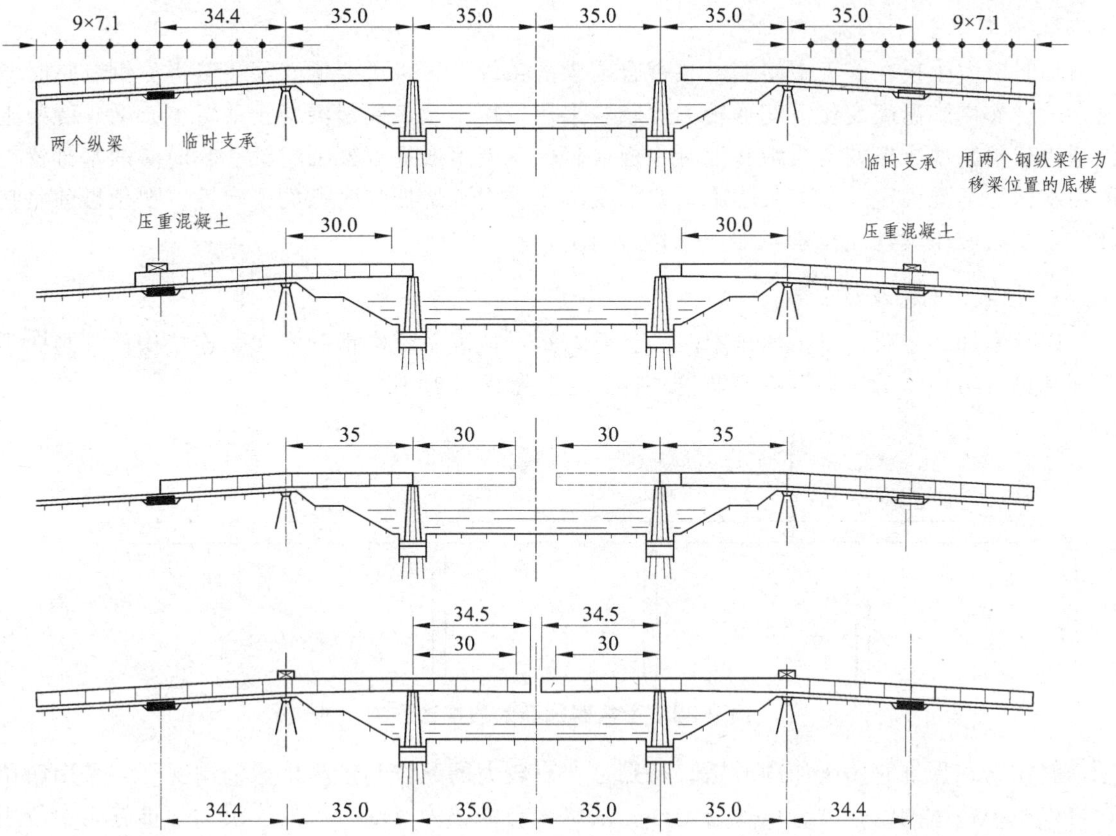

图 9.17 双向顶推

9.3.2.4 临时设施

在顶推施工过程中,结构体系在不断地变化,因此对单个截面来讲,正负弯矩交替出现。为了减小施工中的内力,扩大顶推法施工的使用范围,同时从安全施工(特别在施工初期不致发生倾覆失稳)和施工方便出发,在施工过程中必须使用一些临时设施,如导梁、临时墩、拉索、托架及斜拉索等。

1. 导 梁

导梁设置在主梁前端设置等截面或变截面的钢桁梁或钢板梁。主梁前端有预埋件与钢导梁栓接。导梁底缘呈向上圆弧形,以便于顶推时顺利通过桥墩。如图 9.18 所示。

图 9.18 导梁

图 9.19 临时墩

2. 临时墩

临时墩由于仅在施工中使用，在符合要求的条件下，造价要低，便于装拆。钢制临时墩因在荷载作用和温度变化下变形较大而较少采用，用得较多的是混凝土薄臂空心墩、混凝土预制板或预制块拼砌的空心墩和混凝土板或轻便钢架组成的框架临时墩。临时墩的基础依地址和水深等情况而定。为了减小临时墩承受的水平力和增加临时墩的稳定性，在顶推前将临时墩于永久墩用钢丝绳拉紧。如图 9.19 所示。

3. 拉索、托架及斜拉索

用拉索加劲主梁，以抵消顶推时的悬臂弯矩。拉索系统由钢制塔架、连接构件、竖向千斤顶和钢索组成，牵拉的范围为两倍顶推跨径，如图 9.20 所示。

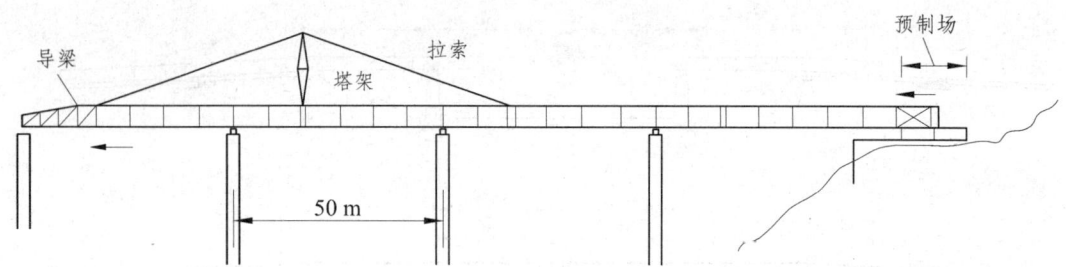

图 9.20 用拉索加劲的顶推法施工

斜拉索在顶推时用于加固桥墩，特别是在有较大的纵坡和较高桥墩的情况下，采用斜拉索可以减小桥墩的水平力，增加稳定性，法国曾在纵坡为 4%～6%的连续梁顶推施工中使用了这种加固桥墩的临时设施，如图 9.21 所示。

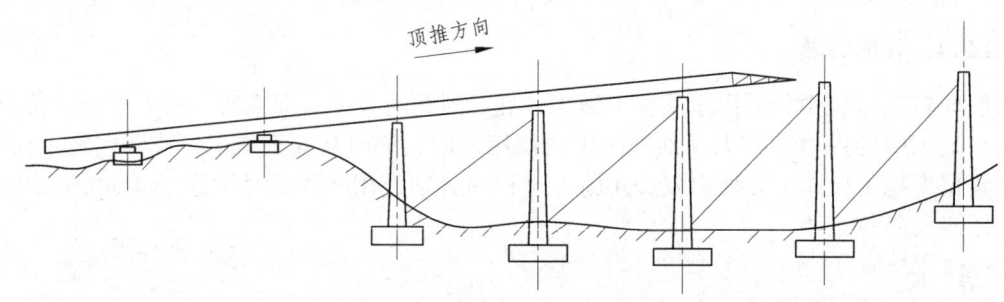

图 9.21 采用斜拉索加固桥墩

9.3.2.5 滑动装置和导向装置

1. 滑动装置

（1）临时滑道支承装置，如图 9.22 所示。

在永久墩台和临时墩顶设置临时滑道装置进行顶推施工，待梁体就位后起梁、取掉滑道、更换支座、落梁是一项复杂的工程，起梁和落梁必须有设计程序，确保梁体的安全。永久墩台的支承垫石顶面高程必须符合设计要求。

① 水平-竖向千斤顶顶推方式的滑动装置，一般由摩擦垫、滑块（支承块）、滑板和滑道组成。摩擦垫用氯丁橡胶与钢板夹层制成后，黏附在滑块顶面，其尺寸大小应根据墩顶反力和橡胶板容许承载力计算决定。滑动块可用铸铁或高强度等级混凝土块制成，其高度不宜小

于正式支座高度，其尺寸不宜小于摩擦垫和下面滑板的尺寸。

滑板有多种构造，一般宜用硬木板、钢板夹橡胶板等粘聚四氟乙烯板（图9.23）组成。滑道一般可用不锈钢或镀铬钢带包卷在铸钢底层上，铸钢底层应用螺栓固定。

图9.22　顶推千斤顶

图9.23　四氟乙烯滑板

② 拉杆顶推方式的滑动装置由滑板与滑道组成。其构造、技术要求及滑道的宽度，应按水平一竖向千斤顶的规定实施，但滑道长度应大于3块滑板的长度。滑动装置的摩擦系数宜由滑板和滑道的材料进行试验确定。

（2）永久支承兼用滑道。

在条件适当的桥梁顶推施工设计中，把永久支座作必要的临时处理，使其成为临时滑道。当顶推结束后，起梁、拆除临时的滑道，把梁体落在永久支座上。国外的RS施工法由于采用很薄的不锈钢带（0.6 mm）和橡胶（3 mm）组成的连续滑板，就好像放映电影胶片一样自动循环，可以取消起梁、落梁的复杂工序，简化施工。

2. 导向装置（图9.25）

梁段顶进时，为纠正梁体偏移，应按具体情况取下列导向装置：

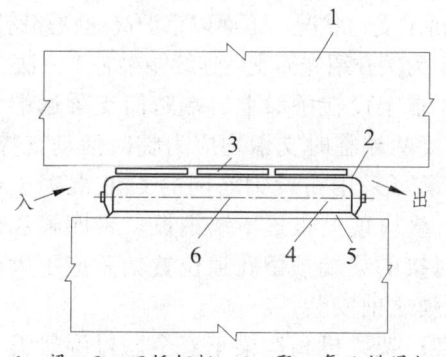

1—梁；2—不锈钢板；3—聚四氟乙烯滑板；
4—混凝土块；5—砂浆层；
6—固定钢板的螺栓

图9.24　滑动装置图

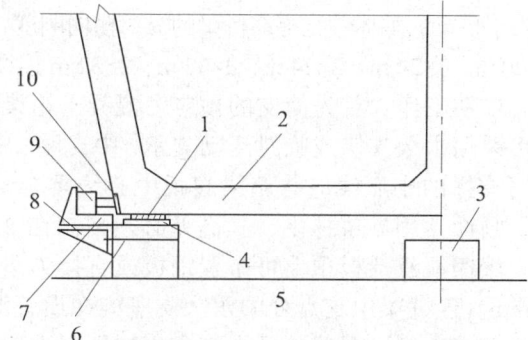

1—滑块；2—箱梁；3—垫块；4—滑道；5—桥墩；
6—螺栓；7—垫木；8—反力架；
9—千斤顶；10—铰接垫板

图9.25　导向装置图

① 楔形导向滑板，其构造与滑板基本相同，但导向板系楔形，横向设在梁段两侧的反力架间。梁段通过时，利用楔形板的横向分力来纠偏。

② 千斤顶方式适用于梁体偏移较大时，横向装置于桥墩两侧的钢支架上，当需要纠偏时，开动一侧的千斤顶使梁横移。

9.3.2.6 落 梁

落梁工作是全梁顶推到位后将梁安置在设计支座上的工作。施工时应按营运阶段内力将全部未张拉的预应力束穿入孔道进行张拉和压浆,拆除部分临时预应力束,并进行压浆填孔,再用竖向千斤顶举梁,取出垫块和滑道,安装永久支座,最后松千斤顶,将全梁落在设计支座上。为使落梁后梁的受力状态符合自重弯矩和反力,落梁时应以控制支座反力为主,适当考虑梁底高程。

任务9.4 逐孔(先简支后连续)施工

相关案例

京沪高铁某标段,采用的桥梁跨度为 3×20 m、3×24 m、2×24 m、2×32 m、3×32 m,采用预应力混凝土连续箱梁结构,本桥采用先简支后连续箱梁施工方法。因此,要求结合逐孔(先简支后连续)施工特点和适用条件、施工关键技术以及施工检验要点等方面对逐孔(先简支后连续)与其他施工方案比选并进行方案的细化编制。

9.4.1 工作任务

根据案例背景中采用的施工方法,请学习下面相关内容后,完成逐孔(先简支后连续)施工流程和关键技术的学习,能编写逐孔(先简支后连续)施工作业指导书和技术交底,能完成逐孔(先简支后连续)施工的质量监控,达到教学要求所需的知识目标、能力目标。

9.4.2 相关配套知识

逐孔施工(先简支、后连续)技术,是用梁场集中制梁,架到桥位后再进行后连续施工的方法,使梁体结构既具有连续梁与简支梁的优点,还可以缩短工期,减少模板用量。采用这种结构同时还增强了桥梁的整体性,提高桥梁的纵、横向刚度,改善了桥梁受力状况。下面以京沪高速铁路跨度 3×20 m、3×24 m、2×24 m、2×32 m、3×32 m 连续箱梁施工为例介绍先简支后连续箱梁施工方法。

前期工作:首先简支的预应力混凝土箱梁按设计要求架设在桥墩上,端跨简支梁远端支座可采用永久支座或临时活动支承,中支座、中跨简支梁两端临时支承均应为临时活动支撑。临时支撑的中心线应与箱梁腹板中心线重合。临时支承可采用布设钢筋网的 C40 混凝土垫块,顶面须用砂浆抹平,其高差必须控制在 2 mm 内。垫块顶上布置不锈钢板、聚四氟乙烯板。聚四氟乙烯板顶上可布置钢板或直接为梁体。需对接的梁端预留孔道位置偏差应不大于 4 mm。连续梁中支点处的永久支座应在设置湿接头底模之前安装。

关键工序:湿接缝的浇筑;施加预应力;体系转换;架梁机和运梁车安全通过湿接缝,如图 9.26 所示。

9.4.2.1 湿接缝的浇筑

在梁体吊装前,应将梁体湿接缝侧端头做好凿毛处理。要把原来的混凝土表面全部可见部分进行凿除,以看见石子为止。并且把湿接缝侧端的外露钢筋调直。每联梁体吊装后,就可以安装湿接缝段底模和外侧模板。先绑扎湿接缝段部位底部和腹板处钢筋,安装内模,再绑扎湿接缝段部位的桥面板钢筋。在绑扎湿接缝段部位钢筋时,一定要保证预应力管道位置准确,且防止接口处漏浆堵孔现象发生。混凝土浇筑一次成型。

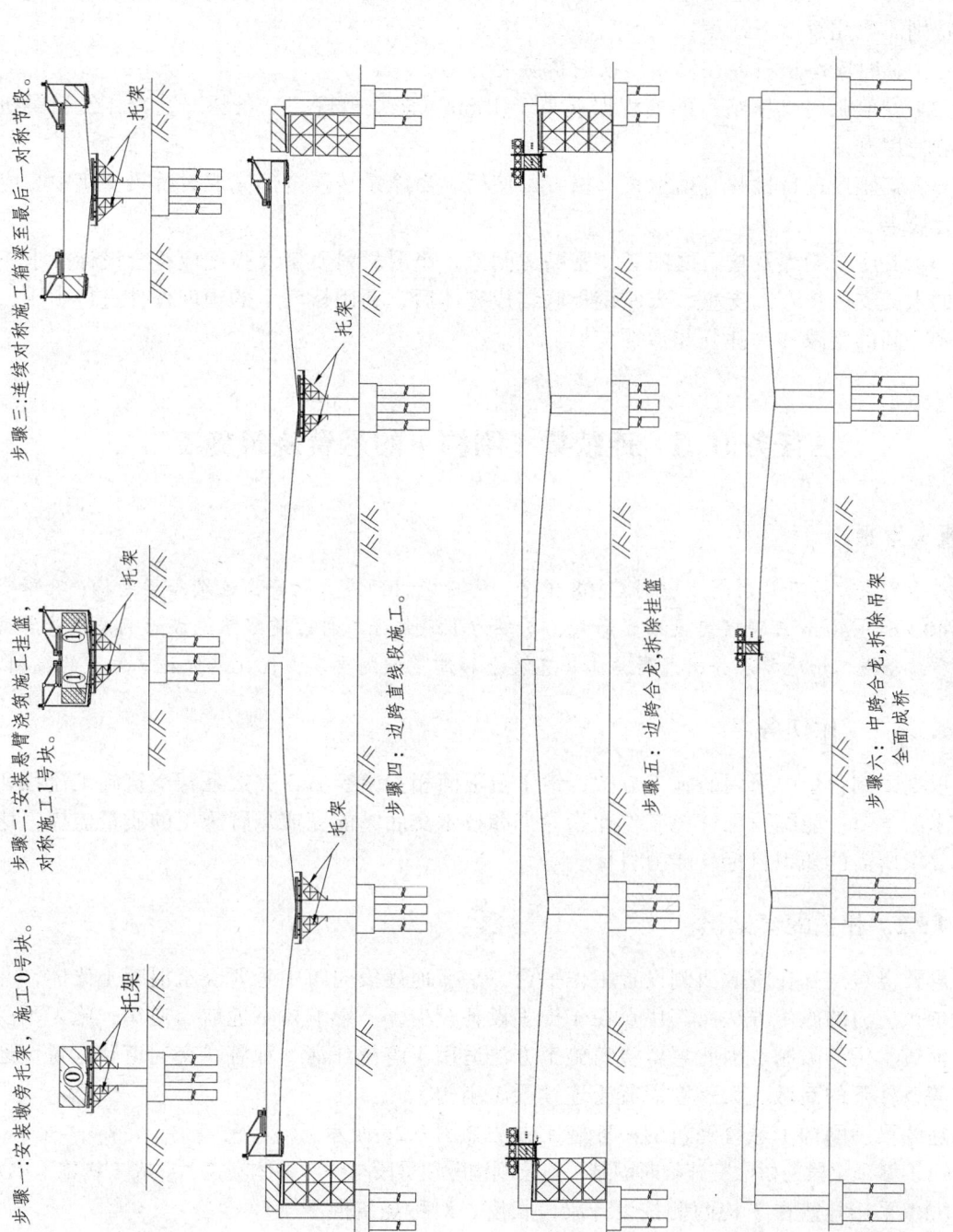

图 9.26 连续梁悬臂灌注施工工况图

模板工程、钢筋工程、混凝土工程、预应力工程要求同前。

9.4.2.2 体系转换

体系转换是简支变连续施工法的重点,体系转换的成功与否直接关系到连续梁的承载能力,特别需要注意以下几点:

(1) 临时支座垫石要在体系转换时拆除要容易。

(2) 安放临时支座垫石的高程误差小于 1 mm,防止出现"三条腿"受力,使箱梁扭曲而影响使用寿命。

(3) 支座经过自检和监理检查合格方可使用。当体系转换全部完成时桥梁支座中心应符合设计要求。

(4) 支座与梁底及垫石之间必须密贴无间隙,垫层材料质量及强度应符合设计要求。桥墩上的永久支座垫石、支座、支座钢板联结成整体后,利用桥墩上的预埋杆件进行预压,消除三者之间的空隙和一部分非弹性变形。

任务 9.5 连续梁(刚构)的悬臂浇筑施工

相关案例

郑西高某大桥跨越渭南市境内 G108 国道,桥跨采用预应力混凝土连续箱梁结构,孔跨布置采用 40+64+40 m 三跨连续梁布置形式,本桥为了避免施工对国道线路造成影响采用悬臂施工方案。结合施工场地要求分析悬臂施工工艺要求和质量控制要求,优化悬臂施工方案的编制。

9.5.1 工作任务

根据案例背景中采用的施工方法,请学习下面相关内容后,完成悬臂浇筑施工流程和关键技术的学习,能编写悬臂施工作业指导书和技术交底,能完成悬臂施工的质量监控,达到教学要求所需的知识目标、能力目标。

9.5.2 相关配套知识

悬臂浇筑法是在桥墩两侧设置工作平台,平衡地逐段向跨中悬臂浇筑混凝土梁体,并逐段施加预应力的施工方法。其优点在于施工设备较少,不影响桥下通航、通车,施工不受季节、河道水位的限制。因此悬臂浇筑施工方法适用于跨越江河、深谷、交通道路、桥位地质不良等条件下的高墩、大跨度混凝土连续梁(刚构)。

连续梁(刚构)悬臂浇筑的一般施工方法如图 9.26 所示:

(1) 墩顶梁段与桥墩实施临时固结(连续刚构墩顶梁段与桥墩整体浇筑)形成 T 构施工单元。

(2) 采用挂篮在 T 构两侧按设计梁段长度,对称浇筑混凝土。

(3) 在梁段混凝土达到设计要求的强度、弹性模量及养护龄期后施加预应力。

(4) 将挂篮前移进行下一梁段施工,直到 T 构两侧全部对称梁段浇筑完成。

(5) 边跨非对称梁段一般采用支架法现浇施工。

（6）按设计要求合龙顺序进行合龙梁段现浇施工。

（7）实现梁体结构体系转换，使全桥成为连续结构（刚构）。

悬臂浇筑施工时，一般将梁体分为四部分浇筑，如图9.27所示。一般把0号梁段称为A；0号段两侧对称悬臂浇筑部分为B；边孔在支架上的浇筑部分为C；主梁在跨中合龙段为D。以下分别介绍这四部分的施工过程。

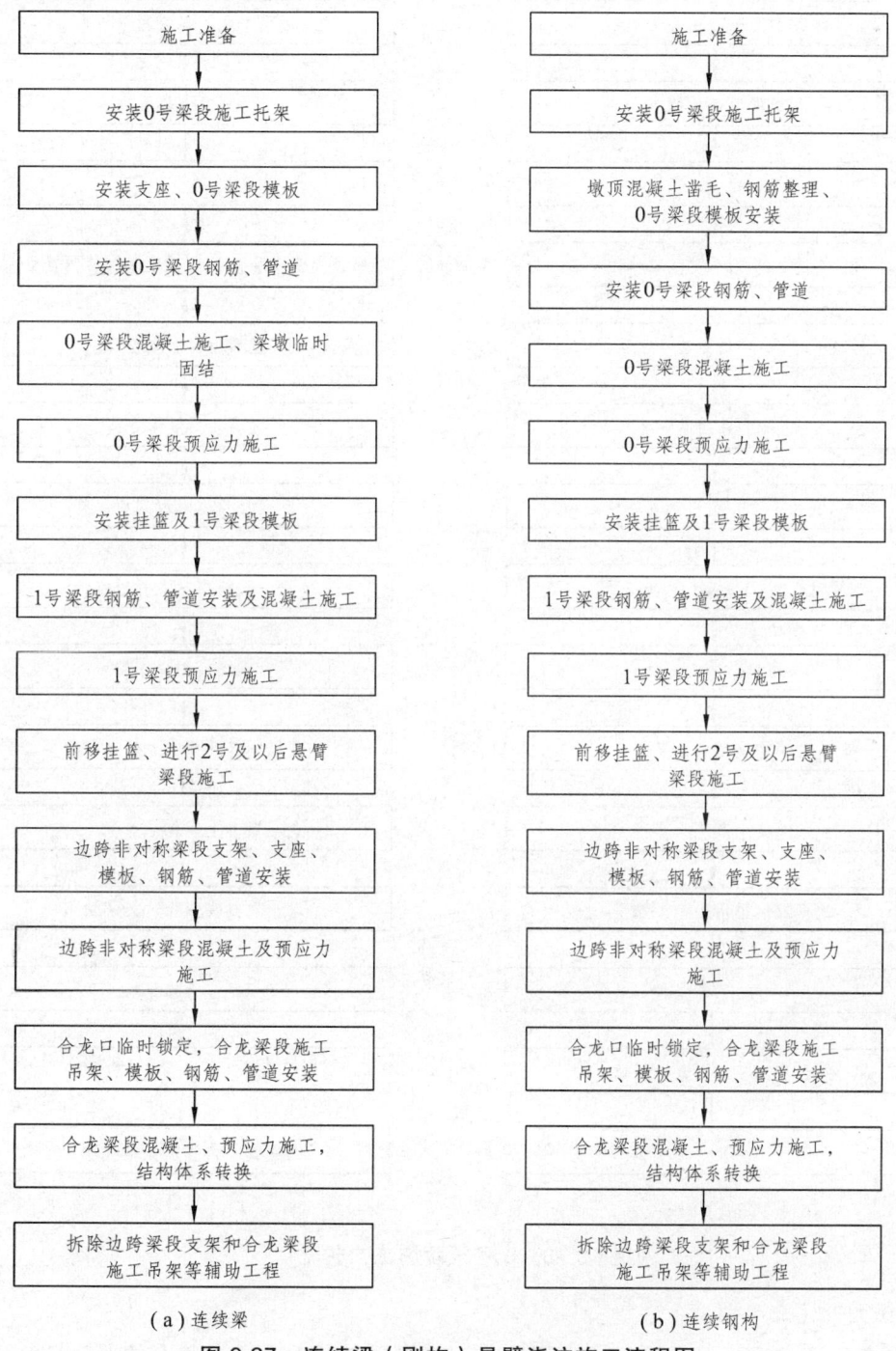

图 9.27 连续梁（刚构）悬臂浇注施工流程图

9.5.2.1 0梁段施工

1. 概　述

0号梁段是悬灌的关键梁段，应采用在托（支）架上立模现浇施工，施工工艺流程见图9.28。

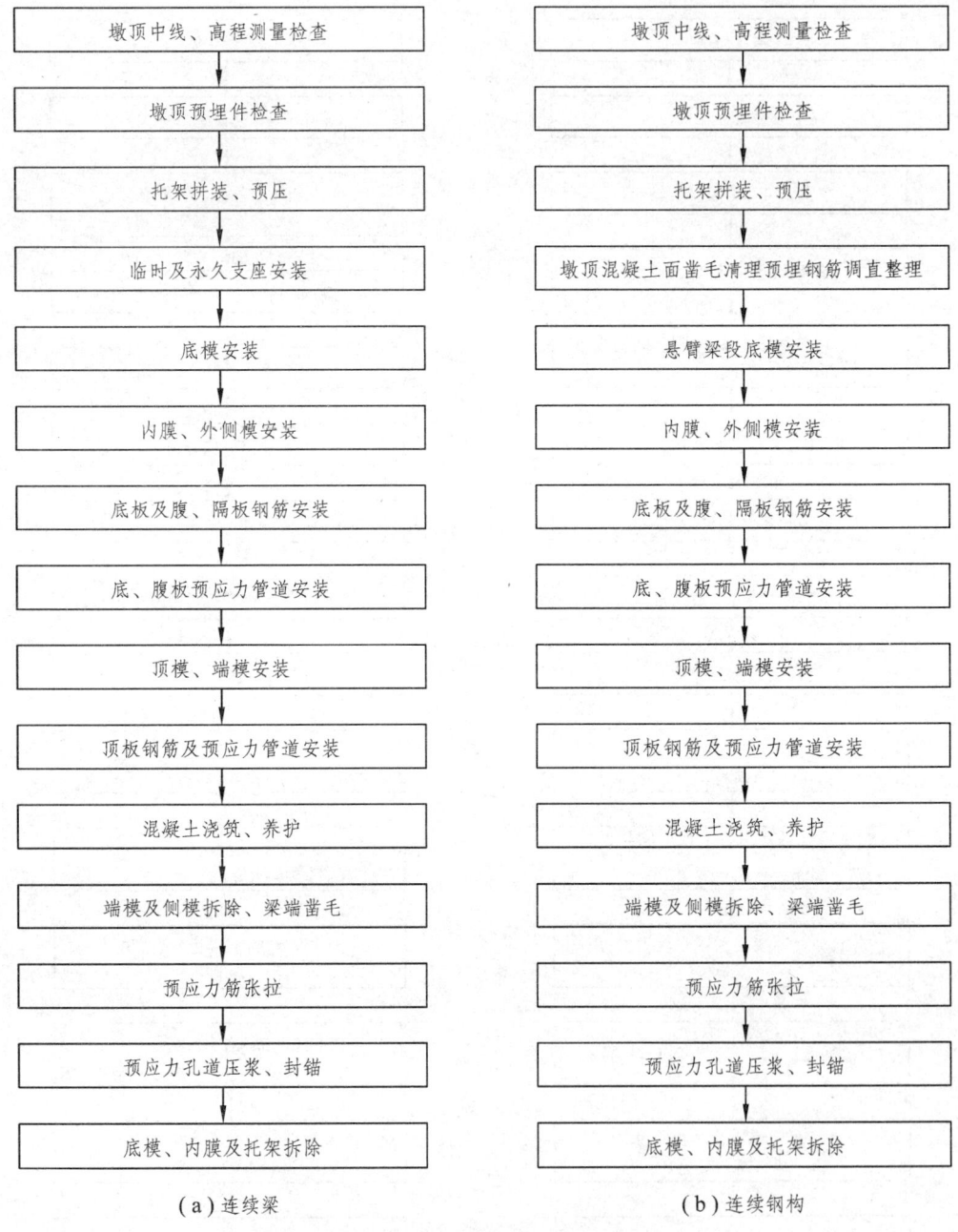

(a) 连续梁　　　　　　　　　　　　(b) 连续钢构

图9.28　0号梁段施工工艺流程

2. 墩旁托（支）架

在墩身不高情况下可采用落地支架法施工，如图9.29所示；在墩较高情况下，可在墩上预留支腿,如图 9.30 所示,在支腿上搭钢架形成 0 号梁段混凝土浇筑的支撑体系。施工托架还可支承在承台、墩顶或地面上,图 9.31 为门形托架构造,图 9.32 为墩顶托架构造。

图 9.29　落地支架法 0 号梁段施工

图 9.30　托架法 0 号梁段施工

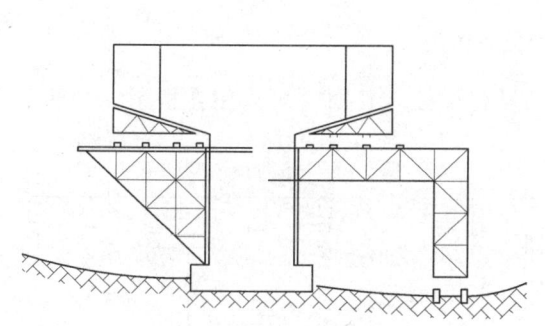

图 9.31　扇形及门形托架

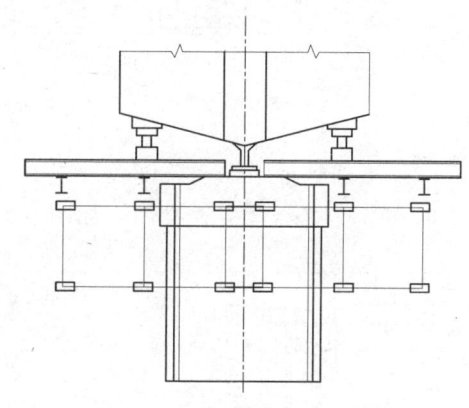

图 9.32　墩顶托架

3. 临时固结支座及梁墩固结

对于预应力混凝土连续梁,由于桥墩与连续箱梁是通过支座联结,接触面小,为非刚性连接,在梁段悬臂施工过程中形成的"T 构"为瞬变体系,当悬臂两端荷载出现不对称时,"T 构"就会倾覆,(当遇到桥墩纵向长度较短或 0 号梁段的悬臂梁段较长时更明显),因此必须采取梁墩临时固结约束,形成刚性体系。临时固结措施要求能在永久支座不承受压力情况下承受梁体压力和施工过程中的不平衡弯矩,又要求在承受荷载情况下容易拆除。

临时固结通过设置临时支座(临时支墩)和锁定支座的方式来实现。

(1)一般情况下采用在桥墩顶面永久支座两侧对称设置临时支座支撑悬臂浇筑梁体(图 9.33),0 号梁段浇筑前,在墩顶靠两侧先浇筑混凝土(一般为 C40),待 0 号梁段达到设计强度 70% 以上时,在桥墩两侧各用预应力钢筋从梁段顶部张拉固定。临时支座内设有电阻丝的硫黄砂浆夹层,临时支墩顶底设塑料薄膜隔离层,并预埋精扎螺纹钢或型钢以抵抗不平衡弯矩。解除临时支墩时,在电阻丝内通电融化硫黄砂浆,截断预埋构件即可。

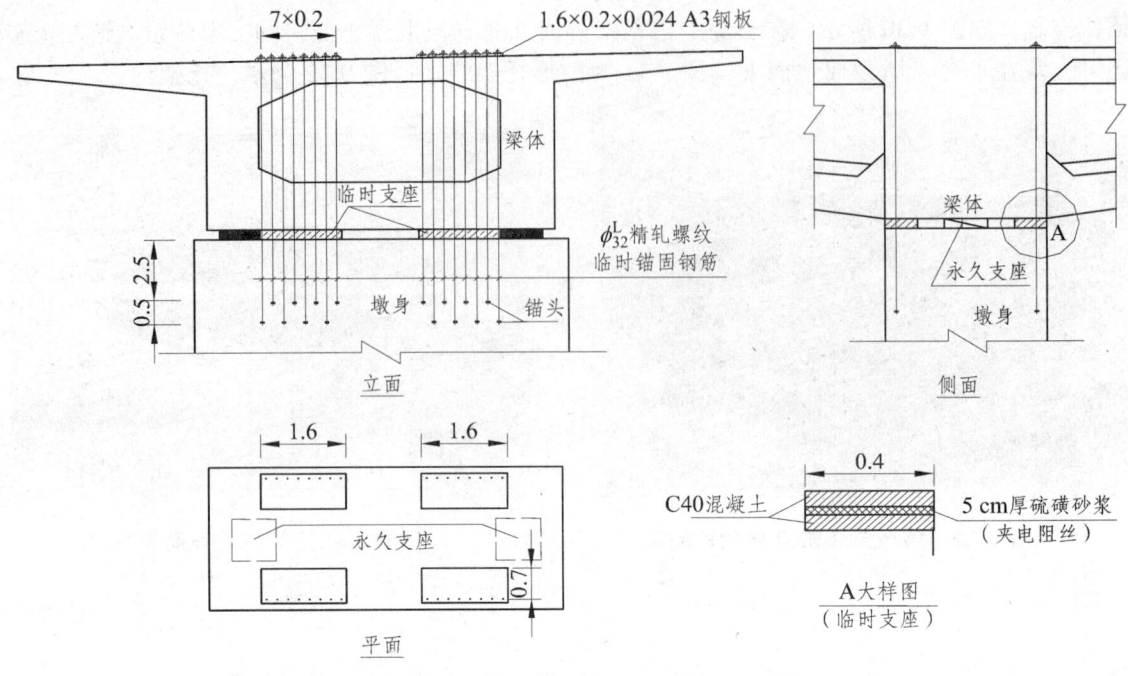

图 9.33　0 号梁段临时固结

（2）当遇到桥墩纵向长度较短或 0 号梁段的悬臂梁段较长时，可采用在桥墩纵向两侧设置临时支墩支撑悬臂浇筑梁体，如图 9.34 所示。

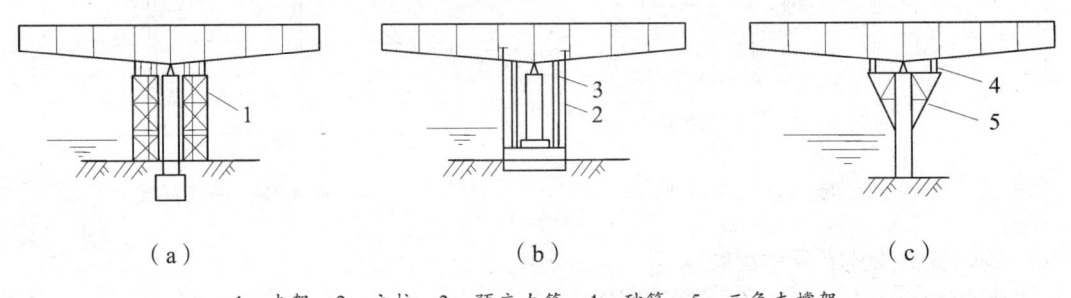

1—支架；2—立柱；3—预应力筋；4—砂筒；5—三角支撑架

图 9.34　墩侧临时支撑措施示意图

① 临时支墩：当桥不高，水又不深而易于搭设临时支架时，可在桥墩的一侧或两侧加临时支承或支墩，如图 9.35 所示。

② 临时立柱与预应力筋锚固如图 9.36 所示：可以利用临时立柱和预应力筋来锚固上下结构，预应力筋的下端锚固在基础承台内，上端在箱梁底板上张拉并锚固，借此使立柱在施工过程中始终受压，以维持稳定。

③ 砂筒固结：在桥高、水深时，可采用围建在墩身上部的三角形撑架来布设梁段的临时支承，并使用砂筒、夹有电阻丝的硫黄砂浆或混凝土块等卸落设备以使体系转换时较方便地解除临时支承。

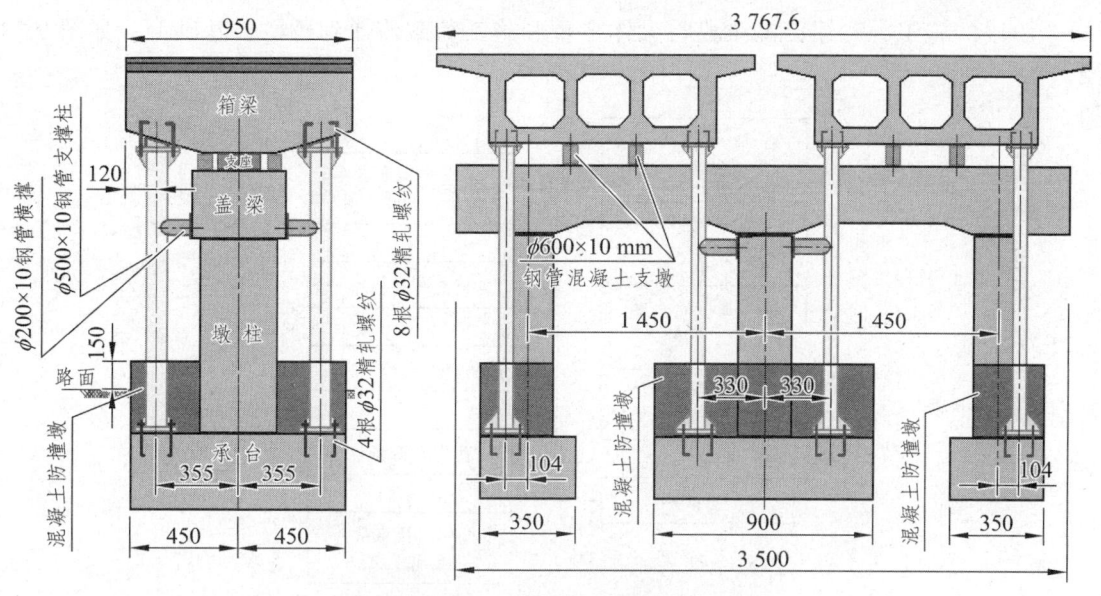

图 9.35 墩侧临时支撑措施示意图

图 9.36 临时立柱与预应力筋锚固

9.5.2.2 悬臂浇筑梁段施工

1. 施工流程（图 9.37）

悬臂浇筑法是以移动式挂篮作为主要的施工设备，以桥墩为中心，从墩顶开始，对称向两岸逐段浇筑混凝土，待混凝土达到要求的强度后，张拉预应力筋，再向前移动挂篮，进行下一个阶段的施工，利用已浇梁段将梁体自重和施工荷载传递到桥墩、基础上，如图9.38所示。

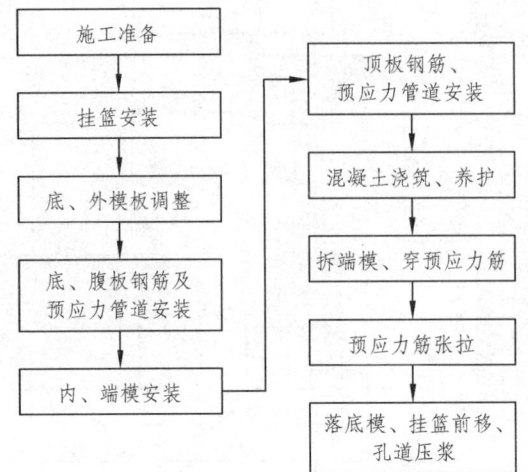

图9.37 悬臂梁段施工流程图

图9.38 连续梁、连续刚构悬臂法施工

2. 挂篮及模板安装

（1）挂篮的构造。

挂篮是利用已施工梁段作挂靠、能承担施工梁段模板及梁体重量等施工荷载和能沿梁顶滑道移动的悬臂式空中施工设备。利用挂篮可以进行节段的模板、钢筋、管道的安设，混凝土浇筑和预应力筋的张拉、灌筑等作业，当一个节段施工完成后，解除挂篮的锚定前移到下一个梁段施工。挂篮既是梁段的承重结构，又是空间的施工设备。尽管挂篮的结构形式差别很大，但是就各部分构成的功能而言，各类挂篮基本相同，如图9.39所示。挂篮的主要结构一般包括承重系统、平衡系统、模板系统、走行系统、操作平台。

① 承重系统。包括主桁梁和悬吊系统。主桁梁是挂篮的主要受力结构，可用型钢、万能杆件、贝雷桁架等拼制成型。悬吊系统的作用是将底模和侧模吊架、操作平台的自重及其上的荷载传递到主桁架上，一般是用钻有锁孔的16Mn钢带或精轧螺纹钢筋等组成。

② 平衡系统。位于主桁梁后部，分为压重式、全锚式和半压重半锚固式，主要作用是平衡挂篮前移和浇筑梁体混凝土时产生的倾覆力矩，保证施工安全。

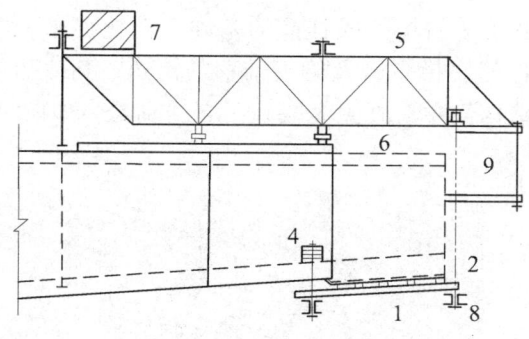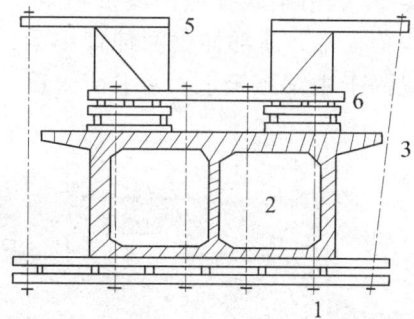

1—底模架系统；2、3、4—悬吊系统；5—承重系统；6—走行系统；7—平衡重；8—锚固系统；9—操作平台

图 9.39 挂篮结构简图

③ 模板系统。包括底模及侧模吊架和梁段模板等，是直接承受悬浇梁体重量及施工荷载结构，也是钢筋及预应力管道安装、混凝土浇筑等施工作业平台。

④ 走行系统。包括移动装置和动力设施，是支承主桁梁通过滚、滑移设施使挂篮沿桥梁纵向移动设备。

⑤ 操作平台。主要用作张拉梁体纵向和横向预应力筋、压浆、封锚等作业。

（2）挂篮的种类。

常用挂篮按承重主梁的结构形式划分主要有：平衡桁架式挂篮、平弦无平衡重式挂篮、弓弦桁架式挂篮、菱形桁架式挂篮、三角形组合梁式挂篮、滑动斜拉式挂篮等。

① 平衡桁架式挂篮。平衡桁架式挂篮的上部结构一般为一等高桁架，其受力特点是：底模平台及侧模支架所承荷载均由前后吊杆垂直传至桁架节点和箱梁底板上，故又称为吊篮式结构，桁架在梁顶用压重、锚固或二者兼之来解决倾覆稳定问题，桁架本身为受弯结构。

② 平弦无平衡重式挂篮。平弦无平衡重式挂篮是在平行桁架式挂篮的基础上，取消压重，在主桁架上增设前后上横梁，其可沿主桁纵向滑移，并在主桁横移时吊住底模平台及侧模支架。由于挂篮底部荷载作用在主桁架上的力臂减小，大大减小了倾覆力矩，故不需平衡压重，主桁后端则通过梁体竖向预应力筋锚固于主梁顶板上，如图 9.40 所示。

③ 弓弦桁架式挂篮。弓弦桁架（又称曲弦桁架）式挂篮的主桁外形似弓形，故可认为是从平衡桁架式挂篮演变而来，除具有桁高随弯矩大小变化，受力合理的特点外，还可在安装时在结构内部预施应力以消除非弹性变形，故也可取消平衡重，所以一般重量较轻如图 9.41 所示。

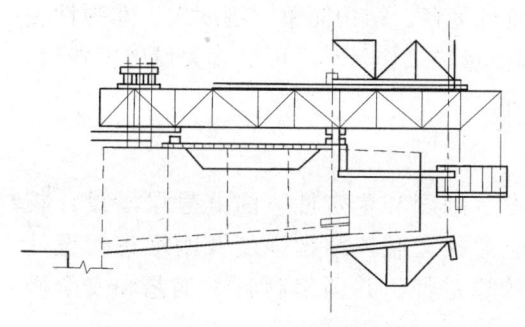 

图 9.40 平弦无平衡重式挂篮　　　　**图 9.41 弓弦桁架式挂篮**

④ 菱形桁架式挂篮。菱形桁架式挂篮是在平衡桁架式挂篮的基础上简化而来，其上部结构为菱形，前部伸出两伸臂小梁，作为挂篮底模平台及侧模前移的滑道，其菱形结构后端锚固于主梁顶板上，无平衡压重，而且结构简单，故大大减轻了自身荷载，如图9.42所示。

图 9.42 菱形挂篮

⑤ 三角形组合梁式挂篮。三角形组合梁式挂篮是在平衡桁架式挂篮的基础上，将受弯桁架改为三角形组合梁结构。由于斜拉杆的拉力作用，大大降低了主梁的弯矩，从而使主梁能采用单构件实体型钢，挂篮上部结构轻盈。其底模平台及侧模支架等的承重传力与平衡桁架式挂篮基本相同，如图9.43所示。

图 9.43 三角形组合梁式挂篮

⑥ 滑动斜拉式挂篮（也称为轻型挂篮）：该挂篮自重轻、结构简单、刚度大、非弹性变形小，故加工、运输、安装、拆卸等均较方便，且因重量轻工作量小，可节省大量施工费用。是在桁架式挂篮的基础上发展而来的，如图9.44所示。

3. 挂篮设计

挂篮结构必须经过设计计算，具有足够的强度、刚度和稳定性。因0号梁段设计较短须采用联体挂蓝进行首批悬臂梁段施工时，除应对挂篮联体结构强度及刚度进行设计计算外，尚应检算联体挂篮解联加长等施工工况的稳定性，并须编制施工工艺和安全操作细则。

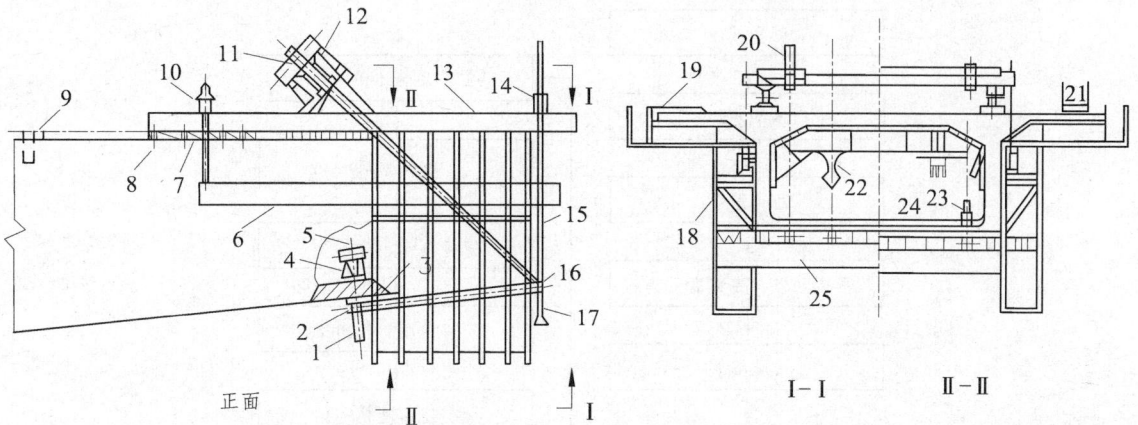

1—后托梁；2（24）—主纵梁；3—下限位；4（12、20）—千斤顶；5（23）—后吊带；6—外滑梁；
7—枕木；8—压紧器；9—上限位；9—后上横梁；11—主横梁；13—主梁；14—前上横梁；
15—前支架；16—活动槽钢；17—前托架；18—侧模板；19—挂篮拉筋；
21—压轮；22—内模架；25—内滑梁

图 9.44 滑动斜拉式挂篮

（1）挂篮形式选择：选择挂篮形式主要考虑结构简单、自重轻、受力明确、变形小、安全、装拆方便。

（2）悬臂浇筑分段长度确定：若每一节段梁体较长，整座桥的节段数就少，施工进度就快，而每次灌筑的混凝土量就多，挂篮的尺寸和相应的设备就需增加；若每一节段梁体尺寸小，挂篮的承重要求小，尺寸和设备也不大，但节段数多，周转次数多，总的施工进度慢。悬臂长度应根据施工条件权衡利弊综合考虑确定，分段长度一般为 3～5 m 左右。

（3）挂篮横断面布置：挂篮横断面布置一般取决于桥梁宽度和箱梁横断面形式。桥梁横断面为单箱时，全断面用 1 个挂篮，当桥梁横断面为双箱时，一般采用 2 个挂篮。在一般情况下，桥宽 10 m 以内可用 1 个挂篮，桥宽 10 m 以上可用 2 个或 3 个挂篮。

（4）荷载：设计荷载主要有最大现浇节段梁段重量，挂篮自重、最大梁段模板重量（包括侧模、内模、底模和端模等）、施工机具重量及振捣器振动力、施工人群荷载、平衡重重量、冬季施工防寒设施重量等。

（5）用挂篮浇筑墩侧最初几对梁段时，由于墩顶位置受限，往往需要将两侧挂篮的承重结构连在一起，待浇筑到一定长度再将两侧承重结构分开而成为两个独立的挂篮，如图 9.45 所示。

（6）挂篮应设有纵向走行设备和抗倾覆稳定设施，挂篮按照、走行及浇筑梁段混凝土等各种工况的抗倾覆安全系数不得小于 2，挂篮锚固系统、限位系统等结构安全系数均不得小于 2。

4. 挂篮拼装

挂篮结构构件运达施工现场后，利用起重设备吊至已浇梁段顶面，在已浇好的 0 号梁段顶面拼装，挂篮结构拼装的主要流程图如图 9.46 所示。

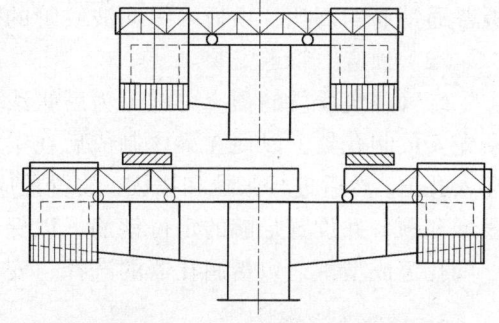

图 9.45 挂篮的两种施工状态

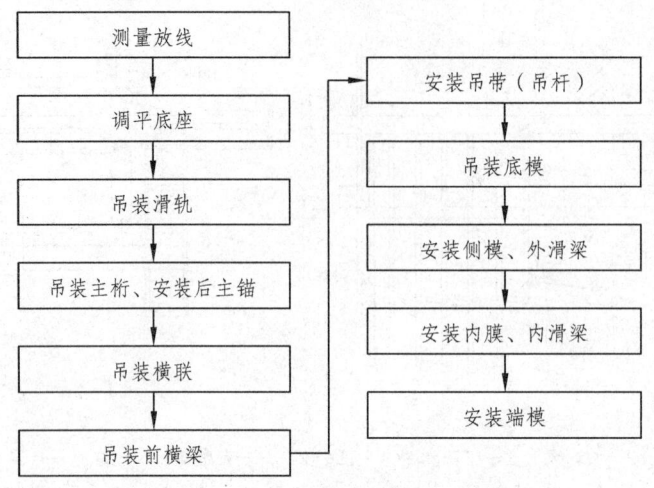

图 9.46　一般挂篮安装流程图

5. 挂篮静载试验

挂篮使用前，应对制作及安装质量进行全面检查，应进行走行性能试验并按设计要求进行静载试验。目的是：① 测定挂篮承载能力；② 测量挂篮的弹性变形值，以便合理设置悬臂浇筑梁段的立模高程；③ 消除挂篮在加载状态的非弹性变形。

挂篮施压加载的方法主要有 3 种：① 在底平台上堆放重物压重；② 在底平台下挂重物压重；③ 通过千斤顶和锚固于承台内的锚锭对拉反压加载。

9.5.2.3　悬臂浇筑段施工

当挂篮安装就位后，即可在其上进行梁段悬臂浇筑的各项作业。

1. 钢筋及预应力管道安装

（1）钢筋骨架安装。

钢筋骨架应具有足够的刚度，能承受混凝土灌筑过程中的各种施工荷载而保证钢筋不变形或错位，这个结构称之为钢筋骨架。悬灌梁段及现浇段钢筋绑扎流程：先进行底板普通钢筋绑扎及竖向预应力钢筋梁底锚固端（包括垫板、锚固螺母及锚下螺旋筋）的安装，再进行腹板钢筋的绑扎、竖向波纹管及预应力钢筋的接长、腹板内纵向波纹管的安装，最后进行顶板普通钢筋的绑扎、顶板内纵向波纹管的安装、横向钢绞线及波纹管的安装。

（2）预应力管道安装。

悬臂浇筑梁段的预应力施工为后张法，故须在梁体混凝土浇筑前于预应力筋的设计位置预先安放制孔器，以便在梁体制成后在梁内形成孔道，在进行预应力施工时即可将预应力筋穿入孔道，然后进行张拉和锚固。放置预应力管道时要注意和前一节段的管道连接接头严密、线形和顺，并设置足够的定位钢筋，以保证浇筑混凝土过程中位置准确。

孔道成型工艺包括制孔器的选择、安装、抽拔以及孔道检查等 4 个工序。

2. 混凝土浇筑

悬臂施工混凝土浇筑中，主要需注意以下问题。

（1）一个墩上的两端悬臂梁块应同时灌筑混凝土，如图9.47所示，以保持两端梁段的平衡，允许不平衡偏差应按设计规定办理。

图 9.47　对称浇悬臂段筑混凝土

（2）梁段混凝土宜使用混凝土泵一次灌筑，采用一次浇筑法时，可在顶部中部留一洞口以供浇筑底板混凝土，待浇好底板后立即补焊钢筋封洞，并同时浇筑肋板混凝土，最后浇筑顶部混凝土。浇筑肋板混凝土时，两肋板应同时分层进行，要采取防止混凝土离析的措施，浇筑顶板及翼板混凝土时，应从外侧向内侧一次完成，以防止发生裂纹。新旧混凝土接触面要按规定进行处理。

（3）混凝土浇筑时挂篮变形消除措施。

① 混凝土一次浇筑法：箱梁混凝土采用一次浇筑，并在底板混凝土初凝前全部浇筑完毕。也就是要求挂篮的变形全部发生在混凝土塑性状态之前，避免裂缝产生，但需在浇筑混凝土前预留准确的下沉量，是最常用的施工方法。

② 水箱法：浇筑混凝土前先在水箱中注入相当于混凝土质量的水，在混凝土浇筑过程中，逐步放水使挂篮的负荷和挠度基本不变。

3．预应力施工及压浆

张拉完成后，应在2 d内进行管道压浆。压浆前管道内应清除杂物及积水，压入管道的水泥浆应饱满密实。

4．挂篮的移动及拆除

在每一梁段混凝土浇筑及预应力张拉完毕后，将挂篮移至下一梁段位置进行施工，直到悬灌梁段施工完毕。挂篮桁架行走前要测定已完成节段梁端高程，并定出箱梁的中轴线。当解除挂篮的后锚后，挂篮沿箱梁中轴线对称，向两端推进，每前进50 cm作一次同步观测，防止挂篮转角、偏位造成挂篮受扭。

箱梁悬灌梁段施工完毕后，进行挂篮结构拆除。拆除顺序为：箱内拱顶支架→侧模系统→底模系统→承重系统，吊带系统及走行锚固系统在其过程中交叉操作。

5．悬臂灌筑施工周期

悬臂灌注施工主要包括挂篮前移、挂篮调整及锚固、钢筋及孔道安装、混凝土灌注及养护、预应力施加、孔道压浆六个工序循环进行。悬灌梁段施工周期为 6～10 d 考虑，各个工序的施工周期如图 9.48 所示。

9.5.2.4 边跨非对称梁段施工

1. 施工工艺

边跨现浇段在墩身不高情况下，可采用落地支架法施工，如图 9.49 所示。支架可采用 WDJ 碗扣式满堂钢管脚手架或其他形式。边跨非对称梁段采用支架现浇的施工工艺流程如图 9.50 所示。

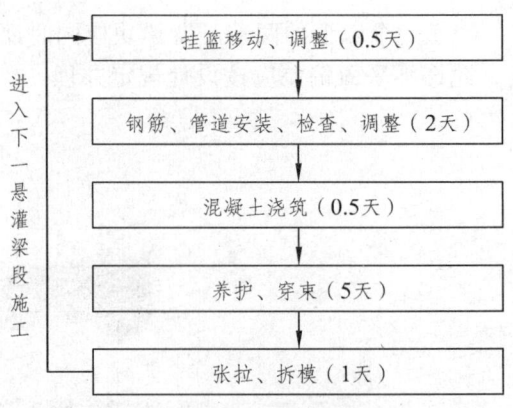

图 9.48　悬灌梁段施工周期安排示意图

图 9.49　边跨落地支架施工

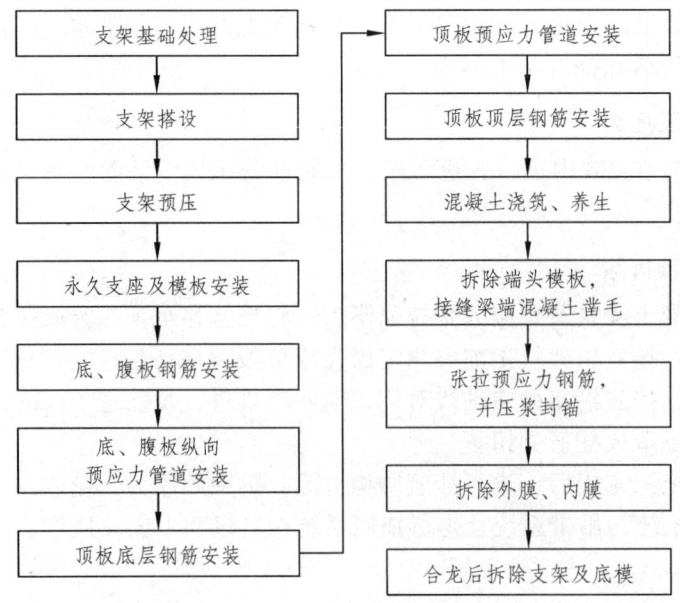

图 9.50　边跨合龙梁段施工流程图

2. 施工注意事项

（1）边跨合龙临时束张拉时应确保梁体能够滑动，但在边跨合龙锁定前，采取临时措施限制底模的纵向移动。

（2）对边跨现浇段与挂篮悬臂施工段的合龙温度进行预测，并应根据合龙施工时温度与设计合龙温度之差对支座进行预偏设置。

9.5.2.5 合龙梁段施工及结构体系的转换

1. 施工流程（图 9.51）

合龙段施工过程中，由于昼夜温差变化，新浇筑混凝土的早期收缩、水化热影响，已完成结构混凝土的收缩、徐变，结构体系的变化以及施工荷载等因素，直接影响合龙段的质量。因此，需采取必要措施，以保证合龙施工质量。在满足施工要求的前提下，应尽量缩短合龙段的长度，一般取 1.5~2 m。通常多跨连续梁合龙段施工的顺序为先各边跨，再各次边跨，最后为中跨。如图 9.52、9.53 所示。

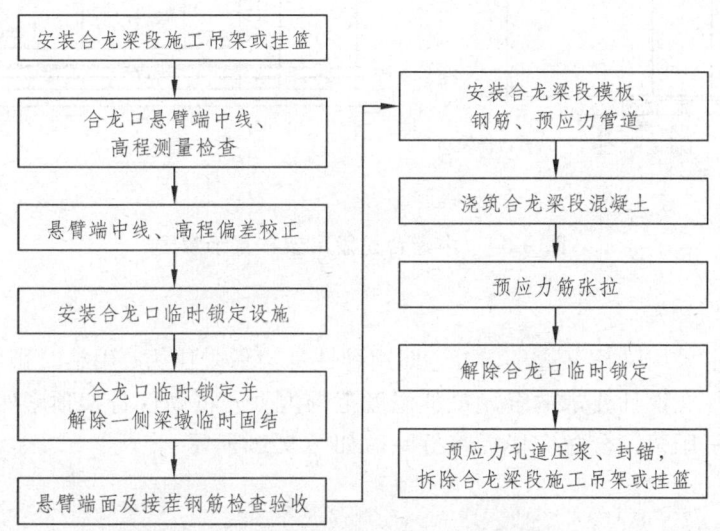

图 9.51 合龙梁段施工流程图

图 9.52 中跨合龙段施工

图 9.53 边跨合龙段施工

2. 合龙段施工平台

合龙段施工可采用支架、悬臂挂篮或者另设施工吊架做施工作业平台，如图 9.54 所示。合龙吊架和模板可采用施工挂篮的底篮及模板系统。安装步骤为：① 将挂篮的底篮整体前移至合龙段另一悬臂端；② 在悬臂端预留孔内穿入钢丝绳，用几组滑车吊起底篮前横梁及内外滑梁的前横梁；③ 拆除挂篮前吊杆；④ 用卷扬机调整所有钢丝绳，使底篮及内外滑梁移到相应位置，安装锚杆、吊杆和联接器将吊架及模板系统锚固稳定；⑤ 将主桁系统退至 0 号梁段后拆除。

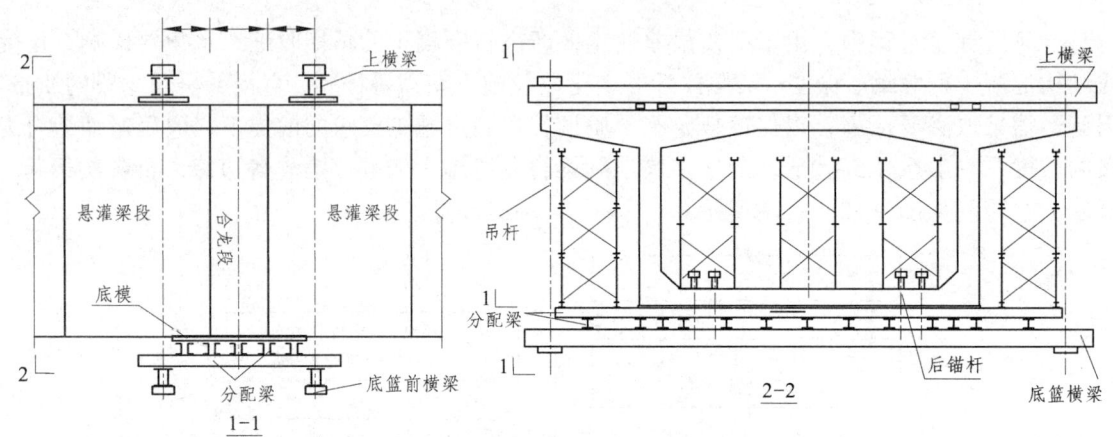

图 9.54 中跨合龙段吊架布置示意图

3. 合龙口临时锁定

合龙口锁定中采用又拉又撑的方法，即用劲性骨架承受压力，用临时预应力束承受拉力。合龙锁定温度选择在设计要求的合龙最佳温度范围内。先将劲性骨架顶紧然后进行张拉，临时束张拉锚固后不压浆，合龙完毕后将拆除。如图 9.55 所示。

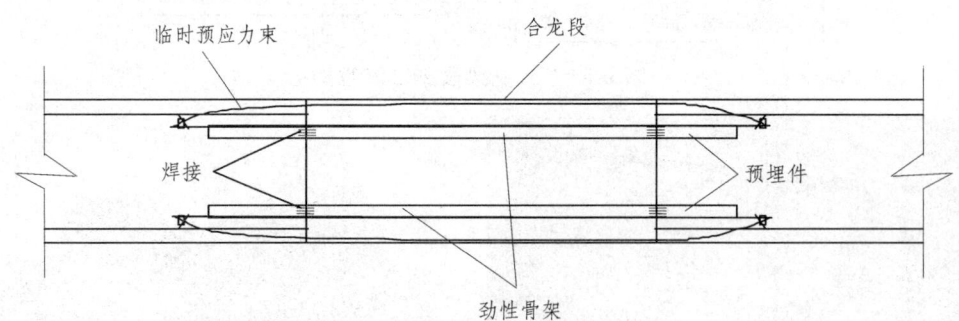

图 9.55 合龙段合龙锁定布置示意图

合龙前使悬臂端尽可能保持相对固定，以防止合龙段混凝土在浇筑及早期硬化过程中发生明显的体积改变。合龙口临时锁定后，应立即将合龙口一侧的墩梁固结及支座临时约束解除，使梁的一侧能在合龙临时锁定装置连接下沿支座自由伸缩。合龙口临时锁定设施应在合龙梁段纵向预应力孔道压浆前拆除。

4. 混凝土施工

合龙段混凝土采用微膨胀混凝土。合龙段混凝土选择在一天中气温较低时进行浇筑，可保证合龙段新浇筑混凝土处于气温上升的环境中，在受压的状态下达到终凝，以防混凝土开裂。合龙段混凝土浇筑过程中，采用在悬臂端的水箱中加水的方法设平衡重，保证平衡施工。平衡配重在合龙锁定之前加到相应悬臂端，可使合龙锁定之后骨架处于"不动"，避免薄弱处受剪破坏。

5. 预应力施工及结构体系的转换

（1）合龙段预应力永久束张拉前，采取覆盖箱梁悬臂并洒水降温以减小箱梁悬臂的日照温差。底板预应力束管道安装时要采取措施保证管道畅通，待合龙段混凝土达到设计规定强度和相应龄期后，先张拉边跨顶板预应力束，再张拉底板第一批预应力束，按照设计要求的张拉吨位及顺序双向对称进行张拉。横向、竖向及顶板纵向预应力施工同箱梁悬灌梁段施工，合龙段施工完毕后，拆除临时预应力束并对其管道压浆。

（2）结构体系的转换

连续梁悬浇施工的过程就是其应力体系转换的过程，也就是悬浇时实行支座临时固结、各T形刚构的合龙、固结的适时解除、预应力分配以及分批依次张拉的过程。为保证施工阶段的稳定，一般边跨先合龙，释放梁墩锚固，结构由双悬臂状态变成单悬臂状态，最后跨中合龙，成连续梁受力状态。施工时应注意以下几点：

① 结构由双悬臂状态转换成单悬臂受力状态时，梁体某些部位的弯矩方向发生转换。所以在拆除梁墩锚固前，应按设计要求，张拉一部分或全部布置在梁体下部的正弯矩预应力束。对活动支座还需保证解除临时固结后的结构稳定，如需控制和采取措施限制单悬臂梁发生过大纵向水平位移。

② 梁墩临时锚固的放松，应均衡对称进行，确保逐渐均匀地释放。在放松前应测量各梁段高程，在放松过程中，注意各梁段的高程变化，如有异常情况，应立即停止作业，找出原因，以确保施工安全。

③ 在结构体系转换中，临时固结解除后，将梁落于正式支座上，并按标高调整支座高度及反力。支座反力的调整，应以高程控制为主，反力作为校核。

任务9.6 连续梁（刚构）悬臂拼装施工

相关案例

郑西高铁某大桥跨越渭南市境内G108国道，桥跨采用预应力混凝土连续箱梁结构，孔跨布置采用40+64+40 m三跨连续梁布置形式，本桥为了避免施工对国道线路造成影响采用悬臂拼装施工方案。结合施工场地要求分析悬臂拼装施工工艺要求和质量控制要求，优化悬臂施工方案的编制。

9.6.1 工作任务

根据案例背景中采用的拼装施工方法，请学习下面相关内容后，完成悬臂拼装施工流程和关键技术的学习，能编写悬臂拼装施工作业指导书和技术交底，能完成悬臂拼装施工的质量监控，达到教学要求所需的知识目标、能力目标。

9.6.2 相关配套知识

悬臂拼装法梁体的预制可与桥梁下部构造施工同时进行，平行作业缩短了建桥工期；预制梁段的混凝土龄期比悬浇成梁的长，从而减少悬拼成梁后混凝土的收缩和徐变；预制场或工厂化的梁段预制生产利于整体施工的质量控制；悬臂拼装适应于预制场地及运吊条件较好，特别是工程量大和工期较短的梁桥工程；悬臂拼装按起重吊装的方式不同分为：浮吊悬拼、牵引滑轮组悬拼、连续千斤顶悬拼、缆索起重机（缆吊）悬拼及移动支架悬拼等。梁的吊拼是悬拼的核心，梁段的预制是悬拼的基础。

9.6.2.1 悬拼法施工方法

梁段预制方法分长线法及短线法：

长线法，如图 9.56 所示，组成梁体的所有梁段均在固定台座上的活动模板内浇筑且相邻段的拼合面应相互贴合浇筑，缝面浇筑前涂抹隔离剂，以利脱模。优点是由于台座固定可靠，成桥后梁体线性较好，缺点是占地较大，地基要求坚实，混凝土的浇筑和养护移动分散。

图 9.56　长线法施工

短线法，如图 9.57 所示，梁段在固定台座能纵移的模内浇筑。待浇梁段一端设固定模架，另一端为已浇梁段（配筑梁段），浇毕达到强度后运出原配筑梁段，达到要求强度梁段作为为下一个配筑浇梁段，如此周而复始，台座仅需 3 个梁段长。优点是场地较小，浇筑模板及设备基本不需要移机，可调的底、侧模便于平竖曲线梁段的预制，缺点是精度要求高，施工要求严，施工周期相对较长。

图 9.57　短线法施工

9.6.2.2 梁段的拼接施工

（1）0号块施工，如图9.58和图9.59：为了确保连续梁分段悬拼施工的平衡和稳定，常与悬浇方法相同，将T构支座临时固结，必要时在墩两侧加设临时支架以满足悬拼的施工需要。

图9.58　0号块梁段安装

图9.59　其他梁段安装

（2）预制梁施工I：1号块是紧邻0号块两侧的第一箱梁节段，也是悬拼T构的基准梁段，是全跨安装质量的关键，一般采用湿接缝连接。湿接缝拼装梁段施工程序包括：吊机就位—提升、起吊1号梁段—起吊其他梁段—安设铁皮管—中线测量—丈量湿接缝的宽度—调整铁皮管—高程测量—检查中线—固定1号梁段—安装湿接缝的模板—浇筑湿接缝混凝土—湿接缝养护、拆模—张拉预应力筋—下一梁段拼装。

其他梁段拼装，如图9.60～图9.63，采用胶接缝拼装。

图9.60　环氧树脂胶涂层

图9.61　湿接缝连接

图9.62　穿预应力钢束

图9.63　张拉预应力束

（3）预制梁块悬臂拼装时应注意的要点。

① 梁段的存放场地应平整，承载力应满足要求，支垫位置应与吊点一致。

② 预制梁块的测量要求：

a. 箱梁基准块出坑前必须对所有梁块进行测量，详细记录，并根据其在桥上的设计位置进行校正。

b. 箱梁高程控制点和挠度观测点，在箱梁顶面埋置4~6个。

在预制梁段上标出梁号、中轴线、横轴线。

③ 预制块件的悬臂拼装可依据设备和现场条件选用。若方便在陆地上或在便桥上施工时，可采用自行式吊车、门式吊车进行拼装；对于水中桥跨，可采用水上浮吊进行安装；对于高墩身的桥跨，可利用各种吊机进行高空悬拼施工。

④ 桥墩顶梁段及桥墩顶附近梁段施工时，可采用托架或膺架为支架就地浇筑混凝土。托架或膺架应经过设计，计算其弹性及非弹性变形。

（4）应保证拼装的第一个梁块（基准块）的预制精度，安装时应对纵、横轴线，高程进行精确定位测量，为以后的拼装创造条件。

（5）采用悬臂拼装法修建预应力悬臂梁桥时，应先将梁、墩临时锚固或在墩顶两侧设立临时支承，待全部块件安装完毕后，再撤除临时锚固或支承。

（6）采用悬臂吊机、缆索、浮吊悬拼安装时，应按施工荷载进行强度、刚度、稳定性验算，使安全系数大于2.0。施工中还应注意：

① 块件起吊安装前，应对起吊设备进行全面的安全技术检查，按照设计荷载的60%、100%和120%进行静载起吊试验。

② 吊机重应符合设计要求，应注意吊机的定位和锚固，经检查符合要求后再进行起吊拼装。

③ 移动吊机前应将纵向主桁架上所有活动部件移动到主桁架后端，然后方可松卸锚固螺栓。

④ 桥墩两侧块件宜对称起吊，以保证桥墩两侧平衡受力。

⑤ 移动吊机时应沿箱梁纵轴线对称地向两端推进。

⑥ 墩侧相邻的1号块件提升到设计高程初步定位后，应立即测量、调整1号块件的纵轴线，使之与梁顶块件纵轴线的延伸线重合，使其横轴线与梁顶块件的横轴线平行且间距符合设计要求。应检查梁顶块件与1号块件间孔道的接头情况，调整并制作接缝间孔道接头后，方可将1号块件牢靠固定，其他各个块件连接时，均应按本条规定测量调整其位置。

⑦ 应在施工前绘制主梁安装挠度变化曲线，悬臂拼装过程中应随时观测桥轴线安装挠度曲线的变化情况，并与设计值进行对比，遇有较大偏差时应及时处理，以便控制块件的安装高程。

⑧ 吊机就位后须将支点垫稳，固定后锚螺栓，平车移动到起吊位置，进行下一块件的拼装。

（7）对于非0号、1号块件的拼装，一般应在接缝上设置定位楔齿或钢定位器。

（8）采用胶接缝拼装的块件，涂胶前应就位试拼。粘贴一般采用环氧树脂型黏结剂，使用前应经过试验，符合设计要求方可使用。

（9）湿接缝块件应待混凝土强度达到设计强度等级的 70% 以上时（设计文件如有要求，则按设计文件要求处理，但不能低于设计强度等级的 70%），才能张拉预应力束。

（10）体系转换应按设计顺序进行。

任务 9.7 连续梁支架法现浇施工

支架法现浇连续梁适用于桥墩台较低且地基条件较好的旱地或浅水桥位制梁。支架法整体浇筑连续梁施工流程如图 9.64 所示。支架法现浇制梁，从工期上来讲支架现浇可减少工期，但从费用上来讲相对支出要多，从劳力来讲不需要很熟练的悬灌队伍，且线形控制及合龙要求均比悬臂浇筑简单，不需要特殊处理。对有周转材料、无长期合作的悬臂浇筑队伍、工期紧、冬季施工、具备现浇条件且连续孔跨较少的，采用支架现浇相对比较容易。

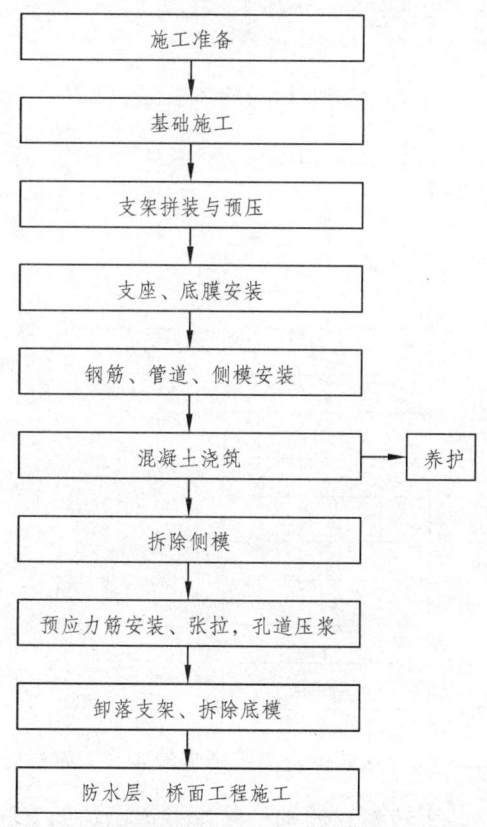

图 9.64 支架法整体浇筑连续梁施工流程图

支架法现浇梁体混凝土宜一次连续完成。梁体底模及支架应严格按照设计要求的顺序进行卸载、拆除。

任务9.8 连续梁转体法施工

相关案例

郑徐客专民权特大桥跨陇海铁路转体连续梁跨度为 60 + 100 + 60 m，全长 221.5 m，主跨墩高 7 m，每个 T 构分为 1 个 0 号块、4 个支架现浇段，另有边跨 2 个直线现浇段和中跨合龙段，单个转体 T 构长 98 m，转体结构中转动部分重约 7 500 t。分别位于陇海铁路南北侧的梁体在现场工程技术人员的精确牵引下，分别顺时针方向水平旋转 28°后，安全准确对接于既定位置，整个过程历时 43 min。

图 9.65 转体前

图 9.66 转体中

图 9.67 转体后

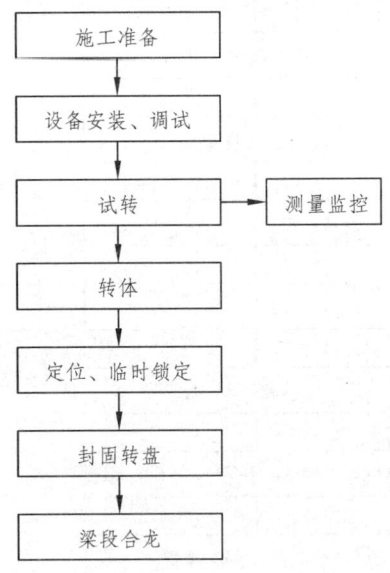

图 9.68 连续梁、连续刚构转体施工流程图

转体系统主要由上转盘、下转盘、转轴、转体滑道、辅助支腿、转体牵引索及动力系统组成。上、下转盘和转轴的制作安装精度及表面摩擦系数应满足设计要求。现浇于上转盘周边的辅助支腿应对称均匀布置，与下环道保持不大于 20 mm 的间距。

环形滑道基座应保持水平，滑道的平整度及辅助支腿与滑道的间距误差应符合设计要求。

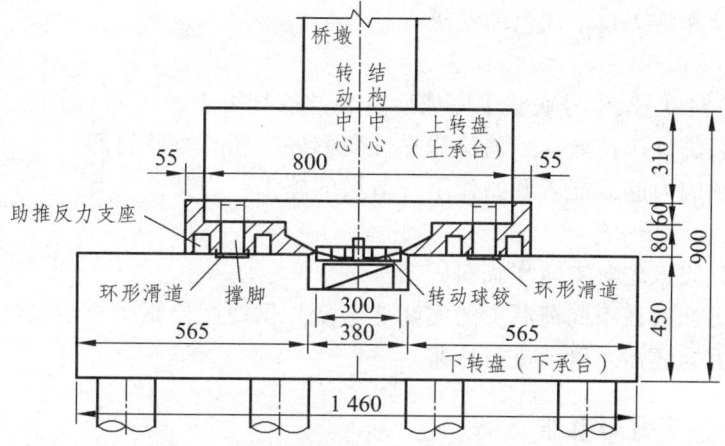

图 9.69　转动体系立面布置（单位：cm）

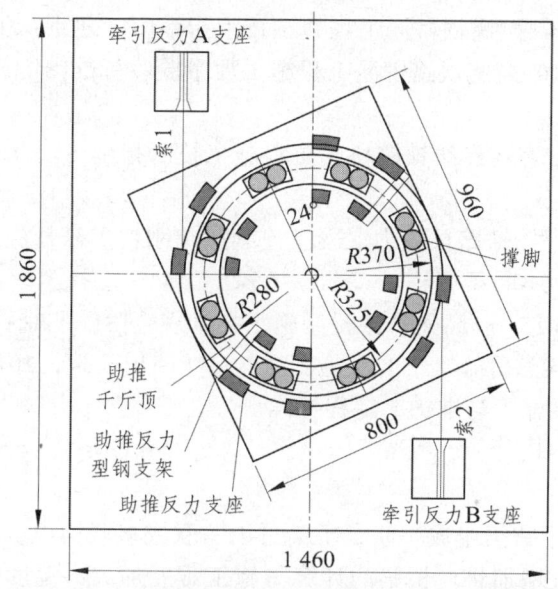

图 9.70　转动体系下转盘平面布置（单位：cm）

拓展知识　连续梁悬臂浇筑施工案例分析

某三跨预应力混凝土连续梁桥，跨度为 90＋155＋90 m，箱梁宽 14 m，底板宽 7 m，箱梁高度由根部的 8.5 m 渐变到跨中的 3.5 m，根据设计要求，0 号、1 号块混凝土为托架浇筑，然后拼装挂篮，用悬臂浇筑法对称施工，挂篮采用自锚式桁架式结构。施工单位根据该桥的特点，制定了详细的施工流程，其中对箱梁悬臂浇筑阶段的主要施工工序如下：

（1）墩的两侧安装托架并预压，架立模板、绑扎 0 号、1 号块钢筋，浇筑混凝土并张拉预应力筋；

（2）拼装挂篮，用堆载法预压挂篮，以消除挂篮的非弹性变形；

（3）按设计高程值加预加抬高量值架立模板、绑扎钢筋、浇筑各个节段的箱梁混凝土；

（4）张拉预应力筋；拆除模板，移动挂篮，开始下一个节段的施工。

在整个悬臂浇筑过程中，定时进行箱梁节段高程的测量，以及应力和温度的观测，整个测量完全满足设计和施工技术规范的要求。

问题：

（1）施工单位在0号、1号块施工完成后拼装挂篮是否正确？如不正确，应该如何处理？

（2）采用堆载法预压挂篮除了消除非弹性变形外，还有哪些目的？

（3）张拉完预应力筋后能否开始作下一节段的施工？为什么？

[参考答案]：

（1）不正确，应该先对支座作临时固结。

（2）还应测出挂篮在不同荷载下的实际变形量，供挠度控制中修正立模高程。

（3）不能，因为还需对管道进行压浆。

相关规范、规程与标准

[1] TZ 323—2010 铁路移动模架制梁施工技术指南[S]. 北京：中国铁道出版社，2010.

[2] 铁建设[2010]24号 高铁桥涵工程施工技术指南[S]. 北京：中国铁道出版社，2010.

[3] TB 10752—2010 高速铁路桥涵工程施工质量验收标准[S]. 北京：中国铁道出版社，2010.

[4] TZ 213—2005 客运专线铁路桥涵工程施工技术指南[S]. 北京：中国铁道出版社，2005.

[5] TZ 324—2010号 铁路预应力混凝土连续梁（刚构）悬臂浇筑施工技术指南[S]. 北京：中国铁道出版社，2010.

[6] Q/CR 9603—2015号 高速铁路桥涵施工技术规范[S]. 北京：中国铁道出版社，2015.

[6] 姚会涛. 连续梁悬臂施工工艺及施工方法[J]. 四川建筑，2015.

[7] 《高速铁路桥梁施工与维护》课程标准.

项目小结

（1）连续梁是由若干跨梁组成一联，桥梁可由一联或多联构成，常见的连续梁桥每联由3~8跨组成，如果跨数增加将使桥梁的计算与施工难度加大，温度变化及混凝土收缩、徐变所需伸缩缝的宽度就大，但增加每联的跨数对梁的受力和行车是有利的，能使行车平稳，减少噪声和便于养护。

（2）连续刚构是主梁与墩（或台）固结起来，且墩具有刚性，则在非预应力外荷载作用下，结构可能产生轴力，这类桥跨结构（主梁）与墩台整体相连的桥梁为刚架桥。

（3）顶推法施工是先在桥台后路堤上将梁分段制造，并用纵向预应力筋将各节段连成整体，然后以水平液压千斤顶为动力，借助不锈钢板和摩擦系数很低的聚四氟乙烯组成的滑移装置，使梁在已建成的墩台或临时支墩上滑移，逐段预制，逐段顶推。待全部顶推就位后，落梁、更换正式支座，完成桥梁施工。顶推法施工的顺序大致如下：预制场准备工作→安装顶推设备、制作底板→预制节段混凝土→张拉预应力筋→顶推预制节段→逐段顶推就位→张拉后期预应力筋→更换支座→桥面工作→质检。

（4）逐孔施工（先简支、后连续）技术，是在梁场集中制梁，架到桥位后再进行后连续施工的方法，首先简支的预应力混凝土箱梁按设计要求架设在桥墩上，端跨简支梁远端支座可采用永久支座或临时活动支承，中支座、中跨简支梁两端临时支承均应为临时活动支承。临时支承的中心线应与箱梁腹板中心线重合。垫块顶上布置不锈钢板、聚四氟乙烯板。聚四氟乙烯板顶上可布置钢板或直接为梁体。连续梁中支点处的永久支座应在设置湿接头底模之前安装。关键工序：湿接缝的浇筑；施加预应力；体系转换；架梁机和运梁车安全通过湿接缝。

（5）悬臂浇筑法是在桥墩两侧设置工作平台，平衡地逐段向跨中悬臂浇筑混凝土梁体，并逐段施加预应力的施工方法。其优点在于施工设备较少，不影响桥下通航、通车，施工不受季节、河道水位的限制。因此悬臂浇筑施工方法适用于跨越江河、深谷、交通道路、桥位地质不良等条件下的高墩、大跨度混凝土连续梁（刚构）。

墩顶梁段与桥墩实施临时固结（连续刚构墩顶梁段与桥墩整体浇筑）形成 T 构施工单元；采用挂篮在 T 构两侧按设计梁段长度，对称浇筑混凝土。在梁段混凝土达到设计要求的强度、弹性模量及养护龄期后施加预应力；将挂篮前移进行下一梁段施工，直到 T 构两侧全部对称梁段浇筑完成；边跨非对称梁段一般采用支架法现浇施工；按设计要求合龙顺序进行合龙梁段现浇施工；实现梁体结构体系转换，使全桥成为连续结构（刚构）。

（6）悬臂拼装法梁体的预制可与桥梁下部构造施工同时进行，平等作业缩短了建桥工期；预制梁段的混凝土龄期比悬浇成梁的长，从而减少悬拼成梁后混凝土的收缩和徐变；预制场或工厂化的梁段预制生产利于整体施工的质量控制；悬臂拼装适应于预制场地及运吊条件较好，特别是工程量大和工期较短的梁桥工程；悬臂拼装按起重吊装的方式不同分为：浮吊悬拼，牵引滑轮组悬拼、连续千斤顶悬拼、缆索起重机（缆吊）悬拼及移动支架悬拼等。悬拼的核心是梁的吊拼，梁段的预制是悬拼的基础。因此悬臂浇筑施工方法适用于跨越江河、深谷、交通道路、桥位地质不良等条件下的高墩、大跨度混凝土连续梁（刚构）。

课程资源

复习思考题

9.1 我国高速铁路连续梁的横截面形式有哪些？用 CAD 软件按 1∶1 比例画出。
9.2 预应力混凝土连续梁中纵向预应力主筋的布置形式有哪些要求？
9.3 预应力混凝土连续梁的施工方法有哪些？用 PPT 汇报。
9.4 刚架桥的特点是什么？
9.5 预应力混凝土连续刚构桥的施工方法有哪些？用 PPT 汇报。
9.6 用 PPT 汇报顶推法的施工流程。
9.7 试分析单点顶推与多点顶推的区别。
9.8 顶推法施工过程中用到哪些临时设施？
9.9 顶推法施工的使用条件是什么？
9.10 先简支后连续方法施工中的关键工序是什么？

9.11 试述连续梁（刚构）悬臂浇筑的施工方法，用 PPT 汇报。

9.12 试用画出悬臂浇筑梁段的施工流程。

9.13 用 PPT 汇报边跨非对称梁段的施工流程。

9.14 用 PPT 汇报合龙梁段的施工方法。

9.15 悬臂施工常用的方法，用 Word 写出技术交底书，要求图文并茂（彩色）。

9.16 试用 CAD 软件画出某个连续梁与连续刚构桥结构图和钢筋图（A3 幅面不少于 2 张）。

项目 10　其他桥梁施工

项目描述

国内外高速铁路桥梁已经应用的桥梁形式,除梁桥(简支梁、连续梁、刚构)以外,还有其他类型的桥梁,如拱桥、钢桥和组合结构桥(主要有简支梁或连续梁与拱组合桥、斜拉刚构组合桥、连续刚构-拱组合桥等)等桥梁形式。拱桥、钢桥和组合结构桥与简支梁、连续梁桥相比,更能有效地满足特殊地形地貌、特殊地质条件、较大跨度和较小结构高度的需求,当高速铁路桥梁受到桥下净空控制、工期要求或因抬高线路需要增加工程投资的情况下,拱桥、钢桥和组合结构桥可发挥重要作用,特别是当桥梁结构在美观、艺术以及在与景观协调等方面有特殊要求时,更能发挥其难以替代的作用。本项目主要介绍拱桥和钢桥的施工,对于组合结构桥,施工方法是梁(刚构)桥施工与拱桥施工方法的组合。

学习目标

1. 能力目标
- 能够阅读和绘制拱桥、钢桥和结合梁桥施工图;
- 查阅拱桥、钢桥和结合梁桥施工相关规范的能力;
- 具备编写和比选拱桥、钢桥和结合梁桥施工方案的能力;
- 具备编写拱桥、钢桥和结合梁桥作业指导书和技术交底等现场资料的能力;
- 具备拱桥、钢桥和结合梁桥施工监控及管理能力。

2. 知识目标
- 熟悉拱桥、钢桥和结合梁桥结构形式及构造特征;
- 掌握拱桥、钢桥和结合梁桥连接类型和适用范围;
- 掌握拱桥、钢桥和结合梁桥施工原理、工艺流程和关键技术;
- 掌握拱桥、钢桥和结合梁桥制造和架设工序;
- 熟悉拱桥、钢桥和结合梁桥施工中质量、环境和安全保护方面的要求。

任务 10.1　拱桥及组合结构桥施工

相关案例

武广高铁汀泗河特大桥跨越汀泗河、京珠高速公路,该桥中心里程为 DK1 288+556.25。桥全长 3 167.96 m,孔跨布置为:78-32 m 简支箱梁+2-24 m 简支箱梁+6-32 m 简支箱梁+2-24 m 简支箱梁+1-32 m 简支箱梁+1-140 m 下承式钢箱系杆拱+4-32 m 简支箱梁。线路与汀泗河主流向法向夹角为 20°,与京珠高速公路夹角 30°,高速公路宽 28 m,由于与京珠高速公路夹角较小，采用 140 m 系杆拱跨越通过。

10.1.1 工作任务

在上述案例中桥梁采用混凝土拱桥吊装法施工，学习下面相关内容后，完成拱桥施工中关键技术问题探讨，并编制拱桥施工作业指导书或技术交底书，达到教学要求所需的能力目标和知识目标。

10.1.2 相关配套知识

10.1.2.1 钢管混凝土系杆拱桥

钢管混凝土系杆拱，又可称为简支梁拱组合体系。钢管混凝土系杆拱是一种无推力的拱式组合体系，它是将主要承受压力的拱肋和主要承受拉力的系杆组合起来，共同承受荷载，这样就充分发挥被组合的简单体系的特点及组合作用，以达到节省材料和降低对地基要求的目的。钢管混凝土系杆拱桥通过在系梁内施加预应力，抵消拱肋推力，使桥墩（台）无需承受推力，可以仿照连续梁修建桥墩（台）。

钢管混凝土系杆拱桥是外部静定结构，兼有拱桥的较大跨越能力和简支梁桥对地基适应能力强的两大特点，因此在桥面高程受到限制而桥下又要求保证较大净空（桥下净跨和净高），或当墩台基础地质条件不良易发生沉降但又要求保证较大跨度时，应优先采用钢管混凝土系杆拱桥。

1. 钢管混凝土系杆拱结构

钢管混凝土系杆拱桥一般由拱肋、吊杆、系杆、横梁、桥面系等组成（图 10.1）。拱肋一般为钢筋混凝土或钢管拱结构，系杆一般为型钢或预应力钢筋混凝土结构，吊杆一般为预应力钢筋混凝土、圆钢或高强钢丝束。

图 10.1 武广高铁汀泗河特大桥主跨 1-140 m 钢箱系杆拱

2. 钢管混凝土系杆拱施工方法

钢管混凝土系杆拱是以钢管为拱圈外壁，在钢管内浇筑混凝土，使其形成由钢管和混凝土组成的拱圈结构。由于管壁内填满混凝土，提高了钢管壁受压的稳定性，钢管内的混凝土受钢管的约束，提高了混凝土的抗压强度和延性。拱肋安装可根据桥梁结构形式和施工条件，选择支架法、少支架法、无支架法、斜拉扣索悬臂拼装法、转体法及整体吊装法等进行施工。

从工序上，钢管混凝土系杆拱施工可分为先拱后梁法和先梁后拱法，如图10.2（a）、（b）所示。采用先拱后梁法施工，系杆不能同步张拉时，主墩必须能承受空钢管拱肋产生的水平推力或采取临时措施使主墩能承受次水平推力。采用先梁后拱法施工时，对拱肋加载应与系杆张拉同步进行。施工中应严格控制主墩的水平位移符合设计要求。

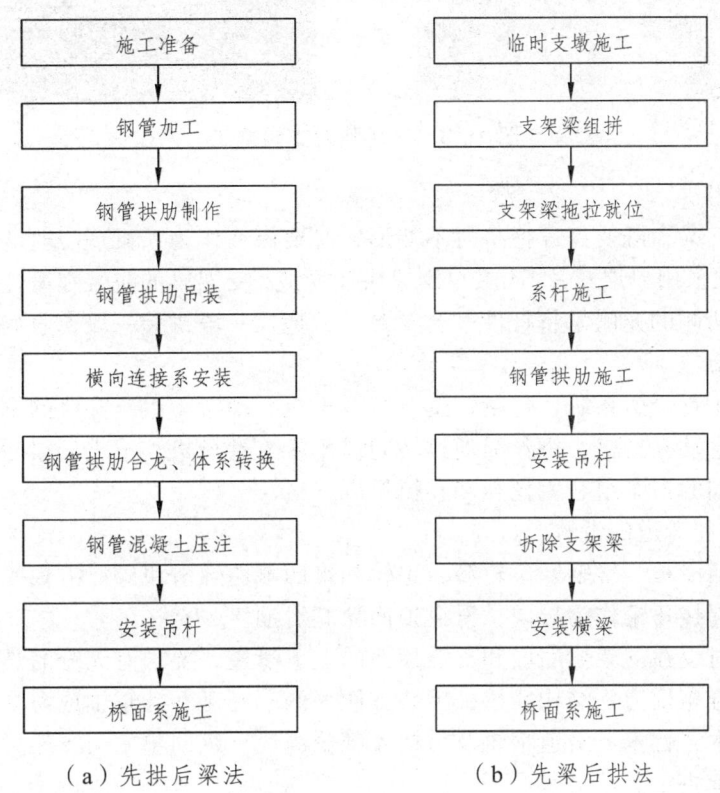

（a）先拱后梁法　　　　（b）先梁后拱法

图10.2　施工流程

3. 先梁后拱法施工

先梁后拱法是常用的钢管混凝土系杆拱桥施工方法。首先设临时支墩，拖拉架设支架梁，在支架梁上立模现浇系梁，张拉部分预应力索，再在系梁上搭设支架安装并焊接钢管成钢管拱，然后由拱脚向拱顶对称泵送无收缩混凝土形成钢管混凝土拱肋，安装并张拉吊杆，拆除系梁支架，调整好吊杆力，施工二期恒载及桥面系，复测并调整吊杆索力至设计值，至此钢管混凝土系杆拱桥施工完成。

（1）临时支墩施工。

临时支墩在桥孔内设置，拖拉时要承受拖拉的反力、纵横向风载、支架梁上下墩和墩顶移动时的水平荷载及拖拉中产生的冲击力，系杆现浇时要承受系杆的自重及施工荷载，因此要具有足够的强度和刚度。临时支墩由基础、墩身、顶面滑道及上墩下墩设施等组成。基础一般为桩基，墩身用万能杆件或贝雷架组拼。上墩下墩设施采用牛腿及千斤顶：在支架梁前端焊一牛腿，在临时支墩墩顶及牛腿间设置千斤顶。如图10.3所示。

图 10.3 拱桥临时支墩施工

（2）支架梁组拼。

支架梁为连续梁，既要保证拖拉时不变形，又要保证作为系梁现浇时的支撑具有足够的刚度。通常支架梁采用单层双片 64 式军用梁拼装而成，支架梁的拼装在事先搭好的平台上进行，用设在平台两侧的龙门吊将杆件吊至平台上，拖拉一段拼装一段，直到达到设计长度。

（3）支架梁拖拉。

支架梁前端布置牵引系统，包括锚碇、定滑车组、动滑车组、穿绕的钢丝绳等。牵引动力为单卷筒慢速电动卷扬机，钢丝绳通过转向滑车接入卷扬机。卜支架梁后方设置制动系包括与牵引系统相同的滑车组、钢丝绳和卷扬机等。

① 滚移设施和滑道的设置。

滚滑设施包括滑板、辊轴、滚轮箱、走轮和聚四氟乙烯滑块等。滑板一般采用较厚的钢板，在钢板两侧焊接角钢作为导向，滑道顶面涂润滑油。

滑道设置。对设在支架梁底面和支墩顶面的上下滑道，要求有充分的长度、表面平整、刚度大、能均匀分布反力、结构简单、拆装方便、两端易于吞吐辊轴或滑块。支架梁底面的上滑道由纵向垫木、枕木、滑道钢轨及吊枕 4 部分组成。纵向垫木与支架梁等宽，下滑道长度依据顺桥向宽度决定。

② 牵引设施。

牵引设备采用单卷筒慢速电动卷扬机。牵引动力按下式计算：

$$F = K\psi Q \pm GQ$$

式中　F——牵引力；

　　　K——安全系数；

　　　Ψ——滑道摩擦系数；

　　　Q——下支架梁自重；

　　　G——坡度。

一般将 F 取为下支架梁自重的 5%。在施工实践中为了便于控制下支架梁的前进方向和速度，要设置制动设施，制动设施所需牵引力为：

$$F = K(0.4AW - \psi Q + GQ)$$

式中　K——安全系数，一般为 3～5；

　　　A——下支架梁横向受风面积；

　　　W——风荷载强度；

ψ——滑道摩擦系数；

Q——下支架梁自重；

G——坡度。

③ 下支架梁拖拉。

开动卷扬机，缓慢牵引下支架梁前移，下支架梁上第一个支墩前，要保证下支架梁的重心在拼装平台上。为保证拖拉方向，需在下支架梁外侧安装导向角钢，在支墩两侧安装侧向支架，内置千斤顶调整下支架梁横间位置。

（4）系杆施工。

① 系杆钢筋混凝土施工。下支架梁拖拉就位后，在上面即可进行系杆现浇钢筋混凝土施工。施工顺序为：立模→钢筋绑扎→混凝土浇筑。

② 系杆预应力张拉要领。

预应力钢束的张拉一般应分期分批进行。对应于一期和二期恒载，预应力钢束可分为两期张拉，每期张拉又可划分为与工况对应的批数。

一期预应力需考虑的内容有：一期恒载产生的系杆拉力 N_{G1}（即形成钢管混凝土系杆拱体系后，拱肋、系杆（纵梁）、横梁及行车道板的自重在拱脚位产生的水平推力）、平衡一期恒载的系杆（纵梁）弯曲拉应力 N_{M1}、一期预应力损失 N_{S1}、一期预应力储备量 ΔN_{Y1}。故一期预加应力总值 N_{Y1} 可表示为：

$$N_{Y1} = N_{G1} + N_{M1} + N_{S1} + \Delta N_{Y1}$$

二期预应力钢束是在钢管混凝土系杆拱的外部静定体系形成以后张拉。此时，一期恒载产生的拱脚推力已与一期预应力抵消，应力损失较大。二期恒载产生的拱脚水平推力、系杆（纵梁）弯曲拉应力，活载所需之永存预应力等都必须在二期预应力中施加。通常是在二期预应力施加过程中，有意识地加大张拉吨位，使系杆（纵梁）产生压缩变形，造成两拱脚对称地向跨中相对移动微小位移，从而在拱肋中形成附加的负弯矩，以便抵消拱肋自重产生的正弯矩。因此，二期预应力总值表示为：

$$N_{Y2} = N_{G2} + N_{M2} + N_{S2} + \Delta N_{Y2} + N_y$$

式中　N_{Y2}——二期预应力总值；

N_{M2}——为平衡二期恒载在系杆（纵梁）中产生的弯曲拉应力所需之预应力；

N_{G2}——为平衡二期恒载作用下拱脚水平推力所需之预应力；

N_{S2}——二期预应力损失；

N_y——抵抗活载的永存预应力；

ΔN_{y2}——二期预应力储备量。其中还应包括使两拱脚向路中产生相对位移所需之预应力。

（5）钢管拱肋施工。

在施工上，由于钢管的重量轻，刚度大，吊装方便，较大刚度的钢管可以作为拱圈施工的劲性骨架。

钢管拱肋应用于拱桥有两大类型：一种是钢管外露的，钢管以参与结构受力为主，同时也是施工过程的支架和浇筑管内混凝土的模板，成桥过程先合龙钢管骨架，再浇筑管内混凝土形成主拱圈；另一种钢管以施工受力为主，成桥过程先合龙钢管骨架，然后浇筑管内混凝土形成钢管混凝土劲性骨架，再将钢管混凝土劲性骨架作为埋置式拱架浇筑外包混凝土，形成主拱圈。

① 钢管拱肋加工。

钢管拱在工厂内加工，采用组对预拼一体化施工，即在1∶1大样场地上组对。

钢管混凝土拱肋横截面形式，按钢管的根数及布置形式，有单管型、哑铃型、桁架式三种，此外还有三肢桁架式和集束式。单管型截面按其截面形式，有圆形、椭圆形、矩形等几种。如图10.4和图10.5所示。

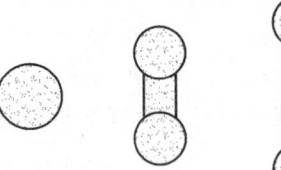 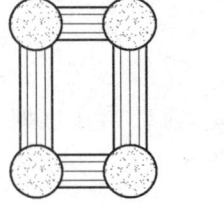 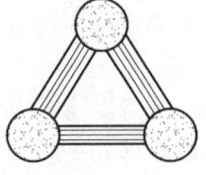 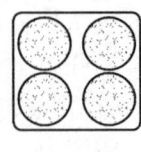

（a）单管型　（b）哑铃型　（c）四肢桁架式　　　（d）三肢桁架式　　　（e）集束式

图10.4　拱肋横截面形式

图10.5　某高铁拱桥钢管拱肋加工图

② 支架施工。

根据拱肋分段，在每个接头处设一支架墩，支架墩支在已浇筑成形的系梁上。支架墩采用万能杆件拼装。在支架墩两侧向埋设专用地锚，将支架墩顶部拉住，加强稳定，纵向也以钢丝绳拉住，以抵抗架拱时的纵向推力（图10.6）。

图10.6　拱桥支架施工图

③ 钢管拱肋安装。

缆索吊装施工方法是我国修建大跨度钢管拱桥的主要方法之一。一般情况下，应该双肋吊装、双肋合龙，两肋之间设临时横撑，或将横撑临时固定；在合龙之前各段之间的接头为上开口，要注意接头的传力情况；为合龙方便，各段应略有上抬，合龙后逐步落下，调至设计高程（留预拱度）；联接各接头和横撑，封拱脚成无铰拱，然后进行管内混凝土浇筑。

对于100 m以下的跨径，钢管骨架一般分为3段，吊装质量一般仅十几吨，可根据实际情况采用浮吊、汽车吊等进行吊装；边段用扣索扣住进行合龙，也可以采用少支架支撑。当跨径超过100 m以后，常用的架设方法，主要是缆索吊装和转体施工方法，在条件许可的条件下还可用整体吊装和分段吊装的施工方法，如图10.7所示。

图 10.7　系杆拱肋拼装图

根据墩帽施工要求，先将拱脚段安装，然后再安装其他单元体，安装顺序为：施工准备→拱脚安装→立柱柱脚→安装横撑→安装第二单元体→安装立柱柱脚→安装横撑→安装第三单元体→安装立柱柱脚→安装横撑→安装第四单元体（合龙段）→安装立柱柱脚→安装横撑→安装斜撑→防腐油漆→工程验收。

a. 拱脚段安装。根据钢管拱拱脚部位的结构形式，为保证安装精度，拱脚在墩帽浇筑前进行安装，如图10.8。

图 10.8　西宝客专拱桥拱脚施工图

b. 单元体安装。根据安装顺序，厂内按编号发运单元体，单元体安装前，在接口处的临时支墩上搭好平台，平台距拱肋下缘的距离控制在0.5~1 m之间，放好临时活动支座，如图

10.9 所示。整个安装过程中,测量要跟踪作业,保证安装位置准确。

图 10.9 西宝客专拱桥拱肋施工图

c. 立柱柱脚及横撑的安装。柱脚是横撑安装的固定点。先在拱背上准确放出柱脚的位置,然后吊装就位,如图 10.10 所示。

图 10.10 拱桥拱脚施工图

d. 合龙段的安装。墩帽混凝土强度达到 80% 方可进行合龙段的安装。合龙段是钢管拱形成的关键,起到调整全拱单元体焊接收缩、热膨胀、线形等重要作用,并完成体系的转换,如图 10.11 所示。

图 10.11 拱桥拱肋合龙施工图

钢管拱全部合龙验收合格后，即可落架，如图 10.12 所示。落架后，观测拱肋的变形，通常桥的跨中最大下沉量在 2~3 cm 之间。

图 10.12　拱桥拱肋施工图

e. 拱肋混凝土灌筑。

拱管混凝土为无收缩混凝土，制定的施工顺序应为：复测—安装注浆管、泵—两边同步压注腹板混凝土（先压水泥浆润湿管壁，以下同）—两边同步压注下管混凝土—两边同步压注上管混凝土—再次复测—混凝土填充度检查。混凝土的压注由拱脚向拱顶对称、均匀、连续地进行，两边的混凝土压注量尽量保持一致，防止拱肋偏压变形，压注要一次完成。

（6）吊杆施工。

吊杆采用预应力混凝土吊杆，施工时在拱肋中预埋穿束管道，墩头处设置锚垫板，锚垫极下设数层水平钢筋网，以便将锚头集中力迅速传至混凝土截面中，如图 10.13 所示。

 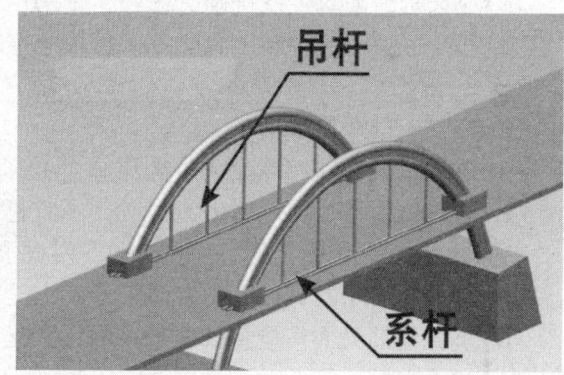

图 10.13　拱桥吊杆施工图

吊杆施加预应力是钢管混凝土系杆拱进行体系转换的关键工序，一方面具有裸拱加载的特点，另一方面是桥面行车道系从弹性地基梁转换成梁端弹性固结、吊点弹性支撑的弹性支撑连续梁，从而完成钢管混凝土系杆拱的体系转换。

（7）施工注意事项。

① 在支架上安装钢管拱时，支架与拱的联结不宜过强。

② 拱管与腹板连接的焊接问题，应以等强为原则。

③ 钢管拱压浆结束后，无论拱管内的压力有多大，混凝土凝固后在拱顶部位仍存在一定的空隙，为保证拱管内的密实，应钻孔补浆。

（8）施工安全要求。

① 桥下通航时，应设救生船及救生设施，并应按规定在桥址航道上下游设立施工标志。在市区修建拱桥时，应事先与当地政府商定保证交通安全的办法。当技术、机械、材料等准备工作就绪后，方可开始施工。

② 制作和安装拱架时，应符合下列要求：

a. 拱架均应根据设计进行制作和安装，当采用常备构件拼装时，必须进行验算。

b. 拱架各支承点结构应根据防洪、排水和荷载等因素，通过计算决定。

c. 在安装或拆除拱架过程中，应拴缆风绳，并设置支撑，以防拱架倾倒。

d. 拱架安装除执行以上规定外，还应制定安全操作细则。

③ 各种拱架装置均应经过计算和试验后方可使用。落拱装置拆除时，必须按设计顺序进行。

④ 严禁采取以拱架代替脚手架砌筑拱圈的做法。拱架拆除后，同样应设置脚手架、平台、安全网、上下扶梯等，以保后续工序的使用。

⑤ 当灌筑拱体混凝土悬挂减速漏斗时，应有保险绳，漏斗上口四周应盖严钉牢。

⑥ 拆除拱架时，必须听从统一指挥，同时在拱圈上下严禁作业。严禁不制定拆落方案，而任意用机械拖拉等拆落的施工方法。

⑦ 采用拱架就地灌筑拱肋（或拱圈），或进行预制件拼砌时，混凝土和预制件等宜采用吊机、塔吊或垂直升降龙门架等机械运送，施工人员严禁乘坐垂直升降龙门架上下。

⑧ 使用缆索吊机灌筑拱体混凝土或拼砌预制块时，吊机不得超载。

⑨ 使用悬臂灌注法或悬拼法施工时，应符合下列要求：

a. 应按每一灌筑（或拼砌）循环，分别制定安全操作细则。

b. 每一灌筑（或拼砌）循环施工段均应按规定搭设脚手架、平台和上下扶梯，并张挂安全网。

c. 施工人员严禁乘吊斗上下。

d. 吊运机具必须有专业人员操作。

e. 遇有雨、雪、雾等恶劣天气时，不宜进行施工；6级及以上大风应停止施工。

⑩ 拱体钢筋混凝土施工时应符合下列要求：

a. 加工木料用的机械必须有防护罩和安全操作规定。

b. 绑扎钢筋的人员应穿戴防护用品，抬运、绑扎钢筋应互相配合，动作一致。

c. 架立、拆除模板时，拱体下方不得站人。

d. 拱体灌筑混凝土前，应搭脚手平台和栏杆，并应按墩台施工的有关规定办理。

4. 平面转体施工

桥梁的转体法施工，最早仅用于拱桥的施工，现在则推广应用到梁桥、斜拉桥、斜腿刚构桥等各种不同桥型的施工中，成为桥梁施工较常采用的方法之一，在高速铁路桥梁施工中得到较多的应用。

拱桥转体施工法据其转动方位的不同分为竖向转体、平面转体和平、竖结合转体。拱桥的转体施工法一般适用于单孔拱桥的施工，其基本原理是：将主拱圈或整个桥垮分成两半，分别在河流的两岸或适当位置，利用地形配合简单的支架等，现浇或预制装配半拱，然后以半孔拱桥结构为转动体,借助转盘装置和液压千斤顶或其他动力装置驱动,将两半跨拱桥结构转动到桥轴线位置(或设计标高)合龙成桥。

平面转体施工法是我国首创的施工方法。拱圈绕拱座做水平旋转的称为平面转体施工法。平转施工主要适用于刚构梁式桥、斜拉桥、钢筋混凝土拱桥和钢管混凝土拱桥。平面转体施工法根据是否采用平衡块来防止转体过程中的倾覆,又分为平衡重转体和无平衡重转体。拱圈绕拱座做竖直旋转和水平旋转合龙的称为平、竖结合转体。平衡重转体主要由平衡体系、转动体系(转轴、环道)和位控体系三部分组成。其平衡体系一般利用桥台或配重来平衡悬臂主拱,主拱与桥台一起转动,如图10.14所示。

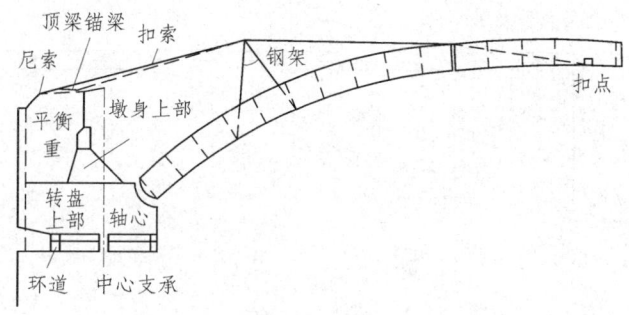

图 10.14 平衡重(平面)转体施工法

桥梁平转法施工,是利用两侧地形顺着两边预制桥梁结构,然后采用转铰和滑道组成的转盘结构,以简单的设备,将桥梁整体旋转安装到位的施工方法。

按照拱桥的设计高程先在两岸边预制半拱,当结构混凝土达到设计强度后,借助转动设备和动力装置在水平面内将其转动至桥位中线处合龙成拱。由于是平面转动,故半拱的预制高程要准确。

(1)有平衡重平面转体施工。

有平衡重转体施工的特点是转体重量大,施工的关键是转体。一是依靠正确的转体设计,二是需要灵活可靠的转动装置及牵引驱动系统。

① 转动体系的构造。

有平衡重平面转体时以桥台背墙作为平衡重,并作为拱体转体拉杆(或拉索)的锚碇反力墙,用以稳定转动体系和调整重心位置。因此,平衡重部分不仅在拱体转动时作为平衡重,而且要承受拱跨转体重量的锚固力。

转动体系主要由底盘、上转盘、锚扣系统、背墙、拱体结构、拉杆(拉索)组成,如图10.15所示。底盘和上盘都是桥台基础的一部分,底盘和上盘之间设有能使其相互间灵活转动的转体装置。背墙一般是桥台的前墙,拉杆一般是拱桥的上弦杆(桁架拱、刚架拱),或临时设置在体外的拉杆钢筋(或扣索钢丝绳)。

② 转体装置。

使用的转体装置有两种:一是依四氟乙烯作为滑板的环道平面承重体系;二是球面转轴支承辅以滚轮的轴心承重转体。

a. 聚四氟乙烯滑板环道。

它由设在底盘和上转盘间的轴心和环形滑道组成,具体构造如图10.16所示,其中(a)图为环形滑道构造,(b)图为轴心构造,其间由扇形板连接。

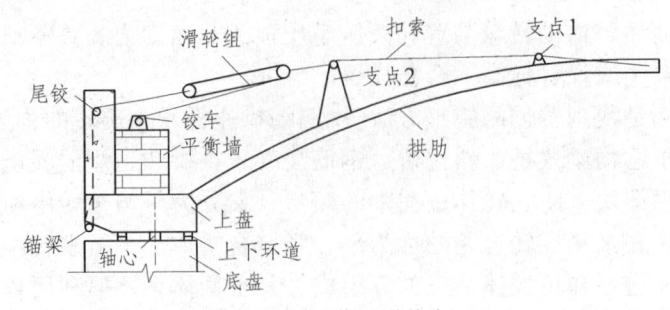

(a) 四氟滑板环道转体

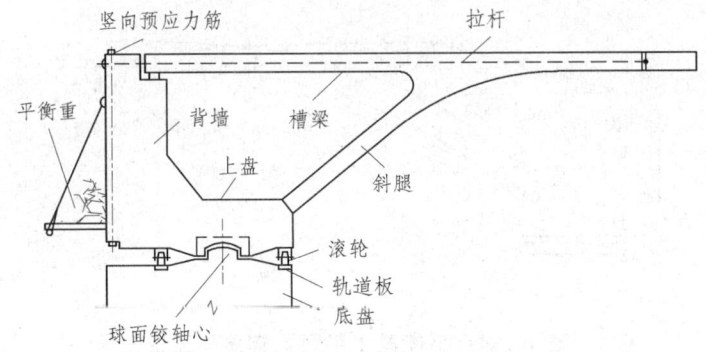

(b) 球面转轴辅以滑轮转体

图 10.15 有平衡重转动体系的一般构造图

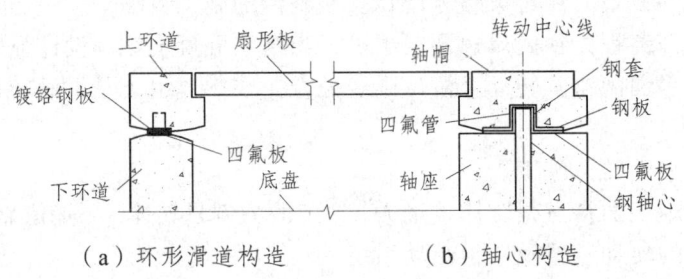

(a) 环形滑道构造　　(b) 轴心构造

图 10.16 聚四氟乙烯滑板环道的构造

上转盘用扇形预制板把轴帽和上环道连成一体,并浇上转盘混凝土形成。这种装置平稳、可靠,承受转体重量大,转动体系的中心与上下盘轴心可以允许有一定数量的偏心值。

转盘轴心由轴座、钢轴心和轴帽组成。

b. 球面铰辅以轨道板和刚滚轮(图 10.17)。

它的特点是整个转动体系的重心必须落在轴心铰上,球面铰既起定位作用,又承受全部转体重力,刚滚轮只起稳定保险作用。球面铰可以分为半球形钢筋混凝土铰、球缺形钢筋混凝土铰、球缺形钢铰。前两种由于直径较大,故能承受较大的转体重力。

③ 转体驱动系统。

转体的驱动系统由卷扬机(绞车)、倒链、滑动轮组、普通千斤顶组成,如图 10.18(a) 所示,即通过闭合的牵引主索由滑轮组牵引,在上转盘产生一对牵引力偶克服阻力偶而使桥体转动。此种驱动系统的布设占地较大,常受到场地的限制,并有转体时牵引力的大小无法准确测量控制、作用力不易保持平衡、加载难以同步进行等缺点。

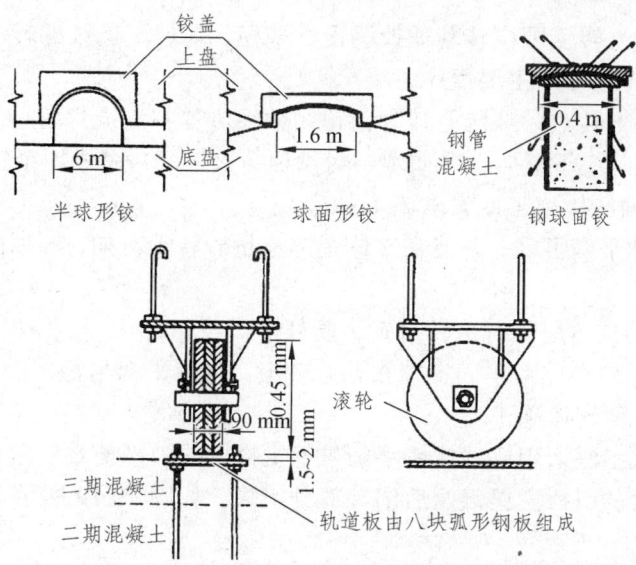

图 10.17 球面铰、轨道板及滚轮的构造图

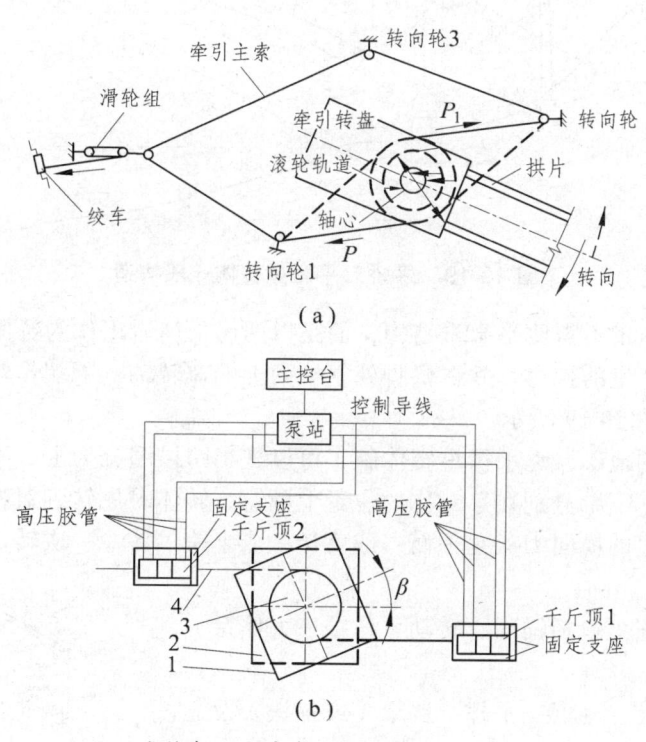

1—上转盘；2—底盘；3—球铰；4—钢绞线

图 10.18 转动牵引驱动系统

自动连续顶推系统是采用能连续同步、均匀、平衡、一次到位提供转动动力，结构紧凑，占地面积小，施工方便，如图 10.18（b）所示。自动连续顶推系统由 3 个部分组成，即千斤顶、泵站及主控制台。两台自动连续顶推千斤顶分别对称布置在下转盘的两侧，固定在固定支座上。两侧千斤顶同时等速等荷加载，形成一个与摩擦力矩相平衡的动力偶，并通过钢绞线传递给上转盘,使上转盘围绕转动球铰缓慢、平稳、匀速、连续的转动。

④ 有平衡重转体施工的主要程序。

制作底盘→制作上转盘→试转上转盘到预制轴线位置→浇筑背墙→浇筑主拱圈→张拉拉杆→牵引转动体系→封上下盘→台背回填→封拱顶→松拉杆→完成体系转换。

⑤ 有平衡重平面转体施工的安全施工要求。

a. 转动体系必须平衡可靠,并能在转体全部重量后转动自如,四周的保险滚轮应有良好的保险和稳定作用。

b. 体系正式转动前,应进行试转检查,验证平衡与稳定。

c. 脱架张拉时,转动体系牢固支撑在轴心较上,保持平衡与稳定。

(2) 无平衡重平面转体施工。

无平衡重转体施工法采用锚碇体系平衡悬臂主拱,取消平衡重。锚碇体系通常由作为压杆的立柱、作为撑梁的引桥主梁以及后锚等部分组成,如图 10.19 所示。

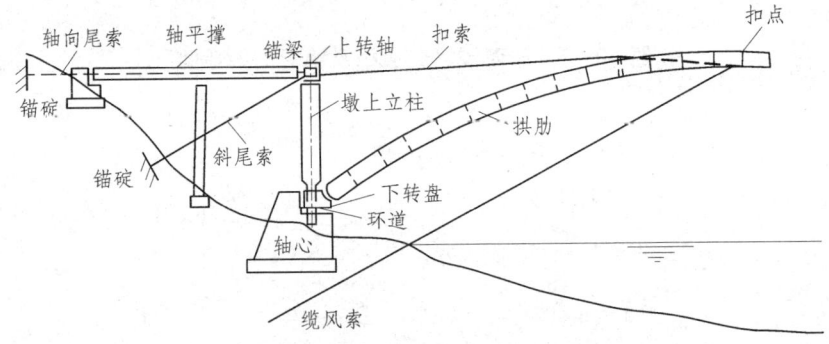

图 10.19 拱桥无平衡重转体一般构造

无平衡重转体施工不需要平衡重结构,而是以两岸山体岩土作为锚固装置,用以锚固半个拱跨悬臂状态时产生的拉力,并在拱脚处立柱的上端作转轴,下端作转盘,通过转动体系进行平面转体,如图 10.19 所示。

根据桥位两岸的地形,无平衡重转体施工可以把半跨拱圈分为上、下游两个部件,同步对称转体;或在上、下游分别在不对称的位置上预制,转体时先转到对称位置,再对称同步转体,以使扣索产生的横向力相互平衡;或直接做成半跨拱体,一次转体合龙。

① 结构组成。

无平衡重转体施工包括锚固、转动、位控三大体系。

a. 锚固体系。

锚固体系由锚碇、尾索、平撑、锚梁(或锚块)及立柱组成。锚碇设在引道或边坡岩石中,锚梁(或锚块)支承于立柱上,两个方向的平撑及尾索形成三角形稳定体,使锚块和上转轴为一确定的固定点。

b. 转动体系。

转动体系由上转动构造、下转动构造、拱圈及扣索组成,如图 10.20 所示。

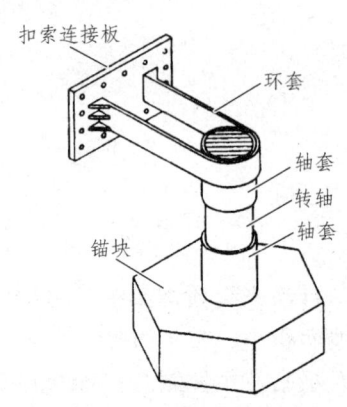

图 10.20 上转轴构造示意图

下转动构造由下转盘、下环道与下转轴组成，如图10.21所示。

扣索常采用精轧粗螺纹钢筋，扣索将拱圈顶部与上转轴连接，从而构成转动体系。在拱圈顶端张拉扣索，拱圈即可离架转动。

c. 位控体系。

位控体系由系在拱圈顶端扣点的缆风索与无级调速自控卷扬机、光电测角装置、控制台组成，用以控制在转动过程中转动体的转动速度和位置，如图10.22所示。

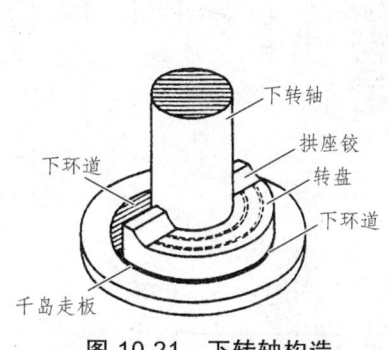

图10.21　下转轴构造

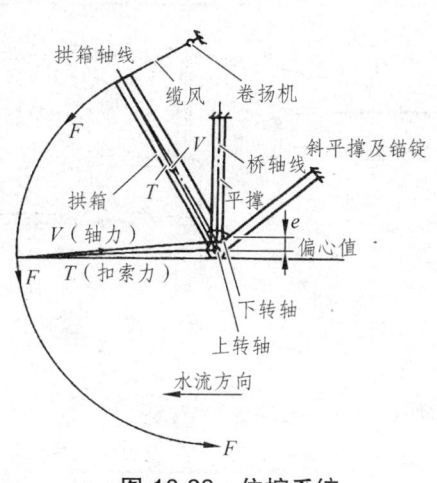

图10.22　位控系统

② 无平衡重转体施工工序。

无平衡重转体施工主要包括转动体系施工和锚碇系统施工。

转动体系施工工序为：设置下转轴，转盘及环道→搭设支架→拼装模板→设置拱座和预制拱圈→设置立柱→安装锚梁、上转轴、轴套、环套→安装扣索。

锚碇系统施工工序为：制作桥轴线上的开口地锚→设置斜向锚洞→安装轴向、斜向平撑→尾索张拉→扣索张拉。

拱顶合龙后的高差，通过张紧扣索提升拱顶、放松扣索降低拱顶来调整到设计高程。封拱应选择低温合龙。

③ 无平衡重平面转体施工的安全施工要求。

a. 梁体在转动时应对称同步，保持转体稳定。转动体应灵活自如，安全可靠。

b. 无平衡重平面转体的锚固体系的抗剪强度、抗滑稳定性，应达到设计要求。

c. 位控系统应能控制拱箱的转动速度和位置。合龙卸扣时，应对称、均匀、分级进行。

5. 竖向转体施工

竖向转体施工法是在竖向位置利用地形或搭支架浇筑拱肋混凝土，然后再从两边逐渐放倒预制拱肋，拱圈在桥位平面内绕拱座做竖直旋转合龙搭接成桥的施工方法。竖转体施工主要适用于转体重量不大的拱桥或某些桥梁预制部件（塔、斜腿、劲性骨架）。竖转施工法当跨径增大以后，拱肋过长，则竖向转动不易控制，施工中容易出现问题，因此一般只在中小跨径拱桥中应用。

竖向转体施工可根据河道情况、桥位地形和自然环境等方面的条件和要求，可以采用竖直向上预制半拱，向下转动成拱的方法，如图10.23所示。其优点是可以利用地形，施工场地小，工期短、造价低。在预制过程中应尽量保持位置垂直，以减少新浇混凝土重量对尚未凝固混凝土产生的弯矩，并在浇筑一定高度后加设水平拉杆，以避免拱形曲率的影响，产生较大的弯矩和变形。当可以选择按地形俯卧预制时，可以根据地形降低支架高度，预制完成后向上转动成拱，如图10.24所示。

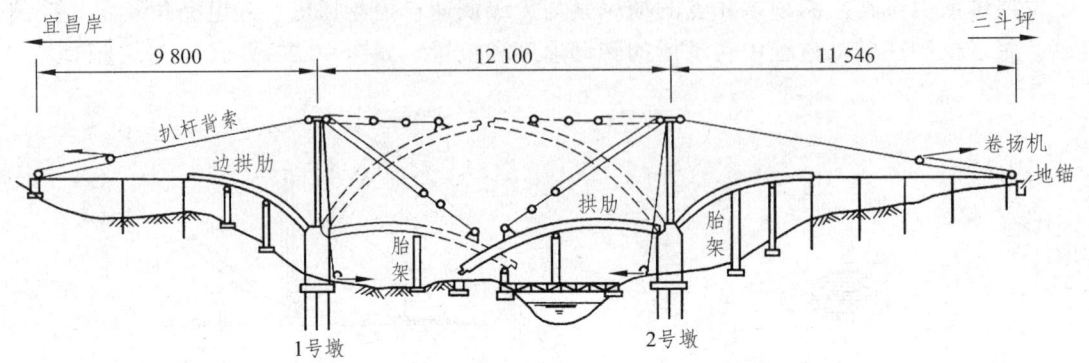

图10.23 拱桥竖向转体（尺寸单位：cm）

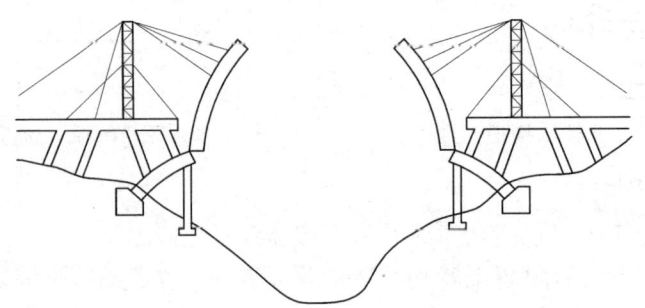

图10.24 竖向转体施工法

拱桥采用转体施工时，可能遇到既不能在设计高程处预制半拱，也不可能在桥位竖平面内预制半拱的情况（如在平原区的中承式拱桥）。此时，拱体只能在适当位置预制后既需平转，又需竖转才能就位。这种平竖结合转体基本方法与前述相似，但其转轴构造较为复杂。

6. 工程案例　某高铁拱桥无平衡重平面转体施工

（1）工程概况。

拱桥与既有城市高架路斜交33°，上部结构采用88+160+88 m自锚上承式拱桥，拱墩基础固结，拱梁固接，如图10.25所示。为减少桥梁施工对高速公路交通的影响，主桥采用平面转体施工。

① 桩基础。在高速公路两侧设置2个主墩，每个主墩采用18根ϕ200 cm钻孔桩，桩长为129 m，顺桥7排，横桥向5排。

② 承台。承台设计为平面尺寸19.1 m（顺桥向）×22.9 m（横桥向）×6.5 m，为尽量避开高速公路的边坡，承台四角作切角处理，切角尺寸为2.25 m（顺桥向）×4.2 m（横桥向）。

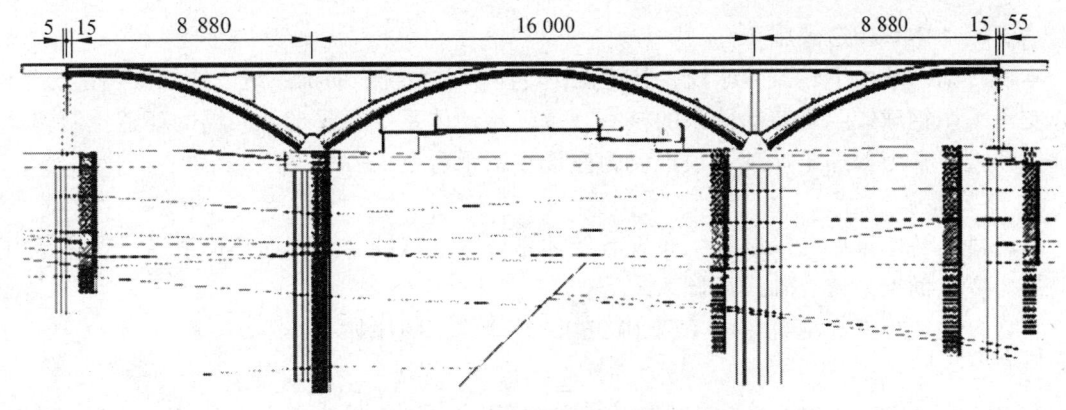

图 10.25　立面布置图（单位：m）

③ 拱肋。拱肋采用抛物线线形，矢跨比为 1/6，边、中跨拱肋跨中截面高 4.0 m，边、中跨拱肋拱脚处截面高 6.0 m。主拱截面采用单箱单室箱形截面，顶板宽 7.5 m，顶、底板及腹板厚度均采用 60 cm，拱脚处局部加厚。

④ 拱上立柱。拱上立柱均采用矩形实体截面。拱脚上立柱纵向厚度为 2.0 m，两边拱肋立柱纵向厚度为 1.8 m。上部采用花瓶形状，横向宽度由 5.5 m 过渡到 7.5 m。

⑤ 拱上连续梁。拱上连续梁计算跨度为（20 + 22 + 22 + 20）m，为配合拱肋曲线景观需要，边跨支点梁高为 4.5 m，跨中梁高为 3 m。拱上连续梁共设置 5 道横隔板，在对应支点位置处设置。拱上连续梁采用先简支后连续的施工方法。

⑥ 系杆。自锚式拱桥主要通过设置水平系杆来平衡主拱推力。系杆分临时系杆及永久系杆，是该桥的重要受力结构，采用高强度、低松弛钢绞线。

（2）自然条件。

① 地形地貌。本桥处地势平坦，起伏不大，局部地段显著低洼。小里程侧有东官塘河道，河面沿线路方向宽度约 70 m。

② 地质条件。桥址处地层相对单一，主要由粉质黏土、粉土、粉砂、淤泥质粉质黏土、淤泥质黏土、细砂、粉细砂、砾砂构成。软土厚度一般 10~25 m、埋深 3~35 m，软土强度指标低，压缩性高。

（3）施工工序。

① 施工顺序。

基础施工顺序：桩基施工→基坑围护结构施工→下承台施工→球铰安装→上承台施工→拱座施工

拱梁施工顺序：地基处理→搭设支架→预压→分节段支架现浇拱肋→浇筑拱上立柱→搭设拱上支架→逐孔浇注拱上简支梁→张拉临时系杆及其他预应力索→拆除拱肋、拱上支架→现浇连续梁湿接缝（简支变连续）→转体准备→正式转体→平转到位→封铰→支架现浇边跨并合龙→中跨合龙→张拉永久系杆，拆除临时系杆→桥面附属施工。

② 工序衔接。

主墩桩基础施工期间同时安排支架地基处理，基本同步完成。承台基坑围护结构施工期间搭设基坑范围以外的现浇拱肋支架。承台、转盘结构、拱座和基坑范围以外的拱肋现浇同步进行施工，最后在拱座部位合龙拱肋。完成拱肋施工后进入拱上结构的施工。

（4）转动体系构造及施工。

本桥转动系统由下转盘、球铰、上转盘、转体牵引系统、助推系统、轴线微调系统组成。中心支承采用钢球铰，是转动体系的核心，承受转动体系主要重量，四周的环道控制转动的稳定。顶推工具为普通千斤顶，顶推反力座设在下承台上。

① 下转盘施工。

下转盘是转体重要支撑结构，布置有转体系统的下球铰、撑脚的环形滑道、转体牵引系统的反力座、助推系统、轴线微调系统等。

下转盘构造分五次浇筑完成（图10.26），总体施工顺序如下：

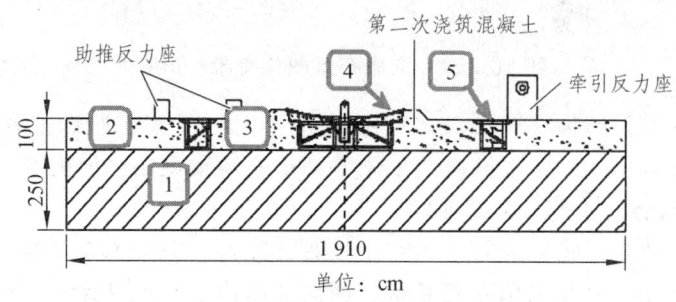

图 10.26 下转盘构造浇注示意图

浇筑下承台第一次混凝土→安装球铰定位底座→浇筑第二次承台混凝土（球铰和环道部分不浇）→安装下球铰→浇筑球铰下混凝土→安装环道→浇筑环道下混凝土→浇筑反力座混凝土。

a. 球铰加工情况。

球铰是平转过程中的承重受力构件，设计竖向承载力 168 000 kN，球铰直径 4.0 m，如图 10.27 所示。

b. 球铰安装。

安装定位底座：用吊车将下球铰骨架吊入，并进行粗调，然后采用千斤顶、撬棍进行人工精确调整，调整时先用线绳拉出骨架准确位置和高程。待骨架调整完成后将下承台架立钢筋与骨架预留钢筋焊接牢固。固定好球铰定位底座后，绑扎钢筋、立模浇筑下球铰骨架混凝土（图10.28）。

图 10.27 球铰加工图

图 10.28 安装下球铰骨架

安装下球铰：下球铰安装前先进行检查，主要对下转盘球铰表面椭圆度及结构检查是否满足设计加工要求（图10.29）。

图10.29 安装下球铰

图10.30 清理下球铰球面

安装上球铰：首先，清理上下球铰球面，如图10.30所示；其次，在中心销轴套管中放入黄油四氟粉，将中心销轴放到套管中，调整好垂直度与周边间隙，如图10.31所示；第三，在下球铰凹球面上按照顺序由内到外安装聚四氟乙烯滑板，如图10.32所示；第四，用黄油四氟粉填满聚四氟乙烯滑板之间的间隙，使黄油面与四氟滑板面相平，如图10.33所示；第五，将上球铰吊装到位，套进中心销轴内。

图10.31 安装中心销轴

图10.32 安装聚四氟乙烯滑板

图 10.33　涂抹黄油与四氟滑板面相平

环道安装：在钢撑脚的下方设有环形滑道，环道中心的直径为 12 m，环道由专业厂家生产，现场采取分节段拼装，在盘下利用调整螺栓调整固定。要求整个滑道面在同一水平面上，其相对高差不大于 2 mm。

② 上转盘施工。

a. 上转盘混凝土施工。

上转盘共设有 8 组撑脚，钢管内灌注 C50 微膨胀混凝土。上转盘构造分两次浇筑完成（图 10.34）。

图 10.34　安装滑道

b. 上转盘临时固定措施。

用钢楔将钢管混凝土撑脚与环道之间塞死，同时在上承台和下承台之间设置临时支墩，下承台混凝土浇筑前预埋钢筋进入上承台，浇筑上承台时临时支墩立模一起浇筑。转体前凿除临时支墩，切断连接钢筋，如图 10.35 所示。

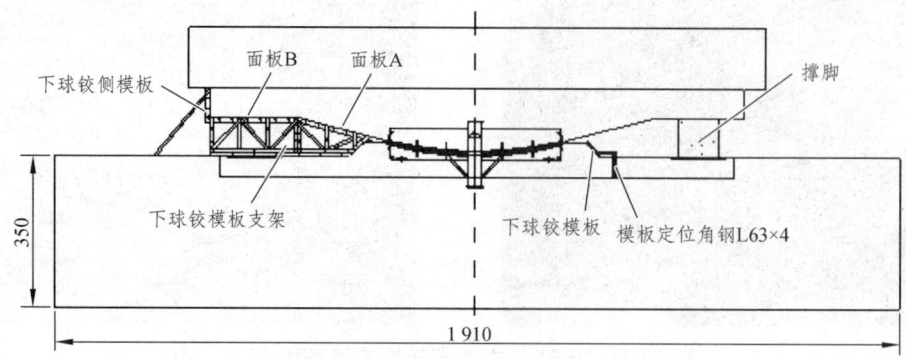

图 10.35　上转盘临时固定

（5）主拱施工方案。

① 主拱的分段。计划将单侧主拱分为 5 个节段，分段施工。每段长度不超过 15 m，节段之间设置后浇间隔缝，间隔缝宽度不超过 2 m。

② 主拱支架。

主拱拟采用满堂脚手架体系作支撑。

③ 主拱浇筑方案。

主拱部分整体浇筑方案；

纯拱肋部分浇筑方案；

拱肋与梁部组合部分浇筑方案。

（6）连续梁施工方案。

同前。

（7）支架拆除方案。

① 拱上连续梁支架拆除。

拱上简支梁施工完毕，临时系杆张拉，落梁后，即可拆除拱上支架，先人工拆除悬臂板钢管脚手架和模板，然后将拉杆及螺栓拆掉后拆除梁体侧模。侧模拆除完毕后用氧气-乙炔将钢管立柱或牛腿上型钢切割 3 cm，使贝雷梁产生一定的下落量，将贝雷梁顶部的型钢用卷扬机抽掉，使膺架跟梁底有足够的拆除空间。逐一拆除模板、方木等，拆除贝雷梁前将钢管立柱和牛腿上的型钢垫梁电焊接长，然后用卷扬机或手拉葫芦将贝雷梁导出梁体悬臂板以外，然后用吊车吊装至旁边开阔场地，吊车配合人工分解。

② 拱肋支架拆除。

拱上支架拆除完成后，再拆除拱肋支架。用同样的方法先使底模脱架，然后抽走放置在钢架上的方木和底模，不影响转体的情况下先不拆除支架，待转体完成后从上至下用人工配合吊车逐一拆除钢架、贝雷梁和钢管立柱。

（8）转体施工方案。

① 转体各部分的布置。平转牵引系统由牵引动力系统、牵引索、牵引反力座组成。转体施工设备采用全液压、自动、连续运行系统。

牵引动力系统，如图 10.36 所示。牵引索，如图 10.37 所示。

图 10.36 牵引动力系统

图 10.37 牵引索固定

② 转体前准备事项。解除约束；称重试验；配重；转前检查。

③ 转体实施。正式转体；转体精确定位。
④ 转铰固结。
（9）拱桥的合龙。
① 边跨现浇段施工。边跨现浇段支架采用落地式支架施工。
② 边、中跨合龙。根据设计要求先进行边跨合龙，然后再进行中跨合龙。图 10.38 转体桥转体后效果图。

图 10.38 转体后效果图

（10）施工监控。
计划施工前请具有相关资质单位，制定详尽的应力及线形等监控方案。

10.1.2.2 钢拱桥施工

钢拱拼装方式根据桥跨布置可采用吊索塔架单悬臂拼装、水平索辅助双悬臂拼装。钢桁式组合拱桥跨越能力大，采用吊索塔架悬臂安装法施工，如图 10.39 所示。

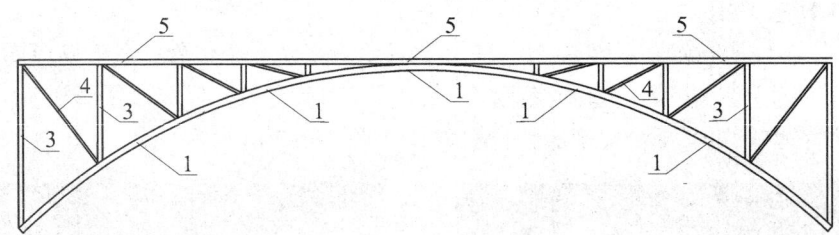

1—拱肋；2—横联杆；3—竖腹杆；4—斜腹杆；5—上弦杆

图 10.39 钢桁式组合拱桥结构示意图

钢桁式组合拱桥的建造程序为：吊运桁架拱片的预制段构件至桥孔，使之就位合龙，处理接头；钢梁预先纵移，从已建成的墩、台上向跨中逐件（或逐段）安装桁片预制构件，并同时安装横向联系；吊索索力调整，使主跨钢梁合龙点的位移偏差调整到安装精度要求之内；主桁杆件合龙，依次合龙拱下弦、斜杆、拱上弦，至跨中合龙；然后，进行体系转换，同时解除桥墩活动支座纵向约束；逐步释放索力，先穿中桁系杆铰轴，再穿边桁系杆铰轴，最终系杆合龙；安装桥面板及联结系；解除墩旁托架约束。

采用桁架悬臂法架设钢桁式组合拱桥，悬拼工艺流程中最主要的是：按照设计的悬拼加载程序，将构件安全、准确的吊装就位，张拉预应力钢筋（丝）使构件稳定，主孔悬挂重量通过上弦和斜杆分别传边孔各基础，借助于可靠的锚固，使基础和地基牢固连接在一起，共同抵抗主孔悬拼产生的倾覆力矩。概括起来，悬拼工艺成功的三要素是：吊得起、拉得住、锚得稳。

1. 边孔施工

根据地形和施工设备情况，采用支架现浇或吊装，如图10.40所示。

图10.40 桁架拱边孔吊装图

（1）边孔为桁架拱时。边孔采用桁拱时，一般采用支架施工，也可采用预制吊装，如图10.41所示。

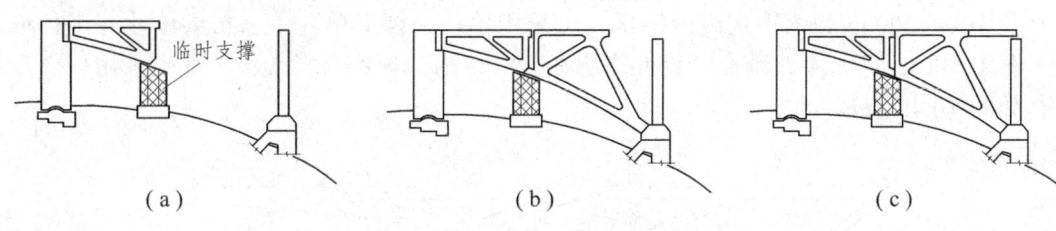

图10.41 边孔吊装图

（2）边孔为钢构时。边孔采用钢构或连续钢构时，多数采用支架施工也可以采用吊装施工，如图10.42所示。

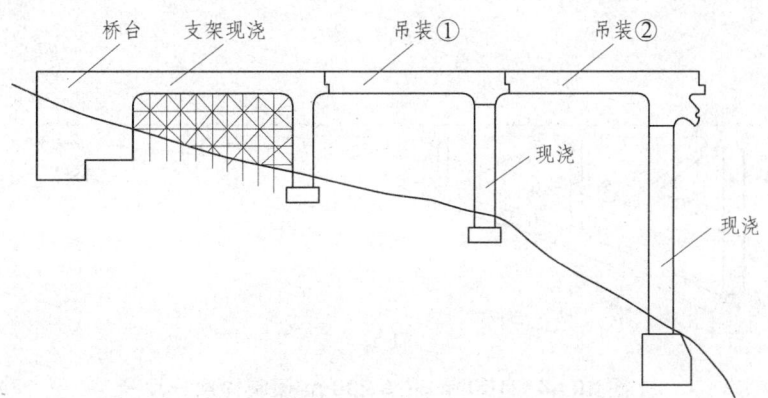

图10.42 边孔吊装上弦与墩上立柱顶部节点块图

(3)边孔为桁式钢构时。边孔采用桁式钢构,根据地形条件,边孔高度较矮的就采用支架现浇,边孔高度较高的采用吊装。

2. 构件预制及移运

(1)预制构件分段。

桁片预制构件分段主要考虑预制场地布置、吊机的起重能力、吊机的有效伸臂距离以及悬拼顺序。

跨径100 m以下的钢桁式组合拱桥,如采用带竖杆的三角形式桁构,一般可按节间划分,每个节间作为一个预制单元(图10.43)。当采用桅杆吊装时,预制构件的几何尺寸还需考虑从桅杆脚下穿过的可能性。

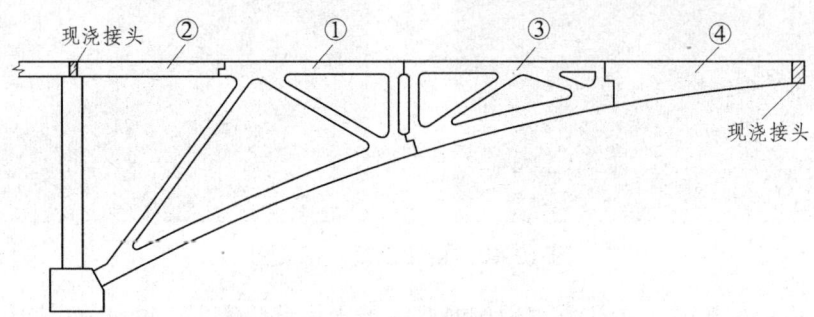

图 10.43　$L \leqslant 100$ m 预制构件分段

跨径100~200 m的钢桁式组合拱桥,可采用单杆、梯形单片、三角形单片等多种形式预制(图10.44),预制构件质量一般可控制在60 t以内。无论跨径大小,都宜采用单件预制吊装,如图10.45所示。

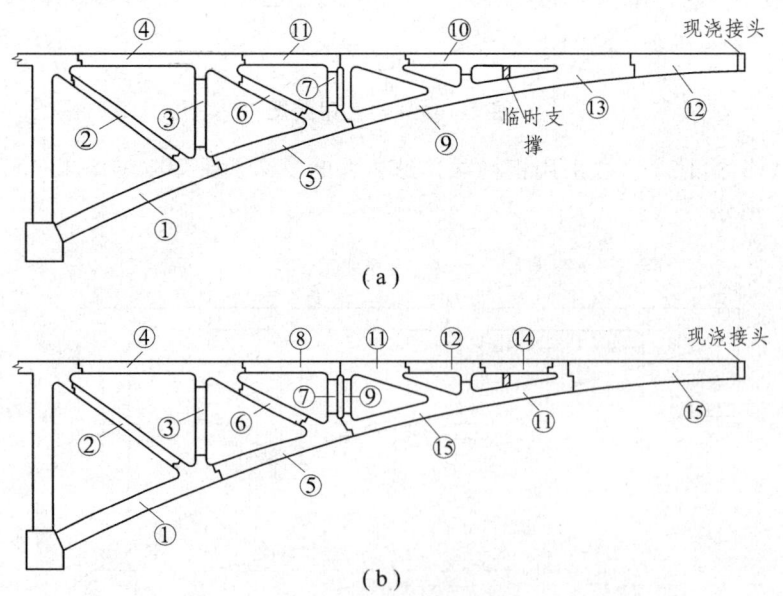

图 10.44　100 m $< L \leqslant 200$ m 预制构件分段

图 10.45　桁片和立柱的吊装示意图

（2）构件预制。

① 预制方式。

桁片构件的预制，分为卧式和立式 2 种。卧式预制便于放样，底模较简单，但多一道构件翻身的工序。立式预制省去了构件翻身这一步，但放样较困难，带弧形的下弦构件采用立式预制时，底模制作难度较大。

桁架拱片的桁架段预制构件一般采用卧式预制，实腹段构件采用立式预制，故桁架段构件在离预制底座出坑之后和安装之前，需在拱出坑阶段由平卧状态转换到竖立状态。

② 箱形截面浇筑。

对高度不大、管道不多、浇筑难度较小的箱形截面，可采用两次成型的方法，即先浇底板和两侧壁，形成开口箱，然后再浇顶板，形成闭合箱。对高度很大、管道较多、钢筋密集的大型预制构件，可采用三次成型的方法，先浇底板，再浇两侧壁，最后浇顶板形成闭合箱。

③ 底模。

预制构件的底模，多采用浆砌土模，即底模四周用砖砌，再用土石填心，并适当加以夯实，顶面用水泥砂浆抹平，并涂以脱模剂或铺设隔离层。也有采用钢管支架上铺垫钢模作为底模的，侧模的内、外模均采用钢模，并用钢管支撑。

（3）构件移运。

① 脱模。构件脱模方式因预制场地不同而异。

② 移运。构件移运，除了常用的拖板滚筒运输、轨道平车运输和船运以外，还有托架滚筒运输，如图 10.46、10.47 所示。

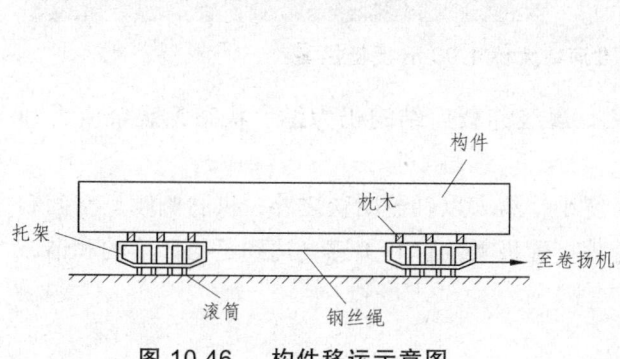 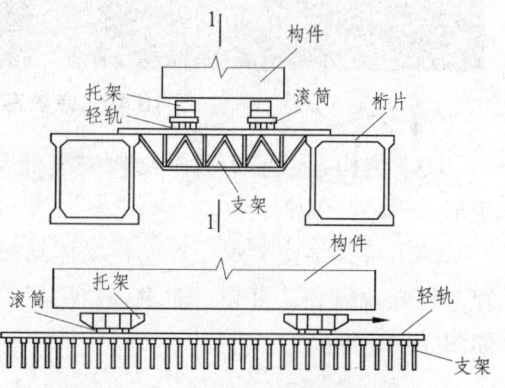

图 10.46　构件移运示意图　　　　图 10.47　临时支架移运构件图

10.1.2.3 提篮式拱桥施工

提篮式拱桥由于造型优美、承载能力大、稳定性好等优点,在高速铁路桥梁建设中得到了较为广泛的应用,如图 10.48 所示。

图 10.48 京沪高铁淮河特大桥 1-96 m 提篮拱

1. 提篮拱桥结构特点

(1)结构性能良好。通过建立全桥模型——吊杆交叉布置的尼尔森体系提篮拱和吊杆竖直布置的洪泽式提篮拱。

(2)桥梁横向刚度大、动力性能优。提篮拱通过拱肋形式的改变就可大幅度提高结构的刚度,如图 10.49 所示。

图 10.49 京沪高铁淮河特大桥 1-96 m 提篮拱

(3)结构超载能力强。结构安全储备大,逐级卸载后结构仍为弹性状态无残余应力和变形。

(4)桥式结构美观。提篮拱梁体结构高度小,给人以轻盈明快之感;拱肋侧倾呈空间布置,视觉效果好;直梁、曲拱、斜吊杆的合理搭配极具韵律和美感,达到了与环境的和谐,如图 10.50 所示。

图 10.50　宁杭高铁跨杭州绕城高速公路大桥

2. 施工工艺流程

安装支座→搭设临时支架并进行预压→浇筑系梁端部、端横梁及拱脚段→吊装系梁预制段及中横梁并湿接合龙→张拉系梁、横梁第一批预应力束→搭设拱肋支架并进行预压→吊装拱肋、风撑预制段并湿接合龙→拆除拱肋支架→安装吊杆并初张拉→拆除系梁支架→安装预制桥面板，浇筑铰缝混凝土→吊杆第二次张拉及张拉第二批系梁及横梁预应力束→浇筑桥面层及护栏→吊杆张拉至成桥索力→第三批系梁预应力束张拉压浆封锚。

3. 施工要点

（1）构件预制及运输。预制场地整平→测量放样→预制底座、模板制作→钢筋绑扎（预埋件设置）→模板安装→混凝土浇筑→养生。

（2）临时施工支架。支架局部采用贝雷梁与碗扣式脚手架，贝雷梁用吊机安装，脚手架由人工搭设，如图 10.51 所示。

图 10.51　提篮拱临时施工支架图

（3）系梁端部、拱脚段及端横梁浇筑（图 10.52、10.53）。

图 10.52　提篮拱模板图

图 10.53　拱脚施工图

（4）系梁及中横梁安装。系梁预制段如图 10.54 所示。

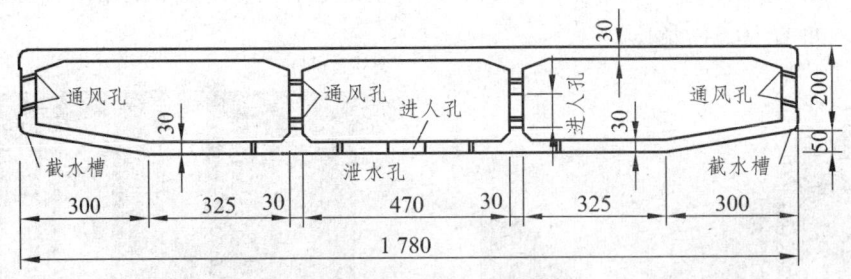

图 10.54　系梁横截面（单位：mm）

（5）预应力束张拉。

张拉工艺如下：千斤顶与配件装置顺序：安装工作锚板→夹片→限位板→千斤顶→工具锚→工具锚夹片。

施加预应力：两端同时向千斤顶张拉缸加油压至 $10\%\delta_k$ →测量伸长量→ $20\%\delta_k$ →测量伸长量→设计油压值→测量伸长量→做好张拉记录。

锚固：打开高压油泵截止阀，张拉油压缓慢降至零→活塞回程。

预应力管道压浆采用真空压浆机进行压浆，如图 10.55 所示。

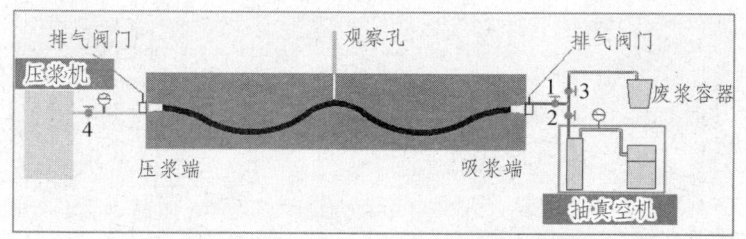

图 10.55 提篮拱预应力管道压浆示意图

（6）主拱肋钢管加工。拱结构采用工厂分节制造，分段吊装上桥的方法安装。

（7）搭设拱肋支架，安装拱肋。拱支架采用万能杆件搭设组合门式承重支架，如图 10.56、10.57 所示。

 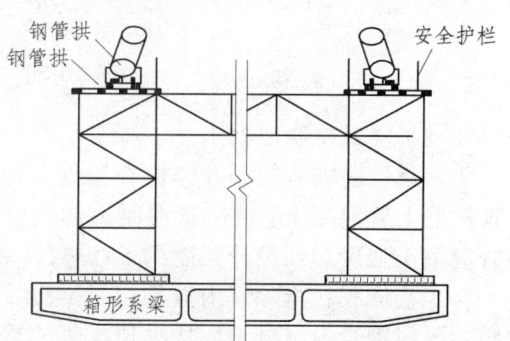

图 10.56 拱肋支架布置示意图

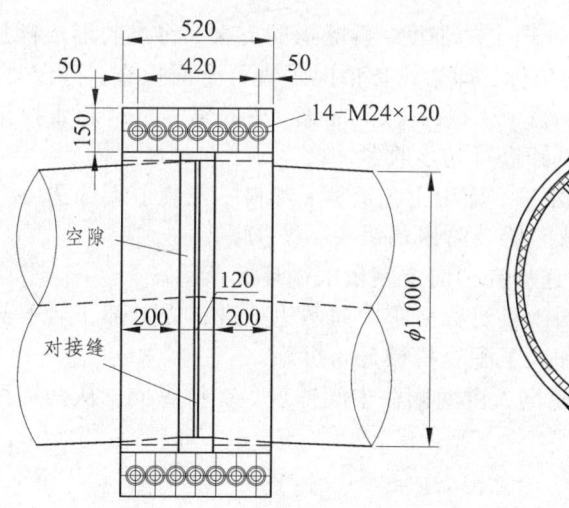 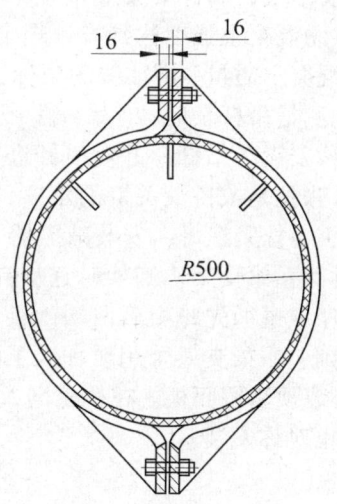

图 10.57 节段接头焊接前固定示意图（单位：mm）

合龙段的吊装步骤如下：吊装合龙段慢慢下放，将其稍稍倾斜；将合龙段旋转适当角度；移动合龙段到合适位置；移动合龙段到合适位置，如图 10.58 所示。

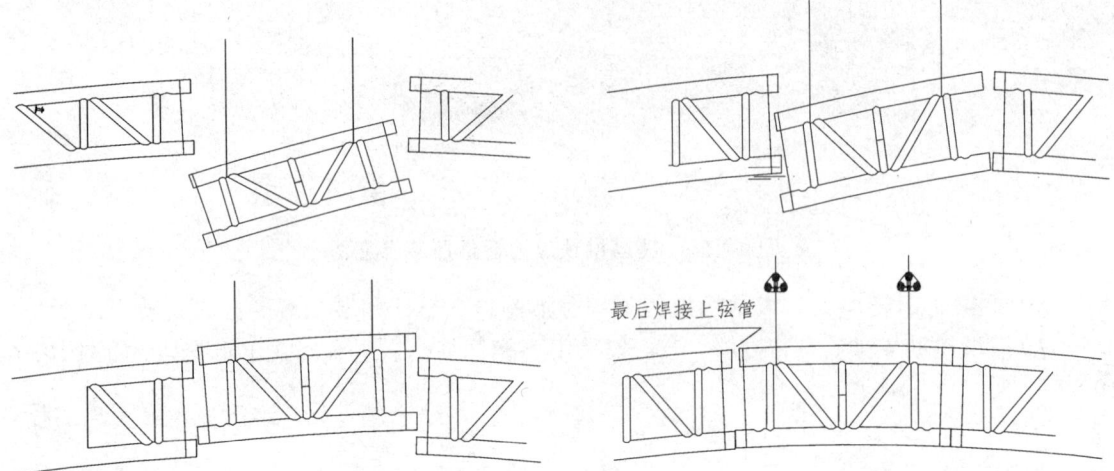

图 10.58 合龙段的吊装步骤图

（8）浇筑拱肋混凝土。

两条拱肋安装成型并经检查验收合格后，应尽快灌筑拱肋钢管内的混凝土。首先对称灌筑拱肋上管混凝土，待上管混凝土达到设计强度的 60% 时，对称灌筑拱肋下管混凝土，待下管混凝土强度达到设计强度的 60% 时，对称灌筑拱肋腹腔混凝土。

工艺流程：清除管内渣物→封拱脚、人工浇筑压注头以下区段混凝土→安设压注头和闸阀→压注钢管内混凝土→从拱顶排气（浆）孔振捣混凝土→关闭压注口处闸阀稳压→拆除闸阀完成混凝土压注。

（9）拱肋落架，吊杆安装及张拉。

① 等拱肋混凝土强度达到设计规定的强度，拆除拱肋支架，将拱肋形成裸拱结构。卸架前对拱肋的混凝土质量、拱轴线的坐标、卸架设备情况等进行全面检查，符合要求后可卸架。

② 准确测量吊杆长度，有吊杆生产厂家提供成品索，成品索需进行超张拉检验合格后方可安装。对称安设各吊杆，并对吊杆进行初步收紧。

③ 吊杆张拉是成桥最关键的工序，施工工艺流程：备料→安装下端锚头→牵引上端锚头→张拉上锚头→拧紧螺母→安装减振器及防水罩锚头→防护。

（10）拆除系梁支架，卸架时宜从跨中向支座依次循环卸落。

拆除顺序应遵循先跨中后两端，且对称由跨中向两边推进；先上部，后下部；先横向，后竖向的原则。系梁支架采用对称人工配合机械分跨拆除。

（11）安装预制桥面板。在桥横向，由两侧往中间铺设，在桥纵向，从两端往跨中对称进行，横桥向也对称安装。

任务 10.2　钢桥及组合桥梁施工

10.2.1　工作任务

郑州黄河公铁两用大桥是石家庄—武汉客运专线跨越郑州黄河上的一座特大桥，位于新建的京珠高速公路郑州黄河大桥上游约 6 km 处。公铁合建部分长 9 176.548 m，是世界上最长的公铁两用桥之一,主桥跨度为(120 + 5×168 + 120) + 5×120 = 1 680 m。主桥分两联布置。第一联采用 120 + 5×168 + 120 m 六塔单索面部分斜拉连续钢桁结合梁。第二联采用 120 + 3×120 + 120 m 连续钢桁结合梁。试学习相关配套知识后,完成钢桥及组合桥施工技术知识和能力目标学习要求。

10.2.2 相关配套知识

10.2.2.1 钢桥施工

钢桥是指桥梁上部结构采用钢材(钢板、型钢和高强度钢索)制成的桥梁结构。钢桥在我国铁路桥梁工程中占据着重要地位,从武汉长江大桥到天兴洲长江大桥、大胜关长江大桥,我国铁路钢桥水平进入世界前列。钢桥以其轻质、高强、美观、安装快速及适合大跨等优点,必将在铁路建设中发挥更大的作用。

1. 钢桥的应用及特点

钢桥常用于实腹梁桥及大跨度的桁架桥、拱桥、斜拉桥和悬索桥。目前世界上的大跨径桥梁大部分是钢桥,钢桥的主要优点是:

① 钢材具有较高的强度,因而采用的断面较小,占用的空间也小;

② 降低了上部结构自重,相应减小了下部结构的造价;

③ 可完全实现工业化的制造和拼装,上、下部结构可以同时施工,大幅度缩短了工期,加快了投资的回收;

④ 由于钢材具有匀质性、构件轻的特点,用悬臂施工法特别方便;

⑤ 可以方便地跨越比较大的跨径,节省施工时间与费用;

⑥ 钢材韧性好,有利于桥梁抗震;

⑦ 应用钢材建造的桥梁在拆除时可以重新回炉,重新冶炼,实现资源的回收利用。

钢桥的缺点:

① 钢构件易受侵蚀,易生锈,要经常涂油漆,养护费用较混凝土桥高;

② 钢构件全部预制,制作精度要求高;

③ 钢结构在高温下强度急速下降,应特别注意防火;

④ 用钢量大,造价较高。

2. 钢桥主要结构形式及构造

钢桥可以根据桥址条件建成各种结构形式,依据受力体系可分为:梁式桥、拱桥、刚构桥、斜拉桥、悬索桥和组合结构桥等,本任务仅介绍梁式钢桥。

根据主梁截面形式梁式钢桥又可分为钢板梁桥、钢桁梁桥和钢箱梁桥 3 种。一般来说,中小跨度钢桥钢板梁比较经济,而当跨度大于 40 m 时,常用钢桁梁,钢箱梁一般用于大跨度桥梁结构。

(1)钢桁梁。

① 钢桁梁的组成。

钢桁梁有上承式和下承式之分,铁路钢桁梁桥一般采用下承式。下面以下承式钢桁梁桥为例,说明钢桁梁桥的组成部分及各部分的作用。

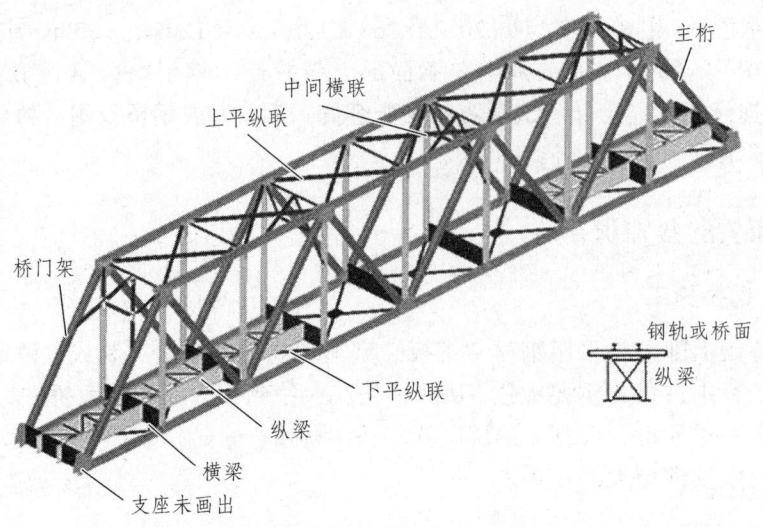

图 10.59 下承式简支钢桁梁

铁路梁桥常用的下承式钢桁梁一般由如下 6 部分组成：主桁架、联结系、桥面系、桥面、制动撑架及支座。

a. 主桁架。

主桁架是钢桁梁的主要承重结构，其作用是承受竖向荷载，将荷载通过支座传给墩台。主桁架由上、下弦杆和腹杆组成。腹杆又分为斜杆和竖杆 2 种，但有些桁架没有竖杆。竖杆视其受拉或受压又分为挂杆和立杆。杆件交汇的地方称为节点。有斜杆交汇的节点，受力及构造复杂，节点板尺寸也较大，一般称大节点。仅有竖杆与弦杆交汇的节点，受力及构造简单，节点板尺寸较小，称为小节点。大节点左右的弦杆，内力不等，截面不同，通常在节点中心或节点旁是断开的。小节点左右的弦杆，内力不等，截面相同，故弦杆在小节点处不必断开。节点间的距离称为节间。节间的长度一般也就是横梁的间距及纵梁的跨度。

b. 联结系。

联结系可分为纵向联结系和横向联结系，它的作用是使主桁架联结起来，使桥跨结构成为稳定的空间结构，能承受各种横向荷载。

纵向联结系设在主桁架的上下弦平面内，分别称为上部水平纵向联结系与下部水平纵向联结系（简称上平纵联和下平纵联）。纵向联结系的主要作用是承受作用于桥跨结构的横向水平荷载，例如：作用于主桁架、桥面系、桥面和列车上的横向风力、列车横向摇摆力及曲线桥上的离心力。纵向联结系的另一作用是在横向支撑弦杆，减少弦杆在主桁平面外的自由长度。此外平纵联对桥梁横向刚度和横向自振频率影响较大，高速铁路桥梁，必须特别注意纵向联结系的设置情况。

横向联结系设在桥跨结构的横向平面内，位于桥梁端部的称为端横梁，对于下承式钢桁梁桥叫通常称为桥门架；位于桥跨结构中部的称为中横联。桥门架设在主桁端斜杆平面内，中横联设在主桁竖杆平面内。主桁没有竖杆时，中桁联可设在主桁中斜杆平面内。中横联的间距一般不大于 2 个节间。中横联的作用是增加桥跨结构的抗扭刚度。当桥跨结构上受到不对称的竖向荷载和横向荷载时，中横联还可适当调节两片主桁或两片纵联的受力不均。

c. 桥面系。

桥面系包括纵梁、横梁和纵梁间的联结系。由桥面传来的荷载先作用于纵梁,由纵梁传至横梁,再由横梁传至主桁节点。纵梁的间距可以是 1.5~2.5 m,常规间距为 2.0 m。小于或大于 2.0 m 时应改用截面较小或较大的桥枕。

下承式桥的桥面系位于主桁的下弦平面,为了争取较小的建筑高度,下承式桥的纵梁与横梁布置在同一平面。上承式桥的桥面系位于主桁上弦平面,由于没有建筑高度限制,同时为了便于布置主桁的上部水平纵向联结系,上承式桥的纵梁一般搁在横梁顶上。

d. 桥面。

桥面是供车辆和行人行走的部分,桥面的形式在高速铁路桥梁中多采用正交异性板桥面或道砟桥面。

e. 制动横撑。

桥面系中的横梁是承受竖向荷载的构件。它的竖向抗弯刚度很大,纵向水平抗弯刚度小,承受纵梁传来的纵向水平制动力时刚度不足,如图 10.60(a)所示。为了不让制动力作用在横梁上,在与桥面系相邻的平纵联内尚应设置承受制动力的制动横撑,如图 10.60(b)所示,将作用于横梁上的制动力通过制动横撑传至主桁,再经由主桁传给支座。对于跨度不超过 48 m 的梁,允许不设制动横撑。

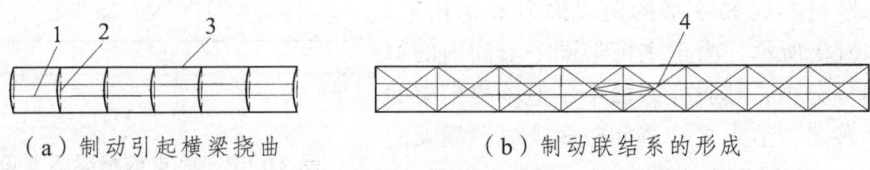

(a)制动引起横梁挠曲　　(b)制动联结系的形成

1—纵梁;2—横梁;3—桁架弦杆;4—制动横撑

图 10.60　制动联结体系

② 钢桁梁主桁架的分类。

主桁架是钢桁梁桥的主要组成部分,根据腹杆几何图形的不同,主桁架常见的几何图式可归纳为四种基本类型,如图 10.61 所示。选择主桁架图式的原则可按照结构经济、构造简单、有利于标准化和便于制造安装。下面对其进行简要介绍。

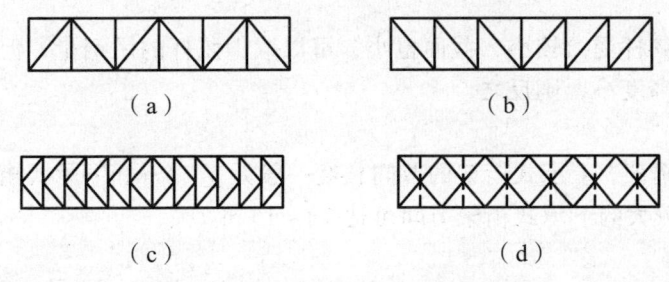

图 10.61　主桁架的主要类型

a. 三角形桁架。

有斜腹杆与弦杆组成等腰三角形的桁架称为三角形桁架,如图 10.61(a)所示。它是目前世界上应用最广的一种桁架式样,适用于各类跨度的桥梁,其主要优点是:弦杆的规格和有斜杆交汇的大节点的个数较少；支撑横梁的竖杆只承受局部荷载，内力很小，截面相同；不支撑横梁的竖杆只起支撑弦杆的作用，内力为零，有时可省去。节间较小的三角形桁架也可不带竖杆。节间太大的三角形桁架，为避免纵梁太长，可用节间再分的方法减小纵梁的支撑跨度。

三角形桁架构造是我国铁路中等跨度（$L=48\sim80$ m）下承式栓焊桁梁桥标准设计采用的形式，如图 10.62 所示。我国高速铁路桥梁中一般采用无竖杆或有竖杆的三角形主桁结构。

b. 斜杆形桁架。

相邻斜杆互相平行的桁架称为斜杆形桁架，如图 10.61（b）所示。它与三角桁架相比，其弦杆规格多，每个节间都有变化，竖杆不仅规模多，而且内力大，所有节点都有斜杆交汇，均为大节点，在构造及用钢量方面都不及三角形桁架优越，目前已很少采用这种桁式。

c. K 形桁架。

斜杆与竖杆构成 K 字形的桁架称为 K 形桁架，如图 10.61（c）所示。由于主桁架同一节间内的剪力由两根斜杆分担，其斜杆截面小，但该类桁架的杆件规格品种多，节点多，节间较短，纵、横梁的件数和连接较多，用于中小跨度时，构造显得复杂，偶尔在大跨度桥上采用。但 K 形桁架具有杆件短小，轻便的优点，故适宜于装拆式桥梁。

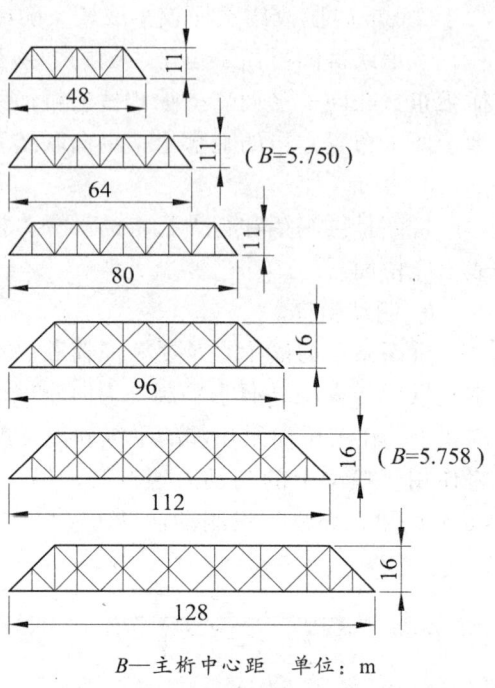

B—主桁中心距　单位：m

图 10.62　简支钢桁梁标准设计图示

d. 双重腹杆形桁架。

双重腹杆形桁架是由两个不带竖杆的三角形桁架叠合而成，如图 10.61（d）所示。

③ 主桁架的主要尺寸。

钢桁梁桥主桁架的主要尺寸包括：桁架高度、节间长度、斜杆倾角和两片（多片）主桁架的中心距。这些尺寸拟定将直接决定钢桁梁的技术经济指标。

a. 桁架高度。

桁架高度大，弦杆受力较小，截面也小，可以减少弦杆的用钢量，但腹杆增长，用钢量会有所增加；桁架高度小，则反之。

b. 节间长度。

中、小跨径的桁架，上承式桁架的节间长度一般为 3~6 m，下承式桁架的节间长度一般为 6~10 m，跨径较大的下承式桁架节间可达 12~15 m。

c. 斜杆倾角。

倾角过小，腹杆数少，但腹杆长度增大，内力较大；倾角过大，腹杆内力小，但腹杆数量增多。

d. 主桁架中心距。

下承式钢桁梁桥的主桁中心距应满足桥梁建筑限界的要求。上承式钢桁梁桥的主桁中心距要考虑横向倾覆稳定性的要求，抗倾覆稳定安全系数不得小于 1.3。

(2)钢板梁。

钢板梁桥是指由钢板或型钢等通过焊接、螺栓或铆钉等连接而成的工字形实腹式钢梁作为主要承重结构的桥梁。钢板梁桥是中小跨径桥梁最常用的钢桥形式,同时也是构成其他形式钢桥构件的一部分。

钢板梁桥的主梁通常采用工字钢、H型钢、焊接工形梁等结构形式,主梁与主梁之间采用横梁和纵梁相连形成整体受力结构。钢板梁分为上承式和下承式2种,上承式钢板梁的桥面位于主梁之上,两主梁间距小,用钢量较小,故使用较为广泛,下承式钢板梁适用于桥下净空受限制的情况。

① 上承式钢板梁。

上承式钢板梁构造简单,如图10.63(a)所示。

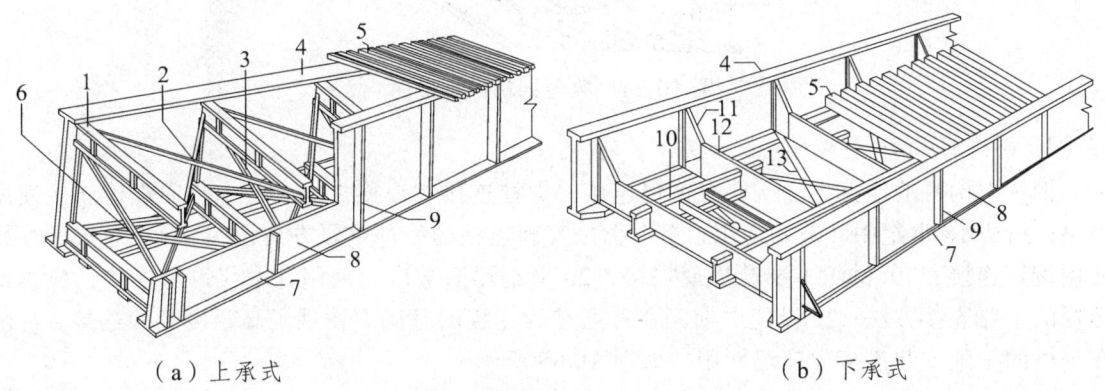

(a)上承式　　　　　　　　　　　(b)下承式

1—端横联;2—上平纵联;3—下平纵联;4—上翼缘;5—桥枕;6—中横联;7—下翼缘;8—腹板;
9—加劲肋;10—纵梁;11—肮板;12—横梁;13—下平纵联

图10.63　钢板梁

钢板梁的主梁是两片工字形截面的板梁,是主要承重结构,两主梁的中心距离为2 m。为了使两片主梁形成稳定的空间结构并承受横向水平力,在两片主梁间设置联系杆件。上侧杆件与主梁的上翼缘组成一个水平桁架,称为上水平纵向联结系(简称上平纵联);下侧的则称为下平纵联。在两片主梁间还设有竖向交叉杆,为上下横撑及主梁的加劲肋组成一个横向联结系,简称横联。位于主梁中间的称为中横联,位于两端者称为端横联,联结系构件采用角钢或槽钢。

② 下承式钢板梁。

下承式钢板梁的桥面铺设在纵梁上,纵梁由横梁支承,横梁又由主梁支承,图10.63(b)所示。

下承式钢板梁的缺点为:桥面系复杂、用料多、制造费工;宽度大,无法整孔运送,增加了装运和架梁的工作量。

(3)钢箱梁。

钢箱梁桥指其主梁为薄壁闭合截面形式的钢梁桥,当桥梁结构跨径较大(大于60 m)时,采用钢箱梁比钢板梁经济合理。钢箱梁是随着高强度钢材和焊接技术在桥梁上的应用以及薄壁结构计算理论的发展于20世纪50年代以来发展起来的。钢箱梁在一定跨度范围内比钢桁梁和钢板梁节省钢材数量达10%~20%;抗扭刚度和横向刚度较大,钢箱梁的截面形式有矩形及梯形两类。

钢箱梁一般由顶板（桥面板）、腹板、底板、纵横向加劲肋和横隔板构成，见图10.64。钢箱梁的顶板下缘焊有纵横向加劲肋，形成正交异性板，所谓正交异性板是指加劲肋垂直相交，但因加劲肋间距、刚度等参数不同，其力学性能在顺桥向、横桥向有很大的差异的肋板。

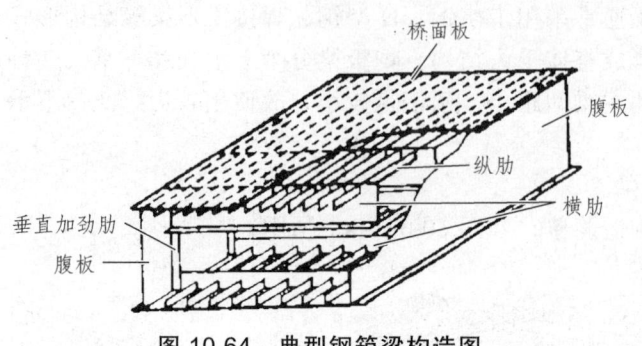

图 10.64　典型钢箱梁构造图

3. 钢桥的连接

钢桥中构件的连接方法主要有铆钉连接、螺栓连接和焊接 3 类。其中普通螺栓连接使用最早，约从 18 世纪中叶开始使用，至今仍是安装连接的一种重要方法；19 世纪 20 年代开始使用铆钉连接；19 世纪下半叶出现焊接，20 世纪逐渐被广泛使用并取代铆钉连接，成为钢结构的主要连接方法；20 世纪中期又在普通螺栓连接的基础上发展了高强度螺栓连接，目前在钢桥的工地安装连接中广泛使用，如图 10.65 所示。

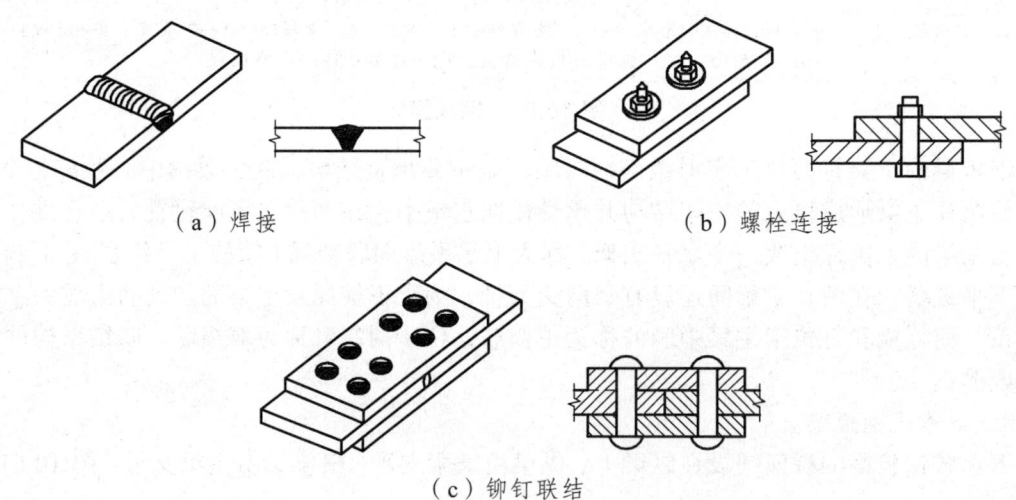

图 10.65　钢桥连接类型

（1）焊接。

焊接是现代钢桥最主要的连接方法，焊接的优点是对钢材从任何方位、角度和形状相交都能方便使用，一般不需要附加连接板、连接角钢等零件，也不需要在钢材上开孔，不使截面受削弱。因此它的构造简单、节省钢材、制造方便，并易于采用自动化操作，生产效率高。此外，焊接结构的刚度较大，密封性较好。

焊接的缺点是：

焊缝附近钢材因焊接的高温作用而形成热影响区，其金相组织和机械性能发生变化，某些部位材质变脆；焊接过程中钢材受到不均匀的高温和冷却，使结构产生焊接残余应力和残余变形，影响结构的承载力、刚度和使用性能；焊缝可能出现气孔、夹渣、咬边、弧坑裂纹、根部收缩、接头不良等影响结构疲劳强度的缺陷。因此，与高强度螺栓和铆钉连接相比，焊接的塑性和韧性较差，脆性较大，疲劳强度较低。

此外，工地焊接的拼装定位和操作较麻烦，通常需要用螺栓或销钉定位和临时固定，焊接后拆除；而且工地焊接操作空间和焊接姿势往往受到限制，焊接作业和质量检验、检查困难，质量不易控制。因此，构件间的工地现场安装连接常常采用高强螺栓连接，或设安装螺栓定位后再焊接。

（2）螺栓连接。

螺栓连接可分为普通螺栓连接和高强度螺栓连接。普通螺栓用普通扳手拧紧，通过螺杆承受剪力和杆件孔壁承受压力或者螺杆受拉来传力；高强度螺栓则用高强度钢材制成并经热处理，用特制的、能控制扭矩或螺栓拉力的扳手拧紧，使螺栓有较高的规定预拉力值，相应地把被连接的板件高度夹紧，使部件接触面间产生很大的摩擦力，主要通过摩擦力或者板件间的预压力来传力。

普通螺栓和高强度螺栓连接的优点是安装方便，特别适用于工地安装连接。普通螺栓也便于拆卸，适用于需要装拆的结构连接和临时性连接。高强螺栓不仅安装方便，而且具有强度高、对螺栓孔加工精度要求较低、连接构件间不易产生滑动、刚度大等优点，适合构件间的工地现场安装连接。螺栓连接的缺点是需要在板件上开孔和拼装时对孔，增加制造工作量；螺栓孔还使构件截面削弱，且被连接的板件需要互相搭接或另加角钢或拼接板等连接件，因而多费钢材。

（3）铆钉连接。

铆钉连接在受力和设计上与普通螺栓连接类似，目前已被焊接或高强度螺栓连接取代。

4. 钢桥的制造与安装

钢桥施工一般由两个阶段组成，即先在工厂将钢材加工制造成构件，再运往桥位工地进行架设安装。

（1）钢桥构件的制作。

钢桥构件的制作主要包括下列工艺过程：钢材矫正清理、放样、加工切割、再矫正、制孔、边缘加工、组装、焊接（或铆接）、构件矫正、栓接摩擦面加工、试拼装、除锈涂漆、包装发送等。

（2）钢梁架设基本作业。

钢梁架设的基本作业包括：钢梁构件的进场验收、存储、预拼、栓合、顶落梁、墩面移梁、临时支座设置和钢梁定位及支座安装等。

① 钢梁进场验收。

杆件进场后，对进场杆件和制造厂提供的技术资料按照设计文件和《铁路钢桥制造规范》进行质量检查。

② 构件存储。

钢梁构件从工厂运到工地后，在拼装之前应有供存储用的场地，该场地的位置应尽可能接近桥址，其面积可根据构件大小、数量、存放时间、装卸机具等确定。一般可按每吨钢材堆存面积 $1 \sim 2 \ m^2$ 考虑。场地四周应排水良好，并位于汛期水位以上。

杆件存放要区别种类及拼装顺序，绘制杆件存放图，按图上位置堆放整齐，杆件放于枕木或混凝土垫块上，与地面保持 $10 \sim 25 \ cm$ 的距离，支垫地面应有足够承载力。

节点板和小部件也应分类堆放整齐，便于选用，高强度螺栓等易锈部件，要分出规格存入库房内。

③ 构件预拼。

预拼工作一般都在台座上进行。预拼台座大都按上弦、下弦、竖杆、纵梁、横梁、联结系等分别设置。台座结构为钢马凳、浆砌片石垛或混凝土垛等。

④ 钢梁组拼。

a. 拼装。

拼装时由吊机将预拼好的杆件按拼架顺序的先后吊放到拼装台上进行拼装。拼装开始后须随时观测钢梁平、立面位置，并及时调整平立面位置及拱度。主桁节点螺栓终拧前，需将冲钉全部换为螺栓并达到初拧程度。在钢梁拼装过程中，应随时测量钢梁中线、水平、拱度等偏差值并采取措施使之保持在允许范围内。

竖向分层拼装，在安装底盘前，可在拼装脚手架上测设钢梁中线及桁架下弦外侧边线及各横梁中线，安装横梁和下弦时只需在横梁两端和下弦外侧挂线对位即可。

b. 栓合。

高强度螺栓通过拧紧螺帽，使栓杆中产生很大的预拉力。这样板束间产生很大的预压力。高强螺栓连接传力时，在接触面上产生很大的摩擦力抵抗板束间的滑动。一般通过施拧扳手采用扭矩法或扭角法栓合。高强螺栓的栓合工具宜选用同时适用于初拧和终拧的工具，为保证栓合质量，扳手应随时标定。

⑤ 支座安装。

墩台顶面的准备工作：为使支座与墩顶密贴接触，可将支承垫石顶面凿平至低于设计高程 $20 \sim 30 \ mm$，以便铺设砂浆调整高低，同时应复测墩顶上预留的锚栓孔位置，修凿整理后完全符合设计要求。

5. 钢桥施工方法简介

钢桥的施工方法类型有很多，下面结合高速铁路钢桥的施工特点简要介绍悬臂拼装法、拖拉法、顶推法等钢桥架设方法。

（1）悬臂拼装法。

悬臂法架设钢梁是在桥位上不用临时脚手架支撑，而是将杆件依次悬拼至另一墩（台）上。悬拼一孔中未设临时支墩的叫全悬臂拼装。若在桥孔中设置 1 个或 1 个以上的临时支墩的叫半悬臂拼装。

其特点是不受桥渡水文条件、通航、流水、墩高和季节的限制，而且其专用辅助结构和辅助设备费用较少。在悬臂拼装期间，桥梁施工人员对桥渡区段自然环境的干扰也较少。以下情况适宜采用悬臂法架设钢梁：跨径大、桥高、通航河流水深流急；有流冰或有较多木排的河流；钢梁的结构图式有利于悬臂架设的，如连续桁梁、悬臂桁梁以及多孔简支桁梁等。

悬臂拼装、半悬臂拼装和双向对称平衡拼装是钢桁桥建造的主要方法。

（2）拖拉法架设钢梁。

① 半悬臂纵向拖拉。

根据被拖拉桥跨结构杆件的受力情况和结构本身稳定的要求，在拖拉过程中有时需要在永久性的墩（台）之间设置临时性的中间墩架，以承托被拖拉的桥跨结构，如图10.66所示。

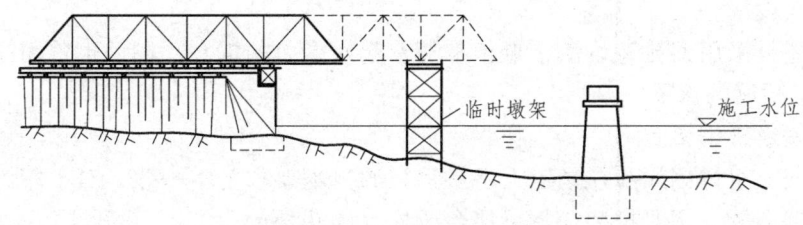

图10.66　半悬臂拖拉架梁

② 全悬臂纵向拖拉。

全悬臂纵向拖拉架梁法，是在桥孔内不设任何形式的临时支架，直接将桥梁拖至前方墩台上。它多用于桥位较高或桥下水流湍急处。

为了保证纵向拖拉时的稳定性（纵向抗倾覆稳定系数1.3）和降低桥梁杆件的内力，全悬臂拖拉时，常采用如图10.67所示带导梁的形式，导梁长度一般取主梁的1/6~1/4，多采用现成的板梁、桁梁或万能杆件组拼而成。

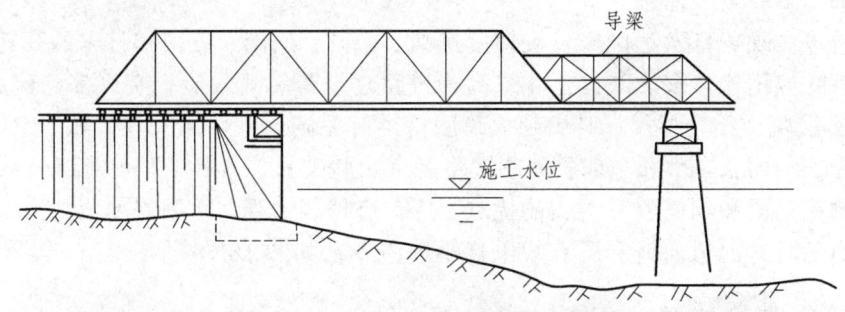

图10.67　带导梁的全悬臂拖拉架梁

（3）顶推法架设钢梁。

改变拖拉法的施力设备和滑动装置即构成了顶推法，该法在水深桥高以及高架道路等情况下，可省去大量施工脚手架，不中断桥下现有交通，临时设备费用比较少，能够多次循环使用，高空作业少，施工安全可靠，可以使用简单的设备建造多跨长桥。

推顶法的主要工作内容是：在沿桥纵轴的路基或墩架上拼组钢梁，然后用固定在桥台上的千斤顶通过临时安装在梁身上的拉条，向桥位上顶推梁体使之在桥墩台顶上滑动（不用拉条，而用千斤顶直接在梁体后推顶亦可）推顶一段后，用预先布置在桥台顶上的千斤顶，将梁顶起，更换滑板的位置，继续推顶，直至全梁到达正式桥位后，落梁就位。

（4）浮运法架设钢梁。

浮运施工是在桥位下游侧的岸上将钢梁拼铆（或栓合）成整孔后，利用码头把钢梁滚移到浮船上，再浮运至预定架设的桥孔上落梁就位。

浮运支承主要由浮船、船上支架、浮船加固桁架以及各种系缚工具组成。

浮运前应做好浮运系统的试验工作，如浮船隔舱的水密性试验，必须保证不漏水；探测浮运经过的河道，充分掌握河床情况，以防浮运时搁浅；其他如锚碇、地垄、绞车、支座、将军校等，在条件许可时，均需进行强度试验，并核定压舱水数量及抽水设备的能力。

（5）转体架设法。

与拱桥转体施工法的原理一样，也有平转和立转架梁的实例。

（6）整孔架设。

各类钢桥还可采用整孔架设法，近年来随着起重能力的提高，国外也曾用浮吊整孔架设重达 35 000 kN 桥梁的例子。

（7）支架法组拼钢梁。

在满布支架上组拼钢梁和在场地上组拼钢梁的技术要求基本一致，其工序可分为杆件预拼、场地及支架布置、钢梁拼装、钢梁铆合或栓合等几部分。

10.2.2.2 结合梁桥施工

结合梁桥是指在梁的受压区采用混凝土（钢筋混凝土板、预应力混凝土板）、受拉区采用钢梁（钢板梁、钢箱梁、钢桁梁）通过剪力连接件结合成组合截面共同受力、变形协调的一种复合式梁，又称为叠合梁。结合梁桥中采用最多的是简支梁桥结构形式，因为简支梁的上缘受压、下缘受拉，最符合结合梁材料分布的合理原则，即梁上翼缘应是适宜受压的混凝土板，下缘是利于受拉的钢梁。随着结合梁技术的不断发展，其使用范围已扩展到连续梁桥、拱桥和斜拉桥等多种复杂体系。

结合梁技术在欧美日发达国家发展速度迅猛，德国、法国、英国和日本的高速铁路上钢-混凝土结合桥的应用比较多。我国近年来高速铁路建设跨越式发展，有许多已建成和正在设计、建造的钢-混凝土结合桥梁，其中超大跨度桥梁有芜湖公铁两用长江大桥、武广客运专线武汉天兴洲公铁两用长江大桥、京沪高速铁路南京大胜关长江大桥、郑州黄河公铁两用桥等。

结合梁兼具钢梁和钢筋混凝土梁的优点，具有跨越能力强、适用跨度范围广、耐久性好、结构美观、施工时对河道通航和既有线干扰小等优点，如图 10.68 所示。

图 10.68 德国某结合梁桥图

1. 钢-混凝土结合梁的特点

（1）与钢桥相比。

① 抗疲劳性好：结合梁的恒载较大，截面惯性矩大，应力幅度小；

② 增加了刚度：在同等梁高的情况下，结合梁比钢梁的刚度高；
③ 缓解冲击：桥面板混凝土和道砟可以起到缓冲列车活载的冲击作用；
④ 节省钢材：由于桥面板混凝土参与受力，钢材用量可以比普通钢梁节省 10%~20%。
⑤ 噪声小。

（2）与混凝土桥相比。
① 质量轻：与全截面的钢筋混凝土桥梁相比，结合梁要轻盈许多；
② 强度高、承载力高：与同截面的钢筋混凝土梁相比，结合梁的受力性能要好；
③ 增强结构的延性和抗震性能：由于受拉区是钢结构，延性和抗震性能好；
④ 施工方便：钢梁架设可以采用施工方便和周期短的方法施工。

2. 钢-混结合梁形式和构造

（1）钢-混结合梁的类型。

钢-混结合梁按照钢梁的不同，可分为钢板结合梁桥、钢箱结合梁桥和钢桁结合梁桥，其特点见表 10.1。

表 10.1 结合梁特点

序号	名 称	形 式	特 点
1	钢板结合梁桥	钢板梁＋混凝土桥面板	抗弯刚度增大
2	钢箱结合梁桥	闭截面钢箱梁＋混凝土桥面板； 槽型截面钢箱梁＋混凝土桥面板； 波折钢腹板＋混凝土上下翼缘板	抗弯、抗扭刚度增大，顶钢板未充分利用； 省去顶钢板，施工难度加大； 自重减轻，预应力能有效施加
3	钢桁结合梁桥	钢桁架梁＋混凝土桥面板； 钢桁架腹杆＋混凝土上下翼缘板； 桥面系纵横梁＋混凝土桥面板	抗弯刚度增大，连接件设置较困难； 省去上下弦杆，施工难度加大； 提高结构刚度，降低建筑高度

① 钢板结合梁桥。

最常见的钢板结合梁桥，是通过使用连接件把钢板梁与混凝土桥面板加以组合，抗弯刚度能够大幅度提高，减小梁高，增大跨径。

图 10.69 法国某钢板结合梁桥图

② 钢箱结合梁桥。

闭合截面结合箱梁桥主要是用混凝土桥面板承担上缘压应力。

③ 钢桁结合梁桥。

钢桁结合梁桥可分为上承式钢桁梁结合梁桥和下承式钢桁结合梁桥。

下承式钢桁梁-混凝土板结合桥梁中，按照钢桁梁桥面系形式及其与混凝土桥面板的结合方式，可分为如下几种类型：

a. 下承式纵横梁体系钢桁梁-混凝土道砟板结合桥梁；

b. 下承式多（密布）横梁体系钢桁梁-混凝土整体桥面结合桥梁；

c. 下承式正交异性整体钢桥面钢桁梁-混凝土道砟板结合桥梁。

（2）钢-混结合梁的构造组成

结合梁桥承重结构主要有三部分组成：钢梁、混凝土板、剪力连接件，下面分别介绍。

① 钢梁。结合梁桥所采用的钢梁一般为钢板梁、钢桁梁和钢箱梁，由于上节已介绍，本节不再详述。

② 混凝土桥面板。高速铁路桥梁混凝土桥面板多采用现浇混凝土板，也可预制，参见钢筋混凝土桥部分内容。

③ 剪力连接件。钢与混凝土结合桥梁的力学性能不仅受到自身材料性质的影响，结合面构造措施及其性能也对结合梁桥的力学性质和使用功能有重要影响。按照刚度来分类有刚性连接、弹性连接、柔性连接及刚度滞后连接。下面按连接件的形式来简要介绍剪力连接件的构造。

a. 接在钢板上的螺纹钢筋能够承担钢与混凝土间的剪力，称为钢筋连接件，如图10.70所示，分别是用弯起钢筋、轮形钢筋和螺旋钢筋作为连接的钢筋连接件。

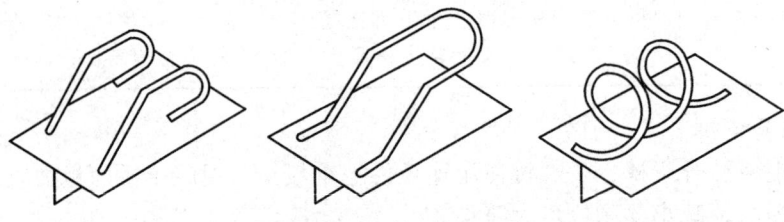

图 10.70　钢筋连接件

b. 型钢连接件。型钢连接件通常采用贴角焊缝焊接在钢板上，焊接量很大，钢板上会产生较大的应变。把钢筋焊在型钢上使用的场合比较多，这样可以增大延性，加强两者间的结合，如图10.71所示。

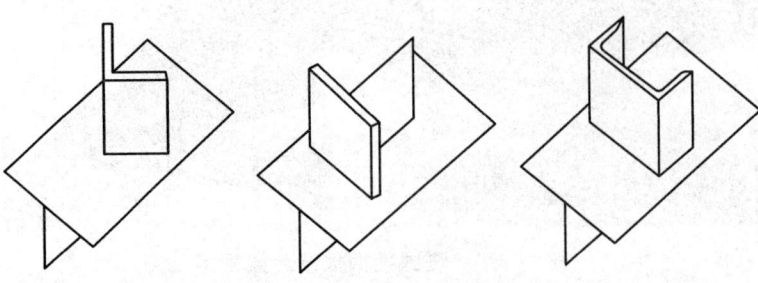

图 10.71　型钢连接件

c. 圆柱头焊钉连接件。圆柱头焊钉连接件在结合梁中被广泛采用。另外，焊顶连接件使用的是专用焊接机，不需要很高的操作技术，焊接施工方便，质量容易保证，如图 10.72 所示。

d. 开孔钢板连接件。开孔钢板连接件是由德国开发，依据钢板圆孔中的混凝土承担钢与混凝土间的作用力的新型连接件，如图 10.73 所示。它与沿着钢梁横向设置的开孔钢板不同，是沿着钢梁纵向布置，依靠圆孔中的混凝土加强两者间的连接。与焊钉连接件相比，其抗剪刚度与抗疲劳性能都有所提高。钢板的圆孔可以贯穿主钢筋，进一步提高承载性能而不影响钢筋的布置。

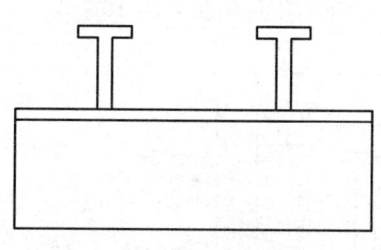

图 10.72　圆柱头连接件

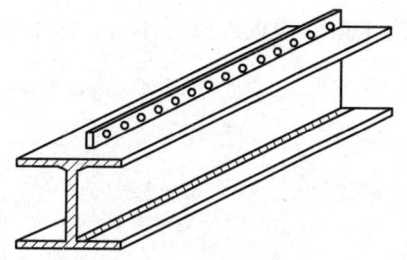

图 10.73　开孔钢板连接件

3. 钢-混结合梁施工

（1）钢梁的制造和架设。

高速铁路结合梁一般采用圆柱头连接件：

外观检查应观察栓钉的熔化长度，焊缝饱满度、焊缝宽度、高度以及栓钉与底金属结合程度，如图 10.74 所示。

对焊接栓钉应进行锤击 30° 弯曲试验，其焊缝和热影响区没有肉眼可见的裂缝，如图 10.75 所示。

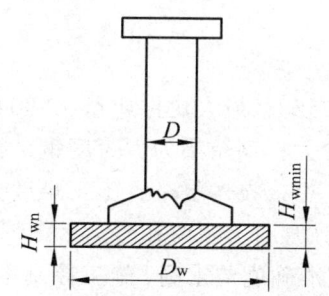

H_{wn}—焊缝沿栓钉轴线方向的平均高度；
H_{wmin}—焊缝沿栓钉轴线方向的最小高度；
D_w—焊缝平均直径；D—栓钉直径

图 10.74　外观检查

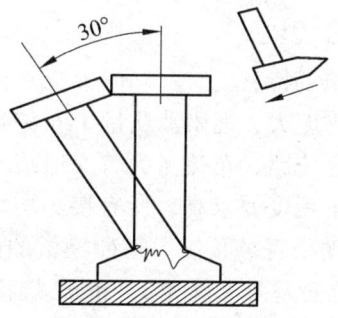

图 10.75　锤击试验

钢-混结合梁中钢梁的架设可参考钢桥施工内容进行，本部分不再详细介绍。

（2）混凝土板施工。

钢-混结合梁的混凝土桥面板可采用现场浇筑和工厂预制 2 种。结合梁混凝土桥面板施工与普通钢筋混凝土梁桥的桥面板施工基本相同。

拓展知识　成都北编组站大跨结合梁施工案例

1. 工程概况

跨绕城高速公路立交特大桥是新建成都北编组站的控制工程,全桥长 889.22 m,桥跨布置为 21×24 m + 2×48 m + 10×24 m,其中在跨越绕城高速公路处采用 2 孔 48 m 结合梁。单孔结合梁全长 49.1 m,净跨 48 m,钢梁高 3.648 m、宽 2.9 m、道砟槽顶宽 3.9 m、结合梁总高 4.193 m。结合梁的钢梁部分采用焊接槽形结构,分为上下两层,沿跨长方向分成 5 段。钢梁上、下层之间设有中翼,所有接头均用高强度螺栓拼接。钢箱梁上部为 C50 钢筋混凝土道砟槽板,待钢梁、钢筋混凝土道砟槽板连成一体后,即组成闭口箱形结构。结合梁横截面见图 10.76。

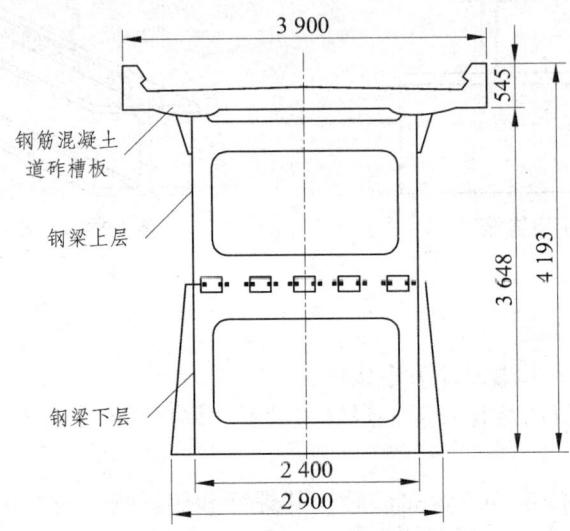

图 10.76　48 m 结合梁横截面

2. 总体施工方案

(1) 本桥施工特点。

本结合梁跨度大,钢梁总质量 126.174 t,分段质量 25.255 t,最大块件质量 12.904 t;桥梁跨越绕城高速公路,车流量大,交通疏解复杂,安全风险大;钢箱梁为大跨度钢结构,断面尺寸大,加工精度要求高;所有接头均用高强螺栓拼接,拼接技术复杂,施工难度大;钢筋混凝土道砟槽板现场预制,道砟槽板的高强螺栓(传递剪力用)预留孔多达 88 个,而且钢筋密集,孔位偏差要求仅为 1.5 mm,螺栓处平整度和孔位准确度要求高,施工控制难度大。

(2) 施工方案。

结合梁的钢梁部分委托桥梁厂负责制造,钢筋混凝土道砟槽板现场预制。

针对跨越绕城高速公路不能中断交通的问题,经过多种支架方案比选,决定在钢梁拼接缝位置架设临时支墩和操作平台。现场采用碗扣式脚手架配合八三式军用墩组成支撑体系,以满足高速公路正常行车要求,采用汽车吊配合人工进行结合梁拼装。

3. 主要施工工艺和施工方法

(1) 钢筋混凝土道砟槽板预制。

① 模板加工时精度控制。

以施工设计图为依据绘制模板详图，做出各种型号道砟槽板的预留孔样板，利用样板在钢板上冲出钉孔位置，然后在工作台上根据冲点位置用钻孔机逐个钻孔，再利用游标片尺逐个检查预留孔的孔间距和排距，要求孔位偏差≤1 mm。

② 预埋焊接钢管的安装精度控制。

根据设计，槽板在对应于高强螺栓连接器的位置设直径 ϕ28 mm 焊接钢管（YB242-63），再用 ϕ4 mm 钢筋做成的螺旋圈套在钢管外。安装过程中采用 ϕ22 mm 钢筋外加 PVC 套管两端固定焊接钢管的方法，高强螺栓预留孔定位示意详见图 10.77。

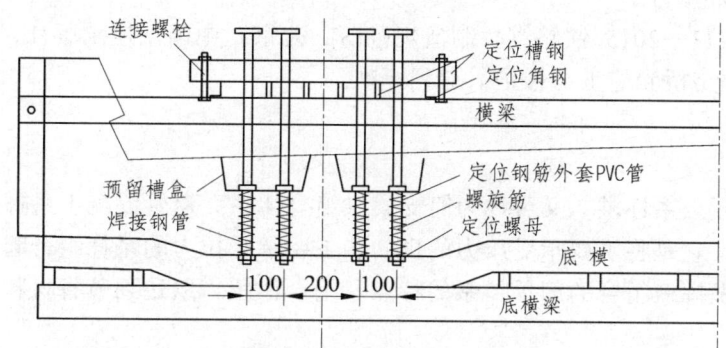

图 10.77 道砟槽板高强螺栓预留孔定位示意（单位：mm）

③ 混凝土浇筑后孔位检查。

所有预埋件安装完毕，经检查合格后，进行道砟槽板混凝土浇筑。

（2）钢梁梁段拼装。

钢梁拼装包括梁段上下层之间拼装和梁段之间拼装。钢梁梁段上下层之间拼装顺序为：中翼缘、横联腹板、加劲肋。钢梁梁段之间拼装顺序为：下翼板、下层腹板、中翼缘板、上层腹板。

（3）临时支撑体系落架。

钢梁拼接高强螺栓检测合格后，即可采用 M20 砂浆灌注梁底支座锚栓孔。砂浆达到设计强度后进行支架落架，取出钢梁梁底的枕木垛，使支座承受钢梁自身的荷载，并准备钢筋混凝土道砟槽板的安装。

拓展知识 钢拱桥施工过程中的测量工作

（1）中心线、高程、挠度和节间平面对角线尺寸的测量，每拼装 1 个节间测量 1 次。测量工作应在无风状况下、日出前或阴天进行，测量时吊机应暂停工作。

（2）横断面测量，每孔跨中测一断面。

（3）高程测量，包括桥墩上正式支座和临时支座、支架支点高程等。

（4）每架完一孔应及时对所有已架钢梁各节点拱度进行测量。

（5）应设置高程及中线观测点，定时对架设过程中吊索塔架竖向变形、水平位移和钢梁变位等因素进行监测，及时调整。必要时还应对支架杆件内力进行监测，确保安全。

相关规范、规程与标准

[1] Q/CR 9603—2015 高铁桥涵工程施工技术规程[S]. 北京：中国铁道出版社，2010.

[2] TZ 3275—2011 铁路混凝土[S]. 北京：中国铁道出版社，2011.

[3] TB 10752—2010 高速铁路桥涵工程施工质量验收标准[S]. 北京：中国铁道出版社，2010.

[4] 铁总建设[2013]52号 铁路混凝土工程施工技术指南[S]. 北京：中国铁道出版社，2013（2013年局部修订版）

[5] Q/CR 9211—2015 铁路钢桥制造规范[S]. 北京：中国铁道出版社，2015.

[6] 《高速铁路桥涵施工与维护》课程标准.

项目小结

（1）钢管混凝土系杆拱，又可称为简支梁拱组合体系。钢管混凝土系杆拱是一种无推力的拱式组合体系，它是将主要承受压力的拱肋和主要承受拉力的系杆组合起来，共同承受荷载，这样就充分发挥被组合的简单体系的特点及组合作用，以达到节省材料和降低对地基要求的目的。

（2）钢管混凝土系杆拱桥根据拱肋和系杆相对刚度的不同，分为柔性系杆刚性拱、刚性系杆柔性拱、刚性系杆刚性拱。

（3）钢拱拼装方式根据桥跨布置可采用吊索塔架单悬臂拼装、水平索辅助双悬臂拼装。

（4）钢梁桥的主要类型有钢板梁、钢箱梁、钢桁梁，其中钢箱梁及钢桁梁适用于各类桥梁结构，尤其是大跨度桥梁结构。

（5）采用桁架悬臂法架设钢桁式组合拱桥，悬拼工艺流程中最主要的是：按照设计的悬拼加载程序，悬拼工艺成功的三要素是：吊得起、拉得住、锚得稳。

（6）钢桥的制造一般采用在工厂加工制造，架设方案有悬臂法、半悬臂法、拖拉法、顶推法等多种方法。

（7）钢桥的连接方式有铆接、螺栓连接、焊接等3种方式，其中螺栓连接又分为普通螺栓连接和高强螺栓连接，当前高速铁路桥梁施工中主要采用焊接和高强螺栓连接。

（8）高速铁路钢桥中大部分采用钢混结合结构，其中结合梁是钢梁（钢板梁、钢桁梁、钢箱梁）与混凝土桥面板的结合，结合采用的剪力连接件有钢筋连接件、型钢连接件、圆柱头焊钉连接件、开孔钢板连接件等。

课程资源

复习思考题

10.1 试述钢管混凝土系杆拱的主要组成。比较钢管混凝土系杆拱与提篮拱的异同。用

Word 文档总结（图文并茂）。

10.2 试总结钢管混凝土系杆拱桥的常用施工方法，并展示汇报。
10.3 试述钢管混凝土系杆拱桥系杆预应力张拉要领。
10.4 试述钢管混凝土系杆拱桥钢管拱肋安装步骤及注意事项，并用图表表示。
10.5 简述钢管混凝土系杆拱桥吊杆施工特点及其要点。
10.6 试述钢管混凝土系杆拱桥施工注意事项。
10.7 试述钢管混凝土系杆拱桥先梁后拱施工方法的施工步骤，并用图表表示。
10.8 试用图表表示钢桁式组合拱桥的建造程序。
10.9 试用图表表示桁片预制构件分段及预制流程。
10.10 钢桁式组合拱桥构件移运应注意哪些问题？并展示汇报。
10.11 试述提篮拱桥的施工工艺流程，并用图表表示。
10.12 试述提篮拱桥的施工要点，并展示汇报。
10.13 试总结拱桥拱肋的施工方法有哪些以及各自的优缺点。
10.14 试用 CAD 软件绘制钢管混凝土系杆拱或提篮拱的拱圈图形，查询关键点的坐标、线的长度和部分结构的体积并列表。
10.15 试总结转体法施工的特点，并展示汇报。
10.16 转体法施工有哪些类型？
10.17 转体法施工的转动体系有哪些？
10.18 用框图画出转体法施工工艺流程图。
10.19 试述钢桁梁的主要组成，分析三角钢桁架桥的优缺点。
10.20 查阅规范，总结钢桥制造工作要点。
10.21 试述钢梁拼装步骤及注意事项，并用图表表示。
10.22 试总结钢桥的常用施工方法，分小组汇报。
10.23 试述钢桥施工注意事项。
10.24 钢桥的发展趋势是什么，试通过查阅资料总结，并展示。
10.25 简述结合梁的种类并总结其使用范围，并分析其发展前景，小组汇报。
10.26 通过查阅资料，试总结剪力连接件的种类。
10.27 客运专线钢桥常用的钢梁和结合梁施工方法有哪些？试总结施工工艺流程框图。
10.28 试总结高强度螺栓施工流程框图。

项目 11　涵洞施工

项目描述

高速铁路路基在跨越较小沟渠，或排泄路堤附近的地面水，或跨越农业排灌沟渠，或横跨农村小道路时，可以设置涵洞。涵洞可兼作排水和人、畜及车辆的通道，涵洞宜采用钢筋混凝土框架箱涵。

学习目标

1. 能力目标
- 具备编写各类涵洞施工作业指导书和技术交底等现场资料的能力；
- 具备查阅各类涵洞相关规范的能力；
- 具备指导各类涵洞现场施工的能力。
2. 知识目标
- 涵洞的分类；
- 各类涵洞结构构造及其特征；
- 各类涵洞施工工艺流程和关键技术。

相关案例

京沪高速铁路 TJ2 标禹城线路（DK384+000~DK385+000）路基段，钢筋混凝土框架箱涵单位工程包含 3 座涵洞。基底土质为松软土。松软基础加固采用 CFG 桩，桩间距为 1.5 m，桩径 $\phi=50$ cm，桩长为 28 m。涵洞结构均采用 C35 高性能混凝土，防水层为高聚物改性沥青防水卷材 4 mm 厚，沉落缝内嵌塞沥青木板，保护层用 C40 细石纤维混凝土。

涵洞结构（按施工顺序）如下：CFG 桩加固地基；铺设 0.5 m 厚碎石垫层；铺设 0.4 m 厚砂垫层；浇筑 0.1 m 厚混凝土垫层；主体箱涵框架结构；回填土。

（1）40 号涵，设计用途为立交兼排水涵。里程 DK384+876.1，钢筋混凝土框架箱涵，涵身长 27.61 m，孔径为 1-6.00 m，与线路夹角为 45°，涵进出口均设有八字墙。

（2）41 号涵，设计用途为排洪涵。里程 DK384+913.2，钢筋混凝土框架箱涵，涵身长 25.07 m，孔径为 1-6.00 m，与线路夹角为 34.8°，涵进出口均设有八字墙。

（3）42 号涵，设计用途为排水涵。里程 DK385+342.85，钢筋混凝土框架箱涵，涵身长 58.28 m，孔径为 1-4.00 m，与线路夹角为 45°，涵进出口均设有八字墙。

任务 11.1　涵洞的组成及类型

11.1.1　工作任务

在上述案例中提及钢筋混凝土框架箱涵，请学习下面相关内容后，掌握涵洞的组成及类型，达到教学要求所需的能力目标和知识目标。

11.1.2 相关配套知识

11.1.2.1 涵洞的组成

涵洞是横穿路堤的建筑物，它由洞身、出入口和基础 3 部分组成，称为涵洞的主体工程；此外，还有出入口河床和路堤边坡加固部分，称为涵洞的附属工程。

1. 洞身

高速铁路涵洞最好不要分节，如分节，最小节长以不短于 5 m 为限，且沉降缝宜设于两条线路中间。涵洞沉降缝端面应竖直、平整，上下不得交错搭压影响沉降。填缝材料应具有弹性、不透水性和耐久性，并应连续填塞密实。圆形涵洞和盖板涵洞的沉降缝，应设在管节和盖板的接缝处，管节或盖板不得搭压管座基础或边墙的沉降缝。岩石地基上的涵洞可不设沉降缝。

2. 出入口

为了保证涵洞周围路堤的稳固，应设置涵洞的出入口建筑。常用的涵洞出入口形式有以下 2 种：

（1）端墙式。端墙是一道垂直于涵洞轴线的矮墙，两侧有锥体护坡，如图 11.1 所示。这种形式的出入口工程数量小，结构简单。

（2）翼墙式（八字式）。此种出入口除端墙外，端墙前洞口两侧还有张开成八字形的翼墙，翼墙端部折成与线路方向平行的横墙，称为一字墙，如图 11.2 所示。

图 11.1 端墙式出入口

图 11.2 翼墙式出入口

3. 基础

涵洞的基础分为整体式与分离式 2 种。当涵洞孔径较小时，一般采用整体式基础；涵洞孔径较大，并且基底土质良好时，可采用非整体式基础。

4. 路基边坡防护和沟床铺砌

在入口顶部及两侧一定范围内，路堤边坡要用片石铺砌防护。为了防止洞口基底受冲刷淘空而毁坏，涵洞出入口的沟床均应铺砌加固。入口处冲刷力较小，多采用干砌片石；出口处流速大，冲刷力强，多采用浆砌片石。为减少铺砌加固的长度，可在加固地段末端设置浆砌片石锤裙。

11.1.2.2 涵洞的类型

按其构造类型可分为盖板式涵、箱涵、圆形涵等。

（1）盖板式涵：洞身由钢筋混凝土盖板、石料或混凝土边墙、基础组成。填土高度为 1.5 ~ 6 m。在孔径较大和路堤较高时，盖板涵造价高，但施工技术较简单，盖板可以集中制造。

（2）箱涵：又称矩形涵或方涵，与盖板涵相似。建造材料一般用混凝土或钢筋混凝土等。矩形涵的顶板、边墙、底板连成整体。高速铁路宜用框架式矩形箱涵，如图 11.3 所示。

（3）圆形涵：又称圆管涵，简称圆涵或圆管，常用钢筋混凝土制作，如图 11.4 所示，填土高度为 1.5 ~ 8 m。欧美一些国家多采用皱纹铁管。皱纹铁管通常由钢板弯成半圆形或拱形管片，以上下两片或数片组合而成。这种管片可在工厂制造，运至工地安装。圆形涵受力性能好，工程量小，施工方便。孔径较小（一般在 1.5 m 以下）的涵洞采用圆管涵式居多。

图 11.3 箱涵

图 11.4 圆涵

任务 11.2　涵洞的施工

11.2.1　工作任务

在案例中提及的钢筋混凝土框架箱涵施工顺序：先正线后两侧，先主体后附属，先主体框架后出入口。

工艺流程：施工准备→测量放线→CFG 桩地基加固→基坑开挖→铺设 0.5 m 厚碎石垫层→中间节铺设 0.4 m 厚砂垫层→混凝土垫层→涵底板混凝土→涵墙体、涵顶板→附属工程→场地清理

请学习下面相关内容后，掌握钢筋混凝土框架箱涵的施工工艺，了解其他涵洞的施工工艺，达到教学要求所需的能力目标和知识目标。

11.2.2　相关配套知识

涵洞施工前，应对涵洞位置、孔径、长度、方向、出入口高程，与既有沟槽、排水渠道及道路的连接等，结合现场实际地形、地质情况与设计文件进行核对。这是因为，新建线路的涵洞往往工程量大，建筑地点分散，同时受其他结构物施工进度的影响，使得在勘察设计时所确定的涵洞位置、方向、孔径、长度、出入口高程以及与排灌系统的连接等，可能有不

够完善之处。特别是路基、隧道先行施工时，取土、弃土往往会影响原设计排灌系统。为了弥补这方面的不足，所以规定在开工前应进行核对，提出改善意见，必要时进行设计变更。

修筑涵洞的准备工作主要有场地规划、砂石备料以及基底疏干。

施工场地应该合理布置，做到砂石堆放场、工棚、施工运输便道等的设置互不干扰，以便施工；同时应尽量选择在旱季施工。为防止水流进入基坑，对于有小股流水的河沟应临时改沟导流。

11.2.2.1 涵洞基础施工

1. 基坑放样与开挖

用全站仪测放出涵洞轴线桩、基础开挖边线，涵洞基础放宽 50 cm 放出轮廓线，用水准仪测出地面高程以确定开挖深度，基坑边坡放坡开挖。基坑应满足基础轮廓、边坡稳定、基坑排水和施工操作的需要，基底土质、处理方法和承载力应符合设计要求。涵洞地基处理必须按设计要求进行。基坑泡水后，应进行处理，满足设计要求后方可进行施工。

为减少挖基工程量，基坑边坡的坡度，可比明挖基础放坡开挖的坡度适当放陡，若边坡较低，尚可考虑垂直开挖，但必须在土质较好的无水地点。基坑开挖成型后对基坑平面尺寸、位置、高程、基底承载力等指标经自检及监理检验合格后，即可进行基底换填，换填后应压实并经试验检测合格后再进行垫层基础的施工。基坑应及时回填，回填材料应符合设计要求，设计无要求时，宜采用 C10 混凝土回填。

2. 基础砌筑

洞口铺砌工程与上下游河床、排水设施连接应平顺、稳固，帽石和端、翼墙应平直、无翘曲现象，并应棱角鲜明，表面整洁。

基坑经检查合格后，应尽可能快地修筑基础，以免基底被水浸泡软化。

基础修筑可分段进行，段与段之间用沉降缝隔离。沉降缝用涂过沥青的木板或沥青纸填塞，以保证其宽度。基础砌筑时按规定设置上拱度。上拱度的设置，一般采用三角形拱度，其数值按照基底土的种类（砂土或黏土）参照有关的规定取值。

11.2.2.2 涵身施工

1. 钢筋混凝土矩形涵、框架涵（图 11.5）

图 11.5　箱涵施工

涵身混凝土浇筑可分 2 阶段施工：先浇筑底板，待底板混凝土达到设计强度 50% 后，再施工中、边墙及顶板。

（1）底板及侧墙钢筋绑扎。在垫层上测量放线并画出钢筋布置大样及立模边线，然后绑扎底板及侧墙钢筋，绑扎侧墙钢筋时在外侧用钢管搭设临时支架以防钢筋笼变形。

（2）内支撑及内模施工。内支撑采用钢管搭设，纵横向布距不大于 1 m，竖向布距不大于 1.2 m，顶部用可调托撑顶纵梁，纵梁上布置横梁，横梁上为顶模。内支撑的横向钢管应与内侧模在横竖带节点处用钢管卡子连接（内外模的横竖带均采用双根钢管），起到横向内支撑作用。内模可采用大平面模板制作，表面要求光洁无错台，模板接缝加贴密封胶条。

（3）绑扎顶板钢筋、立外模。顶板钢筋底垫双峰式垫块，严格按规范及设计要求绑扎，支撑箍筋应适当予以点焊，保证上层钢筋网片不变形。

（4）混凝土浇筑。混凝土采用商品混凝土，灌注入仓采用吊车配合下料漏斗进行，振捣采用插入式振捣棒。

（5）变形缝处理。箱涵涵身每隔 10～18 m 设变形缝一圈（包括基础），凡地基土质发生变化以及地基填挖交界处，均设置变形缝，缝宽 2～3 cm。变形缝采用橡胶止水带止水。

箱涵在变形缝设置处，外围混凝土应加厚一圈，加厚尺寸为 25 cm。在变形缝设置处内侧镶嵌 3 cm 厚油浸软木板，外侧填塞止水密封膏。为了保证整个变形缝竖直且在一个截面上，立模堵头处须立分离式两块模板（夹紧止水带），并与内外模板以螺丝杆连接，油浸木板对应中空管处用胶粘贴在堵头钢模上。

（6）矩形涵、框架涵质量标准。

① 矩形涵、框架涵各部位偏差，应符合表 11.1 的规定。

② 涵身直顺，混凝土表面平整坚实、无蜂窝、麻面。沉降缝直顺、整洁、无渗漏。

③ 进、出口流水顺畅，整洁美观。

表 11.1　矩形涵、框架涵各部位允许偏差

序号	项目	允许偏差/mm
1	轴线偏位	20
2	流水面高程	+20，0
3	孔径	±20
4	涵顶高程	±15
5	涵长	+100，-50
6	涵身厚度	+10，-5
7	涵身接缝错台	3

2. 钢筋混凝土盖板涵

如图 11.6 所示，盖板可采用集中预制、吊车吊装、汽车运至工地的方式。

（1）涵盖板预制。

当盖板集中预制时，模板架应设置平顺，不出现错开、扭曲现象。盖板预制按设计要求进行施工、养护。达到设计强度后，用吊车吊装，汽车运输至工地。

盖板现场浇筑时，宜采用钢模板施工，并应按设计沉降段连续进行混凝土浇筑。不能一

次连续完成混凝土浇筑时，应按垂直涵洞轴线方向设置施工缝。

（2）盖板安装及铺装。

盖板安装前应检查盖板长宽尺寸和涵洞与安装有关的部位尺寸，影响安装部位应提前进行修整。接合面混凝土应清洗干净，安装时应先将接合面混凝土洒水润湿，按设计要求将接缝填满、塞实，抹平表面。

现浇盖板混凝土或砌体水泥砂浆达到设计强度75%后方可拆除支架，但必须达到设计强度后才能进行涵顶填土。盖板混凝土或砌体水泥砂浆达到设计强度75%，支架未拆除时可以进行涵顶填土，但必须达到设计强度后方可拆除支架。

预制盖板安装后，混凝土达到设计强度后方可进行涵顶填土。

图 11.6　盖板涵施工

图 11.7　圆涵施工

3．圆　涵

圆涵是将预制的管节安装在基础上作为洞身，如图 11.7 所示，这要求各段基础的长度准确，以免造成基础和洞身的沉降缝对不齐。若有加重管节的涵洞，由于加重管节的管壁比普通管节的管壁厚，为取得平整的流水面高程，加重管节下面的基础顶面，也应当比普通管节的基础顶面低一管壁厚之差。

11.2.2.3　沉降缝

接缝端面应竖直、平整，缝宽基本均匀。

沉降缝填塞前，缝内应清扫干净，保持干燥，不得有杂物和积水。用沥青麻筋、水泥砂浆填塞沉降缝，必须等构筑物养护达到施工图强度，在干燥状态下填缝。防水有特别要求或施工图要求在沉降缝内安装止水带应按施工图施工。

1．基　础

为防沉降缝渗水，在基础顶面以下，缝内应用有弹性和不透水的材料，如沥青麻筋、沥青砂板、沥青木板，按施工图要求填塞。如厚度较大，可在中间部分用塑状黏土填入捣实，外边缘用 1∶3 水泥砂浆填塞，深度约 15 cm。对于湿陷性黄土地基或施工图对伸缩缝渗水有严格要求的按施工图施工。

2．涵　身

缝外侧以热沥青浸制的麻筋填塞，深度约 5 cm，内侧以 1∶3 水泥砂浆填塞，深度约

15 cm，其间用沥青麻筋或水泥砂浆填满；如太厚，亦可将中间部分先填以黏土。管涵接缝使用延伸性强、黏结力高的聚氯乙烯胶泥、氯丁胶黏剂等接缝材料进行管涵接缝。

11.2.2.4 防水层

防水层类型应符合设计要求，应具备防水、耐久、黏结牢固和必要的弹韧性。

（1）热沥青防水层。

施作防水层部分清除及洗刷，层上铺设或抹防水层。铁路涵洞一般使用甲种防水层：炼制沥青，浸制沥青麻布，配制石棉沥青，再垫石棉沥青两层、沥青麻布一层、涂沥青两层。用作防水层的沥青、麻布、石棉粉等材料，在施工前应检查材质的试验资料，均符合规定的要求。

（2）沥青麻布。

沥青麻布可采用工厂浸制的成品或工地用合格的麻布以热沥青浸制。浸制前应先将麻布烘干除去水分，在热石油沥青（温度为 160～180 ℃）内浸约 2～3 min。浸制后的麻布的外面应是呈暗黑色，无孔眼、破裂和皱叠。剪断后其内部纤维应与表面有同样的暗黑色，不应有显示未浸透的布层。成卷布料，边部应碎裂，不应互相粘叠。布卷端头应平整。布料的长宽尺寸应力求适当，以免造成浪费。成卷的浸好麻布应标明制造日期，标明"竖放"字样。成品沥青麻布应附有说明书。铺设沥青麻布应在先涂敷的热沥青或石棉沥青未凝固时进行，必能黏合成一体。

（3）垫层表面应在抹平，凝固后要清刷干净。涂热沥青前垫层必须干燥无水，清洁无杂物。

（4）防水层接头必须重叠，相邻两幅的横向搭接缝应错开，并顺水流方向压盖。

11.2.2.5 路涵过渡段

涵洞附近路堤过渡段填筑，除应符合设计要求外，尚应符合下列规定：

（1）过渡段填筑施工，应在涵身结构混凝土或砌体砂浆达到设计强度后进行。

（2）过渡段填筑必须从涵洞两侧同时、对称、水平分层进行施工，并应逐层碾压密实。涵洞两侧紧靠边、翼墙部分和涵顶 1.0 m 以内高度范围，宜采用轻型机械施工，并应防止施工机械冲撞、推压结构物，涵顶填筑厚度超过 1.0 m 后，方可通行重型施工机械。涵洞附近路基填石时，应严格按设计填料和要求施工，并保护涵洞防水层不遭破坏。

在涵洞两侧设置水泥稳定级配碎石过渡段，过渡段范围内的基床表层级配碎石掺 3%～5% 水泥。过渡段总长度不小于 4 倍路堤高度，并不小于 20 m。

拓展知识　既有线顶进涵施工

既有线顶进涵施工目前只限在普通铁路上进行。

既有铁路线路桥涵的顶进法施工，就是在既有铁路线上将预制好的框架顶入路基，从而达到增建桥涵的目的。顶进法对铁路运输干扰时间短，不中断行车，能保证铁路正常运营，同时能保证路基完好和稳定，减少线路恢复工序，减少大量土方和线上工程。

1. 顶进工艺原理

首先在铁路线旁开挖工作坑，在滑板上浇筑钢筋混凝土框架。在框架前端做成向前突出的刃脚,并安装钢刃。在框架尾部修筑承受反力的后背结构,在后背与框架间安装千斤顶,同时对铁路轨道、轨道的支承进行加固。最后,用千斤顶将框架顶进路基。顶进时,不断挖土不断顶进,直至框架按设计要求位置全部顶进路基内。

2. 整体顶进法

(1)机具设备。

顶进法所需的主要设备及施工临时设施为:滑板、后背结构、顶进设备以及线路的加固。

(2)顶进施工要点。

① 开挖工作坑。

工作坑是预制和顶进框架的主要场地。开挖工作坑应根据线路平面、现场地形、地物条件以及施工需要,在保证排水和安全的条件下,尽量减少挖填土数量,并应尽量缩短顶进长度。

工作坑的尺寸除根据预制框架结构的平面尺寸确定外,还应考虑后背大小并预留一定的操作空间。通常宜在框架底板前留适当的空顶长度,以备启动后调整框架顶进方向以及处理设备出现的问题。其宽度每边应比框架身外轮廓各宽出约 1 m。工作坑的尺寸一般由工作面底板尺寸确定。工作面底板尺寸按下式计算:

$$长度 = 框架体底板长度 + 顶镐长度 + 横梁厚度 + 后背地梁厚度 + 0.3 \text{ m}$$

$$宽度 = 框架体底板宽度 + 2 \times 方向支墩宽度 + 0.2 \text{ m}$$

此外,坑底四周还应留有排水沟和集水井的位置,以满足施工期间排水的要求。

② 修筑滑板。

滑板是施工的临时设施,滑板应有足够的刚度和稳定性;滑板顶面应平整、光滑。

在软土地基上,当框架开始滑出底板时,常会产生向下倾斜的现象,称为"扎头"。为减少或消除这种现象,在滑板顶面,应做成前(靠路基侧)高后低的仰坡,其坡度大小应根据基底地质条件、箱身孔径及埋置深度确定。至于在坚实地基情况下,一般不必设置,否则可能会适得其反,造成"抬头",出现上倾现象。

③ 预制钢筋混凝土框架。

顶进框架的箱身,一般就地预制,浇筑箱身混凝土可分两阶段施工,先浇筑箱身底板,当箱身底板混凝土强度达到设计强度的 50% 后,再绑扎上部钢筋,浇筑上部的中、边墙及顶部混凝土。顶板和底板混凝土必须一次浇筑完成,各边墙施工缝处,宜加预埋连接短钢筋,以利于承受剪力。同时各边墙施工缝不得在同一平面上。

④ 修筑后墙。

后背是在框架顶进中借以抗衡顶进反力的临时建筑物,是保证顶进工作顺利进行的重要设施,直接关系到顶进的质量。因此,后背的承载能力必须经设计检算确定,要有足够的强度、刚度和稳定性,并预留一定的安全储备。后背的常用形式有板柱式、重力式和拼装式 3 种。施工时可根据实际情况选择既经济又合理的后背形式。重力式后背是靠天然土体或回填土和片石的被动土压力来承受水平推力的,在土体前要砌筑浆砌片石挡土墙以及分布顶进力的混凝土后背墙。

⑤ 安装顶进设备。

顶进设备分液压系统与传力设备 2 部分。液压系统由高压油泵、控制阀、调节阀、千斤顶、油箱等组成。千斤顶的布置应以地道桥中心线为轴,对称布置。传力设备由顶铁、顶柱、活动横梁与固定横梁等组成。

⑥ 线路加固。

为保证顶进时铁路线路的绝对安全和列车正常运行,在顶进施工前必须对线路进行加固。当前线路加固采用较普遍的方法有吊轨梁法、横梁加固法、纵横梁加固法、轨束梁法、工字钢束梁法。

⑦ 排水。

顶进作业应在工作坑水位降至基底以下 0.5~1.0 m 进行,并避免在雨季施工。排、降水工作应在工作坑施工之前进行,其方法有排水沟、汇水井、井点降水法。

⑧ 启动顶进直至就位。

顶进即是开动高压油泵,使千斤顶受液压力而产生顶力,以推动箱身前进。顶进的实施是整个工程的关键环节,因此开顶前应进行试顶。试顶顶力一般为框架结构自重的 0.4~0.8 倍,如一切正常,方可加压正式顶进。

⑨ 挖土与运土。

顶进速度主要取决于挖、运土速度,故应尽可能为提高挖、运土的速度创造条件,挖土应与测量工作紧密配合,根据框架偏差情况及时改变挖土方向。

⑩ 顶进方向及高程控制。

顶进时,每完成一个顶程,就要进行一次水准测量,以便及时掌握框架的坡度变化情况。对于施工中比较容易出现的方向偏差和高程偏差,应采取措施严格加以控制,发现问题应及时纠正使其达到设计要求。

(3)施工注意事项。

① 施工前应做好现场场地布置,完成水电及相应的管线设施,修好临时便线,保证工程物资和机械设备的进场运输,现场料具堆放整齐;同时按要求进行井点降水,努力为顶进施工创造条件。

② 在浇筑混凝土时,应按设计要求将框架各部位预埋件安装齐全,并做到准确无误。

③ 当有列车通过或机械设备出现故障不能顶进时应暂停挖土,并随时对线路和框架的中线和水平进行测量,以免线路变形危及行车安全和框架就位不准。

④ 在顶进过程中,挖土应掌握土坡的平整,并保持与刃脚坡度一致,或根据路基土质情况选用适当坡度,严禁出现反坡,挖土时严禁超挖,一般应形成框架吃土前进,保持路基不受扰动,不影响地基承载力。

⑤ 修筑后背时,钢筋混凝土应达到设计强度,浆砌片石应符合要求,回填土应夯填密实,以免顶进时后背破裂。

相关规范、规程与标准

[1] 铁建设[2010]24 号 高铁桥涵工程施工技术指南[S]. 北京:中国铁道出版社,2010.

[2] Q/CR 9603—2015 高速铁路桥涵工程施工技术规程[S]. 北京:中国铁路总公司,2015.

[3] 《高速铁路桥梁施工与维护》课程标准.

项目小结

1. 涵洞按构造形式分类

（1）圆管涵：圆管涵受力性能和适应基础的性能较好，不需要墩台，圬工数量少，造价较低，适于有足够填土高度的小跨径暗涵。

（2）盖板涵：盖板涵构造简单，维修容易，有利于在低填土路基上设置，且能做成明涵。一般用钢筋混凝土盖板。

（3）拱涵：拱涵承载能力大，砌筑技术易掌握，但自重引起的恒载也较大，施工工序多。适于跨越深沟或高路堤时采用。

（4）箱涵：箱涵整体性好，自重小，适用于软土地基。但施工困难，用钢量大，造价较高。

2. 箱涵施工工艺流程：施工准备→测量放线→地基加固→基坑开挖→垫层施工→涵底板混凝土→涵墙体、涵顶板→附属工程（防水层及沉降缝）→场地清理。

课程资源

复习思考题

11.1 试用 CAD 软件画出矩形涵、框架涵的结构构造。

11.2 试总结框架涵的施工工序。

项目 12　桥梁养护维修工作

项目描述

随着我国经济的不断发展，铁路运输强度也随之不断增长，具有高速、舒适、安全等特点的高铁对线路等基础设施提出了更高标准和要求。从高铁运营维护来说，已不再是"免维护"的概念，相反，不断提升高铁的养修力量与方法的理念在加大，其中高铁桥梁作为高铁线路的重要基础设施及确保铁路运输安全畅通的关键设施，其检查养护维修工作越来越受到重视。通过本情境学习，学生应熟悉高铁桥梁养护维修制度及任务要求，掌握高铁桥涵的主要检查内容及主体结构的维修要求等。

学习目标

1. 能力目标
- 具备评定高铁桥梁状态标准的能力；
- 具备填写高铁桥梁检查记录的能力；
- 具备使用高铁桥梁检测工具的能力；
- 具备查阅有关高铁桥梁修理规程的能力；
- 具备编写高铁桥梁维修保养计划的能力。
2. 知识目标
- 掌握高铁工务安全知识；
- 熟悉高铁桥梁基本技术标准和要求；
- 熟悉高铁桥梁状态评定标准和评定方法；
- 熟悉高铁桥梁修理基本知识；
- 掌握高铁施工、检修中的安全防护知识。

任务 12.1　桥梁养护维修任务要求

相关案例

高铁桥梁具有较大的竖向、横向、抗扭和纵向刚度，严格的工后沉降控制要求，为保证列车高速行驶的安全性、平稳性和乘车舒适性，必须确保线路的高平顺性和高稳定性，因此高速铁路多采用桥梁代替路基，桥梁所占比例大，长大桥梁多。例如，京沪高速铁路桥梁占线路全长的 80.2%（其中昆山特大桥单桥全长 164.8 km），我国已建设高速铁路桥梁近万座。

12.1.1　工作任务

在学习高铁桥梁基本知识的基础上，学习下面相关内容后，掌握高铁桥梁检查养护维修工作的技术要求和标准，评定高铁桥梁状态标准并编写高铁桥梁维修保养计划，达到教学要求所需的能力目标和知识目标。

12.1.2　相关配套知识

根据高铁高密度和高强度运行的特点，高速铁路工务安全管理应坚持"安全第一，预防为主，综合治理"的方针，遵循"行车不施工，施工不行车"的原则，实行天窗修制度。通过严格作业纪律和劳动纪律，突出设备检查和分析环节，严检慎修，保持线路设备满足高可靠性、高稳定性和高平顺性的要求，确保行车和人身安全。

高铁桥涵设备应满足轨道稳定性、平顺性要求，保证旅客列车安全、平稳运行。

桥涵养修工作的基本任务是经常保持桥涵设备状态良好，使列车能以规定速度，安全、平稳和不间断地运行，保持桥涵设备的耐久性，尽量延长设备的使用寿命。

12.1.2.1　桥梁养护维修管理制度

高铁桥梁养修工作必须认真执行检查、计划、作业、验收等基本工作制度，依靠科技手段，强化基础建设，大力发展机械化作业，不断提高工作效率和经济效益，全面实行科学化管理。

我国铁路桥梁养护维修工作管理的程序为：桥梁养护工作总的方针、原则和标准，由铁路总公司制订发布；养护工作的计划由铁路局决策；养护工作的任务由工务段执行。高速铁路桥梁的养护维修工作多采用机械化作业，与普通铁路桥梁相比维护人员配置数量大为减少，并逐步向综合养护模式过渡。

1. 组织机构

工务段设置路桥检查车间，负责桥隧、路基设备的日常管理，检查车间归属所在设备管理单位，在检查车间下设检查工区。对管辖高速铁路长度较短，不足以设置车间的，必须设置检查工区。检查车间的管辖营业长度宜在 300 km 左右，且不超过 400 km；检查工区管辖营业长度 100 km 左右，山区路段适当缩小管辖长度；大型桥梁、长大隧道应设置专门的检查工区。跨越大江大河的大型钢梁桥，宜专门设置钢梁、机修工区。桥隧检查工区负责桥隧设备、附属及安全检查设施的日常检查、观测和适量的保养工作。检查车间、工区按照专业化管理的需要应配备相应的交通运输工具、动力机械、专用检测设备及作业机具、高空检查平台等。

桥梁静态检查主要包括：工务工区或维修组按规定周期对线桥隧、路基设备进行检查；精测网复测、沉降观测工作则委托有资质的专业公司负责，测量结果提供给工务部门。

桥隧设备维修实行委托方式，委托铁路局组织实施。维修技术特别复杂，难度大且铁路局专业维修单位不能胜任的，经充分论证，按规定程序，委托具备资质的公司实施。

2. 信息化管理

桥隧设备管理、修理和防灾工作应实行信息化管理，建立完善的网络系统，实现对桥隧设备状态、灾害的有效监控。建立桥隧设备从设计、施工至运营的全寿命信息化管理,日常运营管理信息纳入信息化管理系统。桥隧设备信息化管理的技术文件包括:桥隧登记簿、桥隧设备图表和秋检报表、桥隧卷宗。

每座桥隧设备均应建立登记簿,记载主要病害及检查监测结果、设备改善情况以及建筑物上发生的重要事件(如水害、地震、冻害、撞击、火灾事故等),桥隧登记簿由桥隧车间填写和保管。

设备图表和秋检报表主要记载桥隧设备的基本特征和技术状态,由设备管理单位编制。根据设备变化情况,实时修改技术图表,桥隧状态评定资料每年逐级上报一次。为便于查阅和使用,设备管理单位可将桥隧设备基本的技术特征编制成概况表,分存于桥隧检查车间和检查工区。

桥隧建筑物应建立专门的卷宗,汇集该桥(隧)的历史、设计、施工、检定、水害、撞击、火灾等有关的图纸、照片、文件等技术资料,由设备管理单位建立,设备管理单位和铁路局、铁路公司保管。

新建桥隧建筑物及经改建或大修改变主体结构的既有桥隧建筑物竣工文件,应由铁路总公司及时提供设备管理单位和铁路局归档。

高铁桥梁的养护维修工作按业务范围和工作性质可分为桥梁检查、周期性保养、综合维修和大修整治等内容。

12.1.2.2 桥梁检查

桥梁检查是做好桥梁大修、维修工作的重要依据,是桥梁维修工作中极其重要的组成部分。对桥梁进行周密检查的目的是详细了解桥梁在运营中所发生的变化,及时发现病害和分析病害原因,并据以采取有效防治措施,合理安排大维修工作;积累技术资料,系统地掌握桥梁状态,准确规定其使用条件,使其经常保持完好状态,保证列车安全和不间断地运行。

由于高速铁路运行速度高,作业天窗时间多安排在夜晚,对桥梁检查、作业的要求如下:
① 所有桥梁的桥面部分检查必须在天窗点内进行,其他时间不得进入。
② 检查桥梁梁体、墩台、支座等桥面以下设施,可以利用其他时间进行检查。
③ 混凝土箱梁内的检查,天桥、涵洞的检查可以在其他时间内进行。需要进入铁路面检查的应在天窗点内进行。
④ 车间、班组要结合所在的区间和设备数量,制定每月检查的地点和检查的位置,要结合检查、作业天窗点安排人员在天窗点内进行。
⑤ 所有的检查必须2个人及以上,进入混凝土箱梁内的检查必须携带照明设备。

桥涵检查包括:水文观测、周期性检查、临时检查、专项检查、检定试验等。对跨越大江大河的大型钢梁桥、公铁两用桥梁应制定专门的检查制度。各项检查必须建立相应的责任制度,保证各项检查工作的落实。检查单位应建立检查登记簿、病害观测记录簿,并按规定认真填写,保证数据准确可靠。

检查人员按规定认真填写检查登记簿、病害观测记录簿,保证数据准确可靠。为保证检查的精度,检查人员应配备必要的检查工具和仪器、仪表,并定期标定,统一计量标准。

1. 水文观测

凡需要了解墩台基础冲刷、河床变化、河道变迁、流量、冰凌等情况的桥梁，均应进行河床断面、水位、洪水通过时流速、流向、结冰及流冰情况的观测。

河床断面测量每 2 年测量 1 次（对季节性河流上的桥梁，洪水冲刷河床断面发生变化时，汛后测量 1 次）；测量地点一般在桥下及桥梁上下游各 25 m 的 3 个断面上，测点间隔不应超过 10 m，每次测量的断面应固定；测量应在河道全宽范围进行。每次测量结果，应绘在图纸上，用不同色笔绘制历年冲刷总图，每 5 年更换 1 次。图上应绘有各种水位、轨底、墩台顶、基底、河床的高程以及水深、墩台中心线及河床断面。

对排洪能力和墩台稳定有疑问的桥涵，洪水通过时，应特别加强墩台、调节河流建筑物、防护设施和桥头护锥、路基的观测、检查；对冲刷严重的墩台，可在该处设置自动记录的测深装置或在洪水通过时使用铅鱼进行测深，必要时使用仪器测深。洪水过后，须立即检查河道、河床、防护设备、调节河流建筑物和桥头路基的状态。

需了解墩周冲淤变化时，应以桥墩中心为圆心，以一定距离为半径，测量该范围内的水下地形；需了解翼墙、护锥的冲刷情况时，应在其周围另加测点或潜水摸探。

2. 周期性检查

检查车间承担桥隧建筑物周期性检查的管理责任。设备管理单位主要领导每年应有计划地检查技术复杂及有严重病害的桥隧设备。

对特殊结构（钢桁梁、拱、斜拉桥等）和重要桥隧设备每季度检查一遍；对桥面及以上部位、涵洞排水、桥涵限高防护架每半年检查一遍；桥面以下结构、支座、涵洞每年检查一遍；桥隧周边环境每年检查一遍。汛期应对桥隧防洪设施进行专门检查。

每次检查情况，应填写《高速铁路桥隧建筑物检查记录簿》，发现重要病害或病害发展较快时，应及时逐级上报，必要时绘制病害示意图，记入桥隧登记簿或桥隧卷宗内。

3. 临时检查

当设备遭受地震、洪水、台风、火灾及车船撞击等紧急情况或发生突发性严重病害时，应进行临时检查，及时掌握结构物状态。

4. 专项检查

对于特别长大的、构造复杂、高墩、有严重病害或新型结构的桥梁应进行专项检查。

（1）基础沉降观测。

基础沉降观测对象的选择，可通过以下条件确定：

① 调查设计、施工文件，沉降评估资料，根据设计情况和施工质量，选择有代表性的孔跨。

② 根据桥上轨道状态的变化幅度和整修频率。

③ 根据可能影响桥梁基础沉降的周边环境变化（如抽水、堆载、开挖等）。

选择沉降量大的桥涵，测量基础沉降。运营后第 1 年每半年 1 次，第 2 年后每年 1 次，基础沉降稳定，5 年后可不再测量。对沉降速率较大的应缩短测量周期；对沉降速率较小、基本趋于稳定的，可延长观测周期。观测资料应妥善保存并积累绘制出图表，以分析了解其变化趋势。

（2）上拱度测量。

选择有代表性的桥梁孔跨测量上拱度，开始运营后第 1 年，每半年观测 1 次，第 2 年起每年观测 1 次，或根据情况确定观测周期。上拱度稳定 5 年后可不再测量。

上拱度测量应使用桥上的预设测点，基础沉降测量应利用高程控制网水准基点和控制基桩网（CPIII）精密水准点。测量应在恒载、气温比较恒定的夜间或阴天条件下进行。

（3）水下墩身和基础。

判断水下墩身和基础有无裂损、冲空时，可使用水下摄影、摄像或人工摸探进行。判断墩台及基础是否存在严重病害，可由专业机构通过测量墩台顶水平横向振动，与同类型墩台相比较，观测其波形、振幅和频率来进行。

此外专项检查还包括大跨度桥梁梁端伸缩装置、建筑限界等。

5. 检定试验

新建特殊结构、技术复杂的桥梁，应在动态验收试验中检定。在竣工移交时，其检定试验报告应作为交接验收资料的一部分。

运营中的特殊结构、技术复杂的桥梁，应每隔 10 年检定 1 次，桥梁出现严重病害、自然灾害损伤、车船撞击，可能危及行车安全的，应及时检定。

桥梁检定工作由铁路局（集团公司）按部颁《铁路桥梁检定工作细则》的有关规定进行。

6. 检查重点

（1）钢管拱、结合梁的钢结构部分应重点检查以下内容：

① 杆件及其联结螺栓、焊缝的伤损状态及其发展情况；要特别注意严寒季节发生杆件裂纹和断裂。

② 钢梁角落隐蔽部位锈蚀情况。检查可使用探伤仪器和手工结合等方法进行。

③ 主梁与横梁联结处母材、焊缝、高强螺栓。

④ 主梁、横隔板的对接焊缝。

⑤ 受拉及受反复应力杆件上的焊缝及临近焊缝热影响区的钢材。

⑥ 杆件断面变化处焊缝。

⑦ 加劲肋、横隔板及支座焊缝。

⑧ 桥面板混凝土与钢梁联结部位的共同作用是否良好，并检查受拉部位和接合部位有无裂纹、流锈和滑动。

⑨ 系杆拱吊杆、锚具防护及锈蚀状态检查。

⑩ 钢管拱肋内混凝土填充情况以及与钢管脱空情况，可采用敲击或超声波检查。

（2）钢筋混凝土桥梁和墩台应重点检查观测以下内容：

① 检查桥面防水层是否有破损和开裂、泄水孔是否堵塞、梁端止水带是否脱落破损、防撞墙是否开裂掉块、人行道板是否损坏缺少、遮板和栏杆是否端部挤死、桥面是否积水等，并要检查轨道底座板和桥面接缝处、轨道支撑挡块和桥面接合处的状态。

② 箱梁内应检查排水管是否破损漏水、梁内是否积水、封锚混凝土是否开裂脱落、异形墩梁端与桥墩是否挤死。

③ 系杆拱拱脚与拱肋、拱脚与梁体连接部位以及吊杆在拱梁上的锚固混凝土是否有裂纹。

④ 梁体应检查是否有渗水、流白浆情况，梁体外排水管有无破损和漏水。

⑤ 桥墩应进行裂缝、腐蚀、倾斜、滑动、下沉、冻融、空洞等病害。
⑥ 混凝土中性化检查。
⑦ 铁路跨公路立交桥应检查限高防护架是否存在缺少、变形和损坏。
⑧ 桥下河床冲淤情况。

（3）盆式橡胶支座应重点检查以下内容：
① 盆式橡胶支座锚栓有无剪断，支座的橡胶密封件有无老化、外翻现象。
② 检查活动支座的相对位移值是否均匀。
③ 检查支座高度变化情况。
④ 检查并注意保护支座的调高预留孔，防止调高预留孔的损伤给支座调高带来的困难。
⑤ 检查盆式橡胶支座钢件裂纹、脱焊、锈蚀，聚四氟乙烯板磨损，支座滑动面脏污，位移转角超限。
⑥ 检查防尘围板或防尘罩的防尘性能。
⑦ 检查支承垫石是否有裂损、积水。
⑧ 支座螺栓和防落梁限位装置是否缺失。

（4）涵洞应重点检查以下内容：
① 涵身是否变形、裂损、露筋、漏水、漏土。
② 涵内是否淤积。
③ 基底是否冒水、潜流造成基底淘空等。
④ 铺砌、河调等防护设施完好程度。
⑤ 涵洞两侧排水是否畅通。

12.1.2.3 桥梁状态评定

通过各项检查掌握桥梁实际工作状态后，还需进一步进行科学的分析判断，评定桥梁的劣化程度，以便采取有针对性的维修或大修。每年秋季应对每座桥隧建筑物按项目进行一次状态评定，填写《高速铁路桥隧建筑物状态评定记录表》。特长桥梁也可分段评定。

1. 状态劣化程度评定

桥梁状态的劣化是指桥梁在运营过程中，承受荷载的作用和环境的侵害，引起的结构功能变化，构成对行车安全的影响。由于荷载作用和环境侵害的程度不同，影响结构功能和行车安全影响的程度也不相同，因此桥涵的劣化程度也是不同的。

根据《高速铁路桥隧建筑物状态评定标准》，状态按劣化程度分为 A、B、C 三级，A 级又分为 AA、A1 两等。具体评定如下：
① 凡结构物或主要构件功能严重劣化，危及行车安全，评定为 A 级 AA 等；
② 凡结构物或主要构件功能严重劣化，进一步发展会危及行车安全，评定为 A 级 A1 等；
③ 凡结构物或构件功能劣化，进一步发展将会升为 A 级，评定为 B 级；
④ 凡结构物或构件劣化，对其使用功能和行车安全影响较小，评定为 C 级。

结构物或构件状态评定为 A 级者，其病害一般需要通过大修或更新改造进行整治；当结构物存在影响行车安全的病害，应采取相应的限速或限载措施，遇紧急情况，应立即采取临时加固措施，并视具体情况，尽快安排彻底整治或列入下一年度的桥隧大修或更新改造计划及时整治。

结构物或构件状态评定为 B 级者,其病害一般需要通过维修整治(个别病害需要通过大修整治)。

结构物或构件状态评定为 C 级者,其病害可通过维修进行整治,个别病害需加强观测并根据其变化情况采取相应的措施。

2. 病害诊断及剩余寿命评估

桥梁在运营检修的寿命周期内,根据状态变化和健全度(指结构物完成其特定功能的健康安全度或损伤度)衰退的程度,进行适时的修理,使其最大限度地恢复原有的功能。但随着时间的推移,其健全度必将逐步丧失,以至失去应有功能而报废。因此,对桥梁在运用过程中,科学地诊断病害,有效地整治病害,在确保行车安全和适应运输发展前提下,充分发挥应有功能的潜力,最大限度地延长使用寿命,取得最佳的技术经济效益,具有十分重要的意义。

3. 状态评估专家系统

随着计算机技术的普及应用,人们运用专家知识和模拟专家行为进行计算机编程,解决了较为复杂的疑难问题,这就是所谓的专家系统,如桥梁损伤评估专家系统,随着评估专家系统的进一步完善和推广,将使桥梁状态评估更为简捷、准确。

12.1.2.4 预防或整治桥梁病害

桥梁的养护维修工作,是在做好设备检查和状态评定的基础上,根据设备不同的劣化程度,有针对性地进行周期性保养、综合维修和大修整治,并做好各项作业的检查验收工作,有效地预防或控制病害的发生或发展。

1. 周期性保养

周期性保养是桥梁养护维修的主要环节。通过对桥梁的周期性保养,及时消灭超限和临近超限处所,保持设备状态经常均衡完好,确保行车安全平稳。保养计划的编制与实施,应通过设备的周期性检查,除对发现的超限处所及时整修消除外,还应对临近超限处所进行预防性周期保养,编制季度保养计划,经上级部门批准后实施,并将实施情况、班前安全质量预想防控项点及措施记录在保养日计划及完成表内。

周期性保养工作一般应以整座设备进行,长大桥隧设备也可分区段进行。保养周期应按不同设备类型的状态变化加以控制,钢桥(含混合桥钢梁、钢拱桥、钢箱拱、钢管混凝土拱,钢-混凝土结合梁等)半年,其他设备一年。在做好适时保养的同时,还应加强预防性的周期保养,使设备经常保持在合格状态。

保养工作的范围主要包括:铁件及钢梁的防锈、支座及螺栓涂油、锚具防护、排水系统疏通、裂缝修补、清理杂物、标志刷新等。

桥梁保养质量应定期进行评定,由设备管理单位组织有关人员,结合春检和秋检,每半年对钢梁桥以及每年对其他设备,进行一次保养质量评定。每座设备的保养质量评定是根据该设备各部分存在的问题,按照《高速铁路桥隧建筑物保养质量评定标准》的规定,根据扣分情况评定保养质量。

2. 综合维修

综合维修是桥梁养护的重要修程。桥梁的综合维修应全面推行预防修,按照年度维修计划分月组织实施。按照不同设备类型确定桥梁综合维修周期:钢梁桥(含混合桥钢梁、钢拱)3年;混凝土桥及救援疏散通道5年;涵洞等视设备状态而定,一般5~8年。

综合维修年度计划,由设备管理单位编制《高速铁路桥隧建筑物综合维修年度计划表》,经铁路局批准后实施,其完成情况按月统计,逐级上报。月度综合维修计划,按照设备管理单位下达的任务,根据综合维修的要求,以工作量调查结果为依据,编制《高速铁路桥隧建筑物综合维修月计划及完成表》,经批准后执行。

承担综合维修的单位,按照批准后的综合维修计划,制订实施计划和措施,并根据计划进度要求,编制综合维修日计划,填写《高速铁路桥隧建筑物维修保养日计划及完成表》,并组织实施。

综合维修工作的范围主要包括:钢结构维护性涂装、混凝土结构裂缝和露筋的修补、防排水设施整修、支座整修、基础防护整修、涵洞整修、安全防护设施整修、淤积清理等。

综合维修作业应严格按照作业标准进行,实行质量控制,保证达到规定的质量要求。作业过程中,每天应在作业中及收工前进行质量自检、互检和回检,发现不符合标准的项目应及时返修达标。做到每项作业勤检细修一次达标。每次检查的情况都应填写在日计划及完成表内或施工记录上。每座设备综合维修作业全部完工后,应按《高速铁路桥隧建筑物修理作业验收标准》的有关规定进行质量验收评定。长大桥梁或混合桥可分孔或分段进行验收。

综合维修作业质量评定分为合格、不合格两个等级。全部项目一次验收达到合格,可评为"合格",否则为"不合格"。若出现不合格处所,经返修复验合格,评为"合格"。

3. 大修整治

大修整治是桥梁养护工作全盘的重点,大修工作的基本任务是恢复或提高设备运用能力,以充分发挥桥梁的使用效能。桥梁大修按照设备状态劣化程度、工程性质、复杂程度和工程量大小,可分为周期大修、重点大修和一般大修等。

周期大修属于预防性的整修工程,包括整孔钢梁重新涂装或罩涂面漆等;重点大修属于重点病害整治或加固改善工程,包括墩台大修、支座更换、桥涵基础加固、钢梁加固等;一般大修属于重点病害整治或加固改善工程,包括其他病害整治的大修。

桥梁大修的主要工作范围包括:整孔钢梁重新涂装或罩涂面漆;成批更换高强度螺栓;加固钢梁;更换支座或支座螺栓;整孔混凝土梁裂缝注浆、封闭涂装、钢筋锈蚀整治;大面积修复无砟轨道桥面防水层;加固混凝土墩台及基础;更换梁端伸缩装置;整孔更换作业通道步行板、栏杆;加固或恢复桥涵限高防护架等。

涵洞大修的主要工作范围包括:加固涵洞;修复或加固防护及河调建筑物;整治危及涵洞安全的河道等。

(1) 计划和设计文件编制。

设备管理单位应根据设备技术状态,每年设备检查后,提出次年的《高速铁路桥隧建筑物大修项目建议书》,报送铁路局和铁路公司审核。铁路公司会同铁路局,根据轻重缓急和投资能力,确定次年度大修任务计划。每件桥隧大修工程均应进行设计,编制设计文件。周期大修和一般大修件可直接进行设计。重点桥隧大修工程可分两阶段进行设计,即先提出初步设计和概算，经铁路局和铁路公司审查确定后，再编制技术设计。

凡列入桥隧大修计划的件名，其设计文件编制完成后，均应经过铁路局和铁路公司审查批准。设计单位根据鉴定提出的问题作修改后编成正式文件。

（2）施工管理。

桥梁大修原则上由专业施工单位施工，零小的一般大修或周期性大修工程，亦可由设备管理单位施工。大修工程的施工应视工程规模的大小、性质实施工程监理制度。工程的监理应严格执行铁道部发布的《铁路建设工程监理规范》中的各项条款。

桥梁大修施工应建立施工安全质量负责制，严格按照设计文件和有关施工规范、规则、营业线施工安全管理的规定施工，保证行车安全、人身安全和工程质量。

大修工程竣工后应恢复施工中拆除和受损部分的原状，及时清理工地，并整理好施工记录和竣工图等资料。对于技术复杂，采用新技术、新工艺的大修工程，应做好施工技术总结，交付验收。

（3）检查验收。

桥梁大修施工单位应建立严格的检查制度，做好施工检查工作。大修验收以每件为单位，工程项目工作量较大的工程，亦可分项或分孔（个）进行验收，但全部工程竣工后，须再进行一次总的质量评定。

桥梁大修工程的施工质量，以每件工程为单位综合评定，分为"合格""不合格"两个等级。全部工作项目的质量达到合格则评为"合格"，任何一项工作项目的质量未达到合格则评为"不合格"。若不合格项目返工整修，经复验达到合格，评为"合格"。

任务 12.2　高铁桥梁安全防护管理

相关案例

2011年2月18日2时52分，××桥工段××线路车间××线路机工队线路工3人，在去作业现场途中，行至昌九城际铁路庐山城际场101#道岔处（上行线K18+540），被通过的K1138次旅客列车碰撞，造成3名线路工死亡，构成铁路交通较大事故。

事故原因及教训：高铁施工、检修一般均在天窗点内作业，和利用列车间隔作业相比的确安全了许多，容易造成作业人员的麻痹思想；加之夜间作业，瞭望条件较差、人的反应灵敏程度也会受到一定影响，因此高铁夜间作业更要提高安全意识，严防事故的发生。

12.2.1　工作任务

在了解高速铁路工务安全管理基础知识的基础上，学习下面相关内容后，掌握高铁桥梁检查养护维修工作的安全防护要求和防护设施，达到教学要求所需的能力目标和知识目标。

12.2.2　相关配套知识

所有进入高速铁路防护栅栏内的施工和检修作业，以及可能影响行车安全的临近高速铁路营业线施工，必须按规定进行"运统—46"登、销记，并设置防护。高速铁路实行天窗修制度，天窗时间外不得进入高速铁路防护栅栏内，其他在桥面以下、箱梁内等且不影响结构稳定和使用的施工、检修作业，可在天窗点外进行，但严禁进入防护设施，并不得侵入安全限界。所有在高速铁路防护栅栏以外、有可能侵入限界的施工和检修作业，均需按规定设置现场防护和驻站联络员。天窗结束后，应先开行确认列车。

12.2.2.2.1 高铁桥梁作业安全要求

高速铁路施工、检修作业必须执行设备管理单位调度命令、列车调度员命令，确认作业人员、机具、材料。在施工、检修作业或处理设备故障过程中，发现危及行车安全的故障和突出情况，需临时变更或增加检修作业项目或延长作业时间时，需采取必要的防护措施，经驻调度所联络员、驻站联络员报请调度所值班主任同意，发布调度命令，落实专项安全卡控措施并传达到每个作业人员后方可进行。

施工作业前，须做好安全预想，明确安全控制要求，对不进行安全预想和交底不清的，禁止作业。夜间作业必须由车间干部及以上的人员担任负责人，负责所有的施工安全和管理。工作量较大或复杂的作业，工务段要指派技术科或安全科有关人员进行包保，必要时主管领导要检查指导施工作业。所有夜间的作业必须配备足够的照明设备，照明灯具安设要牢固。

高铁桥梁的维修保养工作时间规定如下：

① 桥面所有设备的维修保养（人行道步行板、栏杆的更换养护，桥面和纵横梁缝挡砟板及桥面排水管维修，桥面桥梁标志的设置和涂新）必须在作业天窗点内进行。

② 混凝土梁的养护、桥梁支座的涂油、墩台围栏的维修可以利用其他时间作业。

③ 长大桥梁维修保养要计划作业人员进入桥面的时间、优化作业方式，确保在规定的天窗时间内出桥。进入 1 km 以上的桥梁作业，要考虑采用轨道车运送作业人员进出的方式，同时集中人员进行作业，保证作业效率。

12.2.2.2.2 桥梁安全防护设施

桥梁安全防护设施包括：防护栅栏、围墙，公铁并行防护设施，公跨铁立交桥防护设施和铁跨公立交桥涵限高防护架等。站区专用线通道和作业通道安装的铁门、平过道、人行过道和绿化带等。

所有铁路基建、更改、大修工程，必须按标准做到防护设施与工程同时设计、同时施工、同时投入使用。凡未按规定设置安全防护设施或安全防护设施不符合标准，建设单位一律不得组织验收，并应及时督促施工单位整改达标。设备管理单位有权责令停止施工或拒绝接收设备。

安全防护设施管理工作检查内容包括：安全防护设施技术状态、立交抽排积水和清淤情况、留口看守情况、巡线护路制度落实情况、上线职工执行封闭管理要求的情况、进入封闭网（墙）内行人清理情况。

1. 防护封闭设施

高速铁路线路应实行防护全封闭。必要时，应对梁底至地面高度小于 4 m 的桥梁加强防护。应设置封闭墩台槽口及上下梁体出入口的铁盖板等安全防护设施，防止闲杂人员进入箱梁内部，达到线路封闭要求。防护封闭设施分为钢筋混凝土栅栏和围墙 2 种，铁路沿线封闭设施原则上采用防护栅栏进行封闭，站区及区间个别地段采用围墙形式进行封闭。防护封闭栅栏分为钢栅栏、混凝土栅栏和钢筋混凝土栅栏。

桥梁地段不设防护栅栏，但在桥台处附近的防护栅栏应封闭，沿桥台锥体边缘设置，栅栏应与桥头护栏直角相接，保证封闭无缺口，整体连续、美观，人畜无法进入。桥头封闭方式如图12.1所示。

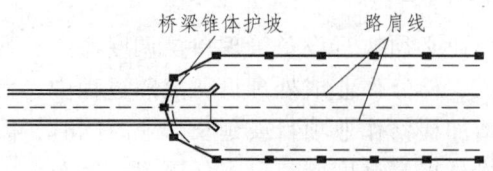

图 12.1　桥头防护栅栏设置示意图

若人行天桥、公跨铁立交桥的桥台锥体高于边坡堑顶，防护栅栏则绕至锥体下方通过；若桥台锥体与堑顶等高，防护栅栏须与人行天桥、公跨铁的栏杆相接并封闭。具体封闭方式如图12.2所示。

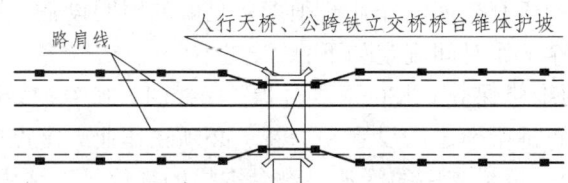

图 12.2　人行天桥、公跨铁立交桥防护栅栏设置示意图

交通、排洪涵洞处防护栅栏须绕至涵洞口上方通过，不得干扰地方交通和排水。同时应先考虑涵顶距离要求，使涵顶栅栏距涵洞两侧等距，两侧应保持相同角度。涵洞封闭方式如图12.3所示。

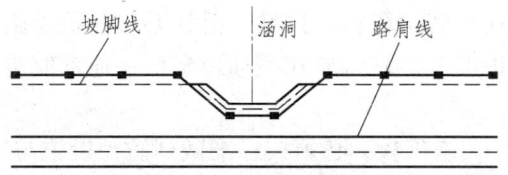

图 12.3　涵洞防护栅栏设置示意图

2. 铁跨公立交桥涵限高防护架

凡桥（涵）下净高不足 5 m，并通行机动车辆的铁跨公立交桥涵均须设置限高防护架。限高防护架结构形式及材料应满足铁道部设计图有关要求，限高防护架距桥梁的距离要符合要求。限高标志要完整、清晰、规范，安设位置正确。同时净高大于 5 m，小于 7 m 的立交桥涵需安设限高牌。限高防护架如图12.4所示。

3. 公跨铁立交桥防护设施

公路跨铁路的桥梁要求必须设有防护网，防护网的

图 12.4　桥涵限高防护架

高度不低于 2.2 m，长度至线路外侧封闭栅栏处，对上跨人行天桥需进行防护网全封闭。通行机动车的公路上跨桥梁在路面两侧应有不低于路面 80 cm 高度的混凝土防护墙，防护墙长度满足要求，确保机动车辆不掉入铁路线路范围内，桥上按要求安设"禁止抛物"标志，两侧桥头安设"限重"牌。

防护网要求安设牢固，网孔孔径不大于 20 mm。防护网涂刷防锈底漆，表面涂刷灰色面漆。对破损的防护网应及时予以修补。

4. 公铁并行防护设施

当公路与铁路并行或公路高于铁路路基顶面时，机动车辆容易冲入（坠入）铁路限界，在公路靠铁路一侧以及公跨铁立交桥桥头要设置安全防护设施。防护设施必须采用公路最高等级的钢筋混凝土防撞墙或防护桩进行防护，防护设施的长度、高度及防撞能力应满足要求。所有防护设施高于路面不得小于 0.8 m。防护墙、防护桩要涂刷警示条纹，警示条纹按 200 mm 等距涂刷黄黑相间的油漆，防撞墙如图 12.5 所示。

公铁并行防护墙被撞后，车辆侵入限界时，巡线人员应及时采取措施，扣发列车，并向车间、段汇报，并组织相关有员排除限界，确认无超限情况后，通知车站放行列车。

图 12.5　防护墙

5. 上下桥紧急疏散通道

高铁列车可能会遭遇各类突发事件，如部分旅客违反规定在车厢内吸烟，导致车厢内的烟气探测器报警；突发的火灾、烟气，列车突发的机器故障；线路、电力故障；山洪、暴雨等不可抵御的自然灾害等等，这些不稳定因素将会导致高速运行的列车紧急制动停车，若列车停车位置刚好在大于 3 km 的特大桥上，则乘客无法安全快速的撤离行车道，由于高铁行车密度大、速度快、有效刹车距离长，势必危及乘客的人身安全。针对这一类可能发生的突发事件，要求在桥长大于 3 km 的特大桥处设置救援疏散通道，按照桥长每 3 km 一处，上、下行线交替设置。救援疏散通道如图 12.6 所示。

疏散通道包括平台、梯板、栏杆、梯梁、立柱、基础，附属设施包括安全防护罩、顶部平台安全门、桥上疏散指示标志等。上下桥紧急疏散通道日常管理维修由工务部门负责，加强对桥梁紧急疏散通道看护，防止人从通道上进入线路，危及列车行驶及破坏桥上设施。

对安防设施应建立健全设备台账，并及时对台账进行修改，确保数据准确、真实可靠。建立健全日常检查、维护和整修管理制度，加强安防设施的设备检查、巡视。

图 12.6　桥梁紧急疏散通道

将安全防护设施的维护工作纳入日常维修工作中，明确标准、细化制度、落实责任，并不断完善考核机制，严格考核。

12.2.2.3　防洪、防寒及应急抢险

1. 防洪检查及河调建筑物

汛期来临前，设备管理单位需在历年防洪工作的基础上，开展汛前防护大检查。对地质

灾害隐患处所、浅基桥梁等重点设施和病害设备，以及存在问题的部位进行仔细排查和检测，提前制定防范措施，及时安排整治。同时重视周边环境变化而引起河道变迁、妨碍桥涵正常排洪，并积极会同地方有关部门进行联合检查治理。

加强汛期雨情监测和预报预警，凡跨越江河水库的特大、大桥及其他需要了解墩台基础冲刷、河床变化、河道变迁、流量等情况的桥梁，要进行洪水通过观测，按规定测量河床断面。

认真完善落实雨后检查制度，明确雨后检查条件。大雨过后，要及时安排雨后设备检查，掌握设备变化，及时整治设备病害。

立交涵抽排水及清淤管理应坚持"预防为主、整治改善、有水必抽"的原则，做到无积水、无淤积、行人能通行。连续小到中雨，和短时间大到暴雨时，要保证立交不积水，行人能正常通行。连续大到暴雨立交涵积水抽不干的，应派人看守。车间应组织专班人员加强抽水力量，保证在雨停后半小时抽干积水，并清除淤积。

桥涵附近河道的淤土杂物必须清除。对有泥石流的桥涵，可采取在上游修建拦砂坝、拦石栅或加陡桥涵下游河道坡度等方法，以防止河床发生淤塞。

对于洪水可能造成的桥梁护锥垮塌的水害，应注意检查桥路结合部线路几何尺寸是否发生变化，并采取相应的防护措施，确保行车安全。护锥基础若不稳，在基础处打钢轨桩加固，堆片石反压护锥坡脚，回填片石或河砂恢复护锥断面。浅基墩台应进行防护加固，加固方法一般采用局部防护、整体防护、钻孔桩围幕或桩基托换等。

遇有下列情况时，应修建或加固防护设备和调节河流建筑物，也可根据具体情况，对河道作适当的裁弯取直。

① 水流威胁桥台、桥头路基及淘刷桥头路基的堤脚。
② 河道变迁，流向不顺，造成集中冲刷，影响局部墩台的稳定。
③ 防护设备或调节河流建筑物位置不当，数量不够，强度不足，可能造成冲毁或损坏。

2. 防寒措施

有冻害的桥涵应予以整治，在未彻底整治前须采取防冻措施。桥涵基底在冻结线以上，桥涵翼墙后为渗水不良土壤时，可采取加深基础、基底压浆、桥台和翼墙后更换为透水性土壤等措施，并作排水盲沟等方法整治。对冬季无水河流的桥墩，可在墩周一定范围内培土培草；有水的小桥有条件时可在下游填土筑坝，临时抬高水位，或填平冲刷坑等。寒冷地区为防止涵洞内发生冻结，在冬季应采用挡雪板挡住小孔径涵洞的洞口，或采取在涵洞口培土培草、装门防风等临时防冻措施。

有流冰的河流，在墩台前应设有破冰凌和其他防冰设施，具体实施应根据设计情况确定。破冰设备可附在墩身上或单设。单设时破冰凌的结构形式，视水流流向与墩台交角而定，破冰凌尾端距墩台一般为 2~8 m。如流冰量较大，可在破冰凌前 30~50 m 处设置前哨破冰凌，其数量为墩台数的 1/2~1/3。

3. 桥梁病害应急处理

按铁路交通事故灾难的可控性、严重程度和影响范围，应急响应级别分为Ⅰ、Ⅱ、Ⅲ、Ⅳ四级。事故发生时，事发单位立即组织先期处置工作，并根据事故情况启动相应级别的应急响应。

当发现桥梁墩台被车辆撞击时，立即封锁区间，由设备管理单位向上级汇报，由铁路局牵头组织有关专家，对桥梁进行技术鉴定，根据鉴定情况确定是否放行列车。

当发生桥梁限高防护架被撞并影响桥梁结构安全时，要视被撞情况立即采取封锁或限速措施，同时安排桥梁抢修。抢修后，视现场情况确定是否放行列车。

在地震监控子系统报警后，设备管理单位组织人员立即赶赴报警区段，对桥梁进行检查和处理，确认设备无异常后，恢复行车。

拓展知识　高铁桥梁检查检测工具及仪器设备

1. 手持式激光测距仪

利用仪器内置的望远镜瞄准器，通过瞄准器上的十字丝可以精确地观察到测量目标。在 30 m 以上的测量距离，激光点会显示在十字线的正中；在 30 m 以下的测量距离，激光点不在十字线中间。

激光测距仪可测量单个距离、从某点出发的最大/最小值测量、面积测量、体积测量以及间接测量不易直接测量或测量危险的边。

2. 涂层测厚仪

仪器使用前应进行调零，测厚时应将仪器探头垂直接触被测物的表面，仪器将自动开机并测数据。测量应为点接触，严禁将探头置于被测物表面滑动。每次测量间隔时间应大于几秒钟，且仪器应离开被测物 10 cm 以上，再进行下一次测量。

3. 数显回弹仪

数显混凝土回弹仪是现场检测最广泛的混凝土抗压强度无损检测仪器，是获取混凝土质量和强度的最快速、最简单和最经济的测试方法。

测试时将弹击杆顶住混凝土表面，轻压仪器，使按钮松开，放松压力式弹击杆伸出，挂钩挂上弹击锤。使仪器的轴线始终垂直于混凝土表面并缓慢均匀施压，待弹击锤脱钩冲击弹击杆后，弹击锤回弹带动指针向后移动至某一刻线示出回弹值。逐渐对仪器减压，使弹击杆自仪器内伸出，待下一次使用。

4. 钢筋锈蚀探测仪

利用电化学原理，通过电极测量混凝土表面电位，根据钢筋锈蚀产生的电位大小或形成的电位梯度大小来判断钢筋是否锈蚀及锈蚀程度。测量混凝土表面电位从而达到无损检测混凝土中钢筋锈蚀程度。储存电位值并用图形显示，并将数据传输到软件中进行操作。

5. 裂缝宽度观测仪

设备主要由手持式彩色显示主机、彩色显微放大探头（带 USB 连接电缆）构成，测量时程序自动扫描捕获裂缝并实时显示裂缝的宽度数值，用户可从显示屏上直接读取裂缝宽度数值，也可对裂缝进行拍照并存储到主机附带的 U 盘中，以进一步图像分析或打印存档。

6. 高铁桥梁检测车（以下简称"桥检车"）

桥检车是一种可以为桥梁检测人员提供作业平台的设备，用于流动检查及维护的专业车辆，具有灵活、快速、高效的特点——通过自身动力或轨道车牵引，能快速到达作业地点，有效利用天窗点；作业过程中不影响临线交通，且能不收回作业设备在工作点之间低速行进，工作效率高。

桥检车一般是在大机车架底盘基础上安装专用的工作装置而成，根据作业机构的不同，大致分为吊篮式和桁架式 2 种，分别如图 12.7 和图 12.8 所示。

图 12.7　吊篮式桥检车

图 12.8　桁架式桥检车

相关规范、规程与标准

[1] TG/GW 114—2011 高速铁路桥隧建筑物修理规则（试行）. 北京：中国铁道出版社，2014.

[2] 铁总运[2014]170 号 高速铁路工务安全规则. 北京：中国铁道出版社，2014.

[3] 高速铁路桥隧工. 北京：中国铁道出版社，2013.

[4] 高速铁路桥隧维修岗位. 北京：中国铁道出版社，2012.

项目小结

（1）高速铁路工务安全管理应坚持"安全第一，预防为主，综合治理"的方针，遵循"行车不施工，施工不行车"的原则，实行天窗修制度。

（2）桥隧检查工区负责桥隧设备、附属及安全检查设施的日常检查、观测和适量的保养工作。

（3）桥隧设备信息化管理的技术文件包括：桥隧登记簿、桥隧设备图表和秋检报表、桥隧卷宗。

（4）高铁桥梁的养护维修工作按业务范围和工作性质可分为桥梁检查、周期性保养、综合维修和大修整治等内容。

（5）桥涵检查包括：水文观测、周期性检查、临时检查、专项检查、检定试验等。

（6）根据《高速铁路桥隧建筑物状态评定标准》，状态按劣化程度分为 A、B、C 三级，A 级又分为 AA、A1 两等。

（7）桥梁安全防护设施包括：防护栅栏、围墙，公铁并行防护设施，公跨铁立交桥防护设施和铁跨公立交桥涵限高防护架等。

课程资源

复习思考题

12.1 高铁桥梁检查、作业的时间及规定如何？
12.2 高铁桥隧养护维修的组织机构是如何设置的？
12.3 高铁桥梁养护维修工作有哪些内容？它们的特点分别是什么？
12.4 桥隧设备信息化管理的技术文件有哪些？它们的作用分别是什么？
12.5 试述桥梁专项检查的主要项目及其内容。
12.6 高铁桥梁状态劣化程度的等级有哪些？各等级分别有什么要求？
12.7 桥梁大修施工质量的检查验收如何规定？
12.8 桥梁安全防护设施有哪些？它们的设置条件如何？
12.9 桥梁防寒工作有哪些措施？

项目 13　桥面系养护维修

项目描述

桥面是桥梁直接承受列车载重的部分，它把列车活载比较均衡地传递给桥跨结构。桥面状态是否完好，直接关系到列车在桥上运行的平稳和安全，关系到桥梁各部分的受力状况及其使用寿命。所以，桥面在构造上必须刚度好、整体性强、各部尺寸准确、经久耐用并经常保持良好状态。

高速铁路桥梁桥面分为有砟和无砟桥面，我国高铁桥梁多为无砟桥面，桥面布置一般采用整体桥面，如图 13.1 所示。① 用挡砟墙（防撞墙）替代护轨，以便于线路维修养护。② 接触网支柱设在桥面，接触网支柱外侧至人行道栏杆内侧，作为检查车通道。③ 桥面防水采取以下措施：a 整体桥面；b 防、排水体系；c 防水伸缩缝；d 防水层保护层。⑤ 两侧电缆槽及盖板、声屏障等。有砟桥面还设有梁缝挡砟板和伸缩缝钢盖板等。

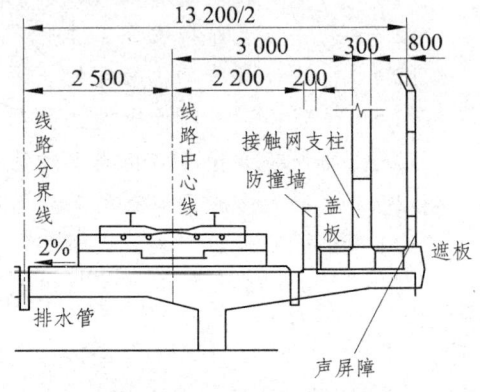

图 13.1　桥面构造图

学习目标

1. 能力目标
- 能对桥面系统进行有效的检查；
- 能对桥面系统状态劣化进行评定；
- 能够对桥面及防水系统进行维修；
- 能够对梁端伸缩缝进行检查维护。

2. 知识目标
- 掌握桥梁检查的具体内容；
- 掌握桥面系统检查的方法；
- 掌握桥面系及防水系统的维修方法。

相关案例

经过长期运营，目前高速铁路桥面存在积水现象，桥面积水的原因是该长度范围内无泄水孔、泄水孔堵塞、桥面横向排水坡设置不良呈凹槽形状，应采取相应措施修整。止水带剥离，需整治。部分桥面防水层出现起鼓、上翘、脱落、破损等现象，防水层破损容易使桥面积水渗入混凝土内部，影响桥梁结构的耐久性，要重新涂装。作业通道栏杆与遮板连接螺栓松动，有砟轨道伸缩缝钢板锈蚀漏砟、漏水需要修整。这些问题均需要维修解决。

任务13.1 桥面及防排水系统维修

13.1.1 工作任务

根据桥面主要工务设施组成和桥面宽度、防排水设施标准及要求,对桥面系统进行维修,保证各项指标处于良好状态。混凝土梁(拱)桥面及防水等重点检查任务如下:

(1)检查桥面防水层破损、开裂和起鼓;(2)泄水孔堵塞、漏水、丢失管盖;(3)梁端止水带漏水、脱落、破损、堵塞,有砟轨道梁缝挡板脱落、盖板脱出;(4)遮板端部挤死;(5)栏杆松动、裂损、掉块、开裂,连接处脱落,栏杆螺栓松动缺少、锈蚀;(6)作业通道盖板损坏、缺少、翘动、大缝隙;(7)防护墙开裂、掉块;(8)轨道底座板、侧向挡块和桥面接合状态;(9)封锚混凝土开裂、脱落、空鼓;(10)梁与梁之间、异形墩上梁端与桥墩挤死;(11)吊装孔、检查孔附近、倒角变截面处裂纹,矮墩防护门状态;(12)拱脚与拱肋、拱脚与梁体连接部位混凝土裂缝;(13)吊杆在拱、梁上的锚固混凝土裂缝、脱落;(14)桥面、箱梁内积水;(15)梁体渗水、流白浆;(16)排水管破损和漏水;(17)排水孔、电缆孔尿梁等。

桥梁救援通道:(1)救援疏散通道与地面道路接驳情况;(2)平台顶面与桥面遮板之间的缝隙;(3)栏杆、安全防护罩锈蚀、损坏;(4)围墙墙体裂缝、变形,排水管堵塞;(5)栏杆、边框钢管与梯板连接是否牢固;(6)门锁、插销损坏、缺失。

根据所查病害维修技术复杂程度,由铁路局或者按规定程序委托具有资质的公司实施。

13.1.2 相关配套知识

中、小跨度的高速铁路桥梁多采用有砟、无砟轨道的预应力混凝土桥结构。大跨度高速铁路桥梁多采用有砟轨道的钢桥结构,桥面截面形式一般为钢-混结合桥面和整体钢桥面2种,也有采用不结合形式的道砟桥面,如福厦线闽江桥采用支承在钢横梁的小跨度预应力混凝土槽形梁来实现道砟桥面。南京大胜关长江大桥、郑州黄河大桥、济南黄河大桥均采用了钢正交异性整体桥面板的结构。图13.2为钢-混结合桥面断面图,图13.3为钢桥面断面图,图13.4为有砟轨道混凝土桥面布置图,图13.5为无砟轨道桥面布置图(设置维修作业通道)。

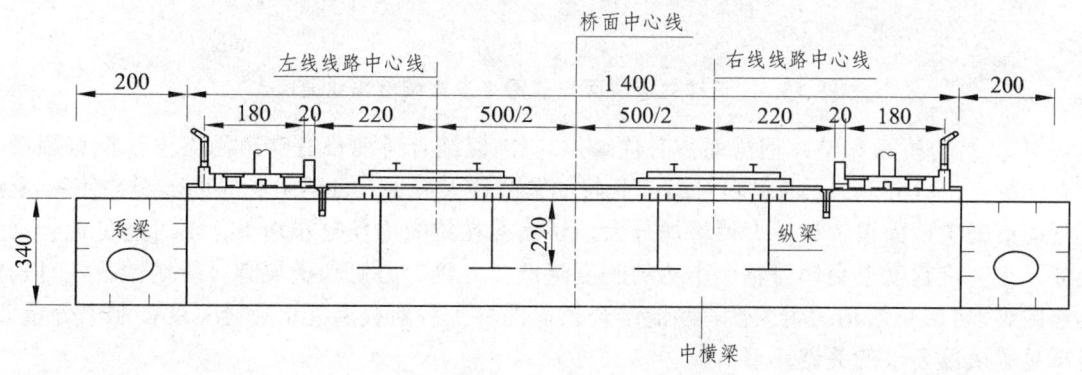

图13.2 钢—混结合桥面断面图

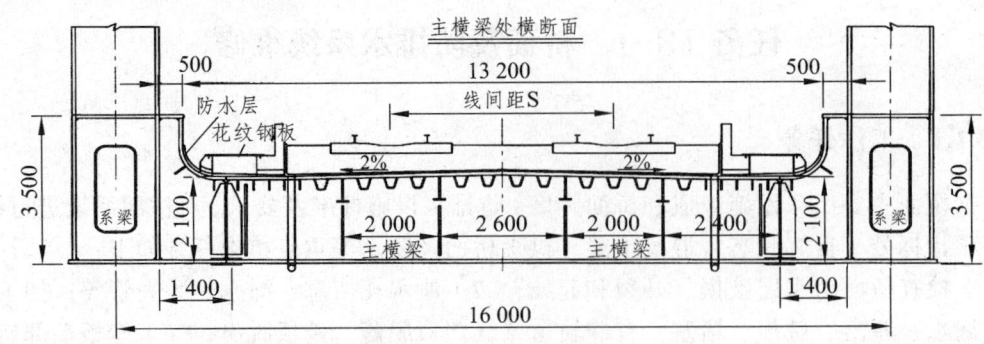

图 13.3 钢桥面断面图

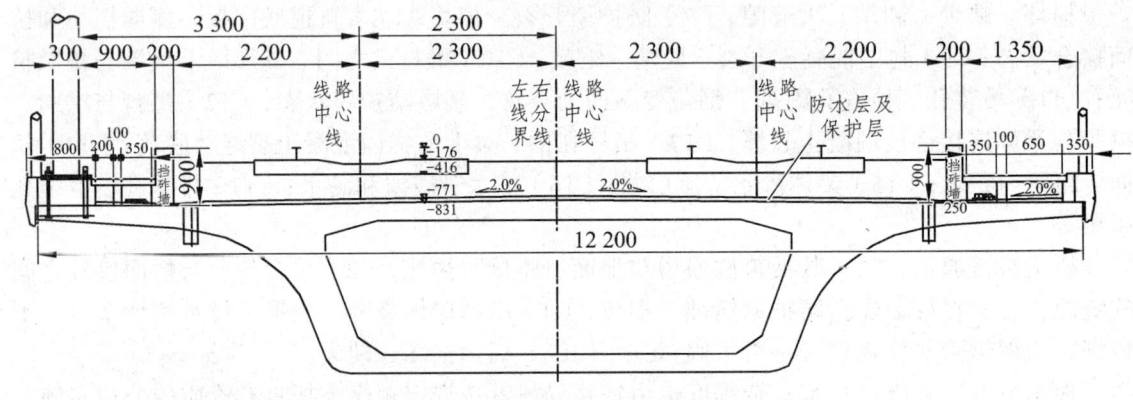

图 13.4 有砟轨道混凝土桥面布置

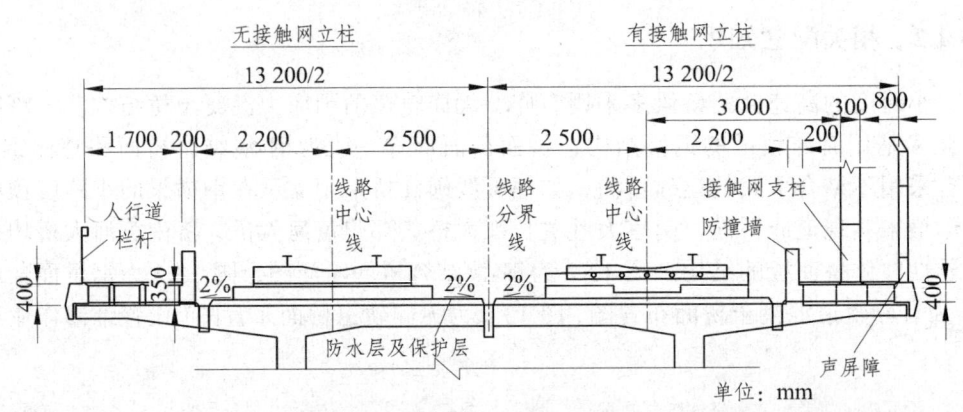

图 13.5 无砟轨道桥面布置图（设置维修作业通道）

钢-混结合桥面和整体钢桥面各有优缺点。钢-混结合桥面具有噪声污染小、钢材用量相对少的优点，但由于钢、混材料对温度荷载的敏感性差异大，日照引起的局部温差使钢-混结合桥面混凝土桥面板的拉应力值增加较大，桥面板在拉应力反复作用下，不可避免地会产生裂缝，在一定程度上会使得整个结构的刚度降低，并且剪力钉和横梁有可能锈蚀，一旦锈蚀维修困难，将影响结构的耐久性；钢-混结合桥面混凝土桥面板混凝土裂缝宽度控制十分重要，是满足耐久性要求的关键环节。

正交异性板整体钢桥面，桥面材料相同，且钢材抗拉性能好，没有混凝土桥面板存在的混凝土裂缝控制问题；钢桥面结构重量小、桥面维修相对方便，但钢桥面板制造、安装相对复杂，用钢量较大。钢桥面的防腐、防水处理非常重要，是满足耐久性要求的关键环节。

13.1.2.1 桥面检查及要求

线路中心距作业通道栏杆内侧之间的距离宜为 4.1 m，对 250 km/h 区段无砟桥面不应小于 3.45 m，有砟桥面不应小于 3.75 m。通道宽度不应小于 0.8 m。桥面设防护墙，不设护轮轨，有砟轨道防护墙兼作挡砟墙。线路中心至防护墙内侧净距，有砟轨道不应小于 2.2 m，无砟轨道不应小于 1.9 m。防护墙顶宽不应小于 0.2 m，顶面高程不低于相邻轨面，且不侵入限界。防护墙外侧桥面设置电缆槽。电缆槽盖板顶面平整，铺设稳固。钢筋混凝土电缆槽盖板厚度不小于 60 mm（可通行桥梁检查小车的钢筋混凝土电缆槽盖板厚度不小于 90 mm），混凝土强度等级不低于 C40；活性粉末混凝土（RPC）电缆槽盖板厚度不小于 25 mm，抗压强度不小于 120 MPa；宜在沿线路每 10 m 铺设带凹口的活动盖板，在梁缝处应设纵横向限位装置，防止电缆槽盖板在梁缝处串动，影响人身安全。主梁翼缘悬臂板端部应设钢筋混凝土遮板，并作为作业通道栏杆、声屏障的基础。遮板、栏杆等在梁的活动端处均应断开或在梁缝处设伸缩缝，间隙满足伸缩要求。有砟桥轨下枕底道砟厚度不应小于 35 cm，直线段和曲线内股不应大于 45 cm。超过偏差限值时应进行检算，如影响承载力或侵入限界时，必须进行调整。作业通道栏杆高度不应小于 1.0 m，立柱和扶手的水平推力应能承受 0.75 kN/m 均布荷载和 1.0 kN 集中荷载的要求，栏杆与遮板连接锚固螺栓直径不应小于 16 mm。立柱垂直度不大于立柱高度的 3‰；扶手高度应保持一致，10 m 长矢度不大于 10 mm。遮板顶部预埋钢板和 U 形螺栓外露部分应采用多元合金共渗加封闭层的防腐处理。

13.1.2.2 桥面劣化等级评定

每年秋季应对没做桥隧建筑物按项目进行一次状态评价，填写《高速铁路桥隧建筑物状态评价记录表》(高桥-5)。特长桥梁也可分段评定。

13.1.2.3 桥面防排水

1. 桥面防排水系统检查及要求

桥面应设有良好的防排水设施。根据轨道结构形式，桥面横向排水构造为六面坡三列排水，或四面坡两侧排水，或两面坡中间排水；排水坡度不小于 2%，泄水管处应设有汇水坡，泄水管纵向间距宜在 40 m 左右。防护墙过水孔高度和宽度均不小于 15 cm，与防护墙过水孔对应位置的中间电缆槽竖墙应设置高度和宽度均不小于 10 cm 的过水孔。框构桥顶面应做成向线路两侧的排水坡，不得将框构桥顶面的水排向路基以内。跨越铁路、公路、城市道路和居民区的立交桥，当桥下对排水有要求或需要考虑景观时，应设置纵、横向排水管和竖向落水管集中从梁端排水，纵、横向排水管设置排水坡度不应小于 1%。落水管出口设弯管，弯管口距自然地面高差宜在 0.5~1.0 m，地面设消能槽和简易排水沟，简易排水沟与周边排水系统顺接。纵、横向排水管和竖向落水管应连接牢固。桥面排水管系统由泄水管、管盖、纵向排水管、横向排水管、竖向落水管、顺 T 形接头、三向接头、弯管接头和排水管支架等组成。水管和接头材质应符合《无压埋地排污、排水用硬聚氯乙烯（PVC-U）管材》和建筑排水用硬聚乙烯（PVC-U）管材》(GB/T5836.1)的要求，排水管支架采用金属材料。水管连接应牢固、不漏水，水管、支架均应连接牢固。泄水管直径应根据实际排水量要求确定，内径不应小于 15 cm，泄水管出口外露长度要保证排水不污染梁体、支座、墩台检查设施等，最小长度不小于 15 cm。管盖厚度不小于 38 mm，开孔最大尺寸宜为 20 mm。严寒地区泄水管壁厚不宜小于 8 mm。

（1）钢桥的有砟桥面系。

高速铁路大跨度桥梁大多采用有砟轨道的钢桥结构，如武汉天兴洲长江大桥铁路桥面。

① 钢桥桥面防腐、防水材料。

高速铁路的钢桥防腐、防水处理，采用耐盐雾腐蚀性能高的 SBD 环氧富锌防锈漆及新型的聚脲弹性体涂料。聚脲弹性体技术与传统涂装技术相比，具有优异的防水和耐候性能、优异的施工性能、良好的热稳定性、涂层的连续性、施工效率高等优点。

② 钢桥桥面防护体系。

钢桥面防护体系由防腐层、防水层、连接层及保护层四部分组成，使用年限为 25 年，属于长效防腐技术。防腐层采用耐盐雾腐蚀性能高的环氧富锌防锈漆，提高钢桥抗腐蚀性能，延长使用寿命。环氧富锌防锈底漆涂 2 道，总厚度为 100 μm。防水层为聚脲弹性体涂层 2 道，总厚度为 2.0 mm；连接层为 5～10 mm 的豆石，确保了在使用过程中防水层不被道砟破坏，起到了保护防水层的作用；保护层为 C40 细石聚丙烯纤维网高性能混凝土，厚度为 6 cm。如图 13.6 所示。

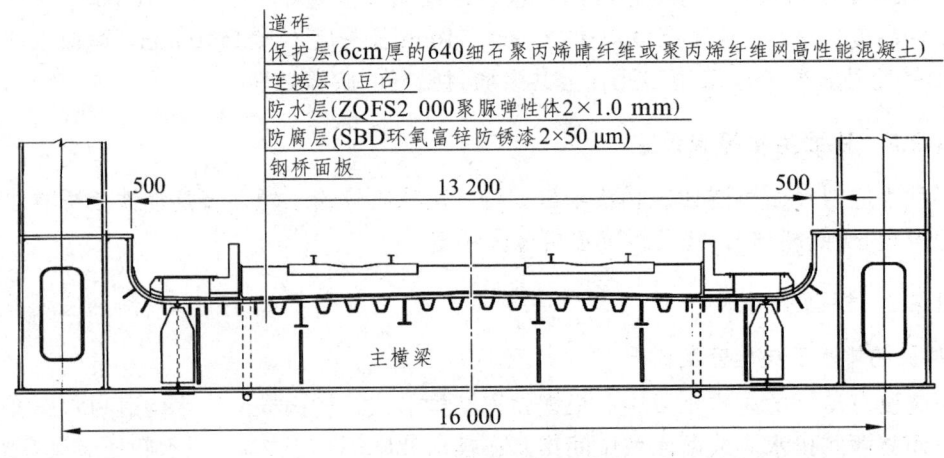

图 13.6　钢桥桥面防护体系

（2）有砟轨道混凝土桥面防水。

有砟桥面主要采用卷材加粘贴涂料型防水层（目前的卷材主要是氯化聚乙烯防水卷材，涂料主要是聚氨酯防水涂料）和高聚物改性沥青卷材型防水层。

① 混凝土桥面防水层应设置保护层，保护层纵向每隔 4 m 设置宽 10 mm、深 20 mm 的横向预裂缝，并用聚氨酯防水涂料填实。

② 防护墙间宜铺设卷材类防水层，防护墙根部加铺卷材附加层，附加层沿防护墙弯起高度 5 cm，水平向宽度 15 cm。防水层上设厚度不小于 6 cm 的纤维混凝土保护层，保护层与防护墙接缝应采用聚氨酯防水涂料封边，封边高度不小于 8 cm。

③ 防护墙外侧电缆槽应采用聚氨酯防水涂料防水层，防水层上设厚度 4～6 cm 的纤维混凝土保护层。保护层与防护墙、电缆槽竖墙接缝应采用聚氨酯防水涂料封边，封边高度不小于 8 cm。

有砟桥面所有排水管道出水口必须伸出建筑物外，不够长的要接长或进行更换，以免排出的水弄脏桥面及墩台表面。要及时清除桥上及墩台上的污秽，疏通排水管，堵塞严重的要更换，冬季要除冰。桥上道砟不洁或拱桥中填筑材料风化不良要及时清筛或更换，以求经常保持排水畅通。

桥面凡是可能被积水渗入的隐藏面均应铺设防水层，防止水渗入建筑物内。如外露面发现有潮湿斑点、流白浆或其他潮湿的痕迹时，要立即查明防水层的情况并进行处理，必要时进行更换防水层。修补或更换防水层是一项比较复杂的工作，需要较长的作业时间，通常先设置轨束梁，将线路上部建筑暂时移到轨束梁上，然后分段挖除道砟，拆除破损的防水层，换以新的防水层。

防水层严禁在雨、雪天和五级风及其以上时施工，防水层铺设前应采用高压风枪清除基层面灰尘，其施工材料和施工环境应符合设计要求。防水卷材纵向宜整幅铺设，当防水卷材进行搭接时，先行纵向搭接，再进行横向搭接，纵向搭接接头应错开。防水卷材应在桥面铺设至挡砟墙、竖墙根部，并顺上坡方向逐幅铺设，并伸至悬臂人行道或边墙。在温度伸缩缝上铺设防水层必须用适当的结构承托，避免因梁的伸缩而使防水层断裂。

（3）预应力混凝土梁的无砟桥面系。

① 无砟桥面构造。

主要包括：人行道遮板及栏杆、电缆槽、防水系统、排水系统、伸缩系统及综合接地系统6个组成部分。综合接地系统构造见图13.7。

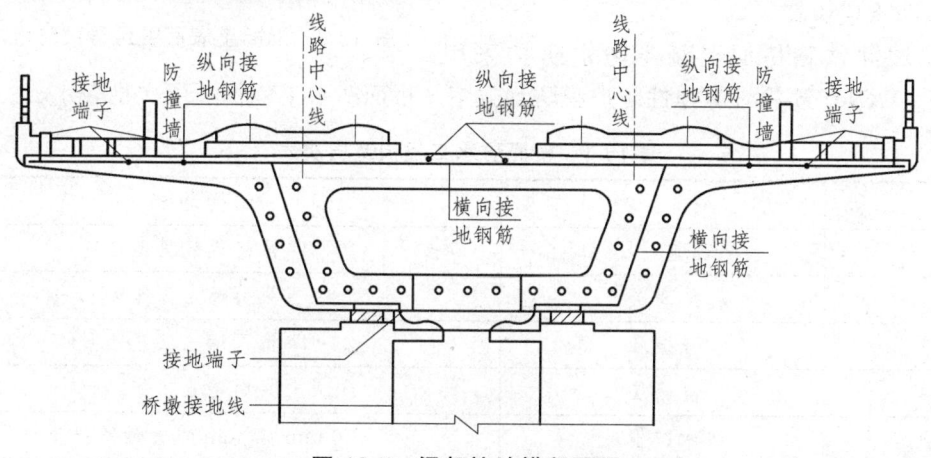

图13.7 梁部接地横断面图

接地钢筋网应保证各点电气连续贯通，露出混凝土以外部分需进行锌铬涂层防锈处理。梁部接地钢筋布置采取在梁部纵横向预留接地钢筋，并在梁的顶面及底面预留接地端子，以便与需要接地的构件及下部结构接地体连接。

a. 每孔简支箱梁桥面设置4根ϕ16 mm纵向钢筋，在双线轨道底座板之间设置2根钢筋，防撞墙和轨道底座板之间各设置1根钢筋。根据箱梁桥面板钢筋布置，当无单根ϕ16 mm纵向钢筋可供利用时，可采用2根ϕ12 mm钢筋代替1根ϕ16 mm钢筋。

b. 梁端桥面板设横向钢筋、腹板设竖向钢筋与纵向钢筋焊接形成电气回路。

c. 桥面防撞墙、信号电缆槽、遮板、梁底分别预留接地端子与轨道、综合贯通地线、栏杆或声屏障、桥墩接地钢筋的连接条件。

d. 桥上接触网支柱预埋钢板采用焊接方式与梁部纵向接地钢筋连接。

e. 接地端子简支箱梁每孔16个，3孔一联的连续梁为32个。

f. 连续梁的接地布置形式和要求与简支箱梁一致。

② 无砟轨道混凝土桥面防水。

a. 轨道底座板直接与混凝土桥面板相连的无砟轨道结构，在轨道底座板范围外的防护墙之间应铺设卷材类防水层，防护墙和底座板跟部加铺卷材附加层，附加层沿防护墙弯起高度5 cm，水平向宽度15 cm。防水层上设厚度不小于6 cm的纤维混凝土保护层，保护层与防护墙接缝应采用聚氨酯防水涂料封边，封边高度不小于8 cm。

b. 轨道底座板与混凝土桥面板之间设有隔离层（滑动层）的无砟轨道结构，可采用底涂、喷涂聚脲防水涂料、脂肪族聚氨酯面层组成的喷涂聚脲防水层。底涂宜采用常温、低温、高温型环氧树脂或聚氨酯材料；聚脲防水涂料涂膜厚度应在1.6~2.0 mm之间；脂肪族聚氨酯面层涂膜总厚度不应小于200 μm。聚脲防水涂料涂膜宜采用深灰色，脂肪族聚氨酯面层宜采用中灰色。喷涂聚脲防水层上不设保护层。图13.8混凝土表面脏污导致防水层脱离。

图13.8 混凝土表面脏污导致防水层脱离

京津城际铁路桥面混凝土防水防护采用2 mm厚STAN01喷涂聚脲弹性防护膜防水方案。桥面防水工程构造层次见表13.1。

表13.1 桥面防水工程构造层次表

编号	构造层次	结构说明
1	轨道板层	博格式或其他
2	隔离层	聚丙烯土工布
3	减振层	聚乙烯土工膜
4	隔离层	聚丙烯土工布
5	防水防护层	2.0 mm厚stan01弹性防护膜
6	防水底涂层	SP-7881底漆
7	基面	桥面混凝土

与传统防水设计相比，喷涂弹性防护膜具有较多的优良特性但该防水层施工质量及工艺均较难有效控制，目前高速铁路已采取提高梁体混凝土的抗渗等级的方式不再设置防水层。

c. 防护墙、侧向挡块跟部应进行封边处理，封边高度不小于8 cm；泄水管内壁涂刷聚脲防水涂料，深度不小于10 cm。分次喷涂时，搭接长度不小于10 cm。

d. 防护墙外侧电缆槽防水层铺设要求与有砟轨道桥面防水相同。

e. 遮板断缝应采用弹性嵌缝胶沿缝全高填塞饱满，不渗水、不漏水。图13.9遮板处接缝需封堵。图13.10梁端止水带脱落而填塞。

图 13.9　遮板处接缝需封堵

图 13.10　梁端止水带脱落

13.1.2.4　桥面排水和防水层维护

遮板断缝应采用弹性嵌缝胶沿缝全高填塞饱满，不渗水、不漏水。框构涵顶面防水层宜采用防水卷材防水层，框构桥涵边墙侧面宜采用聚氨酯防水涂料防水。混凝土梁、框构桥及桥台顶面可能被积水渗入的处所，均应铺设防水层。若发现混凝土表面有湿润渗水、流锈水、白浆时，或无砟轨道桥面防水层出现起泡、脱皮、空鼓、开裂、掉块等病害时应查明原因并及时修理，必要时予以更换或增设。防水层应采用耐久性好的新型材料，保护层应采用 C40 及以上纤维混凝土；厚度不小于 6 cm。修补防水层的标准不应低于既有的防水层标准。修补部位的防水层搭接宽度不小于 20 cm。

电缆槽、排水管内不得积水，不得有影响排水的砂土、垃圾等杂物。

在养护工作中，经常保护桥面的清洁，注意和保持桥面的排水畅通，以免水流入桥体内造成病害。所以桥面要有足够的纵向和横向流水坡，使雨水能随时流至较低地点经由泄水管（或槽）排出。原有流水坡面上有破裂处所或表面脱落、凹凸不平等，须清除后将不平及凹坑处用砂浆抹平。如流水坡坡度过小，可用增加流水坡表层厚度的方法来改正，必要时也可另行加铺一层一定厚度的混凝土并进行表面抹光，做成 3% 的坡度。

13.1.2.5　桥面栏杆维修

栏杆松动或脱落处用镀锌铁丝线临时固定，保证作业人员安全。将准备好的栏杆装好，用连接螺栓固定。拆除镀锌铁线并收回。栏杆安装要求顺直、连接牢固、无破损、无掉块。

栏杆掉块修补，凿除破损的栏杆表面混凝土。将混凝土表面灰屑清理干净。在编面裂纹处涂一层 PBAc 塑料乳液。待 PBAc 塑料乳液涂层稍干后，用已拌好的 PVAc 塑料砂浆进行修补。要求连接牢固，表面补修平整、新旧结合密实、无飞边、断裂。

13.1.2.6　声屏障维修

声屏障松动螺栓等紧固。

声屏障吸声板的修补。准备好泡沫混凝土吸声板。将声屏障旧缝或表面灰屑除净，用铁丝刷除去粉尘，冲洗干净。在泡沫混凝土吸声板表面涂一层 PVAc 塑料乳液，待其稍干后，将拌好的塑料水泥砂浆抹上并将吸声板粘到主体结构上压实。吸声板边缘要进行勾缝处理。作业要求粘接牢固，表面平整、光滑、密实、无空洞。勾缝要压实、抹光、无裂纹、无飞边、无断裂。

任务 13.2 桥梁梁端伸缩装置

相关案例

桥梁面板因温度、地形等客观条件的变化而产生膨胀或收缩,每两个预定梁长的各相邻桥面板之间要设置一个梁缝,以适应桥梁面板的收缩,并且在梁缝处设置一伸缩装置,达到降低噪声、提高行车速度、防止各种杂物或雨水落下等效果。因此桥梁伸缩装置是桥梁梁端之间的重要连接部件,对桥梁端部伸缩及防水性能起重要作用,其质量和性能将直接影响整座桥梁的耐久性。

对于高速铁路桥梁,梁端伸缩装置范围内线下竖向刚度与桥上线路竖向刚度的平稳过渡,以及伸缩装置横向限位的可靠性决定了高速铁路线路的平顺性、安全性。另外大跨度桥梁在温度伸缩,混凝土收缩、徐变和活载等综合荷载作用下,梁端伸缩位移量大大增加,传统的牛腿加过渡梁的伸缩结构已无法满足大跨度桥梁梁端伸缩的要求,如武汉天兴洲长江大桥、南京大胜关长江大桥和郑州黄河大桥均采用了伸缩量为 800～1 000 mm 的梁端伸缩装置。

13.2.1 工作任务

对梁端伸缩缝装置进行检查,不符合以下要求时需要设置或维修。

(1)相邻梁间、梁与桥台间桥面梁缝应设置伸缩装置,伸缩量应满足结构伸缩要求。

(2)防水橡胶带应采用氯丁橡胶或三元乙丙橡胶,氯丁橡胶伸缩装置适用月平均温度范围应为 -25～+60 ℃,三元乙丙橡胶伸缩装置适用月平均温度范围应为 -40～+60 ℃。橡胶的物理机械性能应满足《客运专线桥梁伸缩装置暂行技术条件》的规定。自然状态下橡胶最小厚度不应小于 4 mm。

(3)伸缩装置安装平直,防水橡胶带应全部嵌固于异型耐候钢或异型铝合金型材凹槽内,不得积水,且沿梁缝全长设置,防水橡胶带不得有接缝。

13.2.2 相关配套知识

梁端伸缩调节装置主要设计原则:
(1)构造上满足铁路线路正常运营需要;
(2)满足养护维修作业要求;
(3)为提高结构耐久性提供保证措施;
(4)从美学角度出发,考虑景观设计;
(5)在满足使用功能条件下,最大限度地降低成本;
(6)以人为本,简化施工工艺、方便养护维修。

1. 梁端伸缩调节装置结构形式

梁端伸缩调节装置的结构形式大多主要由铝合金型材和橡胶密封带组成。
(1)铝合金型材典型结构形式主要有 2 种,如图 13.11 所示。
(2)橡胶密封带典型结构形式主要有 3 种,如图 13.12 所示。其中图(a)形式适用于小型伸缩量的伸缩装置；图（b）形式适用于中型伸缩量的伸缩装置；图（c）形式适用于大型伸缩量的伸缩装置和曲线梁。

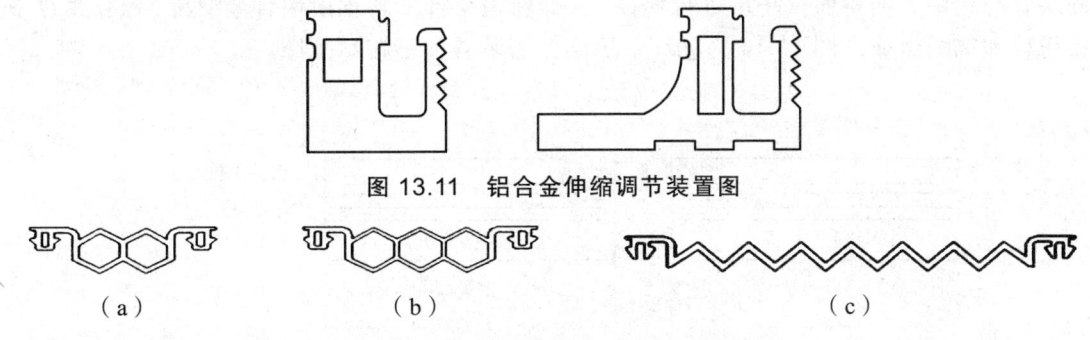

图 13.11　铝合金伸缩调节装置图

图 13.12　橡胶密封端部伸缩调节装置图

另外，根据特殊桥梁伸缩缝伸缩量大小要求的不同，可以改变铝合金型材和橡胶密封带截面形状（但密封带基本装配形状不变），以适应伸缩量的要求。

2. 梁端伸缩装置分类

根据常用跨度梁需要，按照轨道梁的结构的不同，伸缩装置类型包括有砟轨道及无砟轨道梁伸缩装置两大类。以 TSSF-X 表示伸缩装置符号，其中 TSSF 表示铁路桥梁伸缩缝，X 表示总伸缩量。安装时应根据现场环境温度等实际情况设置初始伸缩量。TSSF 系列伸缩装置主要适用于中小跨度客运专线铁路桥梁，根据型钢选用钢材的不同，该系列伸缩装置又可分为耐候钢伸缩装置和铝合金伸缩装置，如图 13.13 所示。该伸缩装置技术参数见表 13.2。

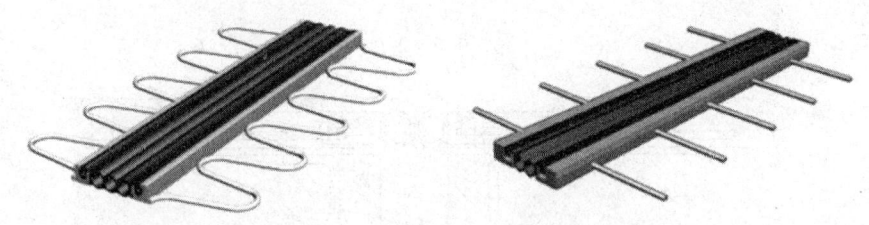

TSSF（耐候钢）伸缩装置　　　　　　TSSF（铝合金）伸缩装置

图 13.13　伸缩调节装置图

表 13.2　TSSF 系列伸缩装置技术参数

序号	规格型号	最大位移量 /mm	单边槽口宽度 W/mm	安装深度 H/mm	中间温度时梁端间隙 /mm
1	TSSF30	30	230	≥55	60
2	TSSF60	60	230	≥55	100
3	TSSF100	100	230	≥55	100
4	TSS160	160	230	≥55	150

（1）无砟轨道梁伸缩装置。

无砟轨道梁伸缩装置，直接通过锚固钢筋与桥面保护层钢筋连接，梁端保护层内横向钢筋应与防撞墙及竖墙钢筋连接。在桥面保护层施工后进行伸缩装置的安装，为避免伸缩缝处积水沿伸缩缝流出道桥下，在电缆槽内伸缩装置设置2%横向坡，梁端200~300 mm范围内，伸缩装置与跨中方向桥面保护层进行顺接。无砟轨道梁伸缩装置由铝合金型材、橡胶密封带、连接螺栓和锚筋组成，图13.14为无砟轨道梁伸缩装置的结构示意图。

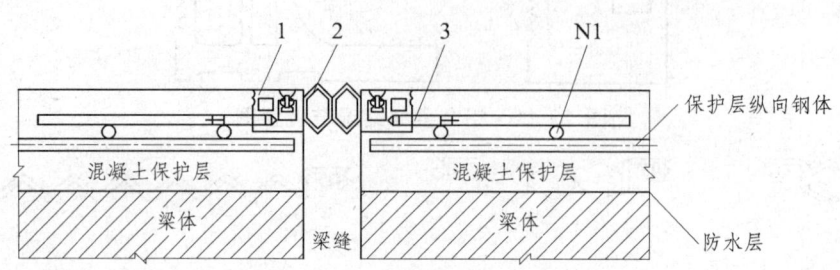

1—合金型材；2—橡胶密封带；3—连接螺栓；N1—保护层内横向钢筋

图 13.14　伸缩调节装置结构示意图

（2）有砟轨道梁伸缩装置。

有砟轨道梁桥面保护层为C40纤维混凝土，通过在钢板上焊接钢筋的方式与伸缩装置连接钢筋固定。保护层内增设纵横向锚固钢筋，锚固钢筋应与挡砟墙及竖墙伸出钢筋绑扎固定。在伸缩装置安装完毕后进行保护层的铺设。伸缩缝加盖钢板后，在挡砟墙内侧高度应与桥面保护层高度一致，以利于大型养护机械的作业；在电缆槽内伸缩装置坡度应与保护层坡度一致。梁伸缩装置主要由铝合金型材、橡胶密封带、连接螺栓、金属盖板、锚筋和梁体预埋件等组成，图13.15为有砟轨道梁伸缩装置的结构示意图。有砟桥面伸缩缝钢盖板使用耐候钢板，并满足下列要求：

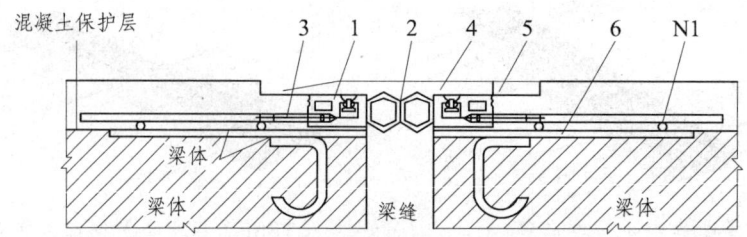

1—合金型材；2—橡胶密封带；3—连接螺栓；4—金属盖板；5—锚固钢筋；
6—梁体预埋件；N1—保护层内横向钢筋

图 13.15　有砟轨道梁伸缩装置示意图

伸缩缝钢盖板异型钢应采用不低于Q345B的耐候钢或异型铝合金型材，厚度不小于16 mm，活动端应加工成约1∶4的斜坡，斜坡尖厚度约4 mm；钢盖板长度与防护墙内侧净距一致，宽度应能保证与梁顶面的接触宽度不小于10 cm，顶面与防水层的保护层顶面齐平，并应固定在梁体伸缩量小的侧（简支梁应固定在固定支座一侧，桥头应固定在桥台胸墙一侧）。

（3）伸缩缝的维护。

相邻梁间及梁端与桥台挡砟墙间，应有供梁自由伸缩的缝隙，缝隙上盖以铁板。养护工作人员应经常检查其状态是否正常。如缝隙内有道砟、泥土等应及时予以清除。盖板不严造成漏砟者要予修整。如因墩台有位移、倾斜造成桥台上梁端顶住挡砟墙时，应凿除部分挡砟墙混凝土，使之保持一定缝隙，如桥墩上两梁端顶死时，应视情况采取措施，顶起梁身进行纵向调整，使保持一定缝隙。伸缩量应满足结构伸缩要求。

拓展知识

桥隧建筑物修理工作分为检查、维修（周期性保养、综合维修）和大修。检查、维修工作实行检养修分开的管理体制。

（1）检查评定桥梁保养质量，是对桥梁设备维修工作质量考核的一项重要工作，不同于大修质量验收的含义。对设备保养质量的评定，是以单位维修长度合格率来衡量设备质量的完好程度。保养质量处于合格状态，是确保行车安全的基本要求。

① 保养质量评定工作，由设备管理单位组织有关人员，结合春检和秋检，每半年对钢梁桥、每年对其他设备，进行一次保养质量评定。设备管理单位的检查评定在车间定期评定时进行，主要是对车间定期评定真实性的考核。

② 每座设备的保养质量评定是根据该设备各部分存在的问题，按照《高速铁路桥隧建筑物保养质量评定标准》的规定，根据扣分情况评定保养质量。每座设备扣分总和，除以该设备的长度（取整数）即为该设备的保养质量平均分（取小数点后1位）。保养质量每米长度平均分在5分及以下且无单项质量扣10分者为合格，否则为不合格。平均扣分的办法应用了缺点概率统计法，因此出现一些缺点扣分属于正常的，若出现较多的缺点扣分，则说明设备质量处于不良状态，应及时保养。

③ 每次评定的情况，均应填写《高速铁路桥隧建筑物保养质量评定记录表》。

④ 设备管理单位应对保养质量和数量进行不定期的现场抽查核实。

（2）大修验收以每件为单位，工程项目工作量较大的工程，亦可分项或分孔（个）进行验收，但全部工程竣工后，须再进行一次总的质量评定。工程竣工后，应先由施工单位按设计文件、施工质量验收标准和《高速铁路桥隧建筑物修理作业验收标准》逐项检验施工质量，并作出检验记录及质量评定。如质量不合格或有漏项等缺陷，应及时整修完好，同时备齐竣工文件，报请铁路局和铁路公司验收，并通知有关设备管理单位。

桥隧大修工程的施工质量，以每件工程为单位综合评定，分为"合格""不合格"两个等级。

合格——全部工作项目的质量达到合格。

不合格——任何一项工作项目的质量未达到合格。

若不合格项目返工整修，经复验达到合格，评为"合格"。即全部质量合格总评为"合格"；出现任何一项质量未达到"合格"，总评为"不合格"。不合格项目经返修复验达到合格，评为"合格"，如无法返修，但不影响安全使用，由铁路局、铁路公司裁定后可验收。

作为作业的验收标准，不论是综合维修还是大修，执行同一标准利于掌握应用。附表3为高速铁路桥隧建筑物修理作业验收标准（1桥面）。

相关规范、规程与标准

[1] 高速铁路桥隧建筑物修理规则（试行）. 北京：中国铁道出版社，2012.

[2] 高速铁路桥隧建筑物修理规则条文说明（试行）. 北京：中国铁道出版社，2012.

项目小结

（1）根据桥面及防护设施设计资料，依据保养质量标准对桥面进行检查评定。

（2）依据检查标准对桥面设施进行修理，并达到合格标准。

（3）桥面防排水体系是增强结构耐久性的重要方面，根据设计资料及现场具体状况，确保桥面各部防排水体系完整有效。

（4）梁端伸缩缝及止水带等病害造成梁缝渗漏水，引起混凝土裂损、钢筋支座锈蚀等问题，需加强检查修理。

课程资源

复习思考题

13.1 高速铁路桥梁桥面有哪几种形式？各有何优缺点？

13.2 高铁钢桥桥面的防腐、防水材料有哪些？与传统防水材料相比，它们有何优点？

13.3 高铁结合梁的桥面防护体系是怎样的？

13.4 混凝土桥梁梁端伸缩装置的类型及构造如何？它们是如何安装的？

项目 14　支座养护维修

项目描述

支座是桥梁的重要组成部分,在运营中产生的病害比较多。高铁桥梁支座病害不仅影响支座本身性能,而且可能危及高铁列车的运行。产生支座病害的原因比较复杂,单纯用一种方法往往不能解决问题,必须找出原因进行综合整治才能见效。通过本情境学习,学生应熟悉高铁桥梁支座的类型和安装要求,掌握观测支座位移的方法,掌握高铁桥梁支座的保养和更换要求等。

学习目标

1. 能力目标
- 具备观测支座位移的能力;
- 具备保养支座的能力;
- 具备更换失效支座的能力;
- 具备分析支座病害原因的能力;
- 具备整治常见支座病害的能力。
2. 知识目标
- 高铁桥梁支座类型及构造;
- 高铁桥梁支座安装要求;
- 调高支座的调高作业;
- 支座位移的观测及超限整治;
- 支座更换。

任务 14.1　支座和防落梁挡块的检查与养护

相关案例

桥梁支座病害比较多,而且比较复杂,不仅影响支座本身,而且影响梁和墩台。产生病害的原因很多,例如:钢梁的两片主梁受热不均衡,会产生水平挠曲而造成支座横向位移;由于养护不良,支座滚动面不洁、不平或锈蚀,当主梁端由于温度和受荷重作用而纵向移动时,辊轴因滚动不灵,不能恢复原来位置;轴承座传来的压力不均,一端受力而另一端围绕着压住的一端滚动,产生辊轴的歪斜;由于桥上线路养护不良,如钢轨爬行,也会造成支座不正。原因是多方面的,单纯用一种方法往往不能解决问题,必须找出原因进行综合整治,才能见效。

14.1.1 工作任务

在学习高铁桥梁基本知识的基础上,学习下面相关内容后,掌握高铁桥梁支座安装要求,掌握支座病害的检查及定期养护内容,达到教学要求所需的能力目标和知识目标。

14.1.2 相关配套知识

高铁桥梁支座应满足以下要求:① 支座应有足够的竖向和水平向的承载能力;② 支座应有可靠的横向限位,在列车行驶时支座的横向位移应控制在±1 mm 以内;③ 支座用橡胶材料和聚四氟乙烯等滑板材料应具有可靠的耐久性和耐磨耗性能;④ 支座应具有良好的外防护和油漆涂装。

高铁桥梁一般采用盆式橡胶支座、球形钢支座,大跨度梁也可采用铰轴滑板支座,墩台基础工后沉降大的桥梁应采用调高支座。地震设防地段梁端或墩台顶应设置防落梁挡块。盆式橡胶支座质量应满足《铁路桥梁盆式橡胶支座》(TB/T 2331—2004)的要求,常温型支座适用于 -25~60 ℃,耐寒型支座适用于 -40~60 ℃。钢支座质量应满足《铁路桥梁钢支座》(TB/T 1853—2006)要求,其适用温度范围为 -40~60 ℃。

1. 支座安装要求

高速铁路桥梁主要采用双线整孔箱梁,因横向宽度大,故桥梁支座分为固定支座(GD)、横向活动支座(HX)、纵向活动支座(ZX)和多向活动支座(DX),以解决纵、横向受力变位和温度位移、转动。对支座架梁时的临时连接件,使用中应解开或拆除。

支座位置安装应符合下列规定:

① 同一座桥上固定支座的设置,应避免梁缝处相邻梁端横向反方向温度位移。

② 在坡道上,固定支座宜设在较低一端;在车站附近,宜设在靠车站一端。

③ 对斜交梁,支座纵向位移方向应与梁轴线或切线一致。

④ 双线整孔简支箱梁,每孔梁一端应安装一个固定支座和一个横向活动支座,另一端安装一个纵向活动支座和一个多向活动支座。固定支座和纵向活动支座应在梁的同一侧,横向活动支座与多向活动支座应在梁的另一侧。双线整孔简支梁的支座布置如图 14.1 所示。

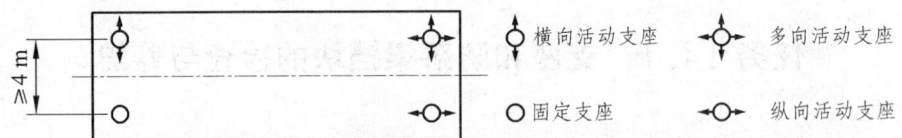

图 14.1 双线整孔简支箱梁支座布置

⑤ 双线并置简支箱梁,每孔梁一端应安装两个固定支座和两个横向活动支座,另一端安装两个纵向活动支座和两个多向活动支座。固定支座、纵向活动支座应安装在内侧,横向活动支座和多向活动支座应安装在外侧。

⑥ 单线简支箱梁(支座中心距 <4.0 m)和简支 T 梁,每孔梁一端应安装两个固定支座,另一端应安装两个纵向活动支座。单线简支梁的支座布置如图 14.2 所示。

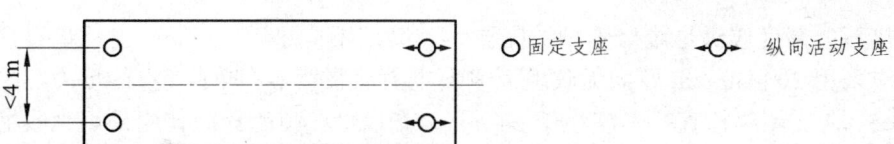

图 14.2　单线简支箱梁支座布置

⑦ 多片简支 T 梁，中梁一端应安装固定支座，另一端安装纵向活动支座，边梁在中梁固定支座端应全部安装横向活动支座，另一端应全部安装多向活动支座。多片简支 T 梁的支座布置如图 14.3 所示。

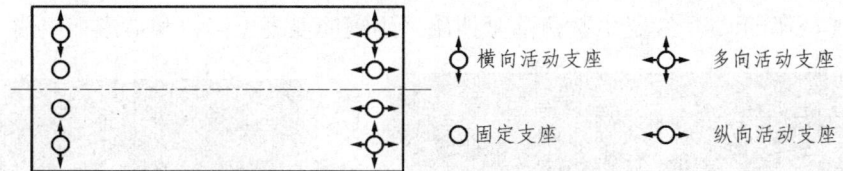

图 14.3　多片简支 T 梁支座布置

⑧ 双线连续梁，每联梁应在一个墩顶（一般为中间墩）安装固定支座和横向活动支座，其余墩顶安装纵向活动支座和多向活动支座。固定支座和纵向活动支座在梁的同一侧，横向活动支座与多向活动支座在梁的另一侧。双线连续梁的支座布置如图 14.4 所示。

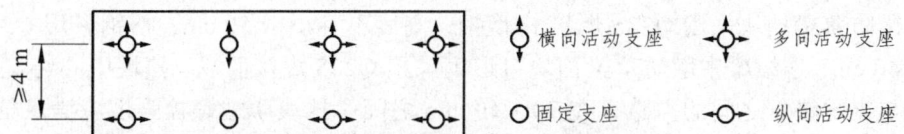

图 14.4　双线连续梁支座布置

⑨ 单线连续梁，每联梁应在一个墩顶（一般为中间墩）安装两个固定支座，其余墩顶全部安装纵向活动支座。单线连续梁的支座布置如图 14.5 所示。

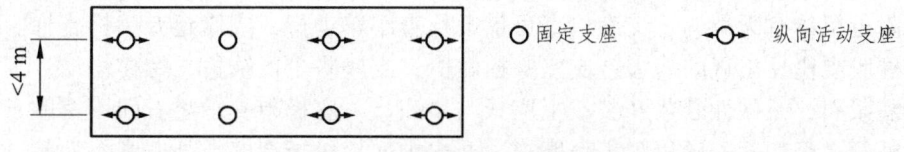

图 14.5　单线连续梁支座布置

⑩ 同一座桥梁中，当各桥跨固定支座安装条件相互抵触时，应首先满足线路一侧的支座横向位移约束条件相同的要求，即同桥同侧的要求。其次再按水平力作用有利情况设置。

支座安装应稳固可靠，支座的上下座板应水平安装，支座与梁底及支承垫石间必须密贴无缝隙，水平各层部件间应密贴无缝。活动支座滑动面应保持洁净滑润，保证梁跨自由伸缩、转动。支座板边缘至墩台边缘的距离应符合表 14.1 规定。

表 14.1　支座板边缘至墩台边缘的距离

跨度 L/m	$L<16$	$16 \leqslant L<20$	$20 \leqslant L<32$	$32 \leqslant L<40$	$L \geqslant 40$
距离/cm	15	20	25	35	40

支承垫石的高度应满足维修养护的需要，其高度不应小于35 cm。支承垫石顶面与下支座板之间应采用20～30 mm厚的无收缩灌浆料重力灌浆填实；四个支点的反力与平均值相差不应超过±5%。支座锚栓直径不应小于24 mm，支承垫石顶的套筒孔应采用无收缩灌浆料重力灌浆填实。支座钢质外露部分应进行防腐涂装；支座应按环境要求设置防尘装置，且便于拆装。

2. 防落梁挡块安装要求

简支梁防落梁挡块有2种形式：一种是由相对独立的一对H型钢组成；一种是由一对H型钢和将两H型钢连成一体的一对纵向槽钢组成，H型钢和槽钢采用螺栓连接，简支梁的防落梁挡块如图14.6所示。连续梁中墩防落梁挡块采用钢筋混凝土挡块和口形钢组成（图14.7）。

图14.6　简支梁防落梁挡块　　　　　图14.7　连续梁中墩防落梁挡块

简支梁防落梁挡块采用Q235焊接H型钢，高度不宜小于50 cm；槽钢采用Q235U形槽钢，高度40 cm；连续梁中墩防落梁挡块口形钢采用Q235焊接而成。挡块中心与支座中心一致，挡块与支承垫石之间的空隙宜在20～40 mm之间。挡块联结螺栓强度应满足抗震要求，螺栓螺纹与梁底预埋套筒有效接合长度应大于1.2倍的螺栓直径。横向活动支座和多向活动支座处，挡块严禁与墩台顶面、支承垫石侧面接触。

3. 支座和防落梁挡块检查

桥梁支座的正常使用与日常的检查与养护维修分不开。支座一般可每年检查一次，并应检查支座附近梁体有无裂缝。支座检查可借助检查小车进行，或修建专用检查梯。

盆式橡胶支座易出现的病害：支座螺栓缺少；支座防尘罩缺失、螺栓松动；下座板与支承垫石间灌浆料、干硬性砂浆开裂；上座板与梁底、下座板与支承垫石间不密贴；橡胶密封件老化、外翻，聚四氟乙烯板脱出、磨损、凸出中间钢衬板高度，外露摩擦面等。

盆式橡胶支座应重点检查的部位有：上、下锚栓是否缺少、松动、弯曲或断裂，螺纹是否锈蚀，锚栓是否剪断，锚栓剪断时支座是否变位；上座板与梁底、下座板与支承垫石之间是否有脱空造成支座不平整现象，支承垫石是否不平、开裂压碎。支座钢件是否锈蚀、裂纹、脱焊；聚四氟乙烯板是否有脱出、磨损、凸出中间钢衬板高度，外露摩擦面现象；支座位移、转角是否超限；大吨位活动支座的相对位移是否不均匀；橡胶密封件是否有老化外翻现象；调高支座的预留孔是否损伤、锈蚀、堵塞，预留孔防护盖是否损坏有丢失现象。支座防尘罩是否损坏、丢失；支座临时连接是否未解除。

支座状态劣化等级划分如下：

（1）支座劣化等级评定为AA级的内容有：主要钢部件折断；主要钢件受力部位脱焊；聚四氟乙烯板凸出钢衬板高度$h ≤ 0.2$ mm；锚栓剪断数量达25%。

（2）支座劣化等级评定为 A1 级的内容有：钢件裂纹深度达 10 mm；聚四氟乙烯板凸出钢衬板高度 0.2 mm < h < 0.5 mm；聚四氟乙烯板脱出不锈钢板达 10 mm；超出设计转角 20%以上；锚栓剪断数量小于 25%；支承垫石裂损，影响支座受力。

（3）支座劣化等级评定为 B 级的内容有：钢件裂纹深度达 5 mm 但小于 10 mm；钢件非主要受力部位脱焊；聚四氟乙烯板凸出钢衬板高度 0.5 mm ≤ h < 1 mm；聚四氟乙烯板脱出不锈钢板小于 10 mm；超出设计转角 10%~20%；上下座板与梁底及支承垫石不密贴，支座下翻浆积水。

（4）支座劣化等级评定为 C 级的内容有：钢件微裂；超出设计转角小于 10%；钢件锈蚀。

防落梁挡块易出现的病害：防落梁挡块螺栓松动、人为破坏或丢失；防落梁挡块与支承垫石、墩台顶面顶死。

防落梁挡块应重点检查的内容有：防落梁挡块与支承垫石之间是否有空隙；活动支座旁防落梁挡块与支承垫石、墩台顶面是否顶死；防落梁挡块是否约束相邻跨梁体的自由伸缩；防落梁挡块及螺栓是否松动、损坏、丢失或锈蚀。

防落梁挡块状态劣化等级划分如下：

（1）防落梁挡块劣化等级评定为 A1 级的内容有：活动支座旁挡块与支承垫石之间的空隙小于 5 mm；活动支座旁挡块与墩台顶面顶死；未按规定安装挡块或挡块丢失；墩顶相邻跨挡块连接板椭圆孔空隙不足，挡块受力影响梁体伸缩；螺栓缺少、失效率达 25%。

（2）防落梁挡块劣化等级评定为 B 级的内容有：挡块与支承垫石之间的空隙大于 40 mm；螺栓缺少、失效率小于 25%。

造成支座和防落梁挡块病害的原因：未按标准施工、养护不当、运营和周边环境等。

检查方法采取目视、敲击、测量或采用仪器配合检查。

4. 支座养护

支座的保养质量标准：

① 支座清洁、摩擦副滑动状态良好。

② 橡胶密封圈无老化、局部挤出。

③ 支座螺帽无缺少、松动，螺杆无折断。

④ 支座钢件无锈蚀、裂纹。

⑤ 上、下座板与梁体及支承垫石间密贴。

⑥ 支座灌浆料无开裂、局部破碎。

⑦ 支承垫石无开裂、积水、翻浆。

⑧ 防尘罩完好，橡胶无老化、外翻。

防落梁挡块的保养质量标准：

① 挡块、螺栓齐全完好。

② 挡块与支承垫石、墩台顶面之间的空隙满足要求。

③ 墩顶相邻跨挡块连接板椭圆孔空隙满足梁体自由伸缩要求。

盆式橡胶支座出现下列状态之一时，应及时处理：

① 盆环开裂或脱焊。

② 聚四氟乙烯板磨耗严重，外露厚度不足 0.2 mm。

③ 位移或转角超限，位移量≥10 mm，转角超过设计值的 20%。
④ 锚栓剪断数量超过 25%。
⑤ 聚四氟乙烯板滑出不锈钢板达 10 mm。

钢支座使用时，应保持各部分完好，有下列状态之一时，应及时处理：
① 钢部件裂纹深度≥10 mm，主要受力部位焊缝脱焊。
② 钢件磨损、陷凹≥1 mm。
③ 销钉剪断或锚栓折断数量≥50%。
④ 支座座板位移超限，纵向>5 mm、横向>2 mm。
⑤ 活动支座不活动。
⑥ 支承垫石开裂、积水、翻浆。
⑦ 辊轴位移或倾斜、摇轴倾斜超过容许值。
⑧ 聚四氟乙烯板因磨损外露高度不足 0.2 mm。

防落梁挡块出现下列状态之一时，应及时处理：
① 活动支座旁挡块与支承垫石顶死。
② 活动支座旁挡块与墩台顶面顶死。
③ 墩顶相邻跨挡块连成整体，影响梁体自由伸缩。
④ 挡块与支承垫石之间的空隙大于 40 mm。

任务 14.2　支座病害整修与支座更换

相关案例

南京长江大桥的桥梁支座是由辊轴、下座板等组成，担负着大桥钢梁热胀冷缩的调节和支撑大桥钢梁的重任，是大桥的重点部位，对大桥安全起着重要作用。2003 年 6 月，大桥管理人员发现钢梁支座上的连接板螺栓因长期处于疲劳状态而被剪断，支座上的辊轴错位。如不及时采取有效措施对支座进行复位，将会给大桥安全行车留下重大隐患。抢修时，用千斤顶将钢梁顶起，在支座不受力的情况下，更换变形的支座连接板、牙板和螺栓，对辊轴进行拨正、复位，最后将钢梁落下，完成支座调整复位作业。

14.2.1　工作任务

在了解高铁桥梁支座的安装及检查养护的基础上，学习下面相关内容后，掌握高铁桥梁支座病害整修与支座更换内容，达到教学要求所需的能力目标和知识目标。

14.2.2　相关配套知识

桥梁支座的作用是将上部结构的荷载安全地传递到墩台上，同时保证上部结构在荷载、温度变化、混凝土收缩徐变等因素作用下的自由变形，以使结构的实际受力情况符合计算图式，并保护梁端、墩台帽梁不受损伤。正确地安装与定期的养护是保证支座正常工作的重要措施，对于影响结构使用性能的支座病害应及时进行整修，对失效支座进行及时更换。

14.2.2.1 支座调高作业

支座调高作业可分为普通机械式支座调高和压注式支座调高。普通机械式支座调高原理：起顶梁后，通过在支座上锚板与梁体或下锚板与支承垫石之间，插入符合厚度的钢板来实现支座的调高，此种调高方式不可实现无级调高。压注式支座调高原理：通过液压泵设备向支座底盆内压注特殊的钢化树脂材料，可实现多次无级调高。

1. 机械式支座调高

机械式支座调高作业（支座上板与梁体预埋钢板间插入钢板作业）的程序：

① 检查支座实际工作状态，并根据桥上轨道高程调整要求及桥墩不均匀沉降差情况，确定拟调高各支座的预计调高量（在调高预留量范围之内）。

② 根据支座尺寸及拟定调高量，加工调高用钢垫板，厚度规格符合调高量要求。

③ 拧松待调高支座的上或下锚的螺栓。

④ 在待调高的支座旁用千斤顶进行起顶梁（高出所需调高量 1~5 mm）工作，拧松上支座板锚螺栓，但不拧下栓帽，插入调高钢垫板。

⑤ 落下千斤顶，使支座受压，然后拧紧锚螺栓。

⑥ 检查支座就位状态，对支座与调高钢垫板之间的缝隙进行封堵，在调高钢垫板外露面上涂油漆进行防锈保护。

TGPZ 盆式橡胶调高支座为机械式调高支座，其承压橡胶板中油腔可取代千斤顶实现自顶升，最大调高量为 60 mm。支座因受长期荷载和环境影响油腔状态不确定，是否使用自顶升功能视具体情况而定。TGPZ 盆式橡胶调高支座的作业程序：

（1）根据拟定调高量预制出与其高度相同厚度的永久性钢垫板，永久钢垫板需喷锌处理。

（2）在需要调高的支座旁，布置临时刚性支撑，临时刚性支撑可采用砂箱加楔形块，楔形块也可采用多块不等厚的临时钢垫板（其厚度可分为 1 mm、2 mm、5 mm、10 mm 四级）代替。临时支撑也可采用千斤顶。

（3）拆卸支座钢围板和橡胶围板，安装上、下支座的连接板及连接螺栓（螺母不可拧紧，预留一定间隙），以备后续排空油腔操作需要。

（4）梁底螺栓（或地脚螺栓，优先选择梁底螺栓）的旋出长度应大于调高量，为防止梁体发生偏移，螺栓不可旋出套筒。

（5）将油泵油管与支座油腔的外露油嘴连通。

（6）油泵加压，将二甲硅油压入支座油腔内，以液压动力起梁。支座顶升过程中用 8 mm 量块测量并控制升起位移量。

（7）支座顶升至额定值（分次起梁时），停止油泵加压并锁住油路，调整临时刚性支撑高度，将梁顶紧。

（8）油泵回油，拧紧支座板的连接螺栓将油腔内的硅脂油压出，用（或调换）临时钢垫板（分次起梁时用，平面上分 4 块均匀布置，其厚度采用 5~6 mm），插入上座板顶与梁底之间的间隙。拧松支座连接锚螺栓，重复步骤 6~8 次，直到顶升到需要调整的高度为止。

（9）梁体起顶至预定调整位置后，用刚性支撑将梁临时撑住，拧紧支座板的连接螺栓，将油腔内的硅脂油压出。为防止梁体发生偏移，将预先准备的永久钢垫板插入上座板顶与梁底之间，拧好梁底对正一个已旋出梁底锚螺栓，但不拧紧，把钢垫板旋转对正，最后拧紧所有梁底锚螺栓。

（10）油泵再次加压将梁稍稍顶起，拆除临时刚性支撑，油泵回油后拆除连接板及螺栓，安装上支座围板，支座调高完毕。

2. 压注式支座调高

压注式支座调高作业的程序：

① 检查支座实际工作状态，并根据桥上轨道高程调整及墩身不均匀沉降差要求，会同桥梁设计单位，确定拟调高各支座的预计调高量（在调高预留量范围之内）。

② 根据支座钢盆直径，确定所需快速钢化树脂材料数量，在实施支座高度调整前备出足够数量的快速钢化树脂材料。

③ 压注施工操作开始前，检查支座调高所用液压设备（油泵、油管、阀门、液压表等）性能及工作状态的可靠性。

④ 压注操作过程中，检查同一墩台上相邻支座调高过程的同步性，避免产生过大的高差，以免对相应梁体造成不利影响。

⑤ 支座高度调整完成后，检查支座高程及支座反力是否符合设计要求。其后关闭压注孔阀门，防止钢化树脂材料固化前从预留孔处流出。

⑥ 支座调高完成后，及时拆除液压设备，并用溶剂清洗设备管道和阀门；防止设备孔道发生堵塞。

支座调高作业的技术要求是：① 在支座调高的同时进行支座反力的测量，将压力传感器安装在压注孔阀门处，利用液压原理对支座的反力进行测定。② 压注施工的设备及材料要求，高压泵最大输出压力为 30 MPa；压注用钢化树脂材料现场进行调配，固化时间根据需要确定。③ 全部调高施工操作，应在专业技术人员的指导下完成。

支座调高作业的质量标准：支座位置正确，各部相互密贴。支座调高符合设计要求，支座各构件符合技术标准。

14.2.2.2 整修支座位移超限

整修支座位移超限病害的作业程序：

① 事先在位移超限支座的锚栓旁斜向 45° 进行部分的混凝土凿除，不扰动支座锚栓的稳固。

② 待准备工作全部就绪后，彻底从锚栓旁的斜向 45° 凿除固定锚栓剩余混凝土，使其锚栓松动并扩大预埋锚栓孔眼。

③ 检查桥面轨道几何尺寸并做好记录，拆除支座上方线路钢轨扣件（根据顶起梁的高度，确定拆除扣件的数量，支座上方前后各 20 根轨枕为宜）。

④ 布置千斤顶，顶起梁的高度为支座松动为宜（起梁高度控制在 1~5 mm 为宜），梁身临时采取支垫。

⑤ 对凿除部分进行修整、扩孔并冲洗干净。

⑥ 拨动支座下摆使其与上摆对位。

⑦ 支座对位后，抽取梁身临时支垫，统一口令回落千斤顶使梁回落就位。
⑧ 落梁后恢复线路并检查线路几何尺寸，使线路几何尺寸达到放行列车条件。
⑨ 准备好无收缩灌浆料，捣垫无收缩灌浆料重力灌浆对支座锚栓进行固定。

14.2.2.3 整修支座不平整病害

1. 捣垫无收缩灌浆料重力灌浆整修支座不平整病害

捣垫无收缩灌浆料重力灌浆整修支座不平整病害的作业程序：

① 检查桥面轨道几何尺寸并做好记录，拆除支座上方线路钢轨扣件（根据顶起梁的高度，确定拆除扣件的数量，支座上方前后各20根轨枕为宜）。
② 准备好无收缩灌浆料。
③ 顶起梁跨，将梁身临时支垫，用小撬棍撬起支座，凿除支座下污垢，冲洗干净。
④ 捣垫无收缩灌浆料重力灌浆，捣垫无收缩灌浆料的厚度根据实际要求进行。
⑤ 落梁后恢复线路并检查线路几何尺寸，使线路几何尺寸达到放行列车条件。

2. 捣垫钢纤维环氧树脂砂浆整修支座不平整病害

捣垫钢纤维环氧树脂砂浆整修支座不平整病害的作业程序：

① 检查桥面轨道几何尺寸并做好记录，拆除支座上方线路钢轨扣件（根据顶起梁的高度，确定拆除扣件的数量，支座上方前后各20根轨枕为宜）。
② 按比例配制钢纤维环氧树脂砂浆。
③ 顶起梁跨，将梁身临时支垫，用小撬棍撬起支座，凿除支座下污垢，用氧气火焰烧烤至50~70 ℃停火，用自制加长把的钢丝刷清理杂物，然后将氧气割把伸进去放氧气吹净，连续烧烤清理，将垫石上面彻底清理干净为止。
④待垫石上温度冷却到25 ℃左右，在垫石上面涂刷配制好的环氧树脂浆液，不宜过厚，涂刷均匀，然后用自制木条（或铁条），摊平配制好的钢纤维环氧树脂砂浆，厚度不低于10 mm，不高于20 mm，达到所需的厚度为宜，平稳落下支座下摆，抽出撬棍。
⑤ 落梁后恢复线路并检查线路几何尺寸，使线路几何尺寸达到放行列车条件。

整修桥梁支座不平整病害的作业质量标准：支座螺栓灌浆孔内凿除彻底、清孔干净，灌浆后平整密实、无空隙。支座位置正确，与座板密贴，平整密实，与座板间缝隙小于0.5 mm，深度小于30 mm，各部相互密贴。砂浆配合比符合规定、拌和均匀；捣固密实、周围抹面平整、无裂缝、空响。支座垫高高度符合设计要求，支座各构件符合相关技术标准。排水良好，无积水。防尘罩安装符合设计要求。

14.2.2.4 支座更换

盆式橡胶支座开裂、严重变形、老化及支座失效时，应将整个支座进行更换。

为方便维护及支座更换，桥梁上部结构和下部结构设计时应考虑千斤顶的顶升位置，及考虑如何将支座移出。

千斤顶顶升更换施工前，首先计算顶升的重量，确定千斤顶的型号和顶升能力。各千斤顶应同步顶升，为保证同步，采用一台油泵进行控制，现已有程序软件控制千斤顶的同步性。起顶前详细检查各支座情况，包括支座位置、梁底距支座底面高度等，以保证支座更换后梁体位置保持不变。

为保证安全,千斤顶应具有优秀的自锁功能,防止油压泄漏而发生事故。顶升前,安装位移计或百分表,以控制顶升高度及监控顶升的同步情况。

梁体顶升采用梁体位移与顶力双控,以梁体位移为主要控制指标。当油压表显示千斤顶超过了计算顶力或百分表显示梁体出现异常位移时,应立即停止加压,查明原因后再进行梁体的顶升工作。

顶升到位后,立即进行支座更换。先移出旧支座,修整支承垫石顶面并找平。支座顶面和梁底之间必要时须设置一块楔形钢板以保证梁底与支座顶面水平密贴,楔形钢板可用环氧树脂粘贴于梁底,应保证钢板底面水平。

更换完毕并检查各支座准确到位后,方可开始同步落梁。落梁后仔细检查支座有无脱空现象,梁体同一端的支座高差不允许超过 2 mm,整孔箱梁不允许有三条腿现象,否则需将梁重新顶升,调整到位后再落梁。

拓展知识 高铁支座的类型及构造特点

支座系统作为高铁桥梁的重要组成部分,对桥梁结构设计有着非常重要的影响。我国高铁桥梁支座的设计和布置原则主要参考欧洲支座标准的有关规定,支座的滑动部件采用纯聚四氟乙烯板(或改性超高分子量聚乙烯板),并用硅脂润滑。高铁桥梁一般采用盆式橡胶支座、球形钢支座,大跨度梁也可采用铰轴滑板支座,墩台基础工后沉降大的桥梁应采用调高支座。地震设防地段可采用抗震支座。

1. 盆式橡胶支座

盆式橡胶支座是高铁桥梁上运用最普遍的一种支座,在简支箱梁上均采用盆式橡胶支座。盆式橡胶支座分为固定支座和活动支座,其中活动支座又分为多向活动支座和单向活动支座。固定支座由上座板、密封圈、橡胶板、下座板钢盆、锚固螺栓等组成,活动支座还有钢衬板、聚四氟乙烯板(简称 PTFE 板)、不锈钢滑板、紧箍圈及侧向滑移装置等,盆式橡胶支座活动支座构造图如图 14.8 所示。单向活动支座构造基本与多向活动支座相同,但在支座两侧或中央设置导槽,以限制支座横向(或纵向)的位移,其中中间导槽的单向活动支座适用于长大的连续梁桥。盆式橡胶支座依靠橡胶板竖向变形产生转动;依靠 PTFE 板和不锈钢板间的滑移产生水平位移。

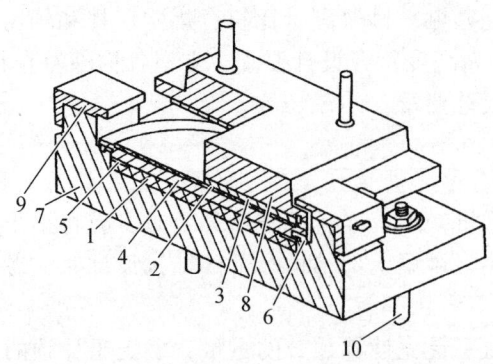

1—橡胶板;2—聚四氟乙烯板;3—不锈钢滑板;4—钢衬板;5—紧箍圈;6—密封胶圈;
7—下支座板;8—上支座板;9—上下座板连接板;10—支座锚栓

图 14.8 盆式橡胶活动支座构造图

2. 球形钢支座

与盆式橡胶支座相比，球形钢支座具有使用寿命长、承载力大、转动灵活、可适应梁端大转角和大位移等优点，适用于大吨位的支座（目前超过 60 MN 的支座常采用球形支座），常用于大跨度连续梁桥。

球形支座分为固定支座和活动支座，由上支座板、球冠钢衬板、下支座板、平面滑板、球面滑板、锚固螺栓及防尘罩等部件组成，其中上座板、球冠衬板和下座板多采用铸钢材料，球形钢支座活动支座结构如图 14.9 所示。球形支座利用球面 PTFE 板和不锈钢板之间的滑动产生转动；利用平面 PTFE 板和不锈钢板之间的滑动产生水平位移。

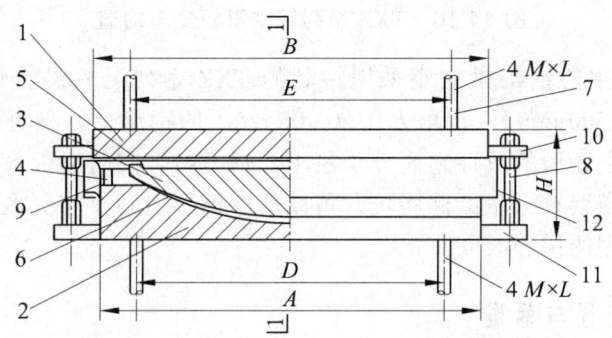

1—上支座板；2—下支座板；3—钢衬板；4—钢挡圈；5—平面 PTFE 板；
6—球面 PTFE 板；7—锚固螺栓；8—连接螺栓；9—橡胶防尘条；
10—上支座连接板；11—下支座连接板；12—防尘围板

图 14.9 球形钢支座活动支座构造图

南京大胜关长江大桥采用了承载力达 180 MN 的铸钢球形支座，支座最大设计位移量为 ±450 mm，最不利荷载作用下的滑动速度达 30 mm/s。为减低滑板材料的磨耗，该桥球形支座设计应用了补充硅脂装置以提高支座的耐久性。

3. 铰轴滑板钢支座

铰轴滑板支座结合了传统铰轴支座和盆式橡胶支座的优点，上下摆以铰轴为中心转动满足桥梁的转动功能，采用摩擦系数极低的填充聚四氟乙烯复合夹层滑板与不锈钢板组成的滑动摩擦副，实现支座结构的位移功能。摩擦副使竖向力的传递由点接触或线接触变成了面接触，改善了结构的受力性能。铰轴滑板支座具有受力均匀、转动和滑动灵活、易养护、少维修、寿命长等优点。

铰轴滑板钢支座主要由上摆、铰轴、下摆、衬板、摩擦副、横向限位块、底座及锚固装置等部分组成（结构如图 14.10 所示），支座以上、下摆相当于铰轴的转动来实现转角位移，以摩擦副之间的相对滑动来实现水平位移。上、下摆是支座的主要传力构件，采用铸钢件制造；上、下摆之间以铰轴连接，铰轴采用锻钢件，是重要的转动构件；摩擦副是铰轴滑板支座的重要部件，由下摆底面镶嵌的滑板及底座上安装的镜面不锈钢板组成，使得竖向力的传递由点接触或线接触变成了面接触，改善了结构的受力性能，支座的寿命也随之提高。

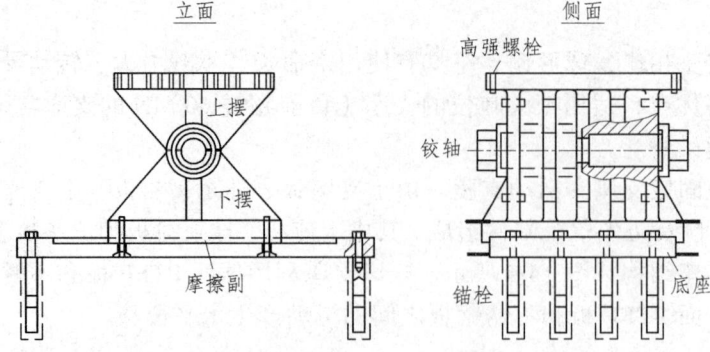

图 14.10 TXZ 系列铰轴滑板支座构造

武汉天兴洲大桥主桥钢桁梁支座采用特制的 TXZ 系列滑板式铰轴支座，具有吨位大（6 000 t）、位移大（±500 mm）、转角大（±0.008 rad）的特点，并具有良好的滑动性能。该支座摩擦副滑板采用了新型的改性超高分子量聚乙烯材料，同时滑板采用多个较大的圆形滑板阵列结构，滑板上布置有大量的储脂坑，可以使摩擦副之间存储更多的润滑脂，滑动性能更好，也延长了摩擦副的保养时间。

相关规范、规程与标准

[1] TG/GW 114—2011 高速铁路桥隧建筑物修理规则（试行）. 北京：中国铁道出版社，2014.

[2] TB/T 2331—2004 铁路桥梁盆式橡胶支座. 北京：中国铁道出版社，2004.

[3] 高速铁路桥隧工. 北京：中国铁道出版社，2013.

[4] 高速铁路桥隧维修岗位. 北京：中国铁道出版社，2012.

项目小结

（1）高铁桥梁一般采用盆式橡胶支座、球形钢支座，大跨度梁也可采用铰轴滑板支座，墩台基础工后沉降大的桥梁应采用调高支座。

（2）高铁桥梁支座分为固定支座、横向活动支座、纵向活动支座和多向活动支座，以满足纵、横向受力变位和温度位移、转动。

（3）支座安装应稳固可靠，上下座板应水平安装，支座与梁底及支承垫石间必须密贴无缝隙，水平各层部件间应密贴无缝。

（4）支座劣化等级评定分为 AA 级、A1 级、B 级和 C 级四个级别。

（5）机械式调高支座的调高原理是在起顶梁后，在支座上座板与梁体或下座板与支承垫石间，插入符合厚度的钢板来实现支座的调高。

（6）压注式支座调高的原理：通过液压泵向支座底盆内压注特殊的钢化树脂材料，待其固化后抬高支座来实现支座的调高。

（7）整修支座位移超限、支座不平整病害的作业方法有：凿除支座下摆锚栓旁混凝土，拨动支座就位；捣垫无收缩灌浆料重力灌浆和捣垫钢纤维环氧树脂砂浆整修支座不平整病害。

（8）支座更换完毕并检查各支座准确到位后，方可开始同步落梁。落梁后仔细检查支座有无脱空现象，梁体同一端的支座相对高差不允许超过 2 mm，整孔箱梁不允许有三条腿现象。

课程资源

复习思考题

14.1　高铁桥梁采用的支座类型有哪些？
14.2　盆式橡胶支座主要由哪些部分组成？
14.3　可调高支座的调高方式有哪些？
14.4　简支梁和连续梁分别采用何种形式的防落梁挡块？
14.5　高铁桥梁支座安装应符合哪些规定？
14.6　桥梁支座出现哪些状态时，应及时处理？
14.7　桥梁支座的劣化等级是如何划分的？
14.8　桥梁支座的保养标准是什么？
14.9　压注式支座调高的作业程序是什么？
14.10　整修支座位移超限病害的作业程序是什么？

项目 15　桥跨结构的养护维修

项目描述

桥涵在投入运营使用之后,对既有铁路,随着车辆速度不断加快,荷载不断加重,密度不断提高,难以适应日益增长的交通运输量的要求。在运营管理方面,技术水平滞后,管养制度建设长期被忽视,管养费用不足,桥涵的技术状态未得到及时、细致的观测掌握。在多年寒冬酷暑、暴雨烈日、洪水冲刷、车船撞击等影响下,许多桥梁发生大大小小的病害,如桥面破损、栏杆断裂、伸缩缝损坏、梁板或拱体裂缝、梁体混凝土剥落、钢筋钢索锈蚀、钢结构裂纹锈烂、墩台断裂位移、挡墙倾斜错位、锥坡下挫坍塌、墩台基底冲空、桥头路基冲塌、河床护底冲翻以及河道冲刷严重变迁而危及桥头路基等,破坏了桥涵的正常使用状态。这些不良状况,除将大大缩短使用寿命之外,有的将危及人车安全。

对于高速铁路桥梁总体要求简洁、耐久、美观,便于施工和养护维修,且具有较大的竖向、横向、抗扭和纵向刚度,小的工后沉降和良好的高速行车动力性能,并满足限界、通航、立交净空、渡洪、抗震和国土规划要求。桥梁设计使用年限 100 年。由于这些高标准设计和高铁桥梁建成使用年限较短,目前还未出现较大的病害。因此本项目将结合高铁主要桥梁形式通常会出现的病害进行阐述。

学习目标

1. 能力目标
- 能对钢筋混凝土桥跨的病害进行检查与修补;
- 能对钢结构涂膜失效、裂纹等进行检查修理;
- 能完成钢结构的检查和修理作业;
- 能对斜拉桥的上部承重构件进行养护与维修。

2. 知识目标
- 掌握钢筋混凝土桥跨的修补与加固方法;
- 掌握钢结构常见损伤的修理与钢桥加固方法;
- 掌握斜拉桥常见病害及产生原因。

相关案例

经过多年的使用,大量的桥梁存在不同程度的病害和损伤。如表 15.1 桥梁的现状和表 15.2 损坏与垮塌事件描述的简略情况。

表 15.1 桥梁的现状

国家	桥梁现状
中国	中国现有各类桥梁约 62 万座，危桥数量众多
美国	桥梁 58 万座，调查 51.4 万座，其中 40% 以上有不同程度的损伤，98 000 座桥梁结构强度降低，应停止使用或限载
日本	1956 年以前按旧标准设计施工的桥梁，其承载力明显不足。据统计，这类桥梁约有 5 500 座，其中混凝土桥梁约有 4 500 座
德国	一个州内的约 1 500 座混凝土桥梁，有将近一半的桥梁上部构造至少有一处较严重的损伤，其中 2/3 至少有一处一般性损伤

表 15.2 损坏与垮塌事件

桥名	时间	事件描述
綦江彩虹桥垮塌	1999.1	焊接质量、混凝土振捣不密实
宜宾小南门桥吊杆断裂	2001.11	吊杆受酸雨侵蚀锈断
苏州堰月桥	2005.4	常年失修、承载力下降
甘肃洮河大桥	2006.5	常年失修、承载力下降
成都三渡水大桥	2004.4	挖砂导致基础被水冲垮
美国明尼苏达州密西西比河大桥	2007.8	原因待查

据 2009 年铁道部秋检资料统计，我国铁路桥梁和涵渠劣化等级达到 A 级以上病害的分别占总座数的 24.8% 和 7.8%。

任务 15.1　混凝土桥梁的养护

15.1.1　工作任务

高速铁路桥梁主要形式有梁桥、拱桥、连续刚构桥、刚构连续梁桥、梁拱组合梁桥和斜拉桥等。桥梁主型为预应力混凝土简支箱梁。桥梁养护的主要任务是检查、维修与大修。保养标准参见高速铁路桥隧建筑物保养质量评定标准。修理后须达到高速铁路桥隧建筑物修理作业验收标准的规定。

15.1.1.1　混凝土桥梁重点检查项目

1. 对混凝土梁（拱），主要检查任务

①检查桥面防水层破损、开裂和起鼓；②泄水孔堵塞、漏水、丢失管盖；③梁端止水带漏水、脱落、破损、堵塞，有砟轨道梁缝挡板脱落、盖板脱出；④遮板端部挤死；⑤栏杆松动、裂损、掉块、开裂，连接处脱落，栏杆螺栓松动缺少、锈蚀；⑥作业通道盖板损坏、缺少、翘动、大缝隙；⑦防护墙开裂、掉块；⑧轨道底座板、侧向挡块和桥面接合状态；⑨封锚混凝土开裂、脱落、空鼓；⑩梁与梁之间、异形墩上梁端与桥墩挤死；⑪吊装孔、检查孔附近、倒角变截面处裂纹，矮墩防护门状态；⑫拱脚与拱肋、拱脚与梁体连接部位混凝土裂缝；⑬吊杆在拱、梁上的锚固混凝土裂缝、脱落；⑭桥面、箱梁内积水；⑮梁体渗水、流白浆；⑯排水管破损和漏水；⑰排水孔、电缆孔尿梁。

2. 拱肋、吊杆、拉索、立柱、索塔检查任务

① 拱吊杆拉力、斜拉桥拉索拉力（可采用索力仪测量）；② 拱吊杆拉力、斜拉桥拉索锚具防护及锈蚀状态；③ 钢管混凝土拱肋内填充与钢管脱空情况（可采用敲击或超声波检查）；④ 钢管混凝土拱脚周围混凝土裂缝；⑤ 拉索阻尼器状态；⑥ 拱上立柱混凝土裂缝、掉块；⑦ 索塔裂缝、掉块。

3. 对涵洞和倒虹吸检查任务

① 涵身变形、裂损、露筋、漏水、漏土；② 涵内淤积；③ 基底冒水、潜流、涵底淘空等；④ 铺砌、河调等防护设施损坏；⑤ 涵洞两侧排水不畅、堵塞；⑥ 倒虹吸节间渗漏；⑦ 倒虹吸井口盖板、垂裙、拦污栅、闸门、沉淀池、溢洪道设施损坏；⑧ 倒虹吸渠道水流有无挟带大颗粒物质。

4. 桥梁救援通道检查

① 救援疏散通道与地面道路接驳情况；② 平台顶面与桥面遮板之间的缝隙；③ 栏杆、安全防护罩锈蚀、损坏；④ 围墙墙体裂缝、变形，排水管堵塞；⑤ 栏杆、边框钢管与梯板连接是否牢固；⑥ 门锁、插销损坏、缺失。

5. 桥涵限高防护架

① 状态是否良好，是否缺少、变形和损坏；② 限高标志是否齐全完好，标识是否准确。

6. 河调及附属建筑物

① 河流冲刷、淤积影响情况；② 下沉变形及损毁情况；③ 铁丝石笼、浆砌片石、干砌片石等缺失、变形、脱落等情况。

7.《铁路安全管理条例》规定范围内桥隧周边环境

① 桥梁周边抽取地下水、堆载、修建建筑物、存放垃圾等；② 桥梁上下游采砂、拦河筑坝、架设浮桥、围垦、抽取地下水等；③ 隧道周边采石、开矿及上方修建道路、建筑物等；④ 桥隧设备附近是否有易燃、易爆物品；⑤ 周边危及铁路桥隧设备安全的其他问题等。

15.1.1.2 桥梁专项检查项目

（1）桥梁基础沉降观测对象的选择，可通过以下条件确定：① 调查设计、施工文件、沉降评估资料，根据设计情况和施工质量，选择有代表性的孔跨。② 根据桥上轨道状态的变化幅度和整修频率。③ 根据可能影响桥梁基础沉降的周边环境变化（如抽水、堆载、开挖等）。

（2）选择沉降量大的桥涵，测量基础沉降。运营后第一年每半年一次，第二年后每年一次，基础沉降稳定，五年后可不再测量。对沉降速率较大的应缩短测量周期；对沉降速率较小、基本趋于稳定的，可延长观测周期。观测资料应妥善保存并积累绘制出图表，以分析了解其变化趋势。

（3）选择有代表性的桥梁孔跨测量上拱度，开始运营后第一年，每半年观测一次，第二年起每年观测一次，或根据情况确定观测周期。上拱度稳定五年后可不再测量。

（4）上拱度测量应使用桥上的预设测点，基础沉降测量应利用高程控制网水准基点和控制基桩网（CPⅢ）精密水准点。测量应在恒载、气温比较恒定的夜间或阴天条件下进行。

（5）对运营中轨道状态出现频繁变化的位置，应在基础沉降观测、上拱度测量的基础上，分析对轨道状态的影响。

（6）大跨度桥梁梁端伸缩装置应进行状态检查和位移量观测。

（7）判断桥墩水下墩身和基础有无裂损、冲空时，可使用水下摄影、摄像或人工摸探进行。判断墩台及基础是否存在严重病害，可由专业机构通过测量墩台顶水平横向振动，与同类型墩台相比较，观测其波形、振幅和频率来进行。

（8）桥隧结构构造发生变化，可能影响建筑限界时，应进行限界测量。

15.1.1.3 桥梁维修分为周期性保养和综合维修

1. 桥梁周期性保养工作任务

通过对桥隧建筑物的周期性保养，及时消灭超限和临近超限处所，保持桥隧设备状态经常均衡完好，确保行车安全平稳。周期性保养工作一般应以整座设备进行，长大桥隧设备也可分区段进行。保养周期应按不同桥梁类型的状态变化加以控制，钢桥（含混合桥钢梁、钢拱桥、钢箱拱、钢管混凝土拱，钢-混凝土结合梁等）半年，其他设备一年。在做好适时保养的同时，还应加强预防性的周期保养，使桥梁经常保持在合格状态。

（1）连接铁件补充、除锈、螺栓涂油；（2）钢梁清洁和补充复紧少量高强螺栓，局部涂层修补；（3）支座清洁、涂油，整修排水坡；（4）补充、整理作业通道步行板，整修危及人身安全的检查设备；（5）清除梁端石碎及梁缝止水带内的杂物；（6）桥面各部位过水孔疏通；（7）整修桥面栏杆等；（8）防落梁挡块螺栓拧紧、复位，补充挡块；（9）大跨度梁梁端伸缩装置连杆系统钢件整修，联动失灵调整；（10）拱吊杆、斜拉桥拉索锚具防护，采用螺纹连接的刚性吊杆连接部位，定期添加黄油更换密封条或密封膏等；（11）桥梁救援疏散通道栏杆整修，围墙墙体裂缝修补，排水管堵塞疏通；（12）隧道进出口坡面危石及隧道衬砌掉块的清理；（13）隧道排水系统疏通，侧沟修补等；（14）涵洞清淤，倒虹吸盖板或拦污栅修复补充；（15）各种标志、标志的刷新和修补。

保养计划的编制与实施，应通过设备的周期性检查，除对发现的超限处所及时整修消除外，还应对临近超限处所进行预防性周期保养，编制季度保养计划，经上级部门批准后实施，并将实施情况、班前安全质量预想防控项点及措施记录在保养日计划及完成表内。

桥跨结构保养质量是否合格参见高速铁路桥隧建筑物保养质量评定标准。

2. 综合维修作业任务

（1）钢结构局部维护性涂装、死角防锈、更换失效螺栓。（2）混凝土梁裂缝、露筋修补、防水层局部修理、桥梁防排水设施局部整修，梁端伸缩装置整修。（3）支座整治空吊翻浆，处理折断锚栓，整修防尘装置，钢质部分涂装，整修墩顶排水坡等。（4）墩台裂缝缺损修补，顶面排水处理，基础防护整修等。（5）桥面及作业通道栏杆的局部更换。（6）涵洞裂缝整治，接缝渗漏处理、小量喷浆和压浆。（7）涵洞排水设备的修理和部分增设。（8）涵洞淤积清理疏通，进出口铺砌整修等。（9）桥梁防护设备及河调建筑物整修。（10）整治少量的隧道漏水，修补小量衬砌坛工。（11）隧道排水沟清理。（12）隧道洞口边、仰坡危石处理，防护设施局部整修。（13）隧道通风设施整修。（14）各种防护设备的砌体勾缝修补。（15）防护墙、作业通道、救援疏散通道、安全检查设备、抗震设施、空心墩检查梯等的局部整修。（16）各种桥隧涵标志的增设、修理和更换。（17）小桥、涵洞上下游各30 m河道范围内的淤积清理；泥石流沟淤。

15.1.1.4 高铁桥梁大修主要工作任务及范围

（1）整孔钢梁重新涂装或罩涂面漆；钢构件保护涂装，成批更换高强螺栓等；（2）加固钢梁，更换、修理损伤杆件、斜拉索、吊索；（3）抬梁、更换支座；（4）支座的起顶整正、更换折断的支座锚栓；（5）整孔混凝土梁裂缝注浆、封闭涂装、钢筋锈蚀整治；（6）大面积修复无砟轨道桥面防水层；（7）加固混凝土墩台及基础，桥旁救援疏散通道；（8）混凝土梁横隔板加固、横隔板断裂修补、梁体、拱、立柱加固；（9）修复或加固防护及河调建筑物；（10）更换梁端伸缩装置、排水管、挡砟板；（11）整治威胁桥梁安全的河道；（12）整孔更换作业通道步行板、栏杆；（13）加固或恢复桥涵限高防护架。

综合维修及大修作业验收均按《高速铁路桥隧建筑物修理作业验收标准》进行验收。

15.1.2 相关配套知识

15.1.2.1 混凝土梁维护技术标准

（1）混凝土梁及墩台应满足强度、刚度、抗渗、耐久性和整体稳定性要求，并经常保持状态良好。

（2）箱梁内净空高度不宜小于1.6 m，并设置进人孔，进人孔宜设置在两孔梁梁缝处或梁端附近的底板上。

（3）多片式T梁应横向连成整体截面，横隔板施加横向预应力。湿接缝宽度不宜小于30 cm，钢筋构造应符合整体桥面受力要求。

（4）预应力混凝土梁的封锚及接缝处，应在构造上采取防水措施，防止雨水渗入。各种接缝应尽可能避开最不利环境作用的部位。对于结构有可能产生裂缝的部位，应适当增设普通钢筋限制裂缝发展。湿接缝新老混凝土之间应无错台，混凝土表面应平整，无蜂窝麻面、露筋、夹缝。

（5）平原、微丘区及城镇附近的旱桥地段，桥两侧应采用栅栏防护。必要时，应对梁底至地面高度小于4 m的桥梁加强防护。

（6）混凝土梁及墩台恒载裂缝宽度限值如表15.3所列。

表15.3 混凝土梁及墩台恒载裂缝宽度限值表

梁别	裂缝位置		最大裂缝限值/mm
预应力混凝土梁	梁体	下缘竖向及腹板主拉应力方向	不允许
		纵向及斜向	0.2
		横隔板	0.3
钢筋混凝土梁、桥面板及框构	主筋附近竖向		0.25
	腹板竖向及斜向		0.3
墩台	顶帽		0.3
	墩台身	墩台经常受侵蚀性环境水影响	有筋0.2，无筋0.3
		常年有水但无侵蚀性	有筋0.25，无筋0.35
		干沟或季节性有水河流	0.4
		有冻结作用部分	0.2

15.1.2.2 混凝土桥梁的病害体现

混凝土桥梁的病害主要体现在以下方面：

（1）混凝土保护层碳化。

（2）因风化作用、碱性集料反应、化学腐蚀、冻融剥离、磨耗等造成梁体裂缝、钢筋锈蚀、混凝土保护层开裂、桥面防排水体系不良引起的病害。

（3）横向连接件断裂、脱焊或松动，横向振动偏大。

（4）结构由于混凝土收缩徐变、温度变化、车辆撞击、地震等导致永久变形。

（5）连续梁、刚构桥等由于地基不均匀沉降产生变形和裂缝。

（6）对预应力混凝土梁，预应力混凝土梁上拱度过大，有效预应力不足；预应力筋锈蚀；张拉锚具锚下混凝土的纵向裂缝，长度一般不超过梁高，主要有锚下局部应力集中产生的劈裂拉力所致。

（7）预制构件安装时，预埋铁件焊接措施不当，使铁件附近混凝土产生的裂缝。

（8）沿预应力钢束的纵向裂缝，主要为预应力钢束保护层过薄，钢束处局部应力过大产生劈裂或是混凝土保护层碳化后钢筋锈蚀所致。

（9）跨中下挠过大，超过规范容许值，但跨中截面不一定开裂。

（10）预应力混凝土 T 梁的横隔板为后浇混凝土结构，连接相对薄弱，施工又难以保证质量，因此横隔板断裂经常发生。

15.1.2.3 引起病害的原因

从引起病害的原因看一般可分为两大类：

第一类为环境作用引起的混凝土结构损伤与破坏，由于混凝土的缺陷（例如裂缝、孔道、气泡、孔穴等）环境中的水及侵蚀性介质可能渗入混凝土内部，与混凝土中某些成分发上化学、物理反应，引起混凝土损伤，影响混凝土的受力性能和耐久性。

第二类是由荷载作用或设计、施工不当造成的混凝土结构损伤，例如动力冲击作用引起的疲劳破坏，构造措施和施工方法不当等引起的结构裂缝（超载）等。

15.1.2.4 混凝土梁及墩台如发现下列状态，应及时处理

（1）混凝土保护层中性化深度大于 25 mm；

（2）钢筋混凝上梁裂缝流锈水；

（3）混凝土梁碱-集料反应导致梁体产生裂缝；

（4）混凝土梁及墩台恒载裂缝宽度大于表 15.3 规定的限值；

（5）预应力混凝土梁徐变上拱造成跨中道作厚度不足 30 cm；

（6）预应力混凝土梁徐变上拱或基础沉降造成轨道扣件无余量可调整；

（7）相邻跨梁端或梁端与桥台胸墙间顶紧，或相邻跨作业通道栏杆、电缆槽道、遮板等顶紧，影响自由伸缩；

（8）意外事故造成梁体或墩台混凝土局部溃碎或钢筋变形、折断；

（9）寒冷地区，空心墩台内部积水；

（10）防排水设施失效，梁体表面泛白浆。

15.1.2.5 混凝土桥梁状态评估方法

混凝土桥梁状态评估的方法包括以下内容：

1. 资料调查

收集、整理出现病害桥梁的设计文件、施工记录及竣工文件等原始资料，调查桥梁的运营状态及环境影响等因素。

2. 状态评定

混凝土桥梁状态评定的内容主要有以下内容：① 桥梁状态及裂纹调查；② 钢筋的锈蚀状态；③ 混凝土强度、弹性模量试验；④ 钢筋保护层厚度及混凝土碳化深度测试；⑤ 原材料、梁体析出物及有害介质化学成分分析；⑥ 桥梁的静、动载试验。参见高速铁路桥隧建筑物状态评定标准。

3. 病害原因分析

根据资料调查、状态评定的结果，确定病害产生的主要原因、发展趋势及对桥梁的不利影响。

4. 制定对策

在确定病害原因的基础上，根据规范、技术条件及标准，制定根治病害的修补或加固方案，使改造后病害桥梁的功能与耐久性满足铁路运营的要求。

15.1.2.6 混凝土桥梁裂纹检查

混凝土桥梁裂纹形式多样，产生裂纹的原因有混凝土的收缩、桥梁截面变化、设计施工的缺陷、桥梁端部的应力集中及养护不当等。由于大气污染，混凝土中性化造成混凝土桥梁裂纹也十分普遍。此外，由于混凝土骨料选择不当，发生混凝土结构碱集料致使混凝土梁产生裂纹也很突出。

发现裂纹后，应在裂纹的起点和终点画上与裂纹走向相垂直的红油漆记号，并进行裂纹编号，如图15.1所示。仔细观测裂纹的部位、走向、宽度、分布状况、大小和长度等。

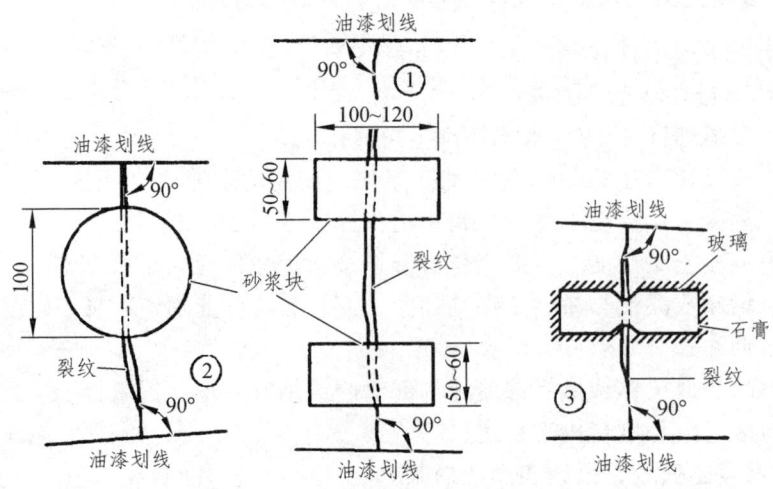

图 15.1 裂纹测标（单位：mm）

选择裂纹适当位置，做灰块或玻璃测标，注明日期，以观察裂纹是否有发展。在测标上选择裂纹平直的位置作为放置读数显微镜测量裂纹宽度的固定地点，量出裂纹宽度及主要裂纹的部位、走向、宽度、长度、分布情况及特征，用坐标法绘制裂纹展示图，记录检查日期及气温。裂纹深度检查的方法为：在裂纹中注射酚酞溶液，然后凿开至不显红色为止，测量其深度。

在观测裂纹时，要记录气温的情况，因为气温降低时，混凝土的外层比内层冷却的要快一些，因而外表收缩较快，这时裂纹宽度较大；当气温增高时，则情况相反。

桥梁两侧有明显对称裂纹时，应检查是否内外贯通。其方法是将裂纹清洗封闭，并在适当的对应位置两侧安装压浆嘴，从一侧压浆嘴通入压缩空气，在另一侧压浆嘴上涂以肥皂水，如微气泡或鼓起，则说明裂纹内外贯通。

裂纹一经出现，就有扩展的趋势。因为水渗进裂缝中，在冬季冻冰，可将其胀裂得更长更宽。另外，由于活载的作用，引起裂纹一开一合，同样会促使裂纹扩展。裂纹一经查明并确知其不再扩展时，即应进行处理。

15.1.2.7 混凝土桥梁应重点观测项目

（1）钢筋混凝土梁钢筋锈蚀、混凝土溃碎、脱落情况；各种梁体横隔板裂纹和顺主筋方向的水平裂纹，缝宽超限的垂直裂纹及斜裂纹的变化发展，并绘制平面展示图。

（2）连续梁和刚架桥检查有无因墩台发生不均匀下沉造成的裂纹以及支座的状况。

（3）装配式梁拱及预应力混凝土串联梁等检查各联结部位在动荷载作用下有无开裂。

（4）拱桥的拱圈有无纵向裂纹，拱顶及 1/4 跨度附近有无横向贯通裂纹；边墙及拱圈在拱脚附近有无外臌开裂等。

（5）斜拉桥定期检查缆索索力或频率的变化，缆索防护、锚具情况，索塔在恒载和活载作用下的纵向位移和振动以及缆索和梁体联结处动、静载下挠情况。

（6）梁体与桥台胸墙、相邻梁端、相邻跨人行道是否顶紧，能否自由伸缩。

15.1.2.8 预应力简支梁桥的裂缝种类及其成因

从外观来看，裂缝是混凝土梁最主要的病害之一。

（1）根据混凝土裂缝产生的原因，可分为结构性裂缝与非结构性裂缝两大类。

结构性裂缝是由各种外荷载引起的裂缝，也称荷载裂缝。它包括由外荷载的直接应力引起的裂缝和在外荷载作用下结构次应力引起的裂缝。

非结构性裂缝是由各种变形变化引起的裂缝。它包括温差、干缩湿胀和不均匀沉降等因素引起的裂缝。这类裂缝是在结构的变形受到限制时引起的内应力造成的。从国内外的研究资料以及大量的工程实践看，非结构性裂缝在工程中占了绝大多数，约为 80%，其中以收缩裂缝为主。

（2）按裂缝产生的时间划分。

施工期间出现的裂缝，包括塑性收缩裂缝、沉降收缩裂缝、干燥收缩裂缝、自身收缩裂缝、温度裂缝、施工操作不当出现的裂缝、早期冻胀作用引起的裂缝以及一些不规则裂缝。

使用期间出现的裂缝，包括钢筋锈蚀膨胀产生的裂缝、盐碱类介质及酸性侵蚀气液引起的裂缝、冻融循环造成的裂缝、碱骨料反应引起的裂缝以及循环动荷载作用下损伤累积引起的裂缝等。

15.1.2.9 预应力混凝土简支梁桥的裂缝预防与处理

1. 龟裂的预防和处理对策

① 为预防收缩裂缝的产生，应注意合理配置构造钢筋，尽可能降低水灰比，浇筑混凝土后应及时覆盖、适时浇水养护，尤其是在干燥的环境下更应注意加强养生。

② 对于因温度变化过大造成的裂缝，首先应选择低水化热的水泥，合理配置构造钢筋；其次是对采用蒸汽养生的梁，应严格控制开始时的升温和结束时的降温时间，按规定使梁体混凝土缓慢升降温；在寒冷地区浇筑梁体混凝土时，要采取切实可行的保温隔热措施等。

有时在新旧混凝土接缝处沿接缝面中部的垂直方向，由于新混凝土结硬的水化热与已经结硬、冷却的旧混凝土之间存在温差，易出现温差裂缝；同时由于旧混凝土的龄期较长，收缩已大部分完成，而新浇混凝土因结硬时收缩受阻等原因，也会引起混凝土的开裂。这种情况应尽量避免，若必须如此时，则应采取适当增加构造布筋或其他的减小温差的措施。由于混凝土龟裂的深度一般不大，裂缝宽度一般也比较小，除对结构的耐久性和美观可能有影响外，不会对结构当前的受力造成影响，故可用外部涂刷或其他的封闭方法处理，以保持钢筋的保护层厚度，避免钢筋遭受腐蚀。

2. 梁底纵向裂缝

梁底纵向裂缝一般多为受力裂缝，因而在设计时应合理拟定截面，确定适宜的预应力度；对于较长的跨度及桥面较宽的情况，应尽量设横向预应力。此外，对锚下局部应力应给予足够的重视，对超常规设计必要时应配合锚下局部应力试验，以免混凝土受力过大，混凝土结构的质量与所用骨料、砂的质量及水泥品种有直接关系，严把原材料质量关是保证混凝土质量的关键环节。

为避免碱骨料反应的发生，应重视骨料的选用及施工用水的化验，限制水泥中的碱组分，剔除易发生碱骨料反应的材料，在配制混凝土时添加粉煤灰或硅灰等材料，细骨料的级配应尽量偏大些。

对于因截面或预应力度设计不合理导致的裂缝，应对应力的超出幅度进行具体分析。若应力超出不多，可用改性环氧混凝土将裂缝浇捣封闭；若应力超出较多，应采取加固截面或加体外预应力等措施处理；当开裂非常严重时，应废掉重做。

3. 梁顶底面的横向裂缝

对于在运营中发现的横向裂缝，一般应采用改性环氧树脂封闭或在梁顶、底面用碳纤维布粘贴加固的方法处理。

4. 主拉应力方向的斜裂缝

梁体一旦出现开裂，多数情况下其裂缝宽度已超出规范的限定，即使当前对结构受力不会产生影响，但单从保证结构耐久性来讲也必须对其进行处理，特别是对潮湿多雨和空气中有害气体含量较高地区的桥梁以及冬季必须在桥上撒盐消冰的地区的桥梁更是如此。

15.1.2.10 主要修补及加固方法

混凝土桥梁的修补及加固的目的一般分为耐久性和恢复或提高承载能力两个方面。以下所提及的修补多注重于结构的耐久性,加固主要针对提高结构的使用性能。由于高速铁路桥梁刚度大,整体性好,荷载较小,桥梁加固部分主要结合高铁桥梁特点和既有桥梁加固方式进行阐述。

根据铁路运营的特殊性,混凝土桥梁的修补或加固一般采取以下原则:

① 修补、加固工程的实施一般不能影响线路的正常运营。
② 根据桥梁的特点及应满足的功能要求,制定修补、加固的技术条件。
③ 修补、加固后的结构应具有较好的耐久性。
④ 修补、加固采用的设备要小型化,且操作简便,图 15.2 为桥梁检查车。

(a) 轨行式吊篮式检查车

(b) 轨行式平台式式检查车

(c) 人行道走行式检查车

图 15.2 桥梁检查车

1. 修 补

铁路混凝土桥梁常用的修补方法主要有裂纹注浆、表面涂装、保护层修补等,并主要采用自行研制的各种修补材料。在借鉴国外先进技术的基础上,对存在裂纹、出现碱骨料反应、碳化深度过大及受盐害腐蚀的混凝土桥梁进行维修工作。

出现病害混凝土桥梁的修补效果主要取决于修补材料的质量及相应的施工工艺水平。

（1）裂纹的整治。

① 对于微细而数量较多的裂纹，可用喷浆或抹浆的方法来处理，也可涂一层环氧树脂浆封闭。涂环氧树脂浆前应用钢丝刷去除裂纹附近圬工表面上的污秽和灰尘，并用丙酮擦洗（如用水冲洗，则须待干燥后才能涂环氧树脂浆）。

② 对于一般的表面裂纹，可采用环氧树脂砂浆或环氧腻子腻补。腻补裂纹做法：对宽 0.15～0.3 mm 的裂纹，沿裂纹凿一条外宽 20 mm、深约 3～7 mm 的"V"形槽，用压缩空气吹除灰尘并清刷干净后，涂一层厚约 0.2 mm 的树脂浆，再用树脂砂浆（或腻子）腻补平整，裂纹宽大于 0.3 mm 时，可沿裂纹凿一条外口宽 20 mm、内口宽 6 mm、深约 7～15 mm 的梯形槽，修补办法同上。

③ 对裂纹多且深入混凝土内部，或内部有空隙时，可用压注环氧树脂或水泥浆的方法进行处理。一般梁部压注环氧树脂，墩台因压注数量大，宜用水泥浆或水泥砂浆。压注前，先在混凝土表面钻好孔眼，利用风压把环氧树脂浆、纯水泥浆或水泥砂浆压入混凝土内部填满裂纹以增强结构整体性，增加混凝土强度和延长其使用寿命。图 15.3 注胶修补裂纹。

a. 压注环氧树脂浆。

环氧树脂对混凝土有高度的黏合性能，不但黏结力强，且有不透水和耐酸、碱、盐等特性，故多年来已被广泛用来

图 15.3　注胶修补裂纹

修补混凝土裂纹及梁内部空隙，实践表明效果良好。配制的环氧树脂浆，要求在 2 h 内用完，使用时的适宜温度为 15～25 ℃，避免在低于 +5 ℃ 的温度施工。

b. 压注水泥浆或水泥砂浆。

压注灰浆依采用动力的不同有风压灌浆和电动压浆 2 种。

风压灌浆原理与压注环氧树脂浆相同。即以压缩空气将水泥浆或水泥砂浆从预埋灌注孔内注入。电动压浆为泵式压浆机压浆，即用电动机带动活塞往复运动，将拌和好的灰浆不断压入结构物内。

（2）TSE 浸渍液梁体加固补强方法。

TSE 浸渍液是由多种黏度较低的有机单体复合而成的具有一定渗透能力的混合液，不同等级浸渍混凝土及未浸渍混凝土的抗压强度、抗折强度及弹性模量，经测定发现浸渍混凝土的抗压强度比未浸渍混凝土提高 2 倍以上，抗折强度及弹性模量提高 2 倍。它可针对梁体不同的状态，采用多种方法治理、加固和补强。

TSE 浸渍液分项作业程序为：

① 粘嘴注浆涂膜法。

TSE 液注浆与环氧树脂相同：程序是粘嘴、封缝、试风、配料、注浆、拆嘴、铲平、打磨平面（封缝料用聚合物灰浆）。

裂损修补：先凿除梁体脱落部分并涂抹聚合物灰浆，再分层以聚合砂浆或混凝土修补。

全梁涂膜：以 TFSE 液和水泥或其他粉料搅拌，刷、滚、机喷均可，一般 2～3 遍。

② 梁体表面浸渍法。

梁体表面破碎或混凝土强度低于设计要求，或裂缝在阴角与阳角不易粘嘴注浆等可用此法。作业程序是将这些病害分成若干小区段制作封闭模腔，在模腔里注满浆，利用压力和 TSE 液的浸渗力，使裂缝、空隙、混凝土表面充满凝结成坚硬的高性能浸渍混凝土。

较严重的病害梁体还可对模腔先抽真空形成负压，再施压注浆。

③ 具有特殊化学和自然侵蚀的桥梁可以用 TSE 液在表面制作玻璃钢保护层，保护层与梁体之间注浆充满。

2. 加　固

铁路混凝土桥梁加固的目的有两个方面：① 恢复或提高梁体的承载能力（纵向加固）；② 提高桥梁的横向刚度（横向加固）。

（1）纵向加固。

纵向加固主要解决的问题包括：因钢筋锈蚀造成的梁体承载能力下降；恢复或提高梁体的承载能力；恢复或提高预应力梁的有效预应力及抗裂性能。铁路混凝土桥梁纵向加固较为常用的方法有加大截面法、粘贴钢板及体外预应力加固法等。

① 加大截面法。

因桥上排水不畅、桥面污水流经梁体表面，造成梁体下缘钢筋锈蚀严重等病害桥梁，可采用在下缘增加普通钢筋的方法进行加固。经过加大截面，达到新旧钢筋共同承担活载的目的。

加固时，应先凿除下缘风化的混凝土，对锈蚀的钢筋进行除锈，将新增钢筋与原钢筋进行焊接。为减少新混凝土收缩及温度裂纹，增加新旧混凝土之间的黏结，新增混凝土可采用聚合物混凝土。

② 粘贴钢板或高强纤维加固法。

对于因防排水体系不良、受环境气候影响的混凝土桥梁，由于混凝土碳化严重，造成梁体混凝土剥落、下缘钢筋外露锈蚀等病害桥梁，可采用在梁体下缘底面粘贴钢板或高强纤维的方法进行加固。

粘贴钢板或高强复合纤维加固是采用环氧树脂胶（或其他建筑结构胶）将钢板或高强度复合纤维布直接粘贴在被加固混凝土结构的薄弱部分，与被加固结构形成整体，共同受力，以限制裂缝的发展提高结构的承载力。纤维布的布置方案与粘贴钢板法基本相同。

当钢板黏结剂为液体时，用注入法如图 15.4 所示，若黏结剂为胶状，用压粘法如图 15.5 和图 15.6 所示。

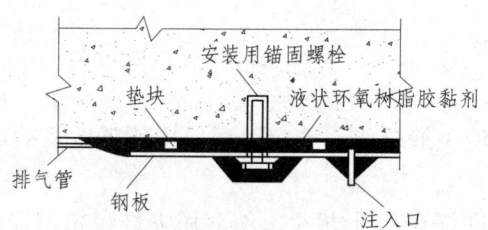

图 15.4　注入法施工粘贴钢板

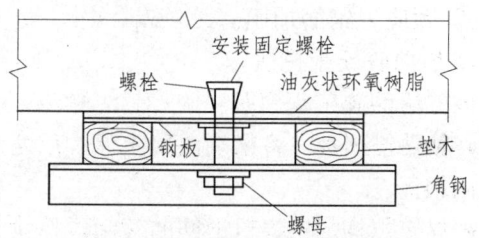

图 15.5　压粘法施工粘贴钢板

图 15.6　粘贴钢板加固梁底

目前用于混凝土加固用高强复合纤维材料应用较多的是碳纤维和芳纶纤维，如图 15.7 所示。粘贴碳纤维的基本施工流程为：施工放线—基面处理—刷抹底层胶—用找平胶修补粘贴面—粘贴碳纤维布—养护—进行罩面防护处理。

图 15.7　碳纤维加固梁底

③ 体外预应力。

为解决混凝土桥梁上拱度过大及预应力损失偏大的预应力桥梁，因梁体有效预应力不足和抗裂安全系数下降，可采用体外预应力技术，实现在不中断运营条件下的加固改造。

④ 预应力钢筋加固。

a. 横向收紧张拉法。

该方法的施工程序是：

● 粘贴锚固板。将梁端混凝土保护层凿除，使主筋外露，清除表面后用环氧砂浆粘贴 U 形锚固钢板。

● 焊接拉杆。先将粗钢筋的弯起段按设计斜度焊在 U 形板上，然后用夹杆将粗钢筋的水平段和弯起段焊接起来。

● 安装张拉装置。先放置弯起点垫块撑棍，再安置中间撑棍和锁紧螺栓，在紧贴锁紧螺栓处安放横向收紧器。
- 预张拉法。目的在于检查焊接的质量，预拉力按设计拉力的 80%~90%控制，预拉力需保持 12 h 以上。
- 张拉。旋紧收紧器，使两侧拉杆向中间收拢，按设计收紧量对称地分次收紧，超过设计量 1~2 mm 后拧紧锁紧螺栓并用双螺帽锁住，最后拆除收紧器。
- 拉杆和 U 形板的防护处理。

b. 纵向张拉法。

拉杆沿梁底布置，两端向上弯起，穿过上翼缘板伸至桥面。拉杆端部设有丝扣，用轧丝锚锚固于梁顶的锚固槽内。

施工工艺如下：
- 在梁端顶部凿出锚固槽。
- 在锚固槽内沿腹板两侧按设计斜度钻两个平行的孔洞。
- 粘贴锚固垫板和梁底的短柱支座垫板。
- 安装拉杆钢筋、张拉、封锚。
- 防护处理。

（2）横向加固。

铁路混凝土梁的横向加固主要解决提高桥梁的横向刚度和减小横向振幅的问题。加固方法采用在梁体内侧增厚竖向横隔板和增设水平连接板，以增强梁体的横向刚度。混凝土梁加固前，要认真检查桥梁，在确认梁体混凝土质量符合标准、支座无病害后，方可施工。

任务 15.2 （典型工作）钢桥养护

15.2.1 工作任务

钢桥容易生锈，需要涂刷油漆保护。

钢桥养护内容包括：桥面养护、钢梁防锈、高强度螺栓的检查和修理、杆件裂纹的检查和损伤修理、杆件弯曲及损伤的修理、钢梁加固和限界改善等。

15.2.2 相关配套知识

15.2.2.1 钢梁保护涂装

为防止钢梁生锈，最广泛采用的方法是在钢梁表面喷涂油漆。钢梁涂装的作用是保护钢梁不受自然界的侵蚀应定期进行维护性涂装，涂装失效后应及时重新涂装。因为油漆除有防止钢料腐蚀的效果外，它又能随钢梁的表面的任何形状形成薄膜，附着牢固，又能随着钢梁因温度变化的涨缩而同时涨缩，油漆薄膜不会增加过大的重量，使用起来方法简单，且可以给物体表面以美丽的外观。

1. 钢梁涂装失效的检查方法

涂抹粉化、露底、裂纹、剥落、吐锈等都是涂装失效的现象。

a 肉眼观察，通过肉眼观察可以发现明显的面漆粉化露底或龟裂、起泡、剥落、锈蚀等。对于细小的裂纹及针状的吐锈等，可借助放大镜检查。另外，如漆膜表面有不正常的鼓起（角落部位用光照射有凹凸不平时），下面可能有锈。b 用手触摸，如有粉末沾手，表示漆膜粉化。对角落隐蔽部位如手摸感到粗糙凹凸不平可能有锈蚀存在。c 刮膜检验，对有怀疑的部位，可铲除表面漆膜检查钢料是否锈蚀，用刮刀铲去漆膜，如漆膜刮花卷起，底漆色泽鲜艳，则说明漆膜良好；若漆膜用刮刀一触即碎或呈粉末状，底漆色泽暗淡，或一并带起，说明漆膜已经或接近失效。d 滴水检验，在漆膜表面喷水，如水珠很快流淌，无渗漏现象，则漆膜完好；如水很快往里渗透或扩散，则表示漆膜粉化，渗水的深度即为漆膜失效的厚度。

钢梁、钢-混凝土结合梁、钢箱拱肋、钢管拱肋、拱桥钢吊杆、钢桥面支座钢件、防落梁装置、作业通道钢栏杆、钢立柱、疏散通道、吊篮、围栏、限高防护架等都应进行保护涂装，防止钢结构锈蚀。

2. 钢桥（钢结构）涂装维修

（1）钢料表面清理。

钢梁涂装前，应对其表面进行清理。在涂装底漆前，应将钢料表面的污泥、油垢、铁锈、旧漆皮和氧化皮彻底清除干净，以增强新涂漆膜的附着力，提高油漆质量。对于涂膜表层粉化而底层完好的情况，清理时不需要清除底层，可用水刷洗，等水干后用砂纸打磨，注意将粉化表层清除干净但不伤及底层。

钢梁、钢-混凝土结合梁、钢箱拱肋、钢管拱、钢桥面、拱桥钢吊杆应采用喷砂、喷丸清理；防落梁装置、作业通道钢栏杆、钢立柱、疏散通道、吊低、围栏、限高防护架等附属钢结构也可采用手工清理，严禁使用腐蚀性物质清理钢表面。

根据使用的涂料品种、施工方法和构件部位的不同，涂装对钢结构表面清理等级应符合下列规定：

① 电弧喷铝或涂装环氧富锌底漆时，钢表面清理应达到 Sa3.0 级。② 涂装酚醛红丹、醇酸红丹底漆时，钢表面清理应达到 Sa2.5 级。③ 箱形梁内表面涂装环氧沥青底漆时，钢表面清理应达到 Sa2.0 级。④ 作业通道钢栏杆、钢立柱、疏散通道、吊篮、围栏、限高防护架等附属结构或局部维护涂装使用红丹底漆时，钢表面清理应达到 Sa3.0 级。除锈（清理）等级区分见表 15.4。

表 15.4 除锈（清理）等级区分表

等级	钢表面清理		钢表面附着物					说 明
	方法	程度	氧化皮	铁锈	油垢	焊渣	旧涂层	
Sa1	喷砂	轻度	△	△	X	△	△	
Sa2	喷砂	彻底	O	O	X	O	O	残留物为牢固附着
Sa2.5	喷砂	非常彻底	X	X	X	X	X	残留物的痕迹仅是点状或条纹的轻微色斑
Sa3	喷砂	表面洁净	X	X	X	X	X	钢表面显示均匀的金属色泽
Sa2	手工	轻度	△	△	X	△	△	锈层、碎屑、浮粒应清除
Sa3	手工	彻底	O	O	X	O	O	比 Sa2 更彻底，显露的钢表面具有金属光泽

注：表中 X 表示"应无可见"；△ 表示"没有附着不牢"；O 表示"基本清除"。

（2）清理粗糙度规定：

① 涂装涂料涂层时，钢表面粗糙度为 $R_z 25 \sim 60\ \mu m$；选用最大粗糙度不得超过涂装体系干膜厚度的 1/3。表面粗糙度超过要求时，需加涂一道底漆。② 电弧喷铝时，钢表面粗糙度为 $R_z 25 \sim 100\ \mu m$；当表面粗糙度超过 $R_z 100\ \mu m$ 时，涂层应至少超过轮廓峰 $125 \sim 150\ \mu m$。

钢梁连接板层之间大于 0.5 mm 的缝隙须将缝内污垢和铁锈清除干净，在第一道底漆干燥后，用石膏腻子填塞，待腻子表面干燥后，方可继续涂装。小于 0.5 mm 的缝隙可用底漆封闭。腻子应与所用防锈底漆配套使用。

（3）钢梁除锈方法。

除锈可采用：① 手工除锈和溶剂擦洗（严禁使用腐蚀性物质清理钢梁表面），用粗细不同的钢丝刷、平铲、凿子或钢刮刀除锈；② 小型机械工具除锈，可使用风钻（或电钻）装上钢丝刷，或用小风铲除锈；③ 喷砂清除，采用压缩空气将洁净干燥的石英砂粒通过专用喷嘴高速喷射钢板表面除锈。根据所使用涂料品种、施工方法和构件部位不同，涂装前对钢结构表面清理的清洁度有不同要求。

3. 涂装类型选择及注意事项

油漆的种类很多，性能不同，钢梁上使用的油漆要求防锈性能和耐候性能良好。由于桥梁所处地区不同，同一桥梁不同部位要求也不一样。如纵梁上盖板油漆要求耐潮耐磨；顶上有公路的钢桁梁顶部杆件的油漆必须耐酸耐潮，而桁梁两侧杆件的油漆要求主要是耐晒。

钢梁油漆分底漆和面漆两部分。底漆主要作用是防锈，面漆主要作用是防老化，底、面漆配套使用，发挥各自优点，可使钢梁防锈耐久。优良的底漆应能使钢铁表面钝化，有阻蚀作用或电化阴极保护作用，并对钢铁有良好的附着力，其表面易于附着面漆。优良的面漆耐候性必须良好，不易粉化龟裂及耐晒，要使水和氧很难进入漆膜下与钢铁接触，特别部位要求耐碱、防震、耐高温高湿等。

钢梁油漆的层数，一般为底漆两层，面漆两层，对某些易受浸蚀处宜多涂一层面漆。钢梁用漆要按地区特点和部位的不同配套选用。油漆的种类很多，性能各有不同。

① 由《铁路钢桥保护涂装及涂料供货技术条件》（TB/T 1527）规定钢桥涂装体系见表 15.5 钢桥涂装体系，根据使用环境选择涂装。

表 15.5　钢桥涂装体系

涂装体系	涂料（涂层）名称	每道干膜最小厚度 /μm	至少涂装道数	总干膜最小厚度 /μm	适用部位
1.	特制红丹酚醛（醇酸）防锈底漆 灰铝粉石墨（或灰云铁）醇酸面漆	35 35	2 2	70 70	桥栏杆、扶手、人行道托架、墩台吊篮、围栏和桥梁检查车等桥梁附属钢结构
2.	电弧喷铝层 环氧类封孔剂 棕黄聚氨酯盖板底漆 灰聚氨酯盖板面漆	— — 50 40	— 1 2 4	200 — 100 160	钢桥明桥面的纵梁、上承板梁；箱形梁上盖板

续表

涂装体系	涂料（涂层）名称	每道干膜最小厚度/μm	至少涂装道数	总干膜最小厚度/μm	适用部位
3.	无机富锌防锈防滑涂料 或电弧喷铝层	80 —	1 —	80 100	栓焊梁连接部分摩擦面
4.	环氧沥青涂料 或环氧沥青厚浆涂料	60 120	4 2	240 240	非密封的箱形梁和非密封的箱形杆件内表面
5.	特制环氧富锌防锈底漆或水性无机富锌防锈底漆 云铁环氧中间漆 灰铝粉石墨醇酸面漆	40 40 40	2 1 2	80 40 80	钢梁主体，用于气候干燥、腐蚀环境较轻的地区
6.	特制环氧富锌防锈底漆或水性无机富锌防锈底漆 云铁环氧中间漆 灰色丙烯酸脂肪族聚氨酯面漆	40 40 40	2 1 2	80 40 80	钢梁支座，用于腐蚀环境较严重的地区
7.	特制环氧富锌防锈底漆或水性无机富锌防锈底漆 云铁环氧中间漆 氟碳面漆	40 40 35	2 1 2	80 40 70	钢梁主体，用于酸雨、沿海等腐蚀环境严重、紫外线辐射强、有景观要求的地区

对于温差较大地区，钢桥主体应采用断裂伸长率不小于50%的氟碳面漆；
对于栓焊梁生产或贮存的黄河以南地区时，宜采用无机富锌防锈防滑涂料喷涂摩擦面；
对于跨越河流的钢桥地面（包括桁梁下弦杆、纵横梁底面，下承板梁主梁和上承板、箱梁底面），酸雨地区的钢桥涂装底漆一道、中间漆一道

② 钢结构重新涂装的涂装体系应符合《铁路钢桥保护涂装及涂料供货技术条件》（TB/T 1527）规定，并满足如下要求：

a. 钢梁现场涂装不应采用无机水性富锌防锈底漆。

b. 电弧喷铝用铝丝材质应采用《变铝及铝合金的化学成分》（CB/T 3190）中LF2，含铝量为99.5%以上。

c. 金属涂层涂覆后，应立即采用环氧类封孔剂封孔，涂覆的封孔剂至不被吸收为止，封孔后应加涂相应的配套涂料。

d. 栓焊梁螺栓连接部分摩擦面涂装，采用电弧喷铝时涂层厚度为150±50 μm；采用无机富锌防锈防滑涂料时，涂层厚度为120±40 μm。涂层的抗滑移系数不小于0.55。杆件栓接点外露的铝表面、无机富锌防锈防滑涂料表面与涂料涂层搭接处应涂装特制环氧富锌防锈底漆。

e. 在涂装底漆前，应将钢料表面的污泥、油垢、铁锈、旧漆皮和氧化皮彻底清除干净。钢梁、钢-混凝土结合梁、钢箱拱肋、钢管拱、钢桥面、拱桥钢吊杆应采用喷砂、喷丸清理；防落梁装置、作业通道钢栏杆、钢立柱、疏散通道、吊低、围栏、限高防护架等附属钢结构也可采用手工清理，严禁使用腐蚀性物质清理钢表面。

③ 栓接点螺栓、螺栓头处涂装特制环氧富锌防锈底漆，涂装前螺栓应除油，螺母和垫片应水洗清除皂化膜。

④ 运营中钢梁保护涂装起泡、裂纹或脱落的面积达 25%，点锈面积达 5%，粉化劣化达 4 级且底漆已失效时，应进行整孔重新涂装。对于距离水面较近的桁梁下弦杆、纵横梁底面和钢箱梁底面、跨越受污染的河流的钢梁底部应增加涂装底漆一道、中间漆一道。

⑤ 钢结构的维护涂装。

a. 钢梁涂膜粉化达 3 级时，应清除涂层表面污渍，用细砂纸除去粉化物，然后覆盖相应的面漆二道，当涂膜粉化达 4 级且底漆完好时，也应按以上要求处理

b. 涂膜起泡、裂纹或脱落劣化达 2~3 级时，底漆完好，清理损坏区域周围疏松的涂层，并延伸至未损坏的涂层区域 50~80 mm，形成坡口，局部涂相应的底漆和相应的中间漆、面漆。如要保持涂层表面一致，可在局部涂面漆后，全部再覆盖面漆。

c. 涂膜劣化达 2~3 级生锈时，应清除松散的涂层，直到良好结合的涂层区域为止，表面清理应达到 St2.0 级，未损坏的涂层区域边缘按本条第 2 款要求处理，然后局部涂装相应的底漆和相应的中间漆、面漆。如要保持涂层表面一致，可在局部涂面漆后，全部再覆盖面漆道。

d. 喷锌或铝涂层发生锈蚀劣化类型为 2~3 级生锈时，应除去松动的锌或铝涂层和涂料涂层直到良好结合的锌或铝涂层区域为止，钢表面锈蚀清理应达到 Sa2.5 级。对于未损坏的涂料和锌或铝涂层区域边缘按第 2 款要求处理，对于电弧喷锌或铝涂层清理部位，也可改涂特制环氧富锌防锈底漆二道，然后涂相应的中间漆和面漆。

e. 涂膜局部严重损坏应及时清理和涂装。

f. 限高防护架底漆按表 15.5 钢桥涂装体系第 1 套涂装体系采用，面漆按照有关规定执行。

4. 腻子配方

腻子要和底漆配合使用，红丹漆对应红丹漆的腻子，富锌底漆采用锌黄环氰的腻子。对于 0.5 mm 以上的裂缝均应在底漆清理干净后腻缝。

5. 涂装工艺

油漆在使用时如果过度黏稠，可加入不超过 2% 的同类稀料，一般酚醛类油漆用松香水，醇酸类油漆用醇酸稀料，环氧类油漆用环氧稀料，不许用汽油稀料。

（1）手工涂装。

手工涂油时，要少蘸勤刷，不要用毛太短的刷子或小刷子，涂膜厚度见表 15.5 涂装体系，一般腻子不超过 0.5 mm，总厚度不超过 1.5 mm。手工涂装工序：涂底漆—刮腻子—打磨—涂中层—涂面层。

（2）喷漆枪喷漆。

大面积涂装应使用喷漆枪。具体操作方法按设备使用说明书进行。

（3）高压无空气喷涂。

高压无空气喷涂是将油漆通过加压泵加压到 10~25 MPa 的压力，然后通过特制的喷嘴小口喷出。当高压漆流离开喷嘴进入大气后，立刻膨胀撕裂成极细的漆雾喷到钢梁表面，它的特点是效率高、速度快（比一般气喷快数倍），适合大面积施工。

（4）静电喷涂。

静电喷涂是利用静电基本原理是油漆在电场内带电，在电场力作用下被吸附于带异性电

荷的钢梁表面上而完成喷漆过程,静电喷涂油漆利用率可达95%以上,可大大节省材料并改善劳动条件。

涂装之前应对涂料进行质量检验,并按使用规定进行配制和搅拌,控制好涂料的黏度。涂装作业分为手工涂刷和用喷枪喷涂,手工涂刷只用于不易喷涂的少数地方,喷枪喷涂采用横喷或纵喷,自上而下,自左向右顺序进行,每次叠压一半,速度均匀。

涂料涂层的质量要求是:不允许有脱落、咬底、漏涂、起泡等缺陷,涂层应均匀、平整、丰满、有光泽,厚度符合标准。

(5)钢料表面喷锌、喷铝涂装。

经过除锈处理后的钢梁表面,多用磷化处理、喷锌或铝,在其上再涂聚氨基甲酸酯底漆二道,面漆四道,以达到防锈的目的。一般在空气中可以保持50年不锈。

喷锌、喷铝的作业特点:将不锈蚀的金属丝(锌丝、铝丝等)送入金属喷涂枪内高温熔化,然后借助压缩空气的气流,以相当高的速度将熔化了的金属丝吹成细微的雾点,喷射在经过表面清理过的钢料表面上,使钢表面热涂一层固结的金属涂层。电热喷锌设备如图15.8所示。

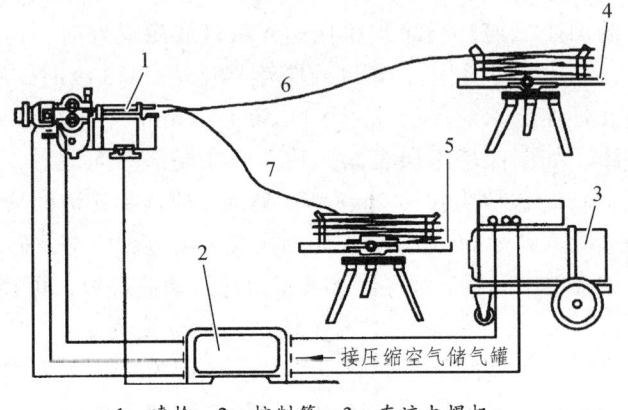

1—喷枪;2—控制箱;3—直流电焊机;
4、5—锌丝盘架;6、7—锌丝。

图15.8 电热喷锌设备

6. 钢梁涂装技术要求和施工条件

(1)涂装技术要求。

a. 涂装用漆的性能应符合《铁路钢桥保护涂装及涂料供货技术条件》(TB/T 1527)的要求,并有复查合格证。施工前应对涂料的颜色及外观、弯曲性能、附着力、细度、干燥时间、流出时间等主要技术指标进行复验和试涂,符合要求后方可进行正式涂装。

b. 钢梁初始涂装和整孔重新涂装时,钢表面清理等级及粗糙度应达到规定的标准,涂装体系应根据杆件的部位和地区环境确定。

c. 涂膜维护涂装时,应对局部劣化部位按要求进行清理,按原涂装系逐层进行涂装,并延伸至未损坏的涂层区域50~80 mm,形成坡口,局部修理处干膜总厚度不应小于原涂装体系干膜的厚度。

d. 涂料涂层施工时,应严格按要求的道数及涂膜厚度涂装,每道干膜厚度达不到要求时,应增加涂装道数,杆件边棱和难以涂装的部位应加厚或加涂一道。

e. 涂料中可加稀释剂调整施工黏度,稀释剂的品种应与所用涂料相适应。涂装时可根据油漆说明书实施。

(2)涂装施工条件。

a. 钢表面清理,严禁在雨、雪、凝露和相对湿度大于80%及风沙天气进行。

b. 环氧类漆不允许在10 ℃以下施工,无机富锌防锈防滑涂料、酚醛漆、醇酸漆、聚氨酯漆、氟碳面漆不允许在5 ℃以下施工。不允许在相对湿度80%以上、雨天、雾天或风沙场合进行涂装施工。

c. 钢结构表面清理后应在4 h内涂装第一道底漆或电弧喷铝涂层,电弧喷铝完成后应立即覆盖封孔剂。

d. 匀涂层实干后，方可涂装下一道漆，底漆、中间漆最长暴露时间不超过 7 d。两道面漆间隔若超过 7 d 时，需用细砂纸打磨涂层表面成细微毛面后方能涂下一道漆。

7. 涂层质量要求

（1）涂料涂层厚度符合标准，表面应平整均匀，不允许有剥落、起泡、裂纹、气孔，允许有不影响防护性能的轻微橘皮、流挂、刷痕和少量杂质。

（2）金属涂层厚度符合标准，表面应均匀一致，不允许有起皮、鼓泡、大熔滴、松散粒子、裂纹、掉块，允许有不影响防护性能的轻微结疤、起皱。

8. 斜拉索和拱桥柔性吊杆应具有良好外防护套。采用螺纹连接的刚性吊杆连接部位应具有良好防锈保护和密封性，防止雨水及潮湿空气进入

15.2.2.2 高强度螺栓的检查和修理

1. 高强度螺栓的检查

高强度螺栓的检查方法有：

① 目视法检查。如发现杆件滑移（一般表现为连接处涂抹被拉开或流锈水），螺栓头或螺母周围涂膜开裂脱落或流锈水，表明该螺栓多属严重欠拧、漏探或出现裂纹。一般情况下，长螺栓欠拧的较短螺栓为多。

② 敲击法检查。用重约 0.25 kg 的检查小锤击螺母一侧，手指（食指及中指）按在相对另一侧。如手指感到轻微颤动，即为正常拧紧螺栓；如颤动较大，则是严重欠拧螺栓。这种方法一般只能检查出预拉力不足 100 kN 的螺栓。

③ 应变仪测定法检查。

a. 在运营线上检查时，在可疑的高强度螺栓杆端面和螺母的相对位置上划一直线，然后将其拆卸除锈待用。

b. 在原栓孔处用贴电阻片的高强度螺栓测定所需的初拧扭矩值和所需要的终拧螺母转角范围（包括设计预拉力的容许误差±10% 和预拉力损失在内）。预拉力损失规定：M22 螺栓为 10 kN；M24 螺栓为 15 kN。

c. 拆卸上述贴有电阻片的螺栓。

d. 将其述待用螺栓装上进行初拧，使其达到测定所需的初拧扭矩值。

e. 测量螺杆端面和螺母上原划直线间的角度，并与测定的所需螺母终拧转角范围比较，即可判断该螺栓是否欠拧或超拧。

④ 扭矩测定法检查。

更换高强度螺栓采用扭矩法施工，终拧后的复验可采用如下检查方法：先在螺杆端面、螺母相对应位置划一直线，用扳手将螺母松回 30°~50°，再用定扭扳手（或示功扳手）将螺母拧到原位测取扭矩值，该扭矩值换算的螺栓预拉力应在设计预拉力的范围内。

2. 高强度螺栓的更换

高强度螺栓不得超拧和欠拧（实际预拉力大于或小于设计预拉力 10%）、漏拧、松动、断裂或缺栓，杆件不得有滑移。

对经检查判明有严重锈蚀（有肉眼可见的锈蚀麻面者）、裂纹或折断的高强度螺栓应立即更换，对经检查判明有严重欠拧、漏拧或超拧的高强度螺栓应予拆下。如卸下的螺栓无严重锈蚀、严重变形（指不能自由插入栓孔）和裂纹的，或施拧未超过设计预拉力15%以上的，除锈涂油后可以再用，否则不得再用，应予以更换。

运营线上更换高强度螺栓，对于大型节点，每次同时更换数量不得超过该节点处每根杆件上高强度螺栓总数的8%。对于螺栓数量较少的节点则要逐个更换。更换应在桥上无车时进行。

高强度螺栓不论初拧或终拧均应从节点刚度大的部分向不受约束的边缘进行。在初拧时，后拧的螺栓会使附近先拧螺栓的预应力降低，故在把一个节点板初拧（40%~70%）完毕后（保证节点板受力均匀）用同样方法将螺母再逐个复拧一遍，复拧后需对每个螺栓进行检查，对不合格未拧紧的应予以补拧。拧紧后，为防止雨水及潮湿空气侵入板缝，节点板束四周的裂缝均应用腻子封闭。高强度螺栓、螺母和垫圈的外露部分均应进行涂装防锈。

高强度螺栓在拧紧过程中，有时会发生随螺母同时转动的现象，故在拧紧时应用短扳手卡住螺栓头。

15.2.2.3 杆件裂纹检查和损伤修理

1. 钢梁杆件裂纹的检查方法

（1）从涂装表面的变化情况进行观察。

① 涂层表面有锈痕。在平滑的钢板或角钢的边缘，如涂层表面有成直线的锈痕，颜色为褐色，两边呈浅色发白状态，细看中间是一条黑线，铲去涂层，下面可能找到裂纹。

② 涂层表面呈细而直开裂。在拼接板或盖板的边缘、铆钉孔的周围，涂层面呈细而直的开裂，有时沿直线呈细小的锯齿形开裂，用10倍放大镜观察为犬牙交错现象。在腹板的大面上，这种开裂处的两边有时鼓起，形成中部下凹现象，将涂层铲去，下面可能找到裂纹。这种现象易发生在涂装质量较差的钢料上。

③ 涂装表面局部鼓起且颜色较深。在拼接板或盖板的边缘及铆钉孔周围，如发现涂装表面有小块条状鼓起，且颜色比其他部位深，将鼓起的涂膜刮开后，里面就可能发现裂纹。这种现象易发生在涂装质量较好的钢料上。

④ 对可疑处，可用刮铲涂膜的方法来判断，如刮下的涂膜分成两半或留下锈痕，则此处存在裂纹。

（2）钢料上涂白铅油或滴油检查。

当发现有裂纹的迹象但不能肯定时，可将钢料表面涂层铲去，涂上一层薄的白铅油，经过列车振动后，如果是裂纹，则白铅油上会出现一条很规则的黑线；或将油滴在钢料上，若油滴不成圆弧状扩散而成线状伸展，说明可能有裂纹存在。

（3）木槌敲击。

一般可用包有橡皮的木槌轻轻敲击梁的每一个节间，如发音不清脆、不洪亮，以及传声不均或有传声突然中断等情况，说明该处可能有裂纹或损伤存在。

（4）有色渗透液探伤。

将可疑处涂膜除净、打光、洗净（用丙酮），涂红色渗透液10~15 min后洗净，涂白色吸附液，若显示红线则该处可能有裂纹。

（5）其他。

此外还可用磁粉探伤和超声波探伤等方法来探测钢梁杆件的裂纹情况。

2. 钢梁杆件裂纹应重点检查的部位

（1）铆接钢结构裂纹应重点检查的部位。

① 杆件断面变更处、削弱处以及弯曲部分的外凸面。

② 联结角钢的拐角处或钉孔处。

③ 主桁腹杆铆接接头处、柔性杆件及承受反复应力杆件的连接处、平纵联及其连接板与杆件铆接处。

④ 板梁下翼缘靠支座处。

⑤ 经过烘烤、锤击、弹伤、整直、焊补等法修理加固过的地方，由于钢质的变化产生脆断。

⑥ 老龄化钢梁在严寒季节可能会发生杆件裂纹或断裂。

（2）栓焊梁、铆焊梁、全焊梁裂纹应重点检查的部位。

① 受拉翼缘焊接盖板端部（图 15.9）。

② 主梁、纵横梁受拉翼缘边及主梁、纵横梁受拉翼缘焊缝；竖加劲肋下端（图 15.10）。

③ 主梁竖加劲肋与受压翼缘连接焊接处（图 15.11）。

④ 端横梁与纵梁连接处下端（图 15.12）。

⑤ 纵横梁端部缺口处（图 15.13）。

⑥ 主梁下翼缘焊接处（图 15.14）。

⑦ 平纵联、横联及其连接板处（图 15.15）。

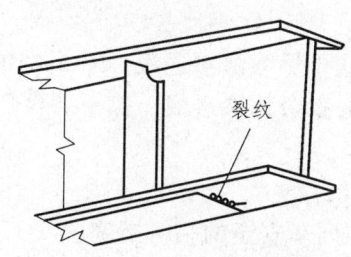

图 15.9　受拉翼缘焊接盖板端部裂纹

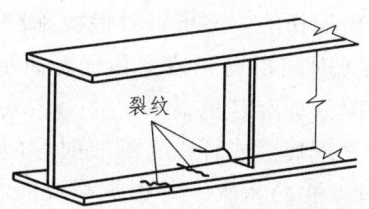

图 15.10　主梁受拉翼缘裂纹以及竖加劲肋下端裂纹

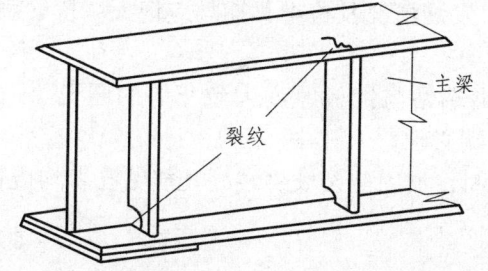

图 15.11　主梁竖加劲肋与受压翼缘连接处焊接裂缝

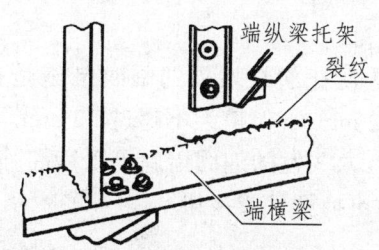

图 15.12　端横梁与纵梁连接处下端裂纹

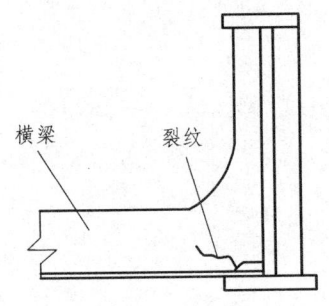 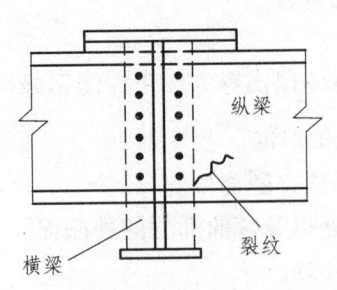 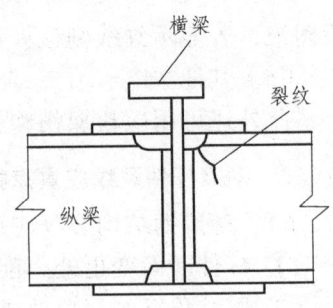

图 15.13 纵横梁端部缺口裂纹

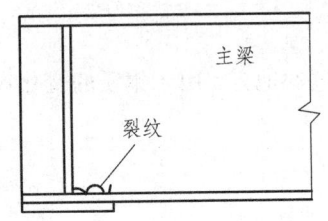 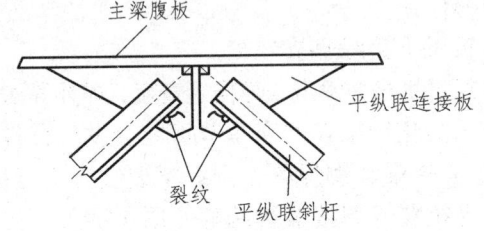

图 15.14 主梁下翼缘焊接处裂纹　　图 15.15 平纵联及其连接板处裂纹

3. 焊缝的检查方法及处理

（1）目视法：观察焊缝及邻近涂膜状态，发现可疑处，将涂膜除尽，用 4～10 倍放大镜观察。

（2）硝酸酒精浸蚀法：将可疑处的涂膜除净、打光、洗净（用丙酮或苯），滴上浓度 5%～10% 的硝酸酒精（该浓度视钢材表面光洁度而定，光洁度高时，浓度宜低）浸蚀，如有裂纹即有褐色显示。

（3）着色探伤法：将可疑处涂膜除净、打光、洗净，吹干后喷涂渗透液，隔 5～10 min，最长 30 min（时间根据光洁度和气温而定），用洗净液除去多余的渗透液，擦干。再喷涂显示液，在缺陷处即有红色显示。

经检查发现焊缝或杆件有裂纹时，应做到：

① 立即汇报负责人，并根据裂纹的严重程度采取保证列车安全的临时措施。

② 加强观察，必要时派专人监视，直至采取相应的整修措施为止。检查监视人员应在裂纹的尖端与裂纹的垂直方向用红漆做箭头标记，箭头指向裂纹尖端；并与之相距 3～4 mm，在箭杆端部标明检查日期。裂纹的位置、长度、发展情况及检查日期均应记入"桥梁病害检查记录簿"。

③ 防止裂纹发展的临时措施是在裂纹的尖端钻与钢板厚度大致相等的圆孔（一般为 10～12 mm），但最大不超过 32 mm。裂纹的尖端必须落入孔中。

④ 永久性的加固措施是采用高强度螺栓加固，加固前裂纹尖端处凡能钻孔者均应钻孔，必要时更换杆件或换梁。

4. 钢梁有下列状态之一时，应及时处理

（1）下承式桁梁的端横梁与纵梁连接处下端裂纹长度 ≥ 50 mm；

（2）受拉翼缘焊接盖板端部裂纹长度 20 mm；

（3）主梁、纵横梁受拉翼缘边裂纹长度≥5 mm，焊缝处裂纹长度≥10 mm；

（4）主桁节点板拼接接头高强螺栓失效率≥8%；

（5）纵梁受压翼缘板件断面削弱≥15%。

5. 钢梁焊缝及钢材裂纹的修理

由于在运营线上手工施焊不能保证质量，故钢梁不得用电焊补强的方法加固焊缝或焊补钢材的裂纹。在紧急抢修特殊情况下必须采用电焊加固时，也仅限于次要杆件，焊补时要了解钢材的可焊性，并进行应力放散。

对运营线上的钢梁，当安检设备或其他设施需与主梁连接时也禁止使用电焊连接。钢梁上的存水处所应设泄水孔，钻孔前须对杆件强度进行检算，箱梁杆件严禁开孔泄水。

钢材裂纹的修理一般采用下列方法：

（1）临时措施：在裂纹的尖端钻与钢板厚度大致相等的圆孔，裂纹的尖端必须落入孔中。但垂直于主拉应力方向的裂纹不得钻孔。

（2）永久性加固：经设计，采用高强度螺栓连接的拼接板应进行永久性加固。

（3）必要时更换杆件。

15.2.2.4 杆件弯曲及损伤修理

钢梁杆件的弯曲及损伤，超过容许限度时，除经检定许可或其他局部硬弯不影响正常使用外，均应进行整修、加固或更换。

1. 钢梁杆件弯曲检查

钢梁杆件弯曲的检查方法，用弦线或铁丝在杆件两端拉紧，量出各点的矢距，钢梁杆件伤损容许限度超过表15.6的规定时，应及时进行整修、加固或更换（经检定不影响钢梁正常使用者除外）。

表15.6 钢梁杆件伤损容许限度

顺号	伤损类别		容许限度
1.	纵横梁	竖向弯曲	弯曲矢度小于跨度的1/1 000
2.		横向弯曲	弯曲矢度小于自由长度的1/5 000，并在任何情况下不超过20 mm
3.		盖板上有洞孔	孔洞直径小于30 mm，边缘完好。
4.		腹板上有洞孔	工字梁的洞孔直径小于50 mm，板梁小于80 mm，边缘完好
5.		腹板受拉部位有弯曲	凸出部分直径小于断面高度的0.2倍或深度不大于腹板厚度
6.		腹板受压部位有弯曲	凸出部分直径小于断面高度的0.1倍或深度不大于腹板厚度
7.	桁梁杆件	主梁压力杆件弯曲	弯曲矢度小于杆件自由长度的1/1 000
8.		主梁拉力杆件弯曲	弯曲矢度小于自由长度的1/500
9.		主梁腹杆或连接杆件弯曲	弯曲矢度小于自由长度的1/300
10.		洞孔	洞孔直径小于杆件宽度的0.15倍并不得大于30 mm

对大面积的腹板或弦杆翼缘弯曲变形，可以在钢板上划分成纵横坐标系，量出每点的矢

度,绘出等值曲线图。

2. 弯曲杆件的矫正

一般用整直器、千斤顶、滑车组进行矫正,整治。用整直器和千斤顶矫正杆件见图15.16。

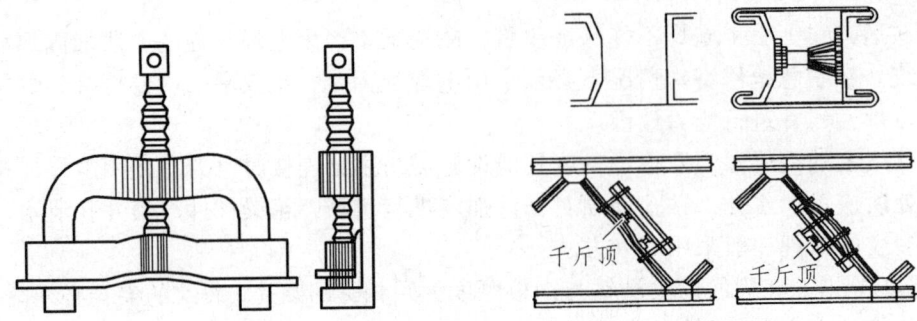

图 15.16 整直器和千斤顶矫正杆件示意图

杆件用矫正法修理必须无裂纹及显著的局部压损或缺口等损伤。矫正变形杆件时应尽量使力量逐步增加,在矫正的最后阶段,当变形已消失时应使压力保持 10~15 min,使钢材承受压力而慢慢复位,以后再撤去压力,防止反弹。

矫正工作若在冷态(普通温度)下进行,一般适用于较小弯曲及受活载冲击影响小的杆件,冷矫时应缓慢用力,不得损伤钢料。加热矫正则用于有较大折角和大截面杆件的矫正。加热长度应扩大到变形范围的 1.5~2 倍,矫正温度应在 700 ℃ 以上,一般为 800~1 100 ℃。

3. 杆件伤损的修补

用高强度螺栓连接拼接的方法进行加固。加固前裂缝尖端处凡能钻孔者均应钻孔。

当杆件扭曲伤损过多且不能矫正或修补时,可割去损坏部分,然后以新料接续。如果杆件、拼接板损坏或扭曲严重,无法修整,则应进行更换新杆件。

4. 消除杆件恒载影响

当拆下杆件进行矫正或杆件损伤严重需切断、拆开接头进行更换时,都会影响结构其他部分的受力情况,造成相邻杆件的应力超载,或在平面或立面上发生变形,故在拆除、更换及修复时均应预先消除被矫正杆件的恒载应力,一般采用下列方法:

(1)在梁下设临时连续支架,支承节点进行卸载。这样还能保持原有拱度,但当桥高、水深或为通航桥孔时则不适用。

(2)用调整应力的方法卸载。常用的方法有:用带有调整螺栓的拉杆拉拢受拉杆件,用千斤顶顶开受拉杆件。

15.2.2.5 钢梁加固和限界改善

钢梁加固和限界改善根据桥梁检定的结果,对承载能力和限界不能保证列车安全的钢梁所采取的加固和改善措施。此处主要以既有铁路桥梁方法进行介绍,高铁桥梁针对具体情况参考使用。

1. 钢梁挠度测量

（1）简易挠度计测量。当桥下无水或水很浅，桥又不高（净高不超过6 m）时，可采用这种方法，如图15.17所示。

（2）用水准仪测量。水准仪架设在钢梁附近稳固的地面上（或大跨度桥桥墩上），在需测挠度位置（一般为跨中处，大跨度桁梁增加1/4及3/4跨处）设置标尺。在未加载前，先将仪器对准一个整数读数，加载后钢梁产生挠度，标尺下移，读出又一个读数，两者相减即为挠度值。

（3）用挠度仪测量。用挠度仪测量挠度时，一般可将挠度仪用特制的卡具固定在梁跨上或打入河床的桩上测量，如图15.18所示。

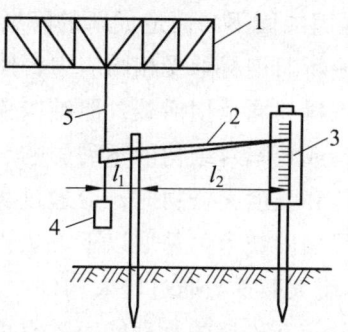

1—桁梁；2—指针；3—度盘；4—重物；5—钢丝

图15.17　简易挠度计测挠度方法示意图

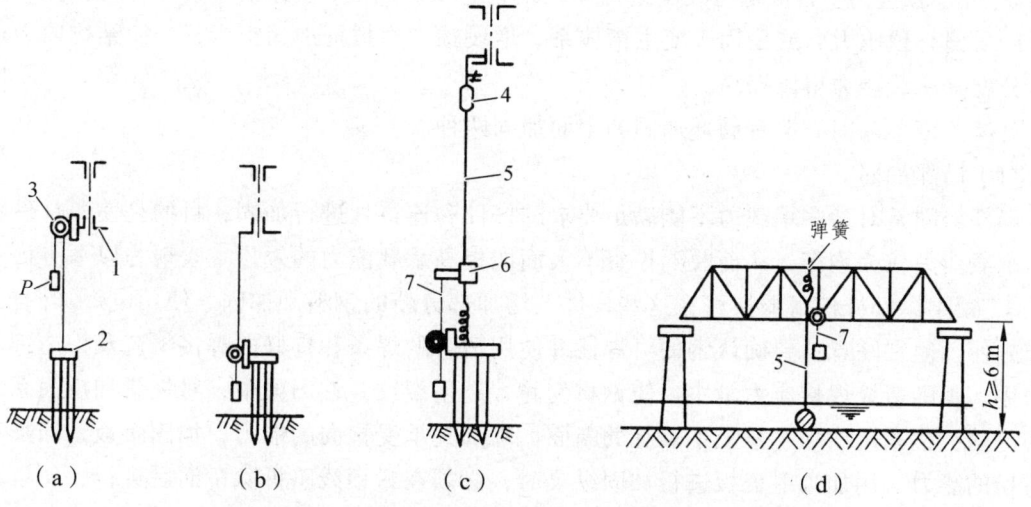

1—桥跨结构；2—不动支架；3—挠度仪；4—紧绳器；5—主钢丝；
6—螺丝；7—细钢丝；P—重物（2~3 kg）

图15.18　挠度仪测量钢梁挠度

2. 钢梁限界检查

钢梁的限界检查方法有横断面法和摄影法两种。

横断面法是一种定位测量断面的方法，即先选定施测横断面位置，逐个测出各横断面的轮廓尺寸，然后综合各横断面的最小轮廓点（包括附属设备突出点），构成综合最小限界。横断面法检查限界的工具有净空检查尺和净空检查架。

摄影法检查限界所用工具有摄影检查车和激光带断面仪，利用摄影机进行拍照，经过冲洗，换算出断面的实际尺寸或找出区段最小综合断面尺寸。

3. 钢梁加固

经过检定，钢梁不能满足现行的活载要求时，要立即加固。加固方案应具有不影响或少影响行车、技术可靠、经济合理和施工简便等特点。在结构分析中应特别注意新旧构件或部件间的共同作用，在构造上应处理好新旧部件的连接，要考虑所采取的加固方案对全桥的影响，不能因加固不当而造成新的隐患。加固钢梁最好在消除被加固杆件中的恒载应力后进行。这样可使新旧钢料承受相同应力，使加固钢料充分发挥作用。若在结构不卸载时进行加固，则新旧钢料共同承担活载，原结构承担全部恒载。另外也要考虑实际荷载偏心、结构变形、局部损伤或缺陷对结构的不利影响。利用旧钢料加固钢梁，若被加固的结构及所用旧钢料的材料性能和强度无资料时，应通过实测、试验评定材料强度等级。

钢梁加固技术可采取以下方法：

① 增大截面。通过增大构件（及其连接）的截面积，以达到加固补强的目的。它既可以提高构件及其连接的承载能力，也可增加结构的刚度并适当改善桥梁的使用性能。

② 改善结构体系。当主梁结构基本完好，其承载能力不能满足要求或需要提高活载等级时，可采用增设辅助构件以改善结构静力体系。

③ 外加预应力。通常是与改变结构体系结合起来使用的，通过预应力拉杆对钢实腹板梁下缘产生偏心预压力，或采用改变主桁体系、增设预应力拉杆加固钢桁梁，使结构内力进行重新分配，承载能力得以提高。

具体的钢梁加固方案有局部加固和全面加固两种。

（1）局部加固。

局部加固是对某些承载力不能满足要求的杆件和连接处进行加固，目的是使各杆件和连接的承载能力较为均衡，从而收到投资不大而能提高承载能力的效果。表现为以下方面：

① 钢梁局部杆件薄弱。可在这些杆件上增加部分新的钢料来加固，使用电焊加固桥梁，操作方便。但须注意：要确认钢的可焊性并使用适合的焊条和良好的焊接工艺及构造细节才可采用。否则造成焊接应力集中，使钢材变脆，产生裂纹。在旧梁中，对板梁和桥面系纵横梁的加固，常采用增加主梁上下翼缘的断面，增加其承受挠曲的能力；加固腹板，增加其承受剪切的能力。用加添上盖板进行加固纵梁时，必须在封锁线路拆除桥面后进行，所以对旧梁盖板的加固多采用增添角钢的方法来加大翼缘面积。加固旧桁梁的杆件时，应将新加钢料尽可能对称设置并靠近杆件的中心线。加固受压杆件时，还可以增加补充杆以减少斜杆或立柱的自由长度。

② 连接处或结点的加固。一般用补充拼接钢板，增加高强度螺栓。

③ 稳定性加固。经过检算，受压翼缘或腹板稳定性等级不足，应进行加固。

（2）全面加固。

全面加固是对原设计承载能力不能适应现行活载要求需提高其承载能力的加固。一般采用的方法有：

① 增加主梁数目。如将只有两片主梁的钢梁改为3片或4片主梁，以分担荷载提高桥梁承载能力。这种方法的优点是只需改装主梁间的联结系。

② 改变主梁结构形式。如增加第三弦使简单体系的梁改为联合系梁。

③ 变简支梁为连续梁。一种是增设中间桥墩，变原简支梁为连续梁；另一种形式是将两孔或多孔简支梁改成连续梁。

④ 预应力加固钢梁。可用高强度钢缆在张拉状态固定于主梁下翼缘上，使主梁结构产生与活载所引起的应力符号相反的应力。

⑤ 将钢梁改成钢筋混凝土桥面的结合梁，使钢筋混凝土的桥面板和钢梁的上翼缘共同受压，从而使钢梁的中性轴提高，改善钢梁的受力状态。

对于连续梁还可以采取邻孔加载、调整支座上支承反力等办法来调整应力。

4. 限界改善

由于宽度不足而需改善限界时，一般都是接长横梁，并相应地变动联结系各杆件。

由于高度不足而改善限界的基本方法有五种：① 将下承式桁梁改为半穿式桁梁。② 将主桁架落低，桁梁由下承式改为半穿式，同时相应改变横向联结系。③ 升高主梁而保持桥面系的原来高程不变。④ 升高桥门架和横向联结系，接高立柱并做假上弦。⑤ 将桥门架和横向联结系改成拱形，让出允许的限界高度。

5. 吊杆更换工艺

对吊杆体系钢-混凝土桥，桥面系如为悬浮体系，采用大型型钢在桥面两侧用拉杆对拉，使桥面系在平面系内保持整体，因为该桥面为更换某个吊杆时，在该吊杆处及相邻两个吊杆位置要将桥面断开，作标高调整。

a. 拆除要更换吊杆处的人行道板，解除相应的桥面连续，每次不大于三道缝。

b. 安装临时吊带，用千斤顶将旧吊杆调整至不受力状态。图 15.19（a）。

c. 截断旧吊杆从上、下两端取出。

d. 对原拱肋进行扩孔，安装新导管，用环氧砂浆填充孔隙，准备安装新吊杆。

e. 安装新吊杆，调整好高程，将临时吊带上的荷载分级逐步卸载至新吊杆上。图 15.19（b）安装新吊杆。

（a）千斤顶张拉

（b）安装吊杆

图 15.19 更换吊杆

f. 拆除临时吊带，对新吊杆安装保护罩，内灌防腐油。

重复以上步骤，更换下一吊杆。

任务15.3 （典型工作）斜拉桥养护

15.3.1 工作任务

斜拉桥是一种跨越能力较大的桥梁，特别适用与荷载较重的铁路桥或公铁两用桥梁，如芜湖长江大桥和武汉天兴洲长江大桥。

斜拉桥主要养护维修内容为：

斜拉索系统的养护维修，如积水、锈蚀、外包护罩及防护材料的养护；

桥跨结构混凝土问题及钢结构问题；

索塔及其他附属结构维护。

15.3.2 相关配套知识

斜拉桥上部承重构件有：斜拉索、锚具、索塔、主梁。

15.3.2.1 重点检查内容

在桥梁日常养护工作中，对上部承重构件的重点检查内容如下：

斜拉索：钢丝、锚具锈蚀，截面削弱、滑移变位，涂层损坏、裂纹、起皮或剥落，护套内的材料老化变质，锚头损坏。

主梁：剥落、露筋，跨中挠度，构件变形、位移，裂缝、蜂窝、麻面，剥落、掉角，洞、孔洞，保护层厚度，钢筋锈蚀，混凝土碳化，腐蚀，涂层劣化，焊缝裂缝，铆钉（螺栓）损失，螺栓（铆钉）松动、脱落，结构位移。

索塔：倾斜变形，风化，混凝土裂缝，表面损伤，沉降，锚固区开裂，锚同区渗水。

锚具：锚杯积水，潮湿，防锈油结块，锈蚀。

15.3.2.2 常见病害原因分析

1. 索塔承台和塔座表面裂缝

裂缝沿塔座棱线分布。双柱式塔柱的承台顺桥向中部表面裂缝。原因分析：

① 因塔座形状接近复斗形，棱线处往往是一些缺少骨料的砂浆，抗裂性差。

② 双柱式塔柱随着柱身的不断增高，承台两端受压力增大，承台中部受反弯矩作用，上部混凝土受拉开裂。

③ 保养不及时，塔座水分散失过快。大体积承台混凝土水化热高，内外层温差大，表面混凝土受拉开裂。

2. 索孔位置不准确

斜拉索轴线与索孔轴线不一致，致使拉索与孔壁摩擦，索孔内避振圈或填充料安装困难或使用中易脱落。原因分析：

（1）索塔施工时，索孔坐标、高程控制不严，放样不准。

（2）索塔混凝土浇筑时，跑模或索孔模型移动变位。

（3）劲性骨架安装不准确，以劲性骨架作依托的索管预埋件随之变位。

（4）梁、塔、墩铰接的斜拉桥在施工时临时固结不当，导致索塔在施工时摆动，影响索孔定位准确。

（5）设计索孔孔径预留量过小，施工达不到设计要求的精度。

（6）调索后的最终拉索位置与设计位置误差过大。

3. 预应力混凝土主梁

（1）主梁线形变形过大。

主梁波状起伏，桥面系严重开裂，合龙段下凹不平。原因分析：

① 采用挂篮悬臂浇筑方案，挂篮支承平台前端下挠，下一节段浇筑时又产生前端下挠，随着节段的延伸出现波状起伏。

② 施工控制参数与计算模型拟定的数据不符，反馈不及时、不准确，施工荷载忽高忽低，与设计假定不符。

③ 挂篮前端支承拉索松弛或吊篮后锚、压重装置变形松弛。以梁内劲性骨架作为挂篮的承重结构、骨架刚度不够，浇筑混凝土时挠度较大。

④ 合龙段模板或支承刚度不够，浇筑混凝土时下挠。

（2）主梁预应力锚固区周围混凝土裂缝。

布置在主梁底部有预应力锚头混凝土牛腿前端，在分段张拉预应力索后，出现横向裂缝。

原因分析：预应力索的锚头布置在梁体底部，力索在梁体内呈曲线弯曲，张拉后，在曲线拐点发生一径向向下分力，该处混凝土局部受拉，超过其抗拉强度则发生开裂。

（3）混凝土斜拉桥的裂缝。

索塔、主梁的纵、横向裂缝，特别是箱形梁、肋板梁的主拉应力斜裂缝，剪力直缝，结合梁及混凝土桥面板的纵、横裂缝以及大量的不规则裂缝。

混凝土在凝结硬固过程中，水泥石的干燥收缩和温度变形将会导致水泥石与集料结合面上产生初始微裂缝。混凝土的颗粒结构以及水泥石的生成特点和混凝土内初始微裂缝的存在，使得混凝土成为一种非匀质、非连续的材料，并表现出非线性、非弹性和各向异性的力学特征，且其强度和变形与时间有关，破坏特征具有明显的脆性，也使得抗拉强度降低。易于开裂是混凝土材料的固有特性。

混凝土斜拉桥的裂缝和一般混凝土结构上的裂缝一样，主要分为变形裂缝和荷载裂缝两类。工程实体中结构物的裂缝成因约80%属于结构物因温度、收缩和膨胀、不均匀沉降等变形引起的变形裂缝，20%属于静荷载、动荷载或其他荷载等作用引起的荷载裂缝。

4. 斜拉索

（1）斜拉索钢丝锈蚀、断裂。

拉索钢丝生锈，流淌锈水，锈皮起鼓脱落。铝套筒灌水泥浆式护套铝皮起鼓、破裂。钢丝锈蚀严重导致拉索断裂，酿成事故。原因分析：

① 套筒式拉索护套内注水泥浆酿成隐患。

- 套筒上端浆液离析不凝固。
- 套筒有裂缝，雨水、大气侵入。
- 铝管套筒灌水泥浆护套，水泥浆与铝皮起化学反应，铝皮迅速腐蚀破裂。

② 聚乙烯或橡胶护套在拉索架设中损坏，如被割破、拉裂，又未进行及时修补，雨水、

气体顺裂口侵入，腐蚀钢丝。

③ 拉索钢丝耐腐蚀能力较差（如用镀锌高强度钢丝抗腐蚀能力大大高于不进行镀层防护的黑钢丝）。

④ 应力腐蚀。因为斜拉索体承受很大的拉力（2 000～11 000 kN），高强度钢丝应力很高（现已应用σ_b = 1 860 MPa的高强度低松弛钢丝），在高应力、反复荷载、风振的作用下，钢丝更易腐蚀。

（2）锚头锈蚀。

锚头外锚圈或盖板内螺纹、锚头上结构固定螺栓及孔洞锈蚀，原因分析：

① 锚头安装后没有及时除锈、涂黄油或防锈油、防锈涂料。

② 锚头盖板未安装，或盖板固定螺栓松动脱落以致盖板脱落或密封不严，水、气侵入。

③ 锚定板的防护层如环氧树脂、橡胶板、涂料膜等老化、龟裂、脱落失效。

15.3.2.3 危及桥梁安全的重要病害

斜拉桥建成通车后，由于车辆荷载、温度和其他环境因素的作用以及材料本身某些随时间变化的特性的影响，桥梁结构将出现一些危及桥梁安全的病害，主要有：

（1）主梁和索塔轴线空间位置的偏离。主梁和索塔轴线的空间位置是衡量斜拉桥是否处于正常工作状态的一个重要指标。

主要病害：单塔斜拉桥索塔轴线向主跨（河跨）方向倾斜或双塔柱斜拉桥两索塔倾向河跨或两索塔同向倾斜；主梁波状起伏，桥面系严重开裂，合龙段下凹不平，主梁跨中挠度过大，出现裂缝，尤其是受力裂缝。

斜拉桥的索塔主要承受轴向压力，斜拉桥的主梁除了承受自重和活载的弯矩外，还承受由拉索水平分力引起的轴向力。当索塔和主梁轴线的实际位置偏离设计位置时，存在于索塔和主梁内的轴向力就会在塔和主梁内产生附加弯矩，附加弯矩加剧塔、主梁轴线偏离正常位置，影响桥梁安全。

（2）斜拉索索力偏差过大。斜拉桥拉索索力的变化是衡量斜拉桥是否处于正常工作状态的一个重要指标。

斜拉桥是一种内部高次超静定结构，当实际索力偏离了设计索力，会使索塔和主梁产生弯矩，影响主梁和索塔轴线空间位置。

（3）斜拉桥拉索钢丝锈蚀，截面削弱，出现裂纹，锚固系统锈蚀。

斜拉桥的拉索是斜拉桥的主要受力构件，它将主梁的恒载和活载通过索塔传递给地基。当斜拉桥的防护层、钢拉索及锚固系统锈蚀严重，引起拉索失效，则整座桥梁将面临倒塌的危险。

（4）斜拉索振动异常。

异常的振动不仅会产生弯曲附加应力而引起拉索疲劳损伤，而且会损坏索的钢套筒、套筒帽及其固定螺栓、拉索的防振阻尼器及索的护套，缩短拉索的使用寿命。控制斜拉索振动的阻尼器，应具有良好、稳定的消能作用，有效控制斜拉索振动。

15.3.2.4 上部承重构件养护与维修技术要点

桥面系、排水系统等的养护与维修技术要点详见前述内容，同时要经常清除承重构件各部位表面污垢等,保持各构件的工作状态完好,一旦承重构件发现以下病害时,要加强养护管理和必要的维修加固,需要时立即向上级主管部门上报,必要时做好限制通行,斜拉桥上部承重构件的养护与维修技术要点如下:

1. 斜拉索及锚具

① 不锈钢管护套有松动、脱落、锈蚀,连接处有渗水、漏水等,应及时进行固定回位、防锈处理。

② 若套管破裂,斜拉索因雨水的渗入而受到腐蚀,应及时更换套管。

③ 斜拉索钢丝有锈蚀时,应及时进行防锈处理。

④ 对下锚头及垫板处的排水小孔经常检查,若堵塞,可利用检查挂篮对锚头小孔进行捅孔检查,保持排水畅通。

⑤ 锚头锈蚀时应及时进行防锈处理。

⑥ 采用套筒压注水泥浆防护的斜拉索,当其金属套筒腐蚀,护套内高强度钢丝已经锈蚀,必须更换斜拉索。

⑦ 以热挤高密度聚乙烯作护套的工厂成品索,如护套内有裂缝,套内钢丝有轻微锈蚀,应清除浮锈,钢丝表面涂防锈涂料或防锈油后热补乙烯护套。

⑧ 斜拉索端部应力较集中处发现钢丝有应力腐蚀或氢致腐蚀迹象(如钢丝上腐蚀凹坑、剥蚀等),应立即更换拉索。

⑨ 金属护套内压注水泥浆防护的斜拉索,金属套筒腐蚀,但钢丝仍未锈蚀的,仅换金属护套比全索更换经济,施工条件许可情况下,可更换金属护套,重新压注水泥浆。

⑩ 斜拉索钢锚箱如发现裂纹发展,不得随意补焊,可以采用 $\phi 6$ mm ~ $\phi 8$ mm 钻孔止裂。钻孔必须钻掉裂纹尖端部分。如裂纹未进一步发展,可以不作进一步处理。如发现裂纹进一步扩展,需深入分析研究,采取合适的加固方案,如高强度螺栓连接或焊补。由于锚箱为承受巨大集中力的结构,此种修补需十分慎重,应中断行车甚至考虑进一步卸载。焊补时气温要高于 10 ℃,先计算气刨刨去的范围和深度,研究补焊程序,并由合格焊工施焊。最好采用热量较小的 CO_2 气体保护焊,补焊最好一次完成,焊后控伤。构件较大、较厚时,应考虑预热。此后的营运中仍需观测该处是否有新裂纹产生。

斜拉索和拱桥柔性吊杆应具有良好外防护套。采用螺纹连接的刚性吊杆连接部位应具有良好防锈保护和密封性,防止雨水及潮湿空气进入。

2. 索 塔

(1)保持索塔表面清洁,及时清除杂草、污物等。

(2)塔壁渗水,混凝土表面风化、露筋现象,表面防腐涂层剥落,应及时进行防腐层涂刷处理。

(3)钢横梁锈蚀、脱漆、变形、脱焊现象,应及时作防锈、涂漆、恢复原位、补焊处理。

(4)塔内检修梯等钢构件有脱焊现象,表面有锈蚀、脱漆等现象,应及时作防锈、涂漆、恢复原位、补焊处理。

(5)检查梯道的防锈漆脱落,应及时作防锈涂漆处理。

(6)塔座棱线混凝土裂缝,可采用防水砂浆嵌补封闭。

(7)大体积承台混凝土中部裂缝,经一段时间观察后不再发展,可将裂缝凿成 V 形,用防水砂浆嵌补封闭。细微裂缝，经过加强洒水养护后已经闭合，可不作处理。如裂缝继续扩展增宽（缝宽 > 0.2 mm），并有可能影响结构强度安全的，应会同设计单位共商补强办法。

（8）塔身、承台混凝土劣化、保护层脱落等缺陷，应进行重新涂装。涂装前对裂缝及破损进行处理。对于环氧树脂细石混凝土或环氧砂浆，可不涂胶黏剂，对普通混凝土修补需在各面涂加胶黏剂。阻锈剂如氨基甲酸乙酯树脂，与铁锈反应后能阻止铁锈增长。

（9）索塔纵、横向裂缝以及大量的不规则裂缝，处理方法如下：

a. 表面处理法。

对于变形引起的、不再发展的细而浅的裂缝，因其对结构承载力无影响，一般可采用表面处理法。通常根据裂缝的扩展程度确定相应的表面处理方法。

- 裂缝宽度小于 0.3 mm 时，对裂缝表面用防水材料进行涂抹处理。
- 宽度在 0.3~1.0 mm 之间的裂缝，可采用防水型化学灌浆处理。化学灌浆材料主要包括环氧树脂类、聚氨酯类、水玻璃类等。
- 当裂缝宽度大于 1.0 mm 时，可用水灰比为 0.5~0.6 的研磨水泥灌浆处理。
- 几毫米宽的裂缝可以直接用 42.5 级普通水泥灌浆处理。
- 对结构防水要求较高的结构上所出现的多而密的细微裂缝，可以进行表面贴补处理，一般在裂缝表面贴土工膜（布）或其他防水片。

b. 结构补强法。

对于由荷载作用所引起、可能导致桥梁结构承载力下降的裂缝，必须予以高度重视，一般采用结构补强法。结构补强的措施大致有以下几种：

- 补强型化学灌浆。适用于不规则裂缝处理。
- 粘贴钢板。钢板锚固到混凝土体内，并且与裂缝方向基本垂直。
- 增加预应力钢筋。新增的预应力钢筋应与混凝土结构中原有的钢筋连接，或采用体外预应力筋补强的方法，布筋方向应与裂缝方向基本垂直。
- 增加一层钢丝网。适用于数量较多、面积较大的裂缝处理。
- 粘贴碳纤维片。纤维片是近年来发展的一种高科技材料，其抗拉强度约为钢材的 7~10 倍，用环氧树脂粘贴到混凝土的表面即可，施工简便，适用于数量较多、面积较大且不规则的裂缝处理。
- 粘贴碳纤维板。

3. 主　梁

（1）钢梁。

a. 保持表面清洁，及时清除杂草、污物、积水等。

b. 对钢表面的鼓包、锈包或漆膜脱落、表面粉化、脱焊现象则应及时进行涂刷漆、补焊、恢复原位处理。

c. 对梁的裂缝处理。

- 焊接和增加盖板等方法修补。
- 对于疲劳破坏产生的裂缝的修补，如仅以焊接和增加盖板等将裂缝堵塞，解决不了问题，必须充分调查裂缝发生部位的钢材质量、焊接状态、应力状态、锈蚀状态和疲劳状态等，依据调查的结果，采取对策。有的甚至需要更换构件改善材质，变更结构改善应力状态。

（2）混凝土梁。

a. 保持表面清洁，及时清除杂草、污物和积水等。

混凝土表面风化、露筋现象，表面防腐涂层剥落，应及时进行防腐层涂刷处理。

b. 主梁的纵、横向裂缝，特别是箱形梁、肋板梁的主拉应力斜裂缝，剪力直缝，结合梁及混凝土桥面板的纵、横裂缝以及大量的不规则裂缝的处理方法同索塔处理裂缝的方法。

（3）控制地震及列车制动时梁体位移的阻尼器，在地震和桥上列车制动情况下，具有稳定的动力特性和较好的消能作用。正常使用状态下，不改变结构的固有动力特性。

 拓展知识　铁路桥涵安全评估方法

铁路桥涵结构的安全评估方法，一般可分为经验评定法、计算分析法、荷载试验法和结构健康监测方法。

1. 经验评估法

经验评估法的主要问题是可靠性较差，仅能对结构进行定性评估，无法定量地反映结构的实际承载能力和安全水平，仅适用于在设计、施工、养护资料齐全的情况下，对桥梁维护设计状态的水平进行评价。由于桥梁结构的多样性，不同的桥梁结构的控制截面和关键病害不同，而这种方法人为的主观因素较多，不同的评估人员，可能会得到不同的评估结果。

2. 计算分析

计算分析法基本上是采用折减系数来模拟桥梁承载能力的劣化情况。由于桥梁结构形式的多样性，不同的梁有不同的破坏模式，如简支梁存在拉弯破坏、剪切破坏两种主要的破坏模式，连续梁存在拉弯破坏，压弯破坏，剪切破坏等破坏模式，单一的承载能力折减系数无法满足多种破坏模式的计算要求。

3. 荷载试验法

桥梁荷载试验的目的是通过桥梁结构物加载后进行有关测试、记录与分析工作，以直接了解桥梁结构在试验荷载（包括静、动载）作用下的实际工作状态，进行评定桥梁结构施工质量和使用状况。荷载试验法目前最为普遍，许多公路、铁路、市政及城市交通桥梁，在建成后均要进行成桥荷载（静动载）试验，以全面评估桥梁结构的状态，为竣工验收提供依据。有的国家（如美国）对重要桥梁还建立了定期荷载试验制度，以评估结构的变化。

荷载试验的缺点是费时费力、成本相对较高，而且往往需要封闭线路，这对运营桥梁来说是非常困难的。

4. 结构健康监测方法

随着科学技术的发展，综合现代传感技术、网络通信技术、信号分析与处理技术、数据管理方法、计算机、预测技术及结构分析理论等多个领域知识的桥梁结构健康监测系统，可极大地延拓桥梁检测内容，并可持续、实时、在线地对结构"健康"状态进行监测和评估，确保运营的安全和提高桥梁的管理水平。当结构出现损伤后，结构的某些局部和整体的参数将表现出与正常状态不同的特征，通过传感器系统拾取这些信息，并识别其差异就可以确定损伤的位置及相对的程度。通过对损伤敏感特征量的长期观测，可掌握桥梁性能劣化的演变规律，以部署相应的改善措施，延长桥梁使用寿命。结构健康监测的主要缺点是投资大，难以普及，而且总的来讲还处于研究探索阶段，在监测系统本身的维护，数据实时分析处理和结构的评估方法等方面还存在很多问题。

相关规范、规程与标准

[1] TB.T 1527—2011 铁路钢桥保护涂装及涂料供货技术条件[S]. 北京：中国铁道出版社，2011.

[2] TB 10002.2—2005 铁路桥梁钢结构设计规范[S]. 北京：中国铁道出版社，2005.

[3] 铁运[2010]38号 TG/GW 103—2010 铁路桥隧建筑物修理规则[S]. 北京：中国铁道出版社，2010.

[4] 铁运[2011]131号 TG/GW 114—2011 高速铁路桥隧建筑物修理规则（试行）[S]. 北京：中国铁道出版社，2011.

[5] 铁运函[2001]120号 铁路桥梁检定规范[S]. 北京：中国铁道出版社，2011.

项目小结

（1）钢梁、钢-混凝土结合梁、钢箱拱肋、钢管拱肋、拱桥钢吊杆、钢桥面、防落梁装置、作业通道和疏散通道钢栏杆、吊篮、围栏、限高架等都应进行保护涂装，防止钢结构锈蚀，根据环保要求取消了电弧喷锌的有关规定。

（2）对混凝土桥梁上部结构，裂缝是最主要的病害之一。裂缝主要有3种：混凝土自身应力形成的裂缝、荷载作用下产生的裂缝以及环境及施工过程中产生的裂缝。对钢梁桥，常见的病害有：钢材变质、锈蚀削弱、强度性能恶化、油漆脱落或大面试失效；节点板及连接螺栓损坏；严重是主要构件出现过大的扭曲变形、开焊等。对于桥上设备，常见的病害有：桥面防水层老化失效；轨道病害；桥上照明、通信信号电缆、护轨隔声屏障、运行标志等附属设备破坏或失效。

（3）桥梁上部结构观察量测的重要部件及重要部位。

不同类型的桥梁，包括用不同工程材料建成的桥梁，各部件和各部位的受力情况各异，它们在同一座桥梁中所起的作用也不同，因此在进行观察量测时，对其重要部件和重要部位的检查要特别小心，特别仔细，因为这些重要部件和重要部位比较容易损伤，而一旦损伤积累到一定程度就会影响桥涵的正常运营，甚至危及桥涵的安全。表15.7列出了不同类型桥梁上部结构观察量测的重要部件及重要部位。

表 15.7 桥梁上部结构观察量测的重要部件及重要部位

桥 型	重点量测部件及部位
悬索桥	（1）主缆、主缆索股及其锚头；（2）主鞍座及散索鞍；（3）吊索系统，包括索夹；（4）主塔顶端及塔身；（5）加劲梁；（6）加劲梁支座；（7）防雷设施
斜拉桥	（1）斜拉索及其锚头；（2）斜拉索在塔和梁上的锚固区；（3）主梁；（4）主梁支座；（5）桥塔；（6）防雷设施
钢筋混凝土和预应力混凝土连续梁、悬臂梁	（1）跨中截面及其附近；（2）反弯点处（一般约为跨径1/5处）及其附近；（3）桥墩处梁上部及其附近；（4）梁端部及其附近；（5）支座
钢筋混凝土和预应力混凝土刚架桥	（1）跨中截面及其附近；（2）角隅处；（3）立柱（墩）
拱桥	（1）跨中截面及其附近；（2）1/4跨径处截面；（3）拱肋之间的连接处；（4）对中承式和下承式拱而言，还应观察量测吊杆；（5）对系杆拱而言，应注意观察量测系杆及其连接；（6）对钢管拱应注意其钢管（包括连接）的焊缝及其支撑端的焊缝
钢筋混凝土和预应力混凝土简支梁、大孔板	（1）跨中截面及其附近；（2）1/4跨径处；（3）梁、大孔板端部；（4）支座

课程资源

复习思考题

15.1 混凝土桥梁产生裂纹的原因有哪些？如何进行裂纹的检查？

15.2 预应力混凝土简支梁桥裂缝种类有哪些？试分析裂缝产生的原因，并简述如何对裂缝进行预防与处理。

15.3 混凝土桥梁加固的目的是什么？加固主要解决哪些问题？常用加固的方法有哪些？

15.4 钢梁油漆涂装分哪几个部分？它们的作用和要求分别是什么？

15.5 高强度螺栓的检查方法有哪些？更换高强度螺栓时应注意哪些问题？

15.6 钢梁杆件裂纹应重点检查哪些部位？对裂纹该如何处理？

15.7 钢梁加固的方法有哪些？

15.8 试分析斜拉索常见病害及原因。

15.9 危及斜拉桥安全的重要病害有哪些？

项目 16 下部结构的养护维修

项目描述

高速铁路桥梁墩台均由钢筋混凝土建成,由于上部结构荷载或基础缺陷的直接影响,尤其是基础产生不均匀沉降、滑移、倾斜等现象时,将会使墩受到影响而产生很大的破坏。

桥梁墩台基础主要承受墩台传来的荷载、大气和风雨雪的侵蚀、洪水的冲刷甚至还要承受地震力等的作用,所以在使用多年后容易产生各种缺陷和病害。

根据墩台基础状态评定标准(参见《铁路桥隧建筑物修理规则》)及病害原因分析制定相应的维修加固方案。

学习目标

1. 能力目标
- 能对墩台的病害进行检查与修补;
- 能对墩台基础的病害进行检查与维护加固;
- 能对洪水期受损的桥梁进行抢修。

2. 知识目标
- 掌握墩台基础的病害类型及检查方法;
- 能够根据检查结果分析常见病害原因;
- 掌握不同病害的维修加固方法;
- 掌握桥涵的防洪及抢修方法。

相关案例

在我国北方广大地区,混凝土的抗冻性不足是造成耐久性破坏的主要原因,特别是在既触水又受冻的环境下,混凝土的冻害尤为严重,墩顶防落梁支架安装孔积水、托盘冻裂、桥墩干湿交替部位混凝土冻酥。

任务 16.1 墩台维护

16.1.1 工作任务

桥梁墩台的养护包括:清除墩台顶面的污秽、防止顶面积水、疏通和改善排水设备、修补或添设防水层;修整有蜂窝或剥落的混凝土保护层、处理风化表面、修补局部表面破损;处理裂纹及因砂浆流失或施工不良而造成的内部空洞蜂窝;修整损坏的支承垫石;加固墩台、翻砌墩台等。

16.1.2 相关配套知识

16.1.2.1 重点检查

（1）墩台应进行裂缝、腐蚀、倾斜、滑动、下沉、冻融、空洞等病害的检查。

（2）高桥墩须观测墩顶位移。高墩曲线桥应注意线路与梁跨中线、梁跨与墩台中线所造成的叠加偏心对墩台的不利影响。

（3）空心墩检查内外温差，注意因温度变化造成裂纹的发展。当发现裂纹内外对应时，应查明是否贯通。检查因进水而造成的冻胀裂损。

（4）桩柱式桥墩检查不均匀下沉而产生的墩顶剪切裂纹。

（5）检查墩台在水面及以下有无环状腐蚀松散剥落或冲失缺损形成空洞。

（6）高桩承台桥墩，当发现支座位移、墩身有位移时，应详细检查承台下基桩有无环状裂纹或断裂。

（7）桥台护锥和背后盲沟，检查有无损坏、空洞、雨天有无水从锥体排出、锥体有无下沉、土体有无陷穴等。

（8）寒冷地区的中小桥应检查基础襟边水平裂纹。

16.1.2.2 墩台常见病害

桥墩缺点和病害的主要表现为：水平、竖向和网状裂缝；混凝土脱落、空洞、材料老化；受外力冲击产生破坏；钢筋外露和锈蚀；结构变形、位移等。

桥台的常见病害是桥台的前墙向桥孔倾斜及各种伴随裂缝，主要是桥台承受的土压力过大造成的。

从外观看，裂缝是桥梁墩台最主要的病害，如图 16.1、16.2、16.3 所示。

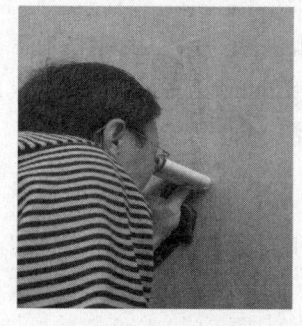

图 16.1 墩身裂纹

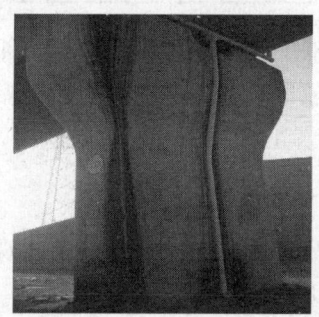

图 16.2 墩身脏污

图 16.3 墩身保护层不足露筋

16.1.2.3 墩台变形观测

1. 墩台位移及下沉观测

固定的观测点一般应设在墩台顶面的下游两端且能全桥通视。为保证观测精度,应埋设强制归心装置,归心装置的"标心"既是仪器固定点,又是位移的观测基点。为正确掌握微小变化,使用精密水准仪、全站仪及相应的配套设备。

下沉观测应根据具体情况采用适宜的观测方案进行。为求得各墩下沉的绝对值,墩台高程应与桥梁设计基准点或附近国家水准点相联系。水平横向位移可观测在上下游方向测点离基线的距离变化而得,水平纵向位移可测量各墩间距离变化而得。为求得墩台平面位移的绝对值,基线在观测区以外应有控制系统。

墩台基础的沉降量应按恒载计算。墩台基础工后均匀沉降量和相邻墩台沉降量差应满足表16.1限值要求;对超静定结构除满足表16.1限值要求外,且还应根据沉降差对结构产生的附加应力的影响确定。

表 16.1 墩台基础工后沉降量限值

沉降类型	桥上轨道类型	工后沉降量限值/mm
墩台基础均匀沉降	有砟轨道	30
	无砟轨道	20
相邻墩台基础沉降量差	有砟轨道	15
	无砟轨道	5

涵洞基础工后沉降量限值应与相邻路基工后沉降量限值相一致;无砟轨道区段桥台、涵洞边墙、隧道洞口与路基交界处的工后沉降差不应大于 5 mm,工后沉降差造成的折角不应大于 1/1 000。工后沉降量超过限值时,应有计划进行整治、加固。

2. 桥墩振动检查

方法是测量墩顶横向水平振动,观测其频率、振幅和波形进行综合评判,可判断桥墩下隐蔽部位有无严重病害。

3. 墩台倾斜观察

观察方法:

(1)用全站仪和横放的水准尺进行观察。

(2)用两个较长的水准器互相垂直地水平埋置在墩台面上,看水泡移动的刻度来测得墩台倾斜程度。

16.1.2.4 墩台部分养护与整治内容

1. 墩台排水

在养护工作中,必须经常保护墩台顶面的清洁及排水畅通,以免水流入圬工内造成病害。

墩台的顶面原有流水坡面上有破裂处所或表面脱落、凹凸不平等，须清除后将不平及凹坑处用砂浆抹平。如流水坡坡度过小，可用增加流水坡表层厚度的方法来改正，必要时另行加铺一层一定厚度的混凝土并进行表面抹光，做成3%的坡度。

桥台和护锥接触处一般常有离缝。如用砂浆勾缝不久就会裂开，可用浸过沥青的麻筋填紧，防止雨水浸入。

2. 墩台表面风化的整治

墩台表面风化、剥落、蜂窝麻面时可加一层M10的水泥砂浆防护。抹面方法可采用手工抹砂浆和压力喷浆。

3. 墩台表面局部修补

当墩台表面局部损伤、脱落不太严重时，可以将破损部分清除，凿毛洗净，然后用M10的水泥砂浆分层填补至需要厚度，并将表面抹平。当损坏深度和范围较大时可在新旧混凝土结合处设置牵钉，必要时挂钢筋网，立好模板浇灌混凝土，其做法如图16.4所示。

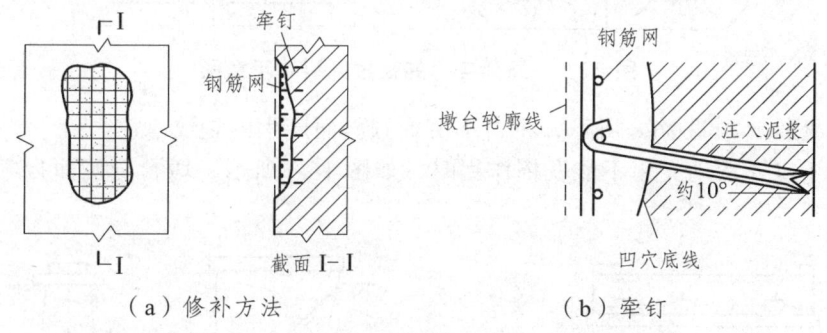

图16.4 墩台表面局部修补示意图

① 清除破损部分，边缘应修凿整齐，凿深不浅于3~5 cm。

② 埋设牵钉，其直径为16~25 mm，随破损深度而定。牵钉间距在纵横方间均不得大于50 cm。埋设办法为打眼、冲洗孔眼、孔内注满水泥砂浆、插入牵钉。

③ 在固定牵钉的砂浆凝固后设置钢筋网，钢筋网由牵钉锚定，钢筋网一般用直径12 mm钢筋制成，网孔为20 cm×20 cm。

④ 按墩台轮廓线立模，并进行支撑。

⑤ 浇灌混凝土。如有喷射混凝土设备时也可采用喷射混凝土的方法进行。

16.1.2.5 墩台裂纹整治

1. 墩台裂纹原因分析

① 由于内外温差产生温度拉应力，墩身向阳部分网状裂纹，如图16.5所示。

② 因混凝土收缩所引起的裂纹，墩身少量裂纹，如图16.6所示。

③ 由于局部应力的受拉区引起裂纹，如图16.7所示。桥墩上顺桥轴线横贯墩帽的水平裂纹与支承垫石的放射形裂纹；空心墩内壁四角的垂直裂纹，有的上下贯通，有的断断续续。

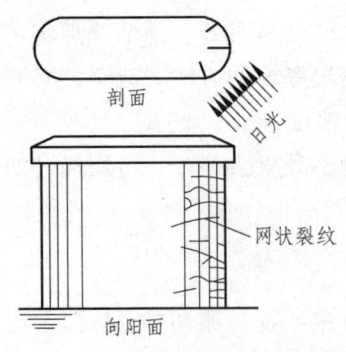 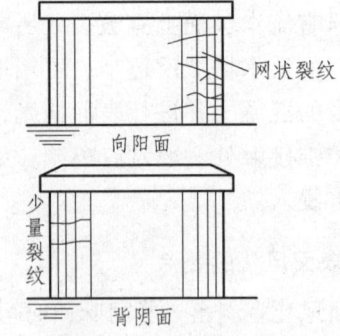

图 16.5　墩身向阳部分网状裂纹　　　　图 16.6　墩身少量裂纹

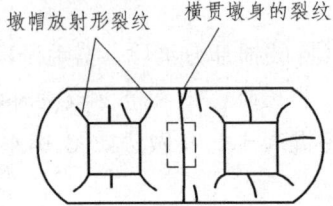 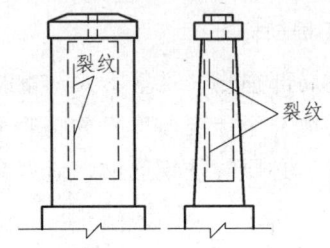

图 16.7　局部应力的受拉区裂纹示意图

④ 基础松软。如图 16.8 所示，桥台下沉或倾斜而产生的裂纹。

⑤ 养护不良，活动支座不能发挥作用时，如图 16.9 所示，墩台身侧面自上而下的垂直裂纹。

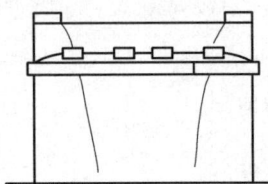 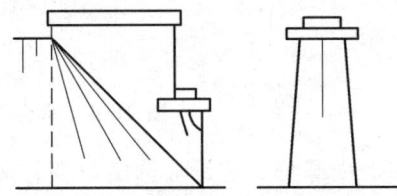

图 16.8　桥台下沉或倾斜裂纹示意图　　　图 16.9　墩台身侧面的垂直裂纹示意图

产生裂纹的原因是很复杂的，还可能是由于几个因素综合作用的结果，必须仔细观测并找出产生裂纹的原因，才能采取对策整治。根据高铁墩台特点和既有桥梁病害汇总见表 16.2 桥梁墩台常见裂缝及特点。

表 16.2　桥梁墩台常见裂缝及特点

裂缝类型	发上位置及特点	发生原因
网状裂缝	多发生在常水位以上墩身的向阳部分，裂缝呈网状，裂缝宽度 0.1～1.0 mm，深 1～1.5 mm，长度不等。网状裂缝较细且发生在墩身表面	由于混凝土内部水化热和外部气温的温差，或由于日气温变化和日照影响产生的温度拉应力；以及混凝土干燥收缩而引起
桥台翼墙（与前墙连接处断裂）	桥台翼墙与前墙连接处	往往是由于墙间填土不良、冻胀或基地承载力不足，引起的不均匀下乘或外倾而开裂。

续表

裂缝类型	发生位置及特点	发生原因
水平裂缝	墩台身的水平裂缝。桥墩截面偏小，特别是高墩，在活载作用下边缘产生拉应力造成水平裂缝；裂纹有的在桥墩两侧，有的四周贯通，列车通过时有开合现象	由于混凝土灌注时接缝处理不良所造成
	墩台顶帽面水平裂缝。此裂缝在顶帽上平面，顺桥轴向贯通顶帽或沿支承垫石呈放射状。	主要由于局部应力所致。因梁和活载的作用力集中通过支承垫石传至桥墩，使其周围其他部位产生拉应力
	T形桥台托盘水平裂缝，往往在托盘与墩身接茬处产生这种裂缝	多由于施工质量不良，混凝土工作缝处理不当所致
竖向裂缝	从基础向上发展到墩身的裂缝。多发生在墩台身的长边（横桥向）中点附近，裂缝上宽下窄	由于基础下涂层松软或沉陷不均匀引起
	由支承垫石从下向上发展的裂缝	主要是由于墩台帽在支承垫石下未布置钢筋所致，也可能是由于受到过大的冲击力所致
	双柱式桥墩承台	由于桩基不均匀下沉或局部应力所致
	墩台盖梁自上而下的垂直裂缝	由于桩基不均匀下沉而引起盖梁不均匀受力所致
	双线墩台中间竖向裂缝，多发生在墩台中间部位。	由于基础不均匀沉降产生
	桥墩由支承垫石开始从上而下的裂缝。裂缝在墩身上下游两侧堆成，上宽下窄，其长度常随活载变化而发展，有时能发桥墩分裂为两部分	由于相邻两孔的固定制作在同一桥墩上或活动支座不灵活，在支座下产生很大的摩擦力，在活载作用下支承垫石产生拉力而引起
	耳墙式桥台的耳墙及挡砟墙连接处竖向裂缝	1. 在混凝土初凝过程中，模板支承发生下沉及晃动，造成开裂； 2. 严寒地区耳墙间填非渗水性土发生冻胀开裂
	圆端形桥墩墩帽中间裂缝。裂缝在平面上顺桥梁中心线，贯通整个墩帽并由边缘自上而下垂直延伸，多发生在跨度大，支承反力大桥墩墩帽上	主要是由于支座传来局部应力使该处混凝土表面产生拉应力
	挡砟墙上产生的自上而下的裂缝	多由于挡砟墙上或附近有钢轨接头、线路吊板或挡砟墙本身状态不良，在活载振动下产生裂缝

续表

裂缝类型	发上位置及特点	发生原因
不规则裂缝	墩台镶面石发生的裂缝	由于镶面石与墩台身连接不良引起
	悬臂桥墩角隅处的裂缝	由于局部应力引起
	圆形桥墩支座下裂缝。裂缝从支座垫石边发展到墩帽边缘折而向下,在墩身颈缩处合二为一向下延伸	原因是施工及养护不良、混凝土收缩、混凝土而达到强度过早架梁、架桥机偏心等
	空心墩内墩壁死角裂缝	多由于应力集中引起
	U形桥台翼墙与挡砟墙连接处裂缝	U形桥台翼墙与挡砟墙填土排水不良,发生推挤或冻胀造成
	T形带洞桥台拱顶裂缝。竣工后不久拱顶出现裂缝,随着时间的增长,裂缝越来越大	1. 拱部与台身连成一体,施工时因一次灌注容易产生裂缝; 2. 混凝土凝固收缩,导致产生裂缝,混凝土徐变,温度力影响及外荷载作用使裂缝急剧扩大发展
	圆端形桥墩墩帽支承垫石向四周作放射状裂缝	1. 由于支座局部压力在该表面产生拉应力; 2. 与日照影响,混凝土体内外温差所产生的温度应力以及混凝土干缩、施工质量等因素有关

2. 墩台裂纹、内部空隙的观测与监视

发现裂纹后,应在裂纹的起点和终点画上与裂纹走向相垂直的红油漆记号,并进行裂纹编号,仔细观测裂纹的部位、走向、宽度、分布状况、大小和长度等。在观测裂纹时,要记录气温的情况,因为气温降低时,墩台的外层比内层冷却要快一些,因而外表收缩较快,这时裂纹宽度较大;当气温增高时,则情况相反。

墩台内部如有空洞或空隙,可用非金属超声波探测仪进行检查,或用小锤轻敲圬工表面听声。

3. 裂纹宽度限值

裂纹一经出现,就有扩展的趋势。因为水渗进裂缝中,在冬季冻冰,可将其胀裂得更长更宽。另外,由于活载的作用,引起裂纹的开合,同样会促使裂纹扩展。裂纹一经查明并确知其不再扩展时,或裂纹宽度超过限值时,即应进行处理。

裂纹宽度限值为:① 墩帽应不大于 0.3 mm;② 墩身经常受浸蚀性环境水影响时,有筋不大于 0.2 mm,无筋不大于 0.3 mm。墩身常年有水但无浸蚀性时,有筋不大于 0.25 mm,无筋不大于 0.35 mm。干沟或季节性有水时不大于 0.4 mm,有冰冻作用部分不大于 0.2 mm。

4. 裂纹的处理

(1) 网状裂纹一般无需修补,仅在墩台顶部或易积水处,可进行封闭涂装。

(2) 不影响墩台安全的裂纹,凡裂纹宽度小,已趋稳定,可进行修补整治。

裂纹表面补强的方法:圬工表面风化、剥落、裂纹比较细密且面积较大时,可用挂网喷射水泥砂浆、钢纤维水泥砂浆和碳纤维等方法进行修补加固。挂网的钢丝网的铁丝直径为 2~4 mm,网格 5~10 cm,每隔 30~80 cm 在混凝土结构中埋放牵钉与钢丝网扎牢。水泥砂浆用 C32.5 及以上水泥，灰砂配合比为 1∶1.2～1∶1.5（体积比）。喷层厚度一般为 2～4 mm，分 2～3 层喷射，在第一层砂浆凝固后再喷第二层，也可用手工抹面修补进行补强。

（3）对继续发展且裂纹较宽、上下贯通、左右前后对称，或过车时有明显张合现象的受力裂纹，应找出裂纹发生的原因，采取相应的加固措施。如因墩台圬工质量不良而发生的裂纹，可采取躯体包箍、局部翻修、压浆注胶或拆除重建，U 形桥台可采用换填填心圬工等措施加固。

（4）对有急剧发展、张合严重、缝口错牙影响承载能力、危及行车安全的裂缝，在加固改善前，应采取临时加固或其他应急措施。

（5）墩台支承垫石在压力分布范围内发生裂纹或损坏时，必须予以更换。

16.1.2.6 墩台加固

墩台加固的常用方法有：用钢筋混凝土套箍或护套加固墩台身；用支撑过梁、增建挡土墙或更换台后填土等方法处理墩台滑移等。

1. 钢筋混凝土套箍或护套加固墩台

为防止墩台身裂缝的继续发展，可采用钢筋混凝土套箍进行加固。套箍的数量、宽度根据裂缝情况决定。为加强套箍与墩台的连接，应先在墩台身内埋置锚杆（或拉杆、钢钎等），将围带内钢筋网与其相连，然后浇筑套箍混凝土，最后填塞裂缝。钢筋混凝土套箍加固见图 16.10。

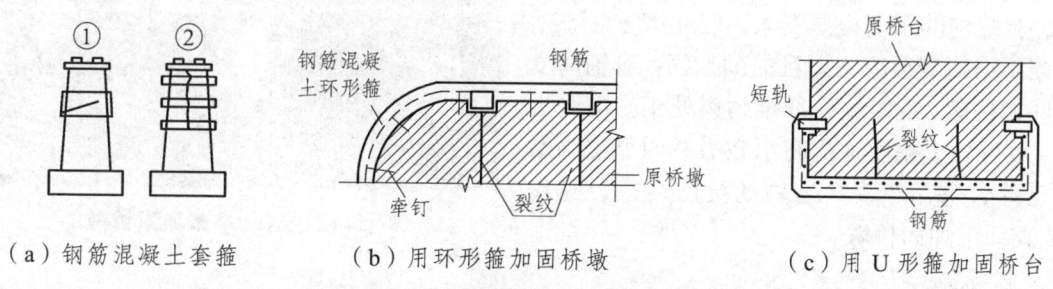

（a）钢筋混凝土套箍　　（b）用环形箍加固桥墩　　（c）用 U 形箍加固桥台

图 16.10　钢筋混凝土套箍加固示意图

墩台身存在影响整体强度的裂缝，或表面破损和风化十分严重时，可采用钢筋混凝土护套对墩台进行加固。护套的尺寸应能满足承受所有或大部分活载的要求，同时也要对墩台顶部加以改造，用支承于护套上的钢筋混凝土板替代原支承垫石，以便护套参与工作。护套内需配置钢筋网，原墩台与护套的联结仍靠锚杆等与钢筋网相连。在包箍开始至浇筑的混凝土达到一定强度前，最好不使被加固的墩台受力，如采取临时墩架空措施时，列车至少也应慢行，以保证混凝土的浇筑质量。钢筋混凝土护套加固墩台见图 16.11。

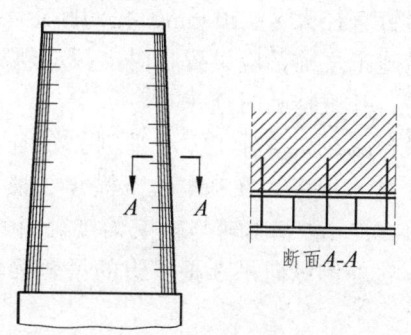

图 16.11　钢筋混凝土护套加固墩台示意图

2. 喷射钢纤维混凝土加固墩台

钢纤维混凝土就是在混凝土中加入一定量的钢纤维，使混凝土的性能发生根本变化。素混凝土破坏表现为突然断裂。钢纤维的存在阻止了混凝土内部裂缝的开展，因此复合材料的应力可以进一步提高，而它的破坏是缓慢的韧性破坏。一般情况在骨料最大粒径为纤维长度的 1/2 时，纤维对混凝土增强效果最好。

桥梁墩台的加箍加固，也可采用喷射钢纤维混凝土，其总厚度为 300 mm。在经凿毛（或喷砂）后的旧墩台混凝土表面，先喷上约 30 mm 厚的水泥砂浆，待其凝固后，喷约 100 mm 厚的早强混凝土，再喷约 140 mm 厚的钢纤维混凝土，然后喷厚约 30 mm 的水泥砂浆保护层，这种加固方法对防止新加混凝土护套加固桥墩土箍产生裂纹有良好效果。喷射所用水泥可采用强度等级为 32.5 的硫铝酸盐水泥，石砟粒径 5~15 mm，钢纤维规格 0.5 mm×0.5 mm×18 mm，略呈弯形。砂子为普通中粗砂。钢纤维用量约为水泥重量的 3%~5%，混凝土配合比由试验决定。

3. 高强复合纤维加固

高强复合纤维加固是采用环氧树脂胶（或其他建筑结构胶）将高强度复合纤维布直接粘贴在被加固混凝土结构的薄弱部分，与被加固结构形成整体，共同受力，以限制裂缝的发展提高结构的承载力。采用粘贴高强纤维提高的只是结构的强度，对结构的刚度提高不大，因此该方法不适用于控制结构变形为主要目的的加固。对轴向受压构件如桥墩，混凝土受纤维约束处于三向受力状态，故可较大幅度地提高承载力并明显提高结构的延性，可用于提高结构的抗震性能，见图 16.12 碳纤维加固桥墩。

图 16.12 碳纤维布加固桥墩

4. 翻砌墩台

墩台有较大破裂体、斜裂纹时，可根据损坏情况，翻砌全部墩台或只翻砌有病害的上部墩台。在重新砌筑或灌筑混凝土前，为使新旧部分圬工联结良好，保留部分的顶面应作成水平面或成台阶式，凿毛，用水冲洗，埋入直径 16 mm 以上带有倒刺的牵钉。安装牵钉的孔径宜较牵钉直径大 8~10 mm，孔的间距不宜大于 50 cm。然后灌筑混凝土。

在施工之前，应设置临时支撑或轨束梁以解除原有墩台承受从桥跨结构和路堤填土传来的压力，并维持临时通车。

墩台减载架空施工方法举例：如图 16.13 所示，42 组 5 片 45c 号工字钢组成工字梁架设在 4 个枕木垛上，在基本轨下横穿 3 根 1 组 50 kg/m 轨的轨束梁，横向支承在工字梁上，间距 0.6~0.7 m。基本轨与轨束梁接触面处用胶垫垫紧，以免影响轨道电路。为控制线路方向，在基本轨外侧纵向吊 3 根一组的吊轨梁与横向轨束梁连成一个整体。

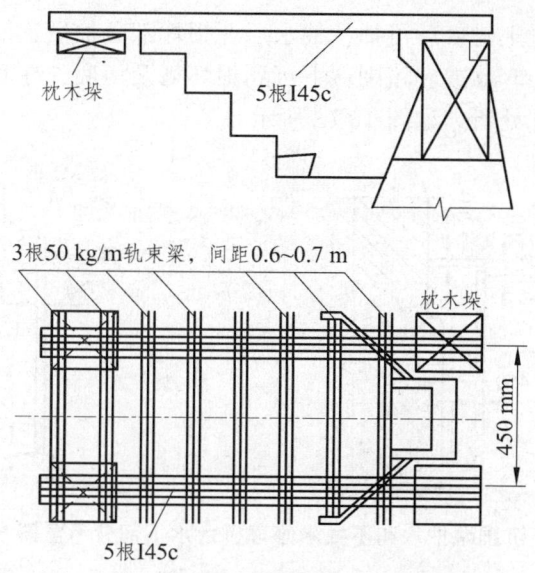

图 16.13　墩台减载架空施工方法

5. 桥台滑移和倾斜的处理

如墩台倾斜程度较小且已稳定，经计算墩身、基础仍能满足荷载要求，可将墩台顶部包箍加大（根据倾斜程度由计算确定），墩身基础不作其他处理。

桥台滑移在多数情况下是由于台后土压力、滑坡等产生的或由倾斜引起的。为了减少路基对桥台的水平压力，可采用具有较大内摩擦角的干砌片石等更换台后填土。对筑于软土地基上的桥台，可用透水性较好的材料更换台后填土，更换台后填土加固如图 16.14 所示。

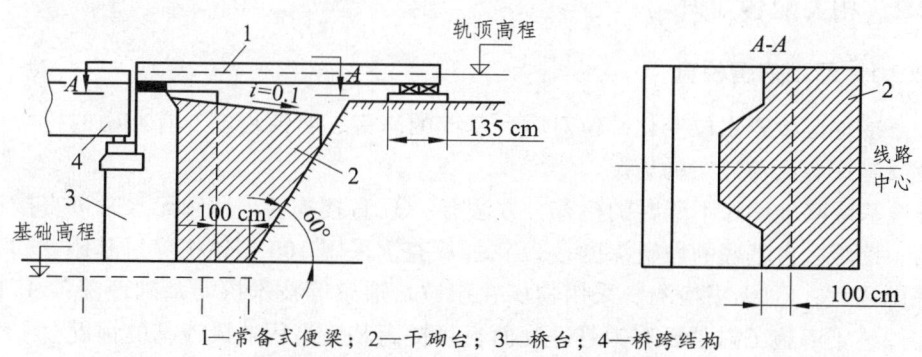

1—常备式便梁；2—干砌台；3—桥台；4—桥跨结构

图 16.14　更换台后填土加固示意图

6. 墩台水下部分的修理与加固

墩台水上部分已如前述可用钢筋混凝土箍或套箍来进行加固。在寒冷地区，如在接近地面最低水位附近包箍时，应将箍的下端尽可能伸到基础顶面或冻结线以下，其上端应伸至地面。

墩台水下部分的修理和加固，首先要修围堰。根据水深、河床地质及施工材料等条件来选用围堰的类型和高度，堰顶应高出施工期间最高水位 0.7 m。

施工方法可采用抽水及不抽水两种。抽水进行修理和加固是常用的方法。当基底水抽不干时，可以灌筑水下混凝土封底后再抽，抽水后在损坏部分加做钢筋混凝土套箍。在不抽水施工时，可把钢筋混凝土套箍或套箱围堰下沉到损坏处及河底，在套箍或套箱与桥墩间全部灌筑水下混凝土包裹损坏处所，如图16.15所示。

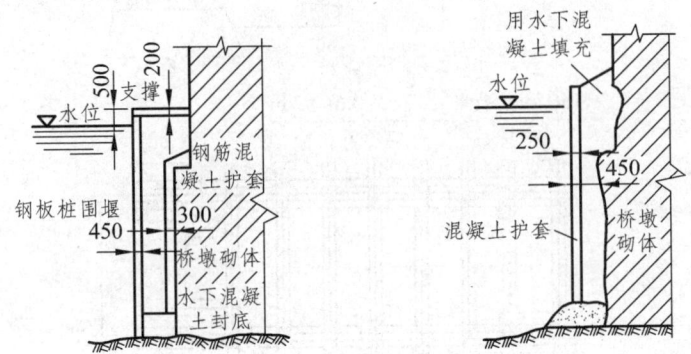

图16.15　下沉围堰抽水和不抽水修理桥台水下部分示意图　单位：mm

任务16.2　基础加固

16.2.1　工作任务

墩台常见病害主要有基础沉降和不均匀沉降、基础滑移和倾斜、桩基破坏。针对这些病害进行检查及加固，保证桥涵基础的稳定。

16.2.2　相关配套知识

16.2.2.1　基础病害检查

（1）寒冷地区检查水位变化部位对墩台基础的冻害、腐蚀程度。有冲刷的桥梁检查局部冲刷深度及基底有无被冲空的情况。

（2）浅基或基础埋深不明时的检查，方法有：①直接挖验。河床无水时可直接在墩台基础的一角，挖验墩台基底的埋置深度；②钻探检查。采用100型钻机穿过基础襟边，钻探出墩台基底的高程；③无损检测。采用物探、声波、遥感等技术探明基础埋深；④查阅设计及竣工文件，了解施工时是否有为赶进度而盲目提高基底高程造成浅基的情况。

（3）墩台下部病害检查，方法有：①直接挖验或钻探；②刨冰检查。在距墩台边缘刨冰，刨去一层冻结一层直至基底，一般在每一冰层厚达25~30 cm时，即可开始刨冰；③潜水触探；④水下电视检查。检查时将探头放入水中紧靠墩台（水中含泥量太大时，探头前应安装特制清水箱），在墩台顶可从荧光屏上看出水中部分墩身及基础的各种病害，也可录像。

（4）桥梁基础类型及常见病害见表16.3

表 16.3 桥梁基础类型及常见病害

基础类型		常见缺陷
扩大基础	天然地基	1. 埋深前容易遭受冲刷和掏空； 2. 埋深不够受冻害影响； 3. 地基不稳定出现滑移和倾斜
	岩石基础	1. 基础至于风化岩石层上，风化部分未处理好，经水流冲刷而掏空； 2. 受地震的剪切作用，产生裂缝
	人工地基基础	处于软土地基上，在竖向荷载作用下压实沉陷，地基下沉
桩基础	钢筋混凝土预制桩	1. 打桩时，桩身受损； 2. 受流水冲刷、侵蚀、产生空洞、剥落等病害； 3. 受船只或其他漂流物的撞击而损坏
	钻孔桩	1. 施工时孔底淤泥未完全清除，使桩基下沉； 2. 施工不当或受洪水冲刷、侵蚀等作用产生的空洞、剥落等病害； 3. 灌注混凝土过程中发生塌孔未作处理，桩身部分脱空； 4. 受外力冲击而发生破坏
	灌装基础	承载能力不足，基础下沉
沉井基础	沉井基础	1. 地基下沉引起基础下沉； 2. 地基下沉不均匀引起基础滑移、倾斜

（5）基础埋深要求

① 墩台明挖基础和沉井基础基底埋置深度应符合下列条件：

a. 位于河道非岩石地基上的桥跨不应采用明挖基础。

b. 冻胀、强冻胀土，在冻结线以下不小于 0.25 m，同时满足冻胀力计算的要求；弱冻胀土，不小于冻结深度。

c. 无冲刷处，在地面下不小于 2.0 m。

d. 有冲刷处，在墩台附近最大冲刷线以下应不小于下列安全值：对一般桥梁，在检算洪水频率流量下，安全值为 2 m 加冲刷总深度自河床面算起的一般冲刷深度与局部冲刷深度之和）的 10%；在校验洪水频率流量下，安全值为 1.0 m 加冲刷总深度的 5%。

对技术复杂、修复困难或重要的特大桥、大桥，在检算洪水频率流量下，安全值为 3 m 加冲刷总深度的 10%；在校验洪水频率流量下，安全值为 1.5 m 加冲刷总深度的 5%。

e. 对于不易冲刷磨损的岩石，墩台基础底应嵌入基本岩层深度不小于 0.5 m。如嵌入风化、破碎、易冲刷磨损岩层，按未嵌入岩层考虑。

② 墩台桩基础和承台的埋置深度应符合下列条件：

a. 承台底面在土中时，承台板底面应在冻结线以下不小于 0.25 m，或在最大冲刷线下不小于 2 m（桩入土中深度不明时）。

b. 承台底面在水中时，应位于最低冰层底面以下不小于 0.25 m。

c. 钻（挖）孔灌筑桩为柱桩时，桩底嵌入基本岩层深度不应小于 0.5 m。

d. 桩基在最大冲刷线下的埋置深度必须保证墩台稳定，满足承载力、刚度和沉降控制要求。

③ 涵洞基础除设置在非冻胀地基土上者外，出入口和自两端洞口向内各 2 m 范围内的涵身基底埋深：对于冻胀、强冻胀土应在冻结线以下 0.25 m；对于弱冻胀土，应不小于冻结深度。严寒地区，当涵洞中间部分的埋深与洞口埋深相差较大时，其连接处应设有过渡段。对出现基础冻胀病害的涵洞，应有计划进行整治。

16.2.2.2 基础的修理和加固

基础加固的常用方法有：扩大基础法、补桩加固法和人工地基加固法等。

1. 扩大基础法

扩大基础加固法指扩大基础的底面积以减轻基底压力的加固方法。该法适用于圬工墩台的明挖基础，且其承载力不足或埋置较浅的情况。方法是在原基础周围加打基桩或下沉井、灌筑钢筋混凝土承台，并与原墩台基础混凝土相联结（通过埋设牵钉实现），使新旧基础共同受力。基础开挖施工中应特别注意墩台的变位，以免影响行车安全。如图 16.16 所示。

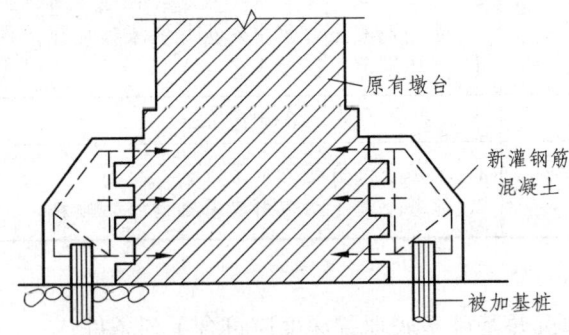

图 16.16 扩大基础法

2. 人工地基加固法

人工地基加固法指在基底土壤中压注水泥浆或硅化土层，以增强基底承载力。在基础之下斜向钻孔（均向墩台中心）或打入钻管至需要深度，通过孔眼及管孔压注水泥砂浆（砾石或粗砂粒土壤）、水泥浆（中砂土壤）或沸腾的沥青浆（地下水流速较大时）。最好在墩台周围作一圈旋喷桩，然后再在圈内进行静压灌浆。对大孔隙土壤，采用硅化土壤（灌水玻璃和氯化钙）效果比较显著，但一般不适用于细砂或黏土等比较紧密的土层。

3. 补桩加固法

根据成桩方法的不同，补桩加固法常用钻孔桩、旋喷桩对墩台基础进行加固。

（1）钻孔桩整治浅基。将桩孔布置在墩台周围，钻孔至要求深度或岩层内，在桩头上围绕墩台修筑钢筋混凝土承台（修筑承台处旧墩台或基础应凿槽并埋设牵钉），包箍承台与墩身连成坚固的整体，即构成高桩承台结构，使浅基转化为深基。钻孔桩整治浅基如图 16.17 所示。

（2）旋喷桩加固基础。当墩台基础有不均匀下沉时，可采用旋喷桩加固基础。旋喷桩在喷嘴力影响的范围内，改良土质，浆液几乎不流失到预定区域以外的地方，灵活性大，能较均匀地加固淤泥质软土和粉细砂等静压灌浆难以改良的软弱地基，且水平方向、垂直方向均可采用。

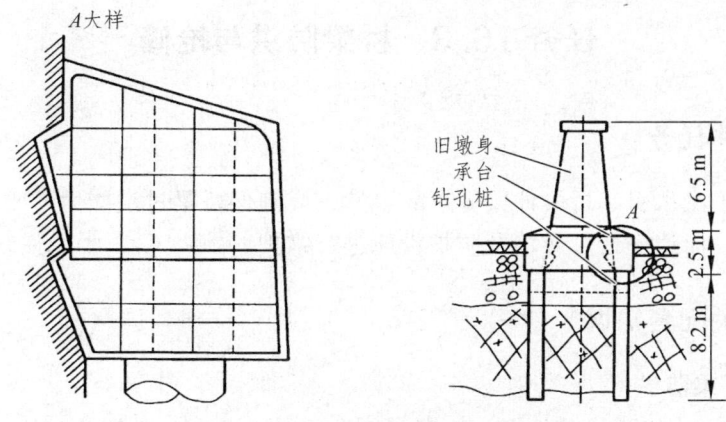

图 16.17 钻孔桩整治浅基础示意图

16.2.2.3 浅基础整治

1. 加深基础

当梁跨较小,墩台不高,与要求相比基底埋深相差不大的浅基,可用排架或枕木垛将梁托起,然后分段开挖,分段用素混凝土或浆砌片石加深基础。原基底与新加基础间进行压浆。如采取开挖法加深基础有困难时,则可采用钻孔桩整治浅基,在钻孔桩的桩头上围绕墩台修筑钢筋混凝土包箍承台,构成高桩承台结构,使浅基转化为深基。

2. 浅基础防护

(1)平面局部防护。

① 浆砌片石防护:将片石用 M10 级水泥砂浆砌筑,厚度 50 cm,适用于冲刷较小的平原砂质河床,护基顶面设置在一般冲刷线及以下。

② 混凝土墩台包基:防护尺寸视基岩风化程度及基础淘空情况而定,一般嵌入基岩 0.25 m,并加以封闭。

③ 钢筋混凝土块排护基:块排间连接(块体下部设连接环)必须灵活牢固,块排应向墩身四周倾斜,适用于一般冲刷较小的山前区砂卵石河床。

④ 铁丝石笼护基:石笼直径 0.5~0.6 m,石笼上下做放射状连接并固定在墩周围,适用于平原细砂河流,河床下降接近一般冲刷线。

⑤ 干砌片石护基:适用于河床宽、浅,流向稳定,水流流速较小的河床。

(2)立体局部防护。

① 钻孔桩加承台:与采用钻孔桩加深基础相同,适用于水流流速、冲刷均较大的河流。

② 桩围堰内填片石:利用深入局部冲刷线以下的闭合桩群来防止淘空。围堰的材料视水流和河床情况而定。

③ 桩围幕压水泥砂浆:用钻孔桩或打入钢板桩等做成密闭围幕,向内压注水泥砂浆。

(3)临时防护。

汛期洪水威胁基础安全时常用抛投块石或石笼的方法加以防护,流速超过 3 m/s 时采用直径 30 cm 以上的石块或石笼。

任务16.3 桥梁防洪与抢修

16.3.1 工作任务

近年来,由于洪水引起桥梁冲毁等事故多发,应确保桥梁过洪能力。要对桥下净空、墩台基础埋置深度、河道变迁、导治及防护设施进行维护。

16.3.2 相关配套知识

16.3.2.1 桥梁防洪

为保证洪水能正常通过桥涵,防止堵塞、淤积或河床冲刷,任何单位都不得在桥涵上、下游一定范围内(桥长100 m以上的大桥为500 m,桥长20~100 m的中桥为300 m,桥长20 m及以下的小桥为200 m)拦河筑坝,围垦造田,采集砂石,以及修建其他工程设施,以保证铁路桥涵安全。

每年雨季和洪水来临前应检查桥涵本身及现有导流建筑物及防护设备的完好状态,根据以往资料和实地检查结果编制洪水通过危险地点一览表,以便有计划地采取防范措施和预先加固处理,一切与防洪有关的工程应在汛期前完成。

1. 疏通河道

对平时无水的河道,必须清理桥涵附近的淤土杂物和阻碍水流的杂草,清除上下游至少各约30 m范围内的灌木丛,使洪水能正常通过。在春汛和每次洪水通过后,须立即组织人力将小桥下及涵洞内的淤积物清除。

2. 防止堵塞

对易被漂浮物、泥石等堵塞的涵洞,应在洞前设置栅栏或沉淀池并及时进行清除;对有流木、流石等通过的河流,应采取措施,加强管理,使其安全通过桥涵,防止堵塞桥孔或撞击桥墩。

3. 防止淤积

山区铁路小桥涵多设在沟口或临近沟口处,如上游地层不良、坡度陡,则山洪暴发或区域性暴雨和融雪时,会形成不同性质的泥石流通过桥涵。由于泥石堵塞桥孔,形成水漫桥梁路基,将桥梁和路基冲毁。整治山区小桥涵的泥石流时,应根据实践经验,按不同情况,可分别采取水土保持、谷坊拦截、排泄等措施。

4. 预防冲刷

为防止小桥涵,特别是山区或山前区小桥涵上下游附近河道被冲刷,保持桥涵墩台基础有足够的埋置深度,应根据当地条件进行防护。

对于山区山坡陡、冲刷较严重的小桥涵,可在上游附近设置缓流或者带阶梯的跌水槽等消能设备来减少桥涵下的河床冲刷。

浆砌片石护底是桥梁整孔防护最常用的一种。这一类防护适用于山区及山前区漂石、卵石及砂质河床(或平原砂质河床集中冲刷不严重的河流),适用于枯水期水浅、梁跨较小、净空容许，或局部防护难以达到一般冲刷线者。当流速小于 7 m/s 时采用浆砌片石护底，当流速大于 7 m/s 时宜采用混凝土护底。

在天然河床被下切成一般冲刷较大的河段上，或有潜流危害时，应增加垂裙深度及强度。在严寒地区还应考虑护底后冰冻的危害。在稳定河段上，为减少壅水，有利于农田排灌及含碱河流减轻砂浆腐蚀，可将护底作成凹槽。下游锥体护坡的垂裙应与浆砌片石底下游垂裙等强度，以防止水流突破较弱部分，导致整个防护体的破坏。

16.3.2.2 桥梁抢修

洪水来临时，要密切注意洪水通过桥涵的情况，一旦发生险情应立即采取措施进行抢险，确保行车及设备安全。

桥梁抢修要以快为中心，不允许有长时间的研究考虑，故应事先设想几种可能发生破坏的情况，作好几种抢修方案。对重点桥梁还应在桥梁附近储备一定数量的抢修料具，以保证抢修的需要，缩短抢修时间。

桥梁抢修的具体施工方法是因桥而异多种多样的，以下介绍几种基本方法可供参考选择。

（1）水流很小或没有水流的小桥涵破坏时，可以用土、片石、卵石、枕土垛等填充其破坏部分。

（2）梁跨被破坏时，可采取原梁加固或换架临时梁跨。如原梁和墩台破坏不能利用时，可加建临时墩，合理改变原梁跨度；如果水深加建临时墩有困难，可将水浅处的好梁拆移过来，而在水浅处加建临时墩，架设短跨临时梁。

（3）桥台被破坏修建困难时，可在原台后建临时桥台改用长跨度梁；或同时在原台前后加建临时支墩。

（4）桥墩被破坏时，可在原墩前后修建临时桥墩，或利用原墩残存部分整平作基础，加建临时墩。如不可能修建临时桥墩，在紧急情况下，可根据检算结果，换架长跨度梁。减轻荷载的办法如用推车过桥、顶车通过或降低行车速度等。

1. 墩台基础受严重冲刷的抢修

如果探明桥梁基础遭受到过大的冲刷，或发现墩台有摇晃现象，应迅速采取有效防护。

在流速较小，河水深度不大的地方，采取抛片石加固。在流速大、冲刷深的地方则应抛投石笼，石笼间孔隙仍用片石填塞，但均不宜投得过多，以免影响排洪断面和造成其他桥墩的冲刷。

当发现基底下被冲空时，在冲空部位用装有干灰砂的麻袋填塞，当灰砂遇水结硬后就成为一坚硬的整体。灰砂（灰砂比例 1∶3～1∶2）由潜水员塞入，并在两麻袋间打入扒钉使之互相连接。因麻袋仅用来填塞基底空隙，因此基础周围还应抛投片石或石笼防护。此法仅用于洪峰过后的抢险，以防下次洪峰的继续冲刷。

2. 桥梁抬高

当洪水泛滥，水位超过轨顶高程，但墩台、梁跨均未遭受破坏时，可采用抬高桥梁的方法以顺应抬道的要求。抬高方法一般有上抬法和下抬法两种。

（1）上抬法。

上抬法即保持原桥跨结构的高程不变，在原桥面上铺桥枕、轨束梁或钢梁，以达到提高桥上线路高程的目的。在原桥面上铺一层或数层桥枕，将桥面抬高；在原桥面上设轨束梁或钢梁，在上面再另铺桥面，即称桥上架桥。

当洪水已经淹没桥面时，大多采取桥上架桥的方法（水中抬桥），即在桥面上扣轨，将预先装钉好的桥面，运到桥上与桥头钢轨相接。

上抬法的优点是施工速度快，施工简单；其缺点是阻断水流，易受漂流物冲击。

（2）下抬法。

下抬法就是在洪水未淹没梁底时，在钢梁与墩台之间加设临时支座抬高钢梁，以达到提高线路高程的目的。下抬法的优点是不阻水，施工简单，速度快，抬高后桥梁较稳固，善后处理也较简单。

3. 漂浮物堵塞桥孔的应急处理

洪水期间随水冲下的漂浮物等会堵塞桥孔，冲撞桥台，甚至因壅水而冲击梁部，推倒桥梁，必须立即设法清除漂浮物，以保桥梁安全。清除漂浮物时，应根据漂浮物的堵塞情况，采取相应的防护措施。

清除漂浮物时，还应注意壅水造成的水压增加，一旦冲开决口，因水流的冲击力很大，其他漂浮物会随着水流对桥跨产生更大危害，同时要充分考虑清除漂浮物过程中的人身安全。

4. 修建便线、便桥

洪水冲毁正桥，在短时间内修复比较困难时，往往在原桥位或下游修便线、便桥通车。

（1）便桥基础。便桥基础有多种形式，应根据河流、车速、荷载及当地供应材料的情况进行比较。如在石料丰富的地方，可采用抛石基础；为了度洪及半永久性的桥梁，可采用桩基础或简易混凝土基础等形式。

（2）便桥墩台。便桥墩台应根据现场实际情况，如洪水大小、地质条件、墩台高度、材料供应和争取抢修通车时间等条件而决定。

常用的临时性桥梁墩台有：枕木垛、木排架、拆装式钢结构墩等。

拆装式钢结构墩架有 T 形钢塔架、六五式军用桥墩、六七式军用桥墩、八三式军用桥墩和万能杆件组成的桥墩等，可专供抢修时作临时墩用。

图 16.18 为六五式军用墩结构形式，可用于抢修高 15 m 以上的桥墩或墩高虽然在 15 m 以下，但梁跨超过 32 m 的桥梁。

图 16.19 为八三式轻型军用桥墩（简称八三式轻墩）结构，它是我国自行设计制造的，具有设计合理、结构简单、杆件种类少、单元重量轻、互换性强、拼装速度快、便于储存和运输等特点。

八三式轻墩可适应高度为 5~10 m，最高可达 15 m，墩身高度可按 0.5 m 变化调整。轻墩适应流速 3 m/s，墩顶面身最大没水高度不超过墩高的 3/4 或 8 m 水深。轻墩基础可为卧木、混凝土和木桩基础，也可用于混凝土残墩接高，其要求地基承载力为 150 kPa。

（3）便桥桥跨。

抢修使用的桥跨通常根据河流大小、防洪备用器材、原桥长度及墩台高度的不同而定。常用的临时桥跨有轨束梁、工字钢束梁、拆装式桁梁、军用梁、D 型施工便梁和万能杆件组成的桥跨等。

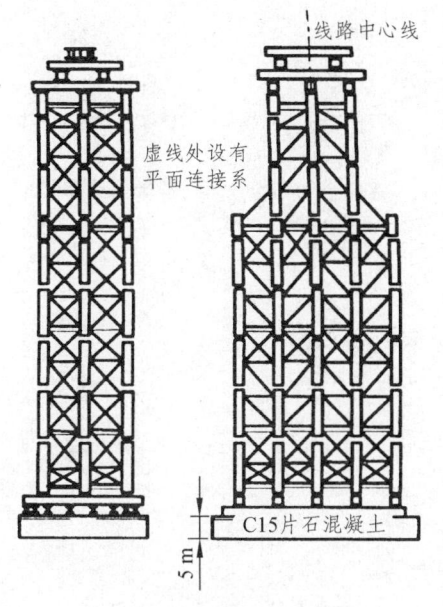
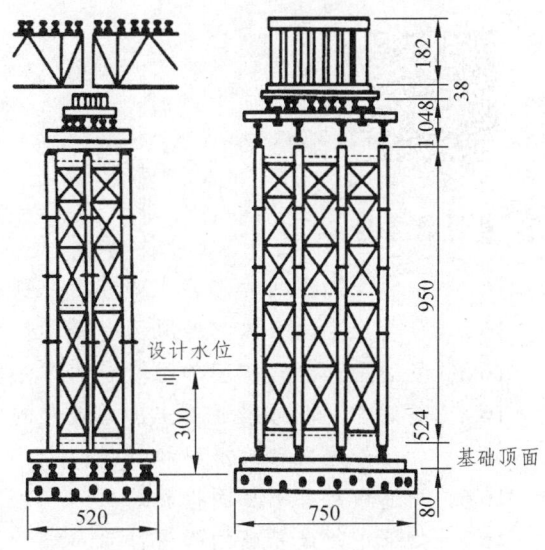

图 16.18　六五式军用墩　　　　　　图 16.19　八三式军用墩

万能杆件又称拆装式杆件，是一套由定型的角钢、连接钢板（节点板）和螺栓所组成的钢构件。主要杆件的长度有 2 m 及 4 m 两种，根据需要可组拼各种形式的结构，可以多次倒用，并有多种用途，故称万能杆件。此种杆件有 M 型和 N 型 2 种，N 型形式较新，规格较多，承载能力强，目前使用较广泛。

万能杆件拼装的临时便桥，优点是结构简单、施工方便、利用率高、节省木材和劳力。

相关规范、规程与标准

[1]　铁运[2010]38 号，TG/GW 103—2010 铁路桥隧建筑物修理规则[S]. 北京：中国铁道出版社，2010.

[2]　铁运[2011]）131 号，TG/GW 114—2011 高速铁路桥隧建筑物修理规则（试行）[S]. 北京：中国铁道出版社，2011.

项目小结

（1）疏通河道；
（2）防止堵塞；
（3）防止淤积，水土保持，建沙坝、拦石坝防止泥石流；
（4）加强河道排泄能力；
（5）保持桥涵埋置深度，预防冲刷；
（6）河道截弯取直等措施；
（7）做好桥涵防寒和防凌工作。

课程资源

复习思考题

16.1 墩台变形观测的内容有哪些？分别采取何种方法进行观测？
16.2 分析产生墩台裂纹的原因有哪些？如何处理墩台的裂纹？
16.3 简述用加箍和护套加固墩台的方法。
16.4 简述喷射钢纤维混凝土加固墩台的方法。
16.5 如何处理桥台的滑移和倾斜？
16.6 简述墩台基础加固措施。
16.7 如何进行浅基础的整治？

附录

一、桥梁施工常用术语

二、标准目录

1. 铁路工程建设行业标准目录（截止 20160823）

2. 中国铁路总公司工程建设标准目录（截止 20160823）

3. 中国铁路总公司工程建设标准设计（通用参考图）目录（截止 20160823）

参考文献

[1] 郑健. 中国高速铁路桥梁. 北京：高等教育出版社，2008.
[2] 杜永昌. 高速与客运专线铁路施工工艺手册. 北京：科学技术文献出版社，2006.
[3] 李向国. 高速铁路技术. 北京：中国铁道出版社，2007.
[4] 武广客专技术总结. 成都：西南交通大学出版社，2010.
[5] 郑西客专技术总结. 成都：西南交通大学出版社，2011.
[6] 郑州铁路局. 高速铁路工务. 北京：中国铁道出版社，2012.
[7] 铁道部劳动和卫生司，运输局. 高速铁路桥隧维修岗位. 北京：中国铁道出版社，2013.
[8] 岳祖润. 高速铁路施工技术与管理. 北京：中国铁道出版社，2010.
[9] 刘东跃. 施工临时支撑结构专项技术方案. 沈阳：辽宁科学技术出版社，2013.
[10] 孙树礼. 高速铁路桥梁设计与实践. 北京：中国铁道出版社，2011.
[11] 《秦沈客运专线工程总结》编委会. 秦沈客运专线工程总结. 北京：中国铁道出版社，2006.
[12] 徐伟. 桥梁施工. 北京：人民交通出版社，2008.
[13] 吴冲. 现代钢桥. 北京：人民交通出版社，2006.
[14] 杨文渊. 桥梁施工工程师手册. 北京：人民交通出版社，2006.
[15] 陈礼仪，胥建华. 岩土工程施工技术. 成都：四川大学出版社，2008.
[16] 陈晨. 岩土工程施工. 吉林：吉林大学出版社，2004.
[17] 魏红. 桥梁施工及组织管理. 2版（上册）. 北京：人民交通出版社，2008.
[18] 付润生. 基础工程. 2版. 成都：西南交通大学出版社，2009.
[19] 范立础，顾安邦. 桥梁工程（上、下册）. 北京：人民交通出版社，2001.
[20] 陈宝春. 钢管混凝土拱桥设计与施工. 北京：人民交通出版社，2002.
[21] 李亚东. 桥梁工程概论. 成都：西南交通大学出版社，2001.
[22] 强士中. 桥梁工程（上下）（2版）. 成都：高等教育出版社，2011.
[23] 陈天本. 桁式组合拱桥. 北京：人民交通出版社，2001.
[24] 王应良，高宗余. 欧美桥梁设计思想. 北京：中国铁道出版社，2008.
[25] 裘伯永，盛兴旺. 桥梁工程. 北京：中国铁道出版社，2001.
[26] 王序森，唐寰澄. 桥梁工程. 北京：中国铁道出版社，1995.
[27] 罗建华，付润生，胡娟，等. 桥梁施工技术. 成都：西南交通大学出版社，2009.
[28] 秦顺全，高宗余，潘东发. 武汉天兴洲公铁两用长江大桥关键技术研究，人民交通出版社，2009.
[29] 边育生. 桥隧工. 西南交通大学出版社，2009.
[30] 罗荣凤. 桥梁构造与养护. 北京：中国铁道出版社，2008.
[31] 何学科. 铁道工务. 北京：中国铁道出版社，2007.
[32] http://www.crecc.com.cn/
[33] http://www.peoplerail.com/
[34] 相关铁路工程技术标准、规范和通用参考图.